D1618327

Kulturdenkmäler in Hessen   Kreis Offenbach

Bundesrepublik Deutschland

Denkmaltopographie Bundesrepublik Deutschland

Kulturdenkmäler in Hessen
Kreis Offenbach

Herausgegeben vom
Landesamt für Denkmalpflege Hessen

Dagmar Söder

Friedr. Vieweg & Sohn
Braunschweig/Wiesbaden 1987

Das Ziel der Denkmaltopographie ist die Erfassung der Kulturdenkmäler in Wort, Bild und Plan. Nach §2 des HDSchG in der Fassung vom 5. 9. 1986 (GVBl. I S. 270) sind Kulturdenkmäler schutzwürdige Sachen, Sachgesamtheiten oder Sachteile, an deren Erhaltung aus künstlerischen, wissenschaftlichen, technischen, geschichtlichen oder städtebaulichen Gründen ein öffentliches Interesse besteht. Gesamtanlagen sind Straßen-, Platz- und Ortsbilder einschließlich der mit ihnen verbundenen Pflanzen, Frei- und Wasserflächen, soweit an ihrer Erhaltung aus künstlerischen oder geschichtlichen Gründen ein öffentliches Interesse besteht.

Die Denkmaltopographie „Kreis Offenbach" ist Denkmalbuch im Sinne von §9 Abs. 1 HDSchG.

CIP-Kurztitelaufnahme der Deutschen Bibliothek
Denkmaltopographie Bundesrepublik Deutschland. –
Braunschweig, Wiesbaden, Vieweg
Auch in weiteren Verl. unter diesem Titel Veröff. für d. jeweiligen Bundesländer
Kulturdenkmäler in Hessen. Kreis Offenbach. – 1987
Kulturdenkmäler in Hessen / hrsg. vom Landesamt für Denkmalpflege Hessen. – Braunschweig, Wiesbaden, Vieweg
(Denkmaltopographie Bundesrepublik Deutschland)
NE: Hessen / Landesamt für Denkmalpflege
Kreis Offenbach / Dagmar Söder. – 1987
ISBN 3-528-06237-1
NE: Söder, Dagmar [Mitverf.]

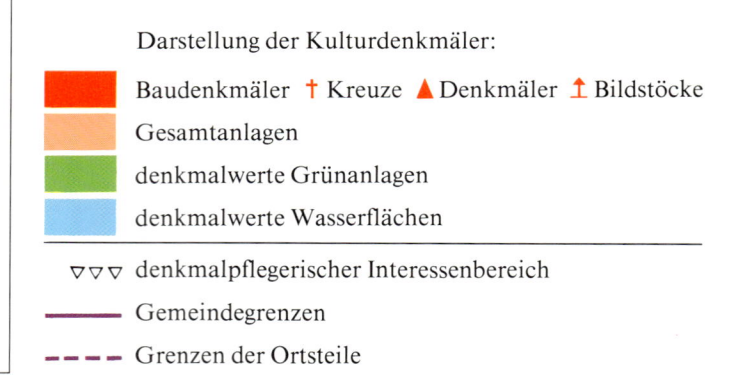

Darstellung der Kulturdenkmäler:

■ Baudenkmäler † Kreuze ▲ Denkmäler ⊥ Bildstöcke
■ Gesamtanlagen
■ denkmalwerte Grünanlagen
■ denkmalwerte Wasserflächen

▽▽▽ denkmalpflegerischer Interessenbereich
——— Gemeindegrenzen
---- Grenzen der Ortsteile

Für engagierte Mitarbeit und fachliche Unterstützung ist besonders Herrn Hans Möller, Untere Denkmalschutzbehörde des Kreises Offenbach, sowie Herrn Reinhard Reuter, TH Darmstadt, zu danken.

Fotos: Christine Krienke. Ältere Fotos aus dem Archiv des Landesamtes für Denkmalpflege, Wiesbaden.

Luftfotos (Farbe): Geodata, D-6073 Egelsbach; freigegeben unter Nr. 1596-87 (S. 167), Nr. 1623-87 (S. 203), Nr. 1574-87 (S. 246), Nr. 1573-87 (S. 288) durch den Regierungspräsidenten in Darmstadt.
Luftfotos (schwarzweiß): Hessisches Landesvermessungsamt Wiesbaden, Vervielfältigungsnummer 32/87, freigegeben unter HLVA 563/85 (S. 82, S. 231), 564/85 (S. 116) durch den Regierungspräsidenten in Darmstadt.

Technische Mitarbeit: Henriette Reisinger, Gabriele Schönborn, Veronika Walter, Landesamt für Denkmalpflege Hessen.

Karten und Pläne:
Kreiskarte Maßstab 1 : 200000
Kartengrundlage: TÜK 200 N Blatt Nr. CC 6310
Vervielfältigungsgenehmigung des Institutes für Angewandte Geodäsie, Frankfurt am Main, Nr. 18/84 vom 18. 4. 1984
Topographische Übersichtskarte 1 : 200000, Blatt Nr. CC 6318
Vervielfältigungsgenehmigung des Bayerischen Landesvermessungsamtes München, Nr. 2371
Gemeindekarten Maßstab 1 : 50000
Kartengrundlage: TK 50
Vervielfältigungsgenehmigung des Hessischen Landesvermessungsamtes, Wiesbaden, Nr. 84-1-264
Ortspläne (Ausschnitte) Maßstab 1 : 5000 mit Darstellung der Kulturdenkmäler und Gesamtanlagen
Kartengrundlage: TK 5
Vervielfältigungsgenehmigungen des Hessischen Landesvermessungsamtes, Wiesbaden, Nr. B-213/84 und B-330/84
Historische Karten (Ausschnitte): Haas'sche Karte HK 30 Maßstab ca. 1 : 30380, bearbeitet 1788–1813, Hessisches Landesvermessungsamt, Wiesbaden.
Orohydrographische Karte (Ausschnitt S. 11): TK 50 OH, Vervielfältigungsgenehmigung des Hessischen Landesvermessungsamtes, Wiesbaden, Nr. 87-1-268

Einige Kulturdenkmäler im Außenbereich (Flurdenkmäler) sind, falls nicht in den Ortsplänen Maßstab 1 : 5000 dargestellt, in den Gemeindekarten Maßstab 1 : 50000 verzeichnet. Die Pläne sind genordet.
Bearbeitungsstand: 1986

Reproduktion:
Industriedienst, D-6200 Wiesbaden

Kartographie:
Karto-Studio Sturm + Dinges, D-6000 Frankfurt

Satz und Druck:
Druckerei Schanze GmbH, D-3500 Kassel

1987
Alle Rechte vorbehalten
© Friedr. Vieweg & Sohn, Verlagsgesellschaft mbH,
  Braunschweig 1987
  Landesamt für Denkmalpflege Hessen, Wiesbaden 1987
  ISBN 3-528-06237-1

NIEDERSACHSEN
NORDRHEIN-WESTFALEN
Landkreis Kassel
Kassel
Landkreis
Waldeck-
Frankenberg
Werra-Meißner-Kreis
Regierungsbezirk
DDR
Schwalm-Eder-Kreis
Kassel
Landkreis
Hersfeld-Rotenburg
Landkreis Marburg-Biedenkopf
Regierungsbezirk
Lahn-Dill-Kreis
Vogelsbergkreis
Landkreis Gießen
Gießen
Landkreis Fulda
Landkreis
Limburg-Weilburg
Wetteraukreis
Hochtaunus-
kreis
Main-Kinzig-Kreis
RHEINLAND-
Rheingau-Taunus-
Kreis
Main-Taunus-
Kreis
Regierungsbezirk
Frankfurt
am Main
Offenbach a.M.
Wiesbaden
Landkreis
Offenbach
Landkreis
Groß-
Gerau
Darmstadt
Landkreis
Darmstadt-
Dieburg
Darmstadt
BAYERN
Odenwald-
kreis
Landkreis Bergstraße
PFALZ
BADEN-
WÜRTTEMBERG

Inhaltsverzeichnis

	Seite
Vorwort	7
Übersichtskarte M 1 : 200 000	9

Einführung

Entstehung des Kreises	10
Geographie und Landschaft	11
Wirtschaftliche Entwicklung und Strukturwandel	12
Territorialgeschichte	14
Besiedlungsgeschichte	18
Siedlungsformen	20
Bauformen: Bauern- und Ackerbürgerhöfe	24
Bürgerhäuser	30
Rathäuser, Amtshäuser	31
Schulen	32
Kirchen	34
Burgen	36
Stadtbefestigungen	37
Schlösser, Residenzen, herrschaftl. Bauten	38
Bauten der Industrie, der Technik und des Verkehrs	40
Klein- und Flurdenkmäler	41

Die Gemeinden und ihre Ortsteile mit Gesamtanlagen und Kulturdenkmälern

Dietzenbach	43
Dreieich	51
Buchschlag	53
Dreieichenhain	80
Götzenhain	115
Offenthal	123
Sprendlingen	128
Egelsbach	138
Hainburg	149
Hainstadt	150
Klein-Krotzenburg	154
Heusenstamm	164
Rembrücken	182
Langen	184
Mainhausen	208
Mainflingen	210
Zellhausen	212
Mühlheim	215
Dietesheim	222
Lämmerspiel	225
Neu-Isenburg	226
Obertshausen	235
Hausen	239
Obertshausen	240
Rodgau	243
Dudenhofen	245
Hainhausen	254
Jügesheim	257
Nieder-Roden	263
Weiskirchen	268
Rödermark	271
Messenhausen	272
Ober-Roden	273
Urberach	277
Seligenstadt	282
Froschhausen	377
Klein-Welzheim	381
Orts- und Gemeinderegister	386
Glossar	387
Literaturhinweise	390

Vorwort

Das Verständnis der Gegenwart setzt immer auch Kenntnis der Vergangenheit voraus, das Erfassen augenblicklicher Zusammenhänge bedarf der Beschäftigung mit der früheren Entwicklung, das Begreifen menschlichen Verhaltens in der Jetztzeit verlangt Wissen um seine Geschichte. Dies gilt nicht nur ganz allgemein und für die großen geschichtlichen Zusammenhänge, sondern ist ebenso bedeutend für kleinere überschaubare Lebensbereiche.

Dem besonderen Anliegen, durch die vollständige Erfassung und Darstellung erhaltenswürdiger Kulturdenkmäler Kreisgeschichte lebendig und bewußt zu machen, dient die Herausgabe einer Denkmaltopographie für den Kreis Offenbach. Die Herausgabe hat das Landesamt für Denkmalpflege übernommen.

Der Kreis Offenbach hat das Dokumentationsvorhaben, getragen von einstimmigen Beschlüssen des Kreistages, des Kreisausschusses und des Denkmalbeirates bei der Unteren Denkmalschutzbehörde, durch die Bereitstellung der Bearbeitungskosten des Manuskriptes, die Einbringung seiner gesammelten reichhaltigen Unterlagen und durch die Übernahme eines Teiles der Druckkosten gefördert und unterstützt.

Mit der Denkmaltopographie Kreis Offenbach wird erstmals für das Kreisgebiet ein Bestandsverzeichnis aller Kulturdenkmäler in Wort und Bild vorgelegt. Es geht weit über die Beschreibung der Kunstdenkmäler von Georg Schäfer aus dem Jahr 1885 und das Handbuch der Deutschen Kunstdenkmäler hinaus.

Allen, die durch ihre engagierte Mitarbeit einen wichtigen Beitrag für das Zustandekommen dieser grundlegenden Dokumentation geleistet haben, gilt der Dank der Beschlußorgane des Kreises Offenbach.

Jedem Interessierten, besonders den Eigentümern von Kulturdenkmälern, den Städten und Gemeinden, den Bau- und Heimatforschern, den Architekten und Handwerkern, den Geschichtslehrern und ihren Schülern wird mit der Denkmaltopographie eine umfassende und bedeutsame Informationsquelle an die Hand gegeben. Zu wünschen ist eine weite Verbreitung der Denkmaltopographie Kreis Offenbach und eine rege Benutzung des Werkes.

Offenbach am Main, im Mai 1987
    Rebel
       – Landrat –

Vorwort

Die Denkmalpflege hat seit ihrer Gründung als staatliche Institution im 19. Jahrhundert immer wieder die Erfahrung machen müssen, daß ihr die Erhaltung von Kulturdenkmälern nur dann gelingt, wenn den Eigentümern und einer möglichst breiten Öffentlichkeit die Denkmaleigenschaft bewußt ist. Deshalb gehört die Erfassung und Publizierung des Denkmälerbestandes auch zu ihren ureigensten und wichtigsten Aufgaben. Bis vor einem Jahrzehnt bediente sie sich dazu der sogenannten Großinventare, in denen die Denkmäler kreisweise ausführlich erforscht und beschrieben wurden. Da jedoch die erforderliche Archivarbeit sehr viel Zeit verschlingt, würde diese Art der Inventarisation für Hessen noch mehr als ein halbes Jahrhundert erfordern. Deshalb mußte nach einem Instrument der Schnellerfassung gesucht werden, das dennoch den dringendsten Anforderungen der Wissenschaft und denkmalpflegerischen Praxis genügt. In der Denkmaltopographie fand die Vereinigung der Landesdenkmalpfleger in der Bundesrepublik Deutschland die geeignetste Publikationsform und entwickelte Richtlinien, die nach dem Beschluß der Ständigen Konferenz der Kultusminister vom 28. 5. 1980 in allen Bundesländern angewandt werden sollen. Diese verpflichten die Bundesländer vor allem zur einheitlichen Gestaltung des Kartenwerkes; beim Katalog der Kulturdenkmäler ist es jedem Bundesland überlassen, wie ausführlich er ausfällt. Wenn sich Hessen für die bisher ausführlichste Behandlung der einzelnen Kulturdenkmäler entschieden hat, so deshalb, um damit die Voraussetzungen für die Eintragungen in das Denkmalbuch, für die Benachrichtigung der Eigentümer wie auch für die praktische Arbeit aller am Denkmalschutz beteiligten Personen, Institutionen und Behörden zu schaffen. Bisher sind in Hessen die Landkreise Wetterau I, Stadt Kassel, Schwalm-Eder-Kreis I, Lahn-Dill-Kreis I erschienen, weitere werden in Kürze herauskommen bzw. sind in Angriff genommen.

Der vorliegende Band konnte nur dank der besonderen Förderung durch den Landkreis Offenbach entstehen, der für eineinhalb Jahre die wissenschaftliche Bearbeiterin bezahlt und einen Druckkostenzuschuß in Höhe von 50 000,- DM geleistet hat. Allen Gremien des Landkreises sei dafür sehr herzlich gedankt. Für die gemeinsame Arbeit der kommunalen und staatlichen Denkmalpflege wird dieser vorzüglich gestaltete Band eine wesentliche Erleichterung bedeuten. Zugleich erhoffe ich mir eine Verstärkung und größere Verbreitung des Denkmalschutzgedankens in der Bevölkerung, vor allem aber bei den betroffenen Eigentümern der behandelten Kulturdenkmäler.

Professor Dr. Gottfried Kiesow
  – Landeskonservator –
    3. 7. 1987

Übersichtskarte

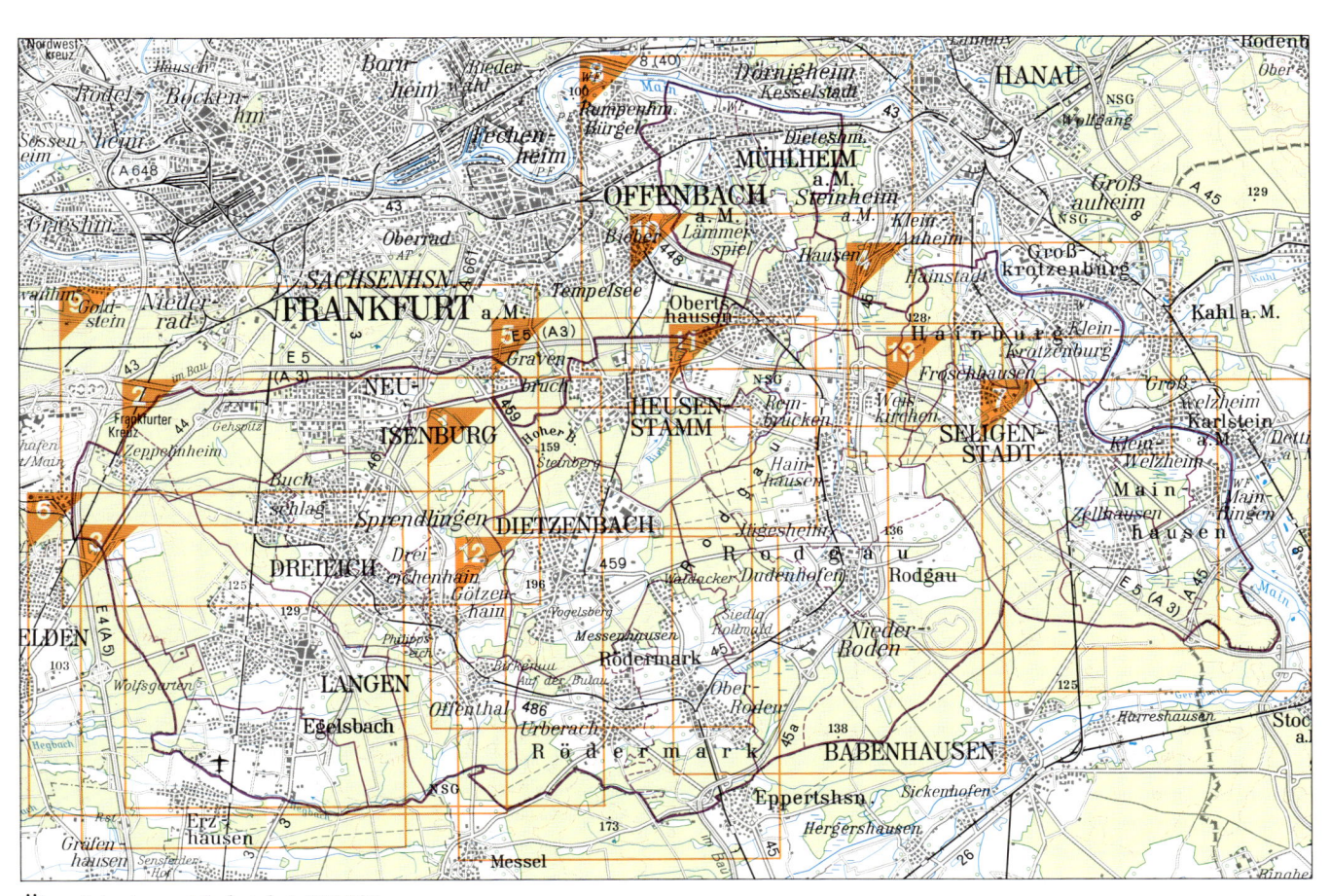

Übersichtskarte Maßstab 1:200000
mit Blattübersicht der topographischen Gemeindekarten

Einführung

Die Entwicklung des Landkreises Offenbach 1821–1952, aus: Nahrgang, Stadt und Landkreis Offenbach a. M., 1963

Entstehung des Kreises

Als 1832 im Zuge einer Verwaltungsreform im Großherzogtum Hessen, bis 1806 Hessen-Darmstadt, eine Neueinteilung der regionalen Gebietskörperschaften verfügt wurde, entstand der Kreis Offenbach in seiner ersten Form. Nach der Auflösung des Heiligen Römischen Reiches Deutscher Nation im Jahre 1806 war eine Zeit der Konsolidierung des Großherzogtums Hessen vorausgegangen.

Noch gegen Ende des 18. Jahrhunderts hatten sich das heutige Kreisgebiet in seiner territorialen Zersplitterung acht Landesherrschaften geteilt: Hessen-Darmstadt mit Langen, Egelsbach und Dietzenbach; Isenburg-Birstein* mit Dreieichenhain, Sprendlingen, Neu-Isenburg; Isenburg-Philippseich mit Götzenhain, Offenthal, Urberach; Frankenstein mit Messenhausen; Schönborn mit Heusenstamm, Obertshausen, Hausen, Gravenbruch; der Deutschherrenorden Frankfurt mit Gebieten um den Wildhof und bei Hausen; Hessen-Kassel mit Dudenhofen; das Kurfürstentum Mainz mit den Orten an der Rodau und am Main. 1803 fielen im Zuge der Säkularisation die mainzischen Gebiete, nach 1816 die Fürstlich Isenburgischen Lande an Hessen-Darmstadt. Die vorhandene Verwaltungsstruktur mit ihren Ämtern blieb zunächst weitgehend bestehen, bis 1821 eine Neueinteilung in die drei Landratsbezirke Langen, Seligenstadt und Offenbach erfolgte. Diese orientierten sich an den alten Herrschaftsverhältnissen. Offenbach entsprach der Herrschaft Isenburg, Seligenstadt umfaßte die linksmainischen Besitzungen von Kurmainz und Teile des Amtes Babenhausen, Langen war in zwei unzusammenhängende Hälften geteilt. Aus den Landratsbezirken Offenbach und Seligenstadt mit dem östlichen Teil des Bezirks Langen wurde 1832 der ursprüngliche Kreis Offenbach gebildet. Der westliche Teil Langens gehörte zunächst dem Kreis Groß-Gerau an. Eine erneute Kreiseinteilung 1852 brachte die Ausweitung nach Westen, dabei wurden die Orte an der Bahnlinie Frankfurt-Darmstadt einbezogen; im Süden schieden die dem ehemaligen Amt Babenhausen angehörenden Orte Ober-Roden, Nieder-Roden, Urberach und Messenhausen aus und wurden an den Kreis Dieburg abgetreten. Rumpenheim kam 1867 zu Hessen und zum Kreisgebiet, ebenso 1874 bis 1947 Steinbach im Taunus. Während der französichen Besatzung 1918–26 waren die westlichen Randorte zeitweilig dem Nachbarkreis Groß-Gerau unterstellt. Als neue Gemarkung kam 1938 Zeppelinheim mit seinem Flughafengelände hinzu. Gleichzeitig wurde Offenbach mit den Vororten Bieber und Bürgel zur kreisfreien Stadt erklärt, der 1942 Rumpenheim eingemeindet wurde. 1974 schieden Steinheim und Klein-Auheim durch ihre Eingemeindung nach Hanau aus.

Die letzte Gebietsreform von 1977 verringerte die Anzahl der Einzelgemeinden von ursprünglich 38 bei der Kreisgründung auf 13 Städte und Großgemeinden; Ober-Roden, Nieder-Roden und Urberach kamen zum Kreis Offenbach zurück. Damit deckt sich das heutige Kreisgebiet weitgehend mit den historischen Gebieten der alten Landschaft Dreieich im Westen und dem Rodgau im Osten.

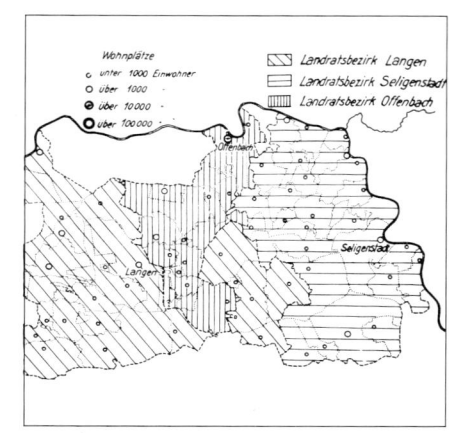

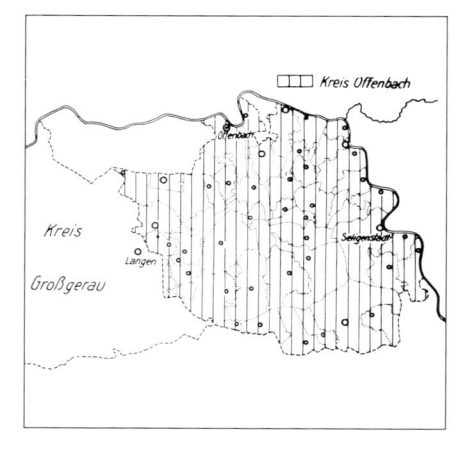

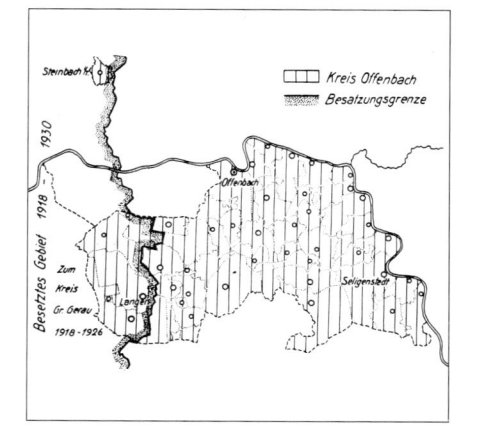

*Anmerkung: Für die Gebiets- und Namensbezeichnungen der Grafen zu Ysenburg und Büdingen, der Fürsten von Isenburg-Birstein (Fürstentum Isenburg 1806–1813) und ihrer abzweigenden Linien wird einheitlich die Schreibweise „Isenburg" verwendet.

Einführung

Geographie und Landschaft

Diese historische Ost-West-Teilung ist schon in den topographischen Bedingungen angelegt, die eine Gliederung des Kreisgebietes vorgeben durch den von Süden übergreifenden Höhenrücken der Koberstadt, einen nördlichen Ausläufer des Odenwaldes mit Höhen bis wenig über 200 m. Von diesem Höhenzug des Rotliegenden, eines früher vielfach als traditionelles Baumaterial abgebauten porösen Sandsteins, fällt das Gelände nach Westen zum Rheingraben relativ deutlich, nach Norden und Osten zur Mainsenke allmählich ab, wobei sich einzelne Kuppen bis zum Mainlauf vorschieben. Nach diesen drei Richtungen verteilen sich radial die Wasserläufe mit Ursprung im quellreichen Hochgebiet. Die Wasserscheide dürfte bereits in karolingischer Zeit die Trennungslinie zwischen Rhein- und Maingau bezeichnet haben.

Rhein- und Maintal bilden natürliche Begrenzungen des Kreisgebietes, der Mainlauf selbst im Nordosten auf weite Strecken die Kreis- und Landesgrenze. Zu allen Zeiten waren die Flußtäler, insbesondere der Oberrheingraben, bedeutende Völkerstraßen und Verbindungen zwischen Nord- und Süddeutschland.

Das natürliche Landschaftsbild setzt sich zusammen aus hügeligem Gelände mit ausgedehnten Laubwäldern und relativ fruchtbaren Feldern im Bereich des alten Dreieichgebietes im Westen und der wie ihre Böden eher kargen Gegend des Rodgau im Osten, durchsetzt von Nadelwaldbestand auf Sandböden und Resten der einstigen Bruchlandschaft.

Allerdings ist die ursprüngliche Landschaft weitgehend durch zivilisatorische Eingriffe zurückgedrängt. Der Waldanteil der Gesamtkreisfläche betrug 1985 rund 45 %.

Oberflächenrelief des Kreisgebietes

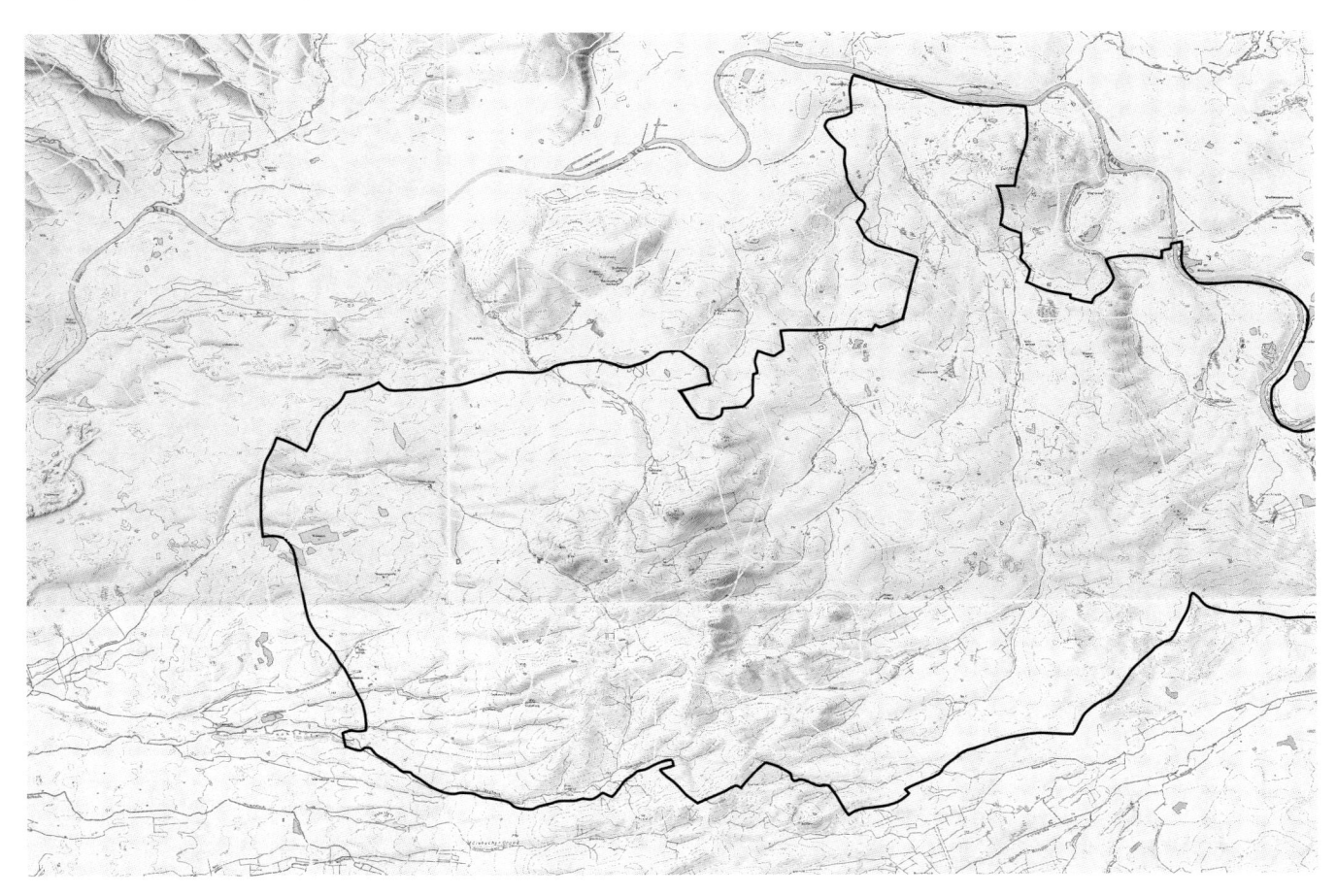

Einführung

Wirtschaftliche Entwicklung und Strukturwandel

Seit Bestehen des Kreises hat sich hier wie im gesamten Rhein-Main-Gebiet ein fundamentaler Wandel der Wirtschafts- und Bevölkerungsstruktur vollzogen. Die Entwicklung von der Agrar- zur Industrieregion begann seit der 2. Hälfte des 19. Jahrhunderts verstärkt das Bild von Landschaft und Siedlungen zu verändern. Ausgangspunkte für Industrialisierung und expansive Wirtschaftsentwicklung waren die bedeutenden, verkehrszentral gelegenen Messestädte Frankfurt und Offenbach, Voraussetzung der Ausbau der Verkehrwege und -mittel, besonders der Eisenbahn. Das zunehmende Angebot an Arbeitsplätzen, damit verbunden steigender Wohlstand und ein sprunghaftes Bevölkerungswachstum führten in den Nachkriegsjahrzehnten zu Veränderungen, die in ihren Ausmaßen die der vorausgegangenen Jahrhunderte weit übertrafen.

Im Mittelalter zeigte das Kreisgebiet das Bild einer zusammenhängenden Waldlandschaft mit nur langsam wachsenden Rodungsinseln, dünner Besiedlung und vorwiegend landwirtschaftlicher Nutzung. Aufgrund geringer Erträge der wenig fruchtbaren Böden und durch Erbteilung verkleinertem Grundbesitz bot die Landwirtschaft kaum eine ausreichende Ernährungsgrundlage, so daß die Mehrheit der Bevölkerung schon früh auf Nebenverdienste angewiesen war. Neu-Isenburg ist das Beispiel einer landwirtschaftlichen Siedlung, die, um 1700 von Hugenotten gegründet, nach kurzer Zeit ausschließlich durch ihre Heimindustrien existierte. Vielfach hatten nach dem 30jährigen Krieg fremde Zuwanderer neue Handwerkstechniken mitgebracht, die in die heimischen Haushalte Eingang fanden und die – wie etwa die Weberei in der Dreieich – zwischen 1700 und der Mitte des 18. Jahrhunderts eine wichtige Existenzgrundlage darstellten. Weitere verbreitete Gewerbezweige waren Strumpfwirkerei, Filzherstellung, Wäscherei und Möbelschreinerei in Neu-Isenburg; Ziegeleien in Langen, Sprendlingen und Hainhausen; Steinbrüche bei Langen, Dreieichenhain und Götzenhain; Zulieferhandwerk der Lederwarenherstellung in Offenbach, außerdem Korb-, Stuhl- und Mattenflechterei in Hausen, Obertshausen

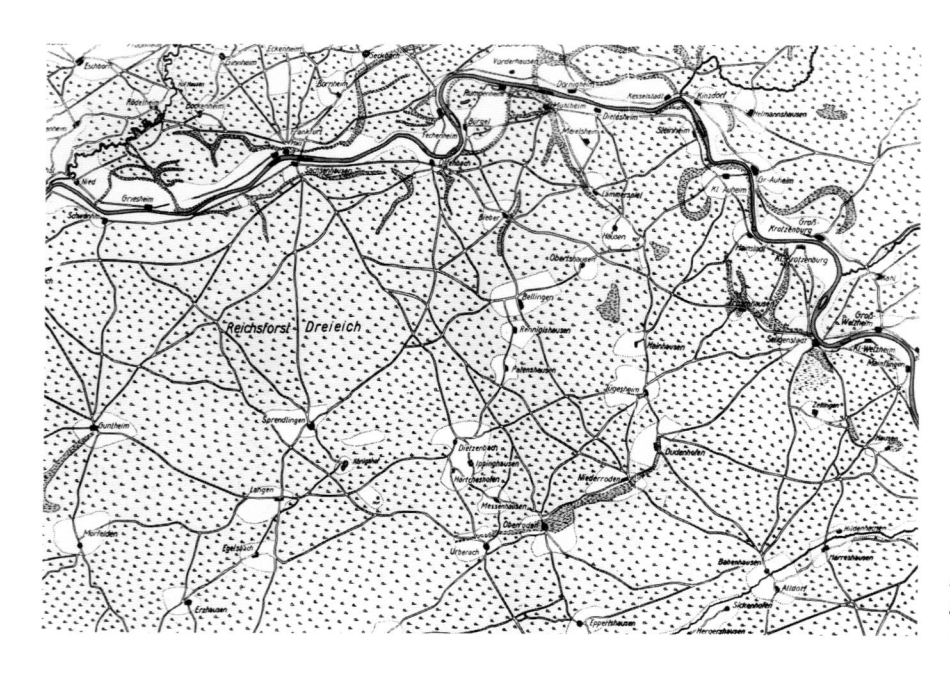

Das Kreisgebiet um 900, aus: Nahrgang, Stadt und Kreis Offenbach a. M., 1963

Einführung

und den Rodgau-Orten; Fischerei und Zigarrenherstellung sowie Torfgewinnung in den Mainorten und um Seligenstadt. Etliche dieser Erwerbszweige verloren durch die Mechanisierung ihre Konkurrenzfähigkeit, und bei gleichzeitigem Niedergang der Landwirtschaft war ein bedeutender Prozentsatz der Bevölkerung zur Auswanderung gezwungen; in Götzenhain verließen von ca. 600 Einwohnern 150 Personen, also ein Viertel der gesamten Bewohnerschaft, mit amtlicher Unterstützung die Heimat, um nach Amerika auszuwandern.

Das rasche Anwachsen der benachbarten Großstädte förderte das Baugewerbe, das aufkommende Maschinenzeitalter die Industrien. Dadurch fand ein großer Teil der ländlichen Bevölkerung als Arbeiter in den Städten neue Verdienstmöglichkeiten. Der bis dahin stetige, jedoch langsame Bevölkerungsanstieg erfuhr eine sprunghafte Entwicklung von etwa 45 000 Einwohnern im Gründungsjahr 1832 auf etwa 300 000 Einwohner 1982; das entspricht einer Zunahme der Dichte von 96 Einwohnern je qkm auf 817 Einwohner je qkm. Daran beteiligt war der Zustrom von etwa 30 000 Flüchtlingen nach dem 2. Weltkrieg, also 20% der damaligen Bevölkerung. Flächenmäßig einer der kleinsten hessischen Kreise, steht der Kreis Offenbach in Bezug auf Einwohnerzahl und -dichte an 2. Stelle und liegt mit der Zuwachsrate von 10% weit über dem Landesdurchschnitt. Von der Gesamtbevölkerung ist noch etwa 1% in der Landwirtschaft tätig gegenüber 35% 1861; damals waren schon 53% in Industrie und Gewerbe beschäftigt.
Der Entwicklungsvorsprung der Großstädte setzte starke Pendlerströme in Bewegung. Nach dem Eisenbahnbau seit Mitte des 19. Jahrhunderts – 1846 wurden die Main-Neckar-Bahn, 1882 die Strecke Hanau-Babenhausen, 1896/98 die Rodgau-Bahn eingeweiht – begann der Umwandlungsprozeß der Siedlungen von Bauern- in Arbeiterwohngemeinden. In der letzten Phase nach dem 2. Weltkrieg bildeten sich in den Orten des Kreises – oft aus anfänglichen Zulieferbetrieben für großstädtische Betriebe – eigenständige Industrien, zunächst im näheren Umkreis von Offenbach und Frankfurt, dann im ganzen Gebiet. Im Kreis Offenbach sind heute im hessischen Vergleich die meisten Betriebe angesiedelt.
Folge dieser Entwicklung war eine expansive Bautätigkeit, die eine Flächenausdehnung der Gemeinden auf ein Vielfaches des vorher über Jahrhunderte kaum veränderten Umfanges bewirkte. Dabei verwischten sich oft die Grenzen – eine Tatsache, der in der letzten Verwaltungsreform durch Zusammenschlüsse zu Großgemeinden Rechnung getragen wurde. Hauptsächlich wurde Acker- und Brachland in Wohn- und Industriegebiete umgewandelt; in der jüngsten Vergangenheit sind dadurch vor allem die Randzonen der Orte im Übergang zur Landschaft stark verändert worden.

Langen, Altstadt von Osten

Einführung

Territorialgeschichte

Nach der Besiedlung durch wechselnde vorgeschichtliche Kulturen gab die Ausdehnung des Römischen Reiches von der Rheingrenze über das östliche Rheinvorland und damit keltisches, von Germanen unterworfenes Siedlungsgebiet entscheidende Anstöße für dessen weitere Entwicklung. Die Verlegung der römischen Reichsgrenze nach Norden in die Wetterau und nach Osten an den Main, besonders der um 90 n. Chr. begonnene Ausbau zum Limes mit einer Vielzahl von Kastellen (im Kreisgebiet Seligenstadt und Hainstadt) zogen eine militärische und wirtschaftliche Organisation des neuen Hinterlandes nach sich. Zwar bot das unwirtliche Waldland für die Römer kaum Anreiz zur Ansiedlung, jedoch förderte ihr planmäßiger Straßenbau, auch für spätere Bewohner, dessen Erschließung; der kulturelle Einfluß der Römer machte sich trotz der relativ kurzen Besatzungszeit im südhessischen Gebiet geltend.

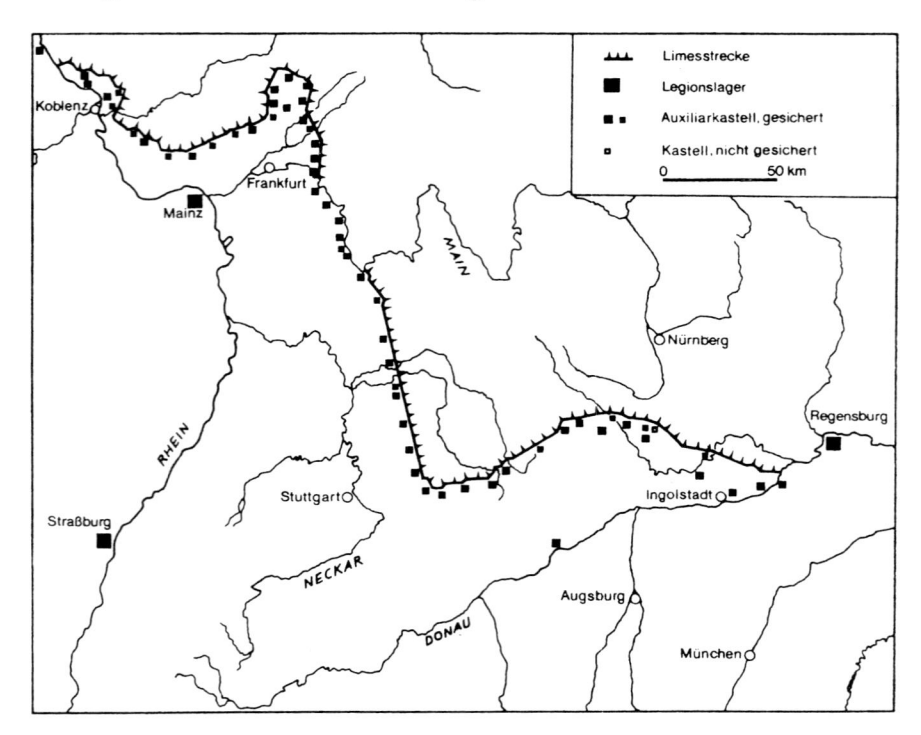

Der obergermanisch-raetische Limes am Anfang des 3. Jh. n. Chr., aus: Schultz, Die Geschichte Hessens, 1983

Der Limes bestand bis etwa 260 n. Chr., als die Römer von den siegreichen Alemannen zurückgedrängt wurden. Diese ließen sich im 4./5. Jahrhundert im Untermaingebiet nieder; einige Ortsgründungen im Kreis werden auf alemannische Ursprünge zurückgeführt.

Die Einbeziehung in das fränkische Reich nach dem Frankensieg 496 brachte sowohl das Christentum als auch eine neue Staatsordnung in das Rhein-Main-Gebiet. Eine Kontinuität zur römischen Zeit ergab sich aus dem Beibehalten einiger römischer Einrichtungen wie etwa des Straßennetzes und seiner Knotenpunkte, die in ihrem strategischen Wert erkannt wurden. Die fränkische Landnahme und Besiedlung ist aus Ortsnamen, Patrozinien und Bodenfunden annähernd rekonstruiert; eine schriftliche Überlieferung ist erst ab dem 8. Jahrhundert vorhanden. Dort werden innerhalb der Region die Landschaftsbezeichnungen „Rheingau" im Westen und „Maingau" im Osten genannt. Als neue Verwaltungseinheiten entstanden die Grafschaften mit vom König beauftragten Grafen. Aus der karolingischen Amtsgrafschaft entwickelte sich dann im Verlauf des Mittelalters die erbliche Territorialherrschaft.

Einführung

Die Karolinger förderten den Ausbau des Rhein-Main-Gebietes von der Randlandschaft zum Zentrum ihres Reichsgebietes östlich des Rheins. Im 8. Jahrhundert wurden die Klöster Hersfeld, Fulda, Lorsch und die königlichen Pfalzen Ingelheim, Trebur, Frankfurt gegründet und umfangreicher Fiskalbesitz in Reichsgütern gebildet, in der westlichen Dreieich als geschlossenes Gebiet, vereinzelt auch im Maingau. Jedoch konnte dieser Einflußbereich nicht gewahrt werden, da Rechte an Kirche und Adel als Stützen der Staatspolitik abgetreten werden mußten. Die ältesten urkundlichen Aufzeichnungen sind Güterverzeichnisse der durch Schenkungen zu ansehnlichem Besitz gelangten Klöster; Beispiele sind die Schenkung von Obermühlheim und weiteren Reichsgütern durch Kaiser Ludwig den Frommen an Einhard 815, der daraufhin die Abtei Seligenstadt gründete, oder die Schenkung der Mark Langen 834 an das Kloster Lorsch. Gleichzeitig trug die Erblichkeit der Reichsministerialenämter und die damit verbundene Möglichkeit zur Erweiterung von Grundbesitz und Einfluß zur Auflösung des Reichsgutes bei.

Im Westen des heutigen Kreisgebietes ist im Raum zwischen den Königspfalzen Frankfurt und Trebur und dem Königshof Hain (heute Dreieichenhain) die forestis Dreieich als zunächst geschlossenes Reichsgut anzunehmen, wo der König als alleiniger Grundherr außer dem Jagd- sämtliche Nutzungsrechte innehatte. Der Begriff des Wildbannforstes ging später in abgewandelter Bedeutung auf ein weit größeres Gebiet über. Die stetige Reduzierung des staufischen Reichsgutes endete 1372 mit dessen Verkauf an Frankfurt – der Rest besteht heute noch im Frankfurter Stadtwald. Gleichzeitig konnten die Reichsministerialen von Hagen, seit 1067 Vögte in Hain und als Dienstmannen des Königs mit der Wahrnehmung des Forst- und Wildbannes beauftragt, ihre Position zur Schaffung eines eigenen bedeutenden Territoriums ausbauen. Seit Mitte des 11. Jahrhunderts war der Jagdrechtsbezirk von der einstigen forestis als Wildbann Dreieich auf das gesamte Gebiet zwischen Rhein, Nidda, Main und Odenwald und damit auch über fremdes Grundeigentum ausgedehnt worden – ein Versuch restaurativer Machtfestigung und verwaltungsmäßiger Kontrolle von Seiten des Reiches, wie er auch im Maigericht 1338 deutlich wird, wo Ludwig der Bayer in einem Weistum die alten Wildbannrechte nochmals bestätigen und schriftlich niederlegen ließ. Die spätere Verlegung des Wildbanngerichtes vom traditionellen Ort Langen nach Hain unter den Einfluß der lokalen Herrschaft zeugt vom Schwinden der Staatsmacht.

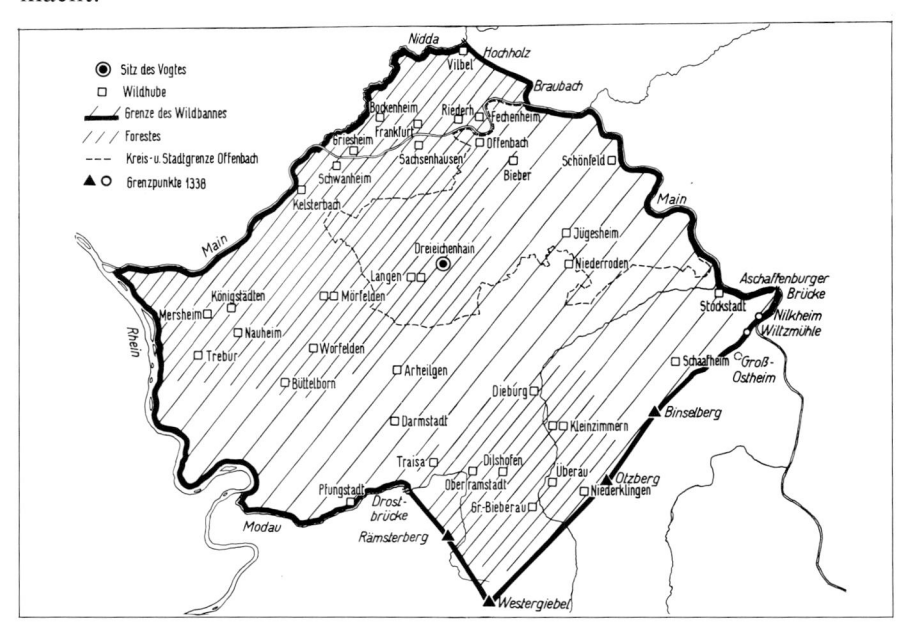

Der Wildbann Dreieich und seine Wildhuben, aus: Nahrgang, Stadt und Landkreis Offenbach a. M., 1963

Einführung

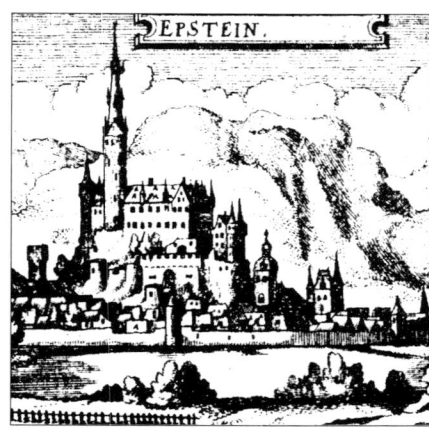

Münzenberg, Stich von Merian 1646

Eppstein, nach Meißner, um 1608

Die Herren von Hagen, die sich seit Mitte des 12. Jahrhunderts nach ihrem neuen Hauptsitz, der Burg Münzenberg in der Wetterau, benannten, hatten unter ihrer Herrschaft weite Gebiete des ehemaligen Reichsgutes um Hain mit Götzenhain und Offenthal, Langen, Egelsbach sowie daran westlich anschließende Ländereien, außerdem Dudenhofen und das Babenhäuser Gebiet vereinigt. Nach ihrem Aussterben 1255 ging das Hagen-Münzenbergische Erbe zu fünf Sechstel an die Herren von Falkenstein; ein Sechstel, darunter Dietzenbach, fiel an die Herren von Hanau. Sprendlingen und Heusenstamm hatte eine Seitenlinie der Hagen-Münzenberger, die Herren von Heusenstamm, teilweise zu Lehen.

Die Röder Mark im Jahr 1742 (Staatsarchiv Darmstadt)

Einführung

Im östlichen Kreisgebiet gelang es parallel dazu ebenfalls einem bedeutenden Ministerialengeschlecht, sich ein zusammenhängendes Territorium zu schaffen: Es waren die Herren von Hainhausen, die das Erbe der Maingaugrafen angetreten hatten und sich im ausgehenden 12. Jahrhundert nach ihrer Burg im Taunus von Eppstein benannten. Sie verlegten ihren Verwaltungssitz von Hainhausen nach Steinheim; zu diesem Amtsbezirk gehörten Mühlheim, Dietesheim, Meielsheim, Lämmerspiel, Hainstadt, Klein-Krotzenburg, Hainstadt, Jügesheim, Weiskirchen, Obertshausen, Rembrücken, Ober-Roden und Nieder-Roden sowie rechtsmainische Besitzungen.

Das einflußreiche Erzstift Mainz betrieb vor allem im 13. Jahrhundert eine zielstrebige Territorialpolitik am Untermain und vergrößerte das Gebiet seines Oberstiftes Aschaffenburg erheblich. Außer seit 1063 Seligenstadt umfaßte es innerhalb des Kreisgebietes Froschhausen, Klein-Welzheim, Mainflingen und Zellhausen.

Das Rhein-Main-Gebiet in der 2. Hälfte des 16. Jahrhunderts und 1848/49, nach: Schultz, Die Geschichte Hessens, 1983

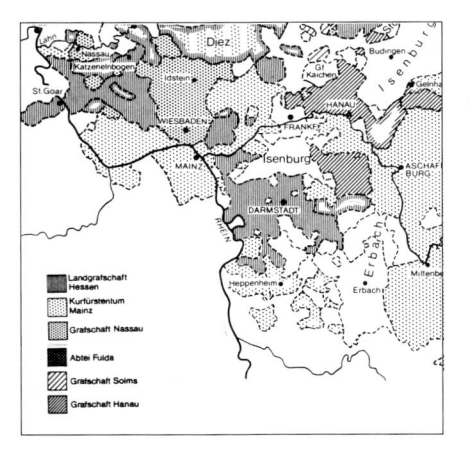

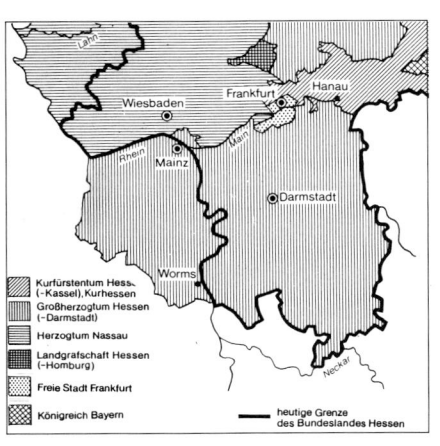

Der Beginn des 15. Jahrhunderts brachte eine Zäsur in der Entwicklung des inzwischen durch starke territoriale Zersplitterung gekennzeichneten Rhein-Main-Raumes. Nach 1418 ging das umfangreiche Falkenstein-Münzenbergische Erbe an die Grafen von Isenburg, die es zunächst mit Solms und Sayn teilten, aber schließlich ganz übernehmen konnten; 1425 kamen die Eppsteinischen Besitzungen durch Verkauf an das Erzstift Mainz, das damit für sein mainisches Gebiet ganz erheblichen Zuwachs erhielt.

Im östlichen Kreisgebiet waren außerdem – mit Ursprüngen möglicherweise in den alten fränkischen Zentbereichen – aus Zusammenschlüssen jeweils mehrerer benachbarter Gemeinden die Markgenossenschaften mit eigener Verfassung entstanden; ihr Ziel war eine Nutzungskontrolle des Gemeinschaftseigentums an Wald. Dazu zählten die Bieger-, Auheimer-, Röder- und Obermark, deren Rechte jedoch durch die grundherrliche Obrigkeit systematisch eingeschränkt wurden, so daß sie zwar nominell bis ins 18./19. Jahrhundert bestanden, tatsächlich aber schon vorher vorwiegend in Mainzer Territorium aufgingen.

Während sich im Osten die Vorherrschaft des Kurfürstentums Mainz konsolidierte und sich – bis auf einen Hanauer Anteil in Dudenhofen, der 1736 an Hessen-Kassel fiel – im wesentlichen bis 1803 behaupten konnte, teilte sich im Westen die Grafschaft Isenburg-Büdingen 1556 in die Linien Ronneburg mit dem Amt Langen einschließlich Egelsbach und Birstein mit dem Amt Offenbach, umfassend Sprendlingen und Neu-Isenburg; Burg und Stadt Hain blieb gemeinschaftlich. 1687 spaltete sich die Paragialherrschaft Isenburg-Philippseich mit Götzenhain, Offenthal und Urberach ab. Der Ronneburger Anteil ging 1600 durch Verkauf an die Landgrafschaft Hessen-Darmstadt. Heusenstamm wurde durch die Grafen von Schönborn 1661 übernommen, ebenso Hausen, Obertshausen und 1741 Patershausen.

Nach Säkularisation 1803 und Rheinbundakte 1806 erhielt der zum Großherzog erhobene Landgraf von Hessen-Darmstadt die gesamten linksmainischen Besitzungen von Kurmainz, während der rechtsmainische Teil dem Königreich Bayern zugeschlagen wurde. Isenburg-Birstein, inzwischen Fürstentum und zunächst mit Souveränitätsrechten über die anderen Isenburgischen Linien wie auch über Schönborn ausgestattet, kam nach dem Wiener Kongreß mit seinen südmainischen Besitzungen 1816 an Hessen-Darmstadt.

Einführung

Besiedlungsgeschichte

Die Besiedlung des Kreisgebietes in vorgeschichtlicher Zeit war je nach Lebensgrundlage der einzelnen Kulturen – Ackerbau oder Viehzucht – abhängig von Landschaft, Bodenqualität und Vegetation; diese wiederum veränderten sich mehrfach durch wechselnde Klimaeinflüsse. So wurden teils Niederungen, teils höhere Lagen zur Ansiedlung bevorzugt, wobei immer Quellen und Wasserläufe wichtige Voraussetzungen darstellten. Ein bevorzugtes Siedlungsland waren durchgängig die Senken des Maintales. Erste heute noch sichtbare Kulturzeugnisse sind die an zahlreichen Stellen des Kreisgebietes, etwa im Wald der Koberstadt bei Langen, auftretenden Grabhügel, die meist der Hallstadt-Kultur des 8. bis 6. Jahrhunderts v. Chr. zugeordnet werden können. In der Folgezeit dürften sich vereinzelte keltische und germanische Siedlungen über die gesamte Gegend südlich des Mains ausgebreitet haben.

Die erste systematische Erschließung dieser Region „Civitas Auderiensium" (Verwaltungsbezirk Dieburg) betrieben die Römer durch den Bau eines Netzes von Steinstraßen. Vom ebenfalls von den Römern eingeführten Steinbau ist so gut wie nichts erhalten; die Quader des Kastells Seligenstadt waren schon früh für den Bau der dortigen karolingischen Kirchen wiederverwendet worden.

Unter römischer Besatzung war eine wahrscheinlich kelto-germanische Mischbevölkerung relativ unbehelligt geblieben. Sie trieb Tauschhandel mit den Römern und blieb auch nach deren Abzug von den nachfolgenden Alemannen und sonstigen Bewegungen der Völkerwanderung weitgehend verschont. Die Besiedlung zwischen der vorfränkischen Periode ab 260 n. Chr. und der letzten staufischen Gründungszeit bis 1200 kann anhand der Ortsnamen in verschiedenen Phasen nachvollzogen werden.

Demnach gehören zu den ältesten Gründungen solche, deren Namen auf keltische oder germanische Ursprünge zurückgehen, wie Limmersbugil (Limares villa) und Rotaha, also Lämmerspiel, Ober- und Nieder-Roden; außerdem Urberach. Eine weitere Gruppe mit der Endung -ingen wird alemannischen Gründungen als Schwerpunkten der Urmarken zugeschrieben: Sprendlingen und Langen, das früh verschwundene Bellingen, Mainflingen. Die fränkische Besiedlung vollzog sich zunächst in einer ersten Phase entlang des Mains, wo eine Reihe von Orten mit den Endungen -heim, -burg, -stadt entstand: Klein-Welzheim, Obermühlheim (später Seligenstadt), Klein-Krotzenburg, Hainstadt, Dietesheim, Mühlheim; dann wurden verkehrszentrale Punkte im Inneren des Landes – Langen, Jügesheim, Dietzenbach – besetzt. Eine weitere Phase, die in karolingischer Zeit mit großen Rodungen die östlichen Gebiete kultivierte – daher Rodgau –, ging mit Gründung der -hausen, -brücken, -hofen, -kirchen-Orte einher: Dudenhofen, Hainhausen, Weiskirchen, Hausen, Obertshausen, Rembrücken, auch Egelsbach gehört hierzu. In die staufische Zeit fallen die Gründungen der -hain-Orte Dreieichenhain und Götzenhain, außerdem Heusenstamm, im Zuge einer weiteren Rodungsperiode, in der nun auch der westliche Bereich des ehemaligen Königsforstes Dreieich dichter besiedelt wurde.

Einführung

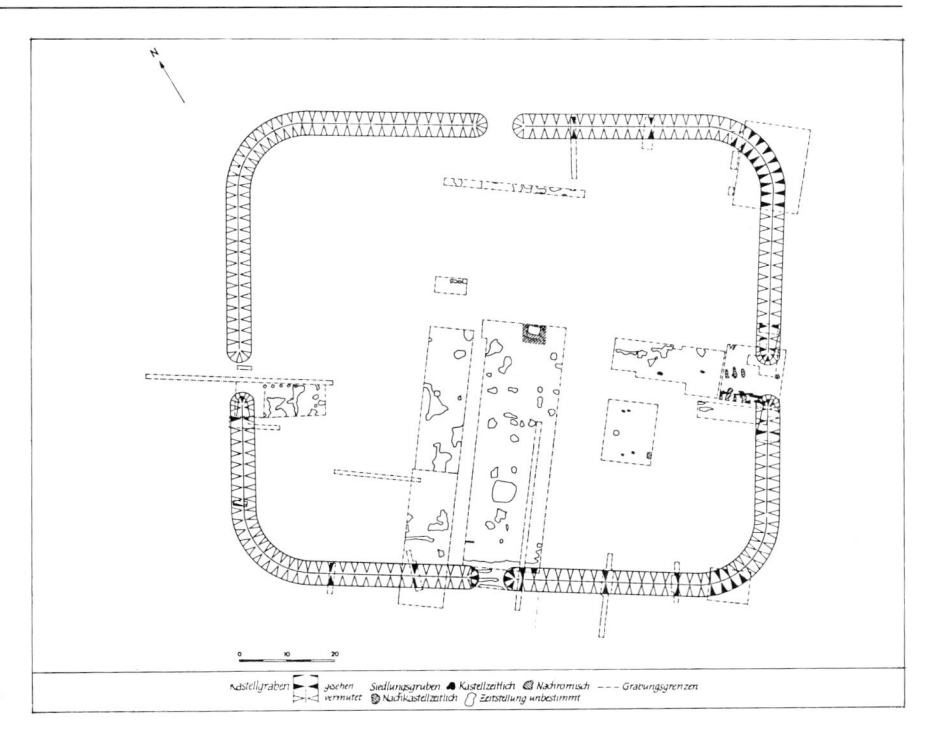

Das Kastell Hainstadt, Grabungsbefund

Zu Beginn des 14. Jahrhunderts war die vorerst höchste Siedlungsdichte erreicht; in der Folge wurden einige Orte zu Wüstungen, etwa Meielsheim bei Mühlheim, Richolfshausen und Ippingshausen bei Dietzenbach, Hausen bei Zellhausen.

Herrschaftliche Hofgründungen des 16. Jahrhunderts sind das von Heusenstamm angelegte befestigte Gut Gravenbruch und das durch Isenburg errichtete Gut Neuhof. Das schönbornsche Hofgut Patershausen wurde um die Mitte des 18. Jahrhunderts auf den Ruinen des im 30jährigen Krieg zerstörten vormalig münzenbergischen Klosters erbaut.

Der 30jährige Krieg brachte einen entscheidenden Einschnitt in der Besiedlungs- und Bevölkerungsentwicklung; die durch ihn verursachten Schäden machten sich über Jahrzehnte hinweg bemerkbar. Die Bevölkerung wurde in einem solchen Maß dezimiert, daß sie nur langsam wieder den vorherigen Stand erreichte. Manche Dörfer wurden durch Brand völlig zerstört, die meisten stark in Mitleidenschaft gezogen, einige blieben jahrelang unbewohnt. So kann man heute mit einiger Sicherheit davon ausgehen, daß die vorhandenen Fachwerkbauten des Kreises – ausgenommen die Städte Seligenstadt, Dreieichenhain und Mühlheim, wo sich auch ältere Fachwerksubstanz erhalten hat – ausnahmslos nach dem 30jährigen Krieg entstanden sind.

Die einzige Gründung auf Basis eines Idealplanes innerhalb des Kreisgebietes ist die Hugenottensiedlung Neu-Isenburg, 1699 auf unbebautem Gelände zur Ansiedlung einer Gruppe von Glaubensflüchtlingen aus Frankreich durch den isenburgischen Landesherrn angelegt. Das 19. Jahrhundert brachte zwar keine eigenen Gründungen hervor, jedoch förderte die Industrialisierung das großflächige Wachstum der schon vorhandenen Orte durch den neuen Typ der Arbeiterwohnsiedlungen. Im Gegensatz dazu steht die Villenkolonie Buchschlag von 1905 als neuer und im Kreis einmaliger Typus der Waldsiedlung für eine gehobene städtische Bewohnerschicht. Eine weitere Gründung des 20. Jahrhunderts ist die im Verband mit dem Zeppelin-Flughafen geplante Wohngemeinde Zeppelinheim aus den 30er Jahren. Die in der Nachkriegszeit entstandenen zahlreichen modernen Wohnsiedlungen besitzen den Charakter von Vororten.

Einführung

Siedlungsformen

Da die Landschaft des Kreises Offenbach keine besonders ausgeprägten Formationen aufweist, besitzen die traditionellen Siedlungsformen keine von daher bestimmten außergewöhnlichen Eigenarten. Ausschlaggebend für Niederlassungen waren grundsätzlich Bachläufe oder Quellen, woraus sich in der Regel eine Lage in den zugehörigen Niederungen ergab. Weiter waren von Bedeutung wichtige Verkehrsverbindungen, wie die alte Bergstraße von Frankfurt nach Darmstadt oder die Mainuferstraße.
Ältere Streusiedlungen verdichteten sich zu Haufen- oder Straßendörfern, wobei die Kirche inmitten eines zugehörigen Friedhofes – oft als Wehrkirchhof ummauert – das Zentrum bildet. Ausgesprochene Marktplätze sind nur in den Städten vorhanden. Haufen- und Straßendörfer sind nicht immer klar zu trennen, da bei den Haufendörfern oft die Tendenz zum linearen Wachstum entlang der Durchfahrtsstraßen vorherrscht, während umgekehrt die Straßendörfer sich durch den Ausbau von Parallelstraßen in die Breite entwickeln.
Insgesamt ist im östlichen Gebiet die Straßendorfform vorherrschend. Am Main ist die Richtung durch Ufer und Uferstraße vorgegeben, wie in Mainflingen; für die Rodgauorte gilt dasselbe, hier laufen Rodaubach und Straße parallel und bestimmen die Richtung der Dorfanlage, wie in Nieder-Roden. Im Grundriß relativ klar erhalten hat sich das Bild auch in Froschhausen, hier mit geschwungenem Straßenverlauf, oder in Rembrücken, wo allerdings die alte Ortsstraße ihre Bedeutung verloren hat, zugunsten einer neuen, diagonal kreuzenden Landstraße. Ein besonders charakteristisches Ortsbild dieser Gruppe zeigt Dudenhofen.

Einen eher diffusen Grundriß besitzt Urberach, wo sich mehrere Straßen im Mittelpunkt kreuzen und der Ort sich nach allen Seiten sternförmig ausbreitet; in Zellhausen ist eine ursprünglich wohl umfriedete Form nicht eindeutig erkennbar. In beiden Orten ist das Zentrum durch die Kirche markiert. Hingegen ist im Offenthaler Grundriß mit zwei verbundenen Parallelstraßen die früher umfriedete Ovalform nachvollziehbar, ähnlich in Jügesheim mit den noch vorhandenen traditionellen Bezeichnungen von Vorder- und Hintergasse. Ein ausgeprägtes Zweistraßendorf, wo die Kirche wie bei den letztgenannten Orten an der Querverbindung liegt, ist Egelsbach.

Eine deutliche Rund- und Ovalform ist in Ober-Roden kombiniert mit einem konzentrischen Straßensystem, in Götzenhain mit einem annähernd rechtwinkligen Raster und in Dietzenbach mit einer Mischform dieser Straßengrundrisse. Hierbei zeichnet sich Dietzenbach durch die Höhenlage seiner Kirche aus, die dadurch zwar an den Rand des Ortskernes gerückt ist, aber trotzdem das Bild beherrscht; in den beiden anderen Orten ist die Lage der Kirche nah am geometrischen Mittelpunkt. Auch hier sind die Umrisse durch eine frühere Befestigung, üblicherweise aus Wall, Graben und Gebück, eingegrenzt. Je nach Bemessung konnte der Ort sie nicht ganz ausfüllen wie in Offenthal, sie wurde schon früh durchbrochen und aufgegeben, wie in Obertshausen, oder, im Beispiel der späten Gründung Götzenhain, langsam durch Bebauung ausgefüllt und ist noch in einem Ring von Gartenparzellen sichtbar erhalten.

Die Ortsränder sind in den meisten Fällen durch neuere Bebauung unkenntlich geworden; historische Situationen blieben nur am Mainufer und einzelnen Beispielen wie dem Scheunenrand von Dudenhofen bestehen.

Einführung

links: Ortsbilder
Dreieichenhain
Langen
Dudenhofen
Dudenhofen, alter Ortsrand

rechts: Ortskerne, Maßstab 1:25000

Froschhausen
Mainflingen
Nieder-Roden

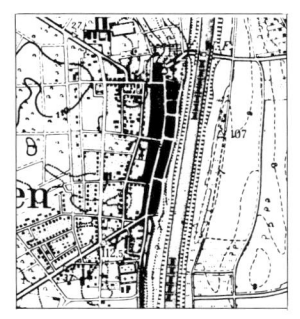

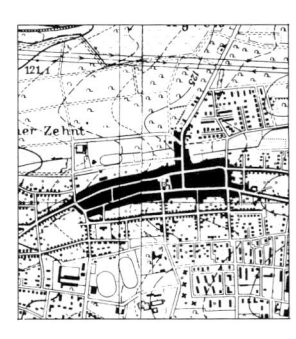

Egelsbach
Offenthal
Urberach

Dietzenbach
Ober-Roden
Götzenhain

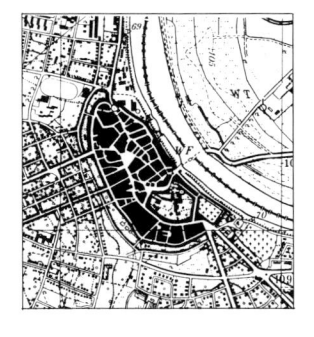

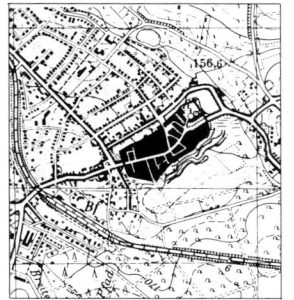

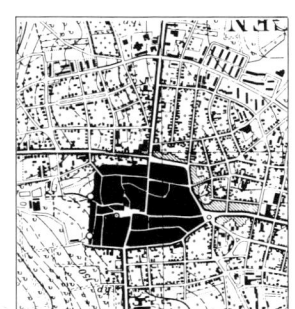

Seligenstadt
Dreieichenhain
Langen

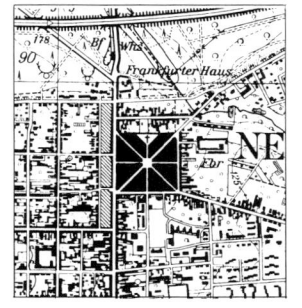

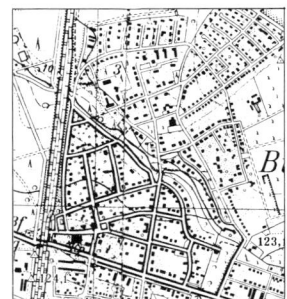

Heusenstamm
Neu-Isenburg
Buchschlag

Einführung

Von den befestigten Orten mit heute noch weitgehend oder teilweise erhaltener Stadtmauer zeigen Seligenstadt und Dreieichenhain im Kern eine „gewachsene", Langen dagegen eine nahezu planmäßig viereckige Form. Heusenstamm, von dessen möglicher Befestigung nur ganz geringe Mauerreste verblieben sind, erfuhr als Schönborn-Residenz eine fast städtische Entwicklung.

Seligenstadt, eine karolingische Klostergründung mit zur staufischen Stadt ausgebauter zugehöriger Siedlung in Überlagerung eines römischen Kastells, hat von diesem keine oder nur fragmentarisch Strukturen übernommen. Die staufische Stadt mit Ausrichtung auf die Kaiserpfalz ist zwischen Marktplatz und Main erkennbar. Die gotische Erweiterung mit der Stadtmauer legt sich ringförmig an den mainabgelegenen Seiten um das nun mit Marktplatz und Abtei zweipolige Zentrum.

Dreieichenhain entwickelte sich aus einem Königshof als Verwaltungsmittelpunkt des Reichsforstes und dessen Ausbau zur staufischen Burg mit zugehöriger Burgmannensiedlung als Stützpunkt des herrschenden Adels. Einseitig erweitert durch eine vorgelagerte gotische Vorstadt, wurden Burg und Stadt durch die bastionär ausgebaute Befestigung zu einem zusammenhängenden Komplex vereint.

In Langen, einem befestigten Ort ohne Adelssitz, ist der fast quadratische Ortskern nur im Osten durch eine in Resten erhaltene Stadtmauer, im Westen durch Gräben und Dämme gesichert.

Heusenstamm ist als Siedlung ähnlich Dreieichenhain im Schutz einer Wasserburg entstanden, blieb von dieser jedoch räumlich getrennt. Der Renaissance-Schloßbau ist eigenständig, die spätere Überformung des Parkgeländes und auch der Hauptachse des Ortes mit dem Kirchplatz zeigen Ansätze einer planerischen Stadtgestaltung barocker Prägung.

Der manchmal formbestimmende Festungsbau wurde früh eingeschränkt durch das Burgbannrecht der Stadt Frankfurt, das seit 1336 mit einem Verbot der Errichtung fester Stadtmauern für die umliegenden Orte verbunden war. Die Bewohner genossen das Schutzrecht in Frankfurt gegen zu leistende Festungsdienste. Dasselbe galt für einen kleineren Bezirk um Seligenstadt.

Eine weitere Art der Befestigung nicht nur zum Schutz der Bewohner, sondern auch zur Abgrenzung von Herrschaftsgebieten und Sicherung von Zolleinnahmen stellten die Landwehren dar, seit Anfang des 14. Jahrhunderts als Kombination von Gräben und Wällen mit Gebück um einige Gemarkungen angelegt. Zugänge waren durch Warten und Schlagbäume gesichert. Zwar verloren die Landwehren bald an Bedeutung, wurden jedoch stellenweise bis ins 18. Jahrhundert instand gehalten und sind heute noch im Bodenprofil erkennbar.

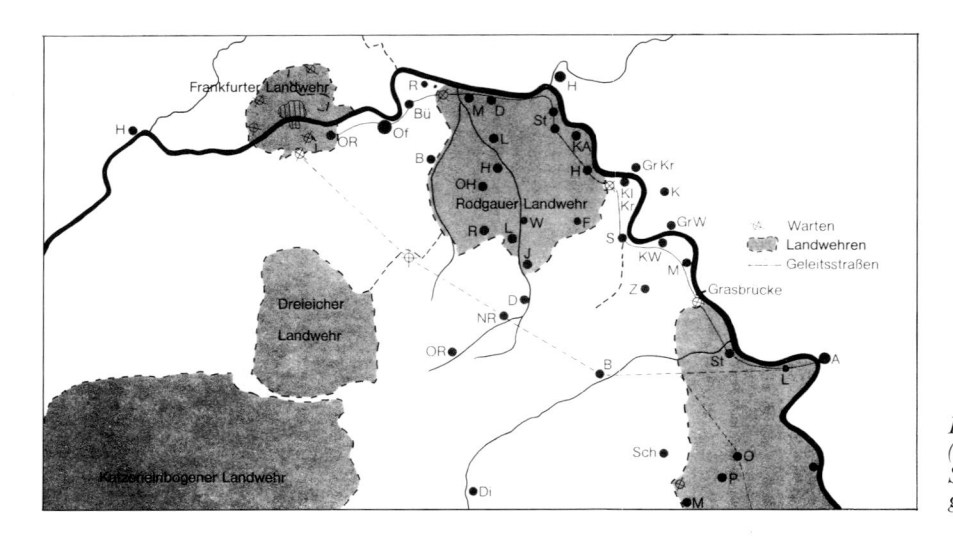

rechts:
Egelsbach, Rheinstraße
Sprendlingen, Hauptstraße

Die Landwehranlagen am Untermain (nach Pelissier), aus:
Schopp, Die Seligenstädter Stadtbefestigung, 1982

Einführung

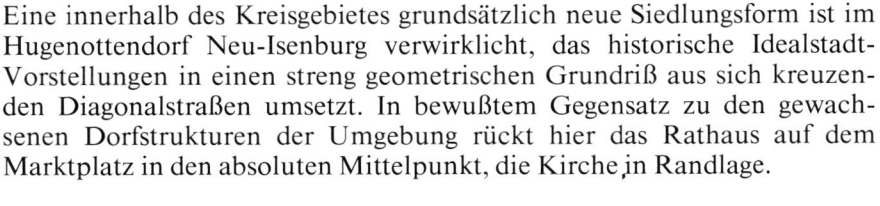

Eine innerhalb des Kreisgebietes grundsätzlich neue Siedlungsform ist im Hugenottendorf Neu-Isenburg verwirklicht, das historische Idealstadt-Vorstellungen in einen streng geometrischen Grundriß aus sich kreuzenden Diagonalstraßen umsetzt. In bewußtem Gegensatz zu den gewachsenen Dorfstrukturen der Umgebung rückt hier das Rathaus auf dem Marktplatz in den absoluten Mittelpunkt, die Kirche in Randlage.

In der Villenkolonie Buchschlag dagegen findet man den Rückgriff auf althergebrachte dörflich-ländliche Strukturen, die durch großzügige Flächenerweiterungen dem neuen gehobenen Bedarf angepaßt sind.

Die Ortserweiterungen des industriellen Zeitalters unterscheiden sich ebenfalls von den traditionellen Mustern der alten Ortskerne und heben sich im Grundriß durch das streng rechtwinklige Straßenraster deutlich ab. Ihre Lage ist durchweg vorgegeben durch den nun wichtig gewordenen Bahnanschluß, in dessen Richtung sich die Schwerpunkte tendenziell verlagern. Im Ergebnis stehen oft der in seiner Struktur (nicht Bausubstanz) mittelalterliche Ortskern und das neuere Zentrum fast beziehungslos nebeneinander.

Die Siedlungserweiterungen des 20. Jahrhunderts zeichnen sich durch ihren vergleichsweise immensen Flächenbedarf aus, so daß die alten Orte in Umriß und Beziehung zur Landschaft selten erkennbar bleiben. Einzelne Gemeinden verschmelzen, wie im Rodgau, zu zusammenhängenden Siedlungsbändern, während gleichzeitig das von einer agrarischen Lebensform geprägte Bild der Ortskerne durch Nutzungsveränderungen aufgelöst wird.

Sprendlingen, Flächenentwicklung 1800–1979

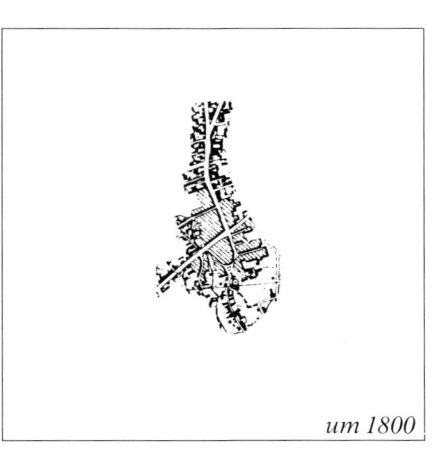

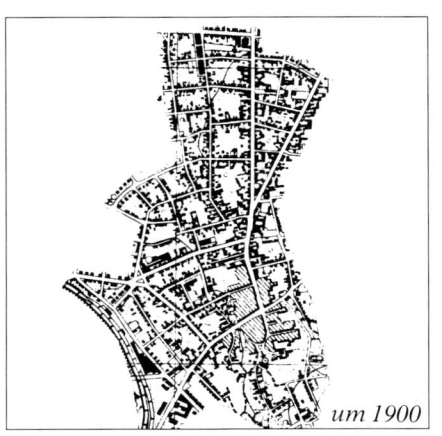

um 1800

um 1900

1979

Einführung

Bauformen

Bauern- und Ackerbürgerhöfe

Da sich die Siedlungen des Kreises in der Mehrzahl aus Bauerndörfern entwickelt haben, ist die vorherrschende Bauform das landwirtschaftliche Gehöft. Auch in alten Städten wie Dreieichenhain und Seligenstadt überwiegt dieser Typus der historischen Bauten.

Dominierend wie in den meisten Gebieten Hessens ist hier das fränkische Gehöft, das in den Siedlungen durch eine gleichförmige Reihung seiner zweigeschossigen, giebelständigen Fachwerkwohnhäuser den Straßenraum bildet und prägt. Die Hoffläche wird nach hinten abgeschlossen durch eine quergestellte, also zum Wohnhaus rechtwinklig gelegene Scheune, die aus Fachwerk oder Bruchstein errichtet sein kann; an Ortsrändern trennt sie den Hof von der außen liegenden Gartenparzelle. In der Urform dieses Gehöfts ist der Stall Teil des Wohnhauses, in der weiteren Entwicklung ist er meist ausgelagert und verbindet Wohnhaus und Scheune zur Form des Hakenhofes.
Der Hof ist zur Straße hin abgeschlossen durch das inzwischen selten gewordene Holztor mit Pforte und Sandsteinpfeilern oder einen für manche Orte früher charakteristischen hölzernen Torbau mit Pforte, darüber Gitterfachwerk, und Ziegelabdeckung (Beispiel Jügesheim, Vordergasse 53), an dessen Stelle heute durchweg moderner Ersatz getreten ist. Fachwerkgiebel und Holztore ergaben in ihrem rhythmischen Wechsel einheitliche, je nach Dichte der Abfolge aber in den einzelnen Orten variierte Dorfbilder. (Abb. S. 29)

Weiskirchen, historisches Straßenbild
Undatierte Aufnahme aus: Der Kreis Offenbach in Wort und Bild, 1927

Einführung

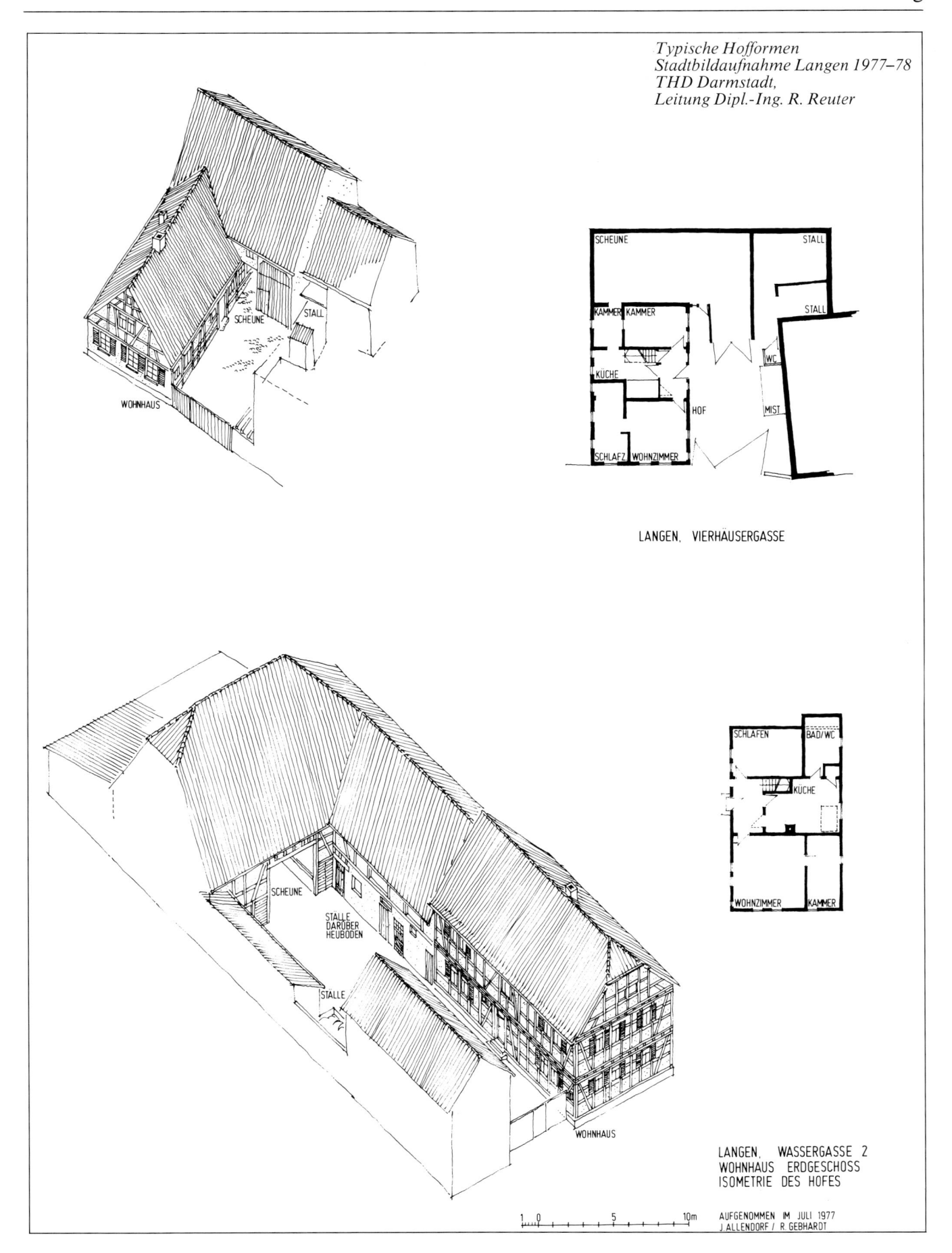

*Typische Hofformen
Stadtbildaufnahme Langen 1977–78
THD Darmstadt,
Leitung Dipl.-Ing. R. Reuter*

LANGEN, VIERHÄUSERGASSE

LANGEN, WASSERGASSE 2
WOHNHAUS ERDGESCHOSS
ISOMETRIE DES HOFES

AUFGENOMMEN IM JULI 1977
J. ALLENDORF / R. GEBHARDT

Einführung

Aus dem unterschiedlichen sozialen Status der Bewohner resultiert eine Differenzierung der Anwesen von der Kleinform mit eingeschossigem Wohnhaus – oft auch Handwerker- oder Nebenerwerbshof – bis zum stattlichen Vollerwerbshof als dreiseitigem Komplex mit mehreren Nebengebäuden.

Die Gehöftform ist je nach Siedlungsart in Proportion und Anlage abgewandelt. Eine gängige und weitverbreitete Form auf rechteckigem Grundstück findet sich unter anderem in Dietzenbach; hier entsprechen die Abstände zwischen den Wohnhäusern etwa deren Giebelbreite.

Im Straßendorf Dudenhofen hat sich auf extrem langen und schmalen Parzellen eine gestreckte Hofform herausgebildet, wobei in machen Fällen zwei Wohngebäude als Doppelhofreite hintereinanderliegen. Die Abstände zwischen den Wohnhäusern sind deutlich geringer als die Hausbreite.

In Seligenstadt ergeben die Ackerbürgerhöfe in städtischer Ausprägung mit zweigeschossig-traufständigen, aneinandergebauten Wohnhäusern einen geschlossenen Straßenraum; die Hofeinfahrten sind mit einem Geschoß überbaut. Dieser in Seligenstadt überwiegende Bautypus tritt im übrigen Gebiet nur vereinzelt auf.

rechts: 2-zoniger Grundriß, 18. Jh., Dreieichenhain
3-zoniger Grundriß, um 1830, Urberach
Nieder-Roden, Karolinger Straße
Klein-Krotzenburg, Krotzenburger Straße

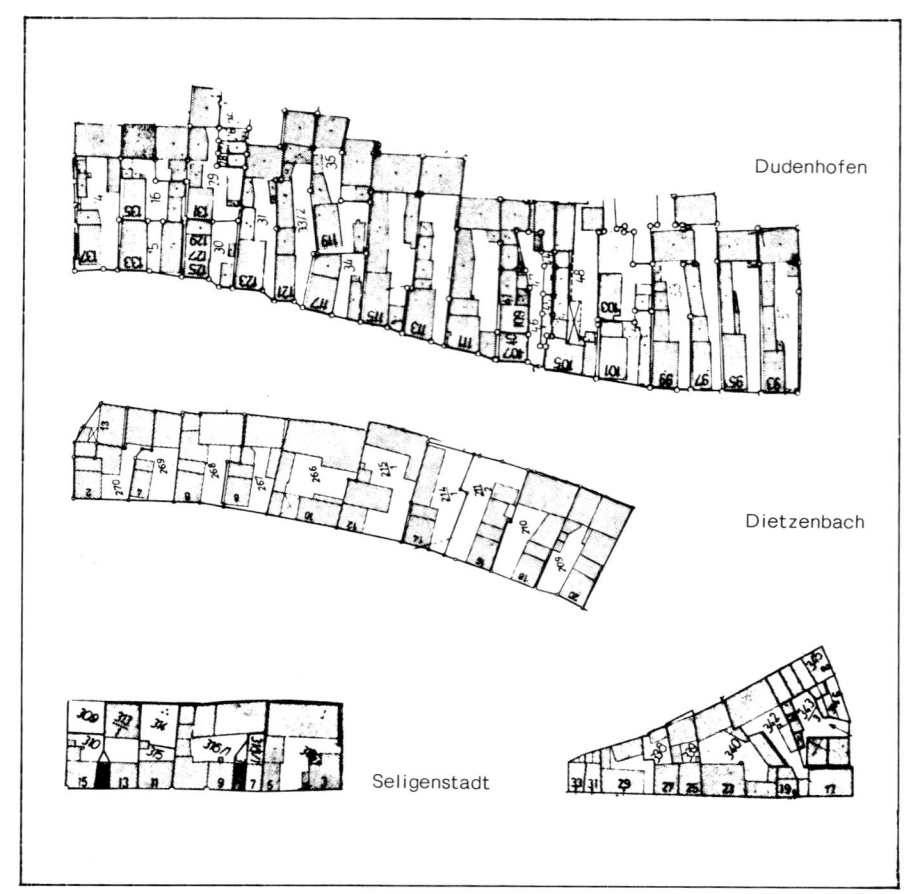

Gehöftformen – Grundrißstrukturen in Dudenhofen, Dietzenbach und Seligenstadt

Einführung

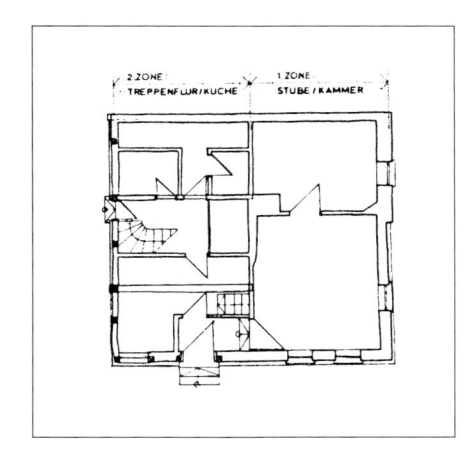

Die Innenaufteilung der Fachwerk-Wohnbauten ist seit dem Mittelalter fast unverändert beibehalten worden; sie wurde auch in den Steinbau des 19. Jahrhunderts zunächst übernommen. Am häufigsten findet man den dreizonigen Grundriß mit traufseitigem Mitteleingang in den anfangs offenen Ern mit Feuerstelle, später mit abgetrennter Küche, sowie Zugängen zur auf die Straßenseite orientierten Wohnstube, zum rückwärtigen Stall – später Kammer – und zum Obergeschoß; hier wieder mit derselben Aufteilung in Schlafkammern. Wo der Stall ausgelagert wurde, ist das Fachwerk dieses Bereiches meist durch Mauerwerkswände ersetzt. Eine im Prinzip ähnliche Einteilung zeigt der zweizonige Grundriß mit der Teilung Küche/Treppe und Stube/Kammer.

Als Dachform für Wohn- und Nebengebäude ist fast ausschließlich das Satteldach gebräuchlich, oft mit Krüppelwalm; nur vereinzelt gibt es Mansard- oder Walmdächer.

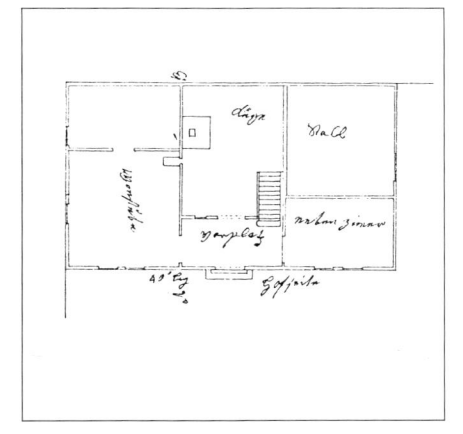

Wenn sich auch die Hausform über Jahrhunderte prinzipiell nicht veränderte, so ist in Konstruktion und Gestaltung die Entwicklung ablesbar. Eines der wenigen spätmittelalterlichen Beispiele des Kreises in Mühlheim, erbaut um 1500, ist charakterisiert durch stark dimensionierte Hölzer, überblattete gebogene Eck- und Bundstreben als Vorläufer der späteren Mannfigur, gebogene Fußbänder, starke Vorkragung des Obergeschosses auf Knaggen. (Abb. S. 28)

Das Haus in Froschhausen, um 1700, zeigt eine für dörfliche Verhältnisse außerordentlich reiche Gestaltung, in dieser Form selten: Mannfiguren mit geschwungenen Streben und geschnitzte Knaggen, Brüstungszier aus verschlungenen Andreaskreuzen mit Rauten oder Kreisen; die Vorkragung ist geringer und an der Giebelseite mit profilierten Brettern verschalt. Bei Häusern dieses Typs finden sich häufig als Zierformen einfache Andreaskreuze, Feuerböcke, genaste S-Streben wie bei dem Beispiel aus Seligenstadt, außerdem Schnitzerei – Taumotiv, Masken – an den Eckständern.

Ein exemplarisches Gebäude des 18. Jahrhunderts, geradezu der Prototyp, ist das Beispiel aus Hausen; dieser Typus stellt in seinen Abwandlungen die Mehrzahl der Fachwerkbauten im Kreis. Hier dominiert die Mannfigur, die nun breiter gespreizt ist. Zierformen kommen kaum noch vor; in diesem Fall beschränken sie sich auf eine schwache Profilierung der Schwelle, die oft auch ersetzt ist durch abgerundete Füllhölzer. Das Obergeschoß kragt meist nur nach einer oder zwei Seiten, giebel- oder traufseitig, aus. Eine im Seligenstädter Raum typische Zierform ist das „barock" geschwungene Fußband.

Am Endpunkt dieser Entwicklung steht die im folgenden als „konstruktiver Typ" bezeichnete Hausform: das großdimensionierte Wohngebäude mit Krüppelwalm und einem Fachwerkverband aus geraden Hölzern in rechtwinkligem Raster; die Eckstreben verbinden Schwelle und Rähm ohne Berührung des Eckständers. Geschoßüberstand und jegliche Zierformen sind weggefallen; das Gerüst ist auf die konstruktiv notwendigen Teile reduziert bei gleichzeitiger Vergrößerung von Volumen und Raumhöhe.

Eine Entwicklung des 19. Jahrhunderts ist die mit dem Aufkommen zahlreicher Ziegeleien verbundene Verbreitung der Massivbauweise, die auch auf den Dörfern aufgegriffen wird und bei der Anpassung der Fachwerkbauten an den Zeitgeschmack Anwendung findet. Systematisch wird oft das Fachwerk der Giebelwände durch Mauerwerk, verputzt oder mit Klinkerornament, ersetzt; der dörfliche Charakter wird zugunsten eines eher städtischen Bildes aufgegeben.

Einführung

Fachwerkformen bei Wohnhäusern

um 1500:
Mühlheim – Seligenstadt

um 1700:
Froschhausen – Seligenstadt

um 1750:
Hausen – Seligenstadt

um 1800:
Langen – Seligenstadt

Einführung

Geschnitzte Eckständer in Dudenhofen (1), Dreieichenhain (2, 3), Seligenstadt (4, 5)

Hoftore und Torpfosten in Jügesheim (6), Dietzenbach (7), Nieder-Roden (8), Egelsbach (9, 12), Offenthal (10), Langen (11), Götzenhain (13, 14)

29

Einführung

Dreieichenhain: Gasthaus zur alten Burg, Trierischer Hof

Seligenstadt: Marktplatz, Große Maingasse

Bürgerhäuser

Eine als städtisch zu bezeichnende Bauform ist im Kreis auf Seligenstadt beschränkt; Dreieichenhain, das schon seit dem Mittelalter Stadtrechte hatte, unterscheidet sich in seiner Bebauung prinzipiell kaum von den Dörfern der Region. Auf die über Jahrhunderte beibehaltene Begrenzung durch eine Mauerbefestigung ist besonders in den Städten, aber auch in befestigten Dörfern oder Marktflecken eine größere Bebauungsdichte zurückzuführen. Dazu kommen eine oft aufwendigere Bauweise und spezielle Haustypen, wie Gasthäuser, Zunfthäuser, Amts- und Rathäuser, die im Stadtbild dominieren, oder Gebäudekomplexe wie Burgmannen- und Amtshöfe in Dreieichenhain, die zur Straße durch eine feste Mauer mit Portal abgeschlossen sind. Die Wohnhäuser der Bevölkerung – außer Ackerbürgern auch Handwerker, Händler, Beamte – unterscheiden sich nicht wesentlich von den Bauernhäusern.

In Seligenstadt, das durch seine Lage an einer Fernhandelsstraße und mit dem Kloster als kulturellem Zentrum früh an Bedeutung gewann, brachte der erworbene Wohlstand repräsentative Gebäude, besonders um den Marktplatz, hervor. Die giebelständigen, teils dreigeschossigen, reichverzierten Fachwerkbauten des 15. bis 17. Jahrhunderts besaßen manchmal im Erdgeschoß eine offene Halle, die jedoch später verbaut wurde. Die Mehrzahl der Wohnhäuser – darunter zahlreiche Ackerbürgerhäuser – bilden eine traufständige geschlossene Bebauung, in der Regel zwei-, gelegentlich dreigeschossig. Die Entstehungszeiten reichen vom Spätmittelalter bis ins ausgehende 18. Jahrhundert, die verschiedenen Epochen dokumentieren sich in künstlerisch gestalteten Bauteilen wie Portalen, Haustüren und Zierfachwerk. Im 19./20. Jahrhundert kommen Ladeneinbauten hinzu.

*Seligenstadt
Grundriß Aschaffenburger Straße 11*

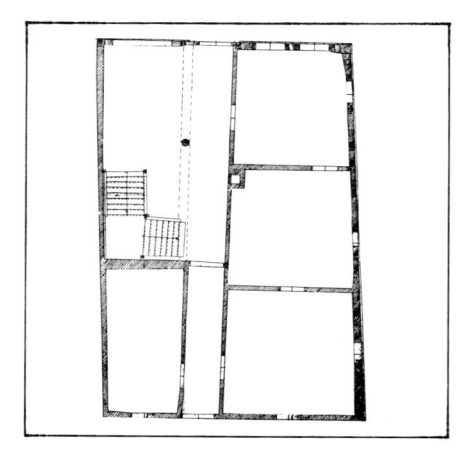

Einführung

Aus dem Straßengrundriß können sich verwinkelte Grundstücksformen ergeben, die bei voller Flächenausnutzung zu unregelmäßigen, vom Rechteck abweichenden Grundrissen führen.

Industrialisierung und gesellschaftlicher Wandel brachten nach der Jahrhundertwende, den veränderten Ansprüchen folgend, neue Wohnformen mit sich: herausragendes Beispiel ist die Villenkolonie Buchschlag, entstanden in den ersten beiden Jahrzehnten dieses Jahrhunderts, mit ihren Landhäusern, in deren Architektur sich Einflüsse von Tradition, Jugendstil und Moderne vereinen.
Ähnliche Einflüsse haben sich, wenn auch in abgeschwächter Form, in weiteren Orten niedergeschlagen; etwa in Langen oder, übertragen auf eine verdichtete Bauweise, in Neu-Isenburg.

Buchschlag, Ernst-Ludwig-Allee
Neu-Isenburg, Friedensallee

Rathäuser, Amtshäuser

Langen
Rathaus, Grundriß

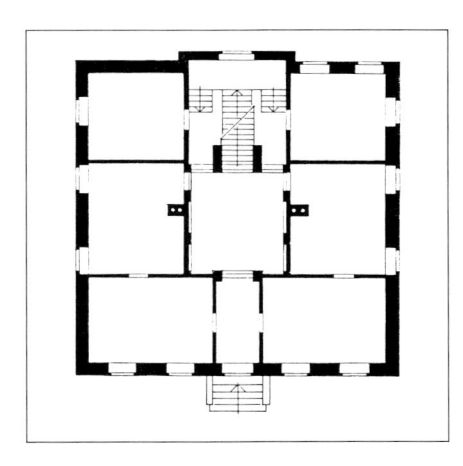

Die von Langen und Seligenstadt bekannten spät- und nachmittelalterlichen Fachwerk-Rathäuser wurden im beginnenden 19. Jahrhundert zugunsten neuer Bauten abgebrochen, wie auch in anderen Orten die ältesten Rathäuser, meist einfache Fachwerkhäuser ohne besondere typologische Eigenarten, nicht erhalten sind.
Die Mehrzahl der im Kreis verbreiteten historischen Rathäuser – inzwischen oft zweckentfremdet – sind Bauwerke des 19. Jahrhunderts, so etwa die sehr ähnlichen Rathäuser von Seligenstadt und Langen, erbaut 1823 und 1826, im regional üblichen klassizistischen Stil der Moller-Nachfolge. Dieser kubische Rathaustyp steht besonders dominant im Umfeld der älteren Fachwerkbebauung. In weiteren Beispielen findet man eine Variation klassizistischer Formen, die das Gebäude aus der Umgebung herausheben und formal seiner Bedeutung gerecht werden sollen, wobei oft Parallelen zu Schulbauten derselben Zeit bestehen. In Beispielen um und nach 1900, wie Sprendlingen 1910 oder Froschhausen 1930, findet man im Heimatstil eine Rückkehr zu traditionellen Formen und Materialien, etwa in der Verwendung von Fachwerk.

Einführung

Die Amtshäuser stellen einen Gebäudetypus dar, der nach dem 18. Jahrhundert in dieser Form nicht mehr bestand und daher heute nur in wenigen Bauten erhalten ist; wie die Beispiele aus Dreieichenhain von 1605 und Heusenstamm, 18. Jahrhundert, unterscheidet er sich durch repräsentativere Gestaltung und städtebauliche Wirkung von den Wohnbauten der Bevölkerung.

Dreieichenhain, ehemaliges Isenburgisches Amtshaus
Heusenstamm, ehemaliges Amtshaus

Seligenstadt, Rathaus
Ober-Roden, altes Rathaus (ehemalige Schule)

Sprendlingen, Rathaus
Froschhausen, Rathaus

Einführung

Heusenstamm, ehemalige Schule
Zellhausen, ehemalige Schule

Heusenstamm, Adalbert-Stifter-Schule
Ober-Roden, Trinkbornschule

Zellhausen
Grundriß der ehemaligen Schule

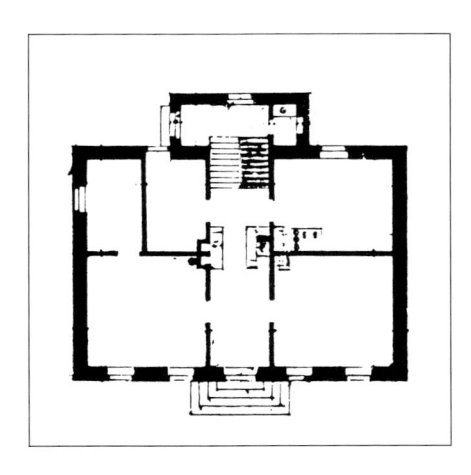

Schulen

Bei den Schulbauten läßt sich eine ganz ähnliche Entwicklung beobachten wie bei den Rathäusern; etliche Schulen sind im Lauf der Zeit auch als Rathäuser umgenutzt worden, wie die Beispiele von Heusenstamm, Zellhausen, Ober-Roden und Götzenhain zeigen.

Die ältesten Schulhäuser des Kreises waren gewöhnliche Fachwerkbauten, wie das noch erhaltene Beispiel von Neu-Isenburg, erbaut kurz nach 1700, zeigt. Eine herrschaftliche Stiftung ist der Barockbau 1744 in Heusenstamm, wo eine repräsentative Gestaltung das öffentliche Gebäude ausweist. Zellhausen, 1830, ist ein Beispiel für den Schulbau des 19. Jahrhunderts auf dem Land, wo mit einfachsten Mitteln, in bescheidenen, strengen klassizistischen Formen, oft eingeschossig, sich ein häufiger Typ des Zweckbaus entwickelt. Diese starre Form wird abgelöst durch einen moderneren Typus, der, freier im Grundriß, sich an örtlichen Gegebenheiten orientiert, dabei funktionellen Anforderungen unter anderem mit größeren Glasflächen entspricht bei gleichzeitig reicherer formaler Gestaltung; im Heusenstammer Beispiel von 1880 sind Motive aus der Schinkel-Tradition entlehnt. Die um die Jahrhundertwende entstandenen Schulen nehmen, vergleichbar den Rathäusern, zeitgenössische Strömungen auf – Jugendstil in Langen 1906 – oder bedienen sich historisierender Formen – Neorenaissance und Heimatstil in Ober-Roden, um 1900, und Mainflingen, 1908.

Einführung

*Seligenstadt
Einhardsbasilika,
Darstellung bei Merian 1646*

Kirchen

Die Kirchenbauten des Kreises gehen oft zurück auf romanische Ursprünge, auch wenn sich von den Erstbauten meist keine sichtbaren Bauteile erhalten haben; vielerorts sind die Fundamente ergraben.

Ältester bestehender und zugleich bedeutendster Sakralbau ist die Einhardsbasilika in Seligenstadt. Als dreischiffiges Kirchengebäude dieser Größe mit wesentlichen Bauteilen aus karolingischer Zeit, fertiggestellt um 836, ist sie einmaliges und herausragendes kulturhistorisches Denkmal, gleichzeitig prägender Bestandteil der Seligenstädter Stadtsilhouette. Die heutige Erscheinung ist gekennzeichnet durch Erweiterungen und Umbauten aus staufischer Zeit, des Barock und des 19. Jahrhunderts.

Eine Vielzahl von Dorfkirchen geht auf gotische Vorgängerbauten zurück, deren spätere Erweiterungen, unter Verlust der ursprünglichen Ost-West-Ausrichtung, oft Bauteile wie Chor oder Turm beibehalten. Die Kirchen dieses Stils besitzen häufig Wehrcharakter mit massivem, geschlossenem Turm und Ummauerung des Kirchhofes; in Offenthal, Sprendlingen, Dietzenbach und Mühlheim ist der wehrhafte Ausbau ansatzweise noch erkennbar, in Nieder-Roden steht der gotische Turm neben dem Neubau des 19. Jahrhunderts.

Zahlreiche Erweiterungen oder Neubauten fallen, nach den Auswirkungen des 30jährigen Krieges, in die Zeit nach 1700 und sind als schlichte und schmucklose Barockbauten ausgeführt, so Dietzenbach, Sprendlingen, Götzenhain, Dudenhofen. Eine Ausnahme bleibt die prächtige Barockkirche von Heusenstamm, vollendet 1744, als Bau des renommierten Baumeisters Balthasar Neumann in Auftrag des ortsansässigen Hauses Schönborn.

Der standardisierte Typ einer klassizistischen Landkirche nach Entwurf Georg Mollers ist in den Kirchen von Mainflingen und Urberach – weitere außerhalb des Kreises – von 1821 verwirklicht, wenn auch mit nachträglichen Veränderungen.

*Egelsbach
Grundriß der Kirche, gotische Kapelle mit späteren Erweiterungen*

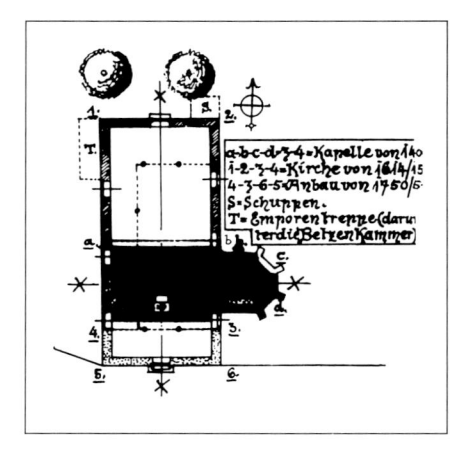

Einführung

Offenthal, Sprendlingen

Mainflingen, Nieder-Roden

Besonders verbreitet sind im Kreis die neugotischen Kirchen des späten 19. Jahrhunderts, die mit stattlichen Dimensionen und in zentraler Lage die meisten Ortsbilder beherrschen.
Auf romanisierende Formen greifen Bauten in Seligenstadt und Hainstadt, beide Mitte des 19. Jahrhunderts, zurück; ebenso ein Bau von 1910 in Neu-Isenburg. Beispiele neubarocker Formgebung bieten Obertshausen, 1912, und Bauten der 20er und 30er Jahre wie Rembrücken und Klein-Krotzenburg.

Die Friedhofs- und Wegekapellen, vorwiegend im östlichen, traditionell katholischen Kreisgebiet, sind meist schlichte Bauten des 19./20. Jahrhunderts. Auch hier bildet Heusenstamm durch seine Friedhofskapelle mit wertvollem Barock-Stuck die Ausnahme.

Grabsteine in der Kirchhofmauer
Dietzenbach
Kapelle in Messenhausen

Einführung

Dreieichenhain, Burg Hain
Heusenstamm, ehemalige Wasserburg

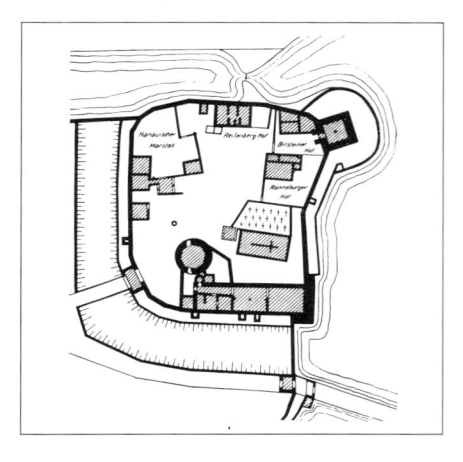

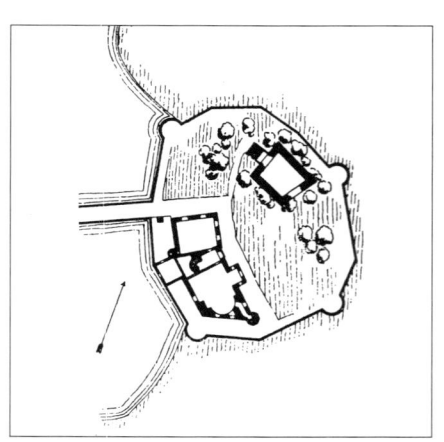

Grundrisse Burg Hain und ehemalige Wasserburg Heusenstamm

Burgen

Der in der Region des Kreises Offenbach vertretene Burgentyp ist die Wasserburg in Tallage, in ihrer ältesten Form ein wehrhafter Wohnturm mit einfacher oder doppelter Ringmauer und Wassergraben. Von diesen Bauten des 10./11. Jahrhunderts sind einige Standorte im Gelände bekannt, durch Grabung untersucht oder noch in Bodenformen erkennbar, so bei Obertshausen, Hainhausen, Mainflingen. Ebenso gehen die als Ruinen erhaltenen Burgen von Dreieichenhain und Heusenstamm auf diesen Burgentyp zurück. Hier sind die steinernen Wohntürme auf fast quadratischem Grundriß teilweise erhalten.

In Dreieichenhain wurde der Turm bei der staufischen Burgerweiterung als Flankenturm in die neue Ringmauer einbezogen; dazu kamen Bergfried, Palas, Kapelle und Nebengebäude, außerdem die befestigte Burgmannensiedlung im Vorfeld. Nach Umbauten der Gotik und Renaissance verfiel die Burg seit dem 18. Jahrhundert.

In Heusenstamm wurde die Turmburg Teil eines erweiterten Gebäudekomplexes, der innerhalb eines neuen Mauerringes lag; nach dem Schloßneubau des 17. Jahrhunderts außerhalb der Burg wurden Teile davon abgebrochen, der Rest im 19. Jahrhundert im Zuge der Romantik verändert.

Dreieichenhain
Grundriß der ersten Turmburg mit doppelter Ringmauer
Grundrisse aus: Nahrgang, Stadt und Landkreis Offenbach a. M., 1963

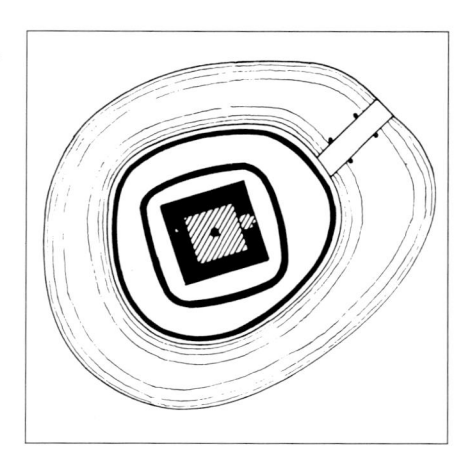

Einführung

Langen, Stumpfer Turm
Seligenstadt, Wehrturm

Dreieichenhain, Untertor
Seligenstadt, Niedertor

Dreieichenhain, Stadtbefestigung

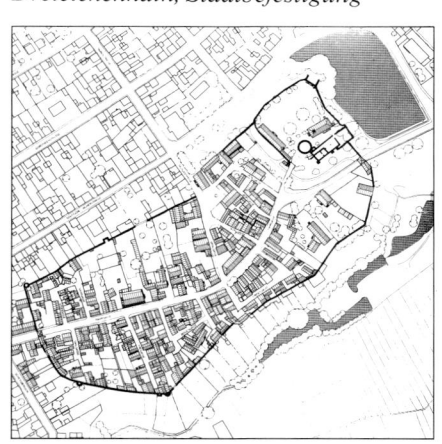

Stadtbefestigungen

Feste Stadtmauern sind in Seligenstadt, Dreieichenhain und Langen in Fragmenten erhalten, geringe Überreste in Heusenstamm. In Dietesheim gibt es Teile einer gemauerten Ortswehr des 17. Jahrhunderts. Sonst waren Hecken und Gräben zum Schutz der Dörfer üblich, oft in Verbindung mit Wehrkirchhöfen und -türmen. Auch den Stadtmauern waren zur Verstärkung Gräben, Wälle, Weiher, Vorwerke, in Dreieichenhain Bastionen vorgelagert, die hier im Außenbereich noch als Bodenformation erkennbar sind.

In Langen sind zwei runde Bollwerkstürme der Befestigung, die den Ort zur Hälfte umschloß, mit Mauerteilen wohl aus dem 14. Jahrhundert erhalten. Drei runde Türme in Seligenstadt sind wie die Mauer Bauten des 15. Jahrhunderts. In Dreieichenhain entstand die Stadtbewehrung in zwei Abschnitten, das gotische Tor wurde in die romanische Mauer eingesetzt. Im kurz nach 1600 erbauten Torturm von Seligenstadt überwiegt schon die repräsentative Gestaltung als Stadteingang vor dem Verteidigungscharakter.

Einführung

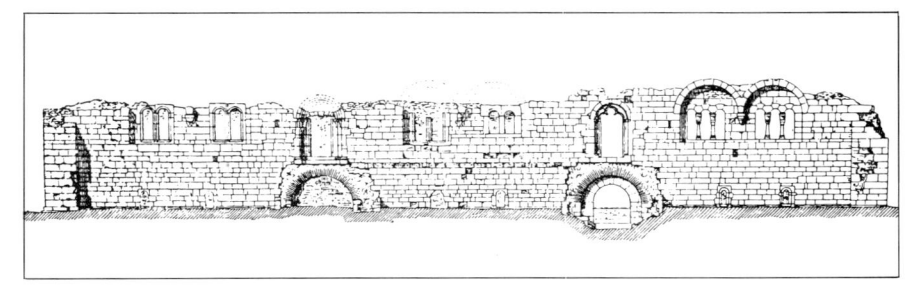

Seligenstadt, Kaiserpfalz

Heusenstamm, Schloß

Schloß Wolfsgarten

Schlösser, Residenzen, herrschaftliche Bauten

Die Schloßbauten des Kreises können kaum verallgemeinernd betrachtet werden, da sie hinsichtlich Entstehungszeit und stilistischer Einordnung jeweils Einzelfälle sind.

Als Vorläufer und ältestes Beispiel des Herrschersitzes – bei dem im Gegensatz zu den Burgen als Adelssitzen der repräsentative Charakter im Vordergrund steht – kann die staufische Kaiserpfalz in Seligenstadt, erbaut im 11./12. Jahrhundert, gelten; hier werden schon Symmetrie und Achsialität als Merkmale späterer Repräsentationsarchitektur vorweggenommen.

Einen umfangreichen Schloßbau besitzt der Kreis im Schönbornschen Schloß in Heusenstamm, einem breitgelagerten, zweigeschossigen Gebäude in einfachen Formen der späten Renaissance, ursprünglich wehrfähig durch Flankentürme und Wassergraben. Zunächst vierflügelig geplant, kam nur die Vorderfront zur Ausführung. Von barocken Parkanlagen sind Reste erhalten. Der Ortseingang, gleichzeitig Zugang zum Schloß, ist durch den Repräsentationsbau des triumphbogenartigen barocken Tores aufgewertet.

In Philippseich wurde in einem ehemaligen herrschaftlich isenburgischen Tiergarten ein bescheidenes Jagdschloß um 1700 erbaut und um 1800 durch einen zweigeschossigen Mansarddachbau erweitert; mit Nebengebäuden gruppiert sich die Anlage locker im Waldgelände.

Ebenfalls als Jagdschloß wurde Wolfsgarten 1721 für den Landgrafen von Hessen-Darmstadt errichtet. Die eingeschossigen Gebäude sind streng symmetrisch um einen weiten Hof angeordnet, der weitläufige Park mit verschiedenen Kleinbauten, teilweise des Jugendstils, geht in die Waldlandschaft über und gibt der Schloßanlage den Charakter eines Land- oder Sommersitzes.

Schloß Heusenstamm, Grundriß

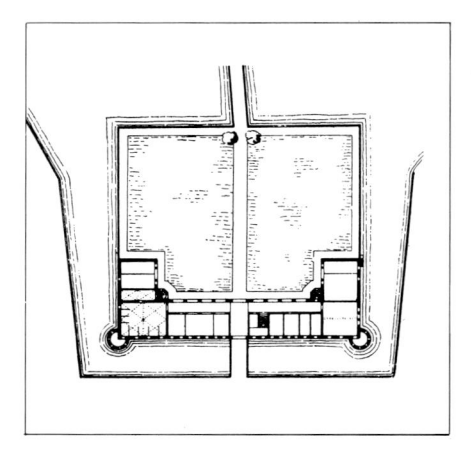

Einführung

Die auf eine karolingische Gründung zurückgehende Klosteranlage Seligenstadt hat während verschiedener Epochen Umbauten und Erweiterungen erfahren, jedoch überwiegen heute die einfachen, stattlichen Bauformen der letzten Blütezeit um 1700. Die barocken Bauten haben die ursprüngliche Anordnung weitgehend beibehalten, sie werden ergänzt durch einen geometrisch angelegten Garten. Derselben Epoche gehören die beiden villenartigen Gebäude an, die kurz nach 1700 als Sommersitze der Äbte erbaut wurden: das Wasserschloß Klein-Welzheim und das heutige Pfarrhaus in Klein-Krotzenburg. Sie zeigen kubische barocke Formen mit Mansarddach und lagen ursprünglich inmitten weiter Gartenanlagen.

In den herrschaftlichen Gutshöfen von Neuhof und Patershausen wird eine ähnliche Architektur in den Mansarddachgebäuden der Herrenhäuser aus dem 18. Jahrhundert wiederholt.

Ehemalige Sommerhäuser der Abtei Seligenstadt:
Wasserburg Klein-Welzheim
Pfarrhaus Klein-Krotzenburg

Hofgut Patershausen, Herrenhaus
Hofgut Neuhof, Herrenhaus

Seligenstadt, Portal zum Klosterhof
Heusenstamm, Torbau

Einführung

Ober-Roden, ehemaliges Gaswerk
Jügesheim, Wasserturm

Bauten der Technik, der Industrie und des Verkehrs

Trotz – oder vielmehr wegen – der frühen und schnell fortschreitenden Industrialisierung in der Region ist die Zahl der Industrie- und technischen Denkmäler im Kreisgebiet verhältnismäßig gering, da hier die Entwicklung mit stetiger Erneuerung verbunden war.

Technische Bauten wie das ehemalige Gaswerk von Ober-Roden, um 1910 (1984 abgebrochen), oder die Ziegelei in Hainstadt von 1887 bleiben Einzelfälle.

Die drei Wassertürme in Jügesheim, Mühlheim und Seligenstadt, gleichzeitig in den 30er Jahren erbaut und zu markanten Orientierungspunkten in der flachen Landschaft geworden, sind in historisierenden Formen ausgeführt, die den technischen Zweck nur in Jügesheim klar zutage treten lassen.

Die Häufung eines Bautyps kommt nur vor bei den Stationsgebäuden der Rhein-Neckar-Bahn, seit 1846, und der Rodgaubahn, seit 1896/98. Für die Bahnhöfe sind Standardtypen entwickelt und örtlich variiert worden; weitere Bahnstrecken besitzen hiervon abweichende Bahnhofsbauten.

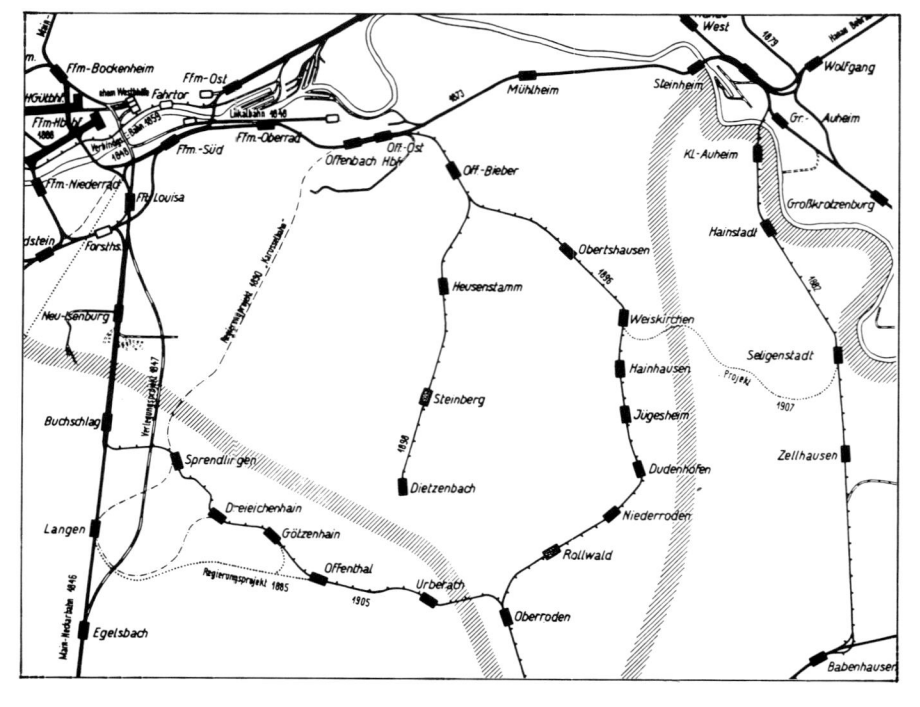

Ausbau des Eisenbahnnetzes im Kreis Offenbach, aus: Nahrgang, Stadt und Landkreis Offenbach a. M., 1963

Bahnhof Obertshausen, historische Aufnahme

Einführung

Steinkreuz bei Offenthal, Bildstock bei Klein-Welzheim, Grenzstein zwischen Urberach und Messel

Friedhofskreuz in Heusenstamm, Kriegerdenkmal und Judenfriedhof in Dreieichenhain

Ruhestein an der Straße Offenbach-Sprendlingen, historische Aufnahme aus: Der Kreis Offenbach in Wort und Bild, 1927

Klein- und Flurdenkmäler

Zu den ältesten Flurdenkmälern gehören die inschriftlosen Steinkreuze, Sühnekreuze des 13. bis 16. Jahrhunderts, im Kreisgebiet besonders häufig.
Die noch zahlreich vorhandenen Grenzsteine – Gütersteine, Gemarkungs- und Landesgrenzsteine, in der Mehrzahl aus dem 18. Jahrhundert – konnten im folgenden Katalog nicht einzeln aufgeführt werden.
Ruhesteine als Verkehrsdenkmäler des 18. Jahrhunderts stehen meist nicht mehr am ursprünglichen Ort.

Wege- und Feldkreuze, Bildstöcke und -säulen, Heiligenstatuen kommen ausschließlich im traditionell katholischen Gebiet des Rodgau und um Seligenstadt vor und sind, bis auf die oft ins 19. Jahrhundert zu datierenden Wegekreuze, überwiegend Werke des 18. Jahrhunderts.
Ebenso stammen die verbreiteten Friedhofskreuze aus dem 19. Jahrhundert. Bei den Kriegerdenkmälern 1870/71 überwiegt die Form des Obelisken; sie sind fast immer vom anfänglichen Standort in der Ortsmitte auf Fried- und Kirchhöfe versetzt. Alte, oft barocke Grabsteine sind häufig in die Kirchhofmauern eingelassen. Die sieben Judenfriedhöfe des Kreises wurden meist in der 2. Hälfte des 19. Jahrhunderts angelegt, die Ummauerungen und eine unterschiedliche Anzahl von Grabsteinen sind erhalten. Gedenksteine und Bildwerke sind fast durchweg aus örtlichem Sandstein hergestellt.

Dietzenbach

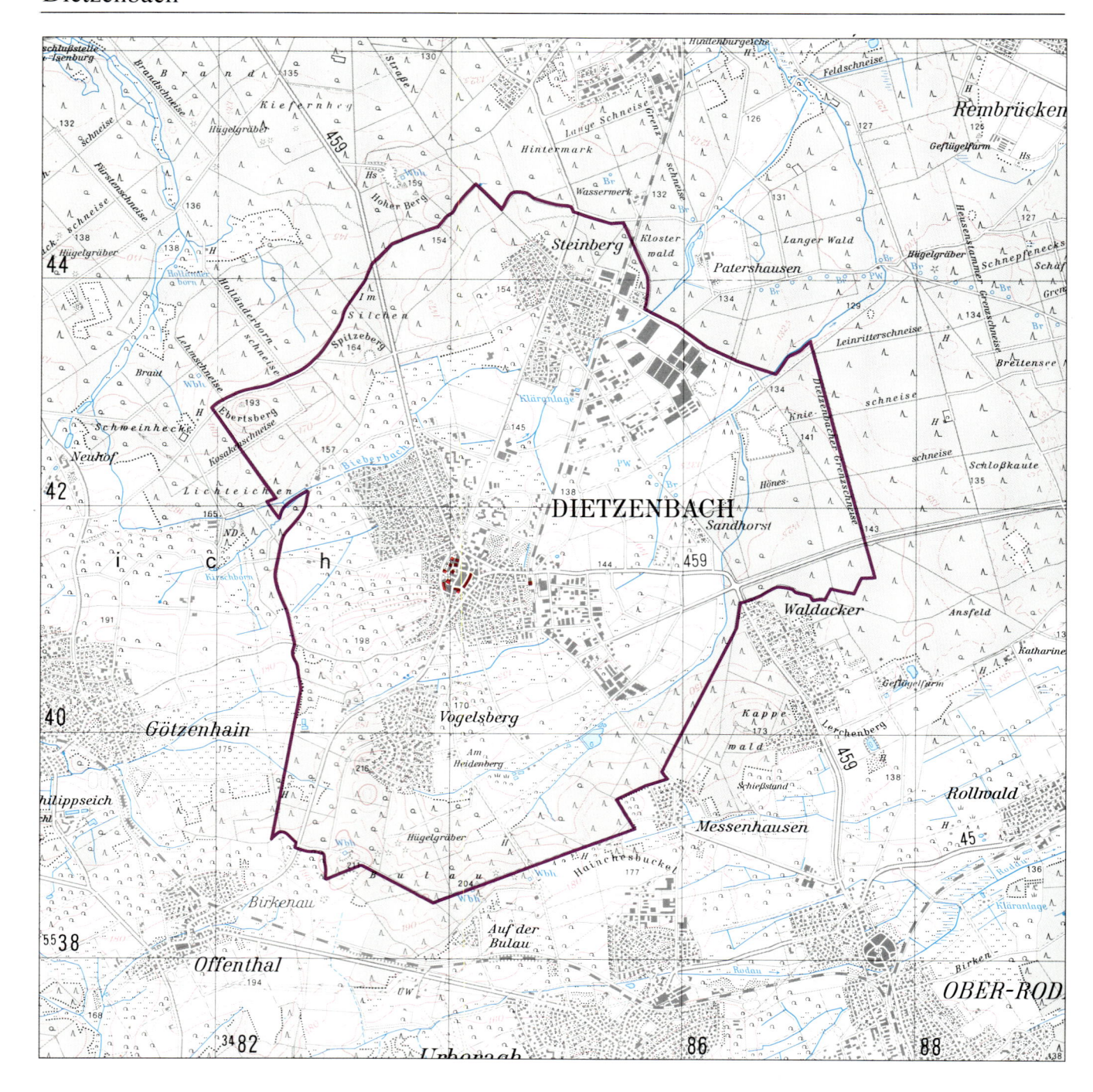

Erläuterung zu Karte 1 (M 1:50000)
Stadt Dietzenbach

Dietzenbach liegt im Zentrum des Kreisgebietes, in der Mittelzone zwischen der Dreieichlandschaft im Westen und der Rodgau- und Mainregion im Osten. Diese Zone ist gekennzeichnet durch nördliche Odenwaldausläufer mit einzelnen Erhebungen und die von hier nach Norden zum Main fließende Bieber. Am Übergang des Wingertsberges zur Ebene ist das ehemalige Dorf angelegt, dessen Ovalform – jetzt Kern des flächenmäßig stark gewachsenen Ortes – die Haas'sche Karte wiedergibt. In diesem Bereich sind einzelne Wohnhäuser ehemaliger Hofreiten als Kulturdenkmäler, ein Straßenzug als Gesamtanlage ausgewiesen. Die zur heutigen Stadt gehörigen neuen Ortsteile wie Vogelsberg und Steinberg sind moderne Siedlungen ohne historischen Baubestand.

Dietzenbach

Dietzenbach

Erste Siedlungsspuren in der Dietzenbacher Gemarkung um den Wingertsberg, eine vorgeschobene Erhebung des Odenwaldvorlandes, sind der Jungsteinzeit zuzuordnen, wie bandkeramische Funde beweisen; weitere stammen aus der späten Bronze- und frühen Eisenzeit. Auch kann die Existenz einer römischen Siedlung angenommen werden – alte Flurbezeichnungen wie „Steinerne Straße" weisen auf den Schnittpunkt befestigter Römerstraßen hin; dazu kommen Münz- und Scherbenfunde sowie Fundamente eines römischen Hauses.

Frühe urkundliche Erwähnungen – die erste um 1220 im Zusammenhang mit einer Schenkung an das Kloster Patershausen – nennen „Dicenbach" oder „Dycenbach" mit weiteren zugehörigen Siedlungen, die schon vor dem 30jährigen Krieg wieder wüst wurden: Ippinghausen, Richolfshausen und Hartcheshofen. Der Ortsname mit „-bach"-Endung läßt vermuten, daß die Gründung des Dorfes auf die zweite fränkische Siedlungsperiode im 8. Jahrhundert zurückgeht; auch der Name des Schutzpatrons der ersten Kirche, St. Martin, der in das Ortssiegel aufgenommen wurde, könnte dafür sprechen. Der erste Teil des Ortsnamens soll sich, aus althochdeutsch „diecendo" – „sprudelnd", „murmelnd", auf die Ansiedlung um die Hainbornquelle beziehen, nach anderer Deutung auf den Personennamen Dietrich. An den Hainborn erinnert heute ein Gedenkbrunnen nach älterem Vorbild in der Borngasse, an derselben Stelle 1984 wiedererrichtet.

Seit karolingischer Zeit gehörte die Gemarkung Dietzenbach zum Wildbann Dreieich, war bis 1255 unter Hagen-Münzenbergischer Herrschaft und fiel dann durch Erbteilung an Hanau. Als Teil der Rödermark war Dietzenbach dem Amt Babenhausen unterstellt. Von 1372 bis 1552 besaß es Burgrecht in Frankfurt. 1545 trat es als eine der ersten Gemeinden der

Dietzenbach

Region zum lutherischen Glauben über. Die etwa 350 Einwohner um 1580 lebten überwiegend auf agrarischer Basis, wobei auch Weinbau betrieben wurde, wie aus Flurbezeichnungen hervorgeht. Der 30jährige Krieg und die Pest dezimierten die Bewohnerzahl auf etwa 60 um 1650. Nach dem Aussterben der Hanauer Herrschaft 1736 fiel Dietzenbach nach einem Erbstreit an das Amt Schaafheim unter der Landgrafschaft Hessen-Darmstadt. Im Zuge der Aufteilung der Rödermark nach den Stein'schen Reformen erhielt Dietzenbach 1817/18 die Selbständigkeit mit eigenem Bürgermeister, kam 1821 zum Landratsbezirk Langen und 1832 zum Landkreis Offenbach.

Die Agrarkrise um die Mitte des 19. Jahrhunderts veranlaßte über 100 Familien der immer noch durchweg bäuerlichen Bevölkerung zur Auswanderung. Die verbleibenden Bewohner, seit dem späten 18. Jahrhundert im Nebenerwerb auch als Woll- und Leineweber, Seidenspinner, Strumpfwirker tätig, waren nach Verdrängung der Heimarbeit gezwungen, sich als Bau- und Fabrikarbeiter nach Offenbach und Frankfurt zu orientieren. 1898 erhielt Dietzenbach den eigenen Bahnanschluß an eine Nebenlinie der Rodgau-Bahn und damit die Verbindung nach Offenbach. Die Einwohnerzahl stieg von 2200 um die Jahrhundertwende auf ca. 3900 im Jahr 1939 und, nach dem Zustrom von über 700 Flüchtlingen nach dem 2. Weltkrieg, auf 4700 im Jahr 1950. Industrieansiedlungen und die Anlage neuer Wohngebiete beschleunigten das Wachstum auf über 25000 Einwohner 1981. Stadtrechte besitzt Dietzenbach seit 1970.

Trinkborn in der Borngasse, historische Aufnahme

Der mittelalterliche Ortskern von Dietzenbach ist im heutigen Stadtgrundriß deutlich ablesbar als Oval der ehemaligen Befestigung durch Wall und Graben, durchschnitten von der Längsachse der Darmstädter Straße, der früheren „Geraden Gasse" mit Ober- und Untertor. Als weiteren Ortseingang gab es östlich die „Jungfernpforte" an der heutigen Bahnhofstraße. Das Dorf entwickelte sich um die Quelle des Hainborn und den die höchste Erhebung einnehmenden, heute noch von einer Mauer umgebenen Kirchhof mit dem bis zum Kirchenneubau Mitte des 18. Jahrhunderts freistehenden Wehrturm. Das Kirchenareal liegt wohl aufgrund topographischer Gegebenheiten dezentral im Südwesten des Dorfgeländes. Umfriedung und Pforten sind nicht mehr vorhanden, zuletzt wurde 1814 das Obertor niedergelegt. Alte Flurnamen und Ortsbezeichnungen erinnern an die frühere Dorfstruktur, so etwa das „Judeneck" zwischen Schäfergasse und Darmstädter Straße. Als typische Bebauungsform kann die Hakenhofanlage mit giebelständigem Fachwerkwohnhaus gelten, wie sie sich weitgehend in der Schäfergasse erhalten hat. Diese folgt in ihrer Krümmung dem früheren Ortsrand folgt.

Nicht mehr vorhanden sind das erste, 1711 erbaute und 1803 niedergelegte Rathaus gegenüber der Kirche, das zweite, 1815 bis 1892 bestehende Rathaus an der Darmstädter Straße 24 sowie die der Kirche benachbarte Zehntscheuer von 1766. Der Friedhof wurde 1824 ausgelagert, ein drittes Rathaus 1895 errichtet.

Die weitere bauliche Ausdehnung der Wachstumsphase des frühen 20. Jahrhunderts erfolgte in Richtung des östlich angelegten Bahnhofs. Weitere Wohnsiedlungen entstanden nördlich an der Frankfurter Straße und südlich am Hexenberg; in Richtung Offenbach kam als eigener Ortsteil in den 30er Jahren Steinberg hinzu; östlich der Bahn siedelten sich Industriegebiete an. Die in den 70er Jahren im großen Stil errichteten Wohnhochbauten bestimmen heute weithin das Bild der flachen Landschaft.

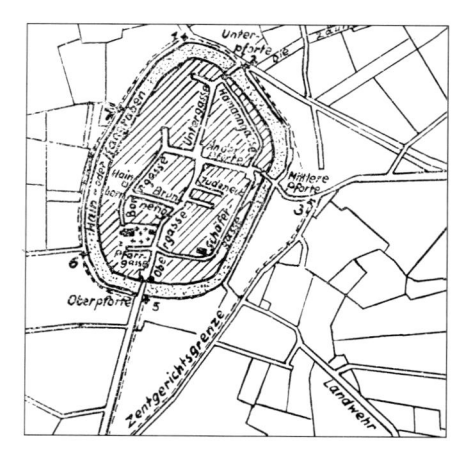

unten: Ortskern mit Graben, schematische Darstellung
Fachwerkdetail im ehemaligen „Judeneck"

Gesamtanlage/Kulturdenkmäler Dietzenbach

Gesamtanlage Schäfergasse

Die Schäfergasse gehört zum Bereich des alten Ortskerns. Im südöstlichen Teil folgt sie in leichter Biegung dem parallel verlaufenden ehemaligen Ortsrand; dabei steigt sie etwas an und knickt schließlich in Richtung des höhergelegenen Kirchhofes ab. Die Gesamtanlage erstreckt sich einseitig über Süd- und Ostseite der Schäfergasse. Das Straßenbild zeigt hier die Reihung giebelständiger, zweigeschossiger Fachwerkhäuser, teilweise mit Krüppelwalm, mit dazwischenliegenden Hoftoren. Aus dem Grundriß ist die Folge der Hakenhöfe auf etwa gleichgroßen Parzellen ersichtlich, wobei das Wohnhaus an der Straßenfront etwa die halbe Grundstücksbreite einnimmt; im hinteren Bereich schließen sich als Nebengebäude ehemalige Stallungen und dazu rechtwinklig die Scheunen an, die ursprünglich den geschlossenen Dorfrand bildeten.
Der Hausgrundriß weist die konventionelle dreizonige Gliederung auf mit zur Straße gelegenem Wohnbereich, Mittelflur mit Küche und Stallteil; der Stall wurde später ausgelagert und hinten angebaut, so daß sich die geschlossene Hakenform mit der Scheune ergab. Die Erschließung erfolgt wie üblich über den Hof an der Traufseite. (Abb. S. 46)

Die Fassaden der Wohnhäuser haben sich bei einigen Beispielen relativ ungestört erhalten, bei anderen dokumentiert sich der für das gesamte Gebiet typische, im frühen 19. Jahrhundert einsetzende Verstädterungsprozeß in der Vorblendung massiv gemauerter und verputzter Giebelfassaden, wobei jedoch Proportionierung und Fensterteilung zunächst beibehalten werden.
Während sich im Nordteil der Schäfergasse an deren Ostseite eine Reihung von typengleichen Höfen auf etwa gleichgroßen Parzellen findet, bilden die Häuser Nr. 24 und 26 an der Südseite einen gewissen Gegensatz, wobei 24 die Kleinstform des landwirtschaftlichen Anwesens mit eingeschossigem Wohnhaus, 26 dagegen einen besonders stattlichen Typ des Wohngebäudes auf überdurchschnittlich großer Parzelle darstellt.
Weitere für die Schäfergasse charakteristische Details sind vereinzelt noch unter Putz liegendes Fachwerk (Nr. 28), eine neu aufgemauerte Bruchsteinscheune, ein Backsteinbau mit Ornament aus dem 19. Jahrhundert; weiterhin barocke Sandsteintorpfosten und hölzerne Hoftore. Die Straße ist nach altem Vorbild neu gepflastert. Geringfügige Störungen bestehen durch traufständige Massivbauten dieses Jahrhunderts. Die Gesamtanlage besitzt ortsgeschichtliche Bedeutung. (g)

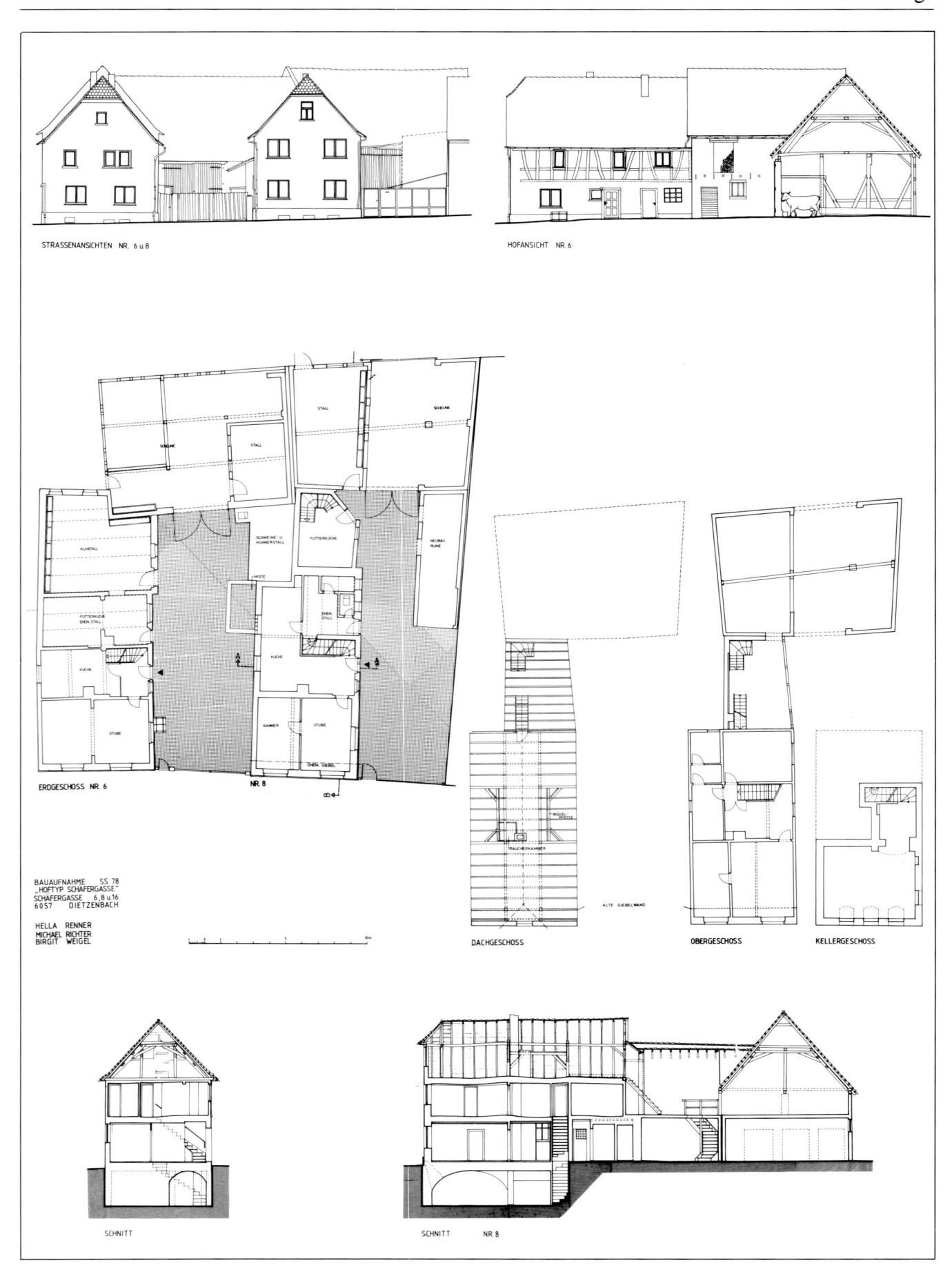

Dietzenbach — Gesamtanlage

STRASSENANSICHTEN NR. 6 u. 8

HOFANSICHT NR. 6

ERDGESCHOSS NR. 6
NR. 8

BAUAUFNAHME SS 78
„HOFTYP SCHAFERGASSE"
SCHAFERGASSE 6, 8 u 16
6057 DIETZENBACH

HELLA RENNER
MICHAEL RICHTER
BIRGIT WEIGEL

DACHGESCHOSS

OBERGESCHOSS

KELLERGESCHOSS

SCHNITT

SCHNITT NR 8

Kulturdenkmäler   Dietzenbach

Bahnhofstraße 89 Fl. 2
Bahnhof Flst. 369

Empfangsgebäude von 1898, Standardtyp der seit 1896 bestehenden Rodgau-Bahn, als deren Nebenstrecke die Verbindung Dietzenbach–Heusenstamm–Offenbach eingerichtet wurde. Der Bau ist nahezu identisch mit dem Bahnhof Heusenstamm – zweifarbiges Ziegelmauerwerk, charakteristische große Eingangsöffnung. Das Ziergespärre im nördlichen Giebel nicht vollständig erhalten, die Güterhalle neu. (g, t)

Borngasse 19 Fl. 1
 Flst. 23/2

Das weitgehend intakte Obergeschoßgefüge auf massiv erneuertem Erdgeschoß zeigt eine regional unübliche, im Rodgau jedoch vereinzelt auftretende Figuration des Mittelpfostens mit „Fischgrätmuster", vergleichbar dem Haus Nieuwpoorter Straße 114 in Rodgau-Dudenhofen; außerdem die für das Gebiet typische Anordnung von Mannfiguren und stehendem Stuhl aus der zweiten Hälfte des 18. Jahrhunderts. (k, w)

Borngasse Fl. 1
Trinkborn Flst. 43/5

Der sogenannte Trinkborn bezeichnet den Ort der ehemals hier entspringenden Quelle des Hainborns, um den die Siedlung Dietzenbach entstanden sein soll. Die jetzige, 1984 neu errichtete Anlage mit Umfassungsmauer wurde dem an dieser Stelle früher schon bestehenden Brunnen, der zwischenzeitlich Straßenarbeiten weichen mußte, nachgebildet und besitzt daher ortsgeschichtliche Bedeutung. (g)

Brunnengasse 5 Fl. 1
 Flst. 137

Das Obergeschoßfachwerk des im Erdgeschoß massiven giebelständigen Hauses aus dem 18. Jahrhundert ist gekennzeichnet durch eine ungewöhnlich starke Verstrebung durch Andreaskreuze in den Brüstungsfeldern der ehemaligen Fenstergefache sowie vollständige Mannfiguren an der hofseitigen Traufe. Auch die umlaufend profilierte Schwelle entspricht einer für örtliche Verhältnisse überdurchschnittlichen künstlerischen Gestaltung. (k)

Brunnengasse 12/Borngasse 24 Fl. 1
 Flst. 118/1

An einer platzartigen Erweiterung der Ecke Born-/Brunnengasse bildet die breite nördliche Giebelwand des Fachwerkhauses einen markanten Blickpunkt im alten Dorfkern. Das mehrfach veränderte Gefüge stammt im Kern aus der 2. Hälfte des 17. Jahrhunderts, größtenteils aus der 2. Hälfte des 18. Jahrhunderts. Bemerkenswert einige altertümlich geschwungene Streben und die gefaste Schwelle; das Erdgeschoß ist massiv erneuert. (w, s)

Darmstädter Straße 11 Fl. 1
 Flst. 131/1

Das im rückwärtigen Bereich teilweise massiv veränderte einfache Fachwerkhaus von 1765 in von der Darmstädter Straße zurückgesetzter Lage zeigt im Giebel schmuckloses, aber regelmäßiges Gefüge aus geraden Hölzern. Das Haus beherbergt seit 1975 ein Heimatmuseum.
Wegen seiner Vollständigkeit kann es als typisches Beispiel für die örtliche Bauweise gelten. (g)

47

Dietzenbach — Kulturdenkmäler

rechts: Grabsteine in der Kirchhofmauer, Kriegerdenkmal im Kirchhof

Darmstädter Straße 27   Fl. 1 Flst. 5/1

Voluminöser Bau um 1800 mit, bis auf neue Fenstereinbauten, weitgehend intaktem solidem Fachwerkgefüge und besonders stark betonter, schwach profilierter Rähm-Schwellen-Zone. Das klare Bild des giebelständigen konstruktiven Typs wird durch den neueren Anbau an der nördlichen Traufseite beeinträchtigt, bleibt jedoch innerhalb des Ortes besonders beispielhaft für diese barocke Traditionen ablösende Bauform. (g)

Darmstädter Straße 31   Fl. 1 Flst. 198/1

Das ab dem ersten Obergeschoß holzverschindelte, giebelständige Haus läßt aufgrund der ungestörten regelmäßigen Fensteranordnung und der doppelten Geschoßübersetzung qualitätvolles barockes Fachwerk oberhalb des massiv erneuerten Erdgeschosses erwarten. Aus der einseitig freien Ecklage an der Straßenkreuzung Darmstädter Straße/Borngasse ergibt sich die besondere städtebauliche Wirkung. (k, s)

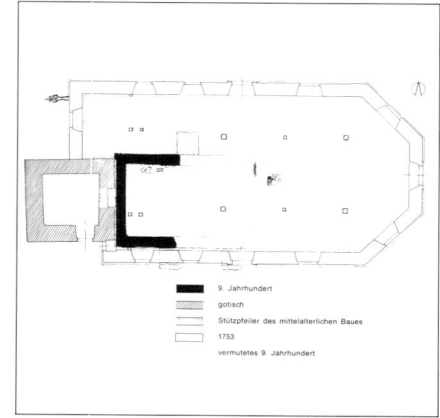

Darmstädter Straße 51
Evangelische Pfarrkirche   Fl. 1 Flst. 114/1

Von einer gotischen Vorgängerkirche St. Martin, die möglicherweise auf eine noch ältere Gründung zurückgeht, ist der mächtige, ungegliederte Westturm erhalten; der Oberbau von 1426 mit Maßwerkfenster, ungewöhnlichem Satteldach und Dachreiter in Form einer Haubenlaterne. Im schlichten, verputzten Saalbau des Langhauses von 1753/54 Chorempore und Kanzel in Rokoko-Formen, außerdem ein Opferstock von 1655.

Von dem 1767 und 1803 erweiterten ehemaligen Wehrkirchhof ist die Ummauerung mit ornamentierten barocken Sandsteinpfosten erhalten. In die Mauer eingelassen einige Grabplatten des 17. und 18. Jahrhunderts. Im Kirchhof außerdem ein Kriegerdenkmal 1870/71, Sandstein, als Obelisk auf Sockel mit Inschrift. Kirche und Kirchhof mit Inventar sind als Sachgesamtheit Kulturdenkmal. (k, g, s)

Zeichnung: J. Sommer, in: Die evangelische Kirche zu Dietzenbach, Broschüre zum 220. Kirchweihfest, 1974

Kulturdenkmäler — Dietzenbach

Pfarrgasse 3
Evangelisches Pfarrhaus
Fl. 1
Flst. 76/2

Schlichter zweigeschossiger, verputzter Massivbau mit Krüppelwalmdach und fünfachsiger symmetrischer Aufteilung der traufseitigen Fassade mit Zahnschnittfries als oberem Abschluß. Der Mitteleingang durch zweiläufige Treppe erschlossen, darunter der Kellereingang mit Rundbogen. In den Proportionen orientiert sich das 1808/09 entstandene Pfarrhaus am zeitgenössischen Fachwerkbau.

Die Grundstückseinfahrt flankiert von zwei Torpfosten, Sandstein, mit Pinienzapfenaufsatz, aus der Zeit des barocken Vorgängerbaues.

Auf dem Gelände des hinter dem Kirchbezirk gelegenen Pfarrhofes der einfache, rund aus Bruchsteinen aufgemauerte Brunnenschacht eines Ziehbrunnens. (g)

Pfarrgasse 8
Fl. 1
Flst. 105/1

Neben dem Pfarrhaus gelegenes großformatiges Wohngebäude mit nahezu vollständig erhaltenem, ausgewogenem Fachwerkgefüge, das sich in der Gesamterscheinung stark dem „konstruktiven Typ" um 1800 nähert. Traditionelle Elemente noch in der Giebelausbildung mit Mannfiguren und in der Geschoßvorkragung mit gefasten Füllhölzern; erbaut im ausgehenden 18. Jahrhundert. (k, g)

Schäfergasse 3
Fl. 1
Flst. 159

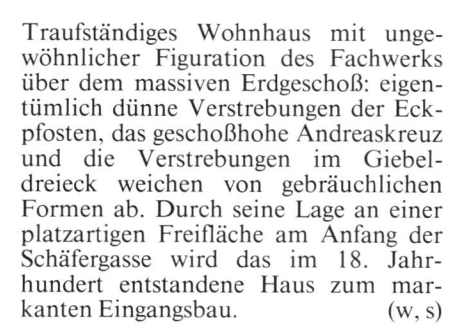

Traufständiges Wohnhaus mit ungewöhnlicher Figuration des Fachwerks über dem massiven Erdgeschoß: eigentümlich dünne Verstrebungen der Eckpfosten, das geschoßhohe Andreaskreuz und die Verstrebungen im Giebeldreieck weichen von gebräuchlichen Formen ab. Durch seine Lage an einer platzartigen Freifläche am Anfang der Schäfergasse wird das im 18. Jahrhundert entstandene Haus zum markanten Eingangsbau. (w, s)

Schäfergasse 16
Fl. 1
Flst. 211/2

Einfaches giebelständiges Wohnhaus des 18. Jahrhunderts mit kleinem Krüppelwalm, das schmucklose Fachwerk mit unregelmäßig gekrümmten Streben, im Obergeschoß ohne Halsriegel; durch neue Fenstereinbauten etwas beeinträchtigt. Das Haus bildet mit den benachbarten Bauten eine geschlossene Reihe, die das historische Bild der Ostseite der Schäfergasse bestimmt. (s)

# Dietzenbach	Kulturdenkmäler

Schäfergasse 18 Fl. 1 Flst. 210

Giebelständiges Wohnhaus mit bis auf die straßenseitige Erdgeschoßwand vollständigem solidem Fachwerk mit leicht geschwungenen Streben, die Vorkragung des Giebels mit abgerundeten Füllhölzern. Entstanden im späten 18. Jahrhundert, stellt das Haus in der Reihe Schäfergasse-Ostseite den wichtigsten Einzelbau dar und wirkt damit straßenbildprägend. (s)

Schäfergasse 24 Fl. 1 Flst. 203/1

Eingeschossiges Wohnhaus mit für diesen Typ seltenem Krüppelwalm-Mansarddach. Gerade Streben und konstruktives Fachwerk sprechen für die Entstehung um 1800. Die Giebelfassade ist durch Fenstereinbauten und neue Sockelverkleidung etwas entstellt, trägt jedoch wesentlich zur Gesamtwirkung der Schäfergassen-Bebauung bei. (w, s)

Schäfergasse 26 Fl. 1 Flst. 202

Stattliches, wohlerhaltenes giebelständiges Wohnhaus des späten 18. Jahrhunderts, wie das eingeschossige Nachbarhaus mit Mansarddach und Krüppelwalm sowie relativ hohem massivem Sockel. Der umlaufende geringe Geschoßüberstand durch Füllhölzer mit Fase betont. Drei Torpfosten aus Sandstein, mit Profilierung und Zapfenaufsatz, zeigen überdurchschnittlich feine Bearbeitung (Abb. S. 29). Zum künstlerischen Wert kommt die für das Bild der Schäfergasse bedeutende städtebauliche Wirkung. (k, s)

Schäfergasse 31 Fl. 1 Flst. 198/1

Das um 1800 entstandene, zur Schäfergasse traufständige Wohnhaus zeichnet sich durch das wohl ursprünglich massive Erdgeschoß aus; Sockel, neuerdings freigelegte Ecken und neu aufgebaute Scheune aus Bruchstein, Fenstergewände Sandstein. Das Obergeschoßfachwerk rein konstruktiv, ohne Halsriegel. Ortsbildprägender Bau in Ecklage gegenüber der Kirche. (g, s)

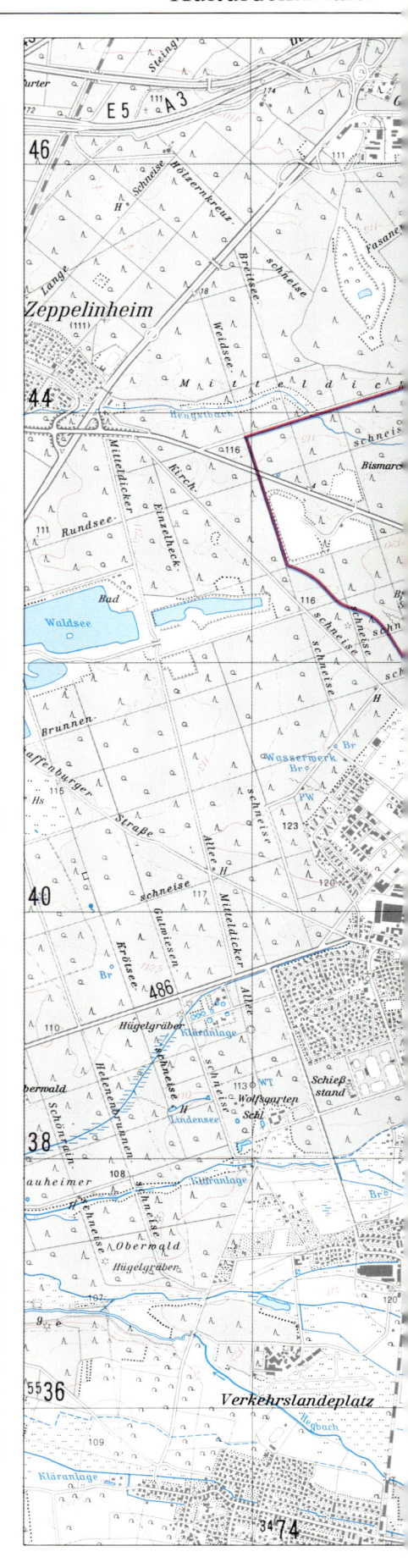

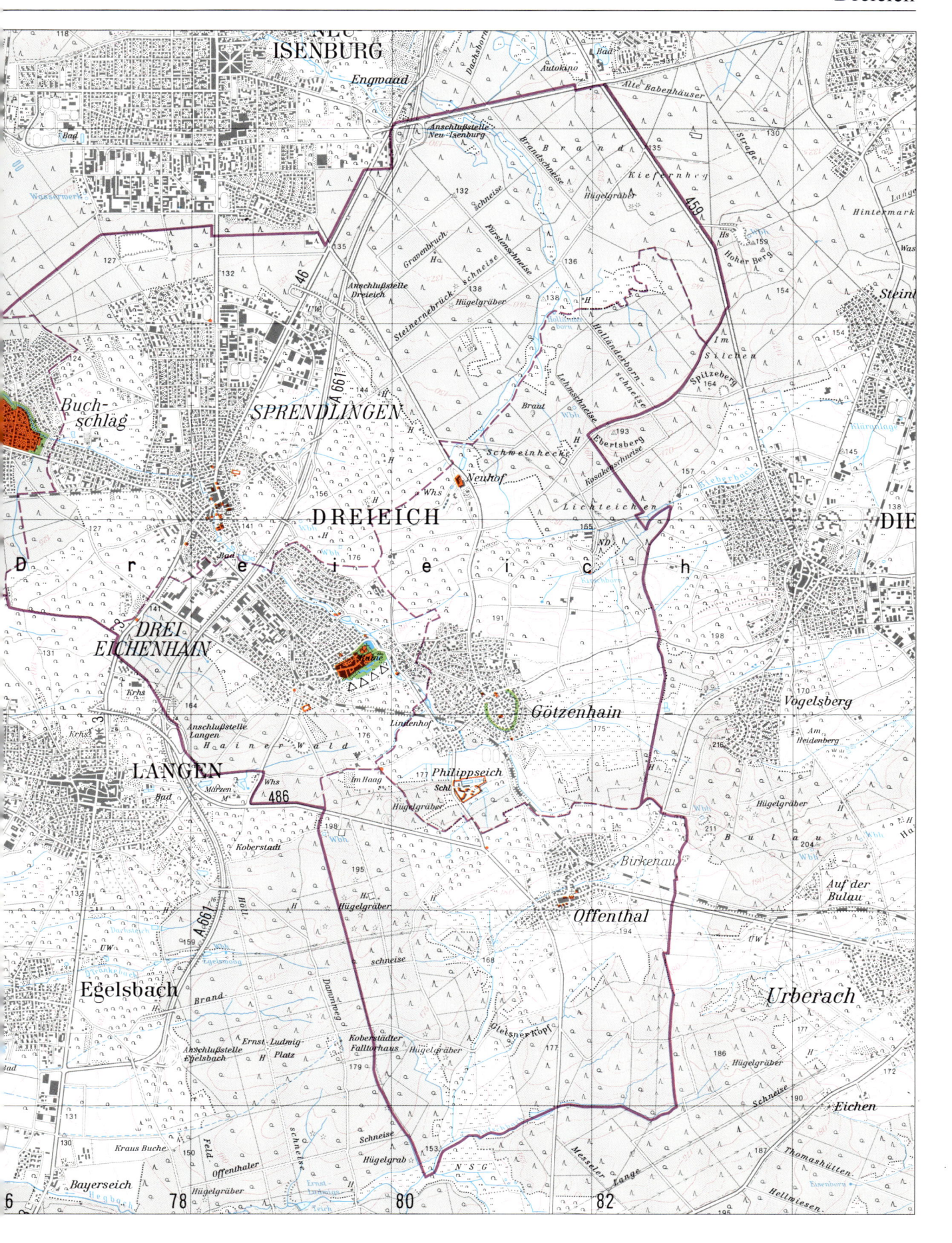

Dreieich

Dreieich

Erläuterung zu Karte 2 (M 1:50000)
Stadt Dreieich (S. 50/51)

Eine besonders heterogene Erscheinung bietet die aus ehemals fünf Gemeinden 1977 zusammengeschlossene Stadt Dreieich mit den Ortsteilen Buchschlag, Dreieichenhain, Götzenhain, Offenthal und Sprendlingen, die hinsichtlich ihrer Entstehung, Entwicklung und Struktur einen ganz unterschiedlichen Charakter besitzen. Gemeinsam ist die Lage inmitten der historischen, namengebenden Landschaft Dreieich am verbindenden Lauf des Hengstbaches.

Ein im Kreis bedeutendes Ensemble von Fachwerkbauten ist in der Altstadt Dreieichenhain als Gesamtanlage mit wertvollen Einzelbauten erhalten; darüber hinaus erstreckt sich hier das Erhaltungsinteresse auf den Burg und Stadt vorgelagerten Grünbereich mit Wasserflächen als Resten ehemaliger Wallanlagen. Die Haas'sche Karte zeigt hier eine idealisierte Darstellung des unregelmäßigen Ortsgrundrisses innerhalb der Befestigung. Das aus einer Burgmannensiedlung hervorgegangene Dreieichenhain besitzt Stadtrechte seit dem Mittelalter.

Götzenhain und Offenthal haben sich zwar nicht im gleichen Maß wirtschaftlich und flächenmäßig entwickelt wie das stark durch die Nachkriegsentwicklung geprägte Sprendlingen, jedoch bleibt in diesen Orten der Erhaltungswert ebenfalls auf wenige Einzelbauten – in Sprendlingen außerdem eine kleine Gesamtanlage – beschränkt. Offenthal hat ein ländliches Bild bewahrt, das relativ junge Götzenhain zwar seine Fachwerksubstanz größtenteils verloren, aber einen Kranz von Gartenparzellen in typischer Ringform beibehalten. Zur Gemarkung Götzenhain gehören außerdem Schloß Philippseich und das Hofgut Neuhof.

Einen Sonderfall bildet die Villenkolonie Buchschlag als gartenstadtartige Wohnsiedlung des frühen 20. Jahrhunderts – in der Fläche die größte Gesamt-

Buchschlag

Buchschlag ist die zweitjüngste ehemalige Einzelgemeinde des Landkreises und jüngster Ortsteil der Großgemeinde Dreieich. Der Waldbezirk Buchschlag war Teil der Gemarkung Mitteldick und gehörte damit seit dem frühen Mittelalter zur Urmark Langen und zum Reichsbannforst Dreieich. Der Name leitet sich möglicherweise, in Analogie zu ähnlichen alten Ortsbezeichnungen, von einem der mit Schlagbaum gesicherten Durchgänge der einstigen Dreieicher Ringlandwehr her. Seit 1600 gehörte der Bezirk zu Hessen.

anlage des Kreises mit dem relativ (zur Gesamtbebauung) höchsten Anteil von Einzeldenkmälern.
Auffallend im Kartenvergleich die Verschmelzung der ehemaligen Einzelgemeinden durch Flächenausdehnung mit vorwiegender Orientierung nach Norden in Richtung Frankfurt.

Die Gründung der Siedlung geht zurück auf Initiative des Frankfurter Großkaufmanns und Sozialreformers Jakob Latscha, der Waldgelände bei dem Forsthaus Buchschlag ankaufte, wo ab 1900 Gottesdienste im Freien und andere Aktivitäten veranstaltet wurden, um die Großstädter zurück zur Natur zu führen. Daraus entwickelte Latscha das Konzept einer außerhalb der Großstadt gelegenen, gartenstadtartigen Siedlung für eine weniger bemittelte städtische Bewohnerschicht – kleine Beamte, Handwerker, gehobene Arbeiter –, die sich entsprechende Wohnungen in den Villenvierteln am Stadtrand nicht leisten konnte. Zu diesem Zweck wurde die Siedlungsgründung auf genossenschaftlicher Basis betrieben und stellt damit einen Sonderfall innerhalb der zwischen 1890 und 1914 entstandenen Villenkolonien dar. Außergewöhnlich war auch die isolierte Lage ohne direkte Anbindung an einen bestehenden Ort; eine Voraussetzung hierfür bildete der schon vorhandene Bahnhof Sprendlingen der Main-Neckar-Bahn.

Die 1904 gegründete Wohnungsgesellschaft Buchschlag trat als Mittler zwischen Käufer und Domanialverwaltung auf, die 30 Hektar Land zu Niedrigstpreisen bereitstellte, und erwirkte die großherzogliche Ermächtigung für die Errichtung villenartiger Ein- und Zweifamilienhäuser mit Garten. Der geringe Bodenpreis sollte als Ausgleich zur geforderten ästhetisch anspruchsvollen Gestaltung gelten und das Verfahren jegliche Spekulation ausschließen. Hier zeigte die weitere Entwicklung, daß sich Latschas sozialreformerischer Ansatz gegen den von der Domanialverwaltung geförderten Ästhetizismus nicht behaupten konnte; durch in die Höhe getriebene Baupreise verlagerte sich die Käuferschaft auf das gehobene Bildungsbürgertum, so daß Latscha seine Idee als gescheitert ansah und 1909 ein neues Projekt in Waldheim bei Offenbach in Angriff nahm.

Der endgültige Bebauungsplan für Buchschlag aus dem Jahr 1905 von Friedrich Pützer, Darmstadt, orientiert sich an der Struktur der gegen Ende des 19. Jahrhunderts ungeordnet entstandenen großbürgerlichen Villenviertel der Städte, deren Zufälligkeit zum System erhoben wurde; hinzu kamen Einflüsse aus der englischen Gartenstadtbewegung jener Zeit. Die Baurichtlinien enthielten genauere Festsetzungen als üblich. Eine relativ große Zahl mitwirkender Architekten brachte in drei sich ablösenden Phasen unterschiedliche Strömungen ein, die sich in Bauten traditioneller, heimatlich-ländlicher, neoklassizistischer, auch tendenziell funktionalistischer Prägung niederschlugen. Daß sich trotz unterschiedlicher Stilrichtungen ein spezifischer Buchschlager Haustyp herausbildete, ist nicht zuletzt auf die von der Domanialverwaltung eingesetzte Gestaltungskommission zurückzuführen, die bis ins Detail Einfluß nahm. Die Gärten waren ebenfalls Bestandteil der Planung, auch Einfriedungen waren genehmigungspflichtig.

Buchschlag   Dreieich

Die stärkste Entwicklung der Villenkolonie setzte 1907 ein, 1913 waren mit 125 Häusern die meisten Parzellen bebaut, die Einwohnerzahl betrug etwa 600. Ein im Bebauungsplan vorgesehenes Zentrum mit Rathaus, Schule, Kirche und Läden kam nicht zur Ausführung. Damit ist die anfängliche Idee des autarken Gemeinwesens nicht verwirklicht worden.

Die seit 1913 selbständige Gemeinde – erster Bürgermeister war der Dichter Rudolf Binding – wuchs durch Ausweisung weiterer Neubauflächen im nördlich gelegenen Breitensee und südlich der Buchschlager Allee, behielt aber trotz der nun kleinteiligeren Bebauung weitgehend den Charakter einer Wohnsiedlung des gehobenen Mittelstandes mit Bezug zum nahegelegenen Frankfurt. Vorherrschend blieb die aufgelockerte Einfamilienhausbebauung mit Gärten. Die Einwohnerzahl war bis 1977 auf etwa 3000 angestiegen.

Historische Aufnahmen, Grundrisse und Schnitte im folgenden Abschnitt „Buchschlag", falls nicht anders bezeichnet, aus: Fuchs, Die Villenkolonie Buchschlag, 1910

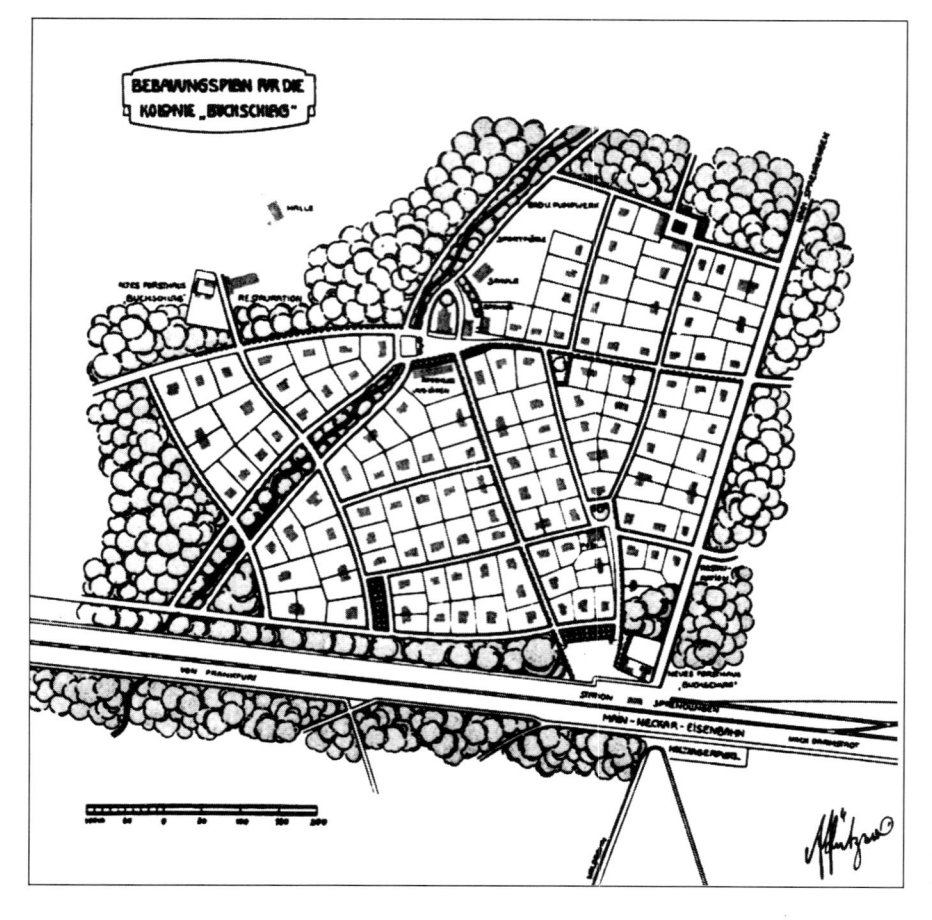

Bebauungsplan für die Villenkolonie Buchschlag, Friedrich Pützer, 1904

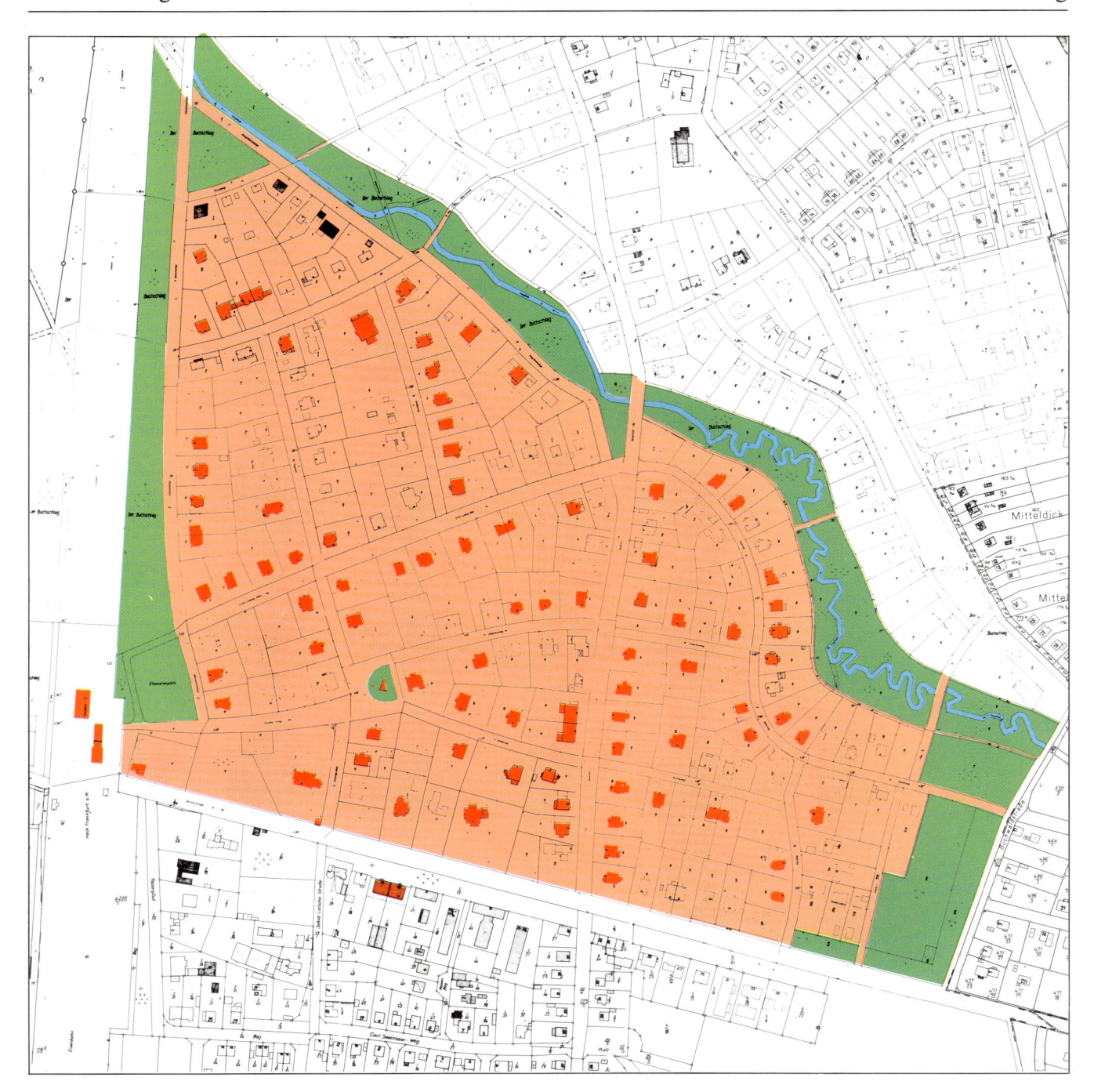

Gesamtanlage/Kulturdenkmäler　　　Dreieich　　　Buchschlag

Gesamtanlage Villenkolonie

Das Gebiet der Gesamtanlage deckt sich weitgehend mit der Fläche des von Friedrich Pützer 1905 entwickelten Bebauungsplanes, der mit geringfügigen Änderungen ausgeführt wurde. Er umfaßt das Gebiet, das westlich von der Main-Neckar-Bahn, nordöstlich vom Hengstbach und im Süden von der Landstraße Sprendlingen – Mitteldick, heute Buchschlager Allee, begrenzt wird. Der Straßengrundriß wurde beibehalten, das geplante Ortszentrum dagegen nicht realisiert. Die Parzellen sind gegenüber dem Ursprungsplan verkleinert, wodurch die Bebauungsdichte erhöht wurde. Der Plan berücksichtigt die strengen Baurichtlinien, wonach für die Grundstücke eine Mindestgröße von 1000 qm vorgeschrieben war, die Mindestentfernung zur Grundstücksgrenze 6 m beträgt, die Bauten drei Geschosse einschließlich Dach nicht überschreiten, die Bausumme für ein Einfamilienhaus mindestens 12000 DM, für ein Zweifamilienhaus 20000 DM betragen sollte.

Ausgangspunkt des Straßengrundrisses ist der Bahnhof. Durch teils geschwungene (Bogenweg), teils geradlinige (Ernst-Ludwig-Allee) Wegeführung, Erweiterung von Kreuzungen zu Plätzen, Differenzierung der Grundstücksparzellen, Versatz von Fluchtlinien soll eine gewachsene Struktur nachempfunden, Gleichförmigkeit und Raster-Schematismus vermieden werden.

Die Villen lassen sich auf einige Grundtypen zurückführen, die vielfach variiert werden und – manchmal gegensätzliche – Architekturtendenzen der Zeit zwischen 1900 und 1914 widerspiegeln. Dominierend sind die Dachformen; danach können Satteldach-, Walmdach-, Zeltdach- und Mansarddachhäuser unterschieden werden (Abb. S. 56). Diese sind durch immer wieder vorkommende Elemente wie Zwerchhäuser, polygonale, meist asymmetrisch gesetzte Erker, offene Windfänge, Durchdringungen

55

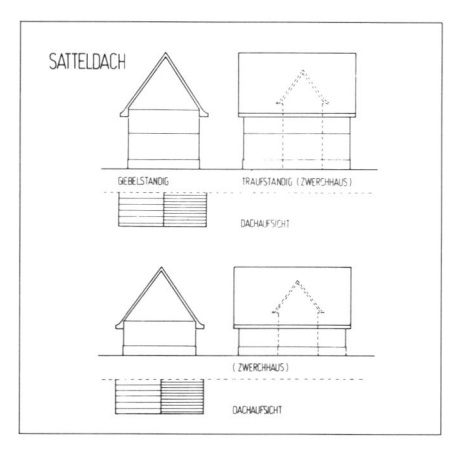

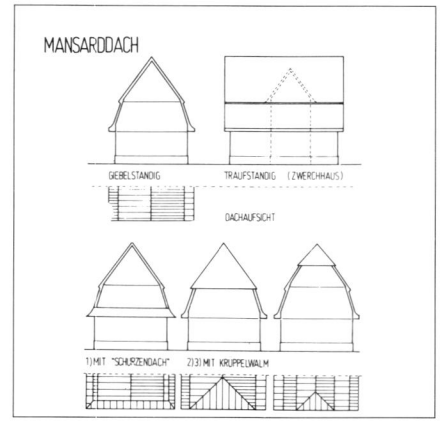

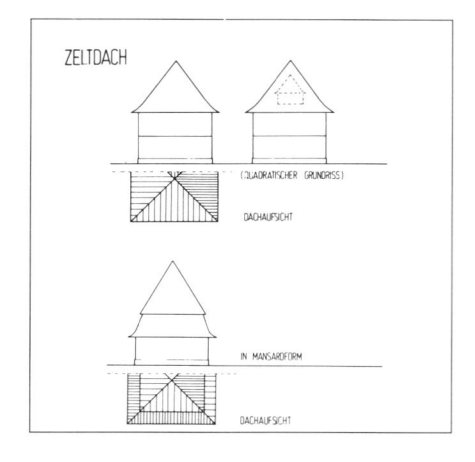

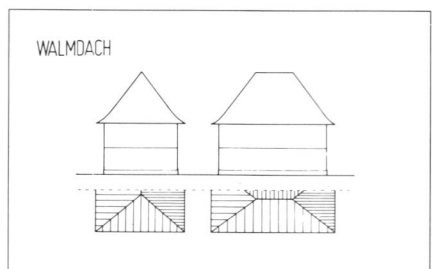

Zeichnung: Rau, Löhr, Wiedenroth, Darmstadt, in: Berichte zur Stadtentwicklung und Bauleitplanung Dreieich, 1981

und Anbauten abgewandelt; dazu kommen rhythmisierende Fensteröffnungen mit jeweils individueller Versprossung und charakteristische Details wie die oft wiederkehrenden Klappläden mit ovaler Öffnung oder dekorative Vergitterungen und Spaliere.

Bevorzugt werden heimische Materialien wie Holz als Fachwerk, Verschindelung, Brettverkleidung; Klinker, Naturstein in Sockel und Erker; Putz verschiedener Tönung; Bieberschwanzziegel, in Ausnahmen Schiefer. Die Fassaden leben vorwiegend von den kontrastreich eingesetzten Materialien in Verbindung mit einer plastischen Gliederung.

In der Architektur lösen sich zeitspezifische Strömungen ab. In der ersten Phase bis 1907 ist die plastisch-ornamentale Fassadengliederung noch dem ausgehenden 19. Jahrhundert verbunden; 1907–10 entstehen von historisierenden Formen befreite Bauten mit ländlich-heimatlichem Charakter und Einflüssen des Darmstädter Jugendstils oder der englischen Landhausarchitektur. Herausragend hier die Entwürfe von Koban, Darmstadt, oder Eberhardt, Offenbach. Nach 1910 kommen neoklassizistische Tendenzen in klaren, blockhaften Gebäuden zum Ausdruck. Eine Reihe exemplarischer Bauten von überdurchschnittlicher Qualität und damit das bedeutendste Ensemble innerhalb der Kolonie konzentriert sich im Kohlseeweg.

Den Bauten verschiedener Stilausprägung und individueller Gestaltung ist gemeinsam das Umfeld mit seinem durchgängigen Gartencharakter vor dem verbindenden Hintergrund der zum Teil vorhandenen Waldkulisse. Die in der Gestaltung von Abgrenzungen, Zäunen, Hecken und Pergolen ursprünglich angestrebte Einheit ist stellenweise noch erkennbar.

In der Gesamtanlage vereinigen sich fortschrittliche Tendenzen (städtebauliche Lösung des Bebauungsplanes, programmatische Wohnhausentwicklungen in Richtung auf funktionalistische Modelle) und konservative Strömungen (Rückgriffe auf historische Formen, Heimatstil); beibehalten wird der Typus des isolierten Einzelhauses als traditionelle bürgerliche Bau- und Wohnform ohne halböffentliche Bereiche. In der Einbindung in eine übergreifende Struktur erscheint die Tendenz zum Gesamtkunstwerk, wie sie der Jugendstil hervorbrachte. Buchschlag ist ein frühes Beispiel für die deutsche Gartenstadtbewegung, dessen Sonderstellung in seiner Entstehungsgeschichte begründet ist.

(k, w, g)

Platz mit Kriegerdenkmal
Kohlseeweg, Ostseite

Bogenweg 6 Fl. 1 Flst. 87/9

Innerhalb der Kolonie späterer Landhaustyp mit Zeltdach, 1913 nach Entwurf von Wissenbach erbaut. Einfacher Kubus mit Vorbauten, verputzt; sparsame Gliederung der Fassade. An der Westseite neuer Anbau. Grundriß nach dem in Buchschlag oft angewandten Schema des Vierräumeplanes. Einleitender Bau am Beginn des Bogenwegs. (g, s)

Bogenweg 8 Fl. 1 Flst. 87/8

Kubischer Bau von Eberhard, 1913. Walmdach mit deutlichem Überstand; holzverschindeltes Obergeschoß. Typische Merkmale der Entwürfe des Architekten wiederholen sich hier in einem „kleinen Eberhard-Haus": äußere Horizontalgliederung, innere Aufteilung mit zentralem Kamin in der Diele. Vertreter der dem Historismus entsagenden Bauten, Versuch der Verbindung von funktionellem Bauen mit überkommenen ländlichen Formen. Wichtiger Einzelbau in der Reihe Bogenweg. (k, g, s)

Bogenweg 13 Fl. 1 Flst. 84/31

Giebelständiges Gebäude mit großem Mansarddach, Architekt Bernoully, erbaut um 1910. Klare, schmucklose Fassadengestaltung; querformatige Fenster weisen in Richtung der funktionalistischen Sachlichkeit, ebenso die Ausnutzung des Dachraumes; herkömmliche Formen dagegen im tiefgezogenen Dach und in Details wie Eingangsüberdachung und Erker. (k, g, s)

Bogenweg 14 Fl. 1 Flst. 86/17

Traufständiges Landhaus auf langgestrecktem, rechteckigem Grundriß, nach Entwurf von Rabe 1911. Klare Gliederung mit durchdringendem Mittelzwerchhaus und verschindelten Giebeln, schräge Eckpfeiler in Anlehnung an englische Vorbilder. Sonderform in der sonst eher an kubischen Baukörpern orientierten Buchschlager Bebauung. (k, g, s)

Bogenweg 15 Fl. 1 Flst. 84/32

Putzbau nach Entwurf von Bernoully, um 1910, mit Merkmalen wie Bogenweg 13, jedoch traufständig mit zentralem durchdringendem Zwerchhaus und Verschneidung der Mansarddächer. Die Fassade schlicht mit eingeschnittenen, im Obergeschoß hoch-, im Erdgeschoß querformatigen Fenstern. Die Gliederung ergibt sich ausschließlich aus der Plastizität des Baukörpers; Zurückhaltung in der Materialwahl und strenge Formen zeichnen den Bau aus. Die Gesamtform paßt sich den Buchschlager Baunormen an. (k, g, s)

Bogenweg 16 Fl. 1 Flst. 86/18

Landhaus mit durch asymmetrischen Erker, seitlichen offenen Windfang mit Dachüberstand und differenzierte Dachformen plastisch gegliedertem Baukörper. Der Formenvielfalt entspricht die Wahl unterschiedlicher Materialien: Bruchstein in Sockel und Erkerbrüstung, Putzflächen und Verschindelung des Giebels. (k, g, s)

Buchschlag Dreieich Kulturdenkmäler

Bogenweg 18 Fl. 1 Flst. 86/19

Massiver Putzbau mit durch Lisenen gegliederten Wandflächen, von Säulen getragenem Vordach und charakteristischem Walmdach, von urbaner Wirkung durch Verzicht auf die sonst am Ort gebräuchlichen ländlichen Materialien und Gestaltungsmotive. Entwurf von Rabe 1910, eigenes Wohnhaus.
(k, g, s)

Bogenweg 20 Fl. 1 Flst. 85/9

Mansarddachhaus mit schlichter, flächiger Putzfassade und Bruchsteinsockel, entstanden um 1910. Wandgliederung durch hochformatige Fenster und typischen asymmetrischen Altan; seitlicher Windfang. Städtebauliche Bedeutung durch die Lage gegenüber der Einmündung des Wildscheuerweges.
(k, g, s)

Bogenweg 23 Fl. 1 Flst. 84/56

Giebelständiger Haustyp mit Mansarddach, verbretterter Giebelfläche und asymmetrisch angeordnetem Flacherker. Den um 1910 nach Entwurf von Wissenbach entstandenen Bau kennzeichnen differenzierte plastische Ausbildung und Materialauswahl. Lage am Rand der ursprünglichen Siedlung.
(k, g, s)

Bogenweg 24 Fl. 1 Flst. 85/7

Giebelständiges Mansarddach-Haus mit seitlich eingeschobenem Treppenhaus und Erdgeschoß-Altan; die Fassade verputzt mit Giebelverbretterung. Erbaut um 1910, Architekt Wissenbach; fast baugleich Bogenweg 26.
(g, s)

Bogenweg 25 Fl. 1 Flst. 84/20

Mansarddach-Haus mit starker Horizontalbetonung der Giebelfront durch Verschindelung der Giebelfläche und Schürzendach mit umlaufender Traufe. Das Erdgeschoß asymmetrisch mit Erker und offenem Windfang. Entstanden um 1910. Lage am Osteingang der Kolonie.
(k, g, s)

Bogenweg 26 Fl. 1 Flst. 85/6

Wie das Nachbarhaus Bogenweg 24 nach Entwurf von Wissenbach erbaut, fast baugleich mit eineinhalbgeschossigem Mansarddach und seitlich eingeschobenem Treppenhaus; Entstehung später, um 1913. Der Erdgeschoßaltan hier über die gesamte Giebelbreite, im Giebel Fachwerk. Markante Gruppe in der Kurve des Bogenweges.
(g, s)

Kulturdenkmäler Dreieich Buchschlag

Bogenweg 30   Fl. 1 / Flst. 84/5

Voluminöser, blockhafter Landhausbau nach Entwurf von O. Bäppler mit großem, quergestelltem Walmdach und verschindelten Zwerchhäusern; glatte Putzfassade mit klarer Fensteranordnung. Bemerkenswert das Jugendstilportal mit gewölbtem, säulengetragenem Vordach. An städtebaulich wichtiger Stelle markiert das Haus den Ostrand der Gesamtanlage. (k, g, s)

Buchschlager Allee 2 Bahnhof   Fl. 1 / Flst. 153

Der Sprendlinger Bahnhof war der Fixpunkt, an dem sich die Siedlung Buchschlag entwickelte. Das kurz nach 1870 erbaute spätklassizistische Empfangsgebäude mit Güterhalle zeigt Einflüsse des Rundbogenstils mit reizvollen Details in Kassettierung des Dachüberstandes, Freigespärre, Fenstergewänden und Sandsteinverkleidung. Wohlerhaltenes Beispiel für eine aufwendigere Form des ländlichen Bahnhofes; ähnlich Egelsbach. (k, t, g, s)

Buchschlager Allee 2 Perron-Schutzdach   Fl. 1 / Flst. 152

Perron-Schutzdach des Buchschlag-Sprendlinger Bahnhofs in Eisenkonstruktion auf gußeisernen, kannelierten Säulen. Wie im Langener Bahnhof übernommen vom Darmstädter Ludwigsbahnhof von 1858, der nach dem 1. Weltkrieg abgebrochen wurde. Die leicht geschwungene Konstruktion ist ein Beispiel für die Verbindung von funktioneller Form und ästhetischem Anspruch in der Ingenieursarbeit des vorigen Jahrhunderts. (k, t, g)

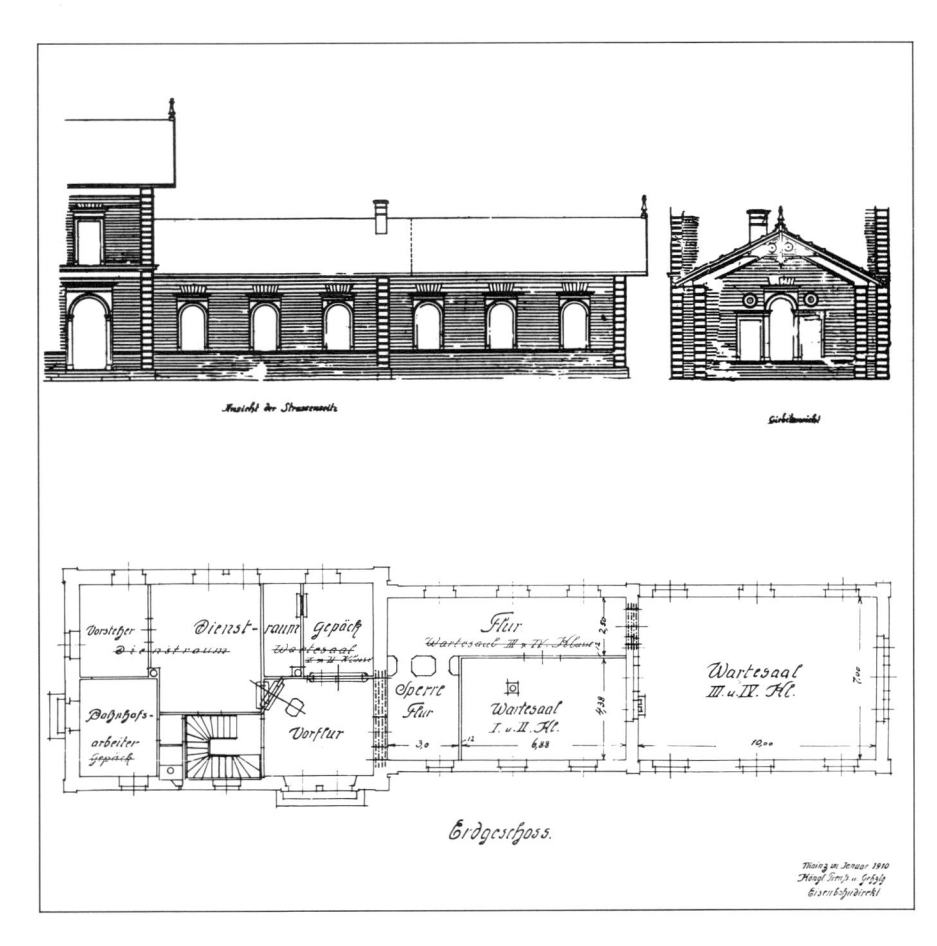

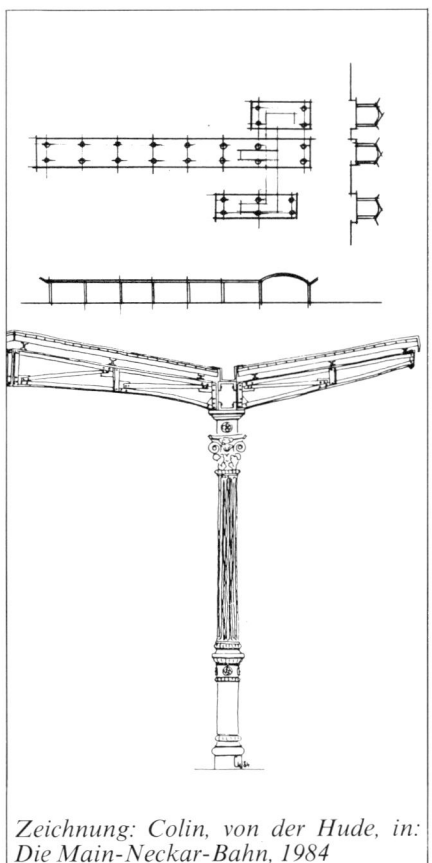

Zeichnung: Colin, von der Hude, in: Die Main-Neckar-Bahn, 1984

59

Buchschlag — Dreieich — Kulturdenkmäler

Buchschlager Allee 4 Fl. 1
Ehemaliges Forsthaus Flst. 48/1

Nächst dem Bahnhof gelegener frühester Bau innerhalb der Kolonie, 1903 als Forstwartwohnung anstelle des abseits gelegenen alten Forsthauses erbaut. Das gegliederte, abgewalmte Dach mit Bieberschwanzdeckung und die Fachwerkgestaltung von Kniestock und Giebel historischen Beispielen nachempfunden. In exponierter Lage an der Durchgangsstraße markiert das Gebäude mit dem Bahnhof den westlichen Ortseingang. (k, g, s)

Buchschlager Allee 8 Fl. 1
Rathaus Flst. 51/3

Opulenter Putzbau am Ortseingang, überdurchschnittliches Bauvolumen mit hohem Sockelgeschoß und zwei zur Buchschlager Allee hin auf Steinkonsolen vorkragenden Zwerchhäusern, an der Ecke Hirschgraben kleiner Pavillon in orientalischen Formen. Zum Forstweg Treppenhausgiebel und hohe Dachflächen. Ehemalige Villa, später auch Sanatorium und Flüchtlingsheim. (k, g, s)

Buchschlager Allee 8, Pavillon

Buchschlager Allee 11/13 Fl. 1
Ehem. Kaufhaus Flst. 1/57, 1/56

1909 nach Entwurf von Eberhard erbautes Doppelhaus mit Läden, an der Südseite zum Garten Loggien. Deutliche Horizontalgliederung der Straßenfassade mit flankierenden halbrunden Erkern durch Schürzendach über dem Erdgeschoß, Verschindelung der oberen Erkerzonen und bandartige Anordnung von Fenstern und Gauben. Als Ladengebäude jenseits der Durchgangsstraße außerhalb der Kolonie angelegt. (k, g, s)

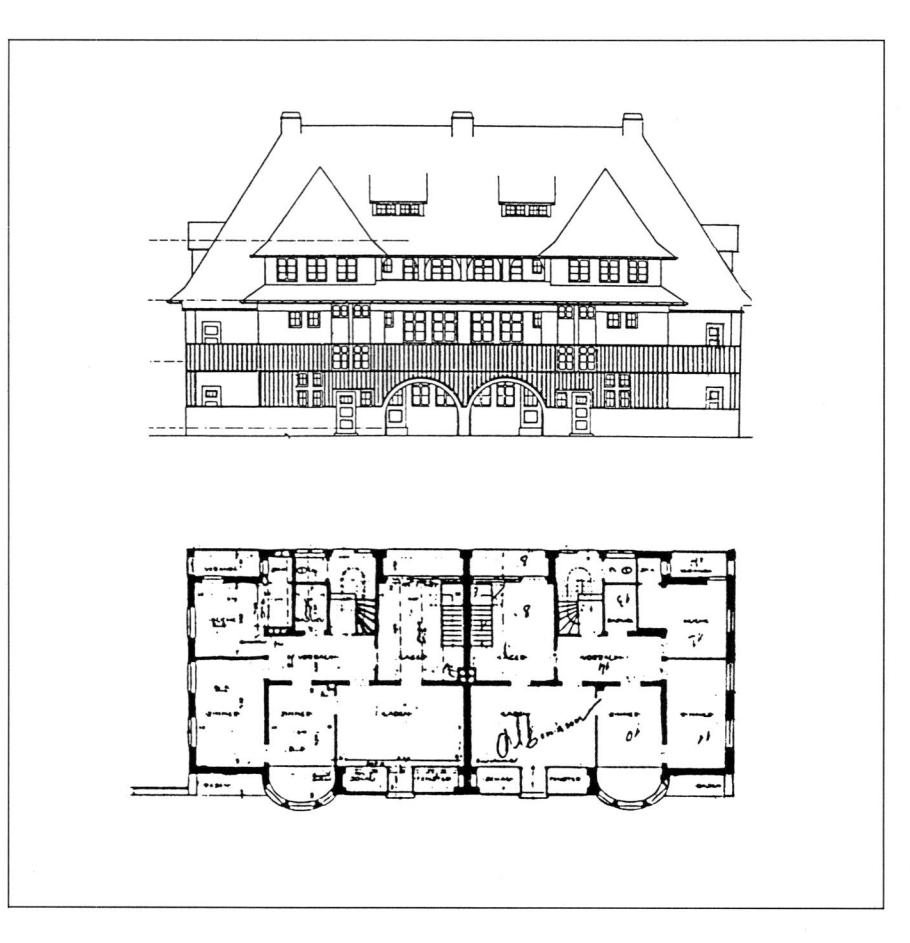

Kulturdenkmäler   Dreieich   Buchschlag

Buchschlager Allee 12   Fl. 1 Flst. 72/1

Voluminöser Putzbau mit großem Mansarddach und Erker mit walmüberdachter Loggia, der Sockel in Sandstein rustiziert. Die zwischen 1905 und 1910 entstandene Villa stellt eines der opulentesten Gebäude ihrer Art und Ausstattung (mit Stall) in der Kolonie dar; die Lage innerhalb der langgestreckten Parzelle ist von der Buchschlager Allee zurückgesetzt. (k, g, s)

Buchschlager Allee 16   Fl. 1 Flst. 76/1

Freistehende Villa, Entwurf Meißner, 1905, Um- und Anbauten durch Koban, 1923; aus dieser Zeit auch der Brunnen. Charakteristisches verschachteltes Mansarddach mit Bieberschwanzdeckung, Putzfassade. Wie bei Nr. 12 wird auf dem weiten Grundstück ein größerer Abstand zur Buchschlager Allee eingehalten. (k, g, s)

Eleonorenanlage 3/5   Fl. 1 Flst. 39/1, 38/1

Das wie ein homogener Baukörper aus sich durchdringenden trauf- und giebelständigen Formen wirkende Doppelhaus, Entwurf Beck, um 1906, zeigt eine eher städtische, für Buchschlag unspezifische Architektur mit glatten Putzflächen, gegliedert durch Fenstergewände und Lisenen aus Sandstein; es gleicht sich jedoch in der Form seiner verschachtelten, großvolumigen Mansarddächer mit Bieberschwanzdeckung dem lokalen Bild an. (g, s)

Eleonorenanlage 3/5, aus: Der Profanbau, 7/1911

Eleonorenanlage 7   Fl. 1 Flst. 35/1

Landhaus mit Satteldach, Putzfassade auf Sandsteinsockel, mit Fachwerkaufbau und über die gesamte Giebelbreite vorkragende offene Veranda mit Holzbrüstung im Obergeschoß; das Erdgeschoß asymmetrisch mit Segmenterker; seitlich verschindeltes Zwerchhaus. Dieser kleinteilig gegliederte Haustyp mit reichen Zierformen – nahezu identisch Ernst-Ludwig-Allee 8 – wurde um 1906 nach Entwurf von A. Beck erbaut und steht im Gegensatz zum üblichen behäbigeren Mansarddachhaus. (k, g, s)

Eleonorenanlage 9   Fl. 1 Flst. 34/1

Landhaus mit steilem Mansarddach, erbaut um 1908, Architekt A. Beck. Ungewöhnlich die strenge Gliederung der glatten Putzfassade mit um die Ecke geführtem Fenster und rechtwinkligem Erker; durch Verzicht auf Schmuckformen und Beschränkung der Materialien wird die Gesamtform betont. Am seitlichen Zwerchhaus neuer Anbau. (k, g, s)

Buchschlag — Dreieich — Kulturdenkmäler

Eleonorenanlage 11 Fl. 1 Flst. 33/1

Landhaus mit Satteldach, Entwurf A. Beck zwischen 1907 und 1910, in ähnlichen Proportionen wie Nr. 7 vom gleichen Architekten. Das Giebeldreieck durch deutlichen Vorsprung betont, holzverschindelt mit horizontalen Versprüngen und ungewöhnlichen Fensterformen. Das Erdgeschoß verputzt mit Sandsteingewänden, das seitliche Treppenhaus abgewalmt, oben verschindelt, mit um die Ecke geführter Fensteröffnung. Wichtiger Einzelbau in der Gruppe von Beck-Häusern in der Eleonorenanlage. (k, g, s)

Eleonorenanlage 11, aus: Der Profanbau, 7/1911

Eleonorenanlage 17 Fl. 1 Flst. 14/24

Kubisches Landhaus mit dominierendem, weit heruntergezogenem Krüppelwalmdach; Eckerker im Erdgeschoß, Giebel und Dachgauben verschindelt. Die Gestaltung lehnt sich an das Vorbild des Schwarzwälder Bauernhauses an; Entwurf von W. Koban, Erbauungszeit kurz nach 1910. (k, g, s)

Ernst-Ludwig-Allee 2 Fl. 1 Flst. 43/1

Landhaus mit Fachwerkoberbau auf massivem Erdgeschoß. Die Gestaltung der Giebel in reichen Fachwerkzierformen, die auf historische Motive zurückgreifen, nimmt Bezug auf die Ecklage. Das Haus ist verwandt mit Ernst-Ludwig-Allee 8; Architekt A. Beck für Fa. Korb aus Offenbach, erbaut 1907/08. (k, g, s)

Ernst-Ludwig-Allee 4 Fl. 1 Flst. 42/1

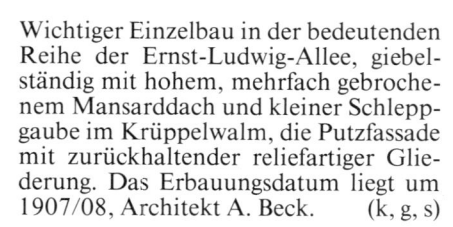

Wichtiger Einzelbau in der bedeutenden Reihe der Ernst-Ludwig-Allee, giebelständig mit hohem, mehrfach gebrochenem Mansarddach und kleiner Schleppgaube im Krüppelwalm, die Putzfassade mit zurückhaltender reliefartiger Gliederung. Das Erbauungsdatum liegt um 1907/08, Architekt A. Beck. (k, g, s)

Ernst-Ludwig-Allee 6 Fl. 1 Flst. 26/1

Landhaus mit origineller Kombination von Mansarddach und Krüppelwalm mit dominierender Gaube. Die verputzte Giebelfassade wird durch den zweigeschossigen Erker asymmetrisch gegliedert, wobei die alte Sprossenteilung der Fenster als wichtiges Element erhalten ist, ebenso die Jugendstil-Kassettierung unter dem Dachvorsprung. Das Haus ist um 1910 nach Entwurf von W. Koban entstanden. (k, g, s)

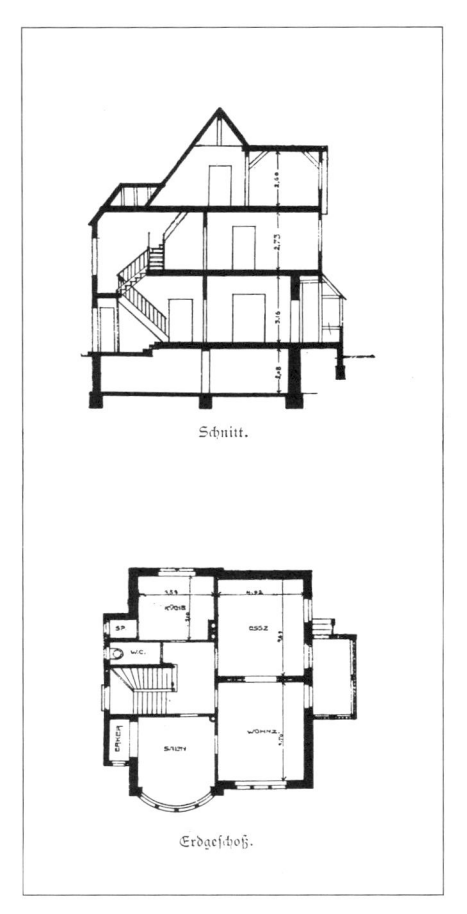

Ernst-Ludwig-Allee 7 Fl. 1
Flst. 65/1

Eckhaus mit Zeltdach und seitlich eingeschobenem Treppenhaus, Putzfassade, um 1910 erbaut. Der Entwurf von C. Wissenbach verkörpert einen biedermeierlichen Typus, der sich durch die Einfachheit der Konzeption mit Vierraumgrundriß und zurückhaltende Fassadengliederung durch horizontale Profile auszeichnet. An der Kreuzung Ernst-Ludwig-Allee/Zaunweg wichtiger Teil des Ensembles. (k, g, s)

Ernst-Ludwig-Allee 8 Fl. 1
Flst. 25/1

Kreuzungsbeherrschender, opulenter Fachwerkbau, um 1907/08 nach Entwurf von Beck für Fa. Korb, Offenbach, errichtet und nahezu baugleich mit Eleonorenanlage 7. Im Grundriß zeigt sich noch das Schema der Gründerzeitvilla mit aneinandergeschobenen Bauteilen um ein Treppenhaus, was sich nach außen in der Verschachtelung des Baukörpers abzeichnet. Erker, Veranden, Giebel und Zwerchhäuser sind Gliederungsmittel neben der Fachwerkdekoration. (k, g, s)

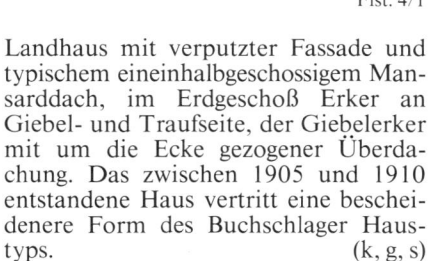

Ernst-Ludwig-Allee 10 Fl. 1
Flst. 23/3

Klar gegliederter, an den Buchschlager Bauvorschriften gemessen ungewöhnlicher Bau mit Satteldach und zweigeschossigem polygonalem Erker an der Traufseite. Auffallend sind die Feinheit der Fensterversprossung und die Aufteilung der Fensterläden. Die Entstehungszeit liegt zwischen 1905 und 1910. (k, g, s)

Ernst-Ludwig-Allee 11 Fl. 1
Flst. 4/1

Landhaus mit verputzter Fassade und typischem eineinhalbgeschossigem Mansarddach, im Erdgeschoß Erker an Giebel- und Traufseite, der Giebelerker mit um die Ecke gezogener Überdachung. Das zwischen 1905 und 1910 entstandene Haus vertritt eine bescheidenere Form des Buchschlager Haustyps. (k, g, s)

Ernst-Ludwig-Allee 13 Fl. 1
Flst. 4/2

Landhaus in kubischer Form mit Zeltdach und Horizontalgliederung durch umlaufendes Schürzendach in der Putzfassade. Der ungewöhnliche Haustyp ist entstanden zwischen 1910 und 1920 als Garagenhaus mit Chauffeurwohnung; als wichtiger Bestandteil der Ernst-Ludwig-Allee prägt es deren Erscheinungsbild mit. (k, g, s)

Buchschlag Dreieich Kulturdenkmäler

Ernst-Ludwig-Allee 15 Fl. 1 Flst. 4/3

Vertreter des Buchschlager Haustyps mit eineinhalbgeschossigem Mansarddach, erbaut zwischen 1905 und 1910; die Besonderheit besteht in der überaus qualitätsvollen Rahmung der Fensteröffnungen an der Schauseite. Im geometrisierenden Jugendstildekor wirken sich direkte Einflüsse der Darmstädter Mathildenhöhe aus, wie sie hier sonst selten anzutreffen sind. (k, g, s)

Ernst-Ludwig-Allee 17/19 Fl. 1 Flst. 4/4, 4/5

Doppelhaus, gebildet durch Querstellung und Koppelung zweier einfacher Siedlungshäuser; dem durchlaufenden großen Mansarddach sind zwei symmetrische Riegel durchgeschoben, die zur Straße und zum Garten hin jeweils Veranda und Wintergarten enthalten. Die schlichte Putzfassade entspricht der zurückhaltenden Architektur. Die ökonomische Lösung von W. Barth ist zwischen 1907 und 1910 enstanden. (k, g, s)

Ernst-Ludwig-Allee 23 Fl. 1 Flst. 4/23

In Buchschlag seltener Haustyp, entstanden um 1910, Architekt W. Koban. Dominierendes, weit heruntergezogenes steiles Mansarddach, die drei Giebelschauseiten durch Rhythmisierung der Fensteröffnungen und Kassetten im Dachüberstand betont, zum Teil verschindelt und geschoßweise vorkragend. Die Bauweise ist von gleichzeitigen amerikanischen Beispielen abzuleiten. (k, g, s)

Falltorweg 2 Fl. 1 Flst. 14/19

Eckbeherrschendes Landhaus an der Ecke Falltorweg/Eleonorenanlage, Architekt Koban; erste Planung 1909, Realisierung 1911. Auffallend das dominante, hohe Mansard-Zeltdach mit neuartigen Dachfensterbändern; reichgegliedertes Erdgeschoß mit Erker und offenem Windfang unter dem Dachüberstand. Brüstungshohes Ziegelmauerwerk, Fenstersprossen und Fachwerkelemente bewirken die kleinteilige Gliederung. Das Haus leitet eine Gruppe weiterer Koban-Bauten ein. (k, g, s)

Falltorweg 4 Fl. 1 Flst. 14/17, 14/18

Von dem Darmstädter Architekten Koban 1908/09 errichtetes eigenes Landhaus, Teil der Gruppe Falltorweg 4–8. Der Grundriß (S. 65) wird beherrscht durch die große Wohndiele mit Kamin, die äußere Erscheinung durch das hohe Mansard-Zeltdach mit dominierenden Gauben und Fensterband. Anregungen des Darmstädter Jugendstils finden Eingang in den Details, etwa der Wandbemalung der offenen Veranda; damit steht die Architektur im Gegensatz zu dem sonst vorherrschenden Heimatstil. (k, g, s)

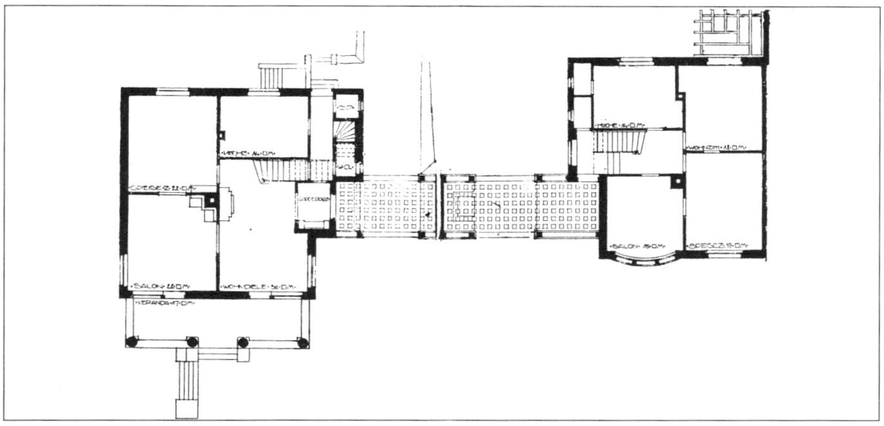

Falltorweg 6/8 Fl. 1
Flst. 14/15, 14/16

Das Doppelhaus ist mit dem Nachbargebäude Nr. 4 durch einen überdachten Laubengang verbunden, die Gestaltung jedoch zurückhaltender, der Grundriß sparsamer. Die äußere Form wird bestimmt durch den prägenden Doppelgiebel nach englischem Vorbild im Mansardwalmdach; Fensteröffnungen in liegendem Format mit kleinteiliger Sprossung. Putzflächen kontrastieren mit Mauerwerk in Sockel und Brüstung. Die enthistorisierten Formen weisen auf zukünftige Architekturströmungen hin.

(k, g, s)

Buchschlag — Dreieich — Kulturdenkmäler

Falltorweg 7   Fl. 1 / Flst. 16/7

Schloßartige, mehrflügelige Anlage mit großer Terrasse. Der ursprüngliche Bau, 1909/10 von Bernoully, entsprach als einfacher Kubus mit Walmdach dem am Ort mehrfach vertretenen Typus der klassizistischen Bürgervilla; nach 1914 durch Anbauten an der Nordseite völlig verändert in neubarocken, aus dem Rahmen der Buchschlager Architektur fallenden Formen.

(g, s)

Forstweg 5   Fl. 1 / Flst. 67/1

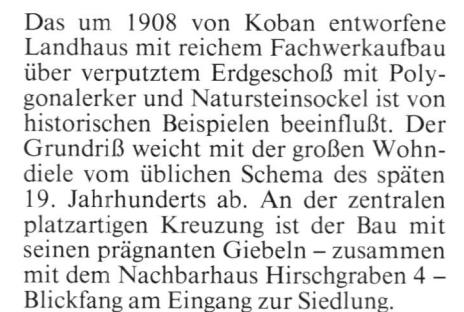

Das um 1908 von Koban entworfene Landhaus mit reichem Fachwerkaufbau über verputztem Erdgeschoß mit Polygonalerker und Natursteinsockel ist von historischen Beispielen beeinflußt. Der Grundriß weicht mit der großen Wohndiele vom üblichen Schema des späten 19. Jahrhunderts ab. An der zentralen platzartigen Kreuzung ist der Bau mit seinen prägnanten Giebeln – zusammen mit dem Nachbarhaus Hirschgraben 4 – Blickfang am Eingang zur Siedlung.

(k, g, s)

Forstweg 5, Giebel

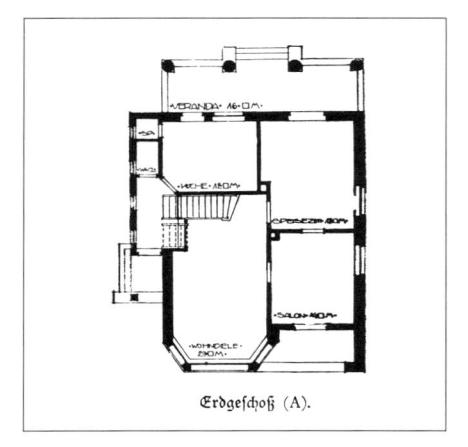

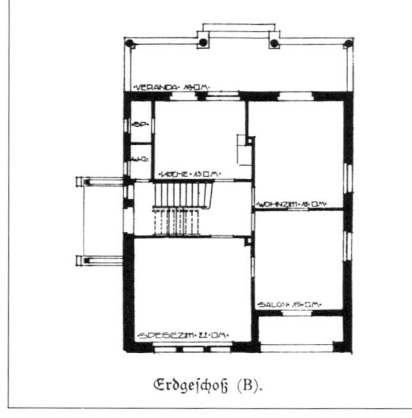

Forstweg 9   Fl. 1 / Flst. 74/1

Landhaus, traufständig mit Mansarddach und prägnanten, verschindelten Doppelzwerchhäusern, von denen eines in den Erdgeschoßerker übergeht; mit verputztem Erdgeschoß, fein versproßten Fenstern und typischen Läden. Der um 1910 entstandene Bau kann als charakteristischer Versuch der Entwicklung neuer Bauformen gelten.

(k, g, s)

Erdgeschoß (A).

Erdgeschoß (B).

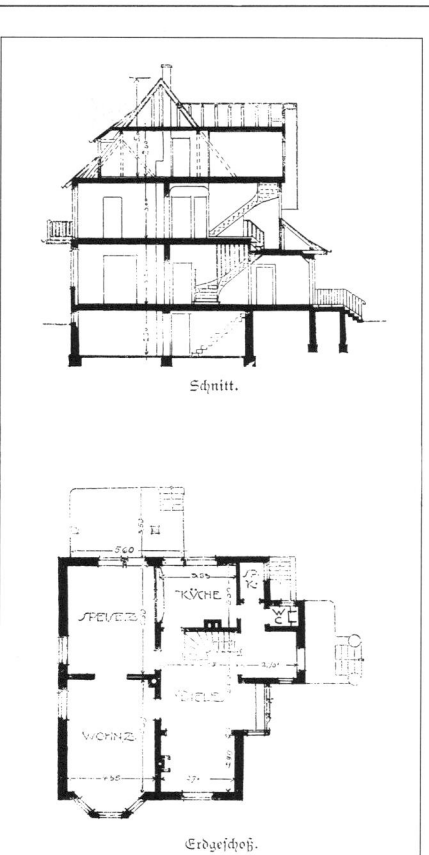

Kulturdenkmäler — Dreieich — Buchschlag

Forstweg 11 Fl. 1
Flst. 78/1

Landhaus mit differenzierter Ausbildung des Baukörpers, von C. Lennartz um 1909. Verschiedene in der Siedlung verbreitete Gestaltungsmerkmale sind hier angewandt: Verschneidung von Mansard- und Satteldach, Gaube, Verschindelung, typische Läden; Horizontalbetonung durch umlaufende Traufe; offener Grundriß. (k, g, s)

Forstweg 12 Fl. 1
Flst. 83/9

Putzbau der späteren Bebauungsphase nach Entwurf von A. Beck, 1911; Nr. 12 und Nachbarhaus 14 stellen sich als biedermeierlich kubische Blöcke mit gleichem Grundrißschema dar. Strenge Fassadengliederung durch scharfe Profilierung und Fensterversprossung, Zeltdach; ursprünglich Wandspaliere als sich wiederholende Elemente (Abb. S. 68). (k, g, s)

Forstweg 13 Fl. 1
Flst. 82/1

Herausragender Putzbau, entstanden nach Entwurf von W. Barth zwischen 1907 und 1910, mit verschliffenem Mansarddach und Horizontalgliederung durch Geschoßvorsprung, Verschindelung des Giebels und Krüppelwalme, mit auffälligem asymmetrischem Hausteinerker im Erdgeschoß. (k, g, s)

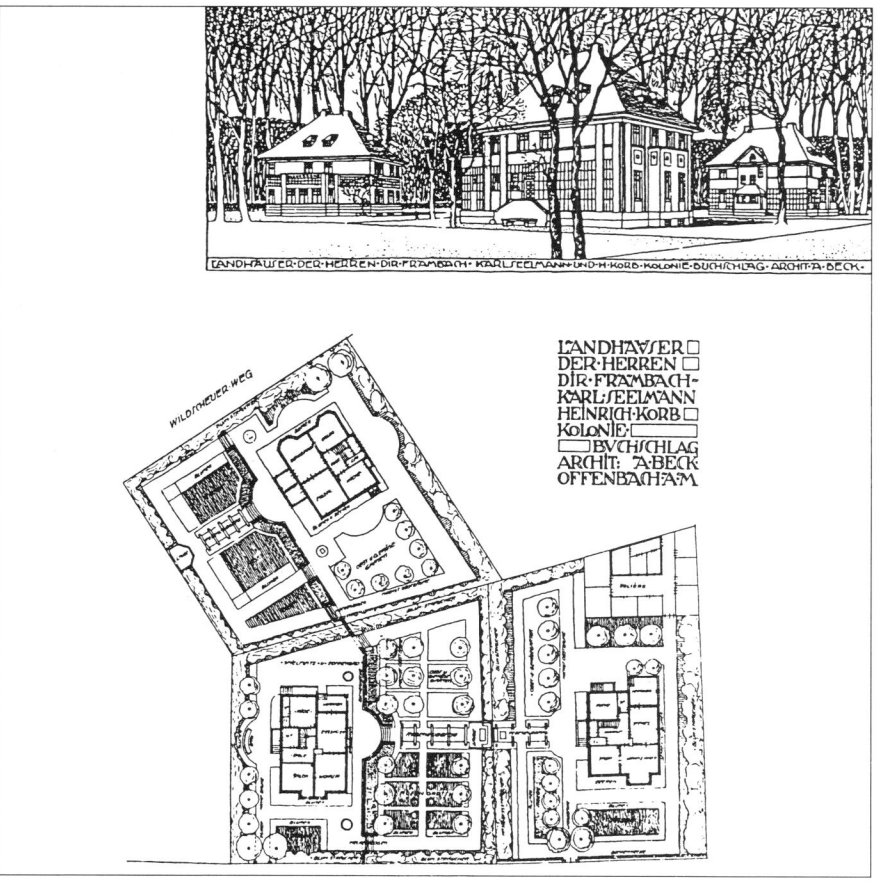

Hausgruppe Forstweg, Ansicht und Lageplan aus: Der Profanbau, 7/1911

Forstweg 14
Fl. 1
Flst. 83/8

Wie das Nachbargebäude Nr. 12 strenger kubischer Putzbau von A. Beck, 1911. Fassade mit in Putz aufgesetzter Ornamentik und horizontaler Profilgliederung; durch neue Fenstereinbauten beeinträchtigt, jedoch wichtiger Einzelbau im Straßenzug. (k, g, s)

Forstweg 14, aus: Der Profanbau, 7/1911

Forstweg 19
Fl. 1
Flst. 84/27

Kubischer Putzbau mit flachem, abgewalmtem Mansarddach, Architekt wahrscheinlich W. Barth. Die Symmetrie der Fassade, die durch das formbestimmende Zwerchhaus mit geometrisierender Jugendstilornamentik in der Mittelachse betont ist, wird im Erdgeschoß durch den einseitigen Eckerker aufgehoben. Fensterversprossung und Läden sind wichtige Gliederungsmittel in der flächigen Fassade. (k, g, s)

Forstweg 20
Evangelisches Pfarrhaus
Fl. 1
Flst. 84/28

Villenartiger Bau mit großem Mansarddach und monumentalem Zwerchhaus auf verputztem Erdgeschoß mit symmetrischen Erkern, Veranda und Loggia. Die Fassadensymmetrie wird durch das zentrierende Eingangsmotiv und die Zurücksetzung von der Straße hervorgehoben. Das Gebäude ist ein Entwurf von C. Lennartz 1910/11, 1923 durch Koban zum evangelischen Gemeindehaus ohne Änderung der Fassade umgebaut. (k, g, s)

Forstweg 23/25
Fl. 1
Flst. 84/24, 84/25, 84/23

Klar gegliedertes Doppelhaus mit Doppelgiebel, nebeneinandergestellten Satteldächern und Schleppgauben. Glatte Putzfassaden mit eingeschnittenen Öffnungen lassen unter Verzicht auf Ornamentik den Baukörper in seiner Gesamtform zur Wirkung kommen und nehmen in dem 1910 nach Planung von W. Barth erbauten Haus Tendenzen der neuen Sachlichkeit vorweg. Der Entwurf ist nochmals baugleich in Langen, Odenwaldstraße, verwirklicht. (k, g, s)

| Kulturdenkmäler | Dreieich | Buchschlag |

Hainertrift 4, aus: Der Profanbau, 7/1911

Hainertrift 8, um 1909

Hainertrift 4 Fl. 1 Flst. 87/1

Großvolumiger Bau des Buchschlager Mansarddach-Haustyps, der durch den seitlichen Zwerchgiebel auf die städtebauliche Position der Ecklage eingeht. Die Fenster weisen eine feine Sprossenteilung auf, der Hauptgiebel ist im oberen Bereich verschindelt. Als Kopfbau an der Kreuzung Hainertrift/Bogenweg ist das zwischen 1905 und 1910 nach Entwurf von A. Beck erbaute Haus von besonderer Bedeutung für das Ensemble. (k, g, s)

Hainertrift 8 Fl. 1 Flst. 87/4, 87/5

Kubischer Bau, 1910 von Eberhardt, mit den für die Entwürfe des Architekten typischen Attributen, wie sie in weiteren Beispielen auftauchen: abgewalmtes Dach mit Überstand, hier mit Fledermausgaube, Horizontalgliederung durch Verschindelung des Obergeschosses, Putzwand, Bruchsteinsockel. Eckbau am Beginn der Hainertrift, am Schnittpunkt mehrerer Straßen. (k, g, s)

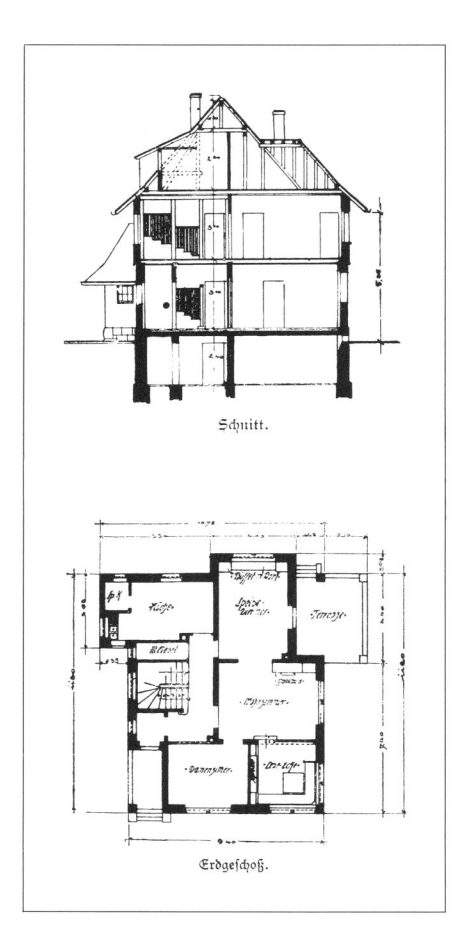

Hainertrift 10 Fl. 1
Flst. 86/25

Buchschlager Mansarddach-Haustyp, hier gedrungene Form mit Abwalmung und starkem Überstand des Obergeschosses. Im Erdgeschoß der in der Kolonie typische exzentrische Erker auf Natursteinsockel. Entwurf von Bernoully, erbaut 1907. (k, g, s)

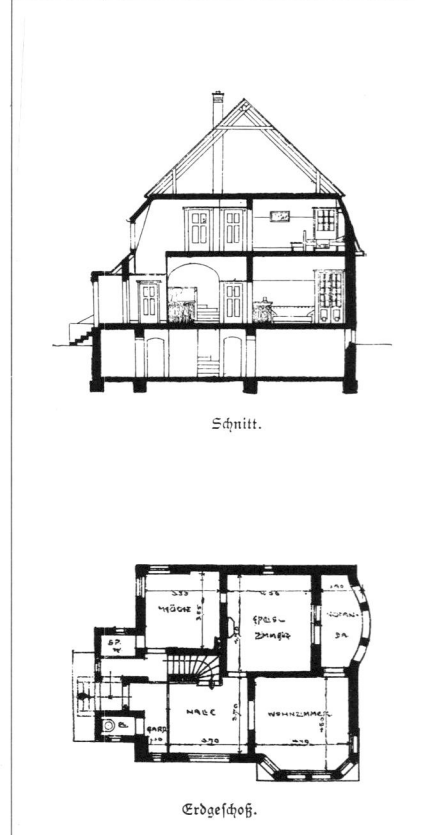

Hainertrift 12 Fl. 1
Flst. 84/6

Mansarddach-Haus der Zeit zwischen 1905 und 1910 mit Putzfassade und giebelseitigem Altan. Auf die städtebaulich wichtige Ecksituation an der Einmündung des Wildscheuerweges wird durch den seitlichen Giebelanbau mit spitzbogiger Fensteröffnung eingegangen. (k, g, s)

Hainertrift 13/15 Fl. 1
Flst. 83/6, 83/7

Doppelhaus, erbaut zwischen 1905 und 1910, Entwurf des Darmstädter Architekten Meißner. Langgestreckter Bau mit quergestelltem Walmdach und den für das Buchschlager Doppelhaus charakteristischen Giebelhäusern mit gleicher Firsthöhe. Beispiel für diesen Bautypus an städtebaulich zentraler Stelle. (k, g, s)

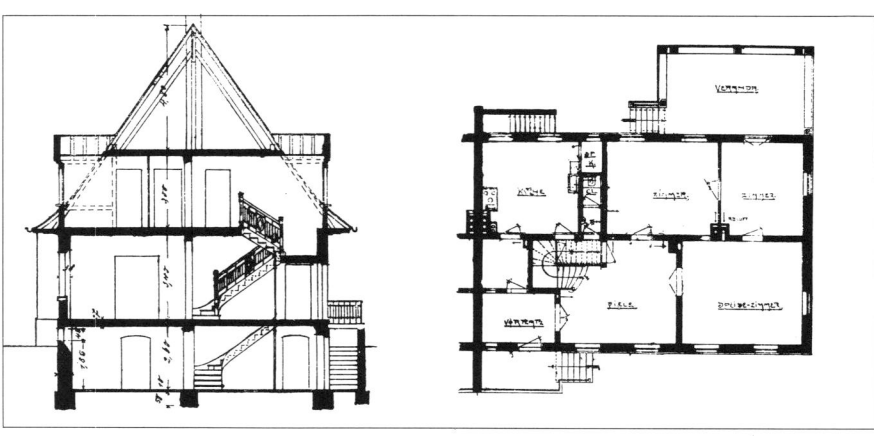

| Kulturdenkmäler | Dreieich | Buchschlag |

Hainertrift 16, um 1909

Hainertrift 14 Fl. 1 Flst. 84/7

Putzbau in Ecklage mit steilem Satteldach und angeschobenem Treppenhaus, die Fassade durch den exzentrischen Polygonalerker und ausgewogene Fensteröffnungen gegliedert, im Giebelabschluß ornamentale Putzmalerei. Die wichtige kleinformatige Sprossenteilung der Fenster erhalten, ebenso die hölzerne Vergitterung des Windfanges. Die Erbauungszeit liegt zwischen 1905 und 1910. (k, g, s)

Hainertrift 16 Fl. 1 Flst. 84/8

Giebelständiger Putzbau mit steilem Satteldach, errichtet zwischen 1905 und 1910 durch Zöllner und Hallenstein, Frankfurt. Die Ausgewogenheit der Fassade wird erreicht durch eine Horizontalgliederung – Verschindelung des Giebels und scharfkantiger Rücksprung des Erdgeschosses –, die im Gegensatz steht zu aufstrebenden Proportionen und hochformatigen Fenstern mit feingliedriger Sprossenteilung. (k, g, s)

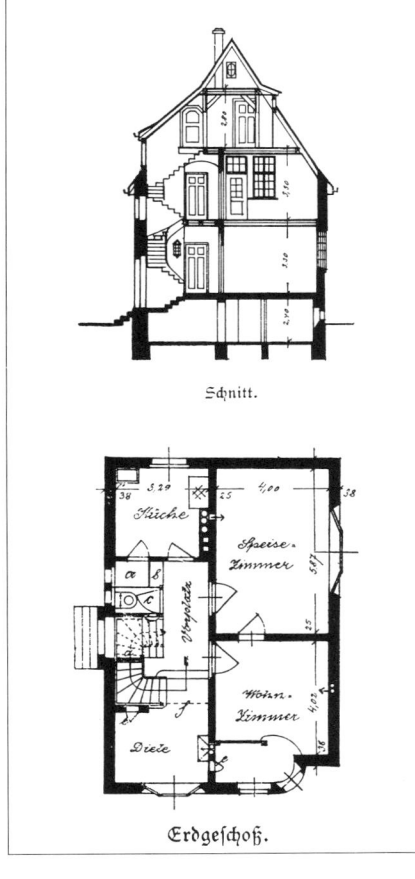

Hainertrift 18 Fl. 1 Flst. 84/9

Großvolumiger Bau mit dem bekannten eineinhalbgeschossigen Mansarddach; ein Akzent in der sonst durch kleinteilig versproßte Fenster gegliederten Fassade wird durch den exzentrischen Erdgeschoßerker gesetzt, dessen Wirkung durch die Verdachung und farbige Fassung gesteigert wird. Eckhaus, zwischen 1905 und 1910 erbaut. (k, g, s)

Buchschlag — Dreieich — Kulturdenkmäler

Hainertrift 19 Fl. 1 Flst. 81/2

Bald nach 1910 entstandener, feingegliederter Bau, Architekt möglicherweise W. Barth, mit ausgewogener Aufteilung der flächigen Putzfassade durch verschiedene Fensterformate, feine Horizontalprofile, Versprossung und Holzbrüstung. Im Erdgeschoß wird die Symmetrie durch den Polygonalerker mit Natursteinsockel effektvoll durchbrochen. (k, g, s)

Hainertrift 20 Fl. 1 Flst. 84/10

Landhaus mit für die Siedlung ungewöhnlich gegliedertem Baukörper; dem Hauptbau mit steilem Satteldach ist ein kleinerer Annexbau mit gleicher Dachneigung vorgesetzt. Durch Profile und den in Brüstungshöhe gezogenen Sockel aus Klinkermauerwerk entsteht eine verbindende Horizontalbetonung. Im Detail steht der um 1910 von Bernoully geplante Eckbau in der Tradition Olbrichs. (k, g, s)

Hainertrift 21 Fl. 1 Flst. 81/1

Herausragender Einzelbau, entstanden vor 1910; Architekt möglicherweise W. Barth. Steiles Satteldach mit ungewöhnlichem, leicht gewölbtem Krüppelwalm. Prägnante Fassadengliederung durch einen die Giebelfenster zusammenfassenden Gitterrahmen, im Erdgeschoß aufwendige Sandsteingewände in effektvollem Kontrast zum ursprünglichen Rauhputz. Das Ensemble einleitender Bau am südlichen Beginn der Hainertrift. (k, g, s)

Hainertrift 22 Fl. 1 Flst. 84/11

Einfaches Buchschlager Landhaus der Bebauungsphase zwischen 1905 und 1910, mit vorspringenden Geschossen, im oberen Bereich verschindelt. Das verputzte Erdgeschoß gegliedert durch den asymmetrischen Erker und einen seitlichen Windfang mit Holzvergitterung. Typisches Beispiel für die an heimatlichen Formen orientierte Bauweise, die in der Kolonie häufig vertreten ist. (k, g, s)

Hainertrift 24 Fl. 1 Flst. 84/12

Satteldachhaus mit breiter Giebelfront in klarer Gestaltung. Der verschindelte Giebel, breitformatige Fenster mit ausgewogen feiner Sprossenteilung und der aus der Mitte gerückte Erdgeschoßerker mit Verdachung bestimmen die sonst flächige Putzfassade. Die Erbauungszeit liegt kurz nach 1910. (k, g, s)

Hainertrift 26 Fl. 1 Flst. 84/13

Um 1912 entstandener auffälliger Bau in Anlehnung an das Schwarzwälder Bauernhaus, Architekt W. Koban, Darmstadt. Dominierend das Krüppelwalmdach und verschieferte, zurückspringende Giebelfelder mit Fensterbändern. Das eingeschobene Zwerchhaus nimmt Bezug auf die Kreuzung Hainertrift/Buchschlager Allee, die gleichzeitig den Eingang zur Siedlung darstellt. (k, g, s)

Hengstbachanlage 6 Fl. 1
Flst. 9/1

Landhaus mit voluminösen, winkelförmig verschnittenen Mansarddächern, eines zweifach gebrochen, das andere mit Krüppelwalm. Große verschindelte Giebelfelder dominieren über dem niedrigen verputzten Erdgeschoß. Die früheren Fensterläden fehlen. Erbaut 1909, Entwurf Völker, Elberfeld. Das Landhaus liegt am Rand der hier durch den Hengstbach begrenzten Gesamtanlage.
(k, g, s)

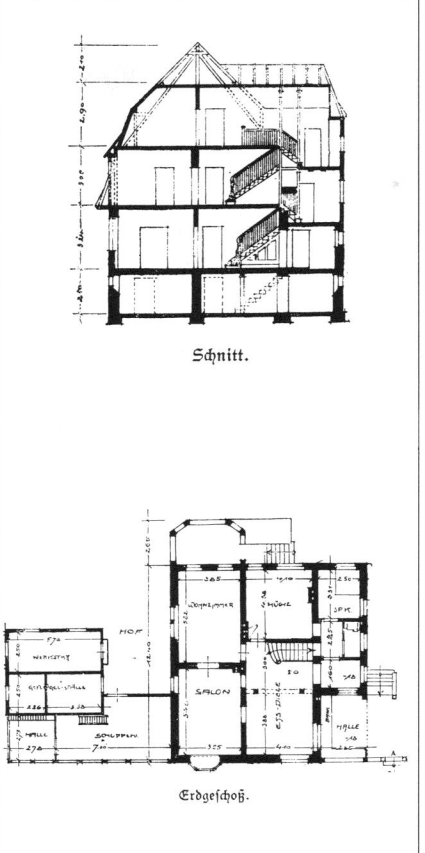

Hengstbachanlage 6, um 1909

Hengstbachanlage 10 Fl. 1
Flst. 11/1

Großformatiges Gebäude in traditioneller Formensprache, 1905 entstanden und damit früher Bau innerhalb der Kolonie; wie bei Nr. 6 Architekt Völker. Giebelständiges Mansarddach-Haus mit seitlich eingeschobenem Treppenhaus, im Giebel verschindelt. Im Erdgeschoß Bruchsteinsockel, asymmetrischer flacher Erker; Sandsteingewände, Eingang in barocken Formen. Lage am Nordrand der Gesamtanlage.
(k, g, s)

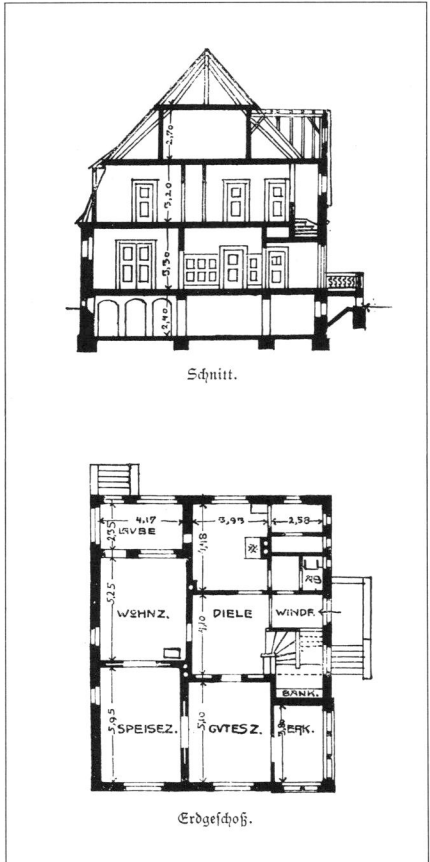

Hirschgraben 4 Fl. 1
Flst. 68/1, 68/2, 68/3

Landhaus mit klar gegliedertem Baukörper, verwandt dem ebenfalls von dem Darmstädter Architekten Koban entworfenen Nachbarhaus Forstweg 5; erbaut 1908. Die senkrechte Verbretterung des oberen Geschosses leitet sich wie das Fachwerk des Nebenhauses aus dörflicher Tradition her; neue Tendenzen schlagen sich in Fensterbändern mit dekorativer Versprossung nieder. Die Zweiergruppe ist ein Blickfang am Eingang der Siedlung. (Abb. S. 66)
(k, g, s)

Kohlseeweg 1 Fl. 1
Flst. 7/1

„Binding-Haus", um 1910 nach Entwurf des Darmstädter Architekten G. Wickop errichtet. Wichtiger Kopfbau am Anfang der Reihe von herausragenden Bauten an der Ostseite Kohlseeweg. Mansarddach, im Giebel Fachwerk mit offener Loggia, darüber verschindelt; verputztes Erdgeschoß mit Bruchsteinsockel und Erker; die Orientierung zum Kohlseeweg durch Betonung des Eingangs mit Stützenvordach vollzogen.
(k, g, s)

Kohlseeweg 3 Fl. 1
Flst. 8/3

Das 1914 von dem Frankfurter Architekten H. Eberhardt als letztes in Buchschlag entworfene Haus stellt die ausgeprägteste Form seines hier mehrmals ausgeführten „klassizistisch-heimatlichen" Haustyps mit Zelt- oder Walmdach dar. Verputztes Erdgeschoß mit burgtorartig gewölbtem Eingang, darüber holzverschindeltes Obergeschoß mit symmetrischen polygonalen Eckerkern und versproßter Fensterreihe. Zwar eigenständig, ist das Haus in die Reihe individueller Bauten des Ensembles Kohlseeweg eingebunden. (k, g, s)

Kohlseeweg 5 Fl. 1
Flst. 8/2

Landhaus der Zeit zwischen 1905 und 1910, giebelständiger Putzbau mit steilem Satteldach, Balkon und kleinerem, die Dachneigung wiederholendem Vorbau mit auffälligem, modernem Fachwerk im Giebel, dazwischen in den Putz eingeritzte Jugendstilornamente. Die typischen Klappläden mit ovaler Öffnung größtenteils nicht mehr vorhanden. Eigenwillige Bauform in der bedeutenden Reihe des Kohlseewegs.
(k, g, s)

Kohlseeweg 7 Fl. 1
Flst. 8/1

Kubischer Bau mit Zeltdach, Entwurf Eberhard, 1910. Die Fassadenteilung nach dem Goldenen Schnitt wird optisch beherrscht von der Durchdringung horizontaler und vertikaler Elemente: verputztes Erdgeschoß mit liegenden Fenstern, verschindeltes Obergeschoß mit stehendem Fensterformat; die Traufe durchbrochen von dem zweieinhalbgeschossigen mittigen Fachwerkvorbau mit Wiederholung der Dachform. Teile der Innenausstattung ebenfalls von Eberhard. Hervorragender Einzelbau im Ensemble. (k, g, s)

Kohlseeweg 9 Fl. 1
Flst. 12/2

Gedrungenes, kubisches Mansarddach-Haus mit großem, mittigem Zwerchhaus, das die Dachform im Kleinen wiederholt. Symmetrische Fassade mit zentraler Eingangstreppe und zurückgesetztem offenem Windfang. Ausgefallener Bautyp, Architekt möglicherweise Lutz, entstanden kurz vor 1910; wichtiger Bestandteil der Reihe 1–11. (k, g, s)

Kulturdenkmäler — Dreieich — Buchschlag

Kohlseeweg 11 Fl. 1 Flst. 12/1

Kubischer Putzbau mit Zeltdach, unmittelbar vor 1910 entstanden; Entwurf wahrscheinlich Lutz. Die Bauteile – Geschoßteilung, Altan – sind durch scharfe Profile und Kanten akzentuiert und unterstützen die klaren, funktionellen Formen; die Fensterversprossung trägt zur Ausgewogenheit bei. Dieser Bautyp erscheint sonst hauptsächlich in der zweiten Bebauungsphase nach 1910; hier eigenständiger Bestandteil der Reihe Kohlseeweg 1–11. (k, g, s)

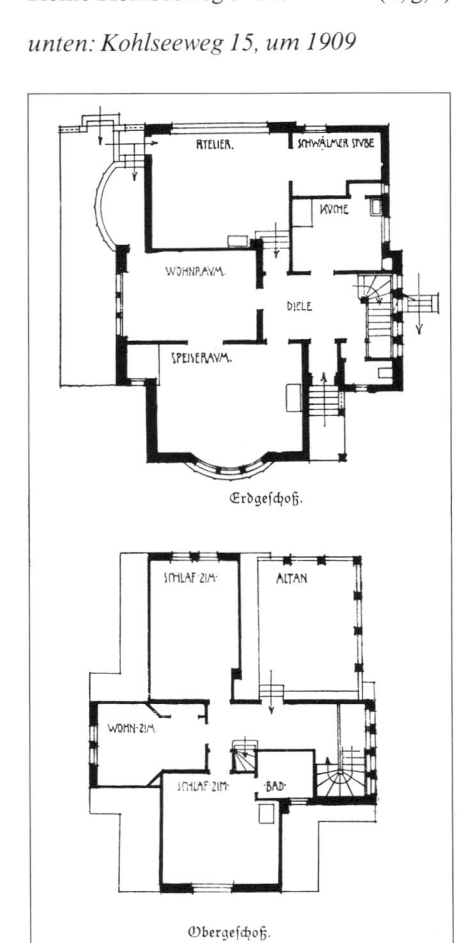

unten: Kohlseeweg 15, um 1909

Kohlseeweg 15 Fl. 1 Flst. 13/2

Bedeutendster Einzelbau der Kolonie, 1909 geplant von C. F. W. Leonhardt, Frankfurt, für den Maler Emil Beithan. Drei Giebel nehmen die Straßensituation auf, die Fassade lebt aus der Spannung zwischen Putzflächen und filigranen Details, die Einflüsse des Darmstädter Jugendstils zeigen. Ein Giebel mit modernem Fachwerk, nach Norden großes Atelierfenster. Im geschwungenen Südgiebel früher ein Putzbild mit Frauengestalt. Die ursprüngliche Planung der Gartenanlage ebenfalls von Leonhardt. (k, g, s)

75

Montier-en-Der-Platz 1
Fl. 1
Flst. 58/1

Außergewöhnlicher Haustyp mit abgeschlepptem Satteldach, fingiertem Treppenturm und in der Front vorspringendem Kamin ähnlich englischen Vorbildern. In dem Entwurf von Pützer, entstanden um 1906, herrscht eine vertikale Tendenz vor; fortschrittlich der Grundriß mit einer Ausrichtung der Wohnräume nach Süden. Exponierte Lage in Nähe des Bahnhofes. (k, g, s)

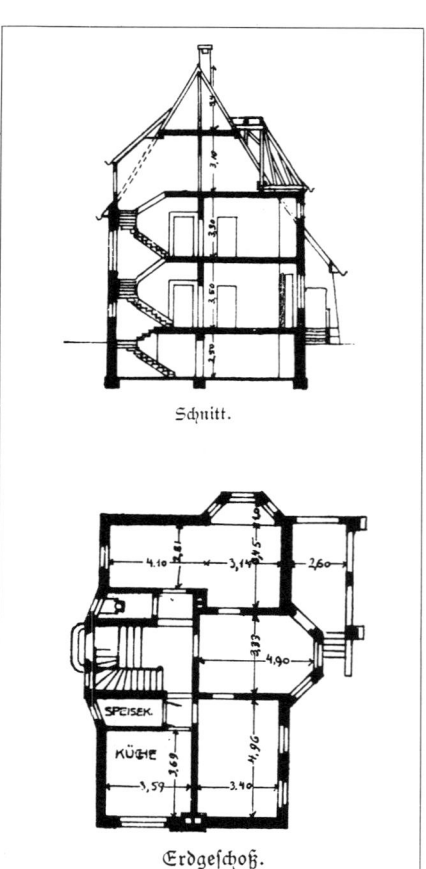

Montier-en-Der-Platz 2
Fl. 1
Flst. 59

Wie das Nachbarhaus 1 Entwurf von Pützer, um 1906 erbaut; gleicher Grundriß, ebenfalls an der straßenseitigen Giebelfront außen geführter Kamin. Statt Satteldach hier jedoch das am Ort gebräuchlichere Mansarddach. Ähnliche Gestaltung mit Putzfassade und Giebelverschindelung. Markante Zweiergruppe am Ortseingang vom Bahnhof aus. (k, g, s)

Wildscheuerweg 1
Fl. 1
Flst. 83/1

Städtebaulich wichtiger Kopfbau am platzartigen Schnittpunkt mehrerer Straßen, zwischen 1905 und 1910 erbaut nach Entwurf der Darmstädter Architekten Scherer und Finke. Durch Rücksprünge und Erker sowie seitlich eingeschobenes Treppenhaus plastisch differenzierter Baukörper, Putzwand mit Gliederung durch horizontale Profile. Mansarddach mit an giebelseitigem Schürzendach umlaufender Traufe, so daß ein Ausgleich vertikaler und horizontaler Elemente entsteht. (k, g, s)

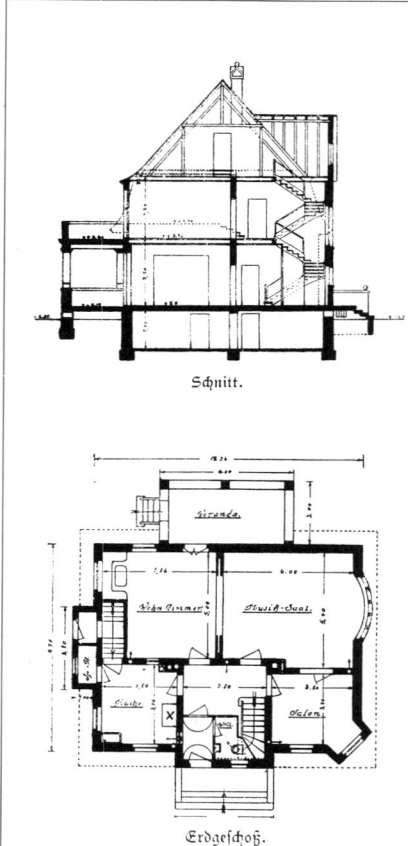

Wildscheuerweg 3
Fl. 1
Flst. 83/2

Bedeutendes Beispiel der frühfunktionalistischen Bauweise in der Siedlung, entstanden 1911 nach Entwurf von A. Beck, Offenbach. Kubischer Putzbau mit Walmdach und streng symmetrisch durch zwei mit einem Balkon verbundene polygonale Erker gegliederter Putzfassade. Sandsteingewände und -Profile unterstreichen den „klassizistischen" Charakter der für die spätere Bebauungsphase der Siedlung typischen Architektur. (Abb. S. 77) (k, g, s)

| Kulturdenkmäler | Dreieich | Buchschlag |

Wildscheuerweg 3, Ansicht und Grundrisse aus: Der Profanbau, 7/1911

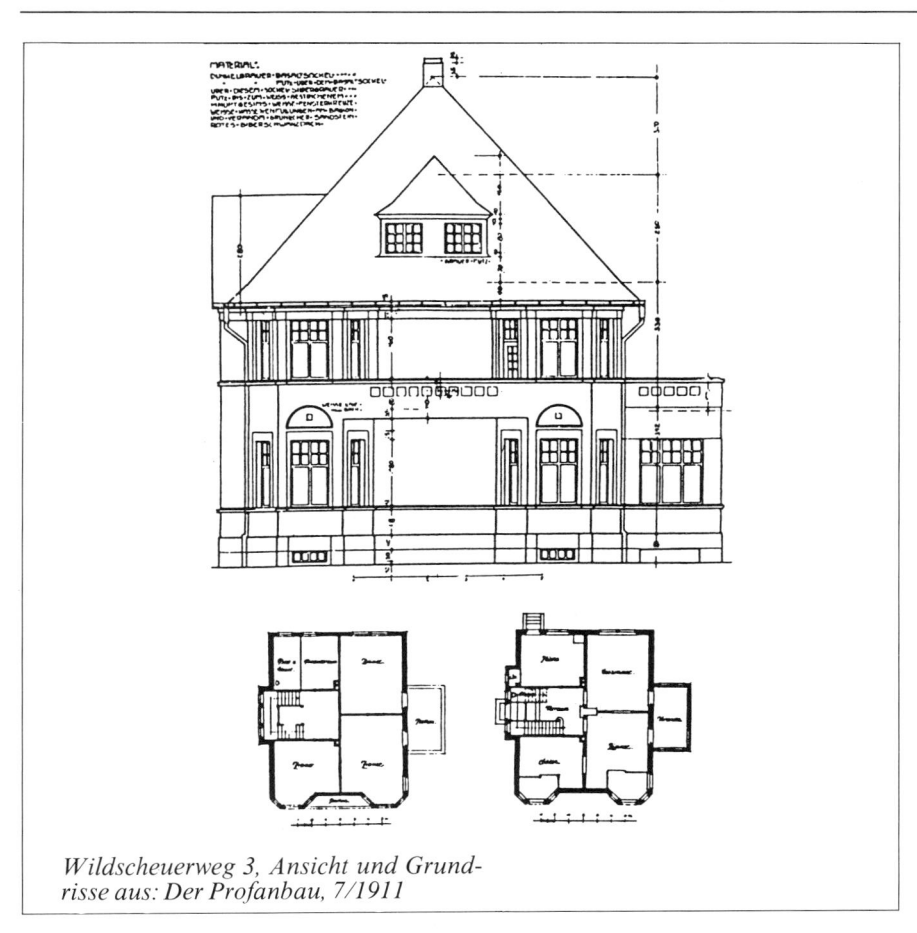

Wildscheuerweg 10 Fl. 1 Flst. 4/14

Klassischer Buchschlager Haustyp mit Krüppelwalm-Mansarddach, polygonalem Erker und rhythmisierten Fensteröffnungen; Putzfassade mit sparsamer Horizontalgliederung durch Profile in Erker und seitlichem Anbau mit offenem Windfang. Erbaut zwischen 1907 und 1910, Architekt möglicherweise W. Barth. Teil der qualitätvollen Reihe 8–14. (k, g, s)

Wildscheuerweg 12 Fl. 1 Flst. 4/13

Putzbau mit einfachen Satteldächern und typischen angeschobenen Bauteilen wie Polygonalerker (der Balkon nachträglich zugemauert) und Zwerchhaus; als kleinteilige Elemente Fensterversprossung und offener Windfang mit Pergola. Entwurf von W. Barth, Entstehung um 1907/08. (k, g, s)

Wildscheuerweg 14 Fl. 1 Flst. 4/12

Mansarddachhaus in Ecklage, in den hier üblichen Umrissen, jedoch modern im Detail mit randlos eingeschnittenen, querformatigen Fensteröffnungen und unvermitteltem Rücksprung des Erdgeschosses mit scharfer, durchlaufender Kante. Entstanden zwischen 1907 und 1910, wirkt das Landhaus fortschrittlich durch den Verzicht auf Ornamentik und klare, strenge Formen. (k, g, s)

Wildscheuerweg 15 Fl. 1 Flst. 84/29

Ausgefallene Hausform, erst 1935 und damit wesentlich später als die Landhäuser der Kolonie entstanden, Planung von Koban. Durch das große, weit heruntergezogene Satteldach in relativ flacher Neigung entsteht eine breite, flächige Giebelfront mit gleichmäßiger Verteilung der Fenster; diese mit typischen Läden. Der Eingang durch einen Rundbogen akzentuiert, daneben kleiner Erker. Trotz der eigenständigen Architektur nimmt der Bau Rücksicht auf die ortsübliche Bauweise. (k, g, s)

Wildscheuerweg 17 Fl. 1
Flst. 84/30

Massiver Putzbau als kompakter Kubus mit Walmdach, 1909 erbaut von M. Rabe. Neoklassizistische Züge verbinden sich mit biedermeierlicher Einfachheit in der schlichten, symmetrischen Putzfassade mit zentrierendem Eingangsmotiv – Balkonvorbau auf Stützen –, Wandgliederung durch Lisenen und Risalite. Altanartige Vorbauten an beiden Schmalseiten nehmen Bezug auf die Ecksituation, konventioneller Grundriß. (k, g, s)

Wildscheuerweg 18 Fl. 1
Flst. 86/23

Hervorragender Vertreter der Buchschlager Bauweise, erbaut um 1909 nach Planung der Darmstädter Architekten Mahr und Markwort. Mansarddachhaus mit Krüppelwalm; das dreiteilige Fenster geht auf Darmstädter Einfluß zurück. Durch Profil vermittelter Rücksprung des Erdgeschosses; verschiedene Materialien angewandt im Sinne der Materialgerechtigkeit – Verbretterung des Giebels, Backsteinsockel und -erker. Putzwand; filigrane Fenstervergrößerung. (k, g, s)

Wildscheuerweg 22 Fl. 1
Flst. 86/20

Wichtiger Gelenkbau an der Ecke Bogenweg; durch den winkelartigen Baukörper mit sich verschneidenden Mansarddächern wird auf die Situation eingegangen. Die am Ort gebräuchliche Materialvielfalt zeigt sich im Natursteinsockel, verputztem Erdgeschoß mit Natursteinerker sowie Verschindelung der Giebelfläche und der turmartigen Gaube. Das Haus ist kurz nach 1910 entstanden. (k, g, s)

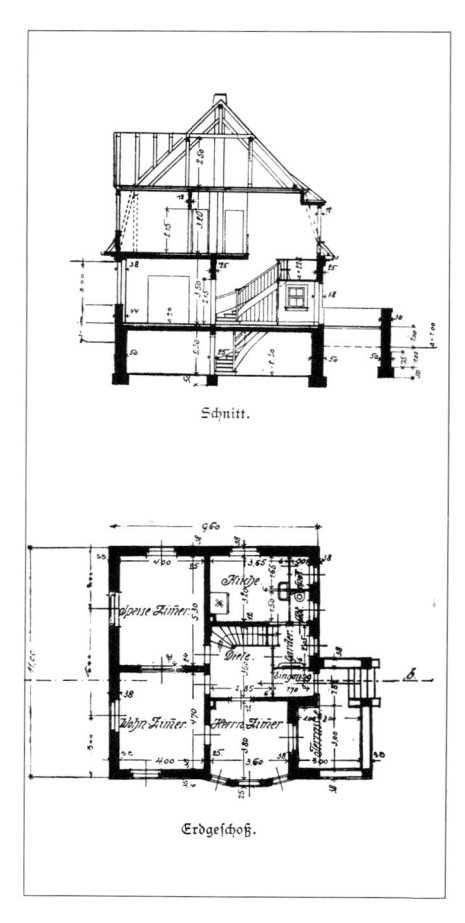

Wildscheuerweg 18, um 1909

Zaunweg 3 Fl. 1
Flst. 2/3

Mansarddachhaus mit großer, verschindelter Giebelfläche, die zu einer Loggia mit Stützenreihe geöffnet ist. Das Erdgeschoß durch Materialwechsel – Bruchstein, Putz – strukturiert; ein Rücksprung mit Sturzbalken und Balkonköpfen, die sich über der Loggia wiederholen. An zentraler Stelle am Beginn des Zaunwegs gelegener Bau der Zeit zwischen 1907 und 1910. (k, g, s)

Zaunweg 5 Fl. 1
Flst. 3/2

Kopfbau an der wichtigen Kreuzung Zaunweg/Ernst-Ludwig-Allee. Mansarddachhaus mit Abwalmung und Fledermausgaube, im Erdgeschoß Altan und seitlich offener Windfang; schlichte Putzfassade. Die Erbauungszeit liegt zwischen 1907 und 1910. (k, g, s)

Zaunweg 8 Fl. 1
Flst. 25/1

Mansarddachhaus, ganz verputzt, mit prägnantem, turmartigem Erker über zwei Geschosse, auf plastisch bearbeiteten Steinstützen; der Erker im Erdgeschoß ursprünglich offen. Das Haus ist kurz vor 1910 entstanden. (k, g, s)

Zaunweg 21 Fl. 1
Flst. 16/8

Eckbau entstanden um 1910, mit Mansarddach und zurückhaltender, flächiger Putzfassade der Giebelseite mit sparsamen Fensteröffnungen. Auf die Situation an der wichtigen Ecke Falltorweg wird in einem traufseitigen Vorbau mit abgestuften Dachflächen Bezug genommen. (k, g, s)

Dreieichenhain

Dreieichenhain, das bis in die 30er Jahre des vorigen Jahrhunderts Hain in der Dreieich genannt wurde, verdankt seine Entstehung der Lage im Zentrum der seit dem 9. Jahrhundert bestehenden Forestis, dem Königsforst und späteren Wildbann Dreieich. Hier wurde im Lauf des 10. und 11. Jahrhunderts ein königlicher Jagdhof errichtet, um der allmählichen einsetzenden Auflösung des Königsgutes entgegenzuwirken. Die Vogtei bestand aus Herrenhaus und Nebengebäuden mit breitem, durch Holzpfähle befestigtem Ringgraben. Seit dem 11. Jahrhundert waren als Reichsministerialen die Herren von Hagen, die von diesem Stammsitz ihren Namen herleiteten und sich später nach ihrer Burg in der Wetterau Hagen-Münzenberg nannten, hier ansässig.

Unter ihrer Herrschaft wurde gegen Ende des 11. Jahrhunderts die wasserumwehrte Turmburg erbaut und im ausgehenden 12. Jahrhundert zur Reichsburg mit Bergfried, Palas und Wirtschaftsgebäuden, ähnlich Gelnhausen, erweitert. Gleichzeitig entstand auf den breiten Sumpfgräben des ehemaligen ottonischen Jagdhofes die bastionsartig der Burg vorgelagerte, von dieser durch einen Graben getrennte und befestigte romanische Stadtanlage. Sie erstreckte sich bis zur ehemaligen Mittelpforte, dem damals einzigen Zugang, und bestand hauptsächlich aus einer Ansammlung von Burgmannenhöfen wie Fronhof, Wildhof, Bereiterhof mit zugehörigen Gesindewohnungen. Die Stadtrechte sind seit 1265 erwiesen. Nachdem 1268 der Hagen-Münzenbergische Besitz durch Erbteilung zu 5/6 an Falkenstein, zu 1/6 an Hanau gelangt war, wurde neben dem weiteren Ausbau der Burg die Stadt nach Westen auf etwa die doppelte Fläche bis zum Obertor erweitert. Auch diese Vorstadt der Handwerker und Gewerbetreibenden erhielt eine Befestigungsmauer, während die alte Ringmauer bastionär verstärkt wurde mit Wällen, Gräben und Weihern. Vor der Mittelpforte bestand zunächst ein Marktplatz.

Nachdem zu Beginn des 15. Jahrhunderts die Grafen von Isenburg das Falkensteiner Erbe größtenteils übernommen hatten – 1401 noch stiftete die kinderlose Anna von Falkenstein das Hospital samt Kirche –, wurde bis 1445 ein aufwendiger Ausbau der Stadt zur Festung nach neuesten Erkenntnissen der Zeit mit Außenbefestigung und Bollwerken betrieben. Am Ort waren Beamte der an der Herrschaft beteiligten Häuser Isenburg, Sayn und Hanau ansässig. Schon früh existierte eine Lateinschule. Die Mehrzahl der Bewohner waren Handwerker und Ackerbürger. 1549 wurde die Lehre der Reformation eingeführt, 1556 der Sitz des Wildbanngerichts von Langen nach Hain verlegt.

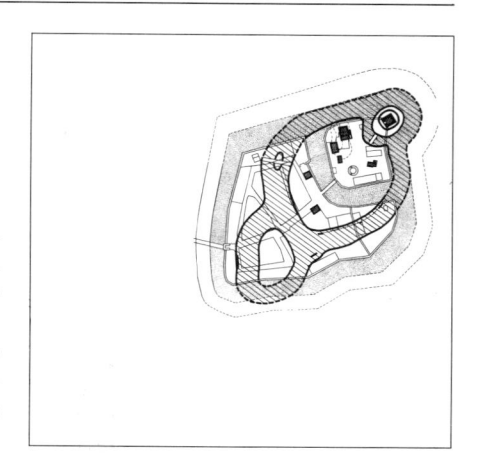

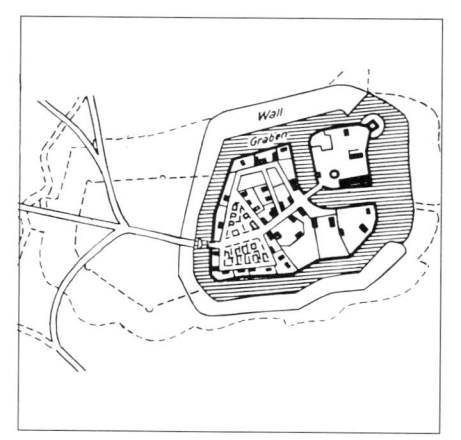

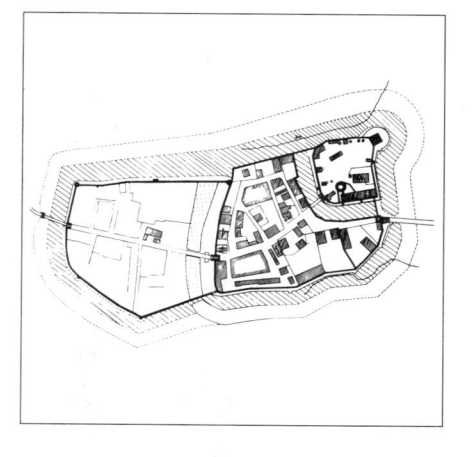

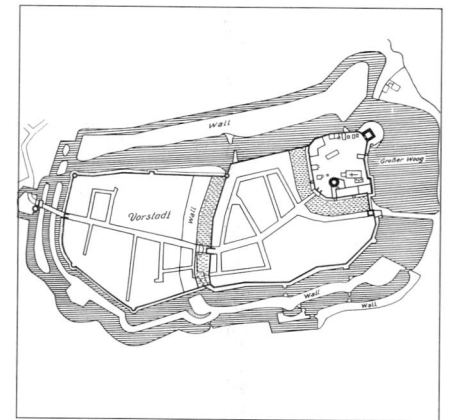

Dreieich　　　　Dreieichenhain

Urkataster nach der Parzellenvermessung 1858–64

Gegen Ende des 16. Jahrhunderts war der Marktplatz bebaut. Von Zerstörungen des 30jährigen Krieges blieb die Stadt weitgehend verschont, hatte jedoch wie die ganze Region unter der folgenden Verarmung zu leiden. 1710 ging Hain ganz in Isenburgischen Besitz über und kam 1816 zu Hessen. Schon im 18. Jahrhundert wurde mit dem Abbruch etlicher historischer Bauten, wie dem Hospital und Teilen der Burg, begonnen; 1833 fielen Spital und Mittelpforte; an gleicher Stelle wurde das Rathaus, heute Fahrgasse 42, errichtet. Im Lauf des 19. Jahrhunderts vollzog sich aufgrund veränderter wirtschaftlicher Voraussetzungen der Wandel von der Ackerbürger- zur Arbeitergemeinde. Der Ort expandierte, 1875 wurde das erste Haus außerhalb der Stadtmauer vor dem Obertor erbaut. 1905 kam mit dem Anschluß an die Rodgaubahn die Verbindung zur Main-Neckar-Bahn.

links: Dreieichenhain im Mittelalter, Entwicklung vom ottonischen Königshof zu Stadt und Burg Hain, aus: Dreieichenhain, Broschüre, 1965

Historische Luftaufnahme, aus: Nahrgang, Stadt und Landkreis Offenbach, 1963

Wallgrabenanlage um 1930, aus: Schmidt u. Heil, Dreieichenhain in der Erinnerung, 1983

Dreieichenhain　　　　　　　Dreieich

Fahrgasse um 1925

Die weitere – die Altstadt flächenmäßig weit übertreffende – Ausdehnung von Wohngebieten ging zunächst nach Westen, dann verstärkt nach Norden in Richtung des Nachbarortes Sprendlingen, von dem Dreieichenhain heute nur noch durch die Autobahn getrennt ist; hier wurde auch ein Industriegebiet angesiedelt. Nach Süden und Osten hat sich der ursprüngliche Ortsrand fast unverfälscht im Übergang der Stadtmauer zur relativ naturbelassenen Grünzone der ehemaligen Wallanlage erhalten.

Gesamtanlage/Kulturdenkmäler   Dreieich   Dreieichenhain

Dreieichenhain — Dreieich — Gesamtanlage

Gesamtanlage Altstadt und Burg

Die Gesamtanlage erstreckt sich über die von der Stadtmauer begrenzte Altstadt und umfaßt damit das ehemalige Ober- und Unterhain mit dem Burgareal. Ebenso gehören die umgebenden Grünzonen mit Wasserflächen, vom ehemaligen Burggraben zwischen Burg und Solmischer Weiherstraße über Burgweiher und südöstlich der Altstadt vorgelagerter ehemaliger Wallgrabenanlage mit Herrenweihern bis zur Bebauung der Schießbergstraße zum historischen Bestand.

Die längliche Form des Ortsgrundrisses wird rückgratartig durchzogen von der in weitem Bogen geschwungenen Fahrgasse, auf die rechtwinklig von beiden Seiten Sackgassen treffen; einige davon sind untereinander verbunden. Ursprünglich gab es keinen Platz außer dem seit dem 16. Jahrhundert nicht mehr vorhandenen Marktplatz vor der Mittelpforte. Die heutigen Plätze (vor dem Obertor, Vieuxtemps-Platz) sind durch Abbrüche entstanden.

In den früher durch die Mittelpforte getrennten Stadtteilen ist die unterschiedliche Bebauungsstruktur noch an Parzellierung und Bebauung ablesbar. Im Bereich der romanischen Stadtgründung, wo sich Burgmannenhöfe und Beamtenhäuser konzentrierten, sind die Grundstücksflächen von größerem Zuschnitt und die Bauten großmaßstäblicher. Sie zeichnen sich häufig durch eine aufwendigere, den herrschaftlichen Charakter hervorhebende Gestaltung aus, wie Faselstall, ehemalige Amtskellerei, Trierischer Hof, Isenburgisches Amtshaus, Spitalmeisterhaus, Gasthaus zur alten Burg. Eine kleinteiligere Wohnbebauung findet sich hauptsäch-

Burg und Stadt, Luftaufnahme 1975

Fahrgasse in Richtung Obertor

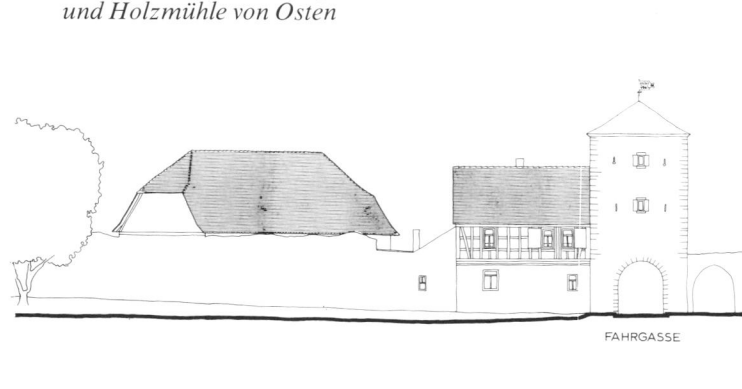

Untertor, Burg mit evangelischer Kirche und Holzmühle von Osten

lich um die Erbsengasse. Im ehemaligen Oberhain setzt sich der Bebauungsmaßstab der Erbsengasse fort, Hofreiten der Ackerbürger und Handwerkerhäuser verdichten sich besonders südlich der Fahrgasse. Hier bildet der Saalhof eine Ausnahme. Nördlich zwischen Fahrgasse und Stadtmauer gibt es größere unbebaute Flächen, in der Steingasse sind die bescheidensten Wohnformen einer unterprivilegierten Bewohnerschicht vertreten.

Die Altstadt besitzt eine geschlossene Fachwerkbebauung mit – besonders in der Fahrgasse – überwiegend giebelständigen Häusern. Es hat sich keine spezifische Hofform herausgebildet, da ein Großteil der Bevölkerung keine Bauern, sondern Handwerker und Gewerbetreibende waren. Am Ort in einigen Beispielen vorhanden ist ein seltener Hoftyp mit vom Wohnhaus durch die Straße getrennter Scheune. Die meisten heute erhaltenen Bauten sind dem 18. Jahrhundert zuzurechnen, eine Anzahl von Gebäuden ist jedoch schon vor oder kurz nach dem 30jährigen Krieg entstanden. Hier finden sich oft bemerkenswerte Fachwerkzierformen.

In der Fahrgasse ist das historische Stadtbild durch Ladeneinbauten, in den Seitengassen durch Um- und Anbauten oft beeinträchtigt, jedoch kaum gravierend gestört. Bemerkenswert ist der südöstliche Stadtrand, wo der ursprüngliche Übergang von der Bebauung zur Landschaft mit Mauer, bewachsener Wallgrabenanlage und Feldparzellen erhalten ist. Von Norden und Osten bilden Burgsilhouette, Weiher und Stadt ein eindrucksvolles Ensemble. Die Bedeutung der Gesamtanlage liegt vor allem in der Einheit von mittelalterlicher Burganlage und zugehöriger Stadt. (k, w, g)

Zierformen an Dreieichhainer Fachwerkhäusern, aus: Schmidt, Burg und Stadt Hayn in der Dreieich, 1979

Vieuxtempsplatz

Fahrgasse, Straßenbild

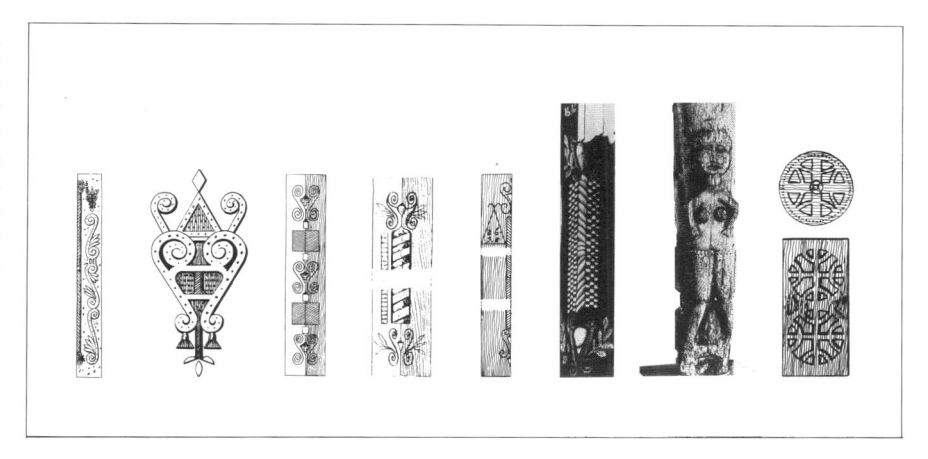

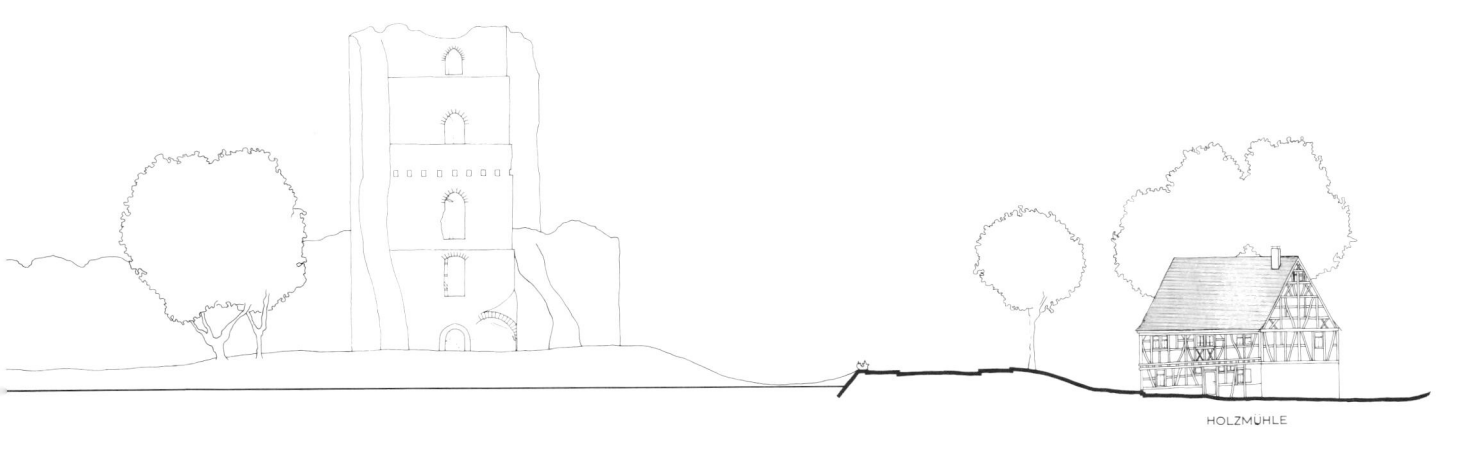

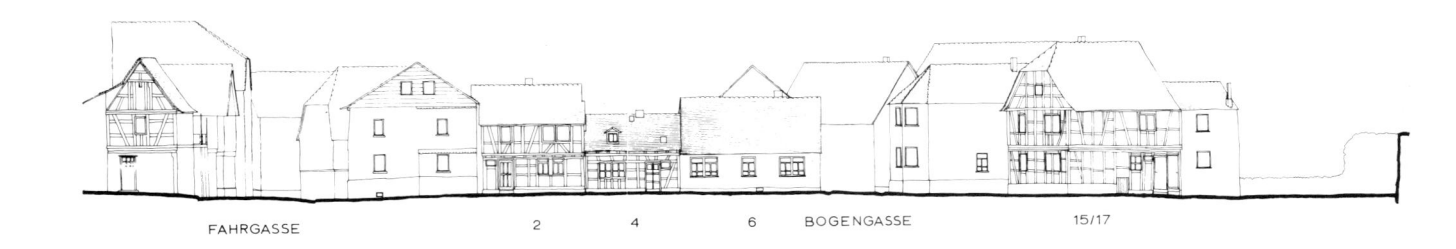

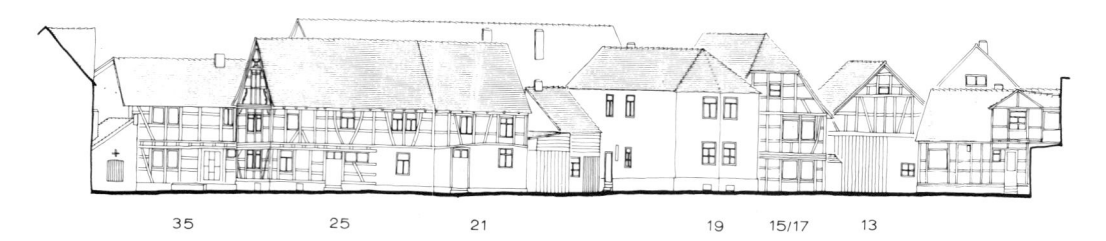

Dreieichenhain — Dreieich — Kulturdenkmäler

Alte Bogengasse

Alte Bogengasse 2   Fl. 1 Flst. 64

Bescheidenes, aber intaktes traufständiges Haus, zweizonig, entstanden im späten 18. Jahrhundert. Typ des städtischen Wohnhauses ohne landwirtschaftliche Nutzung, z. B. Handwerkerhaus. Die sehr kleine Grundstücksparzelle ist vollständig überbaut, so daß im Verband mit den angrenzenden Gebäuden eine geschlossene Zeile gebildet wird. (w, g)

Alte Bogengasse 15   Fl. 1 Flst. 74/1

Giebelständiges Wohnhaus um 1800, konstruktiver Typ mit Krüppelwalm, geradem regelmäßigem Fachwerk und verkleideter Balkenlage. Im Knick der Alten Bogengasse gelegen, ist das weitgehend intakte Gebäude von städtebaulicher Wirkung für beide Gassenabschnitte. (s)

Alte Bogengasse 25   Fl. 1 Flst. 81

Der schmale, leicht polygonal verschobene Bau ist im Eckpfosten des Obergeschosses inschriftlich datiert ANNO 1686 IF H. Das nahezu ungestörte Fachwerk zeichnet sich durch feine Schmuckformen wie Feuerbock, geschwungene genaste Streben, verzierte Knaggen aus. Der an einer Gasseneinmündung dreiseitig freistehende Kopfbau besitzt besondere ortsbildprägende Wirkung. Ein rückwärtiger Anbau ist später entstanden. (k, s)

Kulturdenkmäler — Dreieich — Dreieichenhain

Alte Schulgasse 1 Fl. 1
Portal Flst. 166

Wiederverwendetes Barockportal, Sandsteingewände mit Viertelsäulenvorlagen, entstanden um 1700; Sachteil in bescheidenem und verändertem Fachwerkhaus, durch Zweckentfremdung und unsachgemäße Behandlung beeinträchtigt. (k, g)

Alte Schulgasse 2 Fl. 1
  Flst. 168

Stattlicher Bau der Mitte des 18. Jahrhunderts mit hohem, ursprünglich massivem, traufseits modern verändertem Erdgeschoß. Das Fachwerk zeichnet sich durch reiche Brüstungsornamentik aus Negativ-Rauten im Giebel und Andreaskreuzen aus. Durch sein Volumen und die Ecklage an der Einmündung der Alten Schulgasse in die Fahrgasse wirkt das auffällige Haus besonders straßenbildprägend. (k, s)

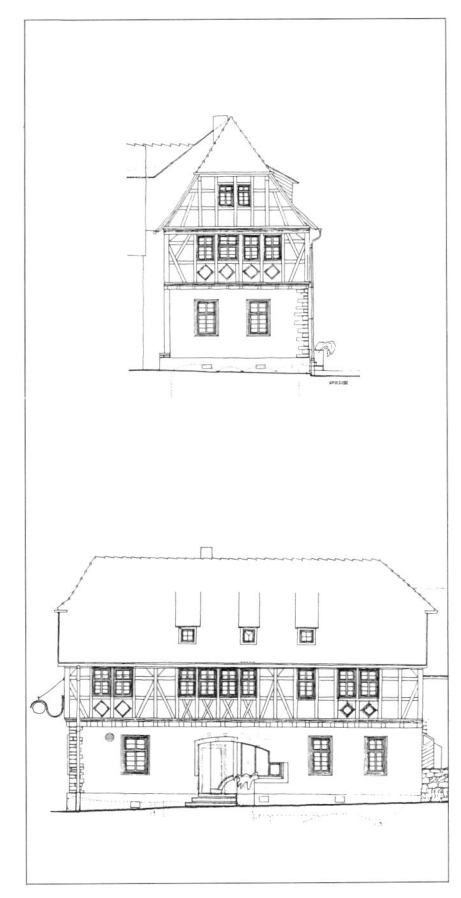

Alte Schulgasse 4 Fl. 1
Ludwig-Erk-Haus Flst. 167

Das Ludwig-Erk-Haus, benannt nach dem hier 1813–20 wohnhaften Volksliedsammler, soll 1460 als Frühmesserhaus erbaut worden sein; 1560 war es lutherisches Schulhaus. Das heutige Gebäude setzt sich aus Fragmenten um 1600 – geschwungene Streben, gefaste Schwelle – und neueren Teilen zusammen. Wohl jünger ist der einfache, städtebaulich aber bedeutsame Anbau, der sich in reizvoller Staffelung zum Vieuxtemps-Platz hin orientiert. (g, s)

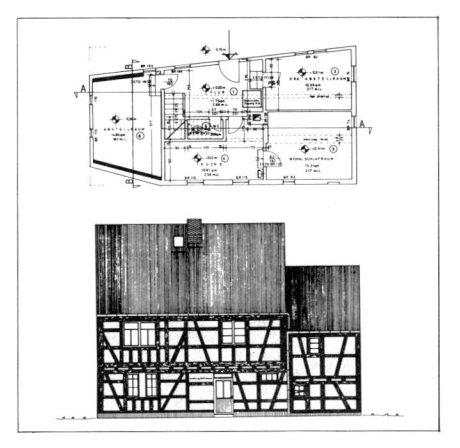

Alte Schulgasse 7 Fl. 1
  Flst. 162/2

Schlichtes giebelständiges Haus auf besonders schmalem, langgestrecktem Grundriß mit einfachem Fachwerkaufbau des ausgehenden 18. Jahrhunderts. Die breite Traufwand ist ein wichtiges Begrenzungs-Element für den Vieuxtemps-Platz. (s)

Dreieichenhain — Dreieich — Kulturdenkmäler

Alte Bergmühle, 1938

Holzmühle mit Scheune 1912, aus: Schmidt, Burg und Stadt Hayn in der Dreieich, 1979

Am Geißberg 25 Fl. 1/III
Alte Bergmühle Flst. 518/2

Seit 1420 wird die Mühle unter verschiedenen Namen erwähnt, so etwa als Stickertsmühle und Lauxenmühle; sie ist Stammhaus der Familie Philipp Holzmann. Die heutige Bezeichnung ist von der Lage am Alten Berg hergeleitet. Das Fachwerk um 1700 mit Rauten und Feuerbock wurde um 1800 durchgreifend verändert, Anbauten stammen aus jüngerer Zeit; heute Gasthaus. (g)

Am Weiher 1 Fl. 1/IV
Holzmühle Flst. 656/22

Die ehemalige Mühle, erwähnt schon im 14. Jahrhundert, im 18. Jahrhundert als holzverarbeitender Betrieb, liegt außerhalb der Altstadt gegenüber Burg und Weiher. Das Niveau ist wegen der späteren Straßenaufschüttung abgesenkt. Der um 1700 entstandene Bau zeigt im Giebel eine prägnante Figuration des stehenden Dachstuhles mit Mannfigur und geschwungenen Streben, außerdem Andreaskreuze und geschnitzte Knaggen im Obergeschoß.
(g, s)

An der Winkelsmühle Fl. 1/IV
Winkelsmühle Flst. 896

Der im 18. Jahrhundert erbaute, verputzte Fachwerkbau des Mühlhauses bildet mit dem angrenzenden, 1823 erbauten Bruchsteinstall und der davon abgesetzten Bruchsteinscheune von 1832 einen hofartigen Komplex. Die Scheune ist als Begegnungsstätte umgebaut und erheblich verändert. Der Name geht auf frühere Besitzer zurück. Zeitweilig wurde Öl, seit 1898 Essig hergestellt; daher auch die Bezeichnung Essigmühle. (g)

Kulturdenkmäler　　　　　　　　　Dreieich　　　　　　　　　Dreieichenhain

Erbsengasse 27 mit Brunnen um 1915, aus: Schmidt/Heil, Dreieichenhain in der Erinnerung, 1983

Erbsengasse 27, Giebel

Erbsengasse 2　　　　　　　Fl. 1 Flst. 110

Das Wohnhaus besteht aus zwei Teilen unterschiedlichen Alters: Die Südhälfte zeigt im ungestörten Fachwerkverband des Obergeschosses eine Reihung von Andreaskreuzen in der Brüstung, im Pfosten die Inschrift 1637 HS. Die zur Fahrgasse gelegene Giebelseite ist im frühen 19. Jahrhundert um- oder angebaut. Dieser Teil besitzt besondere städtebauliche Qualität durch die Ecklage und die baumbestandene Vorzone.　　　　　　　　　　(k, w, s)

Erbsengasse 21　　　　　　Fl. 1 Flst. 103/1, 104

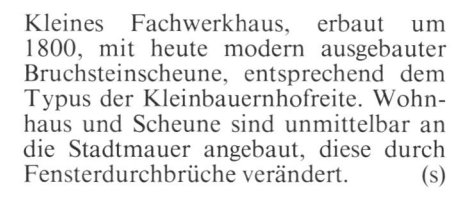

Kleines Fachwerkhaus, erbaut um 1800, mit heute modern ausgebauter Bruchsteinscheune, entsprechend dem Typus der Kleinbauernhofreite. Wohnhaus und Scheune sind unmittelbar an die Stadtmauer angebaut, diese durch Fensterdurchbrüche verändert.　(s)

Erbsengasse 27　　　　　　Fl. 1 Flst. 116

Schmales Fachwerkhaus in zurückgesetzter Ecklage, erbaut zu Beginn des 18. Jahrhunderts. Im reichverzierten, symmetrischen Giebel neben Mannfiguren und Feuerböcken ungewöhnliche, massiv hölzerne Reliefplatten mit abgewitterten Rad- oder Rosettenornamenten als Brüstungsfüllung und ovale Scheibe unter dem First. Außerdem fällt die starke Konstruktion mit breiten, beschnitzten Eckpfosten auf. Das Erdgeschoß ist durch den zurückhaltenden Schaufenstereinbau leicht verändert.
　　　　　　　　　　　　　　(k, s)

Dreieichenhain — Dreieich — Kulturdenkmäler

STEINGASSE 6 — 12   14 SANDGASSE 18

33 — 31 — 29 BOGENGASSE — 27 — 25 — 23 FREIGASSE 12

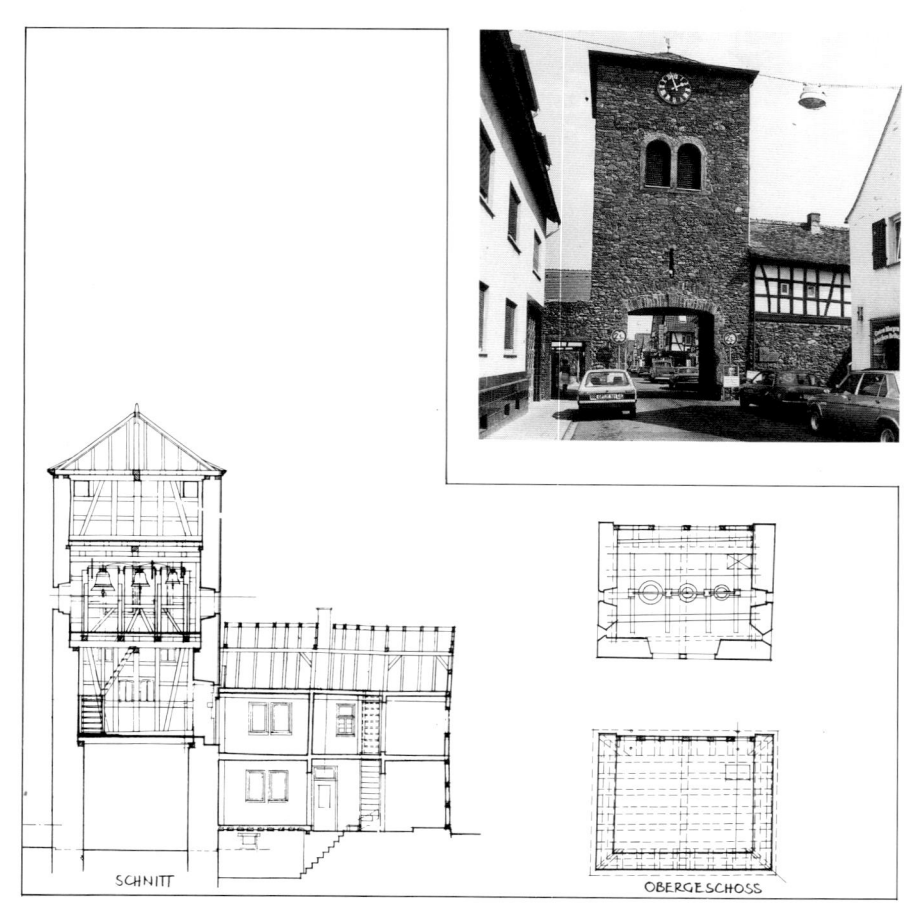

Fahrgasse Fl. 1
Obertor Flst. 1/2

Das Tor wurde mit der gotischen Stadtmauer um die Mitte des 14. Jahrhunderts als zur Stadtseite hin offener Wehrturm erbaut, die Fachwerkwand um 1800 eingesetzt; ein früheres Außentor mit Bollwerk, um 1460, 1790 entfernt. Der äußere Spitzbogen der Durchfahrt zu einem Segmentbogen erweitert. Nach dem Abbruch der Mittelpforte 1783 nahm das Obertor deren Glocken auf; die jetzigen stammen aus dem 20. Jahrhundert. (g, s)

SCHNITT — OBERGESCHOSS

Fahrgasse, westlicher Abschnitt mit Obertor

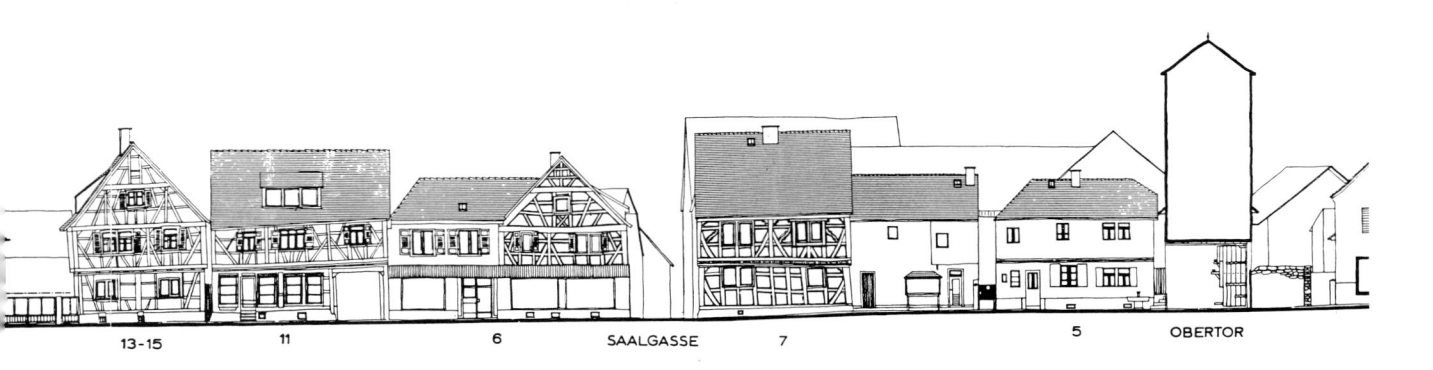

Fahrgasse 3 Fl. 1
Flst. 1/2

Als Begleitbau des Obertores ist das Wohnhaus unmittelbar an dieses angebaut; die südliche Obergeschoß-Traufwand sitzt auf der Stadtmauer auf und hat Signalwirkung nach außen. Von der Fahrgasse aus gesehen, stellt der einfache, um 1800 entstandene Fachwerkbau am Ortseingang die optische Verbindung zwischen Obertor und innerstädtischer Bebauung her. (s)

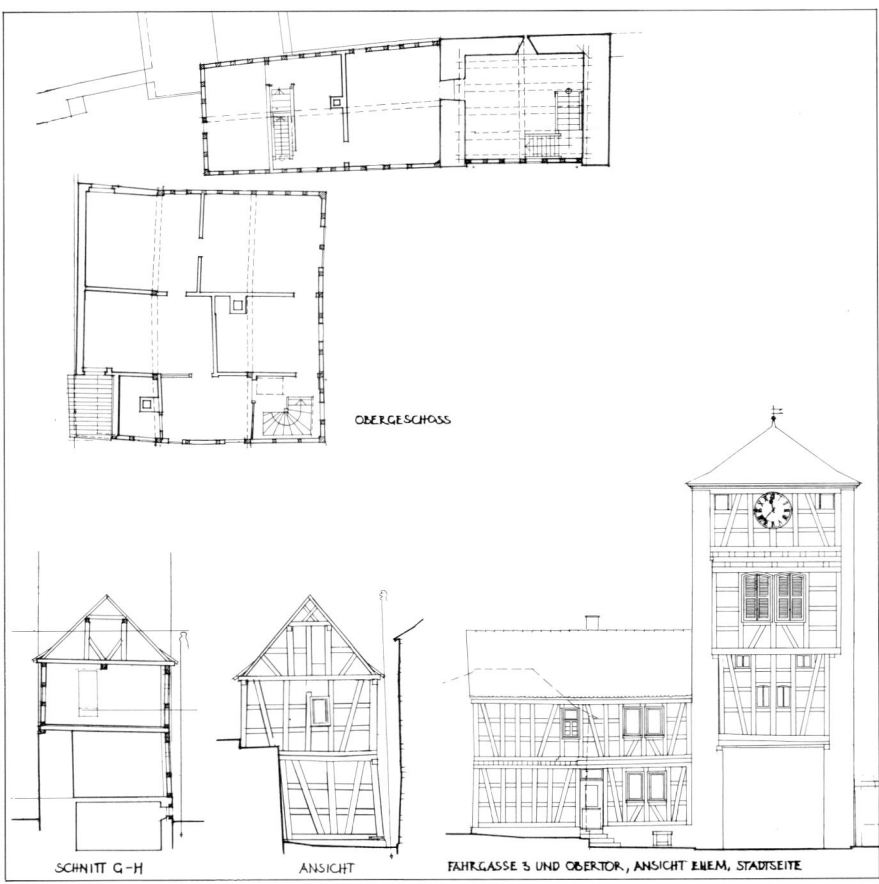

Fahrgasse 3, 5 und 8 mit Obertor

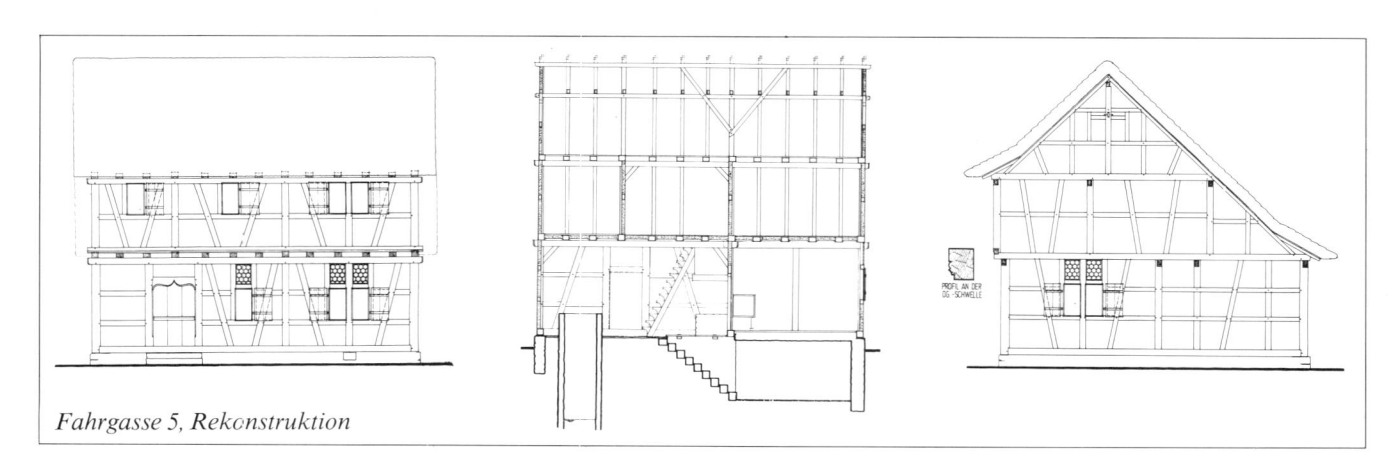

Fahrgasse 5, Rekonstruktion

Fahrgasse 5   Fl. 1
Flst. 4/4

Fachwerkhaus des 16. Jahrhunderts, der Türsturz mit Eselsrücken und neuer Inschrift datiert 1561. Im Eingangs-und Giebelbereich verändertes Wohnhaus eines in der Region nicht üblichen Haustyps mit seitlicher Abschleppung, der sonst hauptsächlich in Westerwald, Eifel und im nördlichen Hessen vorkommt. Das Fachwerkgefüge mit Überblattungen der Brustriegel überwiegend aus der Erbauungszeit. Im winkelförmigen Anschluß an Fahrgasse 3 trägt der Bau wesentlich zum Ortsbild am Obertor bei.   (w, s)

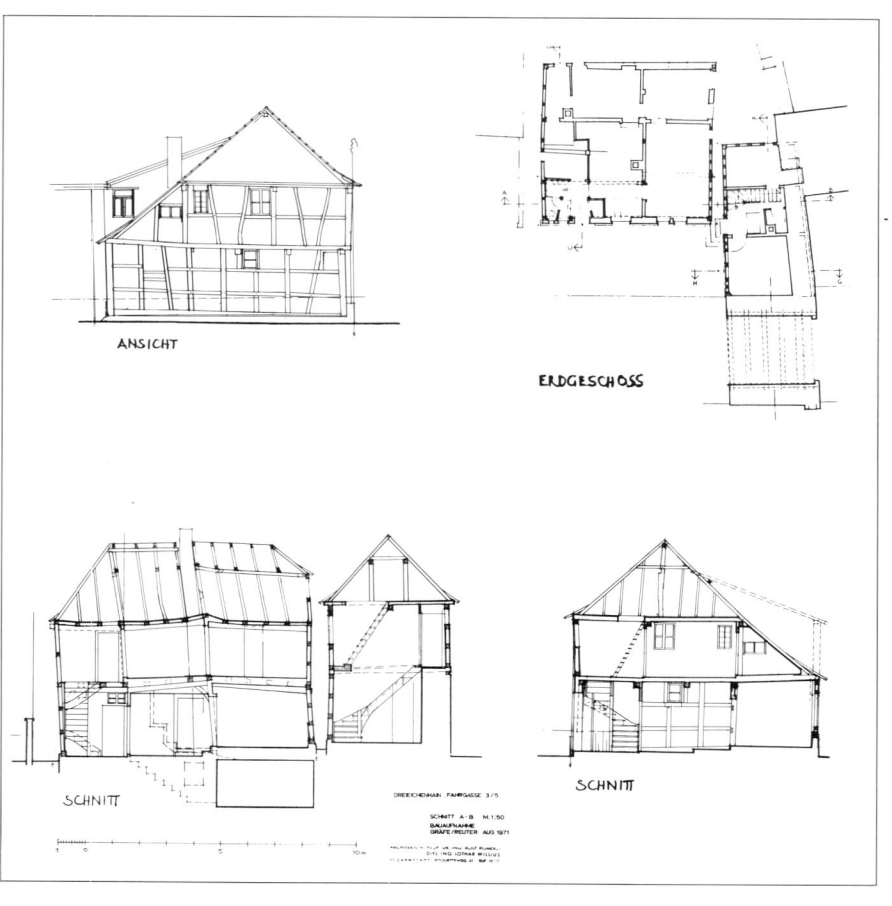

Kulturdenkmäler — Dreieich — Dreieichenhain

Fahrgasse 7 Fl. 1 Flst. 4/5

Traufständiges Wohnhaus mit relativ wenig gestörtem Fachwerkverband der Zeit um 1600, mit charakteristisch geschwungenen Streben und genasten Gegenstreben, starken Eckpfosten mit Tau–Schnitzerei, verzierten Knaggen und fränkischem Fenstererker mit Schnitzwerk im Obergeschoß der Traufwand. Als Eckbau an der Saalgasseneinmündung ist das Gebäude bestimmend für diesen Abschnitt der Fahrgasse. (k, s)

Fahrgasse 7, fränkischer Fenstererker

Fahrgasse 8 Fl. 1 Flst. 228, 229

Fachwerkhaus von 1786, mit der Traufseite an die Stadtmauer nahe dem Obertor angebaut. Im Grundriß entspricht das Gebäude dem Typ des dreizonigen ehemaligen Wohnstallhauses der Ackerbürger oder Handwerker mit landwirtschaftlichem Nebenerwerb. Als Abschluß des kleinen Platzes am Ortseingang besitzt das Haus städtebauliche Bedeutung. (w, s)

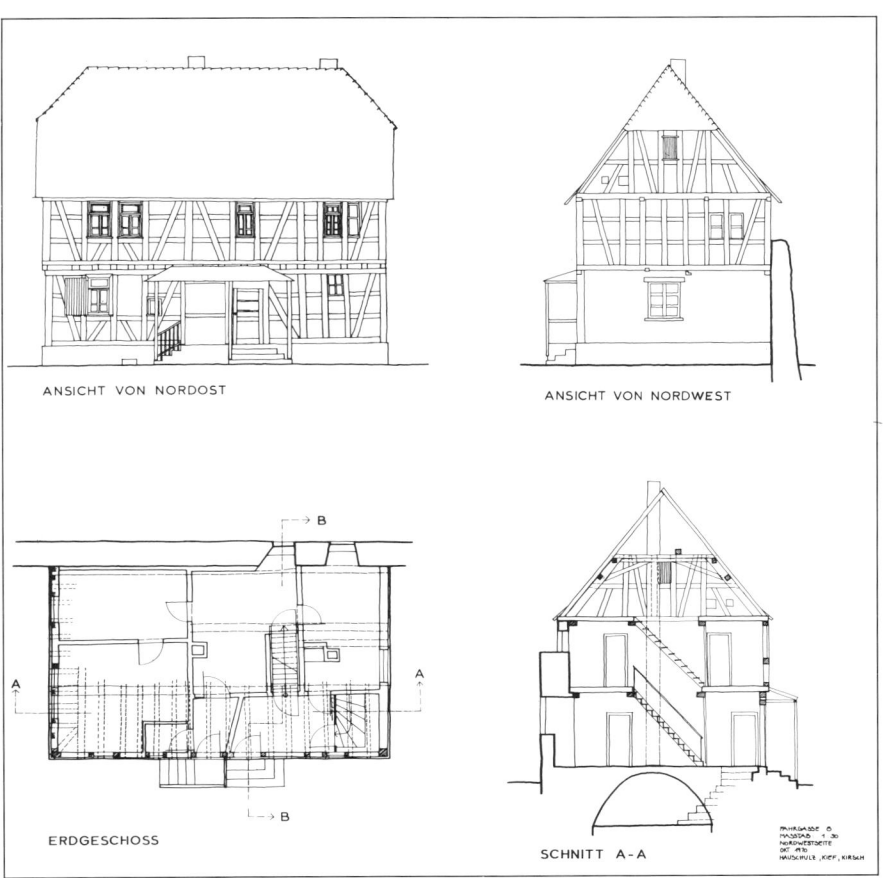

Dreieichenhain — Dreieich — Kulturdenkmäler

Inschrift Fahrgasse 13/15:

WANN DER NEID BREND WIE FEUR, SO WÄR DAS HOLZ NICHT HALB SO DEUR, UND WEHRN DER NEIDER NOCHMAL SO VIEL, SO GESCHIEHT DOCH WIE GOTT HABEN WILL, JOHANN CHRISTOPH EICHEL ANNO 1710

Fahrgasse 13/15, 17/19, 18

Fahrgasse 26, 28, 29

Fahrgasse 11
Fl. 1
Flst. 19

Der für Dreieichenhain ungewöhnliche Hoftyp unterscheidet sich durch die Traufenstellung und die überbaute Hofeinfahrt von der in der Regel giebelständigen Bebauung mit seitlichem Hofzugang. Das relativ vollständig erhaltene Fachwerk zeigt weitgespreizte Streben mit Gegenstreben; Schwelle und Rähm sind profiliert. Im Torsturz Inschrift: BAUHERR JOHANNES METZGER HAT MICH ERBAUT ANNO MDCCLXXII. Der frühe Ladeneinbau im Erdgeschoß fügt sich in die Fachwerkstruktur ein. (k, w)

Fahrgasse 13/15, 17
Fl. 1
Flst. 20, 21, 22, 23

Der langgestreckte, giebelständige Fachwerkbau mit drei hintereinandergereihten Wohneinheiten auf besonders tiefer Parzelle kann als frühe Form des Mehrfamilienhauses angesehen werden. Das Fachwerk ist ungewöhnlich dünn für eine Entstehungszeit um 1710, wie sie aus der inschriftlichen Datierung (vollständige Inschrift siehe oben) hervorgeht, und zeigt im Giebel und an den Eckpfosten Mannfiguren. Im hinteren Bau hört die traufseitige Verschalung der Balkenlage auf. (w)

Fahrgasse 18
Fl. 1
Flst. 200

Wohnhaus des späten 18. Jahrhunderts mit regelmäßigem Fachwerk, Krüppelwalm und klassizistischem Zahnschnitt im Rähm. Ungewöhnlich ist hier der weite Geschoßüberstand an der Traufseite zur Fahrgasse. Durch die Ecklage an der Einmündung der Sandgasse ist der Bau von besonderer städtebaulicher Prägnanz. (s)

| Kulturdenkmäler | Dreieich | Dreieichenhain |

Fahrgasse 22 Fl. 1 Flst. 197/1

Giebelständiges, großvolumiges Wohnhaus mit geradem Fachwerk. Inschrift: ERBAUT MICH IOHAN GORG KNÖCEL DEN 14 MAY 1805. Das Gebäude vertritt den neuen Haustyp des 19. Jahrhunderts, der mit großen, hohen Räumen neuen Bedürfnissen entspricht, jedoch im Detail – gerundete Füllhölzer, Profilierung, Gegenstreben – barocken Traditionen verhaftet bleibt. Die breite Giebelfront bildet einen Schwerpunkt in der Fahrgasse; Ausfachungen im Erdgeschoß teilweise durch Glas ersetzt. (w, s)

Fahrgasse 26 Fl. 1 Flst. 193

Gebäudegruppe aus zwei traufständigen, leicht versetzten Häusern mit einfachem Fachwerkaufbau, enstanden um 1800, eines mit profilierter Schwelle. Die Erdgeschoßzone ist durch massive Um- oder Anbauten stellenweise verändert. Durch die Staffelung der beiden Bauten an der angrenzenden Freifläche wird eine Zäsur im Verlauf der Fahrgasse gebildet. (s)

Fahrgasse 28/30 Fl. 1 Flst. 192/2

Das traufständige Haus ist so von der Fahrgasse zurückgesetzt, daß davor ein kleiner Platz freibleibt. Der regelmäßige Fachwerkverband des 18. Jahrhunderts mit weitgespreizten Mannfiguren ist weitgehend ungestört erhalten. 1729 bis 1830 war hier die reformierte Schule, 1911 bis 1952 das Heimatmuseum untergebracht. (g, s)

Fahrgasse 29 Fl. 1 Flst. 62

Haus des Stadtschreibers Andreas Hörber, 1565 vom ersten lutherischen Pfarrer im Hain, Valentin Breitenstein, erbaut. Neben dem Türsturz mit Eselsrücken und Inschrift mit Chronogramm sind Teile des Fachwerkgefüges aus der Erbauungszeit, etwa der Brustriegel des Obergeschosses mit Überblattungen, erhalten; das übrige Gefüge teils durch neueres Fachwerk, teils massiv ersetzt. (w, g)

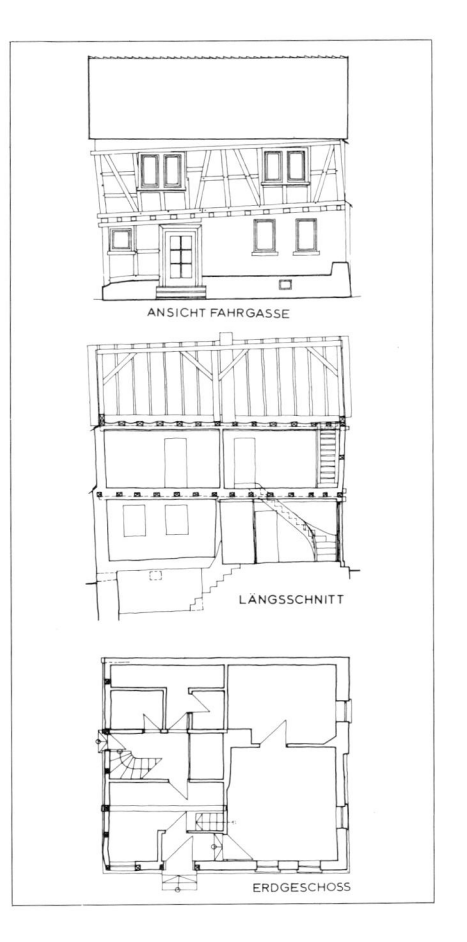

Dreieichenhain　Dreieich　Kulturdenkmäler

Fahrgasse, mittlerer Abschnitt

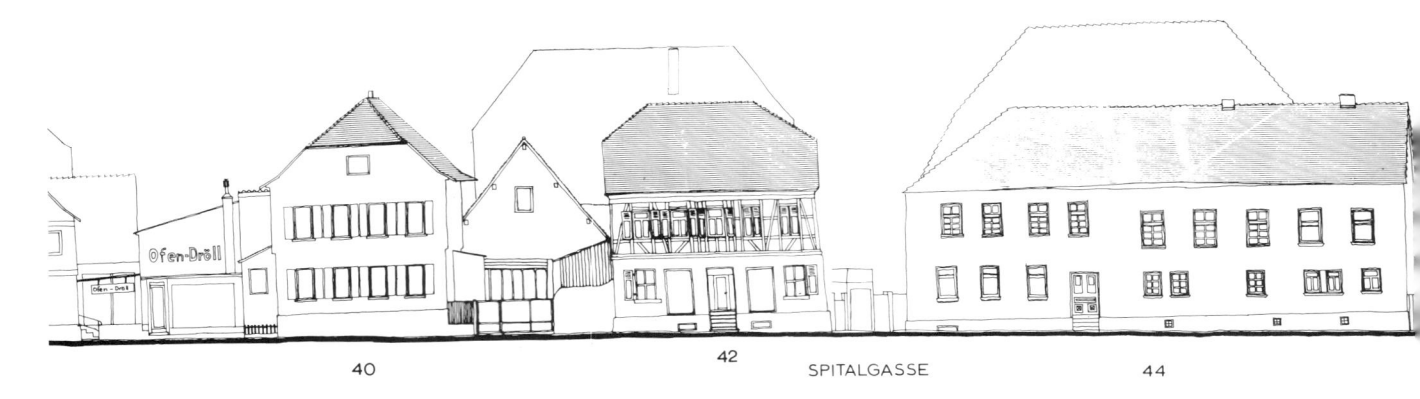

Fahrgasse 36　Fl. 1 Flst. 184/1

Giebelständiger, breitgelagerter Bau mit Fachwerk des späten 18. Jahrhunderts, im Giebel Mannfiguren. Das Haus steht dominant im Straßenraum; eine Traufseite kommt durch die anschließende kleine Freifläche zur Wirkung. Das Fachwerkgerüst des Erdgeschosses ist für einen Ladeneinbau weitgehend verglast und teilweise rekonstruiert. (s)

Fahrgasse 38　Fl. 1 Flst. 185/6

Haus des Stadtschreibers Apollo Pomerel von 1592 mit massivem Erdgeschoß, das Obergeschoßfachwerk verkleidet, dort Zierformen teilweise erhalten. Die westliche Giebelwand massiv ersetzt. Von der Innenausstattung eine Lehmstuckdecke im Erdgeschoß – heute Laden – mit geometrischen Profilen und Löwenköpfen (unter Farbschichten kaum erkennbar) erhalten. Eine grob geschnitzte Holzfigur des alten Treppengeländers im Dreieichmuseum (Abb. S. 85). Hinter dem Haus Reste des romanischen Walles und Graben. (k, g)

Fahrgasse 41/43, 45　Fl. 1 Flst. 113, 114

Sachgesamtheit aus zwei baugleichen Wohnhäusern des 18. Jh. mit spiegelsymmetrischer Fachwerkausbildung der Giebelfronten bis ins Detail, wie der Tauschnitzerei der Eckpfosten (Abb. 3, S. 29). Die Brüstungsfiguren bei 45 auf Putz gemalt, das Rundbogenfenster im Giebel ersetzt, das Erdgeschoß durch den Ladeneinbau unglücklicher verändert als bei 41/43. Die knappe, weitgehend überbaute Parzelle wie die Typengleichheit sprechen für eine Entstehung möglicherweise als Beamtenhäuser. (w)

| Kulturdenkmäler | Dreieich | Dreieichenhain |

SCHULGASSE (48) BORNGASSE 50 SPITALGASSE

47 45 41/43 39 ERBSENGASSE

Fahrgasse 46 Fl. 1 Flst. 169

Traufständiges dreizoniges Wohnhaus um 1700 mit weit vorkragendem Obergeschoß; dort mit vorzüglichen hochbarocken Zierformen wie Feuerböcken und Rautenornamenten in den Brüstungsfeldern, außerdem geschnitzte Knaggen. Prägnanter Bau, zwar renoviert mit unhistorischem Strukturputz, das Fachwerk jedoch von hoher künstlerischer Qualität. (k)

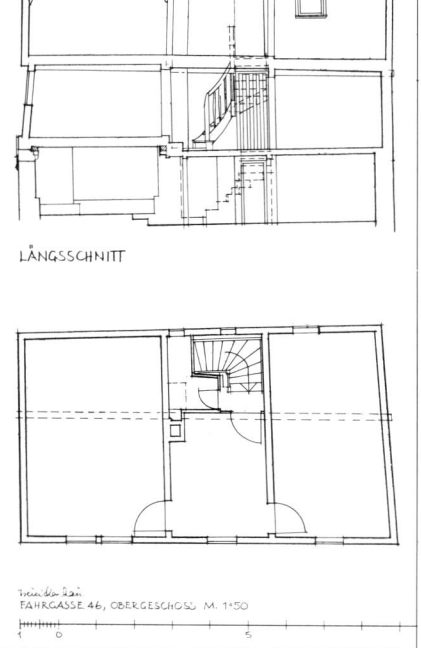

LÄNGSSCHNITT

FAHRGASSE 46, OBERGESCHOSS M. 1:50

Fahrgasse 47 Fl. 1 Flst. 115

Einfaches traufständiges Wohnhaus der zweiten Hälfte des 18. Jahrhunderts mit regelmäßigen Mannfiguren im Obergeschoß; im Erdgeschoß ist das Fachwerk stellenweise überputzt. Durch die Versetzung aus der Gebäudeflucht in die Fahrgasse wirkt das Eckhaus weit in den Straßenraum. (s)

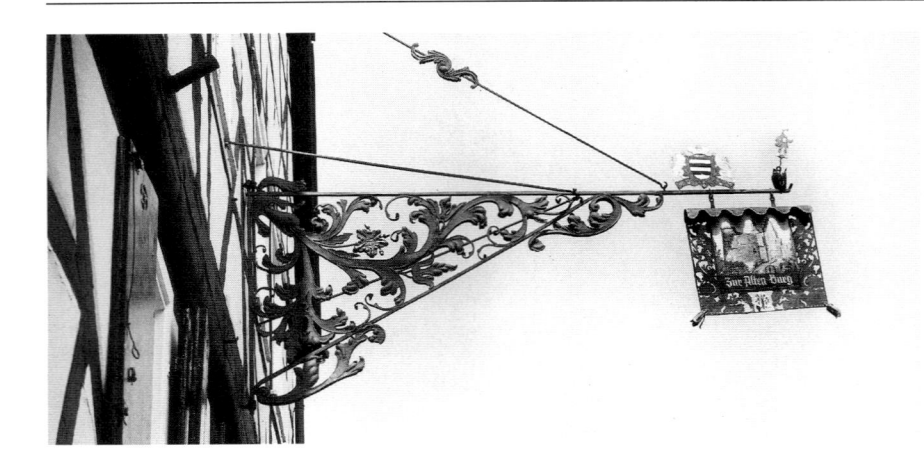

Wirtshausschild am Gasthaus zur alten Burg

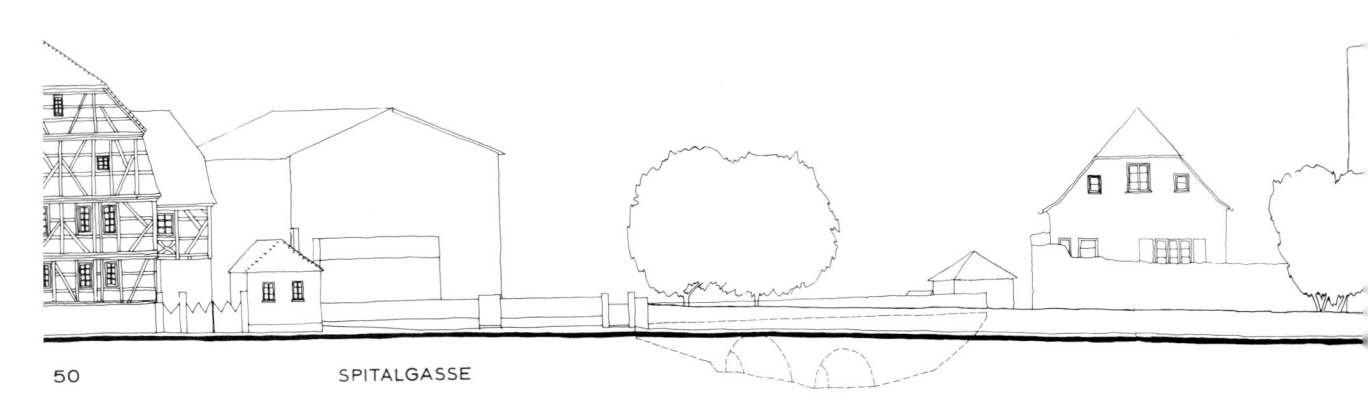

50 SPITALGASSE

Fahrgasse 49 Fl. 1
Ehemaliges Judenhaus Flst. 118

Giebelständiges Fachwerkhaus mit modernen Veränderungen in Erdgeschoß und Dachzone (früher Krüppelwalm, Abb. S. 82), in Rähm und Schwelle Reste von Profil mit Zahnschnitt. Das Fachwerk des Obergeschosses nicht mehr vollständig. 1714 wurde hier ein Betsaal und eine jüdische Schule errichtet, im Keller befand sich ein Ritualbad (Mikwe – vgl. Sprendlingen, S. 135), daher orts- und religionsgeschichtliche Bedeutung. (g)

Fahrgasse 50 Fl. 1
Gasthaus zur alten Burg Flst. 150

Als ältestes Gemeindewirtshaus 1553 erbaut, datierte Teile in Haupt- und Nebengebäude erhalten. Bis 1883 unter dem Namen „Zum wilden Mann" auch Zunfthaus des großen Handwerks. Nach einem Brand im 18. Jahrhundert in heutiger Form mit großem Mansarddach wiedererrichtet, aus dieser Zeit der barocke schmiedeeiserne Ausleger mit reichen Rankenformen, ursprünglich mit Zunftzeichen. Als eines der größten und markantesten Fachwerkhäuser des Ortes gegenüber der Burg von städtebaulicher Dominanz. (k, g, s)

Fahrgasse 53 Fl. 1
 Flst. 120/1

Ehemaliger Bereiterhof, später Gasthaus zum alten Brunnen, 1552 erbaut; der 1559 datierte zugehörige Ziehbrunnen heute im Burggarten. Das Fachwerk zeichnet sich durch ungewöhnliche Figurationen im Obergeschoß aus: eine Abwandlung der Mannfigur, Diagonalgitter in der Brüstung. Die Auslucht an der nördlichen Traufwand und damit möglicherweise der alte Eingang durch unpassenden Anbau teilweise verdeckt, der vorher verschindelte Giebel mit dünnem Fachwerk erneuert (Abb. S. 82). (w, g)

Burgweiher und evangelische Kirche von Osten

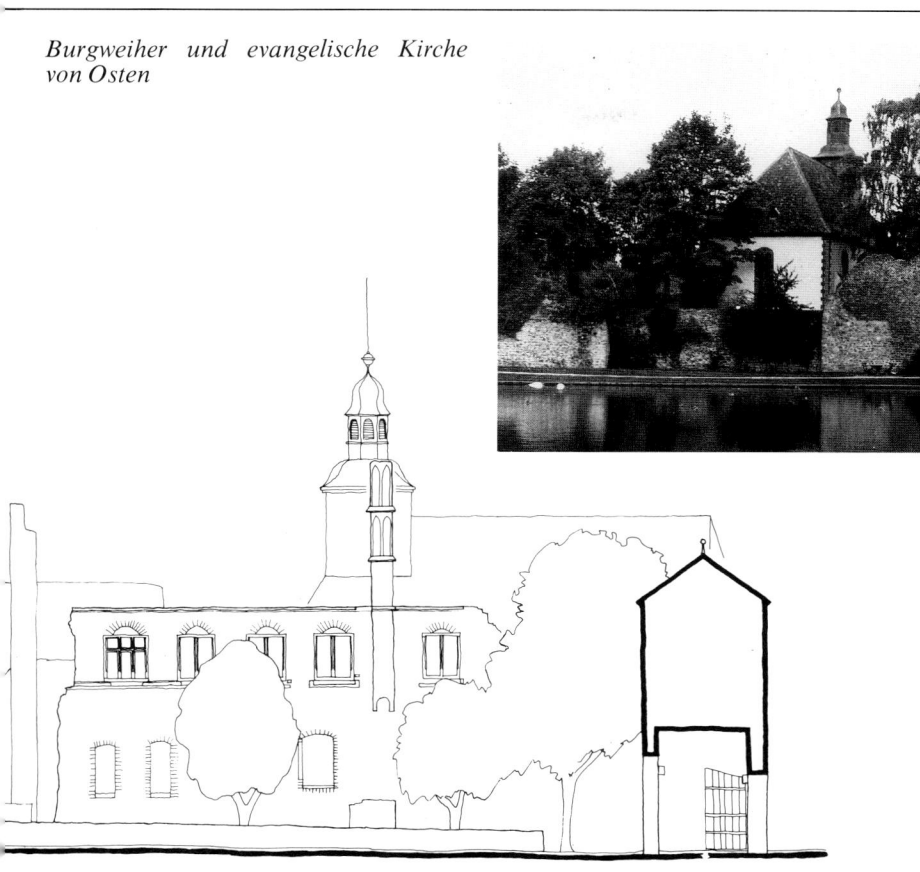

UNTERTOR

Fahrgasse, östlicher Abschnitt mit Untertor (Nordseite)

Fahrgasse 54   Fl. 1
Evangelische Pfarrkirche   Flst. 133

Der schlichte, verputzte Saalbau mit gotisierenden Fenstern und Haubendachreiter wurde im Burgareal auf den Fundamenten einer gotischen Kirche, die 1669 abgebrannt war, mit einer Erweiterung nach Westen errichtet. Vorgängerbauten an dieser Stelle waren eine ottonische Kapelle mit romanischer Erweiterung und eine frühgotische Pankratius-Kapelle um 1300. Ein frühgotisches Fenster- und ein Pfortengewände sind in der Wand erhalten, jedoch überputzt und von außen neu aufgemalt.

Innen ist die Kirche mit Holzempore, Kanzel von 1718 und Barockorgel der Gebrüder Stumm, Sulzbach, von 1798 ausgestattet. Eine Reihe von Grabsteinen in der Trennmauer zum Burggarten sind 1571 bis 1777 datiert. Die Kirche ist wichtiges Element des Stadtpanoramas am Burgweiher.   (k, g, s)

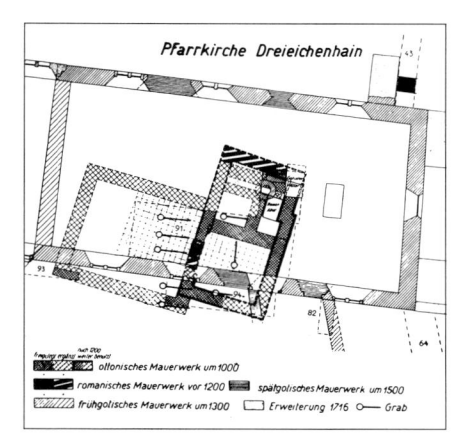

Dreieichenhain — Dreieich — Kulturdenkmäler

Fahrgasse 55 Fl. 1
Flst. 121/1

Schmales Wohnhaus mit dünnem Fachwerk aus der Zeit um 1800. In der straßenseitigen massiven Erdgeschoßwand zwei Sandsteinkonsolen mit den Initialen H und L. Das giebelständige Gebäude bildet zusammen mit dem gegenüberliegenden Gasthaus zur alten Burg eine deutliche Eingangssituation und den Anfang der geschlossenen Bebauung der Fahrgasse. (s)

Fahrgasse 61, Eckpfosten

Faselstall, Zustand vor der Renovierung

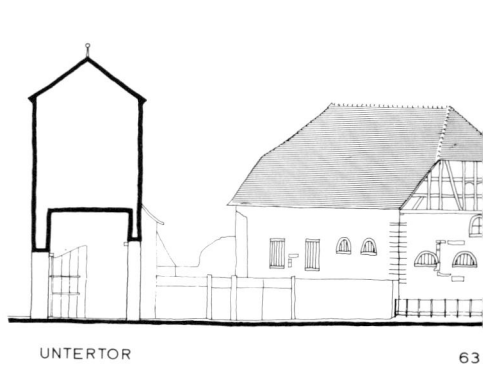

Fahrgasse 61 Fl. 1
Ehem. Amtskellerei/Forsthaus Flst. 126

Der großdimensionierte freistehende Bau ist mit der nordöstlichen Traufwand an die Fronhofmauer angebaut. Im Fachwerkaufbau über dem hohen, massiven Erdgeschoß sind nur noch wenige Bauteile aus dem Erbauungsjahr 1610 erhalten; dazu gehören die Eckpfosten mit Schnitzerei und inschriftlicher Datierung (Abb. oben) und die leicht geschwungenen Streben. Das übrige Fachwerk ist durchgreifend erneuert. Im 15. Jahrhundert bestand hier ein gräfliches Wohnhaus, danach die Amtskellerei, 1826 bis 1910 Oberförsterei.
Der markante Bau beherrscht den weitgehend unbebauten Raum zwischen Untertor, Burg und Altstadt. (w, g, s)

Fahrgasse 61, Rückseite

Fahrgasse 63 Fl. 1
Gasthaus Faselstall Flst. 127/1

Der bis auf das Giebelfachwerk massive, kubische Bau aus Bruchsteinmauerwerk, rückwärtig an die Stadtmauer anschließend, sonst freistehend, ist das „Steinerne Haus", das Junkernhaus als letzter Rest des mittelalterlichen Fronhofes. Dieser bestand außerdem aus Marstall, Hundezwinger und ältestem Pfarrhaus und war einer der in Nähe der Burg gelegenen wehrhaften Burgmannenhöfe. Ursprünglich zwei- bis dreigeschossig mit Fachwerkaufbau, wurde das Haus 1805 zum Faselstall mit halbrunden Lüftungsöffnungen und Krüp-

Kulturdenkmäler Dreieich Dreieichenhain

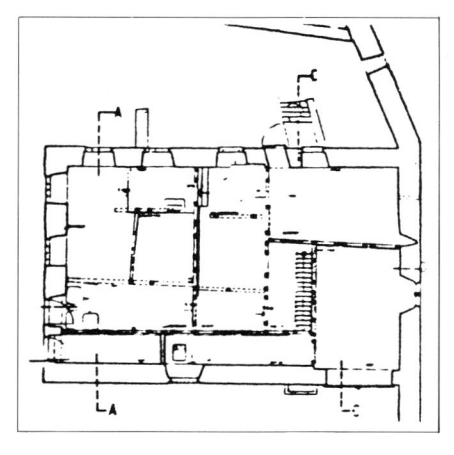

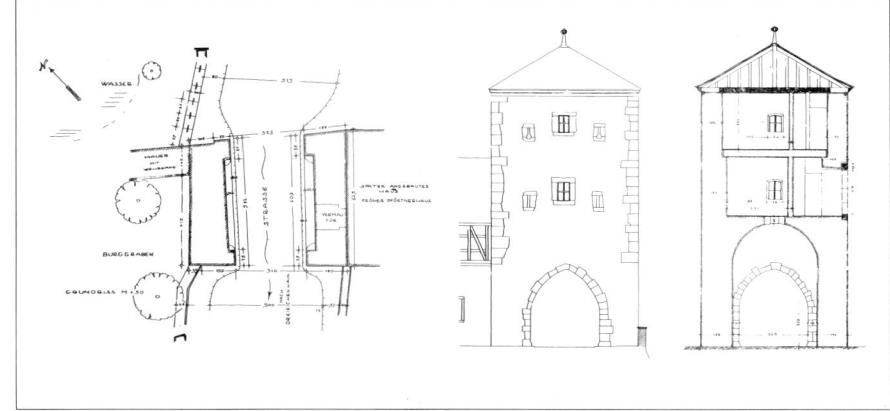

Faselstall, Grundriß vor der Renovierung

Untertor

Fahrgasse, östlicher Abschnitt mit Untertor (Südseite)

Faselstall, Detail

Fahrgasse 65 Fl. 1 Flst. 129

Fahrgasse Untertor Fl. 1 Flst. 129

pelwalmdach (Abb. oben) umgebaut und behielt diese Nutzung bis in die Mitte unseres Jahrhunderts bei. Die umgebende Mauer zur Fahrgasse wurde abgebrochen und das Haus 1976 als Gaststätte ausgebaut. Die profilierten Sandsteingewände sind größtenteils neu, der Spitzbogeneingang und einige vermauerte Fenstergewände mittelalterlichen Ursprungs. (w, g, s)

Das an das Untertor und die Stadtmauer angebaute Wohnhaus mit einfachem konstruktivem Fachwerk um 1800 steht am Ort eines ehemaligen Sayn'schen Hofes und eines 1492 erwähnten Torhauses. Trotz seiner Bescheidenheit ist das Haus wichtiger Bestandteil des Ortsbildes, sowohl innerhalb der Mauer wie von Nordosten als Teil der Stadtansicht. (s)

Dreigeschossiger Torbau aus rotliegendem Bruchstein, heute verputzt, um die Mitte des 15. Jahrhunderts in die romanische Stadtmauer mit einem Außentor eingefügt. Dieses wurde 1790, der Fachwerkaufbau mit hohem Walmdach 1805 abgebrochen. Im Spitzbogengewände der gewölbten Durchfahrt steinerne Torangeln für das schwere Eichentor mit Schlupfpforte. Als markanter Ortseingang und Pendant zum Obertor ist der Turmbau charakteristisches Merkmal der Altstadt. (g, s)

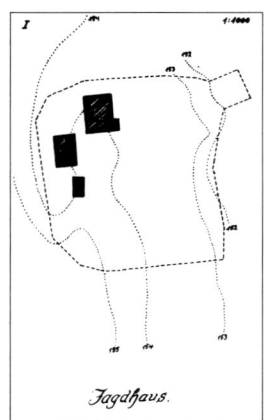

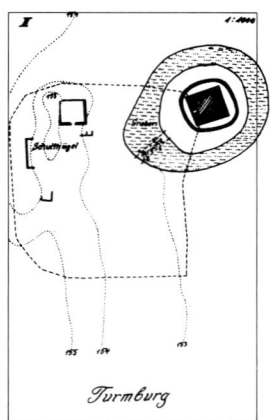

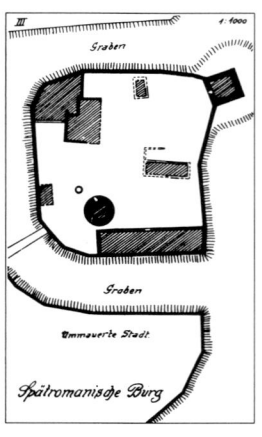

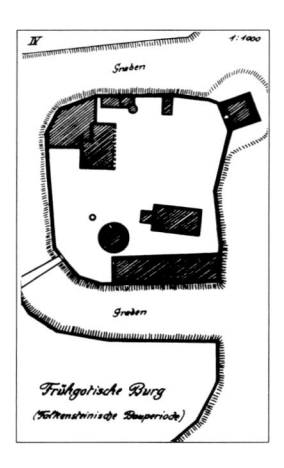

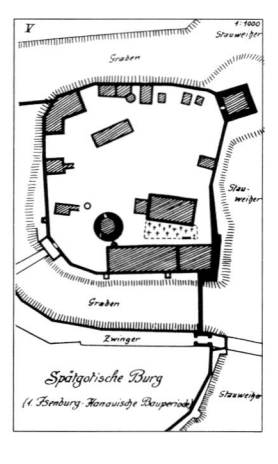

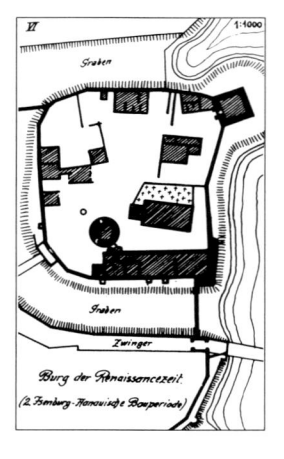

Fahrgasse   Fl. 1
Burg Hain   Flst. 132

Erste Bauten auf dem Gelände des heutigen Burghofes waren, wie durch Grabungen ermittelt wurde, ein königlicher Jagdhof des 10./11. Jahrhunderts, bestehend aus zweigeschossigem Herrenhaus mit Saal und altanartiger Vorhalle auf Holzstützen, zwei Nebengebäuden (Reste sollen im Keller des heutigen Hauses Spitalgasse 22 erhalten sein) und einer Pankratiuskapelle. Die Anlage war durch einen Wassergraben geschützt.

Im späten 11. Jahrhundert wurde unter den Reichsministerialen von Hagen – später Hagen-Münzenberg – unter Abbruch der ottonischen Gebäude eine Turmburg errichtet. Der fünfgeschossige, bei etwa 13 m Seitenlänge fast quadratische Wohnturm aus Füllmauerwerk mit Kleinquaderverblendung war etwa 25 m hoch und durch eine ca. 7 m hohe Ringmauer sowie einen Wassergraben bewehrt (siehe Einführung S. 36). Nach Brand wurde 1460 der Turm spätgotisch verändert, nach seinem Einsturz 1750 blieb nur die Südwestwand in voller Höhe erhalten.

oben: Burg und Burgweiher um 1940

Entwicklung der Burganlage

Kulturdenkmäler — Dreieich — Dreieichenhain

Gegen Ende des 12. Jahrhunderts wurde von Hagen-Münzenberg der Ausbau der staufischen Burg zur heute erkennbaren annähernden Rechteckform vorangetrieben. Dazu gehörten eine Wehrmauer, teilweise aus der vorher abgetragenen Ringmauer, ein runder Bergfried und der Palas mit anschließender Kapelle; der alte Wohnturm wurde als Eckflankenturm einbezogen. Der Bergfried aus Kleinquaderwerk mit Bruchsteinfüllung hatte bei etwa 14 m Durchmesser eine Höhe von ca. 27 m, gewölbte Geschosse und ein innen achteckiges Obergeschoß. Der romanische Palas lag mit geringem Abstand parallel zur südlichen Wehrmauer. Nach der Erbteilung von 1255, als 5/6 des Münzenbergischen Besitzes an Falkenstein, 1/6 an Hanau fielen, wurde der Palas unter Einbeziehung der Wehrmauer nach Süden erweitert und die westliche Schmalseite als Treppengiebel neu errichtet. Nach 1419 ging durch Erbteilung ein Großteil des Grundbesitzes an Isenburg, in der Folgezeit wurde im Palas die gotische Balkendecke teilweise durch Gewölbe ersetzt. Gegen Ende des 18. Jahrhunderts wurde der schon eingetretene Verfall durch den Abbruch von Palas und Bergfried für den Chausseebau beschleunigt; Steine der Turmburg fanden Verwendung beim Kirchenbau der Hugenottensiedlung Neu-Isenburg.

oben: Burg um 1900
Bergfried und Palas um 1800 (Stich von Haldewang)
Westwand des viereckigen Turmes und Untertor um 1800 (Aquarell von A. Radl)

rechts: Viereckiger Turm, Grundrisse und Schnitt

unten: Viereckiger Turm vom Burghof und von Norden

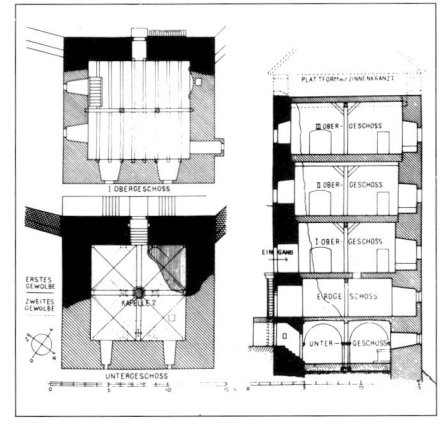

Dreieichenhain Dreieich Kulturdenkmäler

```
      D            M
QVINTIO LIBE
RALI QVI VIXT
ANNIS LI ET
PROXIMONIAE
SANCTAE COIVGI
EIIVS VIVE SIBI
FILI EORVM LIBE
RALINI IVVENS
ET IVVENTINA ET
MATERNVS ET FAV
STVS ET TIBERNA
LIS FILI EORVM
PATRI INCOMPARABILI
      F            C
```

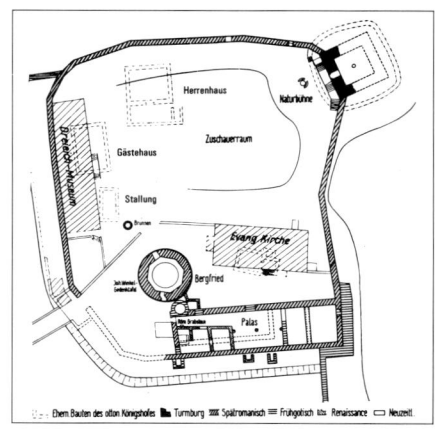

Vom Palas sind aus romanischer Zeit Teile der nördlichen Längsmauer erhalten, außerdem ein Doppelfenster mit Mittelsäule im Dreieichmuseum. Weitere erhaltene Fenster weisen spätgotische Formen auf, teilweise durch Veränderung frühgotischer Öffnungen; in der südlichen Innenseite Reste des frühgotischen Kamins, Balkenlöcher und Konsolen. Ein römischer Grabstein mit Inschrift, ursprünglich im viereckigen Turm als Zinnenstein vermauert, wurde 1605 vom Isenburgischen Amtmann herausgebrochen und befindet sich heute am Palaseingang. Der Ziehbrunnen mit Jahreszahl 1559 ist vom früheren Standort am ehemaligen Gasthaus zum alten Brunnen, Fahrgasse 53, auf den romanischen Brunnenschacht im Burggarten versetzt. (k, w, g, s)

oben: Palaswand, Innenseite
Römischer Grabstein, Inschrift
Brunnen im Burghof

Mitte: Bergfried und Palas, Schitt/Ansicht mit Rekonstruktion
Romanisches Palasfenster
Lage der früheren Gebäude im Burggarten
Zeichnungen: Nahrgang, aus: Schmidt, Burg und Stadt Hayn, 1979

links: Bergfried und Palas von Süden

Kulturdenkmäler — Dreieich — Dreieichenhain

Saalgasse 1   Fl. 1 / Flst. 4/4

Parallel zur Stadtmauer in geringem Abstand auf nahezu quadratischem Grundriß errichtetes traufständiges Wohnhaus. Im Fachwerk des Obergeschosses, entstanden um 1700, Mannfiguren mit leicht geschwungenen Streben. Das massive Erdgeschoß teilweise verändert, mit neuem, abgeschlepptem Treppenanbau. Als Randbau an der Befestigung von städtebaulicher Bedeutung. (s)

Saalgasse 3
Saalhof   Fl. 1 / Flst. 7/2

Der den Saalhof nach Norden abschließende, langgestreckte giebelständige Bau zeichnet sich durch außerordentlich reiches Zierfachwerk des Obergeschosses aus; dieses kragt an der nördlichen Traufwand und an der Giebelfront, hier auf Steinkonsolen, über dem massiven Erdgeschoß aus. Geschnitzte Knaggen und Eckständer, Feuerböcke und Flechtrauten in den Brüstungsfeldern, die reiche Profilierung von Schwelle und Rähm der Giebelseite lassen den inschriftlich 1691 datierten Bau im örtlichen Vergleich ungewöhnlich repräsentativ erscheinen.

Im rückwärtigen Bereich schließt das Wohnhaus an die unmittelbar an die Stadtmauer angebauten Scheunen- und Nebengebäude an. (k, g, s)

Saalgasse 5
Saalhof   Fl. 1 / Flst. 9/2, 9/3

Ehemaliges Forstmeisterhaus, traufständiger Bau mit fünfseitigem, auf Holzstützen erkerartig vorkragendem Treppenanbau und seitlicher Auslucht mit Zwerchgiebel. Erdgeschoß und östliche Giebelwand massiv, im Obergeschoß ist das Fachwerk mit sparsamen Zierformen – zwei Feuerböcke – durch neuere Fenstereinbauten beeinträchtigt. Besonders hervorzuheben die überdurchschnittlich qualitätvolle Schnitzerei einer der hölzernen Treppenstützen mit einem von Schnecken und Blattwerk umrahmten bärtigen Männerkopf, Tauornament und Jahreszahl 1616. Ein Bürgerwappen aus Stuck an der Außenwand zeigt drei Kleeblätter zwischen zwei Sternen. Die Hofmauer endet in einem Sandsteinaufsatz mit allegorischer Darstellung verschiedener Wassertiere, wegen Abwitterung jedoch kaum noch erkennbar. Eine Scheune, die Nebengebäude von 3 fortsetzend, schließt den Hof zur Stadtmauer hin ab (Bauaufnahme S. 106). (k, g, s)

Saalhof
Treppenstütze, Bürgerwappen

| Dreieichenhain | Dreieich | Kulturdenkmäler |

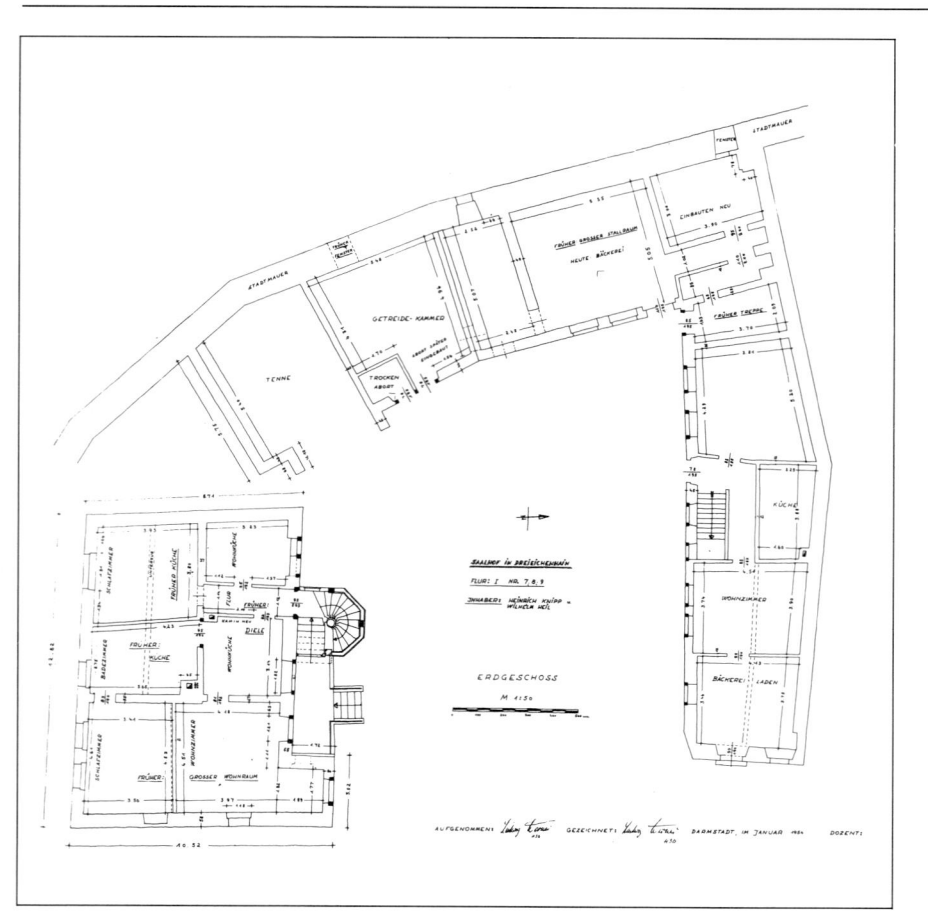

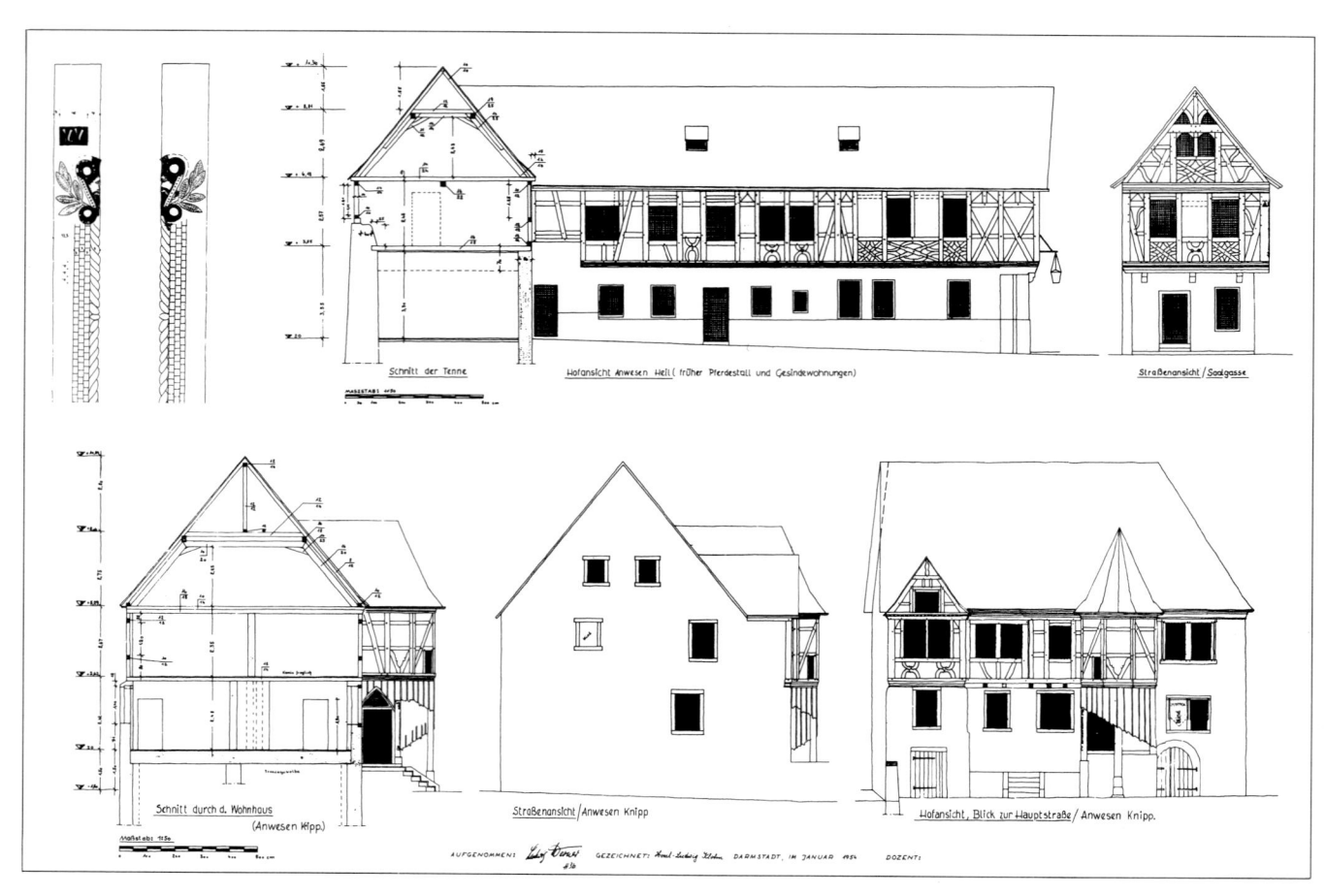

5 SAALHOF

Saalgasse, Steingasse

Sandgasse 3
Fl. 1
Flst. 201/1

Wohnhaus des späten 18. Jahrhunderts, als direkter Vorläufer des konstruktiven Typs im Detail noch barocker Tradition verhaftet. Der abgerundete Geschoßvorsprung mit Profilierung, gebogene und K-förmige Streben sind traditionelle Elemente; Gesamtproportionen und die Vereinfachung des Fachwerkgefüges weisen auf die weitere Entwicklung dieses Haustyps hin. (g)

Sandgasse 7
Fl. 1
Flst. 205

Giebelständiges Wohnhaus des konstruktiven Typs mit einfachem, regelmäßigem Fachwerkgefüge; Rähm und Schwelle schwach profiliert, ebenso Traufe und Walmabschluß. Eine Inschrift lautet: 1803 DEN 13 MAY ERBAUT DIESES HAUS IOHANES LAUX. Rückwärtig an die Stadtmauer angebaut, bildet das Haus den optischen Abschluß der Sandgasse. (s)

Solmische Weiherstraße 22
Ehemalige Stadtschänke
Fl. 1/IV
Flst. 654/13

Breitgelagerter, giebelständiger Steinbau, 1880 errichtet und seit 1907 Gasthaus „Darmstädter Hof". Die Giebelfassade symmetrisch gegliedert in vier Fensterachsen, durch Sandsteinlisenen und -gurte horizontal und vertikal in Felder aufgeteilt, die Wand verputzt. Historisierende Zierformen wie neubarocke Fenstergewände, der Treppenfries im Giebel, geschnitzte Streben unter dem weiten Überstand des flachgeneigten Satteldaches wirken der Strenge der Fassade entgegen. (k, g)

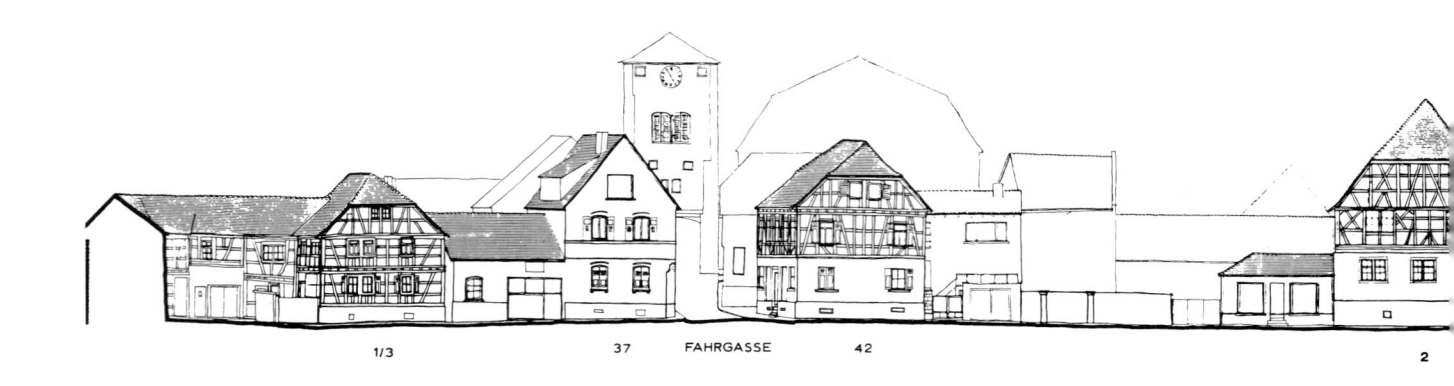

Erbsengasse, Spitalgasse

Spitalgasse   Fl. 1
Torpfosten   Flst. 178

Torpfosten des 1401 von Anna von Falkenstein gestifteten, 1750 aufgehobenen und 1764 abgebrochenen Spitals. Die beiden Sandsteinpfosten mit profiliertem Aufsatz, Entstehung um 1700, sind in die das Gelände des ehemaligen Hospitals mit Kapelle umgebende Mauer eingelassen. Die Reliefdarstellung zeigt Memento-mori-Motive: Totenschädel mit Stundenglas, Sense und Spaten, darüber Seraphim.
(k, g)

Spitalgasse 2   Fl. 1
Ehemaliges Spitalmeisterhaus   Flst. 178/1

Großformatiger Bau mit massivem Erdgeschoß auf hohem, abgeschrägtem Sockel, mit breiter Giebelfront und Krüppelwalm. Im Fachwerkobergeschoß charakteristische geschwungene Streben und Andreaskreuze zwischen Brustriegel und Rähm. Das Kellergewölbe wohl aus der Erbauungszeit des ehemaligen Hospitals, das kurz nach 1400 auf demselben Gelände errichtet und später niedergelegt wurde. Der Aufbau 1559 erneuert, 1614–1769 reformiertes Pfarrhaus.
(w, g, s)

Kulturdenkmäler   Dreieich   Dreieichenhain

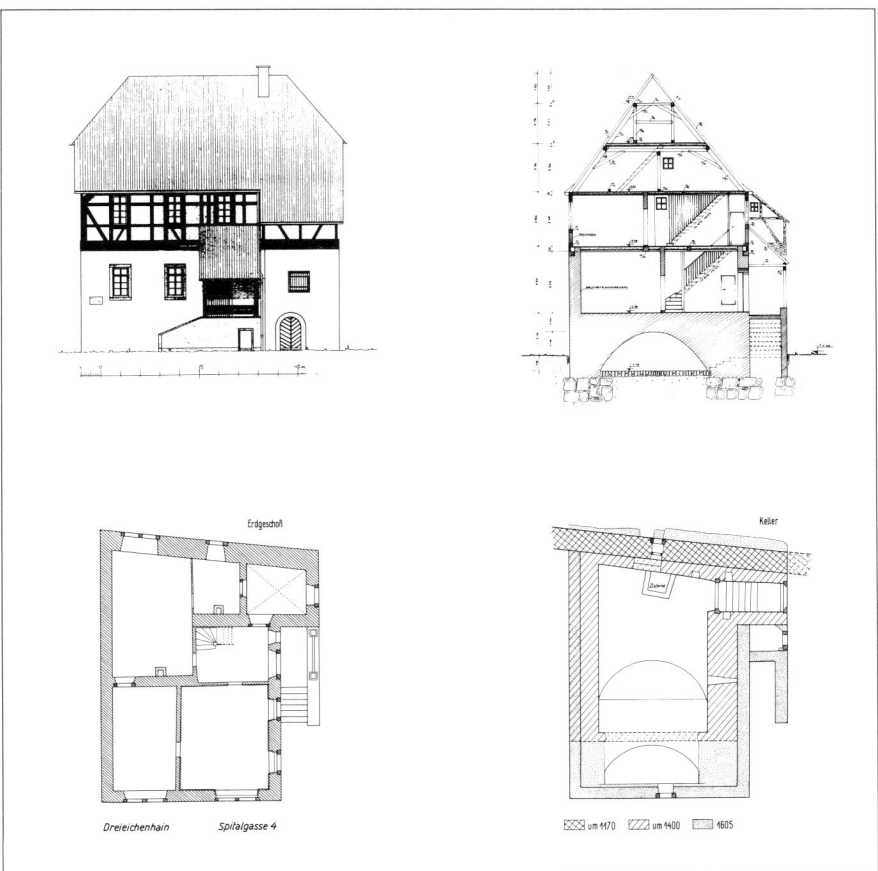

Spitalgasse 3 Fl. 1 Flst. 172

Kleines traufständiges Wohnhaus mit einfachem Fachwerk des 18. Jahrhunderts. Die dem Vieuxtemps-Platz zugewandte Giebelfassade ist, zusammen mit den versetzten Giebeln des Nachbarhauses, wichtiger Bestandteil der südlichen Platzwand und des Ensembles der Spitalgasse; außerdem markanter Blickpunkt von der Taunusstraße als Eingang zur Altstadt. (s)

Spitalgasse 4 Fl. 1 Flst. 177/1
Ehem. Isenb. Amtshaus

Dem benachbarten Spitalmeisterhaus in Aufbau und Proportionen ähnlich, jedoch sichtbares Bruchsteinmauerwerk im Erdgeschoß, reichere Zierformen des Fachwerks mit genasten Streben, geschnitzten Eckpfosten und Knaggen, seitlich überdachter Treppenaufgang. Laut Inschrift 1605 neu erbaut durch den Isenburgischen Kammersekretär Weiprecht Schmidt, 1779–1961 lutherisches Pfarrhaus, 1854–1875 Wohnhaus des Geschichtsforschers Pfarrer Nebel. Die rückwärtige Giebelwand auf der romanischen Stadtmauer. (k, w, g, s)

| Dreieichenhain | Dreieich | Kulturdenkmäler |

Gewölbesäulen

a Spitalgasse 22
b Wohnturm

0 50 100
cm

Grundriß des Hauses Spitalgasse 22

Spitalgasse 6 Fl. 1 Flst. 174/1

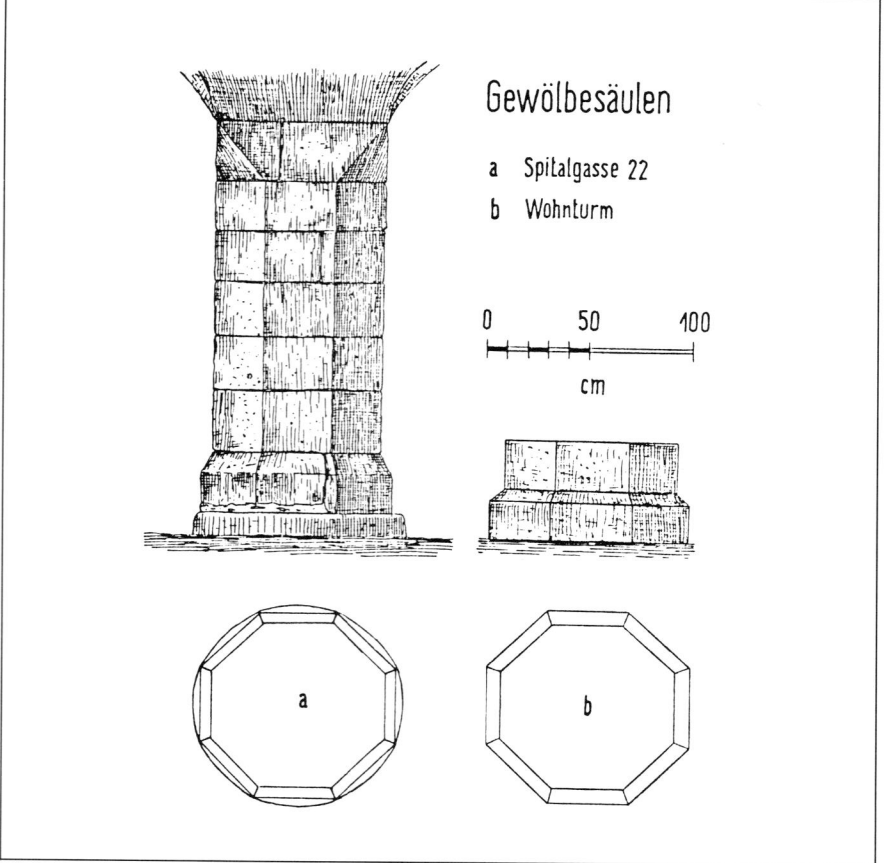

Traufständiges Wohnhaus mit seitlich anschließendem überdachtem Hoftor und den Vieuxtemps-Platz beherrschender Fachwerkfassade. Geschnitzte Eckpfosten mit „Schreckmännchen" und Datum 1655, geschwungene Streben und Andreaskreuze aus der Entstehungszeit, sonst Veränderung des Gebäudes durch Entfernung eines früheren Mitteleinganges mit möglicher Zweiteilung; auch Knaggen des traufseitigen Geschoßvorsprunges teilweise entfernt. (k, s)

Spitalgasse 19 Fl. 1 Flst. 149

Spätbarockes giebelständiges Wohnhaus mit Krüppelwalm, entstanden gegen Ende des 18. Jahrhunderts, mit verschiedenen Zierformen wie Feuerböcken, Rauten, Negativrauten; außerdem Mannfiguren und gebogene Streben. Die Balkenlage mit abgerundeten Füllhölzern, die Schwelle profiliert. Das Giebelfachwerk im 19. Jahrhundert verändert, im Erdgeschoß eine Traufwand massiv ersetzt. Von der Fahrgasse in Nähe der Burg wichtiges Element der Spitalgasse. (k, s)

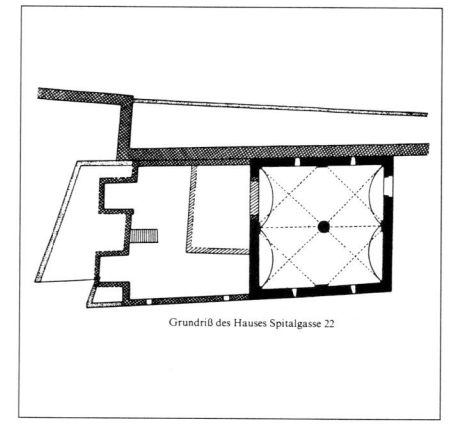

Spitalgasse 22 Fl. 1
Romanischer Keller Flst. 138

Romanischer Keller von annähernd quadratischem Grundriß mit zwei Tonnengewölben, Stichkappen über hochsitzenden Fensterschlitzen, einer vermauerten Rundbogentür. In der Mitte achtkantige, zusammengesetzte Steinsäule mit achtkantiger Basis auf runder Platte; oben kapitellartige Platte als Übergang vom Acht- zum Viereck. Der Stumpf einer gleichen Säule im Keller des viereckigen Burgturmes; wohl 11. Jahrhundert. Möglicherweise ehemals ebenerdige Halle eines ottonischen Pfortenhauses. (w, g)

Torbogen und Hof

Außenansicht von Norden

Spitalgasse 10–18 Fl. 1
Trierischer Hof Flst. 142–146

Dreiseitiger, rückwärtig auf die Stadtmauer aufgebauter Gebäudekomplex mit Teilen unterschiedlicher Entstehungszeit, zurückgehend auf einen Burgmannenhof der Herren von Heusenstamm, deren letzter Nachfolger Bischof zu Trier war; danach Solmsischer Hof, vom Isenburgischen Keller Klaus Fuchs 1557 neu erbaut.
Im profilierten Gewände des Hofportal-Rundbogens ein Wappenschild mit Bürgerkrone, Rosettenverzierung und Datum 1710; im Rundbogenabschluß des Eingangs zum rechten Flügel die Jahreszahl 1558, das Rundbogenportal des Querbaues mit Diamantschnitt, Schlußstein mit Löwenkopf und Datum 1608. Das Fachwerk der Seitenflügel über dem massiven Unterbau ohne besondere Qualitäten erneuert, der ursprünglich offene Laubengang des Mittelbaues dagegen mit effektvoller Brüstungszier aus Rauten und Feuerböcken. Im Inneren des rechten Flügels im 1. Obergeschoß eine geometrisierende Stuckdecke. Die Hofsituation ist durch neuere Zutaten und uneinheitliche Renovierungsversuche (verschiedene Besitzer) unvorteilhaft verändert. Nach außen hin bildet die Anlage ein optisches Gegengewicht zur Burg.

(k, w, g, s)

Dreieichenhain — Dreieich — Kulturdenkmäler

Steingasse 1 Fl. 1 Flst. 217/1

An der Ecke Stein-/Fahrgasse auf nahezu quadratischem Grundriß errichtetes Fachwerkwohnhaus mit niedrigem, massiv erneuertem Erdgeschoß; inschriftliche Datierung 1615. Aus dieser Zeit jedoch nur Reste vorhanden, wie der Eckpfosten, eselsrückenartig geschnitzte Knaggen, kurze Streben der Traufseite. Das übrige Gefüge um 1800 weitgehend erneuert. Als Eckhaus ortsbildprägend im Umfeld des Obertores. (s)

Steingasse 2 Fl. 1 Flst. 218

Schlichtes giebelständiges Wohnhaus zwischen Einmündung der Steingasse und der Freifläche bis Fahrgasse 8, so daß das Gebäude durch die dreiseitige Freistellung städtebaulich besonders zur Wirkung kommt. Das einfache Fachwerk ohne Zierrat ist regelmäßig und weitgehend ungestört, die Schwelle schwach profiliert, Entstehung um 1800. (s)

Steingasse 4, 6, 8 Fl. 1 Flst. 219, 220, 221

Gebäudegruppe aus Wohnhaus mit zurückgesetztem Anbau und Doppelwohnhaus sowie zugehöriger kleiner Doppelscheune oder -stallung auf der gegenüberliegenden Straßenseite. Die Bebauung dokumentiert die auf die Kleinstform reduzierten Wohn- und Lebensverhältnisse unterprivilegierter sozialer Schichten, etwa Tagelöhner oder Handwerker mit landwirtschaftlichem Nebenerwerb, und ist damit von sozialgeschichtlicher und bautypologischer Bedeutung. (w, g)

Steingasse 10 Fl. 1 Flst. 222/1

Wohnhaus und Scheune einer ehemaligen Hofreite der 1. Hälfte des 18. Jahrhunderts, modern erneuert und umgebaut. Traufständiges, von der Sandgasse zurückgesetztes Wohnhaus mit markanter Reihung von Mannfiguren im Obergeschoß, über dem Eingang die Inschrift „GÖRG STROH A0 1721". Lage an der nordwestlichen Ecke der Stadtmauer mit dem „Sabelsturm", einem runden ehemaligen Wehrturm. (k, w, s)

Kulturdenkmäler Dreieich Dreieichenhain

Taunusstraße 1   Fl. 1
Ehemaliges Rathaus   Flst. 173/4

Ehemaliges „Gut im Hain", 1710 durch Forstmeister Lorenz von Wahl erbaut, 1855–64 Wohnsitz des Geigenkünstlers Henri Vieuxtemps, 1895–1906 Schule, 1940–1976 Rathaus, seither Bauamt. Das Fachwerk der Traufseiten unter Putz, die Giebelwände im letzten Viertel des 19. Jahrhunderts massiv vorgeblendet; der Eingang mit zweiläufiger Freitreppe. Das Haus ist Begrenzung des Vieuxtemps-Platzes und gleichzeitig Abschluß des historischen Stadtkerns.

(g, s)

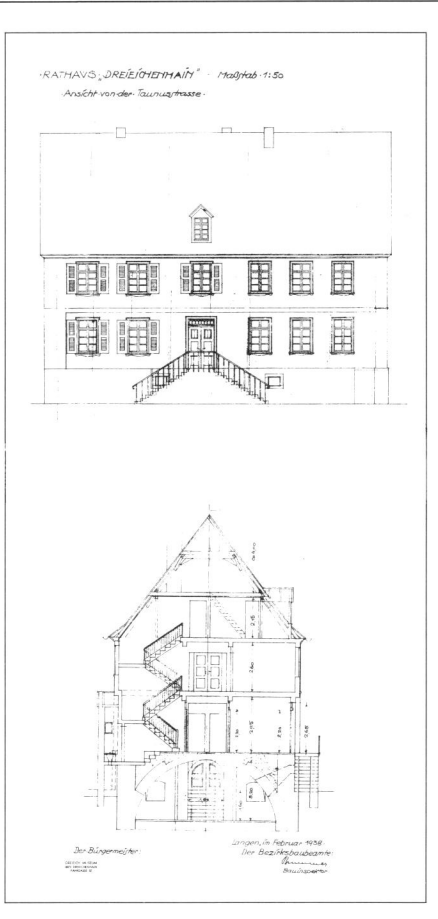

Wacholderweg   Fl. 2
Judenfriedhof   Flst. 657/70

Südwestlich der Altstadt im Wald gelegen, heute am Rand einer Neubausiedlung. Der Friedhof mit geschlossener Umfassungsmauer wurde 1875 auch für die Orte Götzenhain und Offenthal angelegt. Grabsteine meist aus Sandstein, einige mit Inschriftenplatten aus anderen Materialien, 19. und 20. Jahrhundert; die Inschriften zum Teil hebräisch. Der Friedhof ist sozial- und religionsgeschichtliches Denkmal.

(g)

Stadtmauer mit Wehrtürmen   Fl. 1

Die Befestigung aus romanischer und gotischer Stadtmauer ist als fast vollständig geschlossener Ring um die mittelalterliche Stadt erhalten. Zu den alten Eingängen des Ober- und Untertores kamen der Durchbruch der Taunusstraße und einige durch Anbauten bedingte Fenster- und Türdurchbrüche. Die romanische Mauer aus der 2. Hälfte des 12. Jahrhunderts um die erste Ansiedlung von Burgmannenhöfen, den späteren Unterhain, entstand wohl gleichzeitig mit der Burgmauer; sie ist stellenweise 1,20 m stark bei einer ursprünglichen Höhe von 4–5 m und besaß einen Wehrgang. Zur gotischen Mauer der westlichen Stadterweiterung des 14. Jahrhunderts gehören zwei halbrunde und ein runder Wehrturm, der „Sabelsturm". Der frühe bastionäre Ausbau mit Zwingermauer, Wallgrabenanlagen und Vortoren ist heute nur noch in der Grünanlage um die Burg und südlich des Ortes als Grünzone mit Wall und Herrenweihern erkennbar. Hier ist die Stadtmauer mit alten und neuen Fensterdurchbrüchen sowie kleineren Anbauten für die außen anschließenden Gärten verändert.

(w, g, s)

rechts: ehemalige Befestigung nach Nahrgang

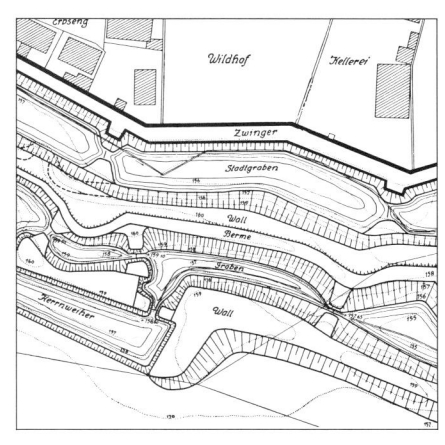

Dreieichenhain — Dreieich — Kulturdenkmäler

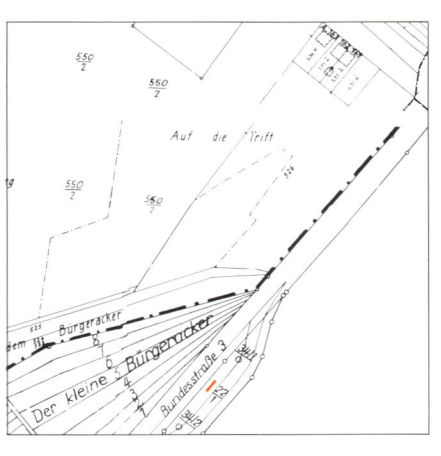

Waldstraße   Fl. 2
Kriegerdenkmal   Flst. 1098

Denkmal für die Gefallenen des Krieges 1870/71. Obelisk und Sockel aus Sandstein; Relief mit Lorbeerkränzen, Helm und Schwert, Inschrift: „Den Opfern für das Vaterland", sowie die Namen von drei Gefallenen. Ursprünglicher Standort des Denkmals war der Lindenplatz vor dem Obertor, jetzt auf dem alten Friedhof. Von diesem noch wenige Grabsteine des 19. Jahrhunderts vorhanden.   (g)

Plan rechts

B 3   Fl. 7
Ruhe   Flst. 22/1

Dreiteiliger Ruhestein aus Sandstein, Entstehung um die Mitte des 18. Jahrhunderts, vom ursprünglichen Standort außerhalb Sprendlingens an der Offenbacher Straße an den Parkplatz der B 3 in Richtung Langen versetzt; als im Kreis seltenes Verkehrsdenkmal von geschichtlicher Bedeutung.   (g)

Plan oben

Hainer Trift   Fl. 5
2 Steinkreuze   Flst. 16

Schlankes Steinkreuz, ein Arm verstümmelt, auf einer Seite ein Kreuz eingetieft; das zweite Kreuz kleiner. Ein drittes Kreuz verschwunden. Als mittelalterliche Sühnekreuze (Entstehung 13. – 16. Jahrhundert) seltene Rechtsdenkmale von geschichtlicher Bedeutung.   (w, g)

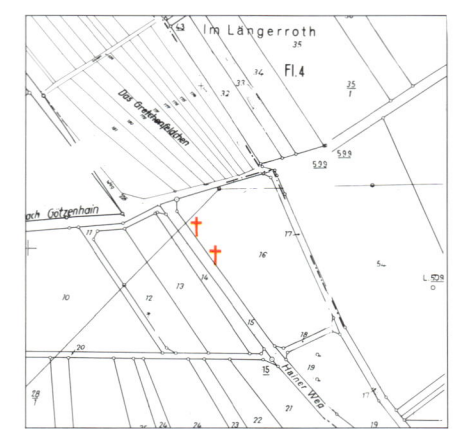

Götzenhain

Römische Funde wie die Grundmauern eines Hofes und Reste eines Kalkbrennofens zeigen eine Besiedlung der Gemarkung schon um das Jahr 200 an; der heutige Ort jedoch wurde wohl erst im ausgehenden 12. Jahrhundert als Küchendorf für die nahegelegene Burg Hain gegründet und ist damit eine relativ junge Siedlung. In einer Urkunde von 1318 wird erstmalig „Gotzenhain" erwähnt. Der Ortsname läßt sich möglicherweise als „Hag" oder „Hain des Götz" (Gottfried) deuten. Der Ort war ringförmig von Wall, Gebück und Graben umgeben und nur von Norden, wo die alte Mainzer Straße vorbeiführte, durch eine Pforte zugänglich.

Aus der Herrschaft des Hauses Hagen-Münzenberg kam Götzenhain als Erbe an Falkenstein, wurde dem Abt von Fulda als Lehen aufgetragen und als fuldisches Lehen an Falkenstein zurückgegeben; durch Erbschaft ging dieses ab 1433 an die Grafen von Isenburg. Nach Teilung des südmainischen Isenburger Besitzes 1678 gehörte der Ort zur Herrschaft Ysenburg-Philippseich, für die in einem seit dem 16. Jahrhundert bestehenden Tiergarten das Schloß Philippseich erbaut wurde. Unter Hoheit der reformierten Grafen von Isenburg-Birstein kam es zwischen 1581 und 1701 zu einem Glaubensstreit mit der Gemeinde, wo bereits 1528 Erasmus Alberus in der Filiale Sprendlingens den lutherischen Glauben eingeführt hatte. Als Folge wurde über 100 Jahre die Kirche geschlossen; 1724 erhielt Götzenhain eine eigene evangelisch-lutherische Pfarrei.

Die um 1620 aus etwa 50 Familiengruppen bestehende bäuerliche Bevölkerung wurde im 30jährigen Krieg auf ein Drittel dezimiert; erst 1740 war sie wieder auf dem gleichen Stand von etwa 300 Einwohnern. Außer dem Ackerbau bildeten die schon im Mittelalter erwähnten Steinbrüche des Alten Berges eine Wirtschaftsgrundlage, das dort abgebaute Rotliegende wurde zu Mühlrädern verarbeitet, aber auch in der ganzen Region zum Bau verwendet. Die insgesamt schwachen Ressourcen zwangen im 19. Jahrhundert etliche Bewohner zur Auswanderung, so daß die Einwohnerzahl bis zum 2. Weltkrieg nur auf 1170 Personen anwuchs. Die Industrialisierung und der Anschluß an die Dreieichbahn 1905 brachten den Wandel zur Wohngemeinde für die nun als Arbeiter auswärts tätigen Bewohner. Diese Entwicklung der Gemeinde ohne größere eigene Industrie setzte sich auch in neuerer Zeit fort, wobei sich bis 1977 die Einwohnerzahl auf etwa 4700 mehr als verdreifachte.

Der ovale Befestigungsring des Haufendorfes war von Anfang an so groß angelegt, daß sich der Ort innerhalb der Umgrenzung entwickeln konnte und bis zur Jahrhundertwende nicht darüber hinauswuchs. Die Bebauung bestand aus landwirtschaftlichen Hofreiten in einfacher Fachwerkbauweise. Von dieser ursprünglichen Bausubstanz ist nur wenig erhalten. Wall und Graben wurden um 1820 beseitigt, jedoch hat sich der Verlauf des Ortsrandes als „grüner Ring" von Gartenparzellen deutlich im Grundriß und im Ortsbild erhalten. Anstelle der ehemaligen Pforte im Norden wurde um 1830 der Gasthof zur Krone errichtet, dessen Keller das Brückengewölbe des alten Dorfeinganges enthalten soll.

Das Bild des Ortskerns begann sich schon im vergangenen Jahrhundert zu wandeln durch die Einführung von Backsteinfassaden an den Straßenfronten. Erst mit dem Neubau der Schule – später Rathaus – im Jahr 1902 wurde der Anfang für die Ausdehnung des Ortes über die alte Umgrenzung hinaus gemacht. In dieser Richtung – nach Norden und Westen – setzte sich das Wachstum fort, als vor allem in den 60er Jahren Wohnsiedlungen im größeren Maßstab angelegt wurden, die heute flächenmäßig das ursprüngliche Dorf weit übertreffen.

Götzenhain, Ortsbild

Götzenhain Dreieich Kulturdenkmäler

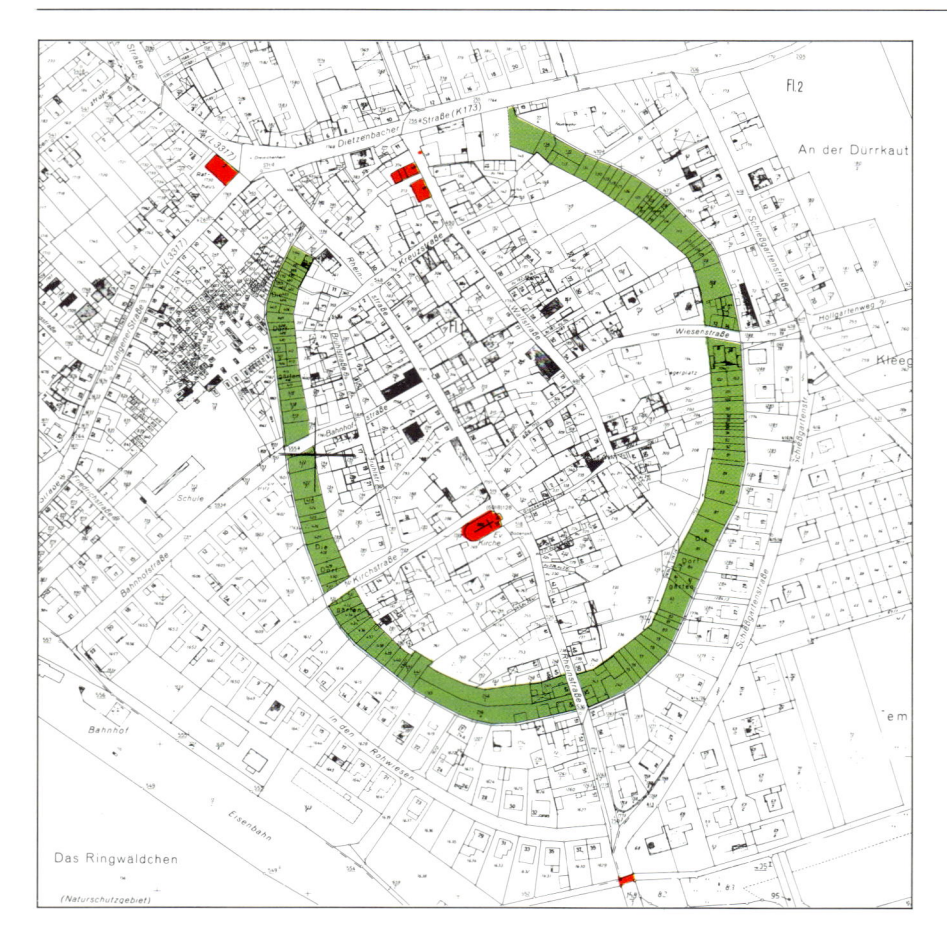

Dorfgärten Fl. 1
Flst. 397–419, 421–442, 246/1,
246/4, 75–103, 108–134

Ring von Gartenparzellen mit teilweise erhaltener landwirtschaftlicher Nutzung, im Verlauf der ehemaligen Befestigung durch Gebück, Wall und Graben um den Ortskern mit der Flurbezeichnung „Die Dorfgärten". Die geschlossene Ovalform wird außer von einigen Straßen nur im Norden durch neuere Bebauung unterbrochen. Die etwa gleich tiefen Parzellen werden nach außen begrenzt durch einen begleitenden Fußweg. Einzige in dieser Form erhaltene Grünzone im Kreis als optisch erlebbarer Bestandteil des historischen Dorfgrundrisses. (g, s)

Kulturdenkmäler   Dreieich   Götzenhain

Bleiswejker Straße 2   Fl. 1
Rathaus, ehem. Schule   Flst. 1730

1902 als Schule erbaut und repräsentatives Beispiel für die historistischen Schulbauten dieser Epoche. Zweigeschossiger Bau mit flachem Walmdach, symmetrische Aufteilung der Fassade in fünf Achsen, der Mittelrisalit betont durch gekoppelte Fenster und Bogenabschluß. Gliederung des rot-gelben Klinkermauerwerks durch helle Flächen mit dunkleren Lisenen, Gurte und Kranzgesims. Durch Maßstab und exponierte Lage städtebaulich dominierendes Gebäude am Ortsausgang.(k, g, s)

Hainer Weg   Fl. 5
Steinkreuz   Flst. 290/8

Kleines Steinkreuz aus Rotliegendem mit leicht keilförmigen Armen, einer davon größtenteils abgebrochen. Als Sühnekreuz des 13.–16. Jahrhunderts seltenes Rechtsdenkmal mit geschichtlicher Bedeutung. (w, g)

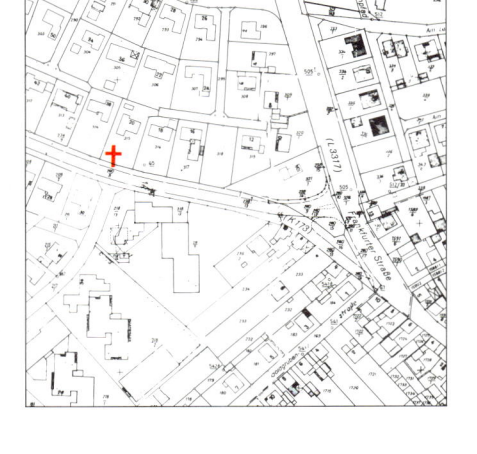

Rheinstraße 31   Fl. 1
Evangelische Pfarrkirche   Flst. 268

Einfacher unverputzter Werksteinbau aus Rotliegendem, mit halbrundem Chor und Lisenengliederung, 1775–76 anstelle eines gotischen, durch Unwetter zerstörten Vorgängerbaues errichtet. Der Westturm mit Haubenhelm, Laterne und schmiedeeisernem Turmkreuz halb eingestellt, mit abgerundetem Übergang zum Langhaus; der Eingang erhöht im Turm mit Freitreppe.
Die Innenausstattung bestehend aus dreiseitiger Holzempore, Kanzel in Chormitte um 1775–80, Orgel 1765, Rache- und Friedensengel 1782 zur Erinnerung an die Unwetterkatastrophe von 1774 und bäuerlicher Opferstock von 1682. In die äußere Kirchenwand eingelassen ein barocker Grabstein mit Inschrift und Datierung 1779. (k, g, s)

rechts: Kirche mit Kirchhofmauer und Pforte, Aufnahme 1946

Götzenhain — Dreieich — Kulturdenkmäler

Schießgartenstraße Fl. 3
Brücke Flst. 158/1

Kleine Brücke mit flachem Bogen aus Quadern und Bruchstein. Teile der Wangen aus stehenden Hausteinen sind später angesetzt; Material Sandstein. Als Verkehrsdenkmal des 17./18. Jahrhunderts besitzt die Brücke heute Seltenheitswert und ist von Bedeutung für die Geschichte verkehrstechnischer Bauten. (t, g)

Wallstraße 2 Fl. 1
Aushängeschild Flst. 137/2

Sachteil Wirtshausschild des Gasthofs Krone, schmiedeeiserner Ausleger in spätbarocken Ranken- und Rocaille-Formen. Einzelne Schmuckformen und das Schild sind erneuert. Der Ausleger gehörte vermutlich zum Vorgängerbau des im 19. Jahrhundert errichteten Gasthauses, ebenso ein noch vorhandener Torpfosten mit geschwungenem Aufsatz und Quaderung. (k, g)

Gasthaus Krone, Torpfosten

Wallstraße 3 Fl. 1
Flst. 374

Weitgehend vollständiges Beispiel des konstruktiven Haustyps um 1800 mit solidem, regelmäßigem Fachwerk, noch mit geringem Geschoßüberstand und abgerundeten Füllhölzern sowie zusätzlichen senkrechten Hölzern in den Brüstungsfeldern der Fenster. Als giebelständiges Wohnhaus einer ehemaligen Hakenhofreite ist das Gebäude der einzige intakte Vertreter dieser am Ort ursprünglich vorherrschenden Bauweise. (g)

Wallstraße 5 Fl. 1
Flst. 373

Traufständiges Wohnhaus, mit beidseitigem Krüppelwalm und geradem, rein konstruktivem Fachwerk des beginnenden 19. Jahrhunderts. Die Straßenfassade mit Mitteleingang ist sowohl in Fensteranordnung wie auch Fachwerkaufteilung völlig symmetrisch ausgebildet. Die Giebelwände im Erdgeschoß teilweise massiv erneuert. Zusammen mit Nachbarhaus Nr. 3 die einzig erhaltene Fachwerkgruppe des Ortes und bestimmend für das Straßenbild. (s)

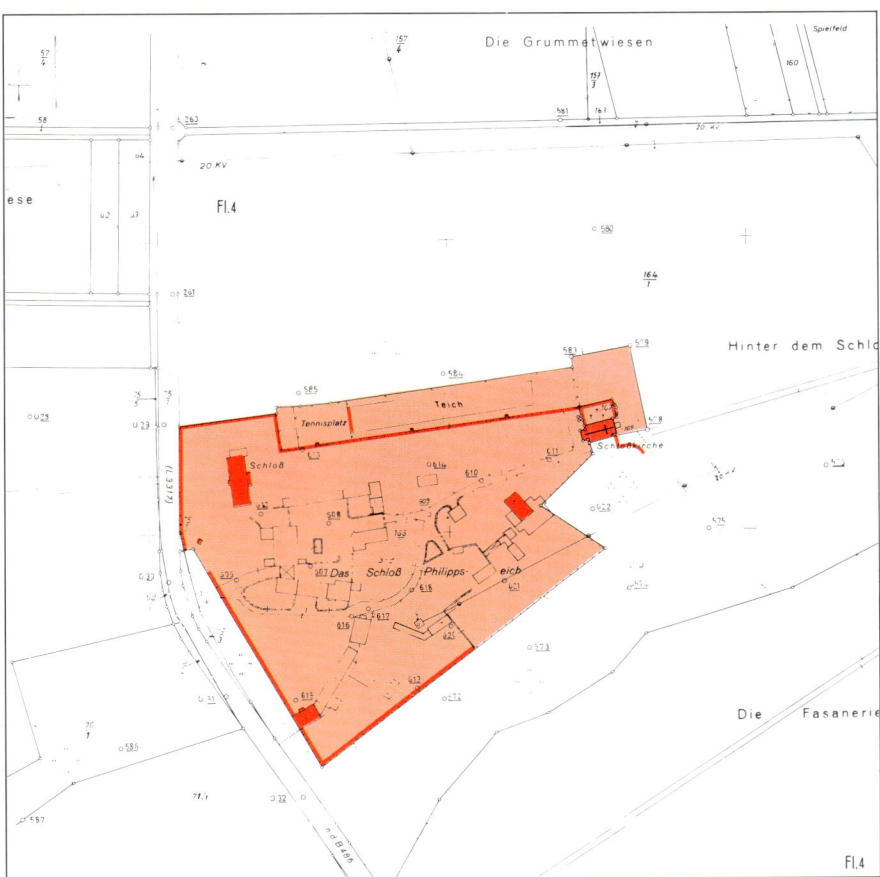

Gesamtanlage/Kulturdenkmäler — Dreieich — Götzenhain

Philippseicher Straße (L 3317) 3–9 Fl. 4
Schloß Philippseich Flst. 166/1, 167

Auf dem Gelände eines 1662 von Graf Johann Ludwig von Isenburg-Offenbach angelegten Tiergartens wurde 1666–67 ein nicht mehr erhaltenes Jagdschloß als zweigeschossiger Holzbau mitEcktürmchen und umlaufenden offenen Lauben errichtet. Graf Johann Philipp (1685–1718) baute es zur selbständigen Siedlung „Philippsdorf" aus, seit Mitte des 18. Jahrhunderts „Philippseich". Das Schloß wurde nach seinem Tod bis 1920 Sitz der Paragiallinie Isenburg-Philippseich. Zur Gesamtanlage gehören neben neueren unbedeutenderen Gebäuden folgende Kulturdenkmäler:
Die evangelische Kirche, erbaut Anfang des 18. Jahrhunderts (älteste Glocke 1704), seit 1767 Pfarrkirche der reformierten Gemeinde Philippseich, ein schlichter Saalbau mit Turmvorbau, innen Grabmäler des Grafen Wilhelm Moritz von Ysenburg-Büdingen und seiner beiden Gemahlinnen, 1744 von Johann Daniel Schnorr;
der „Grüne Bau", als kleines Jagdschloß 1699–1700 für Graf Johann Philipp errichteter einfacher Putzbau mit Krüppelwalmdach, später Orangerie, heute zu Wohnzwecken ausgebaut;
die Försterei, ein eingeschossiger Barockbau mit Krüppelwalmdach von 1782;
das ehemalige Schloß, erbaut unter Graf Heinrich Ferdinand 1794–1800, ein langgestrecktes verputztes Gebäude, 13achsig mit Mansarddach, ein Obergeschoß-Saal mit stuckierten Wandfüllungen. Der anglisierte Park des frühen 18. Jahrhunderts in der Achse von Schloß und Kirche ist gegen die tiefergelegenen ehemaligen Teichgräben durch eine Balustrade mit drei steinernen Lauben begrenzt. (k, g)

oben: Ehemaliges Jagdschloß von 1667 im Tiergarten bei Götzenhain

rechts: Schloß Philippseich, Hauptbau

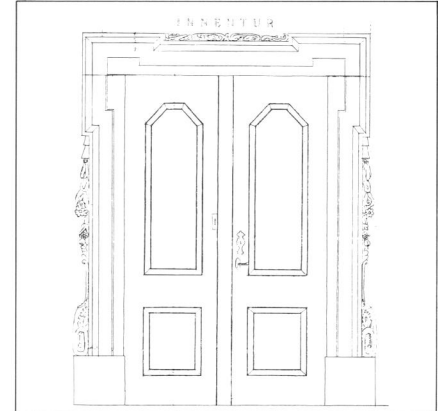

*Schloß Philippseich,
evangelische Kirche*

*Gartenpavillon mit Balustrade
Försterei*

*Luftbild aus: Landkreis Offenbach,
1960*

Kulturdenkmäler Dreieich Götzenhain

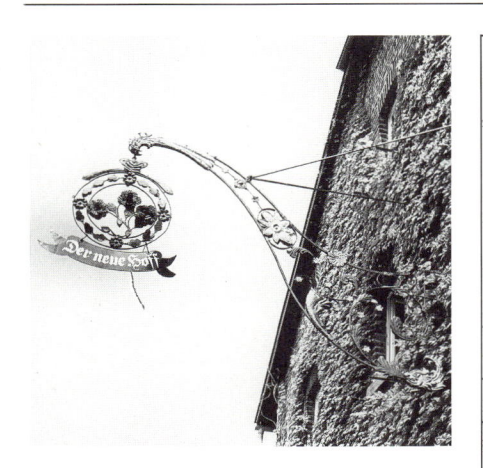

Hofgut Neuhof Fl. 7
  Flst. 26

Als herrschaftlich isenburgisches Gut um 1500 am Weiher des Königsbaches gegründet, erhielt der Neuhof seinen Namen in Unterscheidung zu einem schon bestehenden Alten Hof in der späteren Gemarkung Philippseich. Nach Zerstörungen des 30jährigen Krieges Wiederaufbau durch Johann Philipp von Isenburg mit Herrenhaus, Ställe, Scheuern, Mühle und einer Brauerei, später Branntweinbrennerei. Das Gut wurde als Musterdomäne geführt, eigene Erzeugnisse in der Gutsschänke angeboten, die schon im 18. Jahrhundert Schankrechte innehatte. Das Gutsgelände wurde zur selbständigen Gemarkung erklärt und blieb bis 1932 – mit Unterbrechung – in Isenburgischem Besitz, erst 1954 kam es zur Gemeinde Götzenhain.

Um einen weiträumigen Wirtschaftshof rechteckig angelegter Gutskomplex aus zweigeschossigem barockem Herrenhaus mit Mansarddach, Erweiterungsbauten jüngeren Datums, Bruchsteinscheunen und -stallungen, der nördliche Bau mit Fachwerk in den Giebelzonen. Das nördliche Rundbogenportal zugemauert, ein reicheres südöstliches Portal mit Rundbogenpforte und hohen Pfosten mit Vasenaufsätzen datiert 1794; weitere Sandsteinpfosten mit Vasen, bezeichnet CWG 1807 am westlichen Hofeingang. Am erneuerten ehemaligen Wirtsgebäude weist ein schmiedeeiserner Ausleger mit Schild auf die frühere Schänke hin, weiter findet sich an der Hofmauer ein Sandsteinbrunnentrog mit Wappen, bezeichnet MN, MB 1681; außerdem sind in die Mauer diverse gußeiserne Ofenplatten mit Relief eingelassen. Sonstige auf dem Gelände verteilte Spolien wie geschnitzte Renaissance-Fachwerkstützen und -Eckpfosten in die neueren Gastgebäude integriert; ebenso gehören eine 1799 datierte Weinsäule und ungenutzte Sandsteinbrunnen nicht zum ursprünglichen Inventar und haben überwiegend dekorativen Charakter.   (k, g)

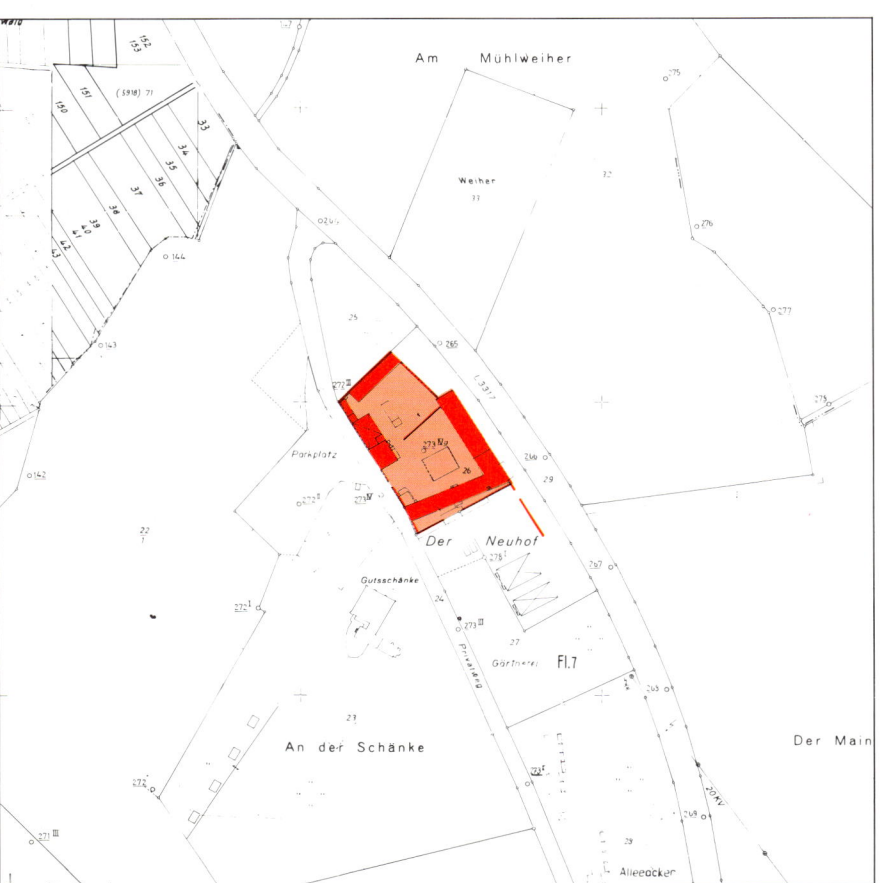

Götzenhain — Dreieich — Kulturdenkmäler

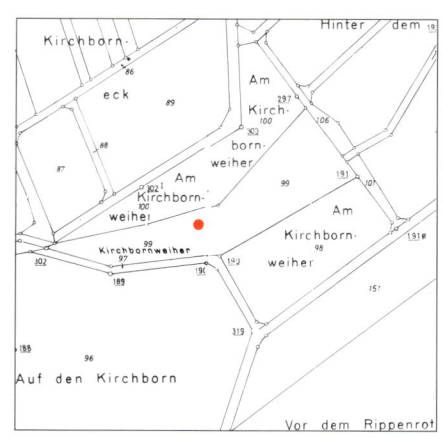

Kirchbornweg Fl. 8
Kirchborn Flst. 99

Niedriger, runder Brunnen aus Sandsteinquadern mit monolithischem massivem Sandsteinring als oberem Abschluß; darunter eine Öffnung als Abfluß. Der Brunnen liegt in einer Senke am sumpfigen Gelände des sogenannten Kirchbornweihers in einem alten Eichenbestand. (g)

oben: Neuhof, Herrenhaus und Scheune Hoftor, Tor am ehemaligen Osteingang

Offenthal

Offenthal wurde erstmalig urkundlich erwähnt in einer Grenzbeschreibung der Mark Langen im Jahr 834 als „Ovendan", später auch als „Ouendan" und „Offendan". Die Siedlung bestand aus wenigen Bauernhöfen um eine Marienwallfahrtskapelle; sie lag südlich eines alten Handelsweges zwischen Mainz und Aschaffenburg, der „Rheinstraße". Die Befestigung bestand aus Wassergraben und Gebück. Der ursprünglich einzige Zugang, die „Alte Port", lag an der heutigen Mainzer Straße im Westen, später kam die „Neue Port" im Norden dazu. Das Burgrecht hatte Offenthal seit Mitte des 14. Jahrhunderts in Frankfurt. Zur Dreieich gehörig, unterstand es bis 1255 Hagen-Münzenberg, bis 1418 Falkenstein, dann Isenburg und ab 1556 Isenburg-Birstein, bis es 1816 Hessen-Darmstadt zufiel und seit 1823 dem Landratsbezirk Offenbach angehörte.

Um 1400 ließ Anna von Falkenstein anstelle der Marienkapelle eine Kirche erbauen. Im Zuge der Reformation durch Erasmus Alberus wurde der Ort um 1530 evangelisch. Um die Mitte des 16. Jahrhunderts bestand Offenthal aus 38 Häusern und etwa 130 Einwohnern; deren Zahl sank schon vor dem 30jährigen Krieg auf 7 Familien, danach waren es noch weniger. Die Einwohnerzahl stieg nur langsam und betrug 1700 erst wieder 58; 1829 lebten 473 Personen in 78 Häusern, davon 53 Bauern, 18 Handwerker und 17 Tagelöhner. Außer in der Landwirtschaft arbeitete man im Nebenerwerb im Steinbruch, als Holzfäller oder Leineweber. Als diese Erwerbsmöglichkeiten nicht mehr ausreichten, verdienten zahlreiche Einwohner ihren Lebensunterhalt als Maurer in Frankfurt.

Offenthal
Historische Luftaufnahme

Der durch Graben und Gebück befestigte mittelalterliche Dorfkern zeichnet sich noch im Grundrißbild ab; er war in annähernd ovaler Form um die heutige Mainzer/Dieburger Straße, Am alten Rathaus und der Querverbindung, die Kirchgasse, angelegt. Die Flurbezeichnung „Hinter dem Graben" zeigt im Osten die Ortsgrenze an. Das nur durch die Alte Pforte in der Mainzer Straße vor dem Rückertsweg und später auch durch die Neue Pforte in der Bahnhofstraße zugängliche Dorf blieb mit seiner Bebauung bis ins 19. Jahrhundert innerhalb der alten Befestigung, erst durch die Langen-Dieburger Chaussee wurde diese im Osten durchbrochen. Der Ort dehnte sich zunächst entlang der neuen Straße nach Westen aus, nach

Offenthal					Dreieich					Kulturdenkmäler

*Offenthal
Historisches Ortsbild*

1880 auch an Messeler Straße, Dieburger Straße und Bahnhofstraße. Bis zum zweiten Weltkrieg wuchs die Ansiedlung vorwiegend entlang der Landstraßen vom Kern nach außen. In den 50er Jahren wurden vom alten Dorf losgelöste neue Wohngebiete im Norden ausgewiesen.

Der Bau der Langen-Dieburger Chaussee 1840 und der Anschluß an die Dreieichbahn 1905 verbesserten die Verkehrsanbindung, wodurch den Pendlern wiederum die Möglichkeit gegeben wurde, die Landwirtschaft noch nebenbei zu betreiben. Die Einwohnerzahl stieg auf etwa 1000 vor dem zweiten Weltkrieg; danach wuchs sie durch Zuzug von 300 Flüchtlingen rasch an und hatte sich bis 1977 verdreifacht.

Kulturdenkmäler   Dreieich   Offenthal

Am alten Rathaus 15 Fl. 1 Flst. 333/1

Das giebelständige Wohnhaus entspricht dem konstruktiven Typ um 1800 mit regelmäßigem schachbrettartigem Fachwerk, hier mit geringem Überstand und Füllhölzern an Giebel- und Hofseite; charakteristisch auch Krüppelwalm und Proportionierung. Am Knick der Straße Am alten Rathaus bildet das Haus in städtebaulich wichtiger Position den Anfang einer Reihe ähnlicher Bauten. (s)

Am alten Rathaus 15 von Norden

Am alten Rathaus 17 Fl. 1 Flst. 330/2

Traufständiges Wohnhaus mit überbauter Hofeinfahrt, das einfache konstruktive Fachwerk auf Hausteinsockel und massiven Seitenwänden ohne Überstand. Der um 1800 entstandene Bau war zeitweilig Schule, später Rathaus. Die lange Traufwand ist ein bildbestimmendes Element in der Reihe der Fachwerkbauten in der leicht geschwungenen Straße. (g, s)

Am alten Rathaus 19 Fl. 1 Flst. 298

Giebelständiges Wohnhaus mit wohlerhaltenem Fachwerk über Hausteinsockel, erbaut um die Mitte des 18. Jahrhunderts. In Obergeschoß und Giebel mannähnliche Verstrebungsfiguren und im Gegensatz dazu relativ dünn dimensionierte Brüstungsstreben und Andreaskreuze. Ein neuer seitlicher Anbau beeinträchtigt die Erscheinung, nicht jedoch die städtebauliche Wirkung für das Ensemble Am alten Rathaus. (s)

Am alten Rathaus 21 Fl. 1 Flst. 297
Torpfosten

Torpfosten des 18. Jahrhunderts aus Sandstein mit Quaderung und originellem Aufsatz in Form einer Pyramide mit Knaufabschluß. Die Pfosten sind für den dörflichen Bereich ungewöhnlich aufwendig gearbeitet und dimensioniert; das zugehörige Anwesen durch Neubau ersetzt. (k, g)

Am alten Rathaus 25 Fl. 1 Flst. 296

Giebelständiges Wohnhaus, vollständig verputzt, die Traufwand teilweise massiv ersetzt. Der Zustand der Giebelwand mit originaler Fensteranordnung und zweifachem leichten Überstand läßt auf intaktes Fachwerk des 18. Jahrhunderts (1740?) entsprechend der historischen Aufnahme (S. 126) schließen; damit fügt sich das Haus in das Ensemble Am alten Rathaus ein. (s)

Offenthal — Dreieich — Kulturdenkmäler

Ortsmitte und katholische Kirche, historische Aufnahme aus: Der Kreis Offenbach, 1927

Am alten Rathaus 25, historische Aufnahme

Dieburger Str. 1 Fl. 1
Evangelische Pfarrkirche Flst. 311

Die gotische Kirche, eine Stiftung der Anna von Falkenstein, wurde um 1400 als Erweiterung einer vorhandenen Marien-Wallfahrtskapelle an diese angebaut. Der ältere Teil schließt an die Nordseite des dreiseitig geschlossenen Chores an, so daß sich insgesamt ein winkelförmiger Grundriß ergibt. Der Westturm über offener, rippengewölbter Halle mit Spitzbogenarkaden besitzt Wehrcharakter durch massives Mauerwerk mit schmalen Lichtöffnungen. Im Erdgeschoß drei Steinkreuze eingemauert. Die Schallarkaden mit einfachem Maßwerk; das der Langhausfenster bei Umbauten 1765 zugunsten schmuckloser Rundbögen entfernt. Das gotische Deckengewölbe durch eine Flachdecke, die ursprüngliche Turmbedachung durch achteckigen Spitzhelm ersetzt. Innenausstattung: Kanzel und Empore um 1770, Orgel von Gottlieb Diez 1822, geschnitzter Opferstock von 1682. Eine Sakramentsnische mit Eisengitter und zwei kürzlich freigelegte Freskomalereien – Kreuze mit Kleeblattenden (Apostelkreuze) – gehen auf das 15. Jahrhundert zurück.

Im ummauerten, heute durch zwei Pforten zugänglichen ehemaligen Wehrkirchhof ein Kriegerdenkmal von 1925.

(k, g, s)

Kulturdenkmäler	Dreieich	Offenthal

Dieburger Straße 10 Fl. 1 Flst. 207

Kleines giebelständiges, weit in den Straßenraum hineinragendes Wohnhaus mit auffallend niedriger Erdgeschoßhöhe. Einfaches konstruktives Fachwerk ohne Halsriegel mit Profilierung an der Giebelseite, weitgehend komplett erhalten. An der Durchfahrtsstraße im Bereich der Kirche das einzige relativ intakte Gebäude des 18. Jahrhunderts und wichtig für das Bild der Ortsmitte. (s)

Mainzer Straße 2 Fl. 1 Flst. 313/3

Giebelständiges Wohnhaus in Ecklage neben der Kirche, ehemaliger Gasthof zur Linde. Die Giebelfront relativ aufwendig mit Zierfachwerk: Feuerböcke mit Schnitzerei, Andreaskreuze, Eckpfosten mit Taumotiv und Schnecken. Das Obergeschoß allseitig vorkragend. Im Giebelrähm die Inschrift: ANNO 1671 DEN 8TEN MAY BAUT HENRICH GROH INWOHNER UND GERICHTSCHÖFF ALLHIER. Traufseitig noch schwach ein eingeritztes, zugekittetes Hakenkreuz erkennbar. (k, g, s)

Mainzer Straße 4 Fl. 1 Flst. 316
Gasthaus Darmstädter Hof

Großvolumiges traufständiges Haus mit geradem, konstruktivem Fachwerk der 1. Hälfte des 19. Jahrhunderts; gestalterische Details sind das profilierte, giebelseitig um die Ecke gezogene Dachgesims und der Zahnschnittfries im Giebeldreieck. Das Gasthaus rundet das historische Ensemble von Kirche und Mainzer Straße 2 in der Ortsmitte ab. (s)

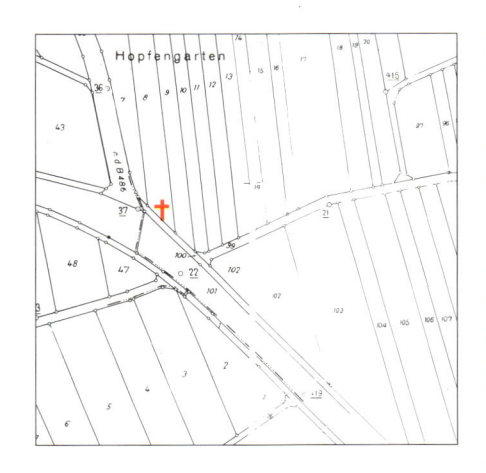

B 486 Fl. 6 Flst. 100
Steinkreuz

Steinkreuz aus Rotliegendem mit gerundeten Armen, Kopf und Kanten. Der Standort ist nordwestlich des Ortes nahe dem Treffpunkt zweier alter Verkehrswege, des alten Götzenhainer Weges und der Rheinstraße. Das Kreuz gehörte früher zu einer Gruppe von drei Sühnekreuzen und einem Bildstock, die heute verschwunden sind; Vertreter der immer seltener werdenden Rechtsdenkmale des 13.–16. Jahrhunderts. (w, g)

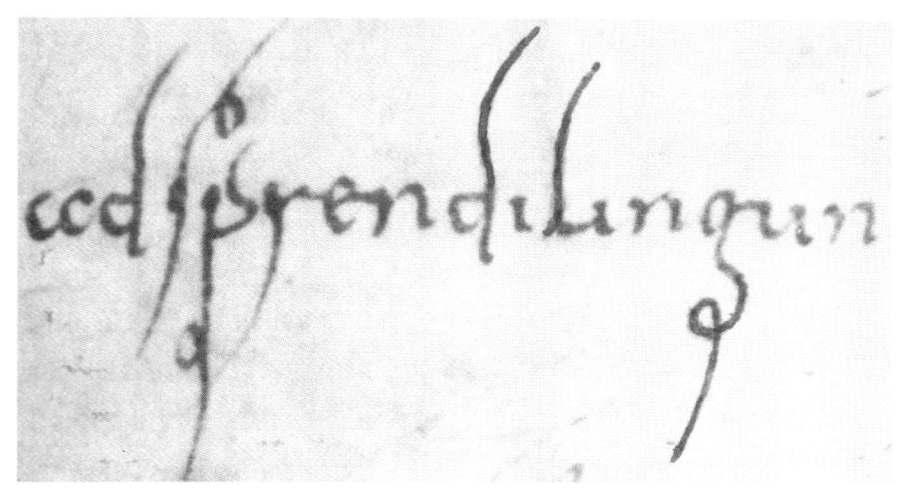

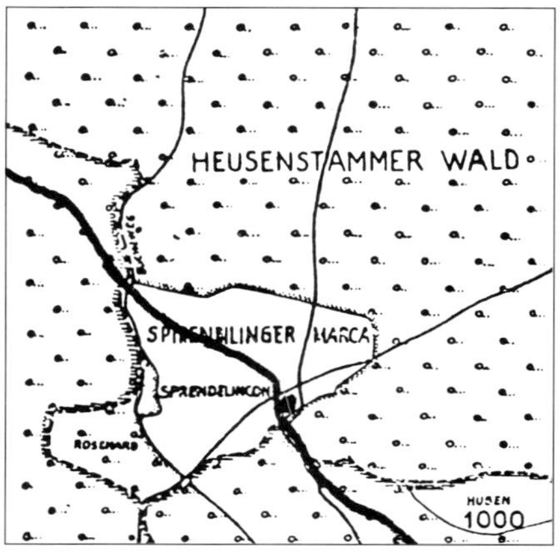

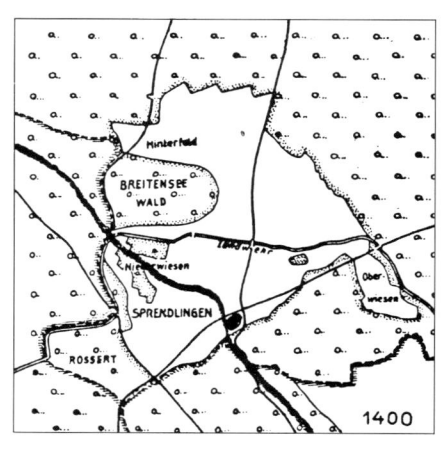

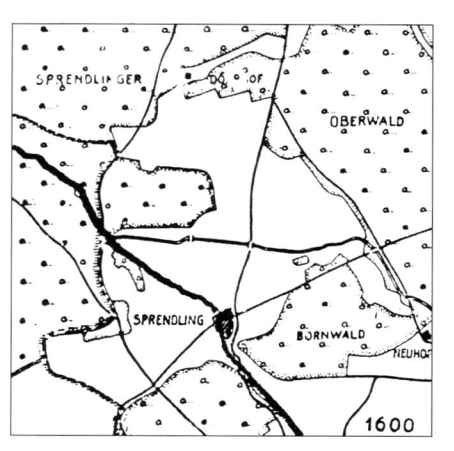

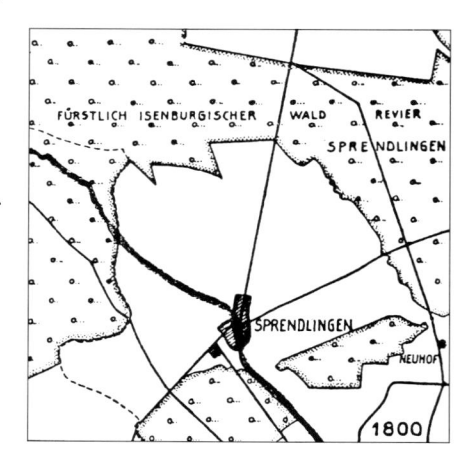

Sprendlingen

Sprendlingen hat wahrscheinlich schon einige Jahrhunderte vor seiner erstmaligen Erwähnung als „Spirendelinger marca" in einer Schenkungsurkunde Ludwigs des Deutschen aus dem Jahr 834 als Ansiedlung vereinzelter Höfe am Hengstbach bestanden. Der Ortsname mit „-ingen"-Endung weist auf eine alemannische Gründung hin, die Deutung ist unklar („Höfe and den Quellen" oder vom Personennamen „Sprendilo"). 880 wird der Ort „Sprendilingun" genannt in der Bestätigung einer Schenkung der Kirche durch Ludwig den Jüngeren an das Salvatorstift in Frankfurt. Im 13. Jahrhundert unterstand Sprendlingen den Herren von Hagen-Münzenberg als Reichsvögten des Forstes Dreieich; die niedere Gerichtsbarkeit und der Pfarrsatz lagen bei den Herren von Heusenstamm als Lehen der Grafen von Katzenelnbogen. Nach dem Aussterben des Hauses Münzenberg 1255 und deren Erben, der Herren von Falkenstein 1418, kamen die Hoheitsrechte an die Grafen von Sayn und Isenburg. Diesen gab Sayn seinen Anteil ab. Seit 1556 waren die reformierten Grafen von Isenburg-Birstein Landesherren, was zu einem Glaubensstreit mit dem Landgrafen von Hessen führte, der den Pfarrsatz innehatte. 1527 leitete der von Philipp dem Großmütigen eingesetzte Erasmus Alberus die Reformation ein. Die Kirche war zwischen 1596 und 1629 gesperrt; der Streit währte bis 1711, als Hessen auf den Pfarrsatz verzichtete und Sprendlingen lutherisch blieb.

Im 30jährigen Krieg wurde Sprendlingen fast völlig vernichtet; die Lage an der Heerstraße wirkte sich ungünstig aus. So soll 1631 Gustav Adolf von Schweden durch Sprendlingen gezogen sein und in Langen Quartier genommen haben. Der Wiederaufbau wurde durch einen ehemaligen Leutnant gefördert, der schwedische Soldaten ansiedelte; 1688 folgten Pfälzer Einwanderer. Im französischen Revolutionskrieg war Sprendlingen von Franzosen besetzt, die Bewohner wurden zu Front- und Kriegsdiensten gezwungen. 1806 trat Isenburg dem Rheinbund bei. Als 1816 Sprendlingen dem Großherzogtum Hessen zugesprochen wurde, hatte es etwa 1400 Einwohner.

Die vorwiegend von der Landwirtschaft lebende Bevölkerung war wegen der Dürftigkeit der Erträge (eine Folge der Erbteilung) gezwungen, sich auf andere Erwerbsquellen umzustellen; die Heimindustrie mit Weberei und Strumpfwirkerei entstand. Außerdem boten zahlreiche Ziegeleien Arbeit („Dorf der Maurer"), die Landwirtschaft wurde zum Nebenerwerb. Durch den Bau der Main-Neckar-Bahn 1848 und der Dreieichbahn 1905 wurde der Pendlerverkehr nach Frankfurt und Offenbach begünstigt. Zu Anfang des Jahrhunderts setzte die Industrialisierung am Ort ein. 1977 hatte Sprendlingen über 21000 Einwohner.

Dreieich — Sprendlingen

Sprendlingen, wahrscheinlich eine der ältesten Gründungen der Dreieich, zeigt im Kern die (in der Region einzige) Form des Ringdorfes: Gehöfte ringförmig um den gemeinsamen Mittelpunkt des Lindenplatzes. Die Lage der Kirche am Südrand spricht dafür, daß der Ort früh, möglicherweise schon vor der Christianisierung, gegründet wurde. Der Dorfrand war wie üblich mit Wall und Graben befestigt, Kirchhof und Turm wurden im Mittelalter wehrhaft ausgebaut. Der heute noch in der Parzellierung erkennbare älteste Kern bestand nur aus wenigen Einzelanwesen. Auf dem Lindenplatz, der auch als Gerichtsplatz diente, gab es neben der namengebenden Linde auch einen bereits im 15. Jahrhundert erwähnten Ziehbrunnen, dessen über 9 m tiefer, aus Bruchstein gemauerter Schacht ergraben, aber im Zuge der Neugestaltung des Platzes wieder zugeschüttet und überpflastert wurde. Der heutige, neu errichtete Brunnen deckt sich nicht mit dem alten Brunnenschacht.

Der Ort dehnte sich früh entlang der strahlenförmig ausgehenden Wege und am heute noch offenen Hengstbachlauf aus, so daß sich das Bild eines Haufendorfes ergab, heute im Plan an den „gewachsenen" Strukturen etwa um die ehemalige Erbsengasse, Vogtei und Tempelstraße ablesbar. In einer weiteren Phase setzte sich das Wachstum in Form des Straßendorfes an der Landstraße Darmstadt-Frankfurt, heute Darmstädter Straße/Hauptstraße, fort. Vereinzelte Fachwerkbauten der Höfe des 18./19. Jahrhunderts sind dort trotz der tiefgreifenden Veränderungen der jüngeren Vergangenheit noch vorhanden. Das Rathaus mit Apotheke von 1910 illustriert die Schwerpunktverlagerung vom alten Ortskern um den Lindenplatz, der heute einen dörflichen Charakter mit Fachwerkbauten des 18. Jahrhunderts stellenweise bewahrt hat, an den wichtigen Verkehrsweg der Hauptstraße seiner zunehmenden wirtschaftlichen Bedeutung.

Die Wachstumsphase der Jahrhundertwende brachte, westlich der Hauptstraße, regelmäßige Quartiere von Arbeiter- und Handwerkerhäusern in Ziegelbauweise. Die Wohnsiedlungen des 20. Jahrhunderts lagern sich im Norden westlich der Frankfurter Straße an, die Industrie östlich davon zwischen Frankfurter und Offenbacher Straße.

Sprendlingen, Vogtei
Historische Aufnahme aus: Der Kreis Offenbach, 1927

links: Die Entwicklung der Gemarkung Sprendlingen zwischen 1000 und 1800

| Sprendlingen | Dreieich | Gesamtanlage/Kulturdenkmäler |

Gesamtanlage Tempelstraße

Die Tempelstraße als eine der vom Lindenplatz strahlenförmig ausgehenden Gassen verläuft nach Süden, parallel zur Krümmung des Hengstbaches, der die westliche Parzellengrenze bildet. Zur Entstehungszeit der Gebäude um 1800 ist der südliche Ortsrand – wie noch heute – im Bereich der Robert-Koch-Straße anzunehmen.
Die Gesamtanlage umfaßt die Anwesen 18, 20, 21 und 23/25: drei giebelständige Wohnhäuser, zum Teil mit ebenfalls giebelständigen kleinen Nebengebäuden, und eine traufständige Zeile

von ursprünglich zwei Scheunen mit vorgelagerter Freifläche, so daß eine platzartig geschlossene Situation entsteht. Die Form der ehemaligen Hofreiten richtet sich nach dem jeweiligen Grundstückszuschnitt: Nebengebäude schließen sich entweder an das Wohngebäude an oder sind getrennt davon angelegt. Als unregelmäßiges Haufendorf hat Sprendlingen hier keinen einheitlichen Hoftyp ausgebildet.

Die kurz vor oder um 1800 erbauten Wohnhäuser demonstrieren trotz manchmal unvollständiger Bausubstanz die Entwicklung vom spätbarocken zum rein konstruktiven Fachwerk. Bei 25 sind die Eckpfosten noch mit halber Mannfigur verstrebt, bei 21 kragt das Obergeschoß auf abgerundeten Balkenköpfen mit Füllhölzern vor, bei 18 ist das Gefüge regelmäßig und schmucklos. Nr. 20 stellt das ungewöhnliche Beispiel eines frühen Scheunenumbaus zu Wohnzwecken mit Details der 30er Jahre dar, nach dendrochronologischer Untersuchung Erbauungsdatum der Scheune 1709.

Neben der durch Lage und Zuordnung der einzelnen Bauten entstandenen städtebaulich reizvollen Wirkung besitzt die Baugruppe, die innerhalb der allgemein stark überformten Gemeinde einen historisch-dörflichen Charakter beibehalten hat, ortgeschichtliche Bedeutung. (g)

Alberusstraße 2/4 Fl. 1 Flst. 386

Giebelständiges Haus mit Krüppelwalm, die Giebelseite vollständig verkleidet, das Fachwerk darunter wahrscheinlich intakt. Die nördliche Obergeschoß-Traufwand zeigt qualitätvolles Fachwerk mit Mannfiguren und Andreaskreuzen, das Erdgeschoß traufseits massiv erneuert. Der voluminöse Bau der 2. Hälfte des 18. Jahrhunderts bildet einen markanten Blickfang am Rand des alten Ortskerns. (k, s)

Alberusstraße 9 Fl. 1 Flst. 369

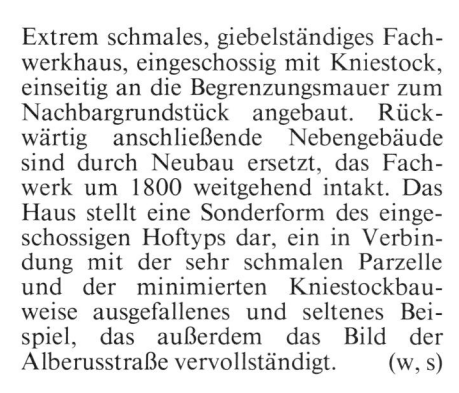

Extrem schmales, giebelständiges Fachwerkhaus, eingeschossig mit Kniestock, einseitig an die Begrenzungsmauer zum Nachbargrundstück angebaut. Rückwärtig anschließende Nebengebäude sind durch Neubau ersetzt, das Fachwerk um 1800 weitgehend intakt. Das Haus stellt eine Sonderform des eingeschossigen Hoftyps dar, ein in Verbindung mit der sehr schmalen Parzelle und der minimierten Kniestockbauweise ausgefallenes und seltenes Beispiel, das außerdem das Bild der Alberusstraße vervollständigt. (w, s)

Alberusstraße 11 Fl. 1 Flst. 368

Ehemalige Bürgermeisterei, überdurchschnittlich aufwendiger Bau auf relativ großer Grundstücksfläche, von der früheren Einfriedung zwei kräftige barocke Sandstein-Torpfosten erhalten. Das Fachwerk weitgehend komplett, die Giebelfront verputzt, jedoch aufgrund von Proportionen und Fensterstellung frühbarockes Fachwerk mit Zierformen zu erwarten. Im ersten Obergeschoß eine Lehmstuckdecke erhalten; Erbauungszeit um oder kurz nach 1700. (k, g)

Sprendlingen — Dreieich — Kulturdenkmäler

Alberusstraße 18 Fl. 1
Flst. 394

Traufständiges Wohnhaus mit im Erdgeschoßbereich teilweise gestörtem Fachwerkgefüge. Neben Andreaskreuzen und Feuerbock im Obergeschoß ungewöhnliche Figurationen: geschoßhohe, an Andreaskreuze erinnernde Verstrebungen von Eck- und Bundpfosten. Die lange Traufwand bildet ein wichtiges Element im Straßenbild. (k, s)

Darmstädter Straße 6 Fl. 1
Flst. 371

Traufständiges Wohnhaus mit nur einseitigem Krüppelwalm. Im Fachwerk des Obergeschosses über massiv erneuertem Erdgeschoß ein Feuerbock mit Ornament als Brüstungszier und ein geschnitzter Eckpfosten mit gedrehtem Tau, Schnecken und „Neidkopf", entstanden im frühen 18. Jahrhundert. (k)

Darmstädter Straße 15 Fl. 1
Flst. 347

Eingeschossiges Wohnhaus, ursprünglich mit anschließendem Stall und Scheune, letztere zu Wohnungen umgebaut. Als Typus des Kleinbauern-, Ackerbürger- oder Auszüglerhauses repräsentiert das bescheidene Gebäude die Wohnform der unteren ländlichen Bevölkerungsschicht; Entstehung nach Inschrift 1746. (w)

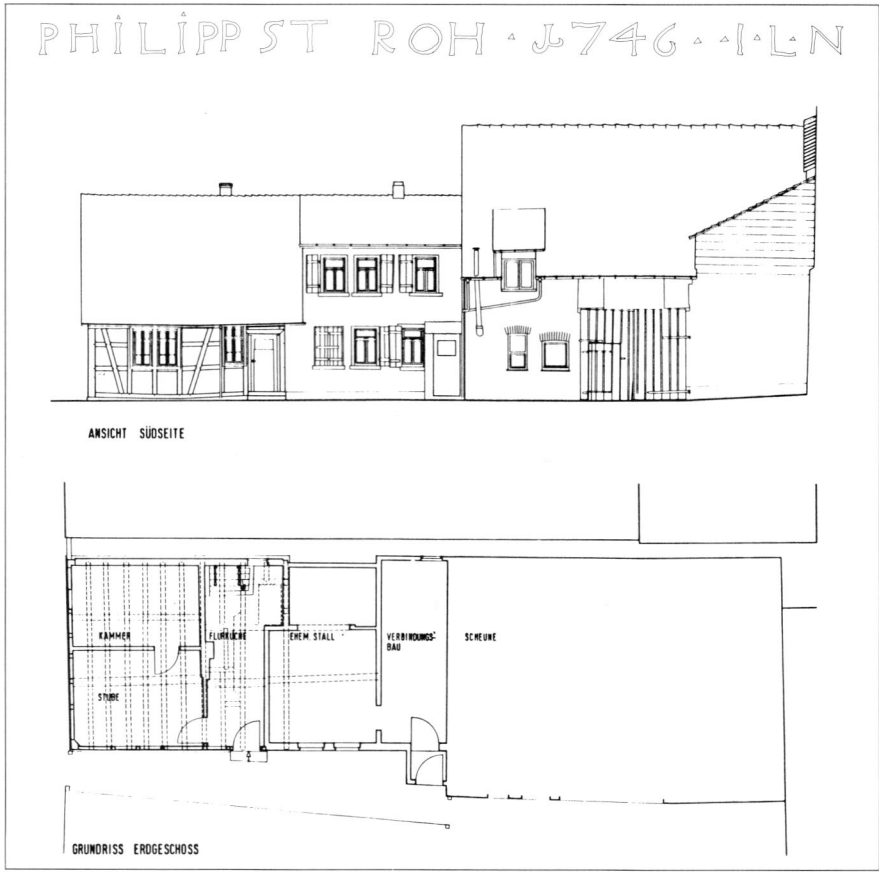

Kulturdenkmäler Dreieich Sprendlingen

Darmstädter Straße 70 Fl. 1
Flst. 754

Für das Kreisgebiet ungewöhnlich opulente Villa, erbaut möglicherweise in den 80er Jahren des 19. Jahrhunderts durch den Sektfabrikanten Löffler außerhalb des Ortes; später „Villa Schott". Massiver, blockhafter Putzbau mit stark dimensionierten Sandsteinprofilen, flach geneigtes, weit überstehendes Dach. Im Erdgeschoß Eckquaderung, Fenstergewände hier aufwendiger als im Obergeschoß; dieses durch kräftiges Gesims abgesetzt. An der Nordseite Fenster in Form einer romanisierenden Rundbogenarkade. Die Südseite zum (jetzt verwilderten) Park mit möglicherweise nachträglichem, ursprünglich verglastem Altanvorbau mit offener Terrasse im Obergeschoß, Pfeiler mit auffälligen Löwenkopfmotiven; Inschrift ARCHITECTEN BEGAS u. HALLENSTEIN 1902. Einzige Villa dieses Typs in Dreieich, markanter Eingangsbau am Ortsrand. (k, g, s)

Hauptstraße 17 Fl. 2
Rathaus Flst. 858

Verputzter Massivbau mit steilem Satteldach, Dachreiter mit Haubenlaterne und prägnanter Gestaltung der zur Hauptstraße ausgerichteten Giebelfront: über dem durch rustizierte Sandsteinverkleidung sockelartig betonten Erdgeschoß mit großem Rundbogentor auf Konsolen vorkragend ein ungewöhnlicher Erker mit Balustrade, fast über die gesamte Giebelbreite, ebenfalls aus Sandstein. Im Erker die Inschrift „Gg. Ph. Löffler und Hch. Ph. Hunkel 1910". Der hohe Giebel mit kleinem Krüppelwalm. Gesamtform und Details orientieren sich an lokalen historischen Bauformen. Proportionen und Umriß sind dem Fachwerkbau entlehnt (Seligenstadt), jedoch in andere Materialien übersetzt; Fassadensymmetrie und typische Attribute Erker und Dachreiter weisen das Rathaus aus. Die Architektur folgt dem ebenso in der benachbarten Villenkolonie Buchschlag anzutreffenden zeittypischen Trend zum Heimatstil. (k, g, s)

Hauptstraße 19 Fl. 2
Apotheke Flst. 848

Die wohl gleichzeitig mit dem benachbarten Rathaus 1910 erbaute Apotheke nimmt in Gestaltung, Proportionen und Materialien dessen Merkmale auf. Der städtebauliche Bezug wird durch den Eckerker hergestellt, so daß eine Ensemblewirkung entsteht. (s)

133

Sprendlingen — Dreieich — Kulturdenkmäler

Hauptstraße 20   Fl. 1 Flst. 321

Traufständiges Wohnhaus mit überbauter Hofeinfahrt, in Sprendlingen und im Kreis außerhalb Seligenstadts seltener Hoftyp; eines der wenigen an der Hauptstraße erhaltenen Fachwerkgebäude. Im Sturzbalken die zum Teil unleserliche Inschrift: „...JOHAN HINRICH LIOPOLT DEN 3. MAI 1793...". Im Obergeschoß zeittypisches konstruktives und gerades, hier besonders regelmäßiges Fachwerk und beidseitiger Krüppelwalm. Das Erdgeschoß ist, bis auf das Tor, durch moderne Ladeneinbauten vollständig verändert. (w, g)

Hauptstraße 22/24   Fl. 1 Flst. 309, 310

Einfaches, weitgehend erhaltenes giebelständiges Wohnhaus des konstruktiven Typs um 1800. Mit dem Nachbargebäude Nr. 20 und der gegenüberliegenden Gruppe Rathaus/Apotheke bildet das Haus eine „historische Insel" in der während der Nachkriegszeit sehr stark veränderten Hauptstraßenbebauung. (g, s)

Hauptstraße 76   Fl. 2 Flst. 236/1

Obergeschoß des traufständigen Fachwerk-Wohnhauses mit prägnanten, weitgespreizten Mannfiguren, stehendem Dachstuhl und Krüppelwalmdach, entstanden um die Mitte des 18. Jahrhunderts. Das Erdgeschoß durch neuen Ladeneinbau vollständig verändert. Das wohlerhaltene und qualitätvolle Obergeschoß bekommt durch die Ecklage städtebauliche Prägnanz und bildet gleichzeitig eine Markierung der früheren Ortsausdehnung nach Norden. (k, g)

Hauptstraße Ruhe   Fl. 9 Flst. 496/2

Dreiteilige Ruhe aus Sandstein, bestehend aus waagrechten und senkrechten Hausteinen mit Eisenverklammerung für das Absetzen von Lasten, entstanden um die Mitte des 18. Jahrhunderts. Der ursprüngliche Standort war an der Frankfurter Straße außerhalb der Ortslage. Als seltenes Verkehrsdenkmal von geschichtlicher Bedeutung. (g)

Hellgasse 3   Fl. 1 Flst. 439

Giebelständiges Wohnhaus eines Hakenhofes, früher Vertreter des konstruktiven Typs um 1800, mit regelmäßiger Anordnung der Hölzer und Krüppelwalm; Relikte der vorangegangenen Epoche sind der leichte Geschoßvorsprung mit abgerundeten Füllhölzern sowie K-Streben im Giebel. Mit Nachbargebäude 5 das Bild der Hellgasse bestimmend. (g, s)

Hellgasse 5   Fl. 1 Flst. 438

Wie Nachbargebäude 3 Typ des großvolumigen Wohnhauses mit geradem Fachwerk ohne Zierelemente, hier noch weiter entwickelt zum rein handwerklich-konstruktiven Gefüge, erbaut um oder kurz nach 1800, ebenfalls mit Scheune in Hakenhofform. Als wichtiges Element der relativ einheitlichen Hellgassenbebauung von städtebaulicher Bedeutung. (g, s)

Zeichnung aus: Runkel, Sprendlingen, 1984

Hellgasse 6   Fl. 1 / Flst. 398

Ehemaliges Judenhaus, eingeschossiges giebelständiges Fachwerkhaus mit Krüppelwalm, im Giebel massiv verändert. Unter dem neuen Windfang eine hebräische Inschrift. In Verbindung mit dem nahegelegenen Judenbad wichtiges Dokument für die Geschichte des jüdischen Bevölkerungsanteils, typisch die sehr bescheidene Bauform. (g)

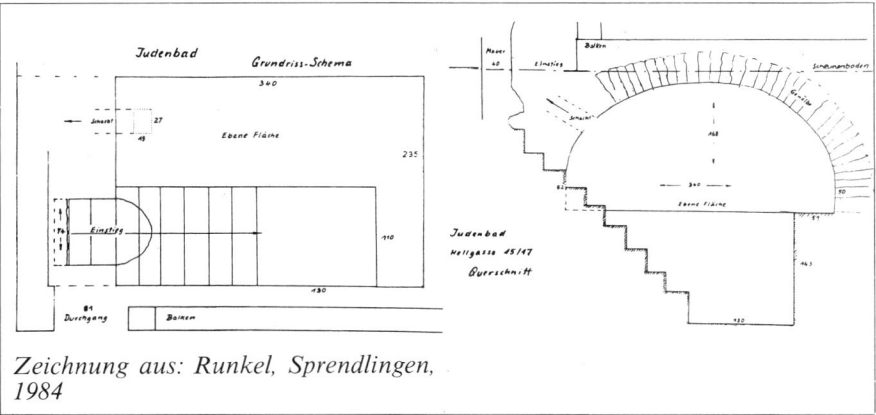

Hellgasse 15   Fl. 1 / Flst. 433
Mikwe – Jüdisches Ritualbad

Der überwölbte unterirdische Raum, heute in der Scheune des Anwesens, diente der jüdischen Gemeinde als Bad für rituelle Waschungen im Grundwasser. Eine Steintreppe, ursprünglich von einem über das Erdniveau herausragenden Backsteingewölbe überdeckt, jetzt größtenteils abgerissen, führt zu einer unteren plattenbedeckten Ebene, wo sich das Grundwasser sammelte. Eine höhergelegene, mit Backsteinen gepflasterte Ebene diente als Ablagefläche. Die Wände sind aus Bruchstein gemauert. Ein Schacht als Rauchabzug ermöglichte die Entfachung eines Feuers zu Heizzwecken.

Das Alter der Anlage ist nicht exakt bestimmbar. Eine jüdische Gemeinde bestand in Sprendlingen schon im 15. Jahrhundert; für das Bad ist eine spätere Entstehung anzunehmen, die jedoch vor Mitte des 19. Jahrhunderts anzusetzen ist, da zu dieser Zeit eine neue, heute nicht mehr vorhandene Synagoge mit Bad errichtet wurde. Die Mikwe ist aufgrund des hohen Seltenheitswertes von besonderer wissenschaftlicher und religionsgeschichtlicher Bedeutung. (w, g)

Lacheweg   Fl. 2 / Flst. 926
Kriegerdenkmal

Vom ursprünglichen Standort auf den Friedhof versetztes Kriegerdenkmal aus Sandstein, Flammenschale auf hohem, quadratischem Podest mit Gesims auf Sockel und reich profilierter Basis. Inschrift: „Zu Ehren der im Kriege gegen die Franzosen 1870/71 gefallenen tapferen Sprendlinger Soldaten." (k, g)

Lacheweg   Fl. 2 / Flst. 927
Judenfriedhof

Ummauerter Bereich innerhalb des Sprendlinger Friedhofes, bestehend seit 1861. Der Friedhof diente zunächst auch den Juden aus Dreieichenhain (bis zur Anlage des dortigen Friedhofes 1875) als Begräbnisstätte. Ca. 80–100 Grabsteine unterschiedlicher Größe aus dem 19./20. Jahrhundert, teils hebräische Inschriften. In Verbindung mit weiteren Zeugnissen jüdischer Kultur in Sprendlingen (Mikwe) wichtiges orts- und religionsgeschichtliches Denkmal.
(g)

Sprendlingen — Dreieich — Kulturdenkmäler

Lindenplatz 4 Fl. 1 Flst. 360

Eingeschossiges, vollständig erhaltenes Fachwerkhaus mit Krüppelwalm, Typ des einfachen Handwerkerhauses ohne landwirtschaftliche Nutzung. Das zugehörige Grundstück liegt hinter einer Nachbarparzelle ohne direkten Zugang von der Straße. Im Sturzbalken des traufseitigen Eingangs die Inschrift: „DEN 18. JULI 1812 HAT MICH ERBAUT WILHELM DIENER ZIEGLERMEISTER D.S.L." (w, g)

Sprendlinger Weg 11 Fl. 1 Flst. 524

Fachwerkwohnhaus um 1800 mit Ladenanbau um 1900. Das Fachwerk teilweise verändert, ein früheres Zahnschnittprofil durch neue, profilierte Verschalungsbretter ersetzt. Bemerkenswert die Kombination mit dem ursprünglichen Metzgerladen. Dieser mit vorgesetzter Backsteinfassade, im Inneren die Kachelung des beginnenden 20. Jahrhunderts mit jugendstilartigen blau-weißen Blütenmotiven original erhalten; ein seltenes Beispiel für das Eindringen städtischer Bauformen in den ländlichen Bereich. (k, g)

Kacheln im ehemaligen Metzgerladen

Sprendlinger Weg 22/24 Fl. 1 Flst. 503

Fachwerkhaus des 17. Jahrhunderts, nach dendrochronologischer Untersuchung 1679, mit im Obergeschoß nahezu ungestörtem Gefüge von handwerklich solider Konstruktion mit altertümlichem Dachstuhl. Am westlichen Giebel leicht versetzt anschließend ein etwas jüngerer, im Erdgeschoß massiver Fachwerkbau. Das sogenannte „Schwedenhaus" als einer der ältesten Bauten Sprendlingens besitzt lokalen Seltenheitswert und geschichtliche Bedeutung. (w, g)

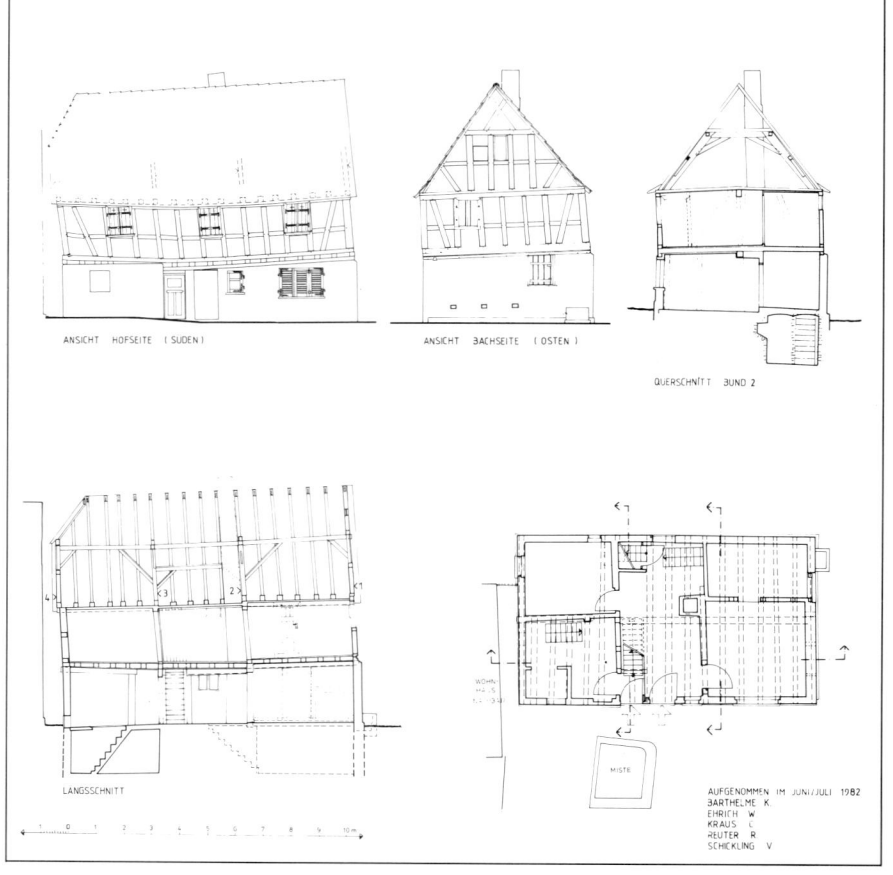

Kulturdenkmäler — Dreieich — Sprendlingen

Tempelstraße 1 Fl. 1
Evangelisches Pfarrhaus Flst. 477, 478

Großvolumiger traufständiger Bau, gegenüber der Kirche den Lindenplatz beherrschend. Trotz des schmucklosen, rein konstruktiven Fachwerks repräsentative Wirkung durch hohen massiven Sockel und zweiläufige Eingangstreppe, hohe Geschosse und klare symmetrische Fassadengliederung. Das umfangreiche zugehörige Gelände des 1779/80 als Forstamt errichteten Anwesens von teils neuerer Mauer umgeben, in diese eingemauert drei Sandsteintorpfosten mit geschwungenem Aufsatz. (k, g, s)

Evangelisches Pfarrhaus von Süden

rechts: *Pfarrhaus und Kirche, historische Aufnahme*
Lage der ehemaligen gotischen Kapelle auf dem Kirchengelände, aus: Landschaft Dreieich

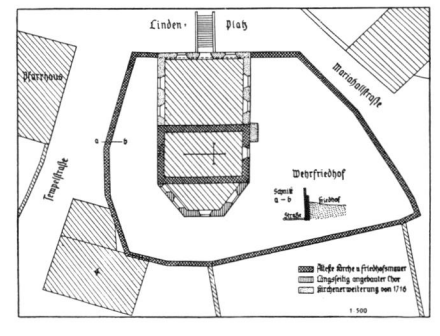

Tempelstraße 2 Fl. 1
Evangelische Pfarrkirche Flst. 473/1

Schlichter Saalbau an der Südseite des Lindenplatzes in erhöhtem, von einer teils erneuerten Mauer umgebenem ehemaligem Wehrkirchhof, 1716–18 anstelle einer älteren Laurentius-Kirche errichtet. Ein möglicherweise gotisches Portalgewände kürzlich in der östlichen Außenwand freigelegt. Über dem dreiseitigen Chor ein verschieferter Dachturm mit Haubenlaterne, das Langhaus mit der Schmalseite zum Lindenplatz orientiert; von dort eine Freitreppe zum Eingang mit profiliertem, verziertem Sandsteingewände und Sprenggiebel mit Isenburger Wappen, im Sturz Datum und Inschrift.
Innen hölzerne Empore von 1832, holzgeschnitzte Laurentiusstatue des 18. Jahrhunderts und frühklassizistischer Grabstein von 1792; jüngst freigelegt Reste einer Wandbemalung um 1730.
(k, g, s)

137

Egelsbach

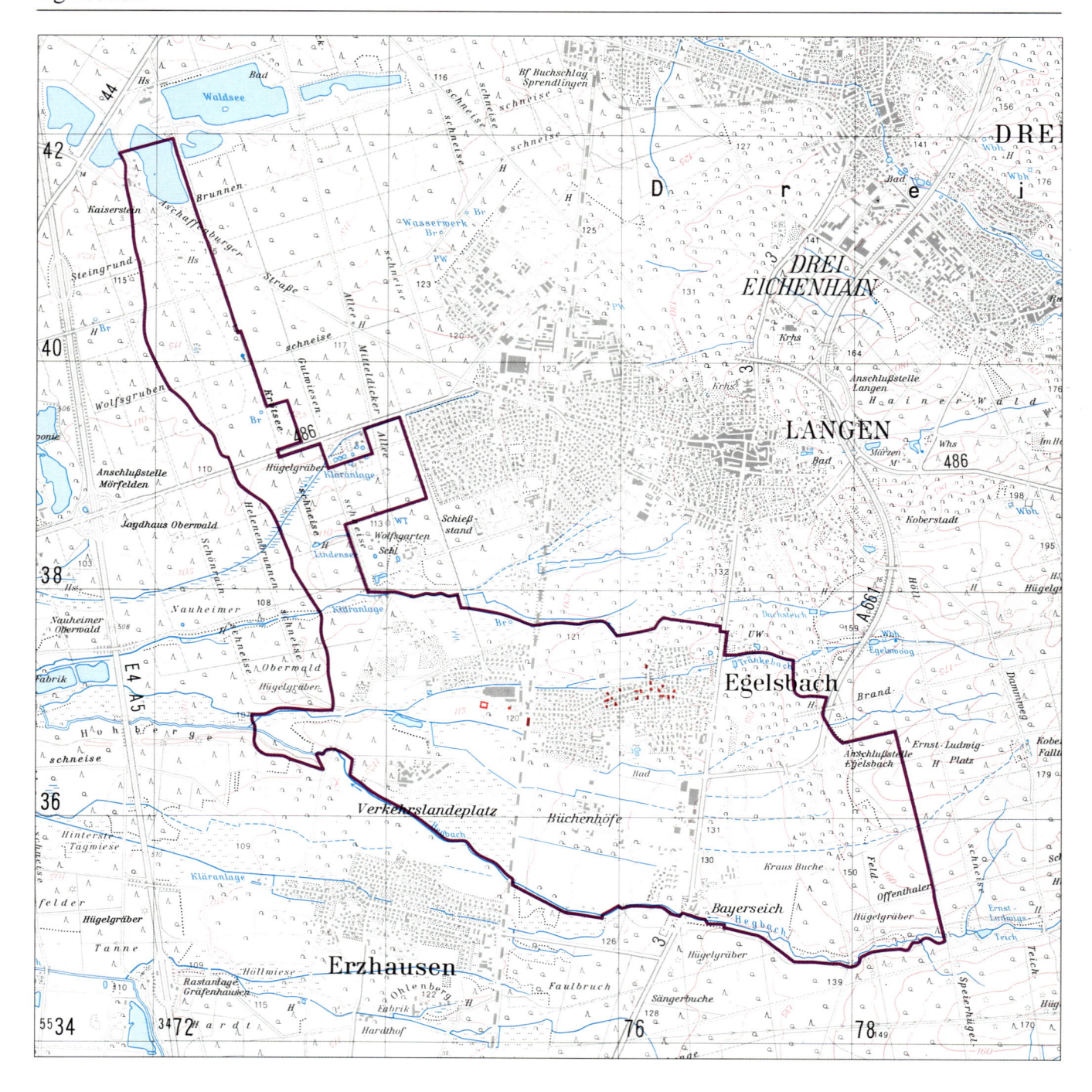

**Erläuterung zu Karte 3 (M 1:50000)
Gemeinde Egelsbach**

Die Gemarkung Egelsbach nimmt die äußerste Südwestecke der Kreisfläche ein; der zugehörige Weiler Bayerseich markiert die Grenze zum Kreis Darmstadt. Der Ort liegt westlich der wichtigen Verbindung Frankfurt-Darmstadt im rechten Winkel dazu. Innerhalb des langgestreckten ursprünglichen Zweistraßendorfes, das die Haas'sche Karte abbildet, ist eine Reihe von Anwesen als erhaltenswert gekennzeichnet; trotz der teilweise noch intakten Grundrißstruktur ist jedoch ein Ensemble nicht mehr in der Geschlossenheit vorhanden, daß die Ausweisung einer Gesamtanlage gegeben wäre.

Egelsbach

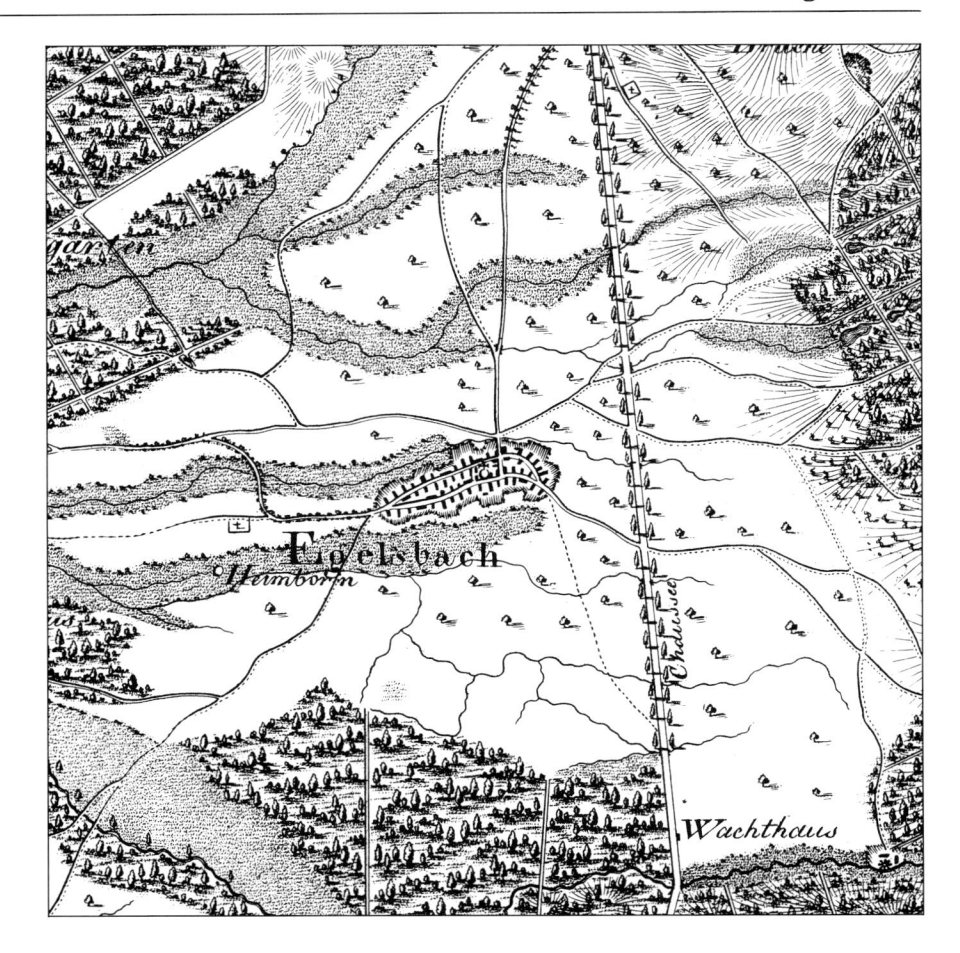

Egelsbach

Erste Spuren menschlicher Ansiedlung im Gebiet der heutigen Gemarkung Egelsbach lassen sich bis in die Jungsteinzeit zurückverfolgen; die Anfänge des Dorfes selbst, wohl als Hube im ehemals bewaldeten Gebiet, sind nicht exakt zu datieren. Die an dem einst bedeutenden Handelsweg Frankfurt-Worms entstandene Siedlung gehörte zum Ortsverband Langungon (Langen) und kam mit diesem durch Schenkung in den Besitz des Klosters Lorsch.

Die erste urkundliche Erwähnung geht auf das Jahr 1275 zurück. In einem Teilungsvertrag der Brüder Philipp und Werner von Falkenstein ist von „elsbach" die Rede, das zu dieser Zeit zum Reichsforst Dreieich gehörte. In der Folgezeit wechselte der Weiler Egelsbach mehrfach den Besitzer, wurde bis 1600 von Isenburg regiert und kam dann unter hessische Oberherrschaft. 1532 wurde der Ort evangelisch unter Einfluß des Erasmus Alberus. Im Jahr 1553 zählte Egelsbach um die 95 Behausungen, Höfe einer rein bäuerlichen Bevölkerung.

Im 30jährigen Krieg wurde das Dorf zeitweilig ganz aufgegeben; von vorher 600 Einwohnern kehrte nur etwa ein Viertel zurück. Erst im 18. Jahrhundert kündigte sich ein neuer Aufschwung an, der sich im 19. Jahrhundert mit der Industrialisierung fortsetzte. Durch den Bau der Main-Neckar-Bahn 1846 und den Anschluß von Egelsbach 1873 wurde die Entwicklung von der Bauern- zur Arbeiterwohngemeinde beschleunigt.

Egelsbach

Egelsbach um 1900
Zeichnung: Knöß

Egelsbach entstand als Zweistraßendorf um die im Mittelpunkt gelegene gotische Kapelle, die Anfang des 17. Jahrhunderts zur Kirche in ihrer heutigen Form erweitert wurde. Die beiden in Ost-West-Richtung verlaufenden Straßen des langgestreckten alten Dorfkerns, heute Schul- und Ernst-Ludwig-Straße, folgen parallel dem Tränkbach, der im Norden die Ortsbegrenzung bildet.

Der Plan um 1900 zeigt deutlich die gewachsene Struktur der leicht gekrümmten alten Dorfstraßen mit den giebelständigen Wohnhäusern der meist als Hakenhöfe ausgebildeten Anwesen, andererseits die regelmäßiggeradlinige Bebauung der ersten Ortserweiterung des 19. Jahrhunderts mit ihren Arbeiterhäusern südlich und nach Westen zur Bahn hin in Rhein- und Bahnhofstraße. Im alten Ortskern wird das Straßenbild bestimmt durch die Reihung der in den Straßenkrümmungen parallel gestaffelten Fachwerkhäuser; diese Anordnung bleibt charakteristisch auch dort, wo das Fachwerk verdeckt oder durch Neubauten ersetzt ist. Hinsichtlich der Hoftypen sind der Vollerwerbshof, z. B. Langener Straße 20, als überdurchschnittlich großes Anwesen und der kleine Landarbeiter- oder Nebenerwerbshof, wie er in der Weedstraße anzutreffen ist, zu unterscheiden.

Torpfosten in Egelsbach
Zeichnung: Knöß

Kulturdenkmäler   Egelsbach

*Egelsbach
Historische Luftaufnahme*

Gruß aus Egelsbach bei Frankfurt/Main

In den Erweiterungsgebieten des 19. und frühen 20. Jahrhunderts reihen sich regelmäßig die für das ganze Kreisgebiet typischen gleichförmigen Kniestockhäuser aus zweifarbigem Backstein. Die neueren Ortserweiterungen durch Wohnsiedlungen und Industriegebiet schließen sich östlich und südlich des alten Dorfes an.

Egelsbach — Kulturdenkmäler

Bahnhofstraße 25/27 Fl. 11
Bahnhof Flst. 14/1

Zweigeschossiges Empfangsgebäude mit eingeschossiger Wartehalle, eines der besterhaltenen Beispiele dieses Bautyps der hessischen Ludwigsbahn, erbaut 1884. Beide Gebäudeteile mit flachem, weit überstehendem Satteldach, teils mit Kassettenverzierung. Die Fassade gänzlich mit Sandstein verblendet, mit feiner spätklassizistischer Bauzier im Rundbogenstil, entsprechend dem Buchschlager Bahnhof. Außer dem verglasten Vorbau kaum äußerliche Veränderungen. Im ursprünglich reich dekorierten sogenannten „Fürstenzimmer" eine Holzkassettendecke erhalten. Als Bahnstation des nahegelegenen Schlosses Wolfsgarten war der Bahnhof für den Empfang von Staatsgästen mit überdurchschnittlichem Aufwand ausgestattet worden. (k, t, g, s)

Bahnhof, Westansicht

Ernst-Ludwig-Straße 7 Fl. 1
 Flst. 562

Komplett erhaltene Hakenhofreite. Das eingeschossige Wohnhaus mit Krüppelwalm, solidem konstruktivem Fachwerk und auffälligem Zahnschnittfries in der Giebelschwelle, im Rähm Inschrift: „DISES HAUS HAT ERBAUT CASPER HERTH 1819". Die wohlerhaltene quergestellte Scheune mit originalem Tor und Inschrift im Sturz: „DIESE SCHEUER HAT ERBAUET CASPER HERDT ANNO 1807 D 11 T JUNI". Kopfbau am westlichen Anfang der Ernst-Ludwig-Straße. (k, g, s)

Ernst-Ludwig-Straße 10 Fl. 1
 Flst. 570

Giebelständiges Wohnhaus, durch die in die Biegung der Ernst-Ludwig-Straße hinausgeschobene Lage mit den gegenüberliegenden Häusern 7 und 15 den Straßenraum prägend. Das Fachwerk gehört in die Übergangsphase vom spätbarocken zum konstruktiven Gefüge um 1800, mit leichten Geschoßüberstand und abgerundeten Füllhölzern. (g, s)

Ernst-Ludwig-Straße 15 Fl. 1
 Flst. 554/4

Geschlossene Hakenhofanlage an der wichtigen Ecke Ernst-Ludwig-Straße/Querstraße. Außergewöhnlich die Verschneidung von Giebel und Krüppelwalm am rechtwinkligen Anschluß der Scheune an den Stall. Das Fachwerk des späten 18. Jahrhunderts gut erhalten und wohl auch unter der Kunststoffverkleidung der Giebelfassade des Wohnhauses intakt, die Fensteranordnung ungestört. Der besondere Reiz der Baugruppe liegt in der Vollständigkeit und dem guten, unveränderten Zustand. (k, w, s)

Kulturdenkmäler — Egelsbach

Ernst-Ludwig-Straße 53 Fl. 1
Flst. 518/2

Gebäudekomplex aus Fachwerkscheune mit Krüppelwalm und eingeschossigem schmalem, langgestrecktem Anbau mit Mansarddach, erbaut um 1800. Traufwand und anschließende Giebelfront der Scheune mit durchlaufendem hohem Bruchsteinsockel und Ziegelmauerwerk auch als Ausfachung. Als Reste der historischen Bebauung wichtig für das Ortsbild gegenüber der umfangreichen Neubebauung der Ortsmitte. (g, s)

links: Ernst-Ludwig-Straße 15

Ernst-Ludwig-Straße 65 Fl. 1
Flst. 30

Intakte Hofreite mit Bruchsteinscheune, Beginn einer giebelständigen Zeile bis zum Ende der Ernst-Ludwig-Straße. Das Wohnhaus mit krummen Streben, profiliertem Rähm und stehendem, von symmetrischen Streben abgefangenem Dachstuhl aus der 2. Hälfte des 18. Jahrhunderts einfach, aber gut erhalten. (g, s)

Ernst-Ludwig-Straße 76 Fl. 1
Flst. 77/1

Kniestockhaus, damit seltener Bautyp des frühen 19. Jahrhunderts, vergleichbar mit Fachwerkbauten des Ried. Die Kniestockkonstruktion in diesem Typus des Auszügler- oder Landarbeiterhauses diente dem zusätzlichen Gewinn von Wohnraum im Dachgeschoß. Das traufseitige Fachwerk fast vollständig, unter Verputz der Giebelfassade wahrscheinlich ebenfalls erhalten. (w, g)

Ernst-Ludwig-Straße 79 Fl. 1
Flst. 15/1

Stattliches giebelständiges Wohnhaus mit durchgängig verschalter Balkenlage, gespreizte Wilde-Mann-Form im traufseitigen Obergeschoß, erbaut in der 2. Hälfte des 18. Jahrhunderts. Die ornamentale Backsteinausfachung wohl original, damit von regionalem Seltenheitswert. Wichtiger Einzelbau der Südzeile der Ernst-Ludwig-Straße. (k, s)

Egelsbach

Kulturdenkmäler

Ernst-Ludwig-Straße 83 Fl. 1
Flst. 10/1

Vollständig erhaltenes Fachwerkwohnhaus, entstanden im 3. Viertel des 18. Jahrhunderts. Im Giebel regelmäßige Gitterstruktur, die Eckpfosten mit weitgespreizter Mannfigur als Verstrebung. An der Traufseite im Obergeschoß zwei Andreaskreuze als Brüstungszier des ehemaligen Fensters. Das giebelständige Haus ist optisch wichtiger Bestandteil der Fachwerkreihe in der Ernst-Ludwig-Straße. (k, s)

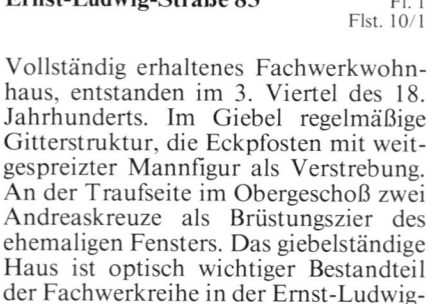

Ernst-Ludwig-Straße 89 Fl. 1
Flst. 1

Eckbeherrschendes Einhaus mit Scheune, ein in dieser Gegend seltener Hoftyp; Entstehung im späten 18. Jahrhundert. In der Giebelfassade mit Krüppelwalm sparsam angewandte Dekorelemente: abgerundete Füllhölzer in der Balkenlage, profilierte Schwelle. Sonst typischer Verband des konstruktiven Fachwerks aus stark bemessenen Hölzern mit regelmäßiger Gitterstruktur in handwerklich überdurchschnittlicher Qualität. Die lange Traufwand besitzt optische Signalwirkung am Anfang des Ortskerns. (k, w, s)

Ernst-Ludwig-Str. 89

Friedensstraße Fl. 11
Friedhof, Judenfriedhof Flst. 101

Sachgesamtheit aus alten Teilen der Umfassungsmauer, Steinplatte mit Inschrift, 6 barocken Grabsteinen, Kriegerdenkmal, Judenfriedhof mit Mauer und Grabsteinen.
Der Friedhof wurde bereits 1588 ausgelagert. Eine Sandsteinplatte aus der ursprünglichen Mauer heute am Eingang, in der Außenwand des neuen Friedhofsgebäudes. Inschrift:
ANO 1588 VOLENT
AM 12 TAG OCTOBER
DER ZEIT ANDONI REP
VON AMPTMANN IACOB
LEISER SCHULDES
VALE.
6 barocke Grabsteine unterschiedlicher Form, teils mit Inschrift und Datierungen des 18. Jahrhunderts, an der Außenwand des Friedhofsgebäudes aufgestellt.
Kriegerdenkmal vom ursprünglichen Standort auf dem Kirchplatz hierherversetzt, Obelisk mit Pickelhaube aus rotem Sandstein, Sockelinschrift: „Gestiftet von der Gemeinde den Gefallenen von 1866 und 1870/71".
Der Judenfriedhof schließt sich mit eigener Ummauerung westlich an den Friedhof an; Grabsteine unterschiedlichen Alters, teilweise hebräische Inschriften, 19./20. Jahrhundert. (k, g)

Kulturdenkmäler Egelsbach

Kirchstraße 1   Fl. 1
Ehemaliges Wachthaus   Flst. 515

Ehemaliges Wachlokal der Ortspolizei, Beispiel für den heute selten erhaltenen Typus des Wachthauses, meist mit Säulenfront und Arrestraum wie etwa auch in Mühlheim, für den südhessischen Raum seit dem späten 18. Jahrhundert nachweisbar. Eine Besonderheit ist hier die Verbindung des wohl älteren Kellers mit dem loggienartigen Aufbau; das Pultdach weist auf die ehemalige rückseitige Bebauung hin. Die Vorderfront des heute freistehenden Gebäudes ist charakteristisches Element der Ortsmitte. (w, g, s)

Kirchplatz, historische Aufnahme

Kirche, Inneres vor der Renovierung 1960

Kirchstraße 4   Fl. 1
Evangelische Pfarrkirche   Flst. 44

Verputzter Saalbau mit hohem Spitzhelm-Dachreiter und Schildgiebel, entstanden aus der Erweiterung einer dazu quergestellten gotischen Kapelle; nördlicher Anbau 1615, südlicher 1751. Vom Vorgängerbau ein Portal mit Gewände von 1614, der vermauerte Chorbogen und Chorfundamente erhalten. Anläßlich einer Renovierung 1960 die Ausmalung in Jugendstil-Ornamentik von 1912 nach Entwurf von Pützer aus Darmstadt entfernt, jedoch Reste von Fresken um 1330 sowie eine Kreuztragung um 1615 freigelegt. Empore mit Aposteldarstellungen in den Brüstungsfeldern von 1751, Kruzifix von 1698, Orgel von Christian Ernst Schöler 1792. (k, w, g)

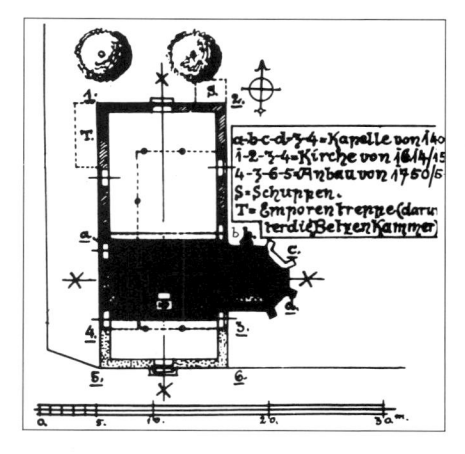

rechts: Zeichnung von Baurat C. Krauss, 1931

145

Egelsbach — Kulturdenkmäler

Langener Straße 1 — Fl. 1, Flst. 58

Großvolumiges Wohnhaus der 2. Hälfte des 18. Jahrhunderts, Sockelgeschoß aus Bruchstein und Obergeschoß mit spätbarockem Fachwerk. Schleppgauben im Dach neu. Die Inschrift in der giebelseitigen Schwelle „AD 1760" nicht original. Vor dem Bau der Synagoge in der Rheinstraße 1903 war hier der Versammlungsort der jüdischen Gemeinde. (k, g)

Langener Straße 20 — Fl. 3, Flst. 30

Großvolumiger Haustyp, die Hofseite durch neuen Anbau vollständig verdeckt. Sonst kaum gestörtes, solides Fachwerk. Eine ursprüngliche zweiläufige Podest-Außentreppe an der Straßenseite, typisches Merkmal des klassizistischen Haustyps um 1800, heute entfernt. Durch die Lage in einer Straßengabelung ist das Gebäude auffälliger Blickpunkt der Langener Straße. (k, s)

Ostendstraße 1 — Fl. 1, Flst. 1284/1

Eckhaus in wichtigem städtebaulichem Zusammenhang mit Ostendstraße 4 und Ernst-Ludwig-Straße 89 als den Ortseingang prägendes Ensemble. Typ des eingeschossigen Kleinbauernhauses, Schleppgaube neu, sonst Fachwerk des frühen 19. Jahrhunderts. (s)

Ostendstraße 4 — Fl. 1, Flst. 1856/1

Hakenhofreite in wichtiger, an der Kreuzung Ernst-Ludwig-/Woogstraße den Ortseingang markierender Lage, das Wohnhaus ist abschließender Blickpunkt der Ernst-Ludwig-Straße. Giebelständiger Bau mit Krüppelwalm, an der Rückseite neuer Wohnhaus-Anbau, zum Hof größerer Geschoßüberstand. Aufgrund ungestörter Fensteranordnung gutes Fachwerk des späten 18. Jahrhunderts zu erwarten. (s)

Rheinstraße 49 — Fl. 1, Flst. 1408/2
Ehemalige Synagoge

Backsteinbau mit Rundbogenfenstern und Risalit mit Stufengiebel, 1903 erbaut. Eine Steinplatte mit hebräischer Inschrift befand sich früher in der Giebelspitze und soll im Hof noch vorhanden sein. Das Gebäude ist aus der Flucht der Rheinstraße zurückgesetzt, so daß eine Vorzone entsteht, die die Synagoge aus der Reihe der gleichartigen Wohnhäuser heraushebt. Im Gegensatz zur ehemaligen Synagoge Langener Straße 1 zeichnet sich hier die Bedeutung optisch ab. (g)

Schulstraße 1 — Fl. 1, Flst. 591/1

Giebelständiges Wohnhaus mit Inschrift „JOHAN ADAM HERT 1780". Das handwerklich solide Fachwerk mit nur geringen Störungen nimmt das rein konstruktive Gefüge nach 1800 vorweg; zeittypisch ist der geringe Geschoßvorsprung mit abgerundeten Füllhölzern zwischen den Balkenköpfen. Das Haus ist in diagonal gestaffelter Anordnung wichtig für das typische Bild der Schulstraße. (k, w, s)

Kulturdenkmäler — Egelsbach

Schulstraße 1925

rechts: Schulstraße, Blick nach Westen
Scheune in der Schulstraße

Schulstraße 5   Fl. 1
Flst. 589/1

Giebelständiges Fachwerkwohnhaus, mit den Nachbarbauten in gestaffelter Anordnung entlang der Schulstraße; zusammen mit Nr. 1 und Nr. 13 den Straßenraum prägend. Leichter Geschoßüberstand und regelmäßige Fensteranordnung sprechen für ungestörtes Fachwerk der 2. Hälfte des 18. Jahrhunderts; gegenwärtig Fassade ganz verputzt, zur Straße hin Ladenanbau. (s)

Schulstraße 13   Fl. 1
Flst. 583/2

Kleinbauernwohnhaus mit Krüppelwalmdach und neuerem, überdimensioniertem abgeschlepptem Zwerchhaus an der Traufseite. Gutes konstruktives Fachwerk mit Zahnschnittfries an der Giebelschwelle, außerdem Inschrift „PHILIP ADAM ANTES 1818". Die Lage im Knick der Schulstraße läßt den Bau weit in den Straßenraum wirken.
(g, s)

Schulstraße 14   Fl. 1
Flst. 787/1

Giebelständiges Wohnhaus, durch Staffelung der Schulstraßenbebauung wird die Traufwand zum Blickpunkt von Osten. Die Giebelfassade verputzt, die Rückseite erneuert. An der Traufseite zum Hof bemerkenswert reich profilierte Rähm-Schwellen-Zone mit Verschalung; sonst Streben mit Gegenstreben in für die 2. Hälfte des 18. Jahrhunderts typischer Figuration. (k, s)

Egelsbach — Kulturdenkmäler

Schulstraße 28 Fl. 1 Flst. 801/2

Wohnhaus eines Hakenhofes mit weitgehend ungestörtem Fachwerkverband mit gekrümmten Streben und niedrigen Geschossen ohne Halsriegel. Genaste S-Streben im Giebeldreieck weisen auf eine Entstehung noch im 17. Jahrhundert hin, ebenso der durchgehende Brustriegel und der stehende Dachstuhl; damit dürfte es sich um den ältesten erhaltenen Fachwerkbau des Ortes handeln. (w, g)

Schulstraße 49, historische Aufnahme

Schulstraße 49 Fl. 1 Flst. 514/1

Giebelständiges Wohnhaus von überdurchschnittlicher Dimensionierung mit qualitätvollem Gefüge, damit wichtiges Element des Ortsbildes im Zusammenwirken mit Kirche und historischem Wachthaus. Das regelmäßige Fachwerk aus geraden Hölzern, mit typischer Verstrebungsfigur der 2. Hälfte des 18. Jahrhunderts. (k, s)

Weedstraße 2 Fl. 1 Flst. 320/20

Giebelständiges Wohnhaus, Entstehung letztes Viertel des 18. Jahrhunderts, in ortsbildprägender Ecklage an der Kreuzung Langener/Weedstraße. Das regelmäßige konstruktive Fachwerk mit nahezu ungestörter Gitterstruktur und Andreaskreuz im Giebel, nur im rückwärtigen Bereich teilweise massive Erneuerungen. (s)

Weedstraße 15 Fl. 1 Flst. 81/1

Großvolumiges Wohnhaus, Reste einer ehemaligen Hofreite, erbaut in der 2. Hälfte des 18. Jahrhunderts, mit Krüppelwalm und massiv verändertem Erdgeschoß. Das Fachwerk im Obergeschoß mit auffallend starken Eckstreben und vollständigen Mannfiguren an der Traufseite, giebelseitig leichter Geschoßvorsprung mit Füllhölzern zwischen den Balkenköpfen. (k, g)

Hainburg

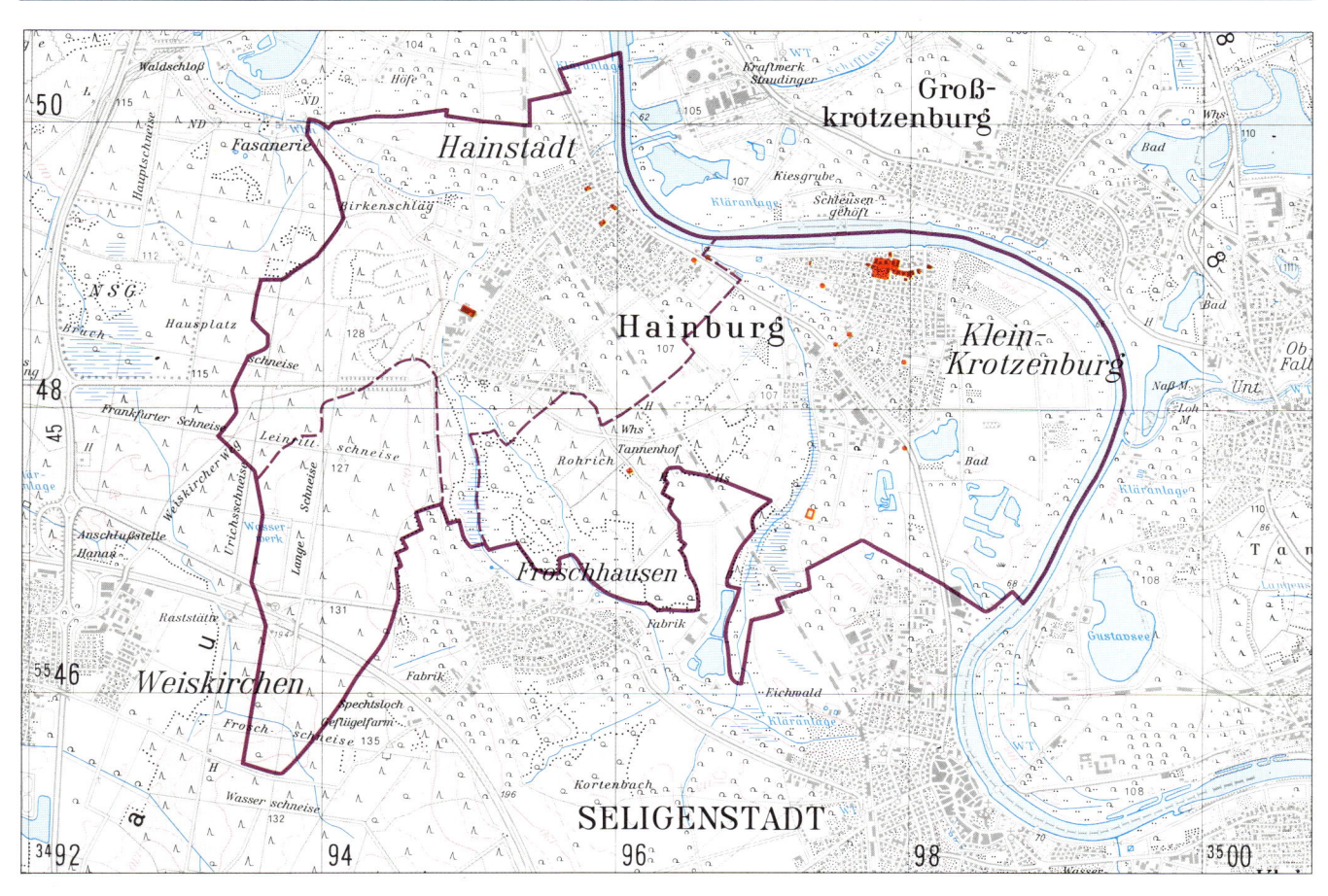

**Erläuterung zu Karte 4 (M 1:50000)
Gemeinde Hainburg**

Die 1977 aus den beiden Orten Hainstadt und Klein-Krotzenburg zusammengeschlossene Gemeinde liegt an der Nordostgrenze des Kreises, die hier vom Main gebildet wird. Von Anlage und Entstehung her sind beide typische Maindörfer, jedoch hat sich ein geschlossenes historisches Ortsbild nur in Klein-Krotzenburg erhalten, während in Hainstadt wohl schon früher eine industrielle Entwicklung einsetzte. In Klein-Krotzenburg findet sich eine weitaus größere Zahl von Kulturdenkmälern, meist Fachwerkbauten; eine Gesamtanlage umfaßt den größten Teil der alten Ortsmitte.

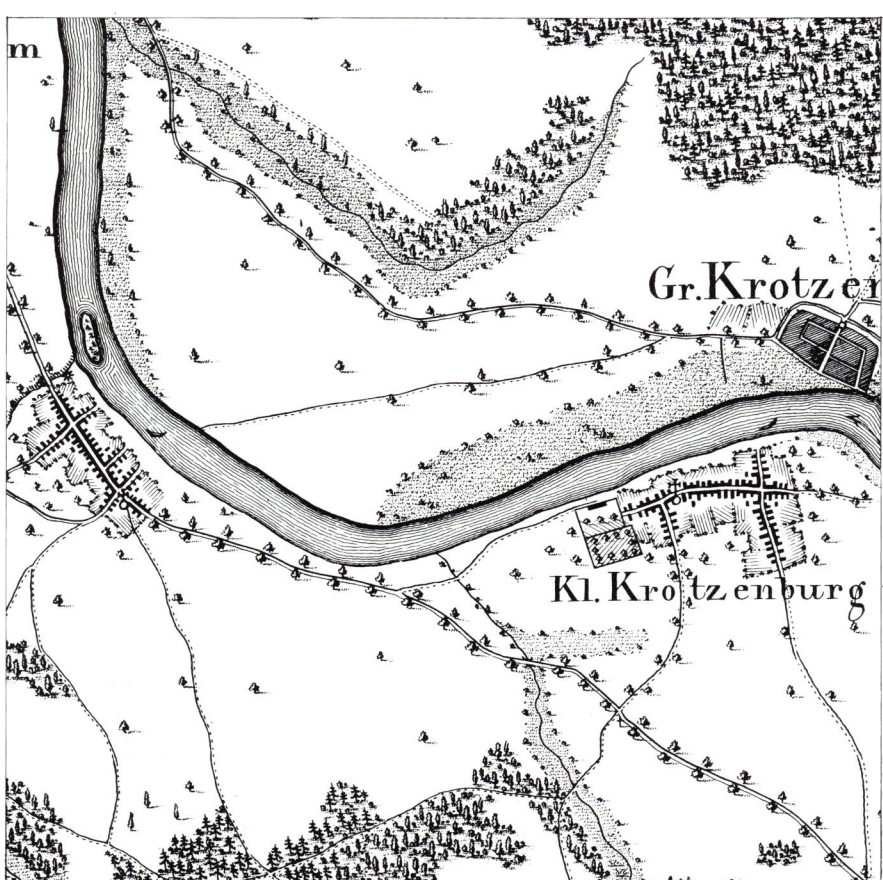

Hainstadt

Im Ortsbereich von Hainstadt bestand um die heutige Kastellstraße, wie durch Grabungen festgestellt wurde, eines der ältesten römischen Kastelle am Main, um 90 n. Chr. errichtet am Übergangspunkt vom Wetterau- zum Mainlimes. Nach dem Fall des Limes ließen sich im ehemaligen Kastellbereich Alemannen nieder, jedoch wurde die Siedlung in der ersten Hälfte des 5. Jahrhunderts wüst. Der heutige Ort Hainstadt geht auf eine spätmerowingische Siedlung des 7. Jahrhunderts zurück und soll 801 erstmalig urkundlich genannt worden sein, gesichert ist eine Erwähnung von 1288. Er gehörte mit der Auheimer Mark dem Maingau an und unterstand dem Zentgericht Steinheim. Aus dem Besitz der Herren von Hainhausen, danach derer von Eppstein gelangte Hainstadt durch Verkauf zusammen mit Stadt und Amt Steinheim 1425 an das Erzbistum Mainz, wo es bis zur Säkularisation und Zuteilung an Hessen 1803 verblieb.

Die Einwohnerschaft von 20 Familien 1567 war nach Pest und 30jährigem Krieg fast ausgelöscht. Um die Mitte des 19. Jahrhunderts betrug die Bevölkerung etwa 500 Einwohner, um 1900 waren es etwa 1800. In dem ursprünglichen Bauernort mit dem Vorzug der Lage an der alten Geleitstraße nach Frankfurt erfuhr die Industrie – die Ziegelherstellung war schon im 17. Jahrhundert ansässig – durch die Eröffnung der Bahnlinie Hanau-Eberbach 1882 einen starken Aufschwung. 1981 hatte Hainstadt etwa 8000 Einwohner.

Ausgehend von einer Siedlung entlang der Mainuferstraße, der früheren Geleitstraße zwischen Seligenstadt und Frankfurt, heute Hauptstraße, hat das industrielle Wachstum eine Ortsausdehnung nach Westen zur Bahn hin ausgelöst. Industrieansiedlungen gab es schon im letzten Jahrhundert an der Straße nach Offenbach. Daher lassen sich die ältesten gewachsenen Strukturen östlich der Hauptstraße zum Main hin zwar erkennen, jedoch hat sich hier keine bedeutende historische Substanz erhalten. Ein einheitliches Ortsbild ist nicht mehr gegeben.

*Hainstadt
Luftaufnahme 1965*

Kulturdenkmäler　　　　Hainburg　　　　Hainstadt

Hauptstraße (L 3065)   Fl. 7
Bildstock (Abb. rechts)   Flst. 341/1

Barocker Bildstock aus Sandstein, in Einzelteilen in neueres Gehäuse eingemauert. Im Sockel die Inschrift „1734 W BLUMER HAT DISER BILDSTOCK ZUR EHRE GOTTES AUFSTELLEN LASSEN", Datum der Renovierung 1968. Votivbild mit Pietà in Reliefdarstellung in die Nische des Gehäuses eingelassen. Orts- und religionsgeschichtliches Denkmal, typisch in der überwiegend katholischen Region um Seligenstadt. (g)

unten: ältere Aufnahme des eingemauerten Bildstockes

Hauptstraße (L 3065)   Fl. 10
Bildstock (Abb. außen)   Flst. 729/1

Bildstock aus Sandstein, Votivbild mit Kreuzigungsdarstellung als Relief, im Pfeiler Inschrift mit Datum 1676 zum Gedenken an zwei im Main ertrunkene Knaben. Inschrift:
1676 DEN 16/ JUNI SEIN JOHAN/ VALENTIN SCHLIZ/ UND JOHAN ADAM/ STURM 8 JAHR/ IHRES ALTERS HIR/ IM MEIN ERTRUNCKE
UNSER LEBEN IST G/ESCHWIND HINGEFA/ HREN WIE DER WIND/ IN DEM WASSER JESU/ ZU WO WIR HABEN E/WIG RUH NUN IHR ELTERN GUTE NACHT/ UNSER HOCHZEIT IST/ VOLLBRACHT (k, g)

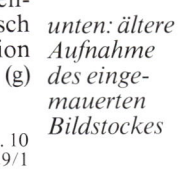

151

Hainstadt Hainburg Kulturdenkmäler

Kirchplatz 1 Fl. 1
Kath. Pfarrkirche St. Wendelin Flst. 1/2

Neuromanische Saalkirche, der Turm mit hohem Spitzhelm, entstanden 1845–48; laut Inschrift 1932 aufwendig erweitert durch halbrunden Chor und vier Ecktürme im gleichen Stil. Ganz aus unverputztem Hausteinmauerwerk, Gliederung des Baukörpers in klare, dominante Formen.
Außen, an der Nordseite zur Hauptstraße, seitwärts des Portals ein barockes Kreuz, Sandstein, mit Sockelinschrift: „DISES KREUZ HAT MACHEN LASEN/ DER EHRSAME MAN JACOB EHMES/ UND MARGARETHA SEINE HAUSFRAU/ ZUR EHR GOTTES IM JAHR 1727/ DEN ERSTEN AUGUST". Gegenüber Kriegerdenkmal 1870/71, Sandstein, Stele mit Relief aus Lorbeerkranz, Helm und Gewehr. (k, g, s)

Hauptstraße 30 Fl. 1
Scheune Flst. 445/1

Scheune einer Hofreite, Wohnhaus und sonstige Nebengebäude neu. Fachwerkbau mit Krüppelwalmdach, zum Teil originale Ausfachungen erhalten. Im Sturzbalken der Tür die Inschrift „ANNO 1685", damit im Kreis wohl eines der ältesten Beispiele erhaltener Scheunengebäude mit Seltenheitswert. (w, g)

Kirchplatz 6 Fl. 1
Schule Flst. 176/2

Sachgesamtheit aus Schule mit Einfriedung und Lehrerhaus. Schulbau von 1902; langgestreckter, zweigeschossiger Baukörper mit flachem Walmdach, die Schmalseite zum Kirchplatz orientiert und die Achse der Kirche aufnehmend. Der Mitteleingang an der Breitseite zum Hof durch Risalit mit Dreiecksgiebel betont, Fassadengliederung durch Lisenen, zurückgesetzte Brüstungsfelder und Fenster mit Segmentbogenabschluß; Eckbetonung und Geschoßteilung durch Ecklisenen, Gurt und Kranzgesims aus rötlichem Backstein und Sandstein in Kontrast zur Wandfläche aus gelblichen Ziegeln. Die Schule ist in Proportionen, Gestaltung und Material dem 1880 entstandenen Schulbau in Heusenstamm verwandt und setzt dessen Tradition fort. (k, g, s)

Liebfrauenheidenstraße 19 Fl. 1
Flst. 173/2

Das der Schule benachbarte ehemalige Lehrerhaus, in denselben Materialien wohl gleichzeitig errichtet, vervollständigt die bauliche Einheit; die niedrige Umgrenzungsmauer des Schulgeländes ist durch ebenfalls zweifarbiges Ziegelmauerwerk und Gliederung den Bauten angepaßt. Die Fassade zum Teil (Fenster) modern verändert. (g, s)

152

Kulturdenkmäler   Hainburg   Hainstadt

Offenbacher Straße 5, historische Aufnahme aus: Der Kreis Offenbach, 1927

Offenbacher Straße 5   Fl. 1 / Flst. 359/1

Zweigeschossiger Barockbau mit Mansardwalmdach und Gauben. Die dreiachsige Schmalseite zur Offenbacher Straße, die fünfachsige Hauptfassade mit Mitteleingang zum Hof orientiert. Massives Erdgeschoß und Fachwerkobergeschoß verputzt und gestaltungsmäßig angeglichen. Die innere Aufteilung original, Bruchsteinmauer des Hofes und Nebengebäude erhalten. Vermutlich ehemaliges Amtshaus. In der Ortsmitte ins Auge fallender und nahezu einziger historischer Bau. (k, g, s)

Lageplan Ziegelei Offenbacher Landstraße 95

Offenbacher Landstraße 105   Fl. 8 / Flst. 293/28
Ziegelei

Ziegelwerk, errichtet 1887 durch die Firma Philipp Holzmann. Halle mit Fassade aus zweifarbigem Ziegelmauerwerk, Betonung der Mitte durch Dreiecksgiebel und Rundbogenfenster, darunter Firmenname und Jahreszahl. Hoher, in Rippen gemauerter Schornstein. Die Außenfassade durch Beschädigungen und Anbauten beeinträchtigt. Bemerkenswert im Inneren die Dachkonstruktion aus weitgespannten Holz-Bogenträgern mit Unterspannung, die sich vom historischen De l'Orme-Träger und dessen Weiterentwicklung durch Emy um 1830 herleitet. Diese in Frankreich gebräuchliche Konstruktion kam durch die Hugenotten nach Preußen. Ein ähnliches System findet sich im ehemaligen Straßenbahndepot in Frankfurt-Bockenheim, sonst selten. Als eines der wenigen erhaltenen Beispiele früher Industriearchitektur im Kreis bei gleichzeitiger Nutzungskontinuität besitzt die Halle exemplarische Bedeutung. (k, w, g)

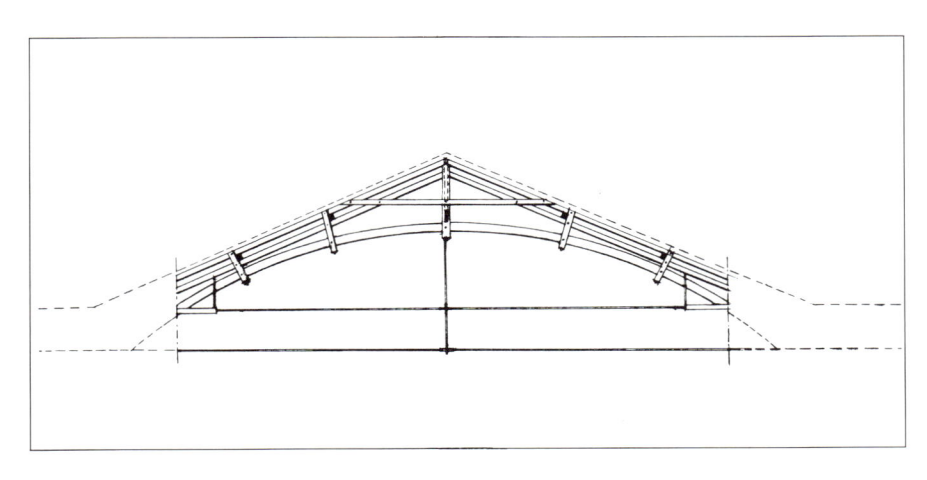

Trägerkonstruktion, schematische Darstellung

Klein-Krotzenburg

Auf eine in römische Zeit zurückreichende Siedlung deuten sowohl der Name, der sich möglicherweise von crux, lat. Kreuz, ableiten läßt, als auch die Lage an einer Römerbrücke hin, die zu dem an der anderen Mainseite gelegenen Kastell Groß-Krotzenburg führte. Der Ortsname „crucenburch" wurde erstmalig 1175 in einer Urkunde anläßlich eines Rechtsstreites zwischen dem Abt von Seligenstadt und dem Petersstift Mainz erwähnt. Die 1306 genannte Vogtei Klein-Krotzenburg ging als Schenkung an das Kloster Seligenstadt und 1434 durch Rückkauf an die Herren von Eppstein. Seit 1489 stand Klein-Krotzenburg hauptsächlich unter Oberhoheit des Erzbistums Mainz, unterstand dem Zentgericht Seligenstadt und gehörte der Auheimer Mark an, bis es 1803 an Hessen fiel. Der 30jährige Krieg und seine Folgen sollen die Einwohnerschaft auf ein Siebtel dezimiert haben.

Die Äbte von Seligenstadt wählten Klein-Krotzenburg als Sommersitz und bauten hier zu Beginn des 18. Jahrhunderts eine villenähnliche Residenz, zu der außer einem Wirtschaftshof (heute Gasthaus zum Löwen) ein am Mainufer gelegener Klostergarten gehörte, von dessen Ummauerung nur geringe Reste erhalten sind. Neben Landwirtschaft und Fischerei kam auch das Handwerk, in erster Linie die Zigarrenherstellung, zu einer gewissen Blüte. Die Einwohnerzahl von etwa 900 um die Mitte des 19. Jahrhunderts stieg an auf etwa 4200 im Jahr 1960.

Ähnlich Hainstadt ist das alte Dorf Klein-Krotzenburg parallel zum Mainufer angelegt, jedoch abseits der früher wichtigen Verkehrsverbindung Seligenstadt–Frankfurt. Von Bedeutung war wohl die Fährverbindung nach Groß-Krotzenburg und deren Zugang über die Fahrstraße. Der südliche Rand des einfach befestigten Dorfes zeichnet sich deutlich in den durch einen Fußweg begrenzten Grundstücksparzellen ab, deren typisch langgestreckte Form noch ausgeprägter nördlich von Krotzenburger Straße und Römerstraße vorhanden ist. Die dadurch bedingte Hakenhofform mit hintereinandergestellten Nebengebäuden und quergestellter Scheune, wie sie ähnlich etwa in Dudenhofen anzutreffen ist, tritt im Straßenbild durch eine enge Folge giebelständiger Wohnhäuser in Erscheinung.

Im Gegensatz zu Hainstadt schließt hier die jüngere Bebauung an den alten Ortskern an, ohne diesen durchgreifend verändert zu haben, was unter anderem durch die spätere und geringere Industrialisierung und damit verbundenes Wachstum aufgrund des Fehlens einer Bahnverbindung erklärt werden kann. Neuere Wohngebiete lagern sich im Süden und Westen an, die Mainsilhouette dagegen ist relativ unverändert geblieben.

Klein-Krotzenburg
Krotzenburger Straße/Fahrstraße,
historische Aufnahme aus: Der Kreis Offenbach, 1927

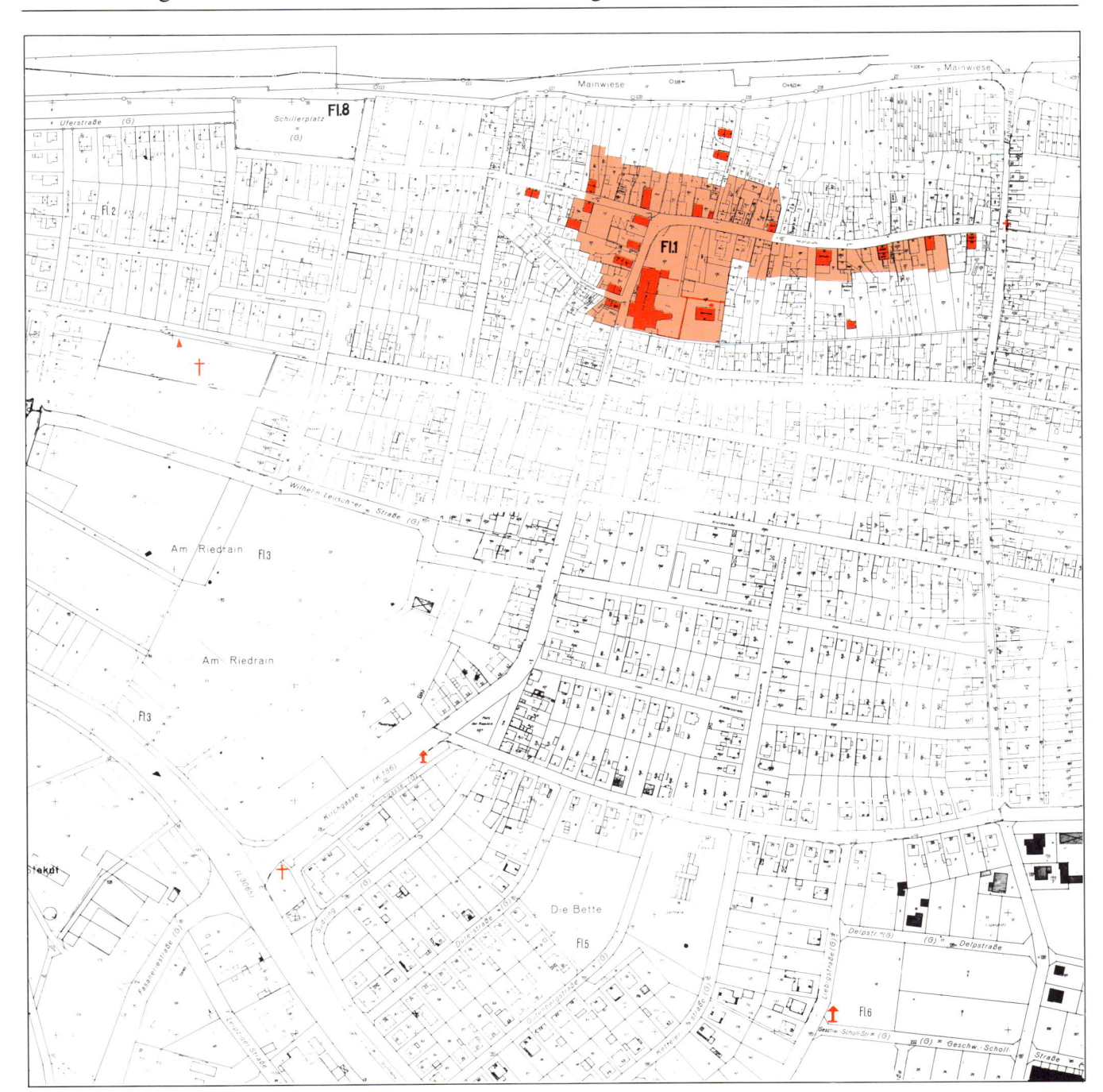

Gesamtanlage/Kulturdenkmäler Hainburg Klein-Krotzenburg

Gesamtanlage Kirchgasse, Krotzenburger Straße, Römerstraße

Zur Gesamtanlage gehört die überwiegende Fläche des alten Dorfkerns, in dem das Zentrum gebildet wird vom Platz zwischen Kirche und dem Winkel von Kirchgasse und Krotzenburger Straße. Um den Platz gruppieren sich die Kirche mit gotischen, barocken und dominierenden neubarocken Bauteilen, das barocke Pfarrhaus mit ehemaligen Wirtschaftsgebäuden (heute Gasthaus zum Löwen) sowie mehrere Fachwerkhäuser von im Kreis überdurchschnittlicher Qualität, an erster Stelle das

Klein-Krotzenburg — Hainburg — Gesamtanlage/Kulturdenkmäler

Gasthaus zum weißen Roß mit wertvollem Zierfachwerk; daneben ein moderner, aufgeständerter Neubau mit Fachwerkvorblendung.

Die weiträumige Situation geht in Krotzenburger und Römerstraße über in die lange, parallel zum Main verlaufende Flucht giebelständiger, im leichten Schwung der Straße gestaffelter Wohnhäuser ehemaliger Hofreiten, deren Fachwerk zunehmend ersetzt ist durch massives Mauerwerk. An der Südseite der Krotzenburger Straße, wo die Gesamtanlage fast bis an die Fahrgasse heranreicht, kommen einige vor der Jahrhundertwende entstandene Bauten hinzu, die sich über die vorgegebenen Proportionen hinwegsetzen, so die Zweiergruppe von ehemaligem Schul- und Rathausgebäude oder der kubische Block der Schule von 1895.

In der Gesamtanlage ist die Mehrheit der Einzeldenkmäler von Klein-Krotzenburg enthalten, die neben der geschichtlichen zu deren künstlerischer Qualität beitragen. (k, g)

Krotzenburger Straße nach Westen
Krotzenburger Straße 1

Fahrstraße Fl. 1
Kreuzigungsgruppe Flst. 2563

Kleine Kreuzigungsgruppe aus Sandstein, Christus aus Guß erneuert, sonst barock, Figuren mit erneuerter Fassung. Das Postament mit Ornament und Inschrift nach barockem Vorbild erneuert. Kreuzigung und Podest auf Sandsteinsockel mit zwei Stufen. (k, g)

Friedrich-Ebert-Straße – Friedhof Fl. 1
Friedhofskreuz, Grabstein Flst. 2356/3

Friedhofskreuz des 19. Jahrhunderts aus Sandstein mit Guß-Korpus.
Nahe der nördlichen Friedhofsmauer ein Grabstein, roter Sandstein, Inschrift mit Datum 1847, mit bekrönendem schlichtem Eisenkreuz. (k, g)

Geschwister-Scholl-Straße Fl. 6
Bildstock (Abb. rechts) Flst. 18

Bildstock aus Sandstein, sogenanntes „Bettenkreuz", auf hoher Säule Votivbild mit Relief der Pietà, Voluten und bekrönendem Kreuz, darunter die Inschrift IN DER NOT IN DEM TOD BITT FÜR UNS MARIA. Im Postament Initialen HK und zwei Daten 1701 und 1734. Im Vergleich zu den übrigen im Kreis erhaltenen Bildstöcken mit überdurchschnittlichem künstlerischem Aufwand gestaltet, typisches Flurdenkmal im Umkreis der Abtei Seligenstadt, am Weg zur Marienwallfahrt. Heute Standort im Wohngebiet. (k, g)

Kirchgasse
Katholische Pfarrkirche
St. Nikolaus

Fl. 1
Flst. 1154/1, 1155, 1156

Die Kirche setzt sich aus Bauteilen vier verschiedener Epochen zusammen. Ältester Teil ist der gewölbte gotische Chor einer im 30jährigen Krieg zerstörten Kirche der 1. Hälfte des 15. Jahrhunderts; dort Maßwerkfenster und eine 1437 datierte Sakramentsnische erhalten. Daran in der Längsachse anschließend, giebelständig zur Kirchgasse, der barocke Saalbau des Aschaffenburger Baumeisters Franz Bocorny von 1754, ein schlichter Putzbau mit Stichbogenfenstern, gequaderten Ecklisenen und Haubendachreiter. Im rechten Winkel dazu, mit langer Traufwand parallel der Kirchgasse, die neubarocke Erweiterung von 1933, zum Platz die beherrschende geschweifte Hauptfassade mit Dreiecksgiebel. In der Nische über dem Eingangsportal barocke Madonnenstatue vom alten Hauptportal. Der seitliche Glockenturm 1953 aus dem Sandstein der abgebrochenen Pfarrgartenmauer errichtet, mit offenem Glockenstuhl aus Holzfachwerk. In der Turmhalle Gedenktafeln für Kriegsgefallene.

Der Innenraum bei der letzten Renovierung 1974–76 verändert (Deckenbemalung). Der Hauptaltar aus Renaissance-Fragmenten des 16. Jahrhunderts und 1755 aus Aschaffenburg übernommenen Barockteilen zusammengesetzt, u. a. Altargemälde von M. Hennevogel. Spätgotische Holzplastiken: Muttergottes um 1500, hl. Nikolaus Anfang 16. Jahrhundert, hl. Johannes, hl. Barbara; barocke Plastiken: Hl. Rochus, Dreifaltigkeitsgruppe aus Nothgottes im Rheingau. Orgel 1763 von Johann Konrad Wehr, Marktheidenfeld, und geschnitzte Kanzel in bemerkenswert reichen Rokokoformen. Ein Grabstein mit Reliefdarstellung der Marienkrönung und Inschrift von 1715.

In der Mauer zum Pfarrgarten 6 barocke Grabplatten, am Eingang zum Kirchgarten hohe barocke Torpfosten aus Sandstein mit Quaderung und Zapfenaufsatz. (k, g, s)

1 Ansicht von Norden
2 Innenraum
3 Aufsatz des Hauptaltars
4 Seitenaltar mit Madonnenbildnis
5 Chorgewölbe
6 Sakramentsnische
7 Barocke Grabplatten in der Mauer zum Pfarrgarten

Klein-Krotzenburg Hainburg Kulturdenkmäler

Kirchgasse Fl. 1
Kreuz Flst. 1154/1

Großes Kruzifix aus Sandstein, von 1826, freistehend auf dem Kirchplatz; Vorderseite des Postaments mit Inschrift erneuert. Als Verankerung der rückwärtigen Abstrebung romanisches Säulenkapitell, wohl aus der Abtei Seligenstadt; ein weiteres Kapitell dieser Art bei einem Feldkreuz in der Gemarkung Seligenstadt wiederverwandt. (k, g)

Kirchgasse 1 Fl. 1
Gasthaus zum weißen Roß Flst. 1153/1

Am Treffpunkt von Kirchgasse, Krotzenburger- und Römerstraße zentral gelegenes Fachwerkhaus mit außerordentlich reich gestalteter Giebelfassade, damit das Bild der Ortsmitte stark bestimmend. Fenster und Fachwerkfigurationen in exakt symmetrischer Anordnung, auch an der Traufwand. Dekorative Brüstungsornamentik aus Negativ- und Flechtrauten, außerdem Feuerböcke und genaste Streben. Anschauliches Beispiel für die Vielfalt der – teilweise aus dem 17. Jahrhundert übernommenen – Schmuckformen zu Beginn des 18. Jahrhunderts. Herausragender Fachwerkbau in Klein-Krotzenburg. (k, g, s)

Kirchgasse 3 Fl. 1
Flst. 1152

Giebelständiges Wohnhaus, zentral im Ortsmittelpunkt und wichtig für dessen Erscheinungsbild. Niedrige Geschosse, Fachwerkkonstruktion ohne Halsriegel lokaltypisch. Ungewöhnlich die weit gespreizten, geknickten Eckstreben. Geschoßüberstand und umlaufende Profilierung der Schwelle deuten auf eine Erbauung um die Mitte des 18. Jahrhunderts hin. (g, s)

Kirchgasse 5/7 Fl. 1
Flst. 1146/6, 1145/5

Giebelständiges Doppelwohnhaus in gedrungenen Proportionen aufgrund geringer Geschoßhöhen, beide Eingänge in der Mitte der hofseitigen Traufwand. Das schmucklose Fachwerk der 2. Hälfte des 18. Jahrhunderts mit einer Art unvollständiger Mannfiguren aus leicht gebogenen Streben ohne Kopfbänder im Giebel. Wichtiges Element der Fachwerkzeile gegenüber der Kirche. (g, s)

Kirchgasse 9 Fl. 1
Flst. 1143/1

Fachwerkhaus in Ecklage an der Einmündung der Sackgasse in die Kirchgasse gegenüber der Kirche. Fassade vollständig verkleidet, jedoch aufgrund von Fensterstellung und Proportionen wohlerhaltenes Fachwerkgefüge des späten 18. Jahrhunderts zu erwarten; Haustyp mit Krüppelwalm ähnlich dem benachbarten Bau Sackgasse 2/4. Wertvoll als Bestandteil des Ensembles um die Kirche. (g, s)

Kulturdenkmäler   Hainburg   Klein-Krotzenburg

Kirchgasse 10   Fl. 1
Katholisches Pfarrhaus   Flst. 1158/1

Die als Sommerresidenz der Äbte von Seligenstadt erbaute Villa wurde schon zu Anfang des 19. Jahrhunderts Pfarrhaus. Zweigeschossiger, verputzter Barockbau mit Mansardwalmdach und kräftiger Sandstein-Eckquaderung, die Hauptfassade fünfachsig mit Sandsteingewänden und aufwendigem Mittelportal; darüber zwischen keulenbewehrten Hünengestalten das Wappen des Erbauers mit Inschrift „D.O.M. Posuit ex fundamento D. Franciscus Abbas in Seligenstadt, – ...1711". Inschrift im Türsturz: „Omne tulit punctum qui niscuit utile pulchro". Das Erdgeschoß, ursprünglich eine offene Halle, wurde später zu Wohnräumen umgebaut; die Holztreppe trägt das Datum 1755.

Vor dem Pfarrhaus ein Ziehbrunnen, Brüstung und Pfeiler mit Profilierung, im Querbalken Diamantschnitt und Datum 1578. Eine wiedererrichtete Balustrade aus Sandstein trennte ursprünglich den ehemaligen, geometrisch angelegten Ziergarten vom Wirtschaftshof, zu dessen Gebäuden auch das heutige Gasthaus zum Löwen gehörte. Heute auch neuere Bauten im Gartenbereich.   (k, g, s)

rechts: Stich nach J. Weinckens, 1707, aus: Schaefer, Kunstdenkmäler, 1885

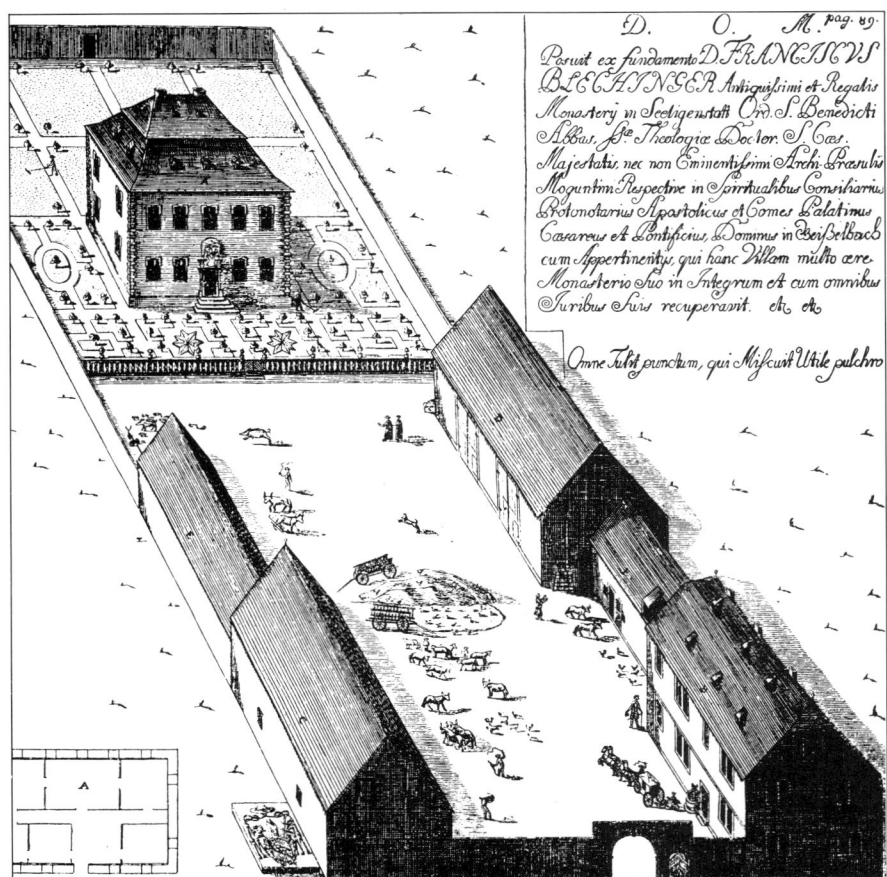

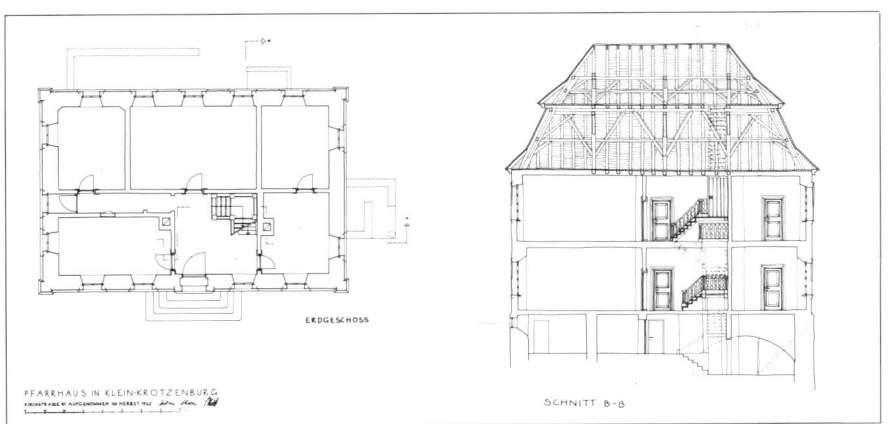

Klein-Krotzenburg Hainburg Kulturdenkmäler

Kirchgasse Fl. 5
Heiligengehäuse Flst. 1

Kleines Gehäuse aus Sandstein mit Nische für ein Marienbildnis; auf breiterem Sockel mit Inschrift und Datum 1887. Nischengitter, Rosetten und Kreuzaufsatz aus Metall, wohl Eisen. Neuere Marienfigur aus dem 20. Jahrhundert. Typisches Flurdenkmal in der katholischen Umgebung von Seligenstadt. (g)

Kirchgasse/L 3065 Fl. 3
Kreuz Flst. 14

Kruzifix, ähnlich dem Kreuz vor der Kirche, Entstehung wohl gleichzeitig um 1826, aus Sandstein, mit ebenfalls erneuerter Postamentvorderseite mit Inschrift. Die rückwärtige Abstrebung hier auf einer romanischen Säulenbasis, Ursprung wohl Abtei Seligenstadt. (k, g)

Kettelerstraße 6 Fl. 1
Ehemalige Synagoge Flst. 1191/3

Zweigeschossiger Putzbau mit seitlichem Eingangsvorbau, dadurch insgesamt winkelförmig, mit flachem Walmdach; kleine, teils ovale Fenster, das Tor neu. Die Synagoge wurde 1913 anstelle eines schon vorher hier bestehenden Betsaales erbaut. Juden sind im Ort erstmals 1728 erwähnt; 1905 bestand die jüdische Gemeinde aus 33 Personen.
Die Synagoge ist wichtiges orts- und religionsgeschichtliches Dokument. (g)

Krotzenburger Straße 6 Fl. 1
Flst. 967/3

Fachwerkwohnhaus und kleines Nebengebäude, beide giebelständig, durch Hof getrennt; Sonderform der ortsüblichen Hofanlage, hier auf breiterem und weniger tiefem Eckgrundstück. Wohnhaus mit kleinem Krüppelwalm, im Giebel holzverschindelt. Das Fachwerk beider Gebäude relativ dünn, aber weitgehend vollständig, aus der 2. Hälfte des 18. Jahrhunderts, Sandsteinpfosten datiert 1775; Pergola, Vordach neu. (g, s)

Krotzenburger Straße 22 Fl. 1
Ehemaliges Rathaus Flst. 934

Fachwerkhaus mit schon im vorigen Jahrhundert vorgemauerter Giebelfassade; gestalterische Besonderheit sind die Sandsteinkonsolen, die das an den Traufwänden besonders plastisch ausgebildete Profil von Rähm und Schwelle aufnehmen; das Dachgesims entsprechend um die Ecke in die Giebelfassade geführt. Die Traufseiten mit teils verändertem Fachwerk des 18. Jahrhunderts wirken wegen der beidseitigen Freistellung des Hauses weit in den Straßenraum. (g, s)

Krotzenburger Straße 23 Fl. 1
Ehemalige Schule Flst. 1191/1

Schulhaus von 1895, heute Vereinshaus. Zweigeschossiger blockhafter Bau auf rechteckigem Grundriß, dabei die Schmalseite zur Krotzenburger Straße orientiert. Symmetrische Fassadengliederung mit Betonung der Mitten jeweils durch Risalite mit spitzem Giebel; dort Erbauungsdatum. Sockel, Fenstergewände, Gurtgesims Sandstein; Ecklisenen, Kranzgesims, Treppenfries der Giebel Backstein, Flächen verputzt. Durch Dimension und Proportionen auffälliger Bau in der Krotzenburger Straße. (k, g, s)

160

Kulturdenkmäler — Hainburg — Klein-Krotzenburg

Krotzenburger Straße 31/33 Fl. 1 Flst. 1201/1, 1202

Außergewöhnlich breitgelagertes giebelständiges Doppelhaus mit ortsüblich niedrigen Geschoßhöhen; im Obergeschoß vier Fensterachsen und eigenartig starke Schwelle; kleiner Krüppelwalm. Das Fachwerk des späten 18. Jahrhunderts bis auf schwache Profile in der Giebelzone schmucklos mit gebogenen Streben. Wegen der überdurchschnittlichen Dimensionierung wichtige Fassade für das Straßenbild. (g, s)

Krotzenburger Straße 43 Fl. 1 Flst. 1215/3

Wohnhaus in den ortsüblichen gedrungenen Proportionen, niedrige Geschosse ohne Halsriegel; im Giebel hohe dreifache Verstrebung. Trotz teilweiser Unvollständigkeit des Gefüges – kleinere Fachwerkpartien sind aufgemalt – ist das Haus des späten 18. Jahrhunderts wichtiger Bestandteil der Südzeile der Krotzenburger Straße. (g, s)

Krotzenburger Straße 47/49 Fl. 1 Flst. 1222, 1221

Ortstypisches giebelständiges Doppelhaus mit massiv ersetztem Erdgeschoß und qualitätvollem Fachwerk im Obergeschoß mit Schnitzerei an Knaggen und Eckständer, dieser mit Taumotiv und Maske. Außerdem Profil in Schwelle und Rähm, im Giebel ungewöhnliche Zierform eines Negativ-Kreuzes. Das Haus aus der 1. Hälfte des 18. Jahrhunderts ist Abschluß der nahezu intakten Südzeile der Krotzenburger Straße. (k, s)

Maingasse 10 Fl. 1 Flst. 962

Bescheidenes giebelständiges Wohnhaus, erbaut um die Mitte des 18. Jahrhunderts, von der Ortsmitte aus gesehen eine Vervollständigung des Ortsbildes in Richtung Mainufer. Einfaches Fachwerk mit unregelmäßig gekrümmten Streben; im Kontrast dazu stark plastische Profilierung im Bereich der Obergeschoßschwelle der Schauseite. (g, s)

Krotzenburger Straße 47/49 Eckpfosten

Maingasse 14/16 Fl. 1 Flst. 959, 960/1

Ähnlich dem Nachbarhaus bescheiden dimensioniertes Doppelhaus, das urwüchsige Fachwerk schmucklos bis auf zwei grob behauene Feuerböcke im Obergeschoß der Traufwand. Das Schwellenprofil der Giebelseite ist traufseits bis zum ersten Balken um die Ecke geführt. Bemessung und Lage lassen auf einen Hoftyp ohne landwirtschaftliche Hauptnutzung schließen, möglicherweise Fischerhaus. Das Gebäude markiert den Ortsrand am Mainufer. (g, s)

Klein-Krotzenburg   Hainburg   Kulturdenkmäler

Römerstraße 1   Fl. 1
Flst. 975

Besonders langgestrecktes giebelständiges Wohnhaus, dessen Giebelwand mit markanten Fachwerkformen einen Abschluß des Platzes in der Ortsmitte bildet. Ortstypische Verstrebungsfiguren – eine Art Mann ohne Gegenstreben –, Brüstungsrauten, gebogene Fußstreben mit Nasen, eine geschnitzte Firstluke mit Andreaskreuz und die profilierte Verschalung der Balkenlage kennzeichnen den um die Mitte des 18. Jahrhunderts entstandenen Bau. (k, s)

Römerstraße 6   Fl. 1
Flst. 1134/2

Ungewöhnliches giebelständiges Wohnhaus in Ständerkonstruktion mit Kniestock und sehr niedrigen Geschossen ohne sichtbare Geschoßteilung; seltener Haustyp des 18. Jahrhunderts, ein weiteres Beispiel Ober-Roden, Dockendorfstraße 7. Die Fachwerkkonstruktion sonst bei Scheunen üblich. Im rückwärtigen Bereich der Traufwand ein ehemaliger Eingang. Von der Ortsmitte aus Blickfang durch die diesseitige Freistellung. (w, s)

Römerstraße 11/13   Fl. 1
Flst. 986/1, 987/1

Giebelständiges Doppelwohnhaus auf zwei extrem langen und schmalen Parzellen. Fachwerk des späten 18. Jahrhunderts mit geringen Störungen, im Giebel erneuert. Das Haus markiert das Ende der an der Nordseite Krotzenburger-/Römerstraße erhaltenen, fast geschlossenen Fachwerkbebauung, die für das Ortsbild bestimmend ist. (g, s)

Römerstraße 12/14   Fl. 1
Flst. 1131/3, 1126/3

Doppelwohnhaus, entstanden um die Mitte des 18. Jahrhunderts, hier ausnahmsweise traufständig, jedoch mit offensichtlich als Schauseite konzipierter östlicher Giebelfassade mit symmetrischen Verstrebungen, Geschoßüberstand und geraden Hölzern; der Westgiebel dagegen einfach mit unregelmäßig gekrümmten Streben als Rückseite. Vermutlich früher giebelständige Lage am Ortsrand, verändert durch neue Straßenführungen bei der Ortserweiterung nach Westen. (g, s)

Römerstraße 12/11

Sackgasse 2/4   Fl. 1
Flst. 1105/1, 1105/2

Giebelständiges Doppelhaus an der Einmündung der Sackgasse in die Kirchgasse, mit breitem Krüppelwalm und geradem konstruktivem Fachwerk um 1800. Die rückwärtige Hälfte verkleidet, jedoch Fachwerk gleicher Qualität zu erwarten. In dem in gotischen Formen holzgeschnitzten Gehäuse eine Madonnenfigur dieses Jahrhunderts. Der Eckbau leitet die Fachwerkbebauung der Kirchgasse ein und bildet mit der gegenüberliegenden Kirche den Eingang zur Ortsmitte. (g, s)

Kulturdenkmäler　　　　Hainburg　　　　Klein-Krotzenburg

L 3065 Fl. 6
Kreuz Flst. 72/1

Wegekreuz aus Sandstein mit Gußkorpus, im Postament Inschrift „Im Kreuz ist Heil" und Datum 1888. Im traditionell katholischen Gebiet orts- und religionsgeschichtliches Denkmal, heutiger Standort im Industriegebiet südlich des alten Ortskerns. (g)

Fasanerieweg Fl. 11
Judenfriedhof Flst. 20

Weit außerhalb des Ortskernes gelegenes, von hoher Mauer aus Sandstein umgebenes Gelände, laut in die Mauer eingelassener Tafel Judenfriedhof von 1904 bis 1932. 26 teils umgestürzte Steine, einige mit hebräischer Inschrift. Wie die Synagoge orts- und religionsgeschichtliches Denkmal. (g)

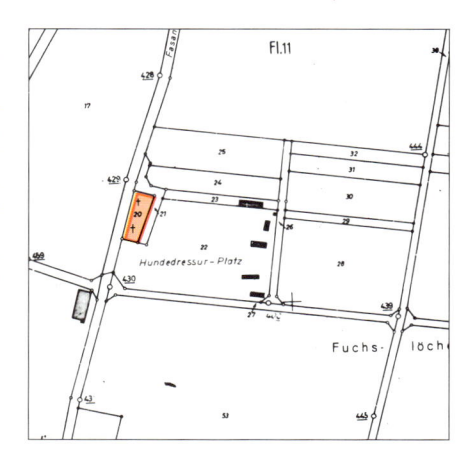

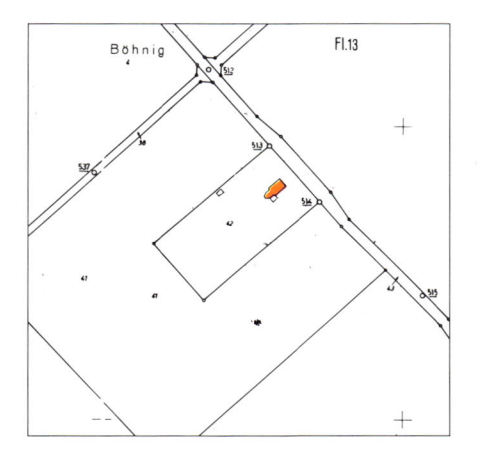

Liebfrauenheide Fl. 13
Marienkapelle Flst. 42

Waldkapelle von 1868 in einfachen gotisierenden Formen aus Natursteinmauerwerk mit Spitzhelm-Dachreiter und überdachtem Freialtar; davor schmiedeeiserne offene Kanzel. Ort einer seit dem 17. Jahrhundert bestehenden Wallfahrt zur Schmerzhaften Mutter Gottes; Gnadenbild um 1620, 1736 Bau der ersten Kapelle. Am 26. Juli 1869 hielt Bischof Freiherr von Ketteler hier seine Rede zur sozialen Frage der Arbeiterbewegung. Lage im Wald südwestlich des Ortes. (g)

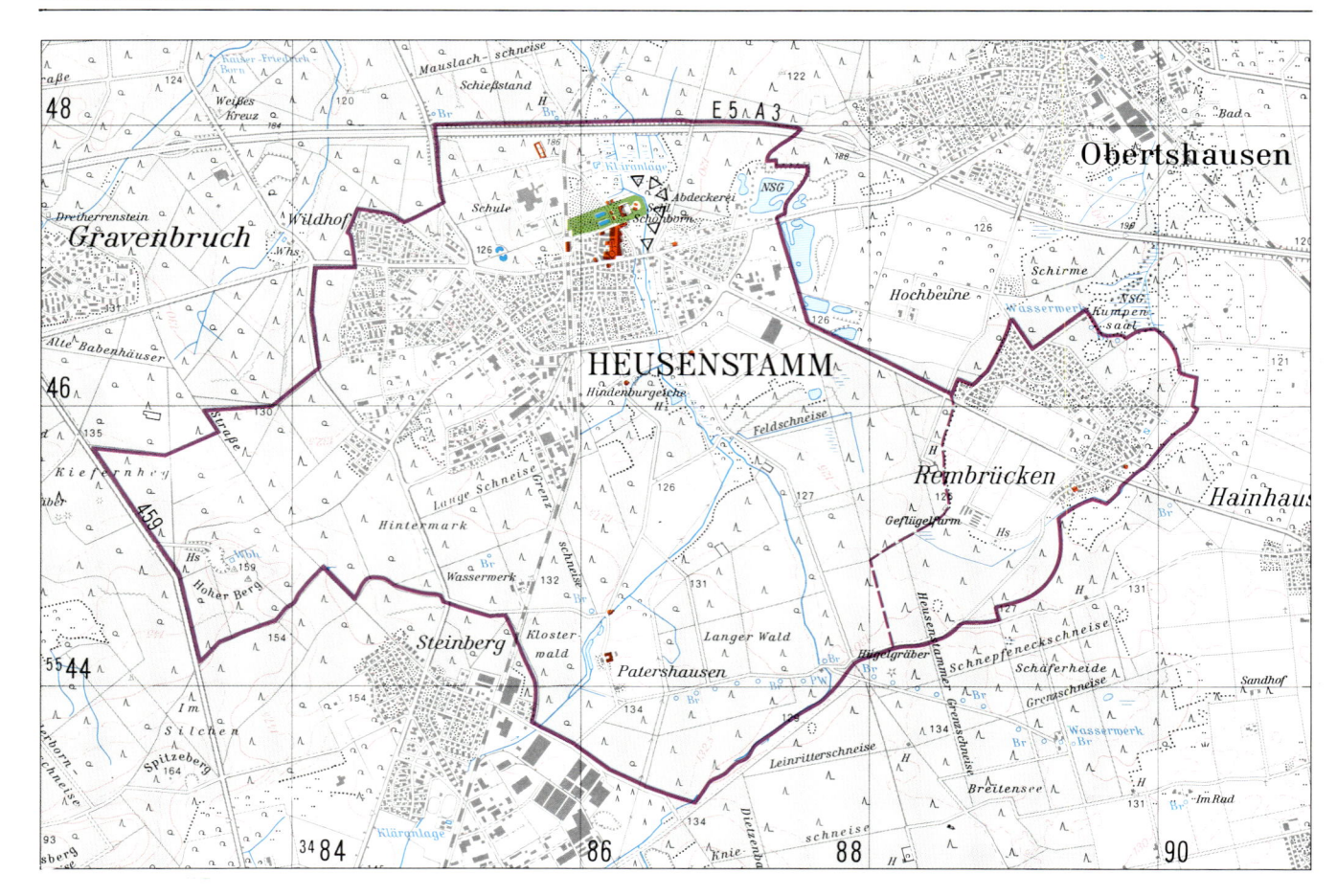

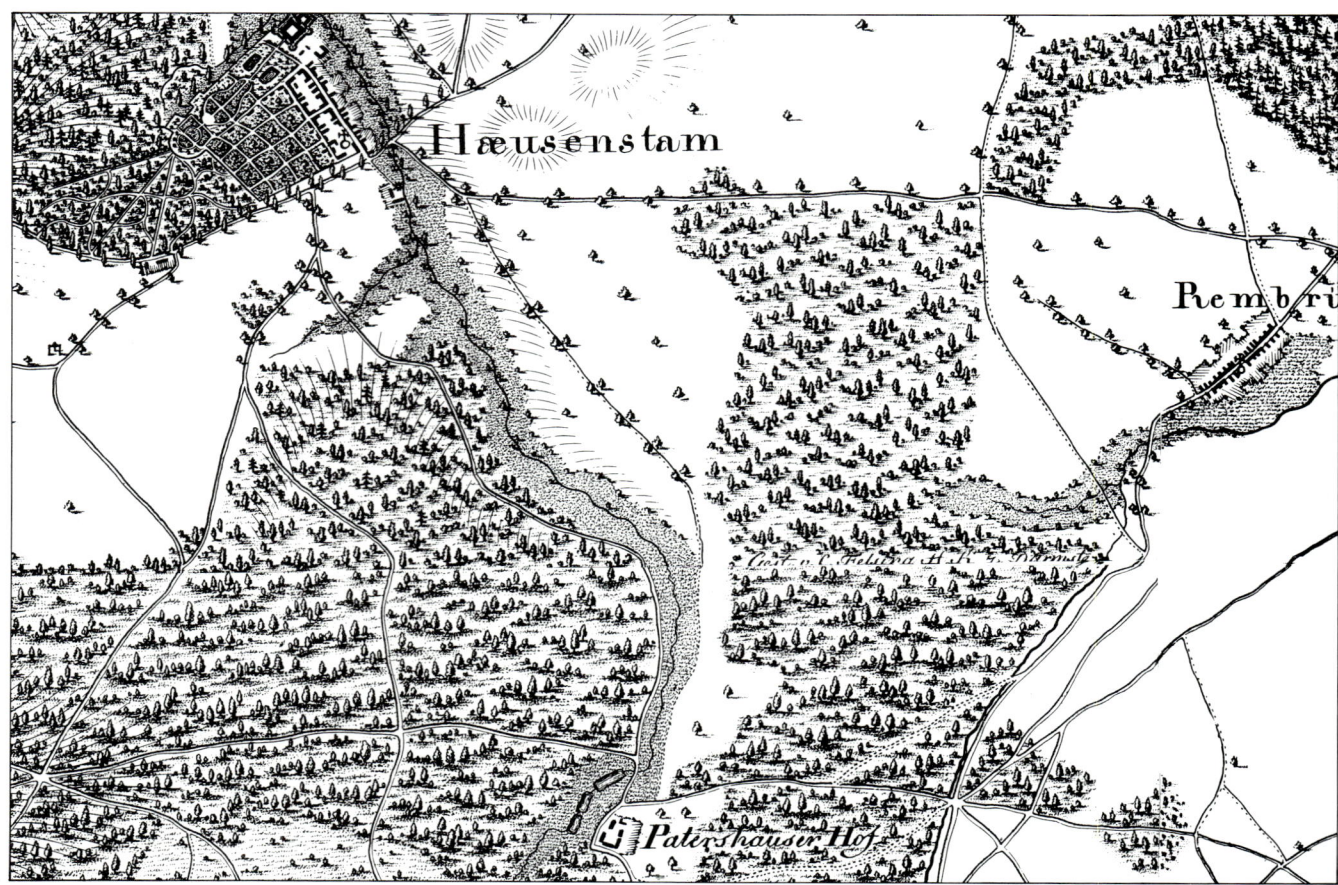

Heusenstamm

Heusenstamm

Erste urkundliche Erwähnungen in einem Eppsteinischen Lehensbuch verzeichnen 1211 Burg und Dorf „Huselstam", das später „Husinstam", im 15. Jahrhundert auch „Heussenstain" genannt wird. Wahrscheinlich ließ um die Mitte des 12. Jahrhunderts Eberhard Waro von Hagen-Heusenstamm – er gehörte einer Seitenlinie der Herren von Hagen-Münzenberg an – hier eine Wasserburg erbauen, die er zunächst als Reichslehen besaß, nach einem Lehensvertrag mit Gottfried von Eppstein von diesem jedoch später als Afterlehen empfing. Sie blieb dann als eppsteinisches Lehen im Besitz seiner Nachfahren, der Ritter von Heusenstamm, die diesen Namen nach Aussterben der Münzenberger Linie der Herren von Hagen angenommen hatten.

Zwei noch ältere Siedlungen – Bellingen, zuletzt erwähnt 815, und Renigishausen, erwähnt 1210 – wurden bald zu Wüstungen, während das zwischen dem 7. und 10. Jahrhundert gegründete Patershausen als Kloster bis zum 30jährigen Krieg und danach als Schönbornsches Hofgut fortbestand. Eine erste Kirche St. Cäcilia wurde in Heusenstamm 1297 geweiht.

Zu Beginn des 15. Jahrhunderts ging die Burg teilweise in Mainzer Besitz über, in der Folgezeit führten Fehden mit Mainz zu Besetzungen; erst 1527 war die Burg wieder voll unter Herrschaft der Herren von Heusenstamm, die 1545 mit Sebastian von Heusenstamm den mainzischen Erzbischof und Kurfürsten stellten. Dessen Neffe Sebastian führte 1565 die Reformation ein und ließ 1586 den Gutshof Gravenbruch anlegen. Zu Anfang des 17. Jahrhunderts zogen sich die Herren von Heusenstamm auf ihre Besitzungen in Österreich zurück; der Ort wandte sich wieder dem Katholizismus zu. 1628 wurden Burg und Dorf an den Frankfurter Patrizier Stefan von Cronstetten verpachtet, der hier auch eine jüdische Gemeinde ansiedelte. Nach den Auswirkungen des 30jährigen Krieges wurde Heusenstamm 1637 wieder mit 120 Einwohnern besiedelt. 1661 verkauften die inzwischen zu Reichsgrafen avancierten Herren von Heusenstamm die Besitzung an den Freiherrn Philipp-Erwein von Schönborn, dessen Söhne ebenfalls in den Reichsgrafenstand erhoben wurden. Er ließ 1663–68 das neue Schloß auf dem Vorhof der alten Burg errichten. Sein Nachfolger Anselm Franz trieb im 18. Jahrhundert den Ausbau der Residenz voran

Erläuterung zu Karte 5 (M 1:50000) Stadt Heusenstamm

In der Mittelzone des Kreisgebietes gelegen, stößt die Gemarkung Heusenstamm im Norden an die Stadt Offenbach. Als ehemaliger Residenzort nimmt Heusenstamm im Kreis eine Sonderstellung ein; das dadurch geprägte Bild der Altstadt ist zum Teil als Gesamtanlage geschützt. Hinzu kommen hochwertige Einzeldenkmäler. Die das Schloß umgebende, von Bebauung freie Grünzone der Bieberniederung östlich der Altstadt macht den Zusammenhang von ehemaliger Wasserburg, Schloß und Dorf erlebbar und besitzt daher die Bedeutung eines denkmalpflegerischen Interessenbereiches. Die Haas'sche Karte zeigt die ehemaligen Parkanlagen südwestlich des Schlosses, die heute nur noch in Resten vorhanden sind. Südlich im Waldgelände das ehemalige herrschaftliche Hofgut Patershausen.

Der 1977 eingemeindete Ortsteil Rembrücken, seiner geographischen Lage nach eher dem Rodgau zugehörig, besitzt kaum noch nennenswerte historische Bausubstanz.

Heusenstamm 1893 von Osten, Gemälde von A. Bode, aus: 750 Jahre Heusenstamm, 1961

Heusenstamm

und ließ einen großzügigen Lustgarten mit Alleen, Teichen und Orangerie anlegen. Seine Witwe Maria-Theresia beauftragte Balthasar Neumann, der in Würzburg im Dienst der Schönborns stand, 1735 mit dem Entwurf für die Kirche St. Cäcilia und ließ 1744 das erste Schulhaus bauen. Zu Ehren Kaiser Franz I. von Habsburg-Lothringen, der mit seinen Söhnen im Jahr 1764 anläßlich der Kaiserwahl in Frankfurt auch Heusenstamm besuchte, ließ Graf Eugen-Erwein von Schönborn das alte Tor abreißen und den frühklassizistischen Torbau errichten. Außerdem wurde für die Feierlichkeiten ein Holzpavillon, der „Kaisersaal", vor dem Schloß aufgestellt, jedoch 1830 wegen Baufälligkeit abgerissen. Durch die Schönbornsche Hofhaltung und Bautätigkeit, auch die bereits im 17. Jahrhundert gegründete Fayence-Manufaktur wurde das örtliche Handwerk gefördert. Größere Bauten wurden aus Tachytstein eines nahegelegenen Steinbruches errichtet.

1806 kam Heusenstamm für kurze Zeit zum Fürstentum Isenburg, 1816 zum Großherzogtum Hessen. Um die Mitte des 19. Jahrhunderts hatte es etwa 1000 Einwohner, von denen weniger als ein Drittel in der Landwirtschaft tätig war, um 1900 nur noch ein Zehntel; über ein Viertel der Erwerbstätigen war in der inzwischen aufgekommenen Lederwarenindustrie beschäftigt. Ein Großteil ging als Arbeiter nach Offenbach und Frankfurt, begünstigt durch die Bahnanbindung Dietzenbach–Offenbach 1898. Die Einwohnerzahl war bei Verleihung der Stadtrechte 1959 auf 6000 angestiegen und liegt heute, bedingt durch die Großstadtnähe, bei 20000. Das Schönbornsche Schloß, das in mehreren Kriegen seit der französischen Revolution als Truppenquartier und Hospital gedient hatte, im zweiten Weltkrieg teilweise zerstört worden war und nach dem Wiederaufbau zeitweilig von der Post genutzt wurde, ist 1977 von der Stadt aufgekauft und als Rathaus erweitert worden.

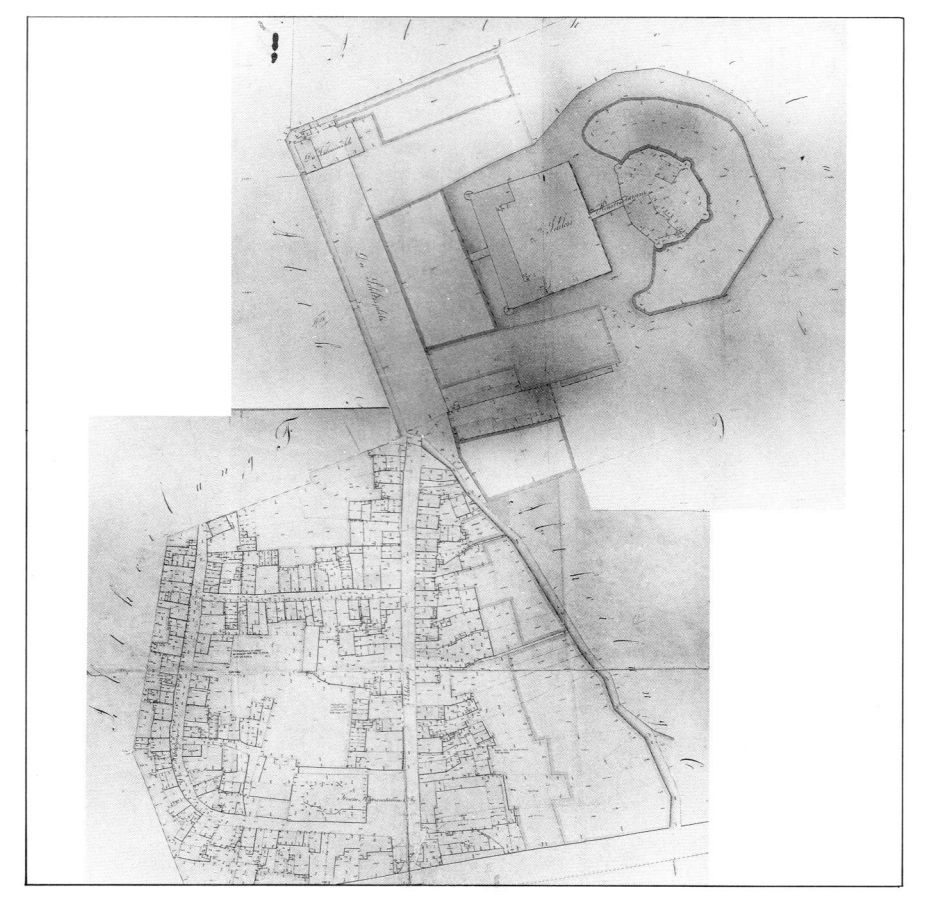

Heusenstamm, Urkataster

Heusenstamm

Altstadt und Schloß liegen am Nordrand des heutigen Stadtgebietes. Der alte Ortskern ist von nahezu rechteckiger Form und besteht aus den parallel in Nord-Süd-Richtung verlaufenden Straßenzügen von Schloß- und Kirchstraße sowie deren Verbindungen durch den ost-westlichen Teil der Kirchstraße und die Borngasse. Der neue Weg läuft außerhalb der ehemaligen Stadtmauer parallel zur Schloßachse, die durch die Orientierung des Schloßhaupteinganges und der diese Richtung aufnehmenden Pappelallee gegeben ist, und begrenzt damit in leichter Diagonale die Altstadt im Norden. Der Verlauf der ehemaligen Ortsbefestigung ist, außer an den vorhandenen Mauerresten, besonders an der Westseite in der geradlinig verlaufenden Parzellengrenze der Kirchstraßenbebauung mit anschließenden Gartenparzellen im Grundriß abzulesen; erlebbar sind der Ortsrand und die gesamte Silhouette mit Kirche, Schloß und Wasserburg jedoch nur von Osten, da sich hier direkt die Schloßwiesen anschließen und somit keine neuere Bebauung die alte Ortsgrenze, die sich hier im Plan nicht so eindeutig abbildet wie auf der Gegenseite, optisch beeinträchtigt.

Eine erste Wachstumsphase nach 1830 führte zu einer Ausdehnung an der Frankfurter Straße nach Westen zum Bahnhof und nach Süden; weitere großflächigere Wohngebiete konzentrierten sich auf Gebiete südlich der Frankfurter Straße hauptsächlich in Richtung Gravenbruch. Die Grünzone der Bieber-Niederung, einst Voraussetzung für die Anlage der Wasserburg, bildet nach wie vor den östlichen Abschluß der Altstadt.

Heusenstamm — Gesamtanlage/Kulturdenkmäler

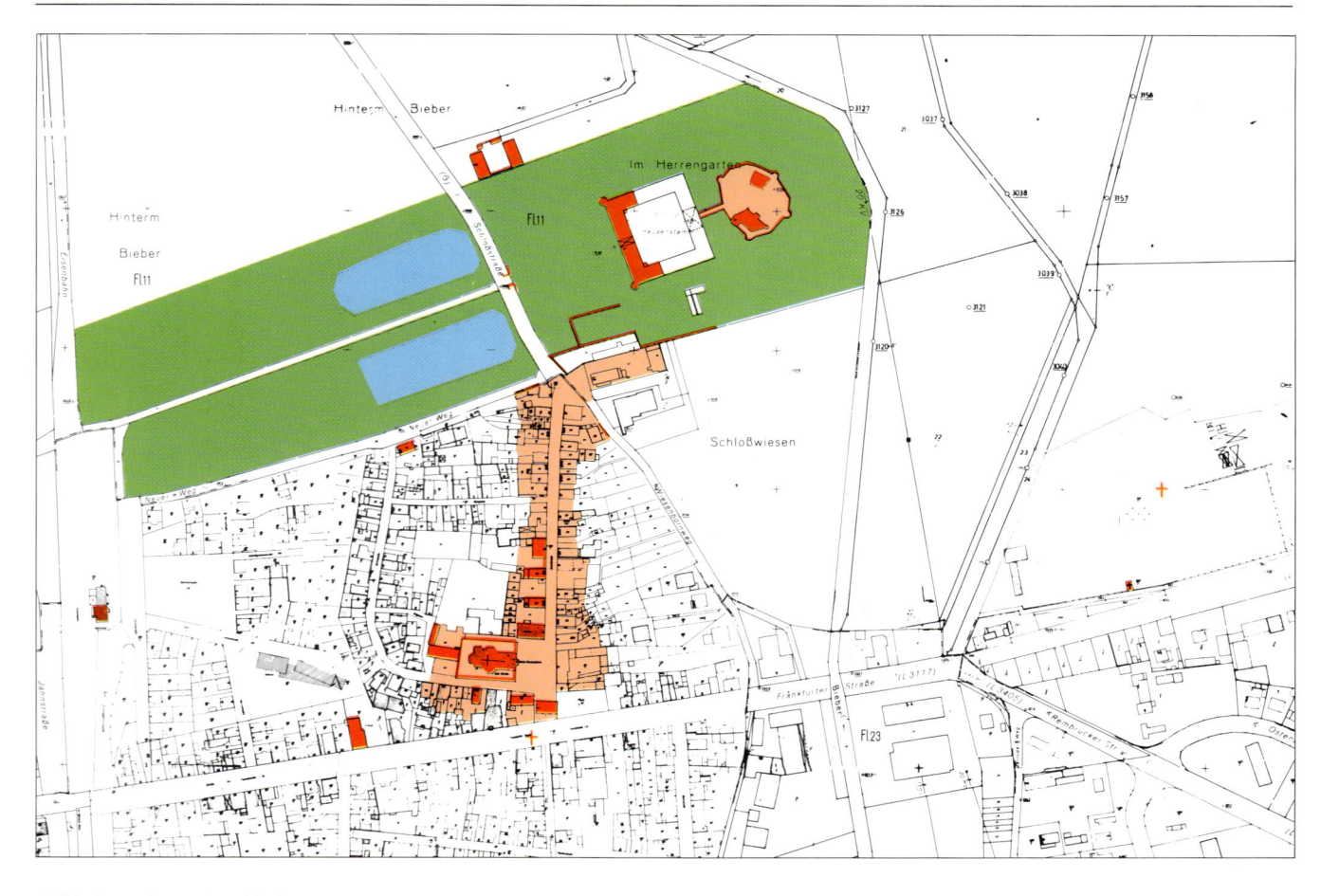

Schloßstraße und Schloß 1959

Gesamtanlage Schloßstraße/Kirchstraße

Wesentlicher Bestandteil der Gesamtanlage ist die Schloßstraße zwischen Frankfurter Straße und den Einmündungen von Neuem Weg und Wiesenbornweg einschließlich des wichtigen Verbindungsbaues Schloßstr. 49; dazu kommen der Pfarrhof und gegenüberliegende Bauten in der Kirchstraße. Damit ist in etwa die östliche Hälfte der Altstadt erfaßt.

Die Hauptachse Schloßstraße zerfällt in zwei Zonen: die planmäßige barocke Platzanlage vor der Kirche St. Cäcilia und den geschlossenen Straßenraum mit der giebelständigen Reihe kleiner Wohnhäuser und ehemaliger Hofreiten.

Der in den Ausmaßen bescheidene Platz zeichnet sich durch die außerordentliche Qualität der dominierenden Barockbauten von Tor und Neumann-Kirche aus; der Torbau ist sowohl Eingang zur Altstadt als auch Platzbegrenzung und optischer Endpunkt vom Schloß aus. Die Eingangswirkung ist durch die einseitige Freistellung mit angrenzendem Parkplatz allerdings beeinträchtigt. Die schlichten Gebäude von Schule und Kirchstraße 45 stellen die Symmetrie und Ausgewogenheit des Platzes her, der den Rahmen für den dominanten und aufwendigen Bau der Kirche St. Cäcilia abgibt.

Gesamtanlage/Kulturdenkmäler Heusenstamm

Der Straßenraum mit seiner regelmäßigen Reihung zweigeschossiger Fachwerkhäuser hat seine Geschlossenheit teilweise schon verloren durch abrißbedingte Baulücken, die den charakteristischen Wechsel von Giebelfronten und zur Straße hin durch Mauern abgegrenzten Höfen unterbrechen. Bemerkenswert hier die frühe und einheitliche Verblendung der Straßenfassaden durch massives Mauerwerk, wohl aus einem Bedürfnis nach Repräsentation und „städtischem" Straßenbild für die Auffahrt zum Schloß. Bei einigen Bauten hat sich dennoch gutes Fachwerk um 1700 erhalten; die Mehrzahl ist im späten 18. Jahrhundert entstanden.

Die spezifische Bedeutung der Gesamtanlage Heusenstamm liegt vor allem im städtebaulich sichtbar gewordenen Zusammenhang zwischen Residenz und Dorf; die Repräsentationsarchitektur des Herrscherhauses Schönborn hat hier auch den Ort durchdrungen und ihm eine barocke Prägung gegeben, die im Kreis einzig dasteht. (k, g)

Schloßstraße; Schloßstraße 49

Eisenbahnstraße 1 Fl. 1
Bahnhof Flst. 543/9

Zweigeschossiges Empfangsgebäude mit Güterhalle, Fassade aus zweifarbigem Ziegelmauerwerk mit Ornamentfries in der Obergeschoßbrüstung, der Südgiebel mit weitem Dachüberstand auf Freigesparre. Typenbahnhof aus der Epoche des Nebenbahnausbaus der Preußischhessischen Staatsbahn; die Strecke Dietzenbach–Heusenstamm–Offenbach wurde 1898 als Nebenlinie der Rodgau-Bahn eröffnet. Eines der besterhaltenen Beispiele; weitere, fast baugleiche Stationsgebäude der Rodgaubahn meist weniger vollständig erhalten. (t, g)

Frankfurter Straße 37 Fl. 1
Adalbert-Stifter-Schule Flst. 534/99

Zweigeschossiger kubischer Ziegelbau mit flachem Walmdach, die Schmalseite zur Frankfurter Straße orientiert und damit in die sonst ursprünglich kleinteiligen Bebauung eingefügt. Nach Inschrift im Sockel erbaut 1880, mit für die Zeit richtungweisenden großen Fensteröffnungen; die Formensprache – Rundbögen als Eingangsbetonung, Brüstungsfelder, zweifarbiges Backsteinmauerwerk, Ornament aus Ziegelformsteinen, der Situation angepaßter, asymmetrischer Grundriß – entspricht der Schinkeltradition der Berliner Schule.

Die Fassade durch Anstrich beeinträchtigt, die Eingangszone durch Mauer zur Frankfurter Straße verstellt, jedoch qualitätvoller, für die Zeit moderner Bau mit Dominanz im Straßenraum.

(k, g, s)

Heusenstamm — Kulturdenkmäler

Frankfurter Straße Fl. 1
Kreuz Flst. 995/1

Kreuz und Sockel aus Sandstein, 18. Jahrhundert, mit neuerem Anstrich; ursprünglicher Sandsteinkorpus ersetzt durch kleinere Figur aus Gußeisen. Früher Feldkreuz außerhalb der Dorfmauer, im Gebiet des in der Gegenreformation zum Katholizismus zurückgekehrten Heusenstamm häufiges Religionsdenkmal. (g)

Friedhofstraße – Friedhof Fl. 14
Friedhofskreuz Flst. 260/1

Friedhofskreuz aus Sandstein, laut Postament-Inschrift errichtet 1817, renoviert 1925. In der Aufstellung kombiniert mit Gedenksteinen für die Gefallenen des ersten Weltkrieges. Relativ frühes Beispiel für die im Kreis zahlreichen Friedhofskreuze des 19. Jahrhunderts. (k, g)

Friedhofstraße – Friedhof Fl. 14
Friedhofskapelle z. Hl. Kreuz Flst. 260/2

Kleine Barockkapelle, um 1705 als Feldkapelle errichtet, 1708 geweiht. Schlichter Rechteckbau mit in die Friedhofsmauer einbezogenem trapezförmigem Chor, außen verputzt, mit gequaderten Ecklisenen, Rundbogenfenstern und -tür. Innen Kreuzgratgewölbe; dort wie an den Wandflächen überaus reiche Stuckzier von bemerkenswerter Qualität: Ketten aus Blattbündeln an den Gewölbegraten, im Scheitel Akanthusrosette, im Chor Wolken mit Engel und Putten; im Vorderraum Muscheln in den Schildbogenscheiteln, Akanthusranken und Putten. An den Wänden Lambrisfelder mit Vasen und Ranken, Fensterumrahmungen mit Voluten; Gurtbogen auf niedrigen Pilastern mit Cherubkopf-Kapitellen; dazwischen Putten mit Leidenswerkzeugen. Künstler wahrscheinlich Antonio Genone und Eugenio Castelli, die gleichzeitig mit den Stuckarbeiten des Schlosses Philippsruhe in Hanau beauftragt waren. Innen kleine Kreuzigungsgruppe des 18. Jahrhunderts. (k, g)

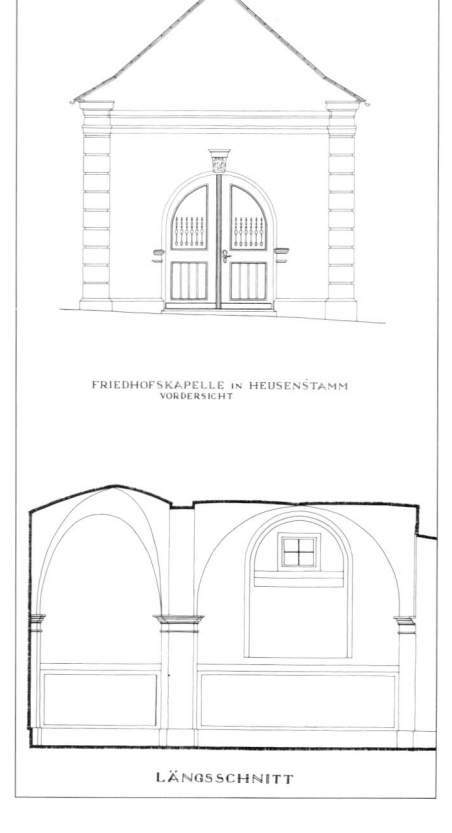

links: Details des Innenraumes, Ansicht und Schnitt

Kulturdenkmäler — Heusenstamm

Im Herrengarten 1 Fl. 11
Schloß Schönborn Flst. 33

Nachdem die Burg der Grafen von Heusenstamm 1661 in Schönborn'schen Besitz übergegangen war, wurde das Schloß 1663–68 unter Philipp Erwein von Schönborn erbaut. Vorgesehen war, wohl nach Plänen von Clemens Hinckh, eine quadratische, vierflügelige Wasserburganlage mit Ecktürmen um einen Binnenhof. Zur Ausführung kam jedoch nur die Vorderfront; die kurzen, rückwärtigen Seitenflügel sind erst in der 2. Hälfte des 19. Jahrhunderts angefügt worden. Die alte Burg wurde in die Anlage mit einbezogen und über eine Brücke verbunden. Zu Anfang des 18. Jahrhunderts ließ Anselm Franz von Schönborn den Herrengarten nach französischem Vorbild mit mehreren Alleen und Teichen anlegen, außerdem die Schloßmühle errichten.

Über die Fassade des langgestreckten, kaum gegliederten Renaissancebaues sind 22 Fensterachsen in nahezu gleichmäßiger Reihung verteilt; beidseitig Ecktürme mit Schlüsselscharten im Erdgeschoß und geschweifter Haube. Die Frontmitte betont durch kleines Zwerchhaus mit geschwungenem Giebel, darunter Rustika-Portal mit Maske im Schlußstein und dem Allianzwappen der Häuser Schönborn und Greiffenclau. Zugang über eine gewölbte Bogenbrücke anstelle der ursprünglichen Zugbrücke. Auf der Hofseite im Erdgeschoß Arkaden. Der Hof heute durch Rathausneubau geschlossen, der Altbau in die Nutzung einbezogen.

Von den Außenanlagen noch vorhanden sind Teile der äußeren Umfassungsmauer, der Eingang flankiert von zwei Sandsteinpfeilern mit Löwenpaar, das Wappen des Erbauers Philipp Erwein von Schönborn haltend. Die Löwen standen früher am südlichen Zugang in Verlängerung der Schloßstraße. Der heutige Barockgarten in neuer Zeit angelegt. Der ehemalige Herrengarten noch in Resten vorhanden; dazu gehören die doppelreihige Pappelallee in der Eingangsachse und zwei beidseitig angelegte Teiche außerhalb des Schloßbezirkes, außerdem ein Teich am Ende der Achse, heute durch die Bahnlinie abgeschnitten, die das Grüngelände des ehemaligen Schloßparkes im Westen begrenzt. (k, g, s)

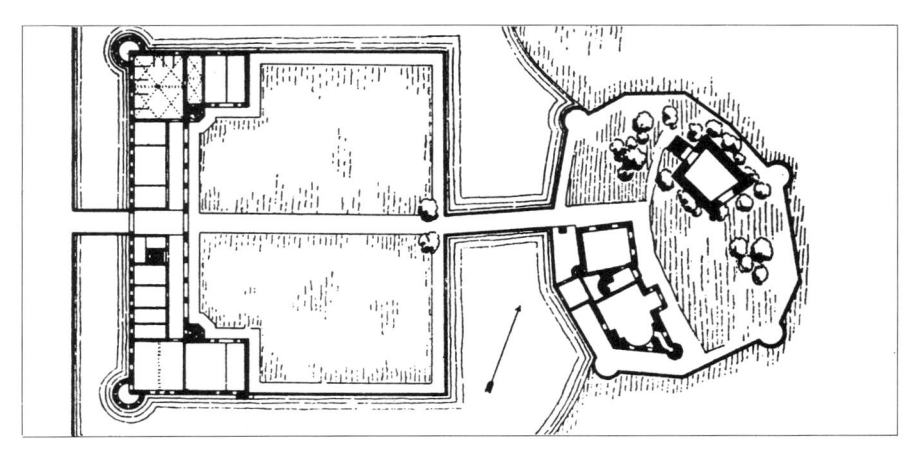

*Zeichnung aus: Schaefer, Kunstdenkmäler im Großherzogtum Hessen, 1885
unten: Schloßanlage 1810 von Norden, Aquarell im Schönborn'schen Archiv Wiesentheid, aus: 750 Jahre Heusenstamm, 1961*

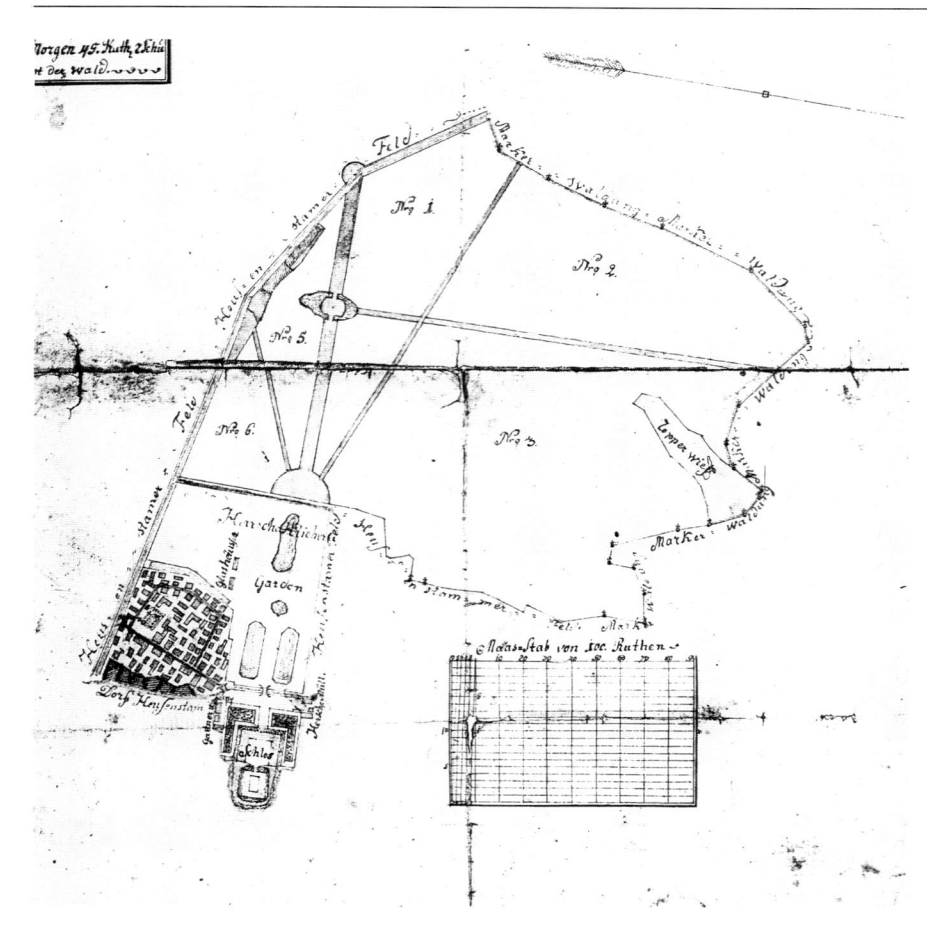

Heusenstamm — Kulturdenkmäler

*Heusenstamm: Ort, Schloß und Park
Plan aus dem Jahr 1779*

Schloß und Burg 1960

Kulturdenkmäler　　　　　　　　　　　　　　　　　Heusenstamm

Im Herrengarten　　　　Fl. 11
Ruine der alten Burg　　Flst. 33

Die ehemalige Wasserburg geht zurück auf eine Gründung des Eberhard Waro von Hagen-Heusenstamm in der 2. Hälfte des 12. Jahrhunderts; 1211 erstmals erwähnt. Nach dieser Urkunde gab Eberhard Waro die Burg, die er als kaiserliches Lehen besaß, an das Reich zurück, worauf sie Gottfried von Eppstein erhielt; dieser gab sie als sogenanntes Afterlehen wiederum an die Ritter von Heusenstamm.

Erhalten sind Reste der Befestigung, Gräben und Wehrmauern mit halbrunden gotischen Ecktürmen, die Ruine des sogenannten „Bannturmes" und ein ehemaliges Wohngebäude. Die Anlage wurde mehrmals um- und nach Zerstörungen wieder aufgebaut, so Anfang des 15. Jahrhunderts, Mitte des 16. Jahrhunderts durch Martin von Heusenstamm; 1561 völlige Wiederherstellung nach dem 30jährigen Krieg durch Eberhard von Heusenstamm. Nach dem Neubau des Schönborn'schen Schlosses diente die alte Burg nur noch Wirtschaftszwecken. Die auf dem Aquarell von 1810 (Abb. S. 171) dargestellten Nebengebäude wurden später wieder entfernt.

Das Mauerwerk des Bannturmes, des ehemaligen Bergfriedes auf starken Kellergewölben mit fast quadratischem Grundriß, setzt sich zusammen aus Buckelquadern – wohl aus der Erbauungszeit – sowie Hau- und Backsteinen verschiedener Epochen. Die Fenstergewände im 19. Jahrhundert gotisierend verändert. Der Turm war zeitweilig Gefängnis.

Das Herrenhaus über dem noch erhaltenen Sockelmauerwerk des 1533 erwähnten „Steinernen Hauses" des Martin von Heusenstamm im 19. Jahrhundert als Backsteinbau mit neugotischem Bogenfries unter Verwendung datierter Bauteile von 1533 und 1561 neu errichtet.　　　　　　　(k, g, s)

Im Herrengarten 2　　　　Fl. 11
Ehemalige Schloßmühle　　Flst. 32/1

Schlichte Baugruppe des 18. Jahrhunderts, geschlossene Hofform mit zweigeschossigem Wohnhaus und Nebengebäuden wie Scheune und Stallungen. Tor mit Rundbogendurchfahrt und eingeschossigen Anbauten, alle Gebäude mit Walmdach. Zufahrt über ehemalige Brücke mit massiver Brüstung und Radabweisern. Die Mühle grenzt an die Nordwestecke des Schloßgartens und bildet dessen baulichen Abschluß. (g, s)

Heusenstamm — Kulturdenkmäler

Kirchstraße 2/4 Fl. 1 Flst. 78

Fachwerkwohnhaus mit abgewalmtem Dach in Ecklage am Ortsrand. Ursprünglich gab es hier keinen Eingang, die Kirchstraße endet an der Mauer; daher der frühere Name „Bellmanns Umkehr". Das Fachwerk des 18. Jahrhunderts teilweise unvollständig, bei der jüngsten Renovierung verändert. Neu der hochgezogene Sockel und die Dachgauben. Das Haus markiert den nördlichen Ortsrand gegenüber dem ehemaligen Schloßpark und von Süden das Ende der Kirchstraße. (g, s)

Kirchstraße 2/4, historische Aufnahme aus: 750 Jahre Heusenstamm, 1961

Kirchstraße 43 Fl. 1 Flst. 4/2

Giebelständiges Wohnhaus mit Fachwerk-Zierformen in der Brüstungszone des Obergeschosses: Negativ-Rauten und durchkreuzte Rauten, außerdem balusterartig geschnitzte Eckpfosten, verzierte Knaggen und abgerundete Füllhölzer. Der um 1700 entstandene Bau – heute Heimatmuseum – vervollständigt in Lage gegenüber der Kirche das Ensemble in der Umgebung des Kirchplatzes. (k, s)

Kirchstraße 45 Fl. 1 Flst. 3/4

Schlichtes barockes Wohnhaus der 2. Hälfte des 18. Jahrhunderts mit Krüppelwalmdach, wie die übrigen Bauten um den Kirchplatz traufständig. Die Fachwerkfassade vollständig verputzt, bemerkenswert die geschnitzte Haustür mit spätklassizistischem Fächer- und Festonmotiv, die Treppe neu. Wichtiges platzbegrenzendes Haus in Anschluß an den Torbau, Pendant zur gegenüberliegenden alten Schule. (k, s)

Neuer Weg, Wiesenbornweg Ortsmauer

Reste der Ortsmauer, teilweise überbaut mit Fensterdurchbrüchen. Bruchsteinmauerwerk, in Höhe eines Geschosses oder niedriger. Im Wiesenbornweg nur geringe Reste erhalten, am Neuen Weg größeres zusammenhängendes Stück; ursprünglich auch an der Einmündung der Kirchstraße geschlossen. Ehemaliger Ortsrand westlich der Kirchstraße im geradlinigen Verlauf der Parzellengrenzen noch erkennbar, östlich der Schloßstraße keine eindeutige Grenze ablesbar. (g)

Kulturdenkmäler   Heusenstamm

Inschrift:
AUG. IMP. FRANC. I. QUO ELIGEBATUR FILIUS JOSEPHUS IN REGEM ROM. VII DIERUM TEMPORE HIC HOSPITIS IN HONOREM HANC PORTAM EXTRUI FECIT EIDEM A CONS. INT. EUG. ERV. COMES A SCHÖNBORN ANNO 1764

Torbau, Zeichnung 1907

Luftbild 1959

Schloßstraße 1 Fl. 1
Torbau Flst. 1

Triumphbogenartiger Bau, nach der lateinischen Inschrift 1764 durch Graf Eugen Erwein von Schönborn zu Ehren Kaiser Franz I. errichtet, der sich anläßlich der Krönung seines Sohnes Josef in Frankfurt eine Woche in Heusenstamm aufhielt. 1835 kam der Torbau in Gemeindebesitz und war Armenhaus und Ortsgefängnis, heute Heimatmuseum.
Innen dreigeschossiges Gebäude mit Mansardwalmdach, darauf Laterne mit Knauf. Die Putzfassade mit Sandsteingewänden abgesetzt, zur Schauseite beiderseits der zurückgenommenen, von Pilastern flankierten Durchfahrt zweigeschossige Fenster mit Dreiecksgiebeln, darüber Okuli. In der Mitte das von einem Blendbogen umrahmte Relief zweier das Schönborn-Wappen haltender Löwen unter auffälligem Feston. Im Dach über starkem Konsolengesims die drei Achsen durch Lukarnen aufgenommen.
Die gestalterischen Details charakterisieren den Torbau als relativ frühes Werk des Übergangs vom Barock zum Klassizismus; er vereinigt in sich die Funktion des Monuments mit der des Stadttores als Eingang zum alten Ort. Gegenwärtig durch einseitige Freistellung (Parkplatz) in seiner Wirkung beeinträchtigt. (k, g, s)

175

Heusenstamm — Kulturdenkmäler

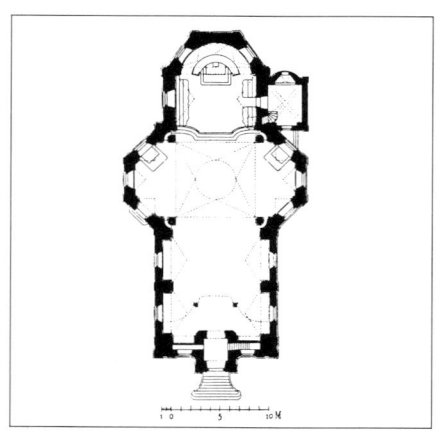

Schloßstraße 2   Fl. 1
Kath. Pfarrkirche St. Cäcilia   Flst. 215

1735 durch Gräfin Maria Theresia von Schönborn als Begräbnisstätte für ihre Familie in Auftrag gegeben, wurde die Kirche nach Abbruch eines gotischen Vorgängerbaues 1739 begonnen, 1744 vollendet und 1756 geweiht. In dem Entwurf des Hausarchitekten der Schönborns, Balthasar Neumann, sind etliche für sein Schaffen charakteristische Formen angewandt, die auch in seinen späteren, bekannten Werken weiterentwickelt wurden. Typisch für seine Landkirchen, wie sie im fränkischen Raum zu finden sind, der halb eingestellte Frontturm mit dreiteiligem Aufriß und geschwungener Haube in der durch vertikalbetonte Lisenen gegliederten Giebelfassade.

Der einschiffige Langbau, im Grundriß kreuzförmig, durch ein Querhaus mit kurzen, dreiseitig geschlossenen Armen erweitert, die Apsis außen dreiseitig, innen rund geschlossen. Das flache Vierungsgewölbe baldachinartig durch freigestellte Säulen getragen, der übrige Raum von einem Tonnengewölbe mit Stichkappen überdeckt. Durch die Verschmelzung von Lang- und Zentralraum – ein für Neumann wichtiges, mehrfach variiertes Motiv – wird die Weiträumigkeit des Innenraumes erzielt. Die Deckengemälde – Auferweckung des Lazarus, Auferstehung Christi, Anbetung des Lammes – 1741 von Christoph Thomas Scheffler, Augsburg, nach Brand 1902 mehrfach restauriert. Der bedeutende Rokoko-Altaraufsatz, 1742–44 von Johann Wolfgang von der Auwera, als durchbrochenes Muschelwerk schwungvoll emporwachsend, trägt das hohe Kruzifix. Ebenfalls von Auwera die Vasenaufsätze der Giebel-Außenfassade und die Erlöser-Statue. Chorgestühl, Bänke und Beichtstühle, wohl auch Tabernakel des Hochaltares und Kanzel, vollendet 1751 von dem Mainzer Hofschreiner Franz Anton Hermann. Seitenaltäre um 1800, der Orgelprospekt eine Nachbildung des 1902 zerstörten Gehäuses. Die feinen Stuckaturen des Innenraumes wie die schmiedeeisernen Torgitter des Kirchhofes wahrscheinlich aus Würzburger Werkstätten.   (k, g, s)

*Grundriß aus: Schaefer, Kunstdenkmäler im Großherzogtum Hessen, 1885
Details der Innenausstattung: Altaraufsatz, Stuck der Fensternischen, Deckengemälde in der Vierung (Auferstehung)*

Zur Sachgesamtheit von Kirche und Kirchhof gehören die Umfassungsmauer aus Bruchstein mit Torpfosten; in der Mauer außen zur Kirchstraße ein ungewöhnliches Grabkreuz aus Ton mit eingeritzten Rosetten- und Radornamenten, datiert 1614, wahrscheinlich beim Kirchenbau hier eingemauert. An der Außenwand des Chores 3 Grabsteine des 16.–18. Jahrhunderts: eine Grabplatte des Ritters Martin von Heusenstamm, stark abgewittert, entsprechend der Grabplatte seiner 1508 verstorbenen Frau Elisabeth von Brendel-Homberg, jetzt am Hofgut Patershausen; zwei Steine barock. (k, w, g)

Portal mit Allianzwappen Schönborn-Montfort, Torgitter
Epitaphien in der Außenwand
Tonkreuz in der Kirchhofmauer

Heusenstamm — Kulturdenkmäler

Schloßstraße 8
Pfarrhof
Fl. 1 Flst. 213

Verputzter Massivbau um 1670, möglicherweise von Johann Philipp von Schönborn nach seiner Wahl zum Erzbischof und Kurfürst von Mainz 1647 erbaut. Traufständiges, zweigeschossiges Gebäude mit Satteldach und seitlicher Auslucht zum Hof; dieser geschlossen durch niedrigen Fachwerk-Scheunenanbau. Der Pfarrhof liegt unmittelbar neben dem Kirchengelände und gehört damit zum Ensemble um den Kirchplatz. (g, s)

Schloßstraße 10
Ehemalige Schule
Fl. 1 Flst. 167

Das alte Schulhaus, eine Stiftung der Gräfin Maria Theresia von Schönborn von 1744, diente bis 1980 als Rathaus. Klar gegliederter, siebenachsiger Putzbau mit Walmdach, der Mittelrisalit durch Attika mit Walm hervorgehoben. Städtebaulich wichtiger Bestandteil der barocken Platzanlage, Begrenzung und Überleitung zur Schloßstraße. (k, g, s)

Schloßstraße 12–14
Fl. 1 Flst. 159

Giebelständiges Wohnhaus eines Hakenhofes um 1700, ähnlich Kirchstraße 43, mit Zierformen – Negativrauten, Feuerböcke – in den Brüstungsfeldern des Obergeschosses; geschnitzte Eckpfosten. Das Erdgeschoß massiv erneuert. Das Haus bildet den Anfang der Westzeile der Schloßstraße und zeigt noch die hier charakteristische, zur Straße durch Mauer geschlossene Hofform, die den Straßenraum prägt. (k, s)

Schloßstraße 16/18
Fl. 1 Flst. 152

Giebelständiges Fachwerkwohnhaus des 18. Jahrhunderts, Rest einer Hofreite, deren Scheune zugunsten einer hier unpassenden Platzbildung entfernt wurde; rückwärtig neuer Anbau. Einfaches Fachwerk aus krummen Hölzern, durch die einseitige Freistellung auch die Traufseite optisch wirksam. (g, s)

Schloßstraße 20
Fl. 1 Flst. 151/1

Traufständiger, dominanter Bau mit Walmdach, hohem massivem Erdgeschoß und zweiläufiger Eingangstreppe. Klassizistische Bauform aus dem letzten Viertel des 18. Jahrhunderts mit spätbarocken Fachwerkfiguren – Streben, Brüstungsrauten – im Obergeschoß. Ehemalige Amtskellerei, daher repräsentative Gestaltung, hohe Hofmauer mit großer Rundbogendurchfahrt. (k, g, s)

Schloßstraße 12–14

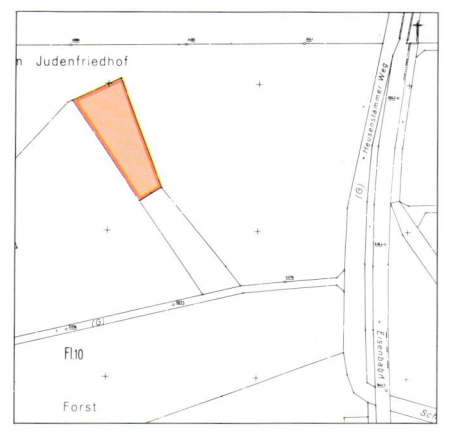

Kulturdenkmäler Heusenstamm

Judenfriedhof Fl. 10 Flst. 3

Nördlich des Ortes im ehemals Schönborn'schen Wald gelegenes Gelände, der jüdischen Gemeinde wohl im 17. Jahrhundert geschenkt. 1678 stellte Johann Erwein von Schönborn den Heusenstammer Juden einen Schutzbrief aus. Ein Gedenkstein am Eingang mit hebräischer und deutscher Inschrift (Dank für Spenden für den Bau der Friedhofsmauer) ist datiert 1857. Alte unleserliche Grabsteine, Inschriften der 2. Hälfte des 19. und des 20. Jahrhunderts erkennbar. Auch Juden aus den Nachbargemeinden hier beerdigt, letzte Beerdigung 1936. Die Mauer nach Zerstörung 1938 um 1954 renoviert. (w, g)

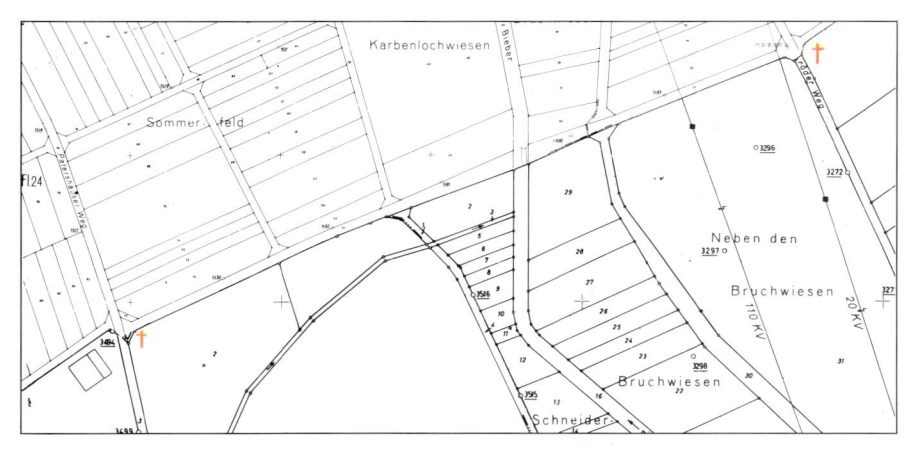

Richard-Wimmer-Straße Fl. 24
Kreuz Flst. 75

Kreuz und Postament aus Sandstein, kleiner gußeiserner Korpus. Inschrift und Datum 1880 (?) verwittert. Früherer Standort Gabelung Obertshäuser/ Rembrücker Straße. Typisches Feldkreuz im katholischen Gebiet. Standort am Patershäuser Weg, bis vor kurzem südlich außerhalb der Ortslage, jetzt am Rand des Neubaugebietes. (g)

Niederröder Weg Fl. 23
Kreuz Flst. 71

Feldkreuz außerhalb der Ortslage, Sandstein, kleiner Korpus in groben Formen, einfachste Handwerksarbeit; im Sockel Initialen und Datum HGP 1722. Damit unter den erhaltenen einfachen Feldkreuzen des Kreises relativ frühes Werk mit Seltenheitswert. Früherer Standort an der Straße nach Rembrücken. (g)

179

Patershäuser Weg Fl. 30
Patershäuser Hof Flst. 13

Das im Wald zwischen Heusenstamm und Dietzenbach gelegene Hofgut Patershausen geht zurück auf eine Klostergründung der Benediktiner; die Entstehungszeit ist bisher ungeklärt (7.–10. Jahrhundert). Das Kloster bestand bis in die erste Hälfte des 13. Jahrhunderts, als es durch Ulrich I. von Hagen-Münzenberg aufgekauft und aufgelöst wurde. 1252 vermachte Ulrich II. es seiner Schwester Lucardis, die als erste Äbtissin nun das Zisterzienserinnen-Kloster „Corona Virginum" führte. Durch Schenkungen zu Wohlstand gelangt, beherbergte das Kloster in seiner Blütezeit um 1300 über 50 Nonnen und bezog Erträge aus etwa 50 Höfen und Gütern und über 200 Ortschaften. Die Reformation brachte 1556 die Auflösung; im Besitz des Erzstiftes Mainz, wurde das Kloster dem Jesuitenorden übergeben und ging im 30jährigen Krieg mit dem zugehörigen Dorf unter. Ein Hofgut bestand weiter und war als Lehen an wechselnde Betreiber vergeben. Nach einer Jahreszahl am Torbogen der Scheune wurde noch 1720 am Hofgut gebaut.

1741 kaufte Maria Theresia Schönborn die Reste von Kloster, Hof und Dorf Patershausen und ließ das Gut in seiner heutigen Form mit neuem Herrenhaus aufbauen. Seither wurde es als landwirtschaftlicher Betrieb geführt. 1954 wurde die selbständige Gemeinde Patershausen aufgelöst und ging in der Gemarkung Heusenstamm auf. Seit 1978 ist der Hof Patershausen mit Feld und Forst in Besitz der Stadt Heusenstamm.

Der vierseitig geschlossene Gebäudekomplex besteht aus barockem Herrenhaus und Scheune mit Mansarddach, außerdem Stall- und Nebengebäuden. Über dem Eingang des schlichten fünfachsigen Hauptbaues das Allianzwappen Schönborn-Montfort. In die Außenwand des westlichen Gebäudes neben dem Rundbogen der Hofeinfahrt eine Grabplatte eingelassen; die Sand-

Kulturdenkmäler　　　　　　　　　　　　　　　　　　　　　Heusenstamm

steinplatte mit 4 Wappen und umlaufender Inschrift, vom Grab der 1508 verstorbenen Elisabeth Brendel von Homburg, „eheliche Hausfrau" des Ritters Martin von Heusenstamm. Von mittelalterlicher Bausubstanz kaum sichtbare Überreste erhalten. Ein vermauerter Spitzbogen der ehemaligen Kirchenmauer in der äußeren Nordwand, in der östlichen Außenwand der Scheune Spuren vermauerter Nischen. Fundamente der Kirche und Gräber, möglicherweise des 13.–14. Jahrhunderts, ergraben. (k, g, w)

Patershausen, Plan des 18. Jahrhunderts

Patershäuser Weg　　　　　　Fl. 30
Steinkreuz　　　　　　　　　　Flst. 11

Stein- oder Sühnekreuz des 13.–16. Jahrhunderts, typische Form mit kurzen, abgerundeten Kreuzarmen, leicht asymmetrisch, mit breiterem, zur Mittelachse versetztem Fuß, Material Rotliegendes. Standort am Ufer des Bieberbaches in Nähe des Patershäuser Hofes. Im Kreisgebiet relativ häufiges, sonst seltenes Rechtsdenkmal des Mittelalters. (w, g)

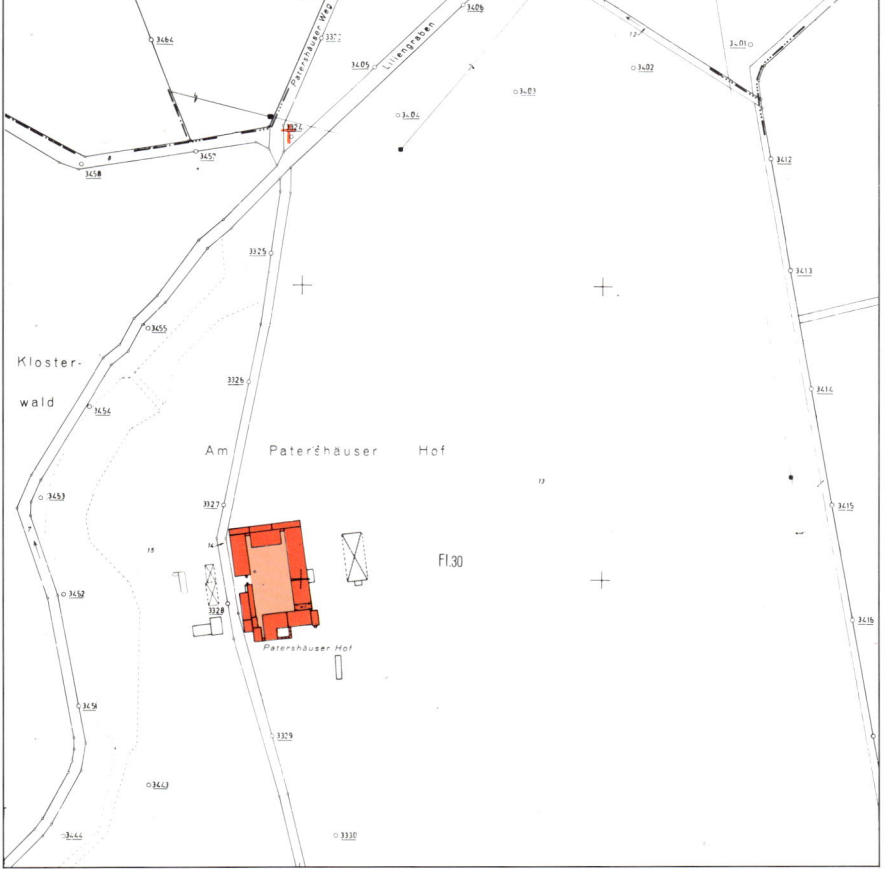

Rembrücken

Ein Gut „Rintbrucken" wurde erstmalig 1268 in einer Urkunde des Klosters Patershausen erwähnt, es lag am alten Frankfurter Weg zwischen Hainhausen und Heusenstamm. Es kam zunächst in den Besitz des Klosters Seligenstadt und gehörte wie der bedeutendere Nachbarort Heusenstamm der Biegermark und dem Zentgericht Steinheim an. Ein kirchlicher Zusammenhang bestand mit Weiskirchen und damit, seit der Reformation um 1570, zum katholischen Teil des Rodgaus. Zu dieser Zeit zählte Rembrücken etwa 100 Einwohner, nach dem 30jährigen Krieg blieben davon 17. In dem neu aufgebauten Ort wurde 1756 die alte Kapelle Mariä Opferung errichtet, die durch den Neubau von 1925 ersetzt wurde. Die Kirche bezeichnet den Mittelpunkt des alten Straßendorfes, dessen Struktur unverändert erhalten ist, da neuere Erweiterungen erst nördlich der Heusenstammer Straße ansetzen. Die Hauptstraße, jetzt Sackgasse, kreuzt diagonal die heutige Verkehrsanbindung und orientiert sich an der früher wichtigen Verbindung nach Weiskirchen.

Rembrücken
Alte Kapelle
aus: Wimmer, Rembrücken, 1976

Kulturdenkmäler Heusenstamm Rembrücken

Friedhofstraße – Friedhof Fl. 1
Friedhofskreuz Flst. 75

Hohes Friedhofskreuz aus Sandstein, mit gotisierender Ornamentik an Postament und Kreuzarmen; Korpus ebenfalls Sandstein. Inschrift und Datum 1868, errichtet durch die Gemeinde mit der Friedhofsanlage. Friedhofsmauer mit Torpfosten und schmiedeeisernem Torgitter erhalten. (g)

Hauptstraße 30 Fl. 1
Kath. Kirche Maria Opferung Flst. 110

Kleiner Saalbau, 1925 errichtet anstelle einer 1756 erbauten Kapelle. Putzbau in neubarocken Formen, die Schaufassade mit geschwungenem Giebel und Voluten, darüber verschieferter Haubendachreiter. Der Barockaltar aus der früheren Kirche Ober-Roden übernommen. Die Ortsmitte an einer platzartigen Ausweitung der Hauptstraße bestimmender Bau. (k, g, s)

Kath. Kirche, Innenraum

Langen

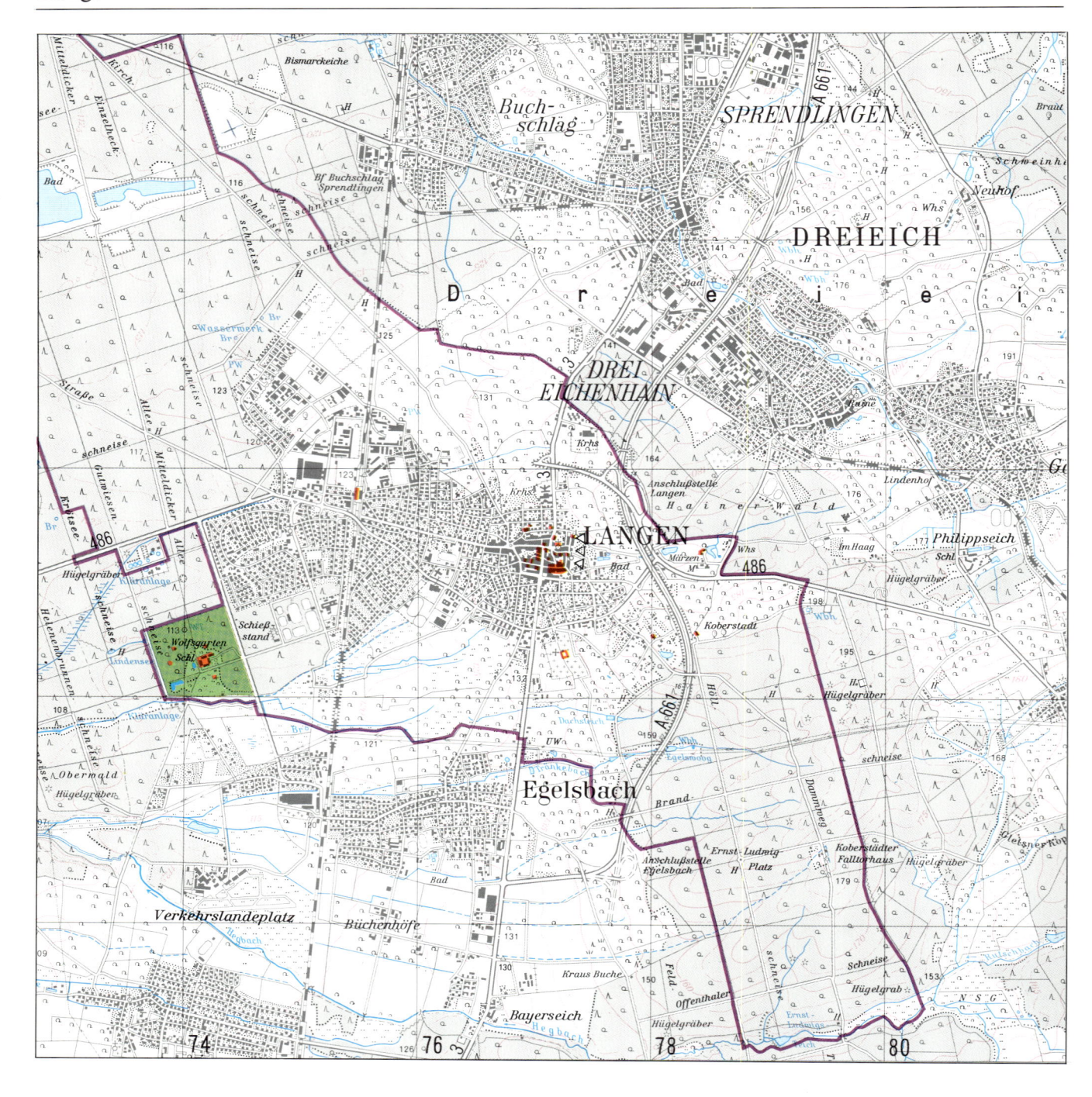

Erläuterung zu Karte 6 (M 1:50000)
Stadt Langen

Im Westteil des Kreises markiert Langen etwa die Mitte der schon immer wichtigen Nord-Süd-Achse Frankfurt-Darmstadt und gewann daraus früh an Bedeutung, so daß es zeitweilig der größte Ort des Kreises war. Eine ähnliche Entwicklung setzte sich nach dem Bau der Main-Neckar-Bahn im westlichen Teil fort. Die heute erhaltene historische Bausubstanz findet sich überwiegend in der Osthälfte des fast viereckigen, in der Haas'schen Darstellung idealisierten Altstadtkerns; hier sind auch zwei kleinere Gesamtanlagen ausgewiesen. Wichtig ist im Osten der Übergang der Bebauung zur der Stadtmauer vorgelagerten Grünzone.
Südwestlich von Langen Schloß Wolfsgarten mit großem, in den Wald übergehendem Parkgelände.

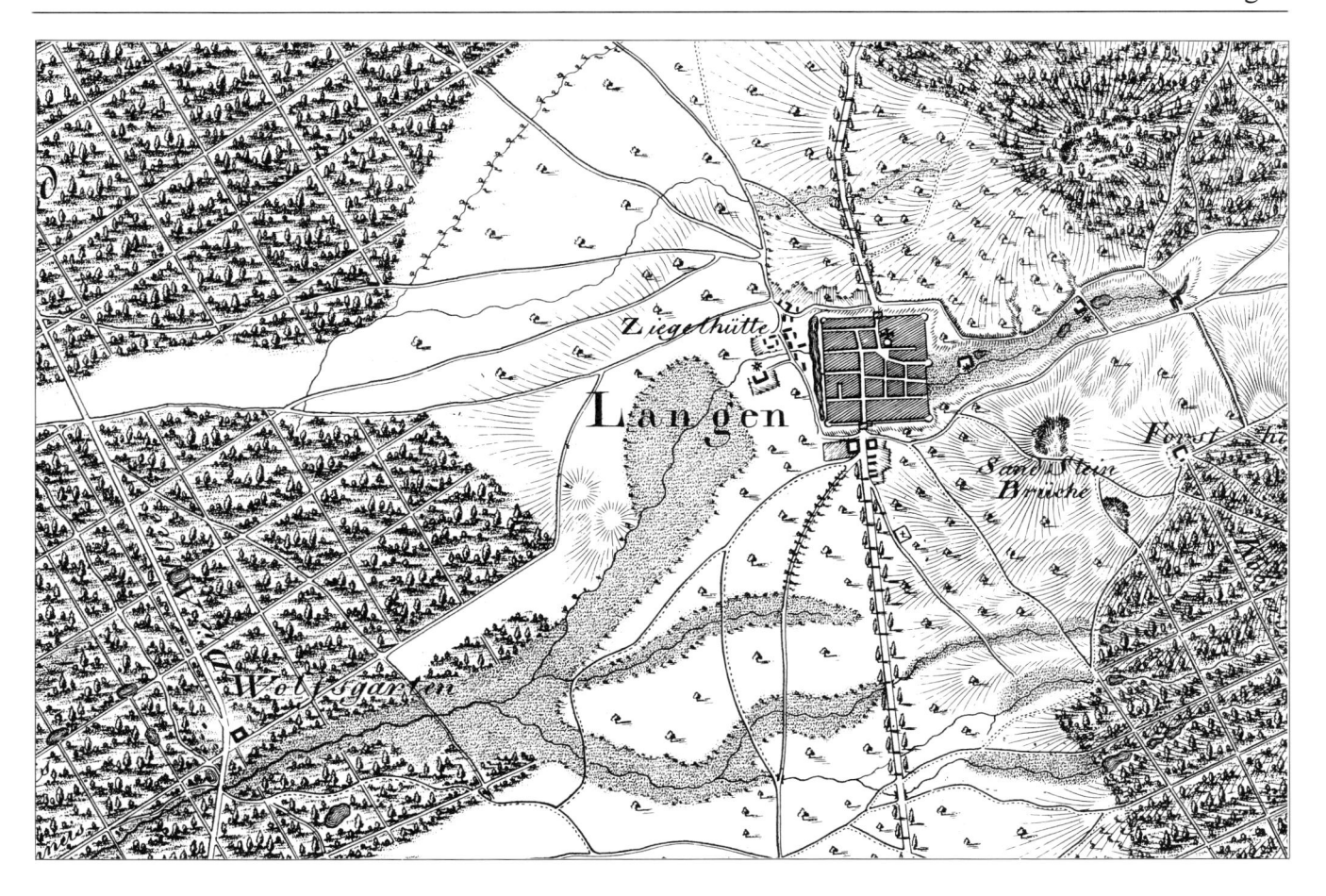

Langen

Zahlreiche bis in die Jungsteinzeit zurückreichende Funde belegen, daß Langen schon in der Vorzeit Siedlungsgebiet war. Zu erwähnen ist eine Ansammlung von Hügelgräbern der Hallstadtzeit im nahegelegenen Wald der Koberstadt. Auch kann hier ein Kreuzungspunkt wichtiger Römerstraßen angenommen werden. Der Ort selbst ist möglicherweise eine alemannische Gründung des 5. Jahrhunderts, die von Franken übernommen und ausgebaut wurde. Dafür spricht die Endung des alten Ortsnamens „Langungon" in der ersten urkundlichen Erwähnung im „Codex laureshamensis", wo die Schenkung des Ortes an das Kloster Lorsch festgehalten ist. Zu dessen Besitz gehörte Langen bis ins 13. Jahrhundert. Zu einer gewissen Bedeutung gelangte die Siedlung im Mittelalter einmal aufgrund ihrer Lage an der Kreuzung zweier bedeutender Verkehrswege, der in Nord-Süd-Richtung verlaufenden Bergstraße zwischen Frankfurt und Heidelberg sowie, in ost-westlicher Richtung, der Verbindung Mainz-Aschaffenburg. Zum zweiten war Langen, zentral in dem von den Karolingern gegründeten Reichsbannforst Dreieich gelegen, der Sitz des Wildbanngerichts. Zwei von 36 Huben des Wildbannes befanden sich im Ortsgebiet.

Langen

Bis ins 13. Jahrhundert gehörte Langen zum Besitz des Klosters Lorsch, von 1230 an des Klosters Mainz, und wurde von dort als Lehen vergeben: bis zum Ende des 11. Jahrhunderts an die Pfalzgrafen des Oberrheingaues, 1090 bis 1255 an die Herren von Hagen-Münzenberg. Durch Erbschaft kam es zum größten Teil an Falkenstein. Unter deren Herrschaft wurde, wohl kurz vor 1336, die Stadtbefestigung ausgebaut. Zu diesem Zeitpunkt erhielt die Stadt Frankfurt das Privileg, das den Befestigungsbau in ihrem Umkreis verbot. Die Befestigung Langens bestand aus Kleinem und Großem Seedamm mit Gräben im Westen, Mauer mit Türmen und Heegen im Osten, Kleiner und Großer Pforte im Norden und Süden. Bis 1573 hatte Langen das Burgrecht in Frankfurt. Dem schon seit dem 13. Jahrhundert in Langen abgehaltenen Maigericht saß 1338 Kaiser Ludwig der Bayer vor, der das geltende Recht und die Grenzen der Mark Langen im Langener „Wildbann-Weistum" schriftlich niederlegen ließ. Das Maigericht tagte bis 1556, als Isenburg-Ronneburg die Herrschaft übernahm, nachdem schon 1486 Langen Alleinbesitz von Isenburg-Büdingen geworden war. Außerdem war Langen Sitz des Zentgerichts Langen-Mörfelden-Kelsterbach und seit 1421 mainzisch-isenburgische Zollstätte.

Im 16. Jahrhundert war Langen mit 123 Häusern der bedeutendste Ort des Wildbannforstes Dreieich und überwiegend Bauerndorf. 1538 wurde der Bau einer hölzernen Wasserleitung begonnen und 1553 mit der Errichtung des Röhrenbrunnens abgeschlossen, 1550 die Fahrgasse gepflastert. Seit 1532 war der Ort lutherisch. 1583 wurde der Friedhof aus dem Ort vor die Große Pforte verlegt. Um 1565 begann Graf Wolfgang von Ysenburg-Ronneburg mit dem Bau eines Schlosses am Koberstädter Waldrand, gab das Projekt jedoch zugunsten eines Schloßneubaues in Kelsterbach auf. 1600 wurde Langen an den Landgrafen von Hessen-Darmstadt verkauft.

Vor dem 30jährigen Krieg zählte Langen 600 bis 700 Einwohner und 150 Haushalte. Davon blieben nach den Kriegsereignissen mit Durchmärschen, Einquartierungen (1631 Gustav Adolf) und Zerstörungen noch 42 Haushalte mit etwa 150 Einwohnern. Der Wiederaufbau wurde durch weitere Kleinkriege erschwert. Gegen Ende des 17. Jahrhunderts begann man mit der Umrodung der Weingärten östlich der Stadt und legte, im Gebiet der Heegen, Obstgärten an.

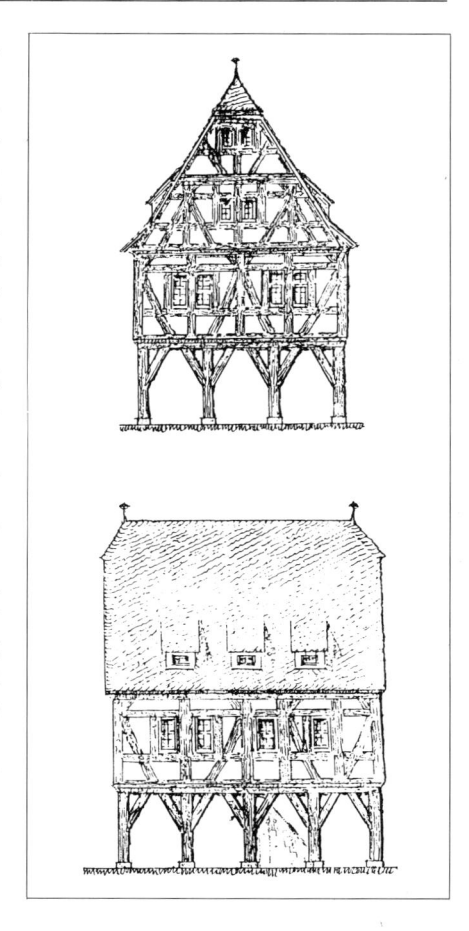

Das mittelalterliche Rathaus in Langen, Rekonstruktionszeichnung von Baurat Carl Kraus, Darmstadt

1721 ließ Ernst-Ludwig, Landgraf von Hessen-Darmstadt, das Jagdschloß Wolfsgarten errichten. Seit Ende des 18. Jahrhunderts wurde die Befestigung aufgegeben, 1791 die Kleine, 1811 die Große Pforte abgebrochen. Langen bestand aus über 200 Hofreiten und besaß 6 Mühlen. 1842 wurde das um 1500 erbaute Alte Rathaus zerstört. 1812 erhielt Langen die Marktberechtigung, 1818 eine Poststation, 1826 ein neues Rathaus.

Der Bau der Main-Neckar-Bahn 1846 hatte großen Einfluß auf die bauliche und wirtschaftliche Entwicklung. Der Durchgangsverkehr, von dem ein Großteil des Handwerks und der Gastronomie abhängig war, nahm ab. Der Ort entwickelte sich vom alten Kern zur entfernt liegenden Bahnstation. Seit 1817 dehnte sich die Bebauung außerhalb des ursprünglichen Ortsrandes aus. Durch den Strukturwandel arbeitslos gewordene Einwohner suchten als Pendler auswärts Beschäftigung, Langen entwickelte sich von der Agrar- zur Arbeiterwohngemeinde. Ab 1868 verstärkte sich die Bautätigkeit, 1879 wurde der Neubau der Stadtkirche begonnen, gleichzeitig mit ihrer Fertigstellung 1983 erhielt Langen die Stadtrechte. Erste Industrieansiedlungen gab es um 1900 (Likör, Leder), Langen hatte jetzt etwa 5600 Einwohner; vor dem zweiten Weltkrieg waren es 9000. 1982 betrug die Einwohnerzahl fast 29000, damit ist Langen nach Neu-Isenburg die zweitgrößte Einzelgemeinde des Kreises.

Ehemaliges Gasthaus „Zur Stadt New York", 1818–1979, Darmstädter Straße 19 (Bauaufnahme Reuter, Oppermann, Baeumerth, TH Darmstadt)

Langen

Urkataster nach der Parzellenvermessung 1856–62

Langen im Mittelalter
Abbildungen aus: Langen 1883–1983

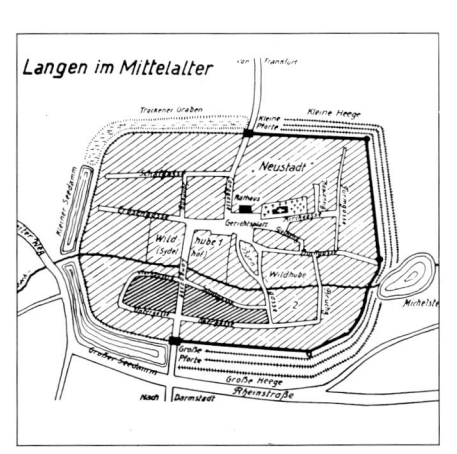

Der einst befestigte, nahezu quadratische mittelalterliche Ortskern ist im Stadtgrundriß erkennbar. Im Osten ist noch außer Mauerresten und Türmen die außerhalb vorgelagerte Grünfläche des „Heeg" erhalten. Im Westen, dem Bereich der ehemaligen Seedämme, sind die Übergänge zu den neueren Ortsteilen fließend. Die früher wichtige Nord-Süd-Verbindung der Bergstraße führte etwa in der Mitte durch den Ort (heute Fahrgasse/Frankfurter Straße); auf sie trafen in Ost-West-Richtung Sackgassen, wie Wasser-, Ober-, Schaf-, Bachgasse. In derselben Richtung verlief der Sterzbach. Teilweise wird vermutet, daß der älteste Ortskern sich zunächst als Straßendorf parallel dazu an Ober- und Wassergasse entwickelte. Nördlich davon lagen Klostergut, Wehrkirchhof und zwei Wildhuben. Das spätmittelalterliche Rathaus stand gegenüber der Kirche mit ihrem auf romanische Ursprünge zurückgehenden Wehrturm auf dem Marktplatz, dem heutigen Wilhelm-Leuschner-Platz. Der Bereich des mittelalterlichen Ortskerns ist gekennzeichnet durch die Bebauung aus bäuerlichen Hofreiten, in der Regel Hakenhöfe. Die stattlichsten Anwesen vom Typ des Vollerwerbshofes konzentrieren sich an Ober-, Wasser- und Fahrgasse. Die Fachwerkwohnhäuser sind giebelständig, einige mit Zierformen; die ältesten Beispiele in der Obergasse stammen aus dem späten 17. Jahrhundert. Bescheidenere Kleinbauern- oder Nebenerwerbshöfe mit eingeschossigem Wohnhaus finden sich beispielsweise in Vierhäuser- und Borngasse. Eine mittlere Hofgröße ist in der Schafgasse und im Umfeld der Bachgasse vertreten. Dort ergibt sich mit dem offenen, eingefaßten Bachlauf und den Ruinen der Stadtmauer vor dem grünen Außenbereich eine reizvolle und wenig gestörte Ensemblewirkung, zu der auch die unregelmäßige Straßenführung mit kleinen Plätzen beiträgt.

Die erste Erweiterung außerhalb der Befestigung begann mit der Ansiedlung von Ziegeleien am Lutherplatz im Westen. Eine planmäßige Erweiterung nach Süden, wie im Klöpper-Plan von 1825 vorgesehen, blieb unvoll-

Langen

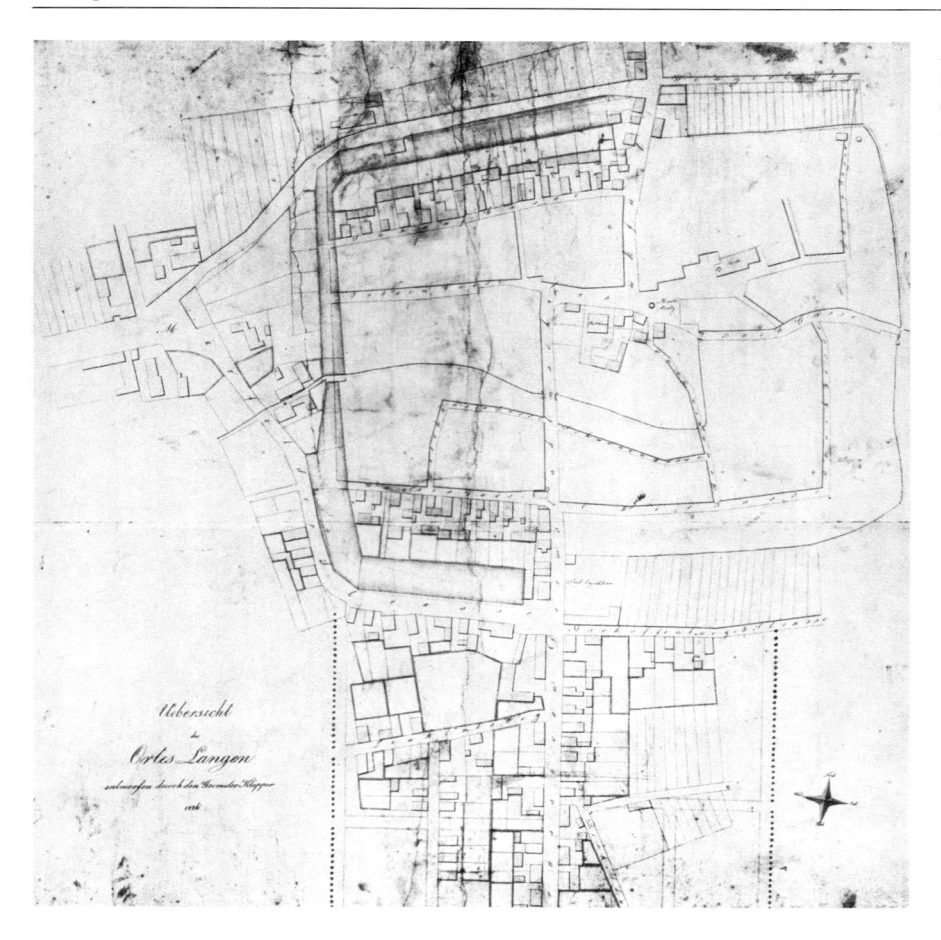

Plan der südlichen Ortserweiterung von Geometer Klöpper, 1825, aus: Betzendörfer, Geschichte der Stadt Langen, 1961

ständig. Von den dort projektierten eingeschossigen Zwerchgiebelhäusern in Fachwerkbauweise sind wenige an der Darmstädter Straße erhalten. In der nächsten Bebauungsphase entstanden Arbeiterhäuser in Ziegelmauerwerk in standardisierter, auch sonst im Kreis häufiger Form als Kniestock-Typ. Nach Einrichtung des Bahnanschlusses um die Mitte des 19. Jahrhunderts und der damit verbundenen wirtschaftlichen Entwicklung wuchs der Ort in Richtung Bahnhof und verlagerte seinen Schwerpunkt an die Bahnhofstraße. Hier setzten nach Norden und Süden Wohngebiete mit teilweise villenartiger, vom Jugendstil beeinflußter Bebauung an; ein Beispiel dieser Phase ist die Wallschule. Neue Wohnsiedlungen wie Linden und Oberlinden entstanden vor und nach dem zweiten Weltkrieg westlich der Bahn, nördlich davon das Industriegebiet. Der historische Ortsrand hat sich nur östlich der Altstadt erhalten.

Ehemaliger Ludwigsplatz mit Vierröhrenbrunnen und Rathaus, romanischer Wehrturm der ehemaligen Jakobskirche, historische Aufnahmen

Gesamtanlagen/Kulturdenkmäler   Langen

Langen — Gesamtanlagen

Obergasse, Südseite

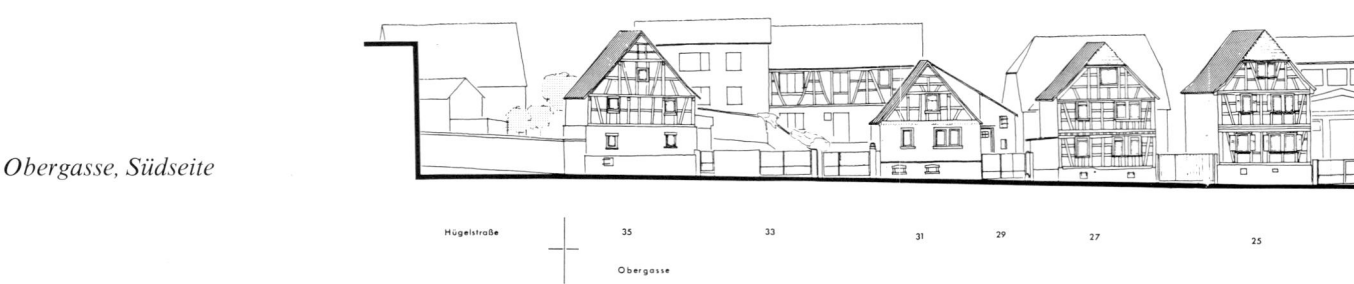

Eine Ausnahme bildet der barocke Hof Nr. 3 in Traufenstellung mit überbauter Einfahrt. Neuere verputzte Bauten stören nur geringfügig, da die vorgegebene Hausform in Stellung und Proportionen beibehalten wurde. (g)

Fahrgasse

Gesamtanlage Fahrgasse

Die Gesamtanlage umfaßt die Westseite eines zentral im alten Ortskern von Langen gelegenen Abschnittes der alten nord-südlichen Durchfahrtsstraße zwischen den Einmündungen von August-Bebel-Straße und Vierhäusergasse. Dazu gehören die Anwesen Fahrgasse 1 bis 13 und – als optischer Abschluß am Knick der Fahrgasse – Wilhelm-Leuschner-Platz 2. Wie in der Gesamtanlage Obergasse zeichnet sich die Fahrgasse durch einen stattlichen Haustyp aus, jedoch ist hier nicht die Hakenhofform vorherrschend. Bedingt durch die Lage an dem früher wichtigen Verkehrsweg waren die Anwesen nicht nur landwirtschaftlich genutzt; es gab Gasthäuser (Nr. 5, Wilhelm-Leuschner-Platz 2), Handwerksbetriebe, auch Ölmühlen (Nr. 5, 13).

Das Straßenbild wird bestimmt von giebelständigen Fachwerkbauten mit Krüppelwalm als geschlossene Reihe ohne regelmäßige Abstände für Hofeinfahrten (im Gegensatz zur Obergasse); Erdgeschoßzonen teilweise massiv erneuert. Die Entstehungszeiten liegen im späten 18. Jahrhundert oder um 1800.

Gesamtanlage Obergasse

Die Gesamtanlage liegt im südöstlichen Bereich des nahezu viereckigen alten Ortskerns. Die Obergasse ist eine der rechtwinklig auf die nord-südliche Ortsdurchfahrt – Fahrgasse, Frankfurter Straße – treffenden Quergassen, die den Altstadtgrundriß charakterisieren. Sie verläuft in leichtem Anstieg parallel zum ehemals befestigten Ortsrand, der in den südlichen Parzellengrenzen erkennbar ist.

In der Obergasse sind – wie auch in der Fahrgasse – Höfe eines stattlicheren Typs angesiedelt, in der Regel Haken-

Gesamtanlagen Langen

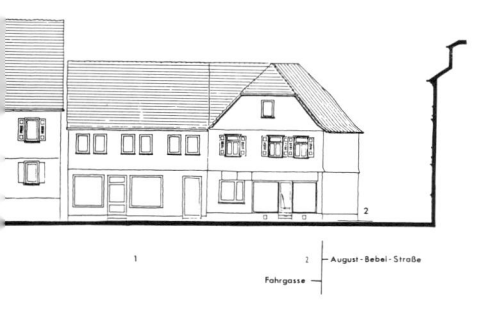

Fahrgasse, Westseite

höfe mit manchmal erhaltenen Scheunen und giebelständigen Fachwerkwohnhäusern. Eine ältere Gruppe mit Zierfachwerk (Nr. 15, 16, 17) ist der Entstehungszeit um 1700 zuzuordnen, eine jüngere Hausform des konstruktiven Typs mit Krüppelwalm und geradem, gitterartigem Fachwerk (Nr. 9, 19, 32) wurde um 1800 erbaut. Eine Ausnahme bildet das traufständige Doppelhaus 11/13. Bemerkenswert der Ladenanbau von Nr. 19 als Beispiel für den Einzug städtischer Bauformen in den dörflichen Bereich zu Beginn des 20. Jahrhunderts. Ein einfacher Brunnen mit gemauerter Brüstung an der Einmündung Hügelgasse in jüngster Zeit wiedererrichtet.

Der Straßenraum ist von der Reihe meist wohlerhaltener Fachwerkbauten geprägt, die überwiegend die Qualität von Einzeldenkmälern besitzen; weitere Bauten sind zwar stellenweise modern verändert, tragen jedoch durch erhaltene Fachwerkfragmente zur Gesamtwirkung bei. (k, g)

Obergasse

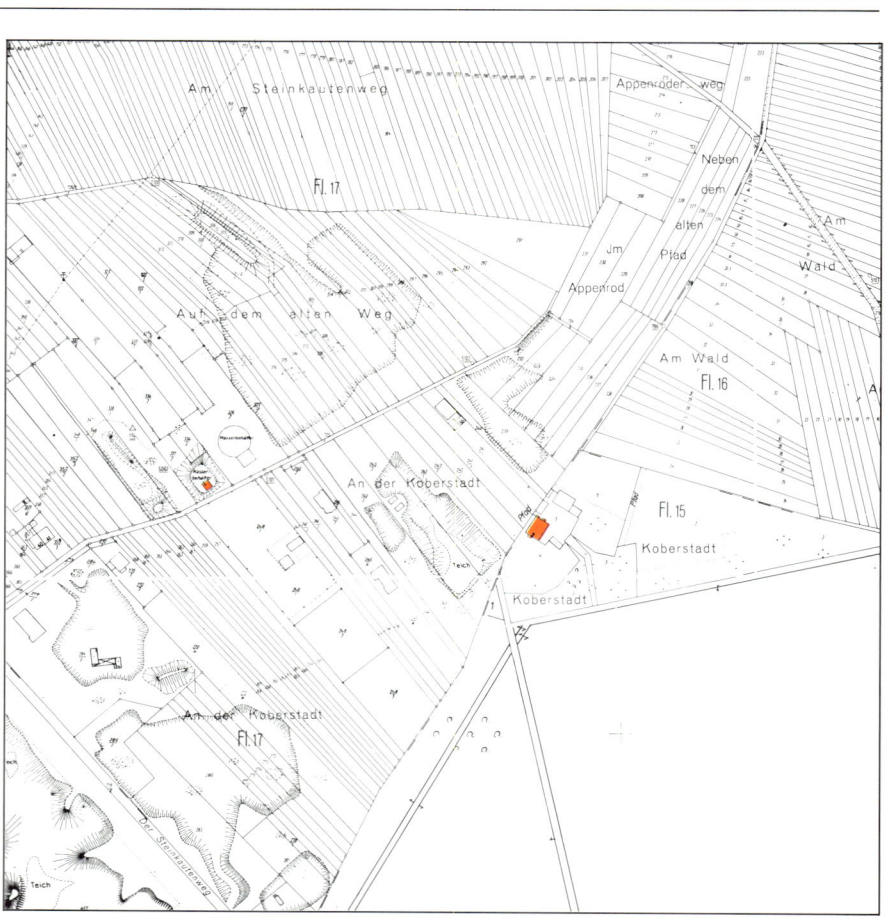

Langen — Kulturdenkmäler

Am Steinberg Fl. 17
Wasserbehälter Flst. 337/2

Unterirdischer Wasserbehälter auf einem Hügel östlich von Langen, mit turmartigem Eingangsbau auf quadratischem Grundriß; Rustika-Sandsteinmauerwerk und geschwungenes Blech-Glockendach. Einflüsse des Darmstädter Jugendstils in der bandartigen Reihung von Lichtöffnungen (jetzt Glasbausteine) mit umlaufendem Hausteinprofil. Zentraler Eingang mit Treppe, im Türsturz die Inschrift WASSERWERK LANGEN 1909–10. (t, g)

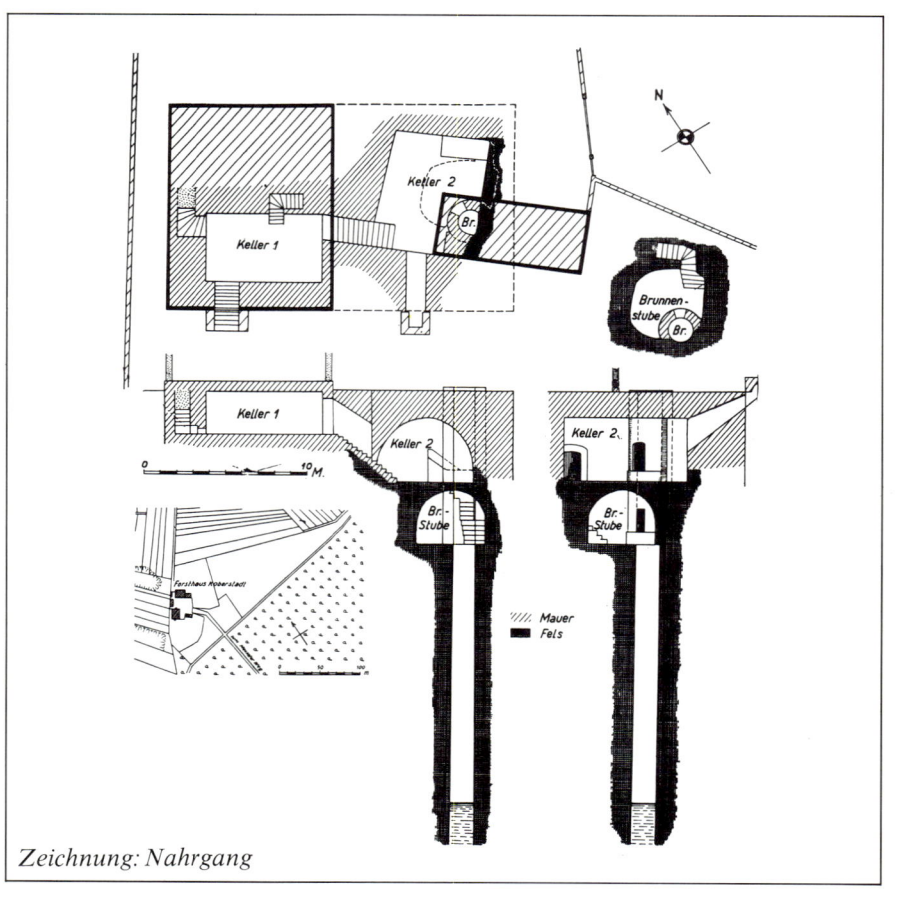

Außerhalb SO 9 Fl. 15
Brunnenstube des ehemaligen Flst. 5
Forsthauses Koberstadt

Brunnenstube eines 1565 durch Graf Wolfgang von Isenburg-Ronneburg projektierten Schloßbaues, aufgegeben zugunsten eines Schlosses in Kelsterbach. Unter dem heutigen Wohnhaus zwei gewölbte Kellerräume und die Brunnenstube auf verschiedenen Ebenen, durch Treppen verbunden; vom Boden der Brunnenstube über 20 m tiefer Brunnenschacht mit rundgemauerter Brüstung. Böden, Treppen, Wände und Gewölbe wie der Brunnen durchweg aus zum Teil großformatigem Sandsteinquadermauerwerk. (w, g)

Zeichnung: Nahrgang

Kulturdenkmäler — Langen

Außerhalb NO 12 Fl. 16
Ehemalige Merzenmühle Flst. 299

Wohn- und Mühlengebäude wie die rechtwinklig dazu gelegene Scheune aus solidem, regelmäßigem Fachwerk um 1800; die westliche Giebelwand des Wohnhauses massiv mit Sandsteingewänden, Ausfachung der Scheune in Ziegelmauerwerk. Beide Gebäude mit Krüppelwalmdach. Mühlrad früher an der östlichen Giebelseite, wo der aus dem Springenteich gespeiste Bach fließt. Schon Anfang des 15. Jahrhunderts als „Springenmühle" erwähnt. (g)

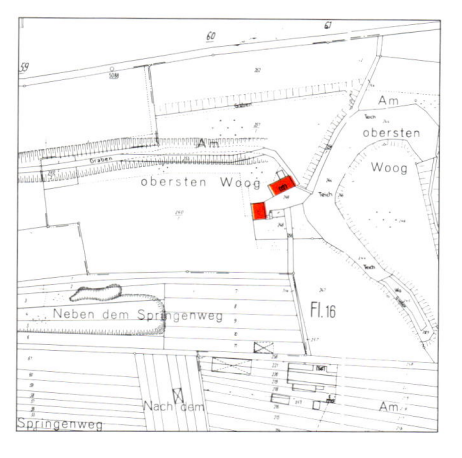

Bachgasse Fl. 1
Steinkreuze Flst. 154/5

Zwei Steinkreuze aus Rotliegendem, fast bis zu den Kreuzarmen eingemauert. Eines kleiner und stark angewittert, mit Resten einer eingerillten Darstellung. Sühnekreuze des 13.–16. Jahrhunderts, seltene mittelalterliche Rechtsdenkmäler. Die Bachgasse, eine alte Straßenführung, ist wahrscheinlich der ursprüngliche Standort. Ein früherer Steinblock zwischen den Kreuzen nicht mehr vorhanden. (w, g)

Bachgasse 7 Fl. 1
  Flst. 161/1

Giebelständiges Wohnhaus von gedrungenen Proportionen, ganz verputzt; bis auf das Erdgeschoß intakte kleine Fenster. Analog zu umgebenden Bauten Nr. 11 und 15 gutes Zierfachwerk des 18. Jahrhunderts zu erwarten. Das Haus ist wichtiger Bestandteil des malerischen, durch den offenen Bachlauf mit alter Sandsteineinfassung geprägten Ensembles. (k, s)

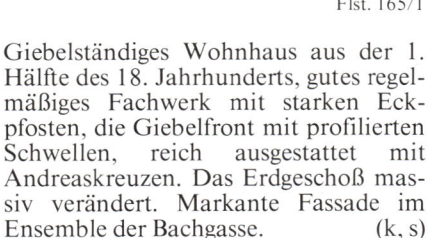

Bachgasse 11 Fl. 1
  Flst. 165/1

Giebelständiges Wohnhaus aus der 1. Hälfte des 18. Jahrhunderts, gutes regelmäßiges Fachwerk mit starken Eckpfosten, die Giebelfront mit profilierten Schwellen, reich ausgestattet mit Andreaskreuzen. Das Erdgeschoß massiv verändert. Markante Fassade im Ensemble der Bachgasse. (k, s)

Bachgasse 15 Fl. 1
  Flst. 268/1

Wohnhaus, Kopfbau in exponierter Lage in Straßengabelung, mit den Häusern Bachgasse 7 und 11 die Bachgassen-Situation beherrschend. Wie bei 11 starke Eckpfosten und Häufung von Andreaskreuzen, hier jedoch nur in der Giebelzone, betonter stehender Dachstuhl. Erdgeschoß massiv. Entstehung in der 1. Hälfte bis Mitte des 18. Jahrhunderts. (k, s)

Langen — Kulturdenkmäler

Bachgasse Fl. 1
Stumpfer Turm Flst. 274

Ruine des Rundturmes und Reste der Wehrmauer mit Pforte, mit der Ortsbefestigung wohl kurz vor 1336 unter Falkensteiner Herrschaft errichtet. Das spitzbogige „Weihertürchen", früher Eingangstür der alten Jakobskirche, wurde 1905 in die Mauer eingesetzt. Daneben die Öffnung für den mit Sandsteinplatten eingefaßten Bachlauf. Wichtig der ungestörte Übergang von der Altstadt zur „Heege". Ein weiterer Rest der Wehrmauer auf dem Grundstück Frankfurter Str. 20 erhalten. (g, s)

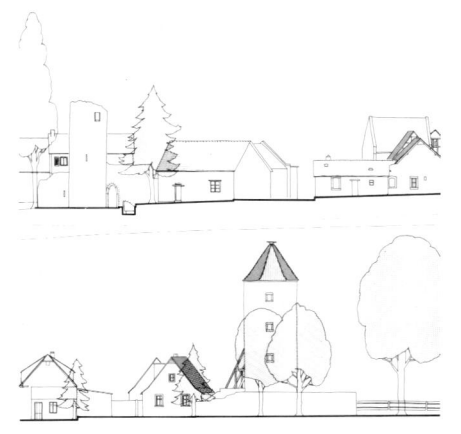

Bruchgasse 9 Fl. 1
Flst. 175/1

Giebelständiges Wohnhaus mit Merkmalen des konstruktiven Typs um 1800: großvolumiger Bau mit Krüppelwalm und geradem, schmucklosem Fachwerk, mit zusätzlichen Pfosten in den Fensterbrüstungen. Geringer Geschoßüberstand giebel- und traufseits, im rückwärtigen Bereich erneuert. Bedeutende Fassade für das Bild der Bruchgasse. (s)

Stumpfer und Spitzer Turm

Fahrgasse 3 Fl. 1
Flst. 708/1

Breitgelagerter traufständiger Hof mit überbauter Hofeinfahrt und weitem Geschoßüberstand, durch Lage und Dimensionierung von starker Wirkung für das Bild der Fahrgasse. Fassade verputzt, jedoch qualitätvolles barockes Fachwerk zu erwarten; in der Einfahrt und hofseitig sichtbares Gefüge deutet auf eine Entstehung in der 2. Hälfte des 17. Jahrhunderts. Hier ungewöhnlicher Hoftyp. Scheuneninschrift: DIESE SCHEUER HAT ERBAUT GEORG PHILIPP HERTH UND MARIA CATHARINA HERTIN 1819. (k, w, s)

Fahrgasse 5 Fl. 1
Ehemaliger Sattelhof Flst. 705/1

Es soll sich um den Ort einer schon in der Lorscher Schenkungsurkunde des 9. Jahrhunderts als „Sydelhof" erwähnten Wildhube handeln. Im späteren Gasthof „Zur Traube" soll 1631 Schwedenkönig Gustav Adolf übernachtet haben; später Ölmühle. Fachwerkhaus der 2. Hälfte des 18. Jahrhunderts mit neuerem massivem seitlichem Treppenanbau. Zugehörig zwei ungewöhnlich große, barocke Sandsteintorpfosten mit Quaderung und Pinienzapfenaufsatz. (g, s)

Fahrgasse 13 Fl. 1
Flst. 631

Wohlproportioniertes giebelständiges Fachwerkhaus in ortsbildprägender Position an der Einmündung der Vierhäusergasse. Regelmäßige Fachwerkausbildung mit symmetrisch verteilten Streben und Brüstungsstreben, abgerundeten Füllhölzern zwischen den Balkenköpfen, stehendem Stuhl und Krüppelwalm, erbaut in der 2. Hälfte des 18. Jahrhunderts. Wie Fahrgasse 5 ehemals Ölmühle. (k, s)

Kulturdenkmäler — Langen

Fahrgasse 19   Fl. 1 / Flst. 584/2

An der Kreuzung Fahrgasse/Ober- und Wassergasse traufständiger Bau, die nördliche Giebelfassade weithin wirkungsvoller Blickfang in der Fahrgasse. Massiv erneuertes Erdgeschoß. Im Obergeschoß reiches barockes Fachwerk mit differenzierten Zierformen: Feuerböcke und genaste S-Streben als Brüstungsornamente, Andreaskreuz, geschwungene Eckstreben mit Fuß- und Kopfgegenstreben. Erbaut zu Beginn des 18. Jahrhunderts. (k, s)

Frankfurter Straße 1   Fl. 1 / Flst. 5/1
Schule

Schlichter zweigeschossiger Bruchsteinbau mit 9achsig symmetrischer Fassadenaufteilung, schmalem Mittelrisalit mit Dreiecksgiebel und flachem Walmdach, horizontal betonte Gliederung durch Sandsteingesimse. Schulbau von 1878, der sich durch Einfachheit und bewußt sparsame Gestaltung auszeichnet. Durch die zurückgesetzte Lage entsteht ein Hof zur Frankfurter Straße hin. Grundstück der ehemaligen Zehntscheuer, Gewölbekeller wohl vom Vorgängerbau erhalten. (k, g)

Frankfurter Straße 22   Fl. 1 / Flst. 830/2

Sachgesamtheit aus traufständigem Wohnhaus, parallel angelegtem Stall- und Scheunenbau aus Bruchstein, gepflastertem Hof, Umfassungsmauer mit Sandsteinpfosten. Das Fachwerkhaus mit Krüppelwalmdach, vollständig holzverschindelt, klassizistische Fassadengliederung mit Mitteleingang; Details wie Fenster, Tür, Beschläge original erhalten. Ehemaliges Rentamt, erbaut um 1800, wegen seiner Vollständigkeit beispielhaft für die Bauweise der Epoche. (k, g)

Friedhofstraße – Friedhof   Fl. 5 / Flst. 201/2
Judenfriedhof

Ummauertes Gelände innerhalb des Langener Friedhofes, bestehend seit 1876; damals zählte die jüdische Gemeinde etwa 100 Mitglieder. Letzte Beerdigung 1935. Aufwendig bearbeitete Grabsteine aus Sandstein mit eingelegter Schriftplatte. Inschriften zum Teil hebräisch; Gestaltung in abendländischen Formen mit gründerzeitlichem Dekor. Im Vergleich zu weiteren Judenfriedhöfen im Kreis besonders reiche künstlerische Bearbeitung. (k, w, g)

Liebigstraße 2   Fl. 25 / Flst. 2/5
Perron-Schutzdach

Perron-Schutzdach in Eisenkonstruktion auf gußeisernen, kannelierten Säulen, wie im Bahnhof Buchschlag übernommen vom 1858 errichteten, nach dem 1. Weltkrieg abgebrochenen ehemaligen Ludwigsbahnhof in Darmstadt. Die leicht geschwungene Konstruktion stellt ein Beispiel für die Verbindung von funktioneller Form und ästhetischem Anspruch in der Ingenieursarbeit des vorigen Jahrhunderts dar. (k, t, g)

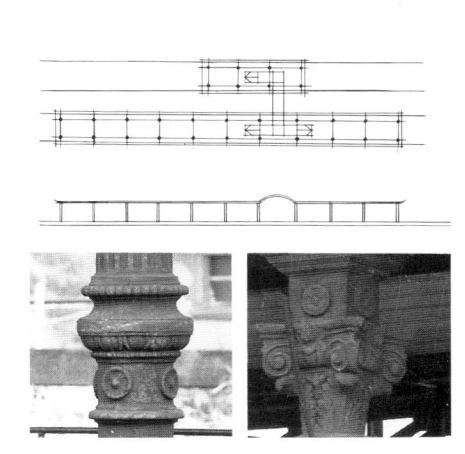

Langen   Kulturdenkmäler

Obergasse 9 Fl. 1 Flst. 226/1

Großvolumiges giebelständiges Wohnhaus, Anfang der zusammenhängenden Zeile von Fachwerkbauten an der Obergasse. Rasterartiges Fachwerk löst die Wand in kleinteilige Felder auf. Typisch für den im frühen 19. Jahrhundert entstandenen konstruktiven Haustyp das schmucklose, gerade Gefüge in einer Ebene und der Krüppelwalm. (k, s)

Obergasse 11/13 Fl. 1 Flst. 228/1, 232/1

Traufständiges Doppelwohnhaus, hier seltener Bautyp. Qualitätvolles Fachwerk mit Negativrauten als Brüstungszier, Eckstreben mit Fußbändern, profilierte Schwelle. Im Schlußstein eines ehemaligen Kellereingangs Datum 1709, in einem Seitengebäude vermauerter Ofenfußstein mit Jahreszahl 1711. Im Sturzbalken der Scheune Inschrift „DIESE SCHEUER HAT ERBAUT JOHAN CONRAT WERNER IM JAHR 1809". Das Erdgeschoß von 13 durch Ladeneinbau beeinträchtigt. (k, w, s)

Obergasse 16 Fl. 1 Flst. 200

Giebelständiges Wohnhaus mit Zierfachwerk an der Straßenseite: genaste S-Streben, Feuerböcke, durchkreuzte Raute und Andreaskreuz, außerdem kräftige Eckpfosten und eine stark ausgebildete und profilierte Schwellenzone. Damit entspricht der Bau den gegenüberliegenden Häusern 15 und 17, das Erbauungsdatum liegt um oder kurz nach 1700. Wichtiger Bestandteil der Nordzeile der Obergasse. (k, s)

Obergasse 17 Fl. 1 Flst. 233/1

Fachwerkhaus mit auffälligen barocken Zierformen und bis auf die traufseitige Erdgeschoßwand intaktem Gefüge. Im Giebel reiche Ornamentik aus beschnitzten Feuerböcken und genasten S-Streben; starke Eckpfosten mit Tauschnitzerei und geschwungene Streben. Im Inneren früher eine Lehmstuckdecke. Entstehungszeit des für die Obergasse bedeutenden Hauses um 1700. (k, s)

Obergasse 19 Fl. 1 Flst. 236/1

Giebelständiges Fachwerkwohnhaus des konstruktiven Typs in handwerklich qualitätvoller Ausführung, vergleichbar dem ebenfalls um 1800 entstandenen Haus Obergasse 9. Schleppgauben und Fenster der Giebelzone neu, im Rähm Inschrift: „DIESES HAUS HAT ERBAUT JOSEPH DRÖLL 1811". Zusammen mit dem reizvollen Ladenanbau des frühen 20. Jahrhunderts mit Backsteinfassade eine straßenbildprägende Einheit gegenüber der Einmündung der Borngasse. (k, s)

Obergasse 20 Fl. 1 Flst. 197

Östliche Obergeschoß-Traufwand als Sachteil eines modern überformten barocken Fachwerkhauses, Fragment mit besonders klarer Ausprägung der ornamentalen Figurationen. Durchkreuzte Raute und regional seltenes Radmotiv als Brüstungszier, vollständige Mannfiguren in regelmäßigem Rhythmus. Um 1700 entstandenes Bauteil von überdurchschnittlicher Qualität. (k, s)

Kulturdenkmäler — Langen

Obergasse 25 Fl. 1 Flst. 242/1

Schmales, langgestrecktes Wohnhaus des konstruktiven Typs um 1800, schmuckloses Fachwerk ohne Geschoßvorsprünge mit sichtbarer Balkenlage; im rückwärtigen Bereich teilweise massiv ersetzt. Durch die in den Straßenraum gerückte Position in der leichten Biegung der Obergasse auffällige Giebelfassade im Straßenbild, Zweiergruppe mit dem ähnlichen, etwas früheren Nachbarhaus 27. (s)

Obergasse 27 Fl. 1 Flst. 243/1

Großformatiges Wohnhaus des konstruktiven Typs kurz vor 1800 mit charakteristischem kleinteiligem Fachwerk, bis auf die Eckstreben in rechtwinkligem Raster; geringer Geschoßüberstand, giebelseitig Füllhölzer. Im Türsturz Inschrift „DIESES HAUS HAT ERBAUT JOHANN VALENTIN KÜSTER IM JAHR 17.."; Scheune mit Inschrift und Datum 1788. (k, s)

Obergasse 32 Fl. 1 Flst. 178

Wohnhaus des konstruktiven Typs ähnlich 27, kurz vor 1800 entstanden. Gerades Fachwerk mit stärkeren Eckpfosten, umlaufender Geschoßvorsprung mit abgerundeten Füllhölzern auch am Dachgeschoß. Am Hoftor ein früherer Sandsteinpfosten mit Aufsatz und Datum 1765 erhalten. Am städtebaulich wichtigen Knotenpunkt Obergasse/Bruchgasse/Hügelstraße bildet die lange Traufwand den optischen Abschluß der Gesamtanlage. (k, s)

Schulgäßchen 4 Fl. 1 Flst. 141/1

Im Gefüge ungestörtes Fachwerkwohnhaus eines kleinen Hakenhofes, mit Inschrift im Türsturz: „DIESES HAUS HAT ERBAUT GEORG LANG IM JAHR 1809". Wie ähnliche Bauten in der Obergasse dem durch den Verzicht auf Schmuckelemente charakterisierten konstruktiven Typ dieser Zeit zugehörig. Innerhalb der Schulgasse straßenbildbestimmender Bau. (k, s)

Turmgasse 11 Fl. 1 Flst. 39
Spitzer Turm

Vollständiger Rundturm mit umgebender Mauer, wie der „Stumpfe Turm" Teil der um 1333 entstandenen Ortsbefestigung. Der Turm nimmt den höchsten Punkt des früheren Berings ein. Höhe 20 m, äußerer Durchmesser 6 m, Mauerstärke 1 m; Türöffnung in 4 m Höhe, über eine Holztreppe erschlossen. Der auch als Centturm bezeichnete Bau war zeitweilig Ortsgefängnis. Prägender Bestandteil der Altstadtsilhouette von Nordost. (g, s)

Vierhäusergasse 8 Fl. 1 Flst. 613/1

Kleiner Hof von aus dem Rahmen fallender Form, bedingt durch den engen Parzellenzuschnitt: Wohnhaus und Nebengebäude u-förmig verschachtelt, Scheune oben auskragend, das Wohnhaus dem gekrümmten Straßenverlauf angepaßt. Unter Putz Fachwerk des 17./18. Jahrhunderts zu erwarten. Wichtiger Bau im Bild der Vierhäusergasse. (w, s)

Wallstraße 25   Fl. 1
Wallschule   Flst. 864/1

Der Schulbau von 1906 vereint verschiedene Funktionen in einem differenzierten Baukörper: ein Querriegel verbindet den zweigeschossigen Klassentrakt mit der eingeschossigen Turnhalle; einheitliche Mansarddächer fassen die Gebäudeteile zusammen, ebenso der umlaufende Natursteinsockel, der sich in der Einfriedung wiederholt; aus demselben Material die Eckausbildungen der sonst glatt verputzten Fassade. Jugendstilelemente sind sparsam angewandt, etwa in der Gestaltung des Eingangs oder den farbigen Ovalfenstern der Turnhalle. Die Formensprache wendet sich von den vorangegangenen, klassizistisch beeinflußten Traditionen ab und zeigt, wie auch im Wohnhausbau dieser Zeit (Buchschlag), eine Tendenz zu Gestaltungselementen, die sich von ländlich-heimatlichen Vorbildern herleiten, bei gleichzeitigen modernen Einflüssen (Fensterformate). Durch die Auflösung der Baumasse in kleinteiligere Körper paßt sich die Schule der städtebaulichen Situation des Wohnviertels an.   (k, g, s)

Wallschule, Eingang

Wassergasse

Kulturdenkmäler Langen

Wassergasse 2 Fl. 1 Flst. 587/1

Komplett erhaltener Hof des konstruktiven Typs um 1800 mit typischem geradem, schmucklosem Fachwerk, das Wohnhaus giebelständig mit Krüppelwalm. Rückwärtig anschließend Nebengebäude, im rechten Winkel dazu die Scheune mit Inschrift „DIESEN BAU HAT ERBAUT JACOB BAER IM JAHR 1810" (Grundriß, Isometrie S. 25). Beispiel für den Vollerwerbshof mit heute noch unveränderter landwirtschaftlicher Nutzung. Wichtiger Bestandteil der Wassergasse. (k, w, s)

Wassergasse 9 Fl. 1 Flst. 610

Fachwerkhaus in Ecklage an der Einmündung Vierhäusergasse, damit städtebaulicher Blickpunkt. Das Erdgeschoß teilweise Bruchsteinmauerwerk wie die anschließende Mauer. Starke Eckstützen, geschwungene Streben, eine geschnitzte Knagge und die mehrfach profilierte Schwelle deuten auf eine Entstehung in der 1. Hälfte des 18. Jahrhunderts. (k, s)

Wassergasse 13 Fl. 1 Flst. 684/1

Das Gebäude bildet mit dem gegenüberliegenden Haus 14 den Abschluß einer Reihe von Fachwerkbauten in der Wassergasse. Das Giebelfachwerk schlicht, um 1800 erneuert. In der früher entstandenen hofseitigen Traufwand barocke Formen mit Brüstungszier – Feuerbock, durchkreuzte Raute, Andreaskreuz –, ähnlich Obergasse 20. Das Erdgeschoß durch modernen Ladeneinbau völlig verändert. (k, s)

Wassergasse, Südseite

Wassergasse 14 Fl. 1 Flst. 597

Giebelständiges Wohnhaus, gegenüber der Einmündung der Vierhäusergasse von starker städtebaulicher Wirkung in der Wassergasse. Schmuckloses, jedoch ausgewogenes Fachwerk des 18. Jahrhunderts ohne Halsriegel mit abgerundeten Füllhölzern. Innen eine bemerkenswerte Holzwendeltreppe mit kannelierter Spindel. (k, s)

Langen — Kulturdenkmäler

Wilhelm-Leuschner-Platz
Vierröhrenbrunnen
Fl. 1
Flst. 2301/2

Sandsteinbrunnen mit achteckigem Becken, in der Mitte Pfeiler mit Arabesken und aus Röhren wasserspeienden Tiermasken, die die vier Elemente symbolisieren. Darüber das Stadtwappen von Langen sowie die Wappen des Amtmanns von Bellersheim, des Forstmeisters de Marchi und des Schultheißen Breescher. Auf dem Pfeiler ein wappenhaltender Hessenlöwe. Um das Becken kettentragende Sandsteinpfosten.

Der Brunnen wurde 1553 errichtet, nachdem eine 1538 begonnene zentrale Wasserleitung fertiggestellt worden war. Damit ist er ein relativ frühes Werk der Renaissance. Der Löwe von Johann Wassem aus Erfurt kam 1720 hinzu. Neben der künstlerischen und ortsgeschichtlichen Bedeutung besitzt der Brunnen innerhalb des Kreises Seltenheitswert, da die wenigen erhaltenen historischen Brunnen durchweg von einfachster Bauart und damit reine Zweckeinrichtungen sind, die in den wenigsten Fällen über die Aufmauerung eines Schachtes hinausgehen. Bei dem Langener Beispiel dagegen kommt eine platzprägende Wirkung hinzu. An die frühere Bedeutung des Platzes erinnert ein Pflastermosaik von 1902, das den Standort der 1839 gefällten Gerichtslinde bezeichnet. (k, g, s)

Wilhelm-Leuschner-Platz 1
Fl. 1
Flst. 125

Fachwerkwohnhaus in städtebaulich exponierter Lage im rechtwinkligen Knick der Fahrgasse unmittelbar neben dem alten Rathaus. Bis auf die massive Erdgeschoßtraufwand und den hofseitigen Giebel wohlerhaltenes Fachwerk aus dem 3. Viertel des 18. Jahrhunderts mit Mannfiguren; einseitiger Krüppelwalm an der zur Fahrgasse orientierten Giebelwand. (k, s)

Wilhelm-Leuschner-Platz 2
Fl. 1
Flst. 767/2

Ehemaliges Gasthaus zur Sonne, dreigeschossiges klassizistisches Wohnhaus aus der 2. Hälfte des 18. Jahrhunderts mit symmetrischer, fünfachsiger Fassade, Horizontalgliederung durch bis in Brüstungshöhe reichenden Sockel und geschoßtrennende Brettergesimse in der Putzwand. Der wohlproportionierte Bau ist genau in die Flucht der Fahrgasse eingepaßt und bildet deren Abschluß am Knick zum Wilhelm-Leuschner-Platz. Um 1774 fanden hier Begegnungen Goethes mit seinem Darmstädter Freund Merck statt. (k, g, s)

Kulturdenkmäler Langen

Wilhelm-Leuschner-Platz 3 Fl. 1
Ehemaliges Rathaus Flst. 123/4

Klassizistischer Steinbau, 1826–27 nach Plänen des Darmstädter Landesbaumeisters Lerch im Mollerstil erbaut. Die kubische Form über quadratischem Grundriß und die strenge, fünfachsige Gliederung der zweigeschossigen Putzfassade mit Rundbogenfenstern und verbindenden Steingesimsen in Kämpferhöhe erinnern an das 1823 ebenfalls nach Entwurf Lerchs entstandene Rathaus von Seligenstadt, ebenso der quadratische Turm, hier über flachgeneigtem Zeltdach. Der rückwärtige Anbau und Veränderung der inneren Aufteilung stammen von 1927. Nicht mehr vorhanden ist einer der beiden die Verbindung zur Nachbarbebauung herstellenden Torbögen und eine frühere Quaderung des Erdgeschosses. Durch die blockhafte Form und den hohen Turm beherrscht das Gebäude weithin die Umgebung. (k, g, s)

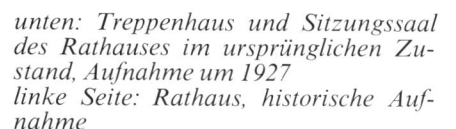

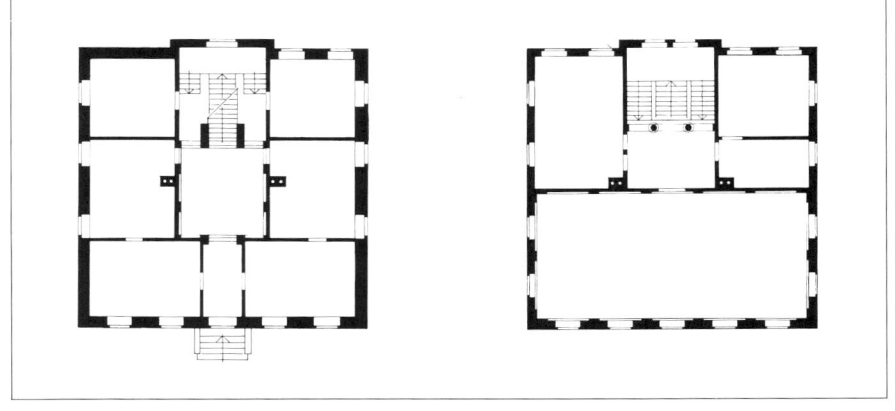

unten: Treppenhaus und Sitzungssaal des Rathauses im ursprünglichen Zustand, Aufnahme um 1927
linke Seite: Rathaus, historische Aufnahme

Wilhelm-Leuschner-Platz 6 Fl. 1
Portal und Fenstergewände Flst. 769

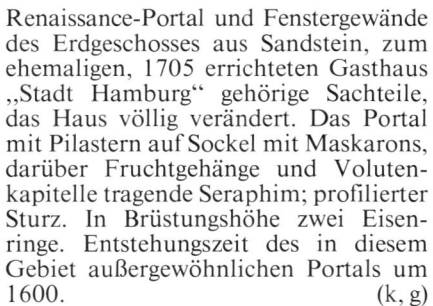

Renaissance-Portal und Fenstergewände des Erdgeschosses aus Sandstein, zum ehemaligen, 1705 errichteten Gasthaus „Stadt Hamburg" gehörige Sachteile, das Haus völlig verändert. Das Portal mit Pilastern auf Sockel mit Maskarons, darüber Fruchtgehänge und Volutenkapitelle tragende Seraphim; profilierter Sturz. In Brüstungshöhe zwei Eisenringe. Entstehungszeit des in diesem Gebiet außergewöhnlichen Portals um 1600. (k, g)

Wilhelm-Leuschner-Platz 13 Fl. 1
Flst. 103

Giebelständiger Bau am Übergang vom Wilhelm-Leuschner-Platz zur Altstadt, konstruktives Fachwerk um 1800, im Erdgeschoß traufseits massiv ersetzt. Lange zusammenhängende Traufe durch anschließende Nebengebäude, als Abschluß giebelständige Scheune. Hier ältere Fachwerkfragmente erhalten. Städtebaulich wichtiger Komplex als Begrenzung der platzartig erweiterten Bachgasse. (s)

Langen — Kulturdenkmäler

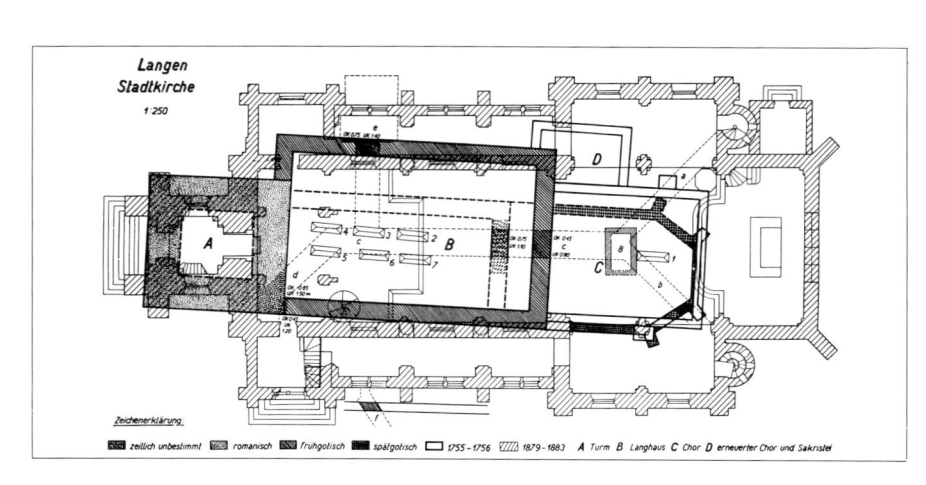

Wilhelm Leuschner-Platz 14 Fl. 1
Evangelische Pfarrkirche Flst. 1/1, 1/2

Neugotische Basilika aus rotem Sandstein mit 54 m hohem Turm, stadtbildbeherrschend auf einer Erhebung im alten Ortsbereich. Sie wurde 1879–83 nach Plänen des großherzoglichen Baurates Horst anstelle einer schon 834 erwähnten St. Jakobs-Kirche errichtet; der auf romanische Ursprünge zurückgehende Wehrturm bestand bis ins 19. Jahrhundert. Der jetzige Kirchenbau orientiert sich unter anderem am Vorbild der Elisabethkirche in Marburg, etwa in den Proportionen des Turmes. Innen nachträglicher Einbau einer Empore; in einer Seitenkapelle ein Kruzifix um 1700. Mit der Einweihung der Kirche 1883 wurde Langen durch Großherzog Ludwig IV. zur Stadt erhoben. (k, g, s)

Wilhelm-Leuschner-Platz 27 Fl. 1
Flst. 91

Giebelständiges Fachwerkhaus des 18. Jahrhunderts, im Erdgeschoß verputzt, darüber holzverschindelt. In zentraler Lage an der Kirche – Kopfbau zwischen Kirch- und Glockengasse – signalisiert die Giebelfassade zur Fahrgasse hin den Beginn der Altstadt. (s)

Rechte Seite oben: Jagd in Schloß Wolfsgarten, Ölgemälde 18. Jh. (Ausschnitt)
Mitte: Plan von 1739

202

Kulturdenkmäler Langen

Schloß Wolfsgarten Fl. 30
Flst. 1/1, 1/2, 2/1, 2/2, 3/1, 3/2, 4/1, 4/2, 5/1, 6/1–18, 7/1, 7/4, 7/6

Das inmitten eines weitläufigen Landschaftsparks im Wald südwestlich von Langen gelegene Schloß wurde 1721–24 durch Landgraf Ernst Ludwig von Hessen-Darmstadt anstelle eines früher hier errichteten Jagdhauses „Pavillon du Champignon" erbaut, neben Wiesenthal und Mönchbruch eines von drei zwischen 1723 und 1732 nördlich von Darmstadt um das Jagdzentrum Kranichstein errichteten Jagdschlössern – eine Manifestation der landesherrlichen Jagdhoheit. Das ebene Waldgebiet, in dem Ernst Ludwig zwischen Mitteldick im Norden und Kranichstein im Süden zum Teil heute noch vorhandene charakteristische Schneisen anlegen ließ, war besonders für die zu Anfang des 18. Jahrhunderts beliebte Parforcejagd geeignet. Die Planung der Schloßanlage geht wahrscheinlich auf den damaligen landgräflichen Oberbaumeister Louis Remy de la Fosse zurück; an der Ausführung war wohl der Landbaumeister Helfrich Müller beteiligt.

Seit dem französischen Revolutionskrieg blieb das Jagdschloß unbewohnt und verwahrloste, nachdem 1769 große Teile der Innenausstattung nach Darmstadt gebracht worden waren. 1834 verhinderte der spätere Großherzog Ludwig III. den geplanten Abriß und begann mit der Renovierung; unter Ludwig IV. wurde Wolfsgarten 1879 zur Sommerresidenz des hessischen Herrscherhauses und diente Staatsempfängen. Unter dem besonders um die Kunstförderung bemühten Ernst-Ludwig folgte um die Jahrhundertwende und danach ein weiterer Ausbau; es entstanden die kleinen Jugendstilbauten des Parks. Nach Ende seiner Regierung wurde das Schloß 1919 Staatseigentum, ging aber 1922 wieder in den Besitz der großherzoglichen Familie über. In den 20er und 30er Jahren wurden die Parkanlagen mit den großangelegten Rhododendronpflanzungen vollendet. Das Schloß blieb Wohnsitz, wird aber auch für soziale Zwecke genutzt.

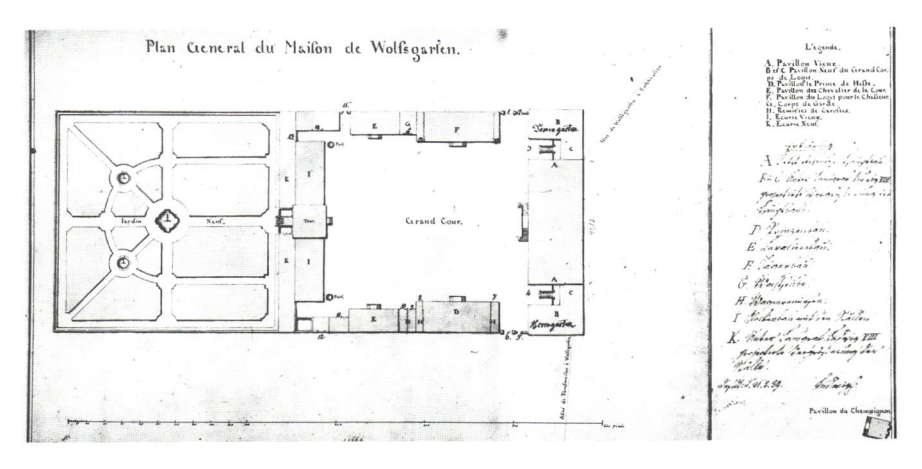

203

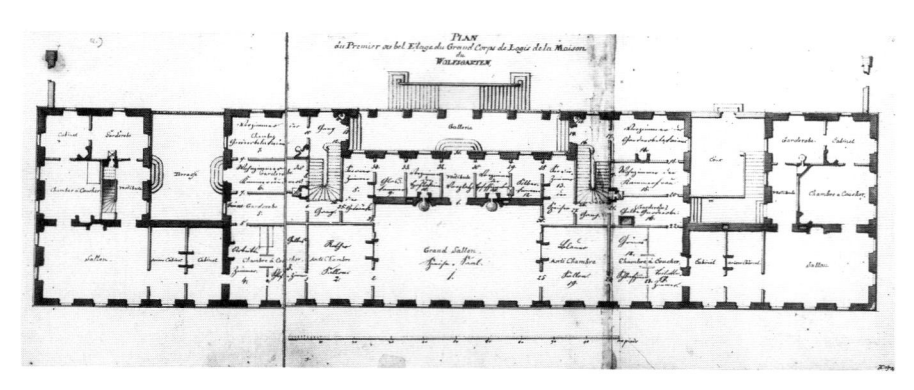

Gebäudegruppe von Süden

links: *Hofansicht des Herrenhauses, Grundriß des 1. Geschosses, Hofansicht des ehemaligen Stallgebäudes (Staatsarchiv Darmstadt)*

rechte Seite: *Brunnen im Damengarten
Herrenhaus, Hofseite
Ledertapete im Großen Saal
Hof nach Osten
Großer Saal im Herrenhaus*

Die Gruppierung von Herrenhaus und meist eingeschossigen Gebäuden aus Buntsandstein (früher hell verputzt) um einen weiträumigen, fast quadratischen, gärtnerisch gestalteten Hof erinnert an einen schloßartigen Gutshof. An der Ostseite dominiert ein turmartiger, dreigeschossiger Mittelbau mit Haubendachreiter und Uhr in geschwungener Dachgaube zwischen beidseitigen ehemaligen Stallungen. Im Norden begrenzen der Prinzessinnen- und Damenbau, im Süden der Prinzen- und Kavaliersbau – jeweils zwei eingeschossige Satteldachgebäude – in symmetrischer Anordnung den Komplex. In den Ecken Hofzugänge durch (früher) vier Tore. Nordwestlich anschließend eine Remise der Jahrhundertwende, der davorliegende Wirtschaftsgarten durch eine Mauer mit zahlreichen Statuen von den südlich vorgelagerten gärtnerischen Anlagen mit Figuren und Brunnen getrennt.

Das nach Westen orientierte Herrenhaus durch ein erhöhtes Sockelgeschoß und Mansarddach hervorgehoben; in der Mittelachse führt eine doppelte Freitreppe zu einer offenen Galerie, deren siebenachsige Pfeilerarkade mit Segmentbögen überspannt wird. An der nördlichen und südlichen Schmalseite schließen sich in den Ecken der Gebäudegruppe der geometrisch angelegte Herren- und Damengarten mit diversem Inventar an; unter anderem ein Ziehbrunnen aus Kalkstein. Ursprünglich dienten diese Höfe mit kleinen Maueröffnungen wohl auch als Schießstände bei der „eingestellten" Jagd, bei der das Wild in ein Gehege vor dem Schloß getrieben wurde.

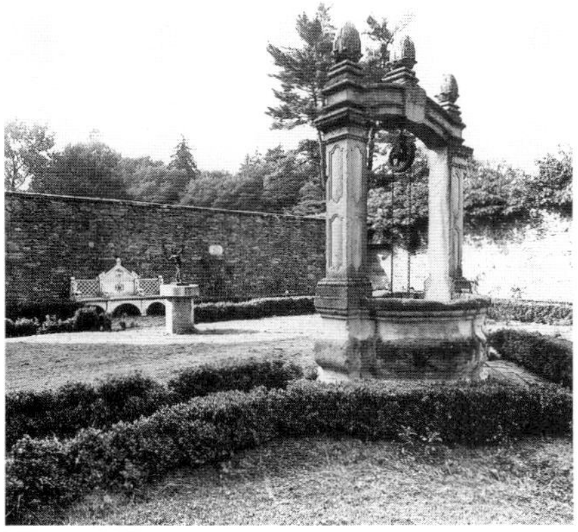

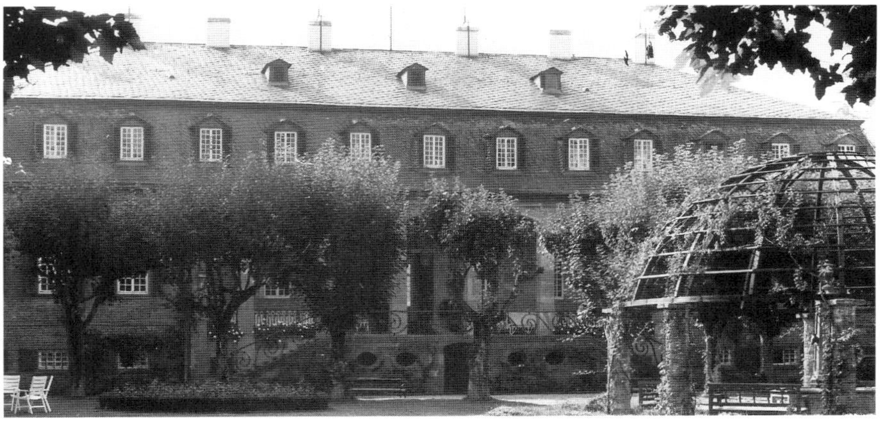

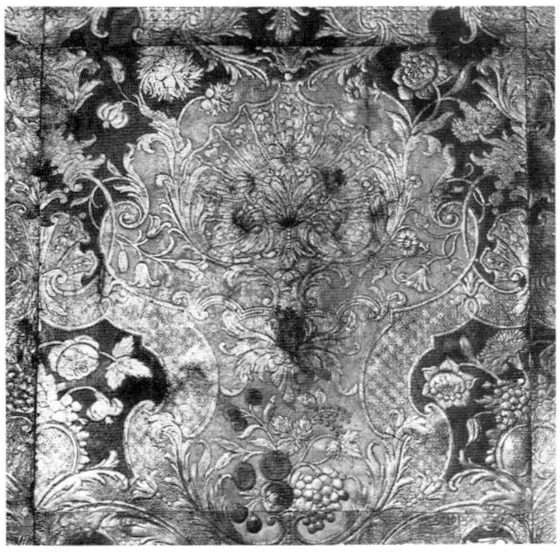

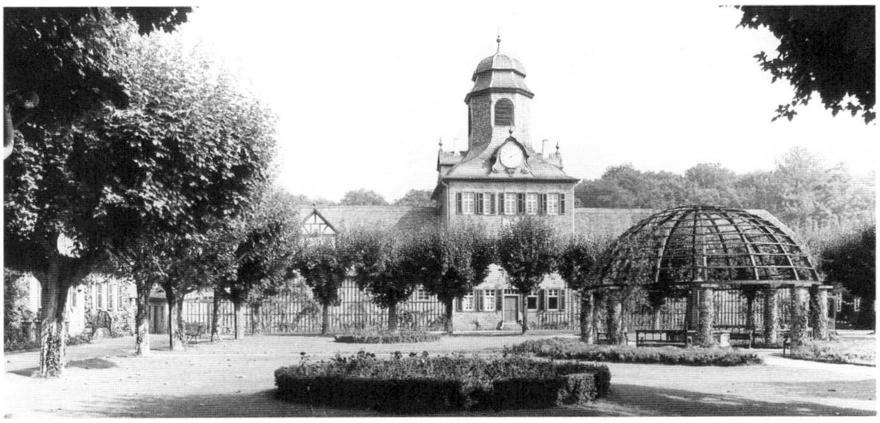

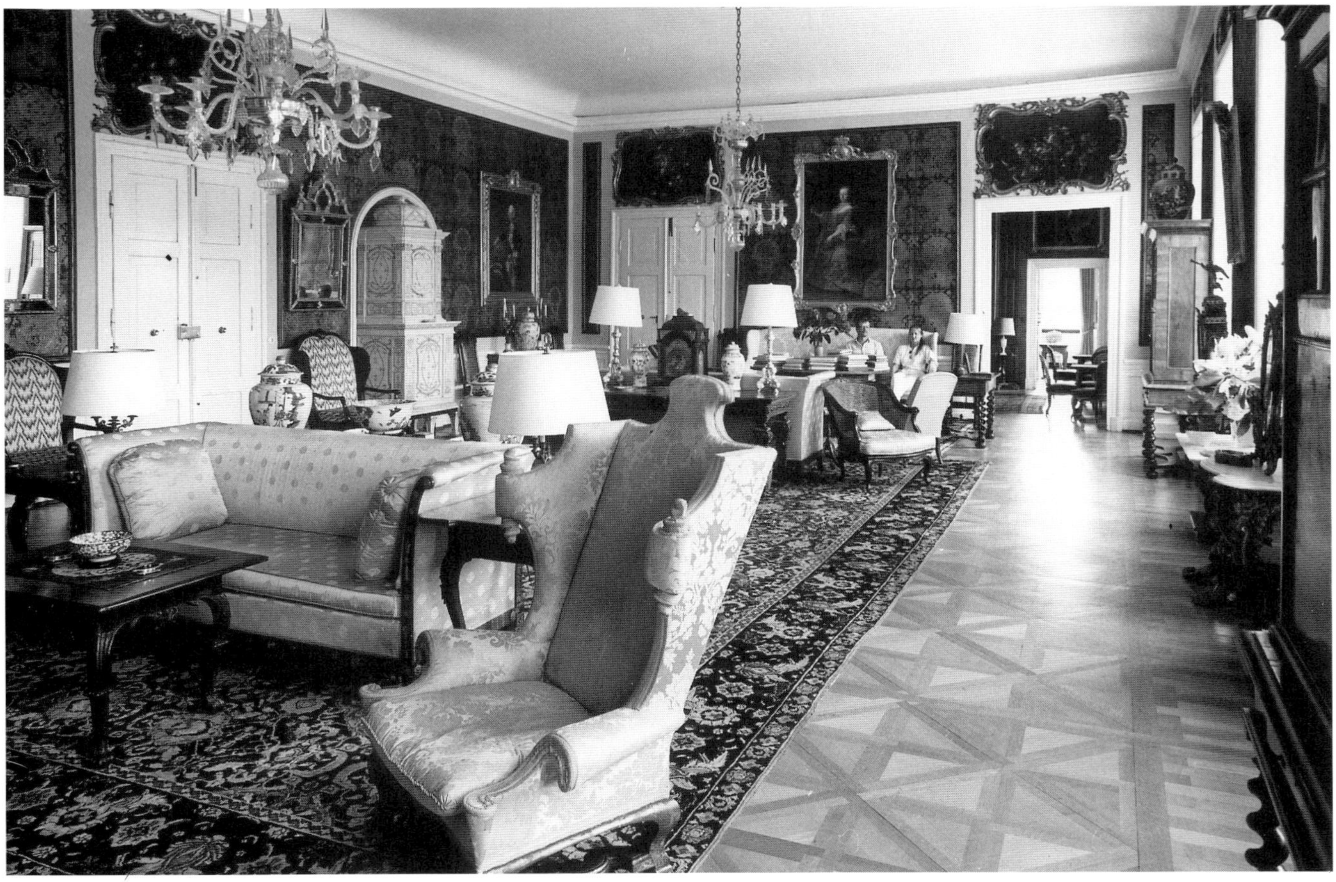

Im Untergeschoß des Herrenhauses Wirtschaftsräume, im Erdgeschoß Speisesaal mit Ledertapete; südlich die Bibliothek mit Wandtäfelung (aus Erbach/Rheingau?), außerdem Kamine und Spiegel. Im grünen Salon eine (spätere) Gemäldesammlung, im gelben und roten Salon die Jugendstilsammlung Ernst Ludwigs mit Kunsthandwerk der Darmstädter Künstlerkolonie. Im Mansardgeschoß Gästezimmer.

Nördlich des Hauptbaues im unter Ludwig IV. 1879 neu angelegten Landschaftspark das 1902 erbaute Prinzessinnenhäuschen mit Inventar im Jugendstil von Olbrich. Im Wald westlich des Schlosses das Tee- oder Tennishaus von 1906, Entwurf ebenfalls Olbrich, mit Jugendstil-Fachwerk nach englischem Vorbild; das Strohdach heute durch Dachpappe ersetzt. Dort auch das um 1910 entstandene Schwimmbad, ein atriumartig nach oben offener Mauerwerksbau um ein rundes Schwimmbecken. Südlich die Bonifatiuskapelle, ein Holzbau von 1915, und eine kleine Steinkapelle von 1959 als Gedenkstätte für 1937 verunglückte Familienmitglieder. Ein See mit Brücke, ein Wasserbecken vor dem Herrenhaus und vereinzelt im Gelände verteilte Statuen, Säulen und Dekorationsstücke sind weitere Elemente des Landschaftsparks, der in den umgebenden Wald übergeht.

Die Schloßgebäude mit Inventar, Park und Kleinbauten sind als Sachgesamtheit Kulturdenkmal. (k, g, s)

Garten und Park

Kulturdenkmäler — Langen

Bonifatiuskapelle
Teehaus

Schwimmbad

Prinzessinenhäuschen
Inschrift: „Es war einmal, so fing das Märchen an, Doch aus den Kinderworten wurde Tat, Und dieses Häuschen ist nun immer mein, Nur für mich erbaut im Jahre 1900zwein."

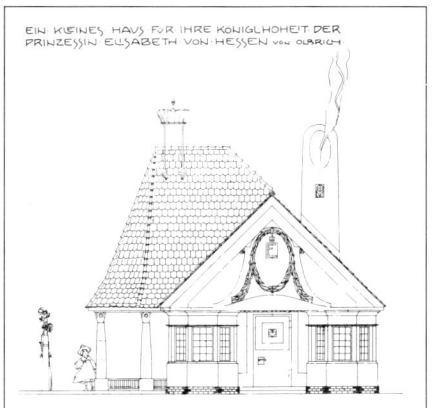

Mainhausen

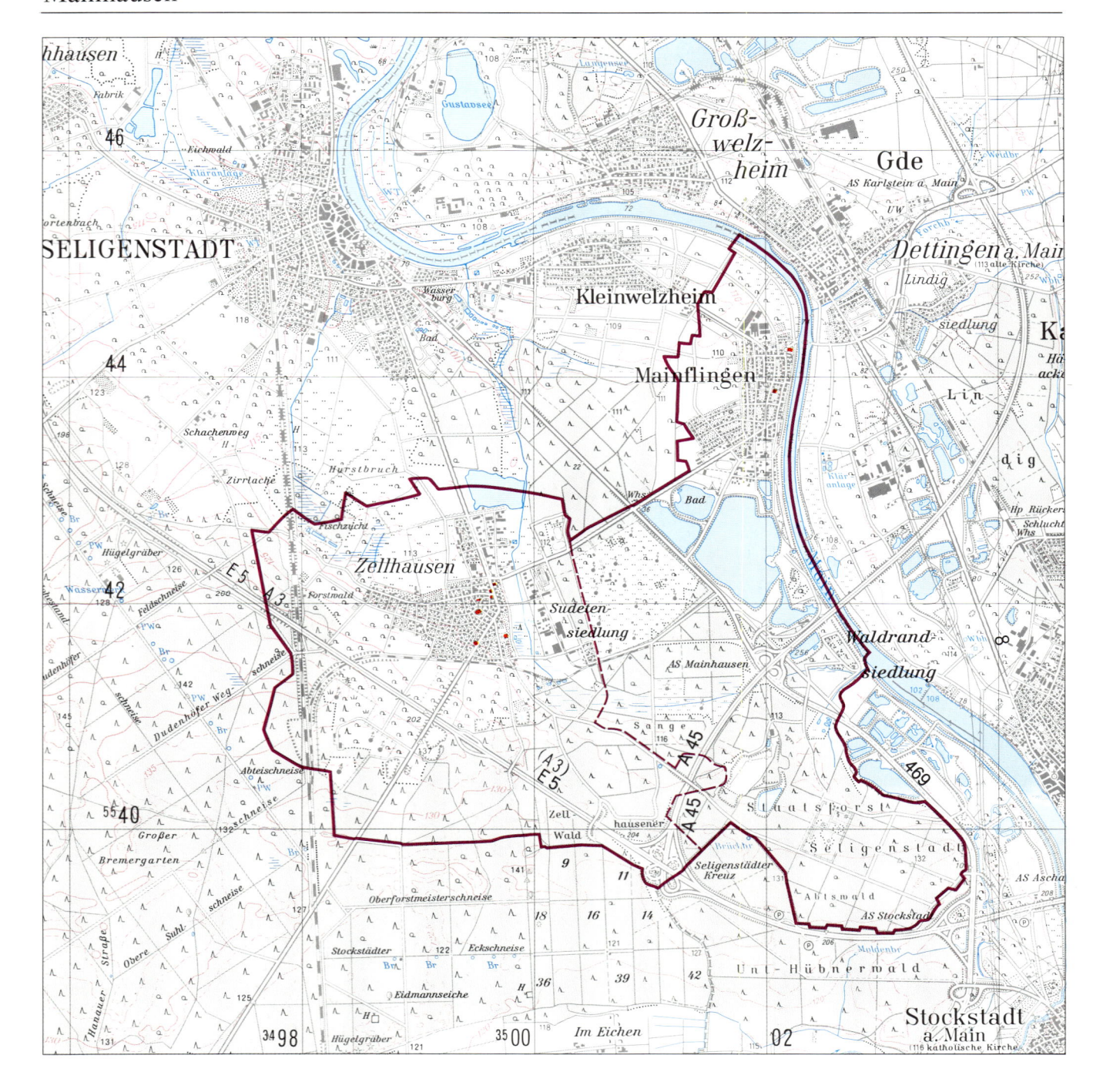

Erläuterung zu Karte 7 (M 1:50000)
Gemeinde Mainhausen

Mainhausen wurde 1977 durch Zusammenschluß der Orte Mainflingen und Zellhausen gebildet; die Gemarkung liegt im äußersten Osten an der vom Main gebildeten Kreisgrenze. Mainflingen ist in der Anlage noch als typisches Mainufer-Straßendorf erkennbar, aber ohne historisches Ortsbild; in Zellhausen haben wenige Einzelbauten die Bedeutung eines Kulturdenkmals.

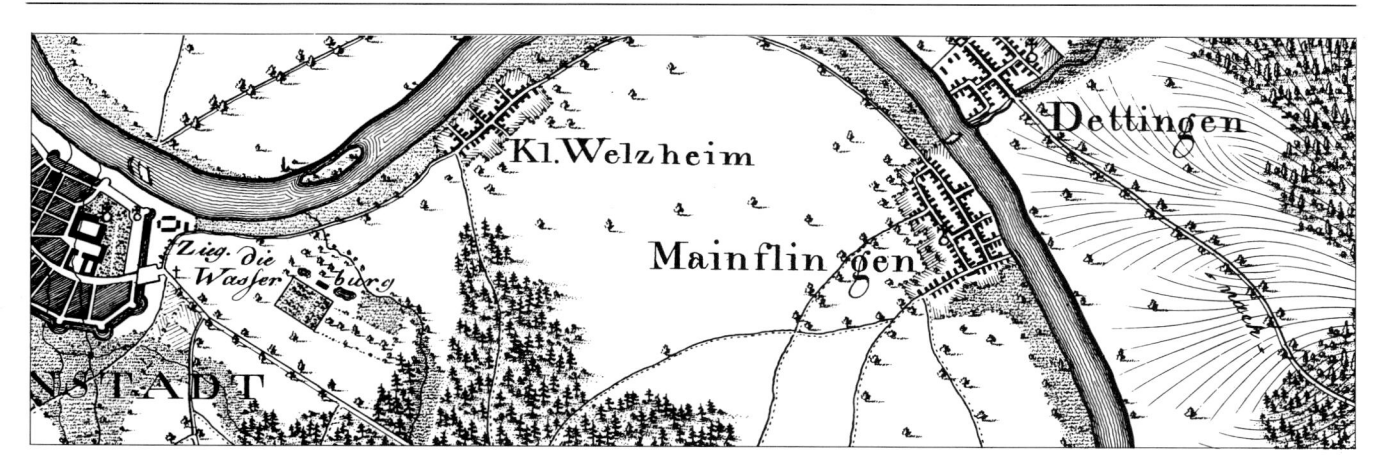

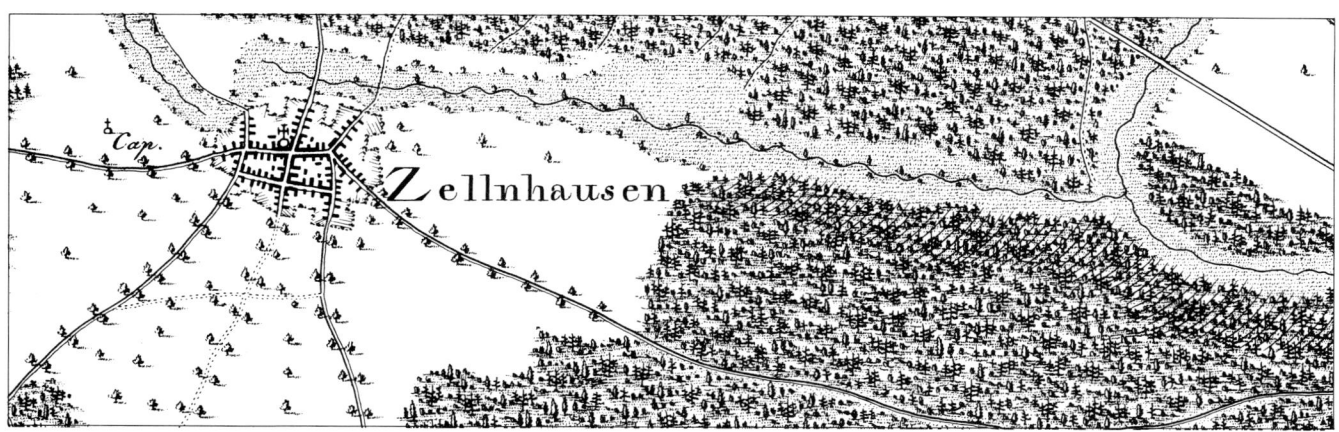

Mainhausen

Frühe Wehranlage um die Zellkirche, aus: Nahrgang, Stadt und Landkreis Offenbach, 1963

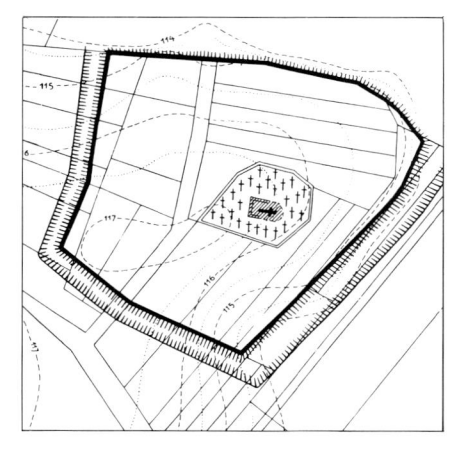

Mainhausen

Der erste schriftliche Nachweis einer „Manolfinger marca" findet sich in einer Urkunde des Klosters Lorsch aus dem Jahr 775. Diese Bezeichnung deutet auf die Ableitung von einem Personennamen „Manolf" hin; die Verbindung mit dem Main kann als spätere Entwicklung des Ortsnamens gesehen werden. Der Ort „Celhusen" wird 1329 erstmalig in einem Pachtvertrag des Klosters Seligenstadt erwähnt, jedoch scheinen eine Siedlung oder ein Kloster um die Georgskirche zu „Celle", 1344 genannt, und eine später wüst gewordene Siedlung „Husen" schon früher existiert zu haben. Die Zellkirche wurde 1806 abgebrochen; sie lag inmitten einer Wehranlage, wie sich durch Grabungen ergab.

Mainflingen und Zellhausen gehörten der Obermark an und standen unter Mainzer Herrschaft weitgehend in Abhängigkeit des Klosters Seligenstadt; mit der dortigen Amtsvogtei kamen die Orte 1803 zu Hessen. Nach den Verwüstungen des 30jährigen Krieges waren von insgesamt 80 Familien noch 8 übrig, um 1700 lebten die fast 1000 Einwohner, teilweise zugewandert, überwiegend auf kleinbäuerlicher Basis; hinzu kam die Torfstecherei. Um die Mitte des 19. Jahrhunderts wanderte ein erheblicher Anteil nach Amerika aus, da die Landwirtschaft als Ernährungsgrundlage nicht mehr ausreichte. Erste Betriebe ließen sich um die Jahrhundertwende nieder; 1908 bekam Zellhausen den eigenen Bahnanschluß an der Strecke Hanau-Eberbach; damit wandelte es sich zur Arbeitergemeinde. Seit Kriegsende hat sich, mit dem Zuzug Heimatvertriebener, die Bevölkerung auf fast 7000 Einwohner etwa verdoppelt.

Mainflingen   Mainhausen   Kulturdenkmäler

Mainflingen, Kirchgasse
Historische Aufnahme aus: Der Kreis Offenbach, 1927

Mainflingen

Als langgestrecktes Straßendorf am Mainufer entspricht Mainflingen im Kern dem verbreiteten Typus der parallel zum Flußufer angelegten Maindörfer. In der Grundrißstruktur an der Hauptstraße unverändert, ist das Ortsbild schon früh überformt worden durch vorgemauerte Fassaden oder Neubauten, so daß es heute keinen durch Fachwerk geprägten historischen Eindruck mehr bietet. Die erhaltenswerte Substanz beschränkt sich bei Kirche und Schule auf Bauten des 19. und 20. Jahrhunderts. Neuere Bebauungsflächen haben sich in parallelen Straßenzügen nach Westen angelagert.

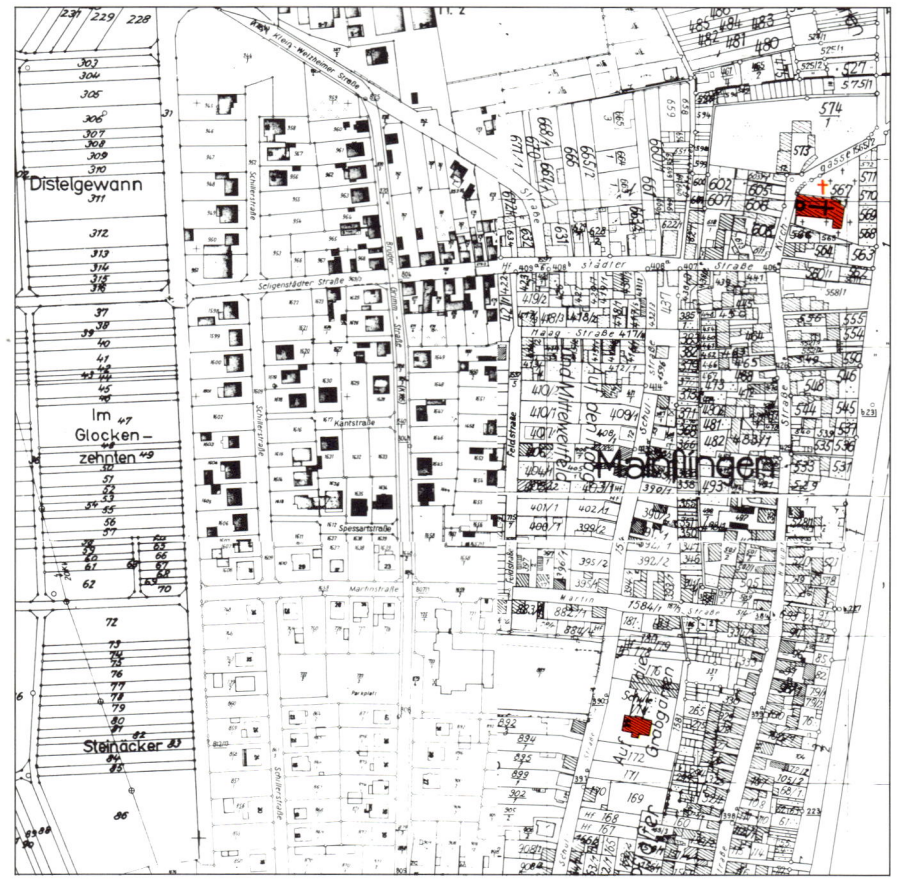

Humboldtstraße 29   Fl. 1
Anna-Freud-Schule   Flst. 174

Schule von 1908 im Neorenaissance-Stil mit eigenwilliger, aufwendiger Ausbildung des Treppenhauses als Turm in formaler Anlehnung an Befestigungstürme wie etwa im benachbarten Seligenstadt. Nach Osten ein Anbau der 50er Jahre. Als Beispiel des späten Historismus im Kreis ein Unikat; das markante Turmmotiv ist neben dem Kirchturm von Bedeutung für die Ortssilhouette.

(k, g, s)

Kulturdenkmäler — Mainhausen — Mainflingen

Kirchgasse 9 Fl. 1
Kath. Pfarrkirche St. Kilian Flst. 567/1

Schlichte klassizistische Kirche, anstelle eines gotischen Baues von 1451 im Jahr 1821 gleichzeitig mit der typengleichen Urberacher Kirche errichtet. Beide Bauten stellen einen von Moller 1818 entwickelten Typus der Landkirche dar, der außerhalb des Kreises auch in Eppertshausen verwirklicht wurde. Der eingestellte Frontturm, die Fassadengliederung mit Reihung von fünf Fenstern und die Emporenlösung sind Veränderungen gegenüber dem Ursprungsplan; der dreiseitige Chor später angefügt. Klare Putzfassade mit für Mollers Bauten typischem, die Fenster verbindendem Kämpfergesims; eine Tafel mit Bauinschrift über dem Portal weist auf Mollers Bauleitung hin. Innen zwei Holzplastiken, hl. Sebastian und hl. Kilian um 1500, mit Fassung des 19. Jahrhunderts; Orgelprospekt von Hartmann Bernhard 1823–24. Außen ehemaliges Friedhofskreuz des 19. Jahrhunderts, Sandstein. Die Kirche am Ende der Dorfstraße an der Uferböschung des Mains reizvoll gelegen und die Mainansicht des Ortes bestimmend. (k, g, s)

unten: Lageplan der alten und neuen Kirche

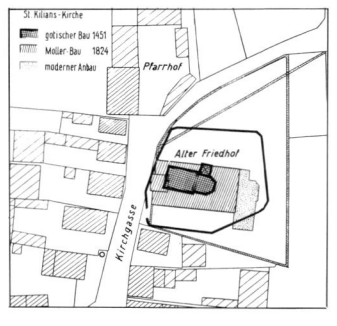

*rechts: Plan Georg Mollers von 1818
Abb. aus: Studien und Forschungen, 1955*

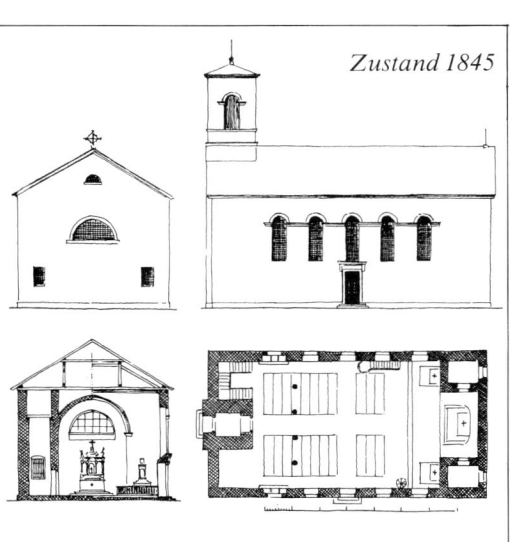

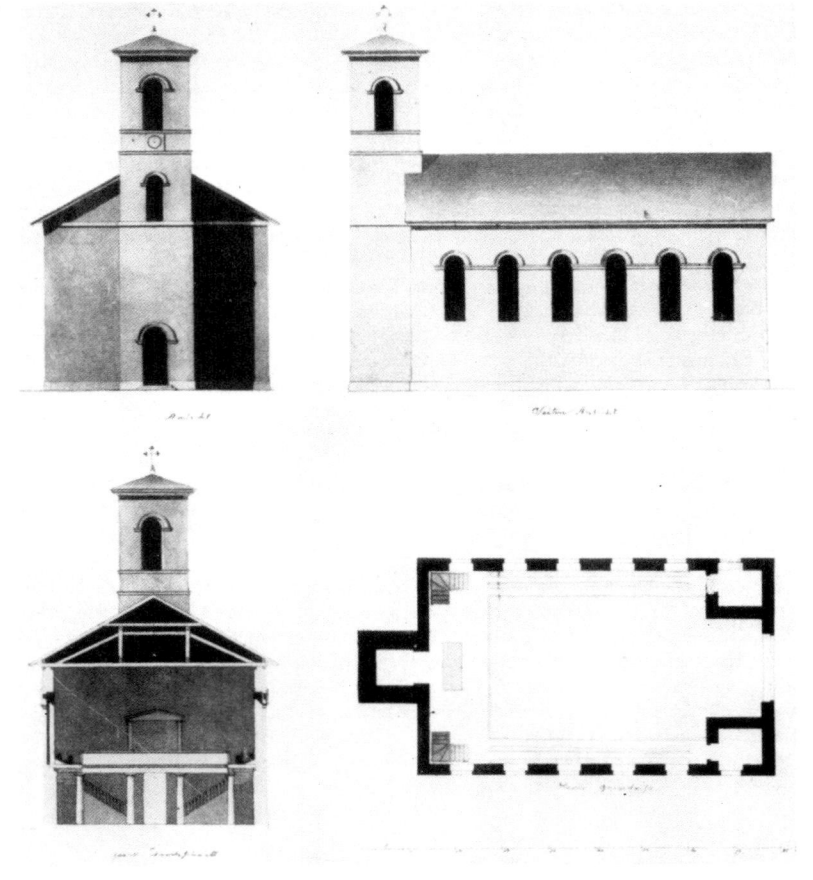

Zustand 1845

Zellhausen

Zellhausen ist als Haufendorf im Schnittpunkt verschiedener Landstraßen entstanden, den Kern bildet die Obergasse. Die Siedlung war wohl durch Hecke und Graben umfriedet. Im heutigen Ort wurde die Babenhäuser Straße, die in einer Kurve den Ortskern begrenzt, als Siedlungsrand beibehalten. Weitere Flächenausdehnungen fanden hauptsächlich in Richtung Osten statt. Eine zusammenhängende Fachwerkbebauung ist nicht mehr vorhanden. Die wenigen Einzelbeispiele historischer Bausubstanz sind über den alten Ortsbereich zwischen Kirche und Babenhäuser Straße verteilt.

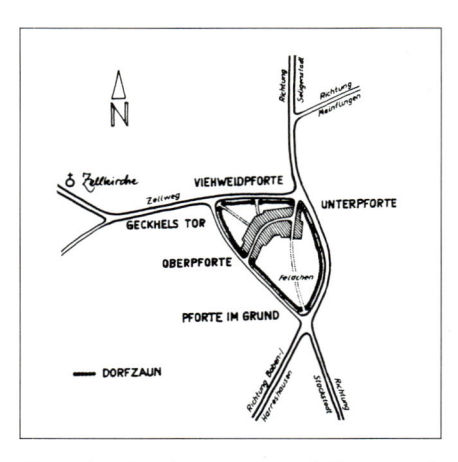

Der alte Ortskern, aus: Schilling, Zellhausen, 1980

Kreuz in der Babenhäuser Straße

Kulturdenkmäler — Mainhausen — Zellhausen

Abb. linke Seite

Babenhäuser Straße Fl. 1
Kreuz Flst. 886/5

Sandsteinkreuz mit kleiner Gußfigur, im Postament die Inschrift: „AUF MEIN SEEL FANG AN ZU LOBEN DIESES CRUZIFIX HAT ERRICHTEN LASSEN DER EHRSAME NACHBAR UND BURGE MEISTER ANDREAS WALTER DIESEN HAUS FRAU MAGTALENA ZELHAUSEN DEN 30. AUGUST 1799; erneuert im Jubiläumsjahre 1913". (g)

Babenhäuser Straße 8/10 Fl. 1
Flst. 284/1, 286/3

Traufständiges Wohnhaus, den Ortseingang markierend; vollständig verputzt. Aufgrund des straßenseitigen Geschoßvorsprungs, der Proportionen, der Dachneigung und originalen Fensterverteilung barockes Fachwerk des 17./18. Jahrhunderts, möglicherweise mit Zierformen, zu erwarten. (k, s)

Babenhäuser Straße 23 Fl. 1
Flst. 299

Kleines Fachwerkhaus in exponierter Ecklage gegenüber dem Rathaus, mit massivem Erdgeschoß, im Brüstungsbereich des Obergeschosses Andreaskreuz und traufseitig kurze gerade Fußstreben; giebelseitig die in der Umgebung von Seligenstadt typischen gebogenen Zierfußbänder. Haus des 18. Jahrhunderts mit Bedeutung für das Bild der an historischer Bausubstanz armen Ortsmitte. (g, s)

Obergasse 13/15 Fl. 1
Flst. 14/1, 16/3

Langgestrecktes Doppelhaus in diagonaler Ausrichtung zur Obergasse; dadurch kommen Giebel- und Traufwand zur Geltung. Schmuckloses, aber weitgehend vollständiges Fachwerkgefüge aus teilweise eigenartig gekrümmten Hölzern, entstanden im 18. Jahrhundert. (g, s)

Kath. Pfarrkirche St. Wendelinus

Zellhausen Mainhausen Kulturdenkmäler

Pfortenstraße Fl. 1
Kath. Pfarrkirche Flst. 742/1
St. Wendelinus

Neugotischer Bau, 1903–04 nach Entwurf des Mainzer Dombaumeisters Ludwig Becker anstelle einer barocken Vorgängerkirche von 1783 errichtet. Kreuzförmiger Grundriß, das Querhaus außen mit hohen Giebelwänden in Erscheinung tretend, an die Vierung seitlich angestellter hoher Turm mit Spitzhelm und Ecktürmchen nach regional häufigem Vorbild, Putzfassade. Innenraum mit betonten Gewölbegraten aus Sandstein. Muttergottes, Holzplastik um 1500, und hl. Wendelinus um 1515 mit 1905 erneuerter Fassung. Der differenzierte Baukörper auf baumumstandenem Platz beherrscht weiträumig die Ortsmitte. (k, g, s)

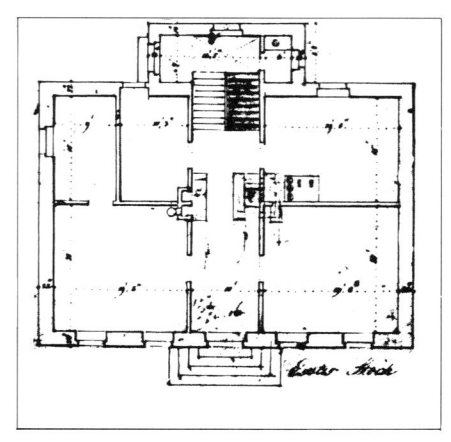

Rathausstraße 2 Fl. 1
Ehemalige Schule Flst. 134

Schlichter zweigeschossiger Bau aus Natursteinmauerwerk mit Satteldach und nachträglich aufgesetztem hölzernem Dachreiter. Typ des klassizistischen ländlichen Schulhauses in sparsamer Gestaltung mit fünfachsig symmetrisch gegliederter Fassade und Mitteleingang, das mittlere Fenster der östlichen Giebelwand nur aufgemalt. 1830 nach Entwurf von Theodor Heyl, Darmstadt, errichtet; 1929–75 Rathaus; in der Ortsmitte in Ecklage gegenüber der Kirche dominierendes Gebäude. (k, g, s)

Stockstädter Straße Fl. 1
Friedhofskreuz Flst. 809

Kreuz aus Werkstein erneuert, mit Gußkorpus, auf Sandsteinpostament mit gotisierender Ornamentik wie bei zahlreichen weiteren Beispielen im Kreisgebiet. An der Rückseite Inschrift und Datum 1842. (g)

214

Mühlheim

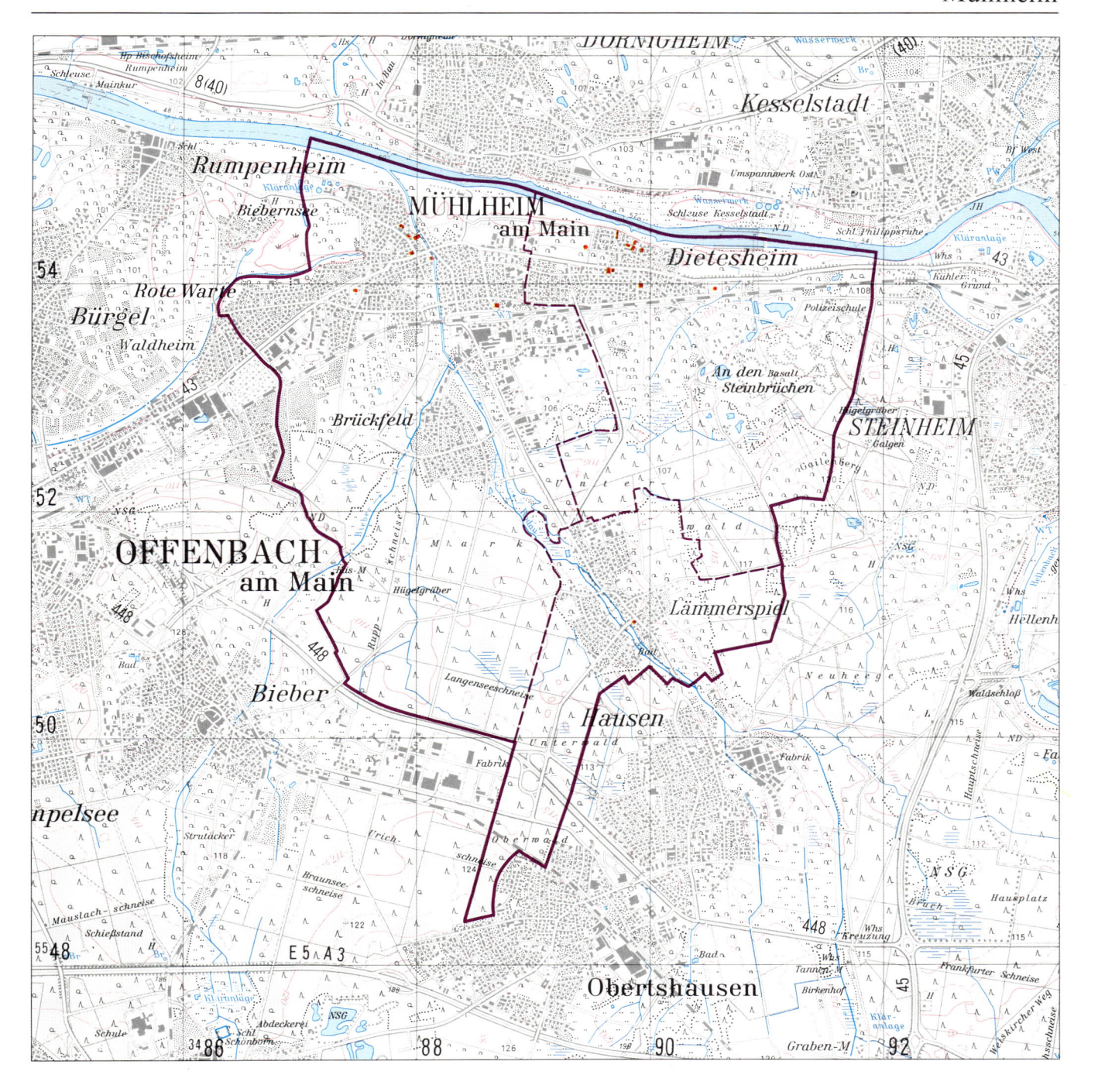

Erläuterung zu Karte 8 (M 1:50000)
Stadt Mühlheim

Die Gemarkung Mühlheim nimmt den nördlichsten Ausläufer des Keises ein. Die am Mainufer gelegenen Ortsteile Mühlheim und Dietesheim, die eine zusammenhängende Bebauungsfläche bilden, wurden bereits 1939 zusammengeschlossen; Lämmerspiel kam 1977 hinzu. Mühlheim als ehemaliges Mühlendorf an der Rodau besitzt noch Teile einer historischen Ortsstruktur, ebenso ist in Dietesheim eine Reihe erhaltenswerter Bauten im Ortskern vorhanden. Das südlicher an der Rodau gelegene ehemalige Straßendorf Lämmerspiel ist so gut wie frei von historischer Bausubstanz im Rang eines Kulturdenkmals.

Mühlheim

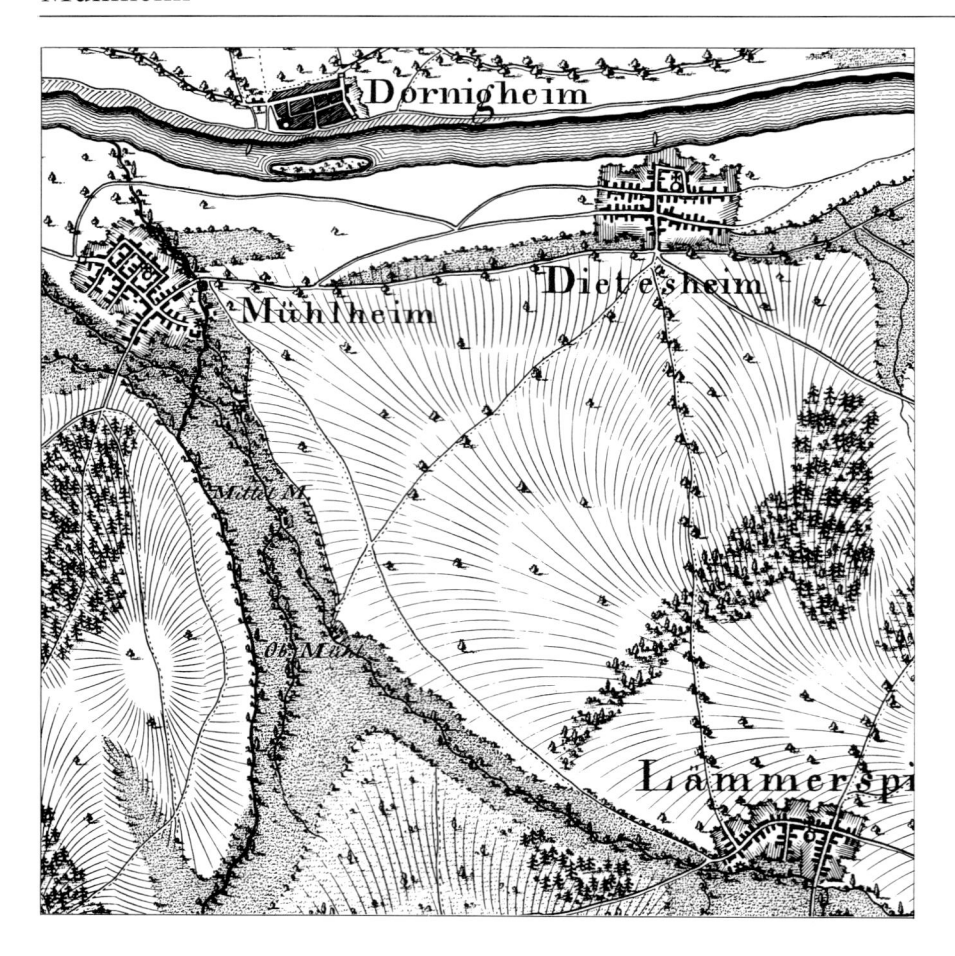

Mühlheim

Das Gebiet der Rodaumündung und das Maintal mit seinem fruchtbaren Streifen Lehmbodens waren schon in ur- und frühgeschichtlicher Zeit bevorzugtes Siedlungsgebiet, wie zahlreiche Funde aus allen Kulturepochen beweisen. Unter der Frankenherrschaft gehörte es zum Maingau. Die erste urkundliche Erwähnung nennt 793 ein Dorf Meielsheim, das noch vor dem 30jährigen Krieg verödete. Ein „Mulinheim inferior", Unter-Mühlheim im Gegensatz zu Ober-Mühlheim, einer früheren Bezeichnung von Seligenstadt, wurde erstmalig 815 in einer Urkunde als Schenkung Ludwigs des Frommen an den Abt Eginhard des Klosters Seligenstadt erwähnt, jedoch ist wohl nicht mit Sicherheit geklärt, ob es sich dabei um das heutige Mühlheim handelt oder ein weiterer Ort dieses Namens bei Seligenstadt existierte. Die Siedlung soll zu diesem Zeitpunkt aus vier freien Bauernfamilien, 13 leibeigenen Familien, 44 Hausbesitzern und vier Abteilungen seligenstädtischer Leibeigener bestanden haben. Durch Schenkung kam sie 980 an die Salvatorkapelle in Frankfurt, 1063 an den Erzbischof von Mainz. Dietesheim wurde 1013, Lämmerspiel 1290 erstmalig urkundlich erwähnt. Alle genannten Orte gehörten zur Biegermark.
Im 16. Jahrhundert fiel Mühlheim in den Bereich des Zentgerichts Steinheim. Aus einem dortigen Salbuch geht hervor, daß zahlreiche freie Bauern ihre Unabhängigkeit verloren hatten; 1576 sollen von 44 Hausbesitzern die Hälfte Leibeigene gewesen sein. Dietesheim zählte 34, Lämmerspiel 21 Familien.

Mühlheim

*Mühlheim, Pfarrgasse
Historische Aufnahme*

1803 kam Mühlheim zu Hessen-Darmstadt. Die Dörfer verloren ihren überwiegend bäuerlichen Charakter um die Mitte des 19. Jahrhunderts zugunsten von Handwerk und Gewerbe, die Landwirtschaft wurde zum Nebenerwerb. An Rodau und Bieber waren bis zu 10 Mühlen in Betrieb. Die Entwicklung zur Industriegemeinde begann mit der Fertigstellung der Bahnlinie Frankfurt-Offenbach-Hanau 1873. Besonders die Zulieferindustrien für die Städte ließen sich in Mühlheim nieder. Die Einwohnerzahl stieg sprunghaft von etwa 2 500 um die Mitte des letzten Jahrhunderts auf 8 300 um die Jahrhundertwende und fast 24 000 im Jahr 1970. Mit der Eingemeindung von Dietesheim wurde Mühlheim 1939 zur Stadt erhoben.

Sowohl in Mühlheim als auch in Dietesheim haben sich die Umrisse des alten, umfriedeten Dorfes im Grundriß abgebildet; die großflächigen Ortserweiterungen im Zuge der Industrialisierung des 19. und 20. Jahrhunderts setzten in beiden Stadtteilen nicht unmittelbar am bestehenden Dorfrand an, sondern verlagerten die Schwerpunkte nach Süden zur neuen Bahnlinie. Hier ist besonders in Mühlheim eine planmäßige Anlage um den Ludwigsplatz zu erkennen.
In der Ortsmitte Mühlheim läßt sich eine früher vorhandene Umfriedung – wohl in üblicher Weise durch Wall, Hecke und Graben – im Verlauf des Haingrabens nachvollziehen, der das Dorf in typischer Ovalform, wie sie in weiteren Beispielen im Kreisgebiet vorkommt, bis zur Rodau umschließt. Im Zentrum ist um Kirche und Pfarrgasse ein historisches Ensemble mit Fachwerkhäusern, eines davon aus dem Spätmittelalter, erhalten. Das ehemalige Rathaus an der Offenbacher Straße dokumentiert die barocke Ortserweiterung über die bestehenden Grenzen hinaus.

Mühlheim Kulturdenkmäler

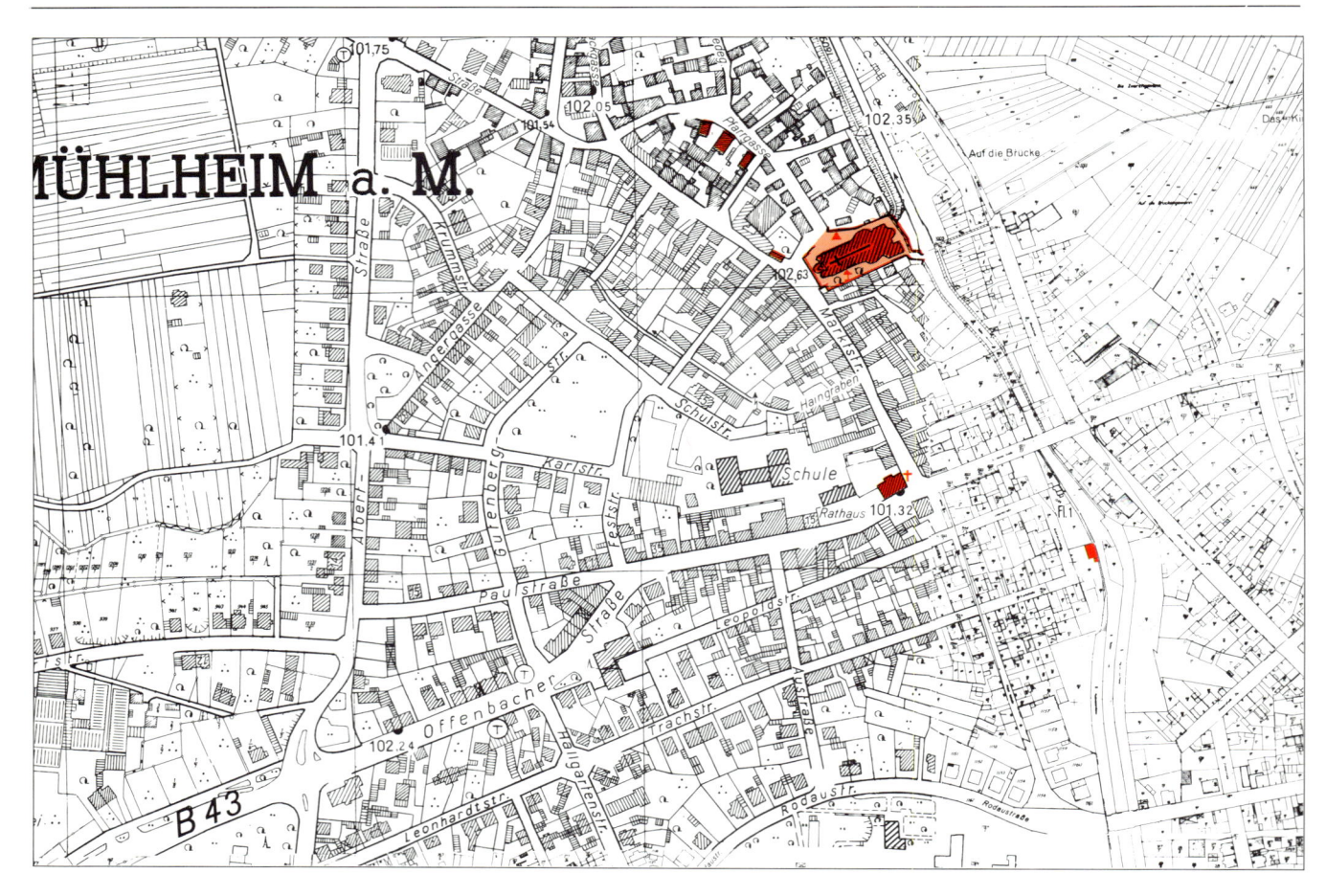

Brückenstraße 4 Fl. 1
Ehemalige Brückenmühle Flst. 1536/1

Die Mühle ist erstmalig 1576 erwähnt, die heutige hofartige Anlage mit Mühlenhaus, Scheune und Nebengebäuden wohl im 18. Jahrhundert entstanden. Vom Mühlrad noch verbindende Eisenbänder vorhanden, möglicherweise aus der Zeit um 1900, als die Mühle ein neues Mahlwerk erhielt. Bemerkenswert die baulichen Maßnahmen zur Umleitung und Regulierung der Rodau mit Abzweigung eines Kanals zum Mühlrad. Die Brückenmühle war die am längsten betriebene Mühle an der Rodau; sie arbeitete noch nach dem 2. Weltkrieg. Das Fachwerk des Hauptgebäudes jetzt vollständig verputzt, Nebengebäude teilweise mit sichtbarem Fachwerk. Einzige Mühle des Kreises mit – wenn auch nur noch fragmentarisch – erhaltenem Mühlrad. (w, g)

Kulturdenkmäler Mühlheim

Brückenmühle, Zustand 1965

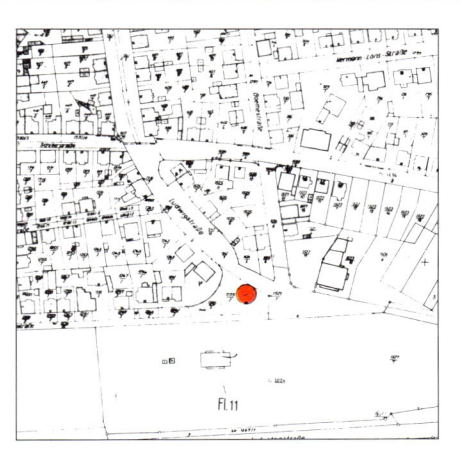

Dammstraße 21   Fl. 11
Wasserturm   Flst. 1235/2

Runder Wasserturm aus Basaltmauerwerk, erbaut zwischen 1912 und 1914, Höhe 45 m, Behälterkapazität 500 m³. Historisierende Formen wie romanische Rundbogenfenster sind mit zeitgenössisch modernen Details – Fensterband des polygonalen Aufsatzes – kombiniert. Insgesamt überwiegt – wie bei den später entstandenen Wassertürmen in Jügesheim und Seligenstadt – die historische Formensprache. Neben dem technischen Denkmalwert besitzt der Turm die Qualität eines weithin sichtbaren Orientierungspunktes. (t, s)

Kirchborngasse 6, 8, 10   Fl. 1
   Flst. 23/3, 23/1, 23/4

Sachgesamtheit einer winkelförmig angelegten Baugruppe aus Doppelhaus 8/10 und Wohnhaus 6, beide traufständig am gemeinsamen Hof. Das Doppelhaus mit Krüppelwalmdach und spiegelsymmetrischer Fassade, gekoppelte Eingänge mit Treppe und Vordach in der Mitte; einfaches konstruktives Fachwerk des späten 18. Jahrhunderts, ebenso im Obergeschoß von 6; dort sonst teilweise verputzt oder massiv ersetzt. Ungewöhnliche Hofform mit drei Wohneinheiten; Nebengebäude nicht erhalten. (w, g)

Marktstraße 2   Fl. 1
Ehemaliges Rathaus   Flst. 98/4

Voluminöser spätbarocker Bau, zweigeschossig mit Mansard-Walmdach. In der fünfachsigen Schauseite dreiachsiger flacher Mittelrisalit mit Zwerchgiebel. Putzfassade mit Stichbogenfenstern, Gewände durch Keilstein akzentuiert, umlaufender Sandsteingurt, durch Quaderung betonte Ecken. Über dem hofseitigen Eingang die Bezeichnung PK 1786. Ehemaliger Gasthof zum goldenen Engel, 1835–1900 Schule, dann Rathaus; Kopfbau in ortsbildprägender Ecklage an der Einmündung der Marktstraße in die Offenbacher Straße. (k, g, s)

Marktstraße   Fl. 1
Kreuz   Flst. 1565/31

Wegekreuz unmittelbar vor dem ehemaligen Rathaus am Beginn der Marktstraße. Neuer Ersatz für Vorgängerkreuz des 18. Jahrhunderts; Postament mit Inschrift, Kreuz und Figur aus Sandstein. Zwei niedrige Sandsteinpfosten mit Aufsatz zu beiden Seiten des Kreuzes original erhalten. (g)

219

Marktstraße 21 Fl. 1
Kath. Pfarrkirche St. Markus Flst. 19/4

Sachgesamtheit von Kirche mit Außenanlagen, Resten der Wehrkirchhofsmauer und Gedenksteinen.
Der mittelalterliche Westturm der Kirche St. Markus ist wahrscheinlich älter als die ehemalige, 1356 erwähnte Kirche; darauf deuten romanische Säulenfragmente an den Schallöffnungen des sonst ungegliederten Turmes aus Basaltmauerwerk. Weitere Veränderungen aus verschiedenen Epochen. Das Langhaus mit Chor 1878/79 von dem Mainzer Architekten Lucas neu errichtet. Holzplastiken im Inneren, Kreuzigung und hl. Sebastian, aus dem frühen 16. Jahrhundert. Außen an der Sakristei fischähnlicher gotischer Wasserspeier eingemauert. In der gewölbten Turmhalle ein Tierkopf und ein spätgotisches Weihwasserbecken, am rechten Westpfeiler gotischer Inschriftenstein von 1497, früher in der Kirchhofmauer. Von dieser noch Reste mit Schießscharten und Fischgrätverband vorhanden. Im Kirchhof zwei barocke Grabkreuze, eines datiert 1727, ein barocker Grabstein mit Kreuzdarstellung, ein barocker Bildstock; ein Kriegerdenkmal 1870/71 in üblicher Obeliskform. In der Mauer außerdem eine gemauerte Nische (ehemalige Pforte?) mit Rundbogenabschluß, darin neueres Kreuz und Steinbank. (k, g, s)

links: Grabsteine, Bildstock und Kriegerdenkmal im Kirchhof

rechte Seite: Pfarrgasse 10, Zustand 1960

Kulturdenkmäler   Mühlheim

Marktstraße 26   Fl. 1
Ehemaliges Wachthaus   Flst. 295

Kleines, eingeschossiges Massivgebäude mit zum Platz vor der Kirche hin offener Vorhalle, 1861 in spätklassizistischem Stil erbaut. Es enthielt den Wachtraum und zwei Arrestzellen. Drei das überstehende Walmdach tragende Sandsteinsäulen mit Würfelkapitellen und -basen sind möglicherweise wiederverwandte romanische Bauteile, bei der Renovierung 1975 teilweise erneuert. Das Wachthaus, ein heute seltener Bautyp, ist optischer Abschluß der unteren Marktstraße und Wahrzeichen des alten Ortskerns. (w, g, s)

Offenbacher Straße – Friedhof   Fl. 2
Friedhofskreuz   Flst. 134/2

Friedhofskreuz auf Postament mit gotisierender Ornamentik, Inschrift und Datum 1845; Sandstein mit Eisenguß-Korpus. Typisches Friedhofskreuz katholischer Orte, meist bei der Verlagerung des Friedhofes aus dem Ort im 19. Jahrhundert aufgestellt. (g)

Pfarrgasse 10   Fl. 1
   Flst. 277–281

Ehemaliger Hof der Abtei Seligenstadt, spätmittelalterliches Fachwerkhaus mit neuen Anbauten, heute Gasthaus. Fachwerk mit typischen Merkmalen der Zeit um 1500: Überkreuzte Eck- und Bundstreben als Vorform des Wilden Mannes, Viertelkreisstreben in den Brüstungsfeldern des Obergeschosses, dreiseitiger Geschoßvorsprung mit Knaggenunterstützung, an den Ecken Knaggenbündel. Das Giebelfachwerk teils erneuert. Einziges erhaltenes Fachwerkhaus dieser Zeit im Kreis außerhalb Seligenstadts. (k, w, s)

Pfarrgasse 12   Fl. 1
   Flst. 276

Giebelständiges Wohnhaus, im Sturzbalken des Eingangs inschriftlich 1705 (?) datiert. Stellenweise erneuertes Fachwerk mit Zierformen: geschwungene Brüstungsstreben, im Giebel mit Nasen, Negativrauten und Mannfiguren an der Traufwand zum Hof, die durch den großen Abstand zum Nachbargebäude und die Straßenkrümmung ebenfalls in den Straßenraum wirkt. (k, s)

Pfarrgasse 14   Fl. 1
   Flst. 274

Einfaches Fachwerkhaus mit neumassivem Erdgeschoß und holzverkleidetem Giebel, erbaut um 1800. Wichtiger Bestandteil der Dreiergruppe aus den Häusern Pfarrgasse 10, 12 und 14, die durch ihre leicht auseinanderstrebende Lage in der Krümmung der Pfarrgasse und die großen Abstände besonders stark zur Wirkung kommen und ein ortsbildprägendes Ensemble ergeben. (s)

221

Dietesheim　　　Mühlheim　　　Kulturdenkmäler

Dietesheim, Untermainstraße
Historische Aufnahme

In Dietesheim ist die Form des alten Dorfes in seiner Anlage entlang des Flußufers Mühlheim vergleichbar; hier wird eine Begrenzung durch den Main und die zum Schutz gegen Hochwasser – jetzt neu – errichtete Mauer gebildet. Die relative späte Befestigung aus dem frühen 17. Jahrhundert durch eine niedrige Ringmauer, die jedoch nicht mit einer mittelalterlichen Stadtbefestigung zu vergleichen ist, hat sich in Bruchstücken erhalten. Die Siedlung ist in ihrer Längsausdehnung nicht verändert, nur im Süden besteht eine Verbindung zu den Bebauungsflächen des 19. und 20. Jahrhunderts. Das typische Straßenbild der Unter- und Obermainstraße haben einige giebelständige Fachwerkhäuser des 18. Jahrhunderts bewahrt.

| Kulturdenkmäler | Mühlheim | Dietesheim |

Wendelinuskapelle und Friedhof, historische Aufnahme aus: Der Kreis Offenbach, 1927

Bettinastraße 20 Fl. 1
Wendelinuskapelle Flst. 569

Ehemalige Friedhofskapelle, vom Friedhof Mauerreste und Kreuz vorhanden. Kleiner barocker Steinbau, verputzt, Fenstergewände und Portal Sandstein. Offene Vorhalle mit Walmdach und profiliertem Traufgesims auf geschnitzten Holzstützen. Einzige im Kreis erhaltene Kapelle dieses Typs; ähnliche Bauten früher in Seligenstadt und Froschhausen. Spätgotischer Altar derzeit in der Pfarrkirche St. Sebastian.

(k, g)

Bettinastraße Fl. 1
Friedhofskreuz Flst. 567

Friedhofskreuz des ehemaligen Friedhofes, hohes Kreuz auf Postament mit gotisierender Ornamentik ähnlich dem des Mühlheimer Friedhofes, wohl etwa gleichzeitig um 1845 entstanden; in Zusammenhang mit der Kapelle und Resten der alten Friedhofsmauer religions- und ortsgeschichtliches Denkmal.

(g)

Hanauer Straße 19/23 Fl. 1
Kath. Pfarrkirche Flst. 550/1, 550/6
St. Sebastian, Pfarrhaus

Sachgesamtheit aus neugotischer Kirche mit Pfarrhaus im gleichen Stil und Einfriedung. Dreischiffige Basilika, 1891–93 erbaut, außen Sandsteinmauerwerk; der seitliche Turm mit hohem Spitzhelm. Innen (nahe dem Eingang) spätgotischer Schnitzaltar um 1500 aus der Wendelinuskapelle. Im Mittelteil Anna Selbdritt, die Flügel bemalt mit Darstellung der Apostel Petrus und Paulus. Laut Inschrift auf der Rückseite eines Flügels renoviert in den 20er Jahren dieses Jahrhunderts.

Das Pfarrhaus – ein plastisch gegliederter Putzbau, ebenfalls in neugotischen Formen – nimmt in Material und Gestaltung des turmartigen Erkers aus Sandstein mit Spitzhelm Bezug auf die Kirche.

(k, g, s)

Dietesheim Mühlheim Kulturdenkmäler

Hegelstraße – Friedhof Fl. 1
Kreuzigungsgruppe Flst. 1175/1

Am südlichen Friedhofsrand aufgestellte Kreuzigungsgruppe mit Sockel und Kreuz aus Sandstein, Figuren aus Kunststein mit Anstrich. Die Sockelgestaltung mit Rustika-Quaderung im Sinne der Materialgerechtigkeit kurz nach der Jahrhundertwende steht im Gegensatz zur gotisierenden Figurengruppe. Im Kreis seltene, spätere Form der Friedhofsausstattung anstelle der häufigen Friedhofskreuze des 19. Jahrhunderts.

Grabsteine

Zur Sachgesamtheit gehörige Grabsteine um und nach 1900. Mehrteiliger Familiengrabstein in gotisierenden Formen aus Sandstein mit eingelegten Schriftplatten, älteste Inschrift 1896. (k, g)

Kirchweg Fl. 2
Feldkreuz

Hohes Kreuz mit gefasten Kreuzarmen auf schlichtem Postament, Sandstein. Laut Sockelinschrift errichtet 1864, Korpus nicht mehr vorhanden. Den zahlreichen Friedhofs- und Wegekreuzen des Kreises vergleichbares Kreuz des 19. Jahrhunderts, typisches Denkmal in überwiegend katholischen Gebieten; Standort hier im freien Feld außerhalb der Ortslage. (g)

Obermainstraße 1 Fl. 1
  Flst. 165/3

Wie die übrigen Fachwerkbauten der Ober- und Untermainstraße giebelständiges Haus in Eckposition an einer platzartigen Straßeneinmündung. Massiv erneuertes Erdgeschoß, im Gefüge des Obergeschosses Mannfiguren, Rauten, geschnitzte Streben und Schwellenprofil; Entstehung in der 1. Hälfte des 18. Jahrhunderts. (k, s)

Schultheiß-Neeb-Pfad, Bornweg
Ortsmauer

Reste der Ortsmauer, ca. 1,50 m hohe Mauer aus Bruchstein. Die Ringmauer wurde 1611 unter Schultheiß Neeb zum Schutz vor räuberischen Eindringlingen von den Bürgern errichtet, im 18. Jahrhundert im Zuge der Ortserweiterung jedoch größtenteils wieder abgebrochen. Im westlichen Teil ist ein Stein mit Jahreszahl 1738 eingemauert. Einzige derartige, relativ späte Ortsbefestigung im Kreis; von ortsgeschichtlicher Bedeutung. (g)

Ortsmauer im Bornweg, Aufnahme 1956

Kulturdenkmäler	Mühlheim	Dietesheim/Lämmerspiel

Untermainstraße 4 Fl. 1
Evangelische Pfarrkirche Flst. 69

1751 als katholische Filialkirche der Pfarrei Mühlheim errichtete und ursprünglich den Heiligen Sebastian und Wendelin geweihte Kirche. Der kleine einschiffige, verputzte Saalbau in einfachen Barockformen ordnet sich in Stellung und Dimension in die Reihe der Fachwerkhäuser ein, ragt aber in den Straßenraum vor, so daß der Haubendachreiter für Ober- und Untermainstraße einen markanten Blickpunkt ergibt. An den dreiseitig geschlossenen Chor schließt sich in der Langhausachse die gewölbte Sakristei mit einem 1688 bezeichneten Portal an. Die Kanzel des 18. Jahrhunderts aus der Wilhelmskirche in Bad Nauheim.

(k, g, s)

Untermainstraße 5 Fl. 1
 Flst. 120/2

Um 1800 entstandenes giebelständiges Fachwerkhaus mit Krüppelwalm und einfachem, konstruktivem Fachwerk. Gegenüber der Kirche ist das Haus wichtiges Element des Straßenbildes. (s)

Untermainstraße 14 Fl. 1
 Flst. 55

Giebelständiges Wohnhaus, wie bei weiteren ähnlichen Bauten an der Südseite der Ober-/Untermainstraße qualitätvolles Fachwerk mit Zierformen aus der 1. Hälfte des 18. Jahrhunderts. In der Brüstungszone des Obergeschosses eine friesartige Anordnung von Rauten, teils mit Schnitzerei, und Andreaskreuzen; im Giebel genaste S-Streben. Für den dörflichen Bereich reiche Fachwerkausbildung. (k, s)

Untermainstraße 16 Fl. 1
 Flst. 54

Fachwerkhaus der Mitte des 18. Jahrhunderts; die Ornamentik – gebogene Streben und Schnitzraute – beschränkt sich auf die obere Giebelzone. Im Obergeschoß Mannfiguren, in der Balkenlage bilden abgerundete Füllhölzer ein kräftiges Profil. An der Hofseite Auslucht mit Zwerchgiebel und Eingang. Drei barocke Sandsteinpfosten mit flachem Aufsatz aus der Erbauungszeit. Das Haus vervollständigt die qualitätvolle Fachwerkzeile Ober-/Untermainstraße. (k, s)

Lämmerspiel/Obertshäuser Straße Fl. 1
Kreuz Flst. 739

Wegekreuz des 19. Jahrhunderts mit gefasten Kreuzarmen, Sandstein; ursprüngliche Christusfigur ersetzt durch kleineren Eisengußkorpus. Typisches Flurdenkmal in traditionell katholischen Gebieten. (g)

225

Neu-Isenburg

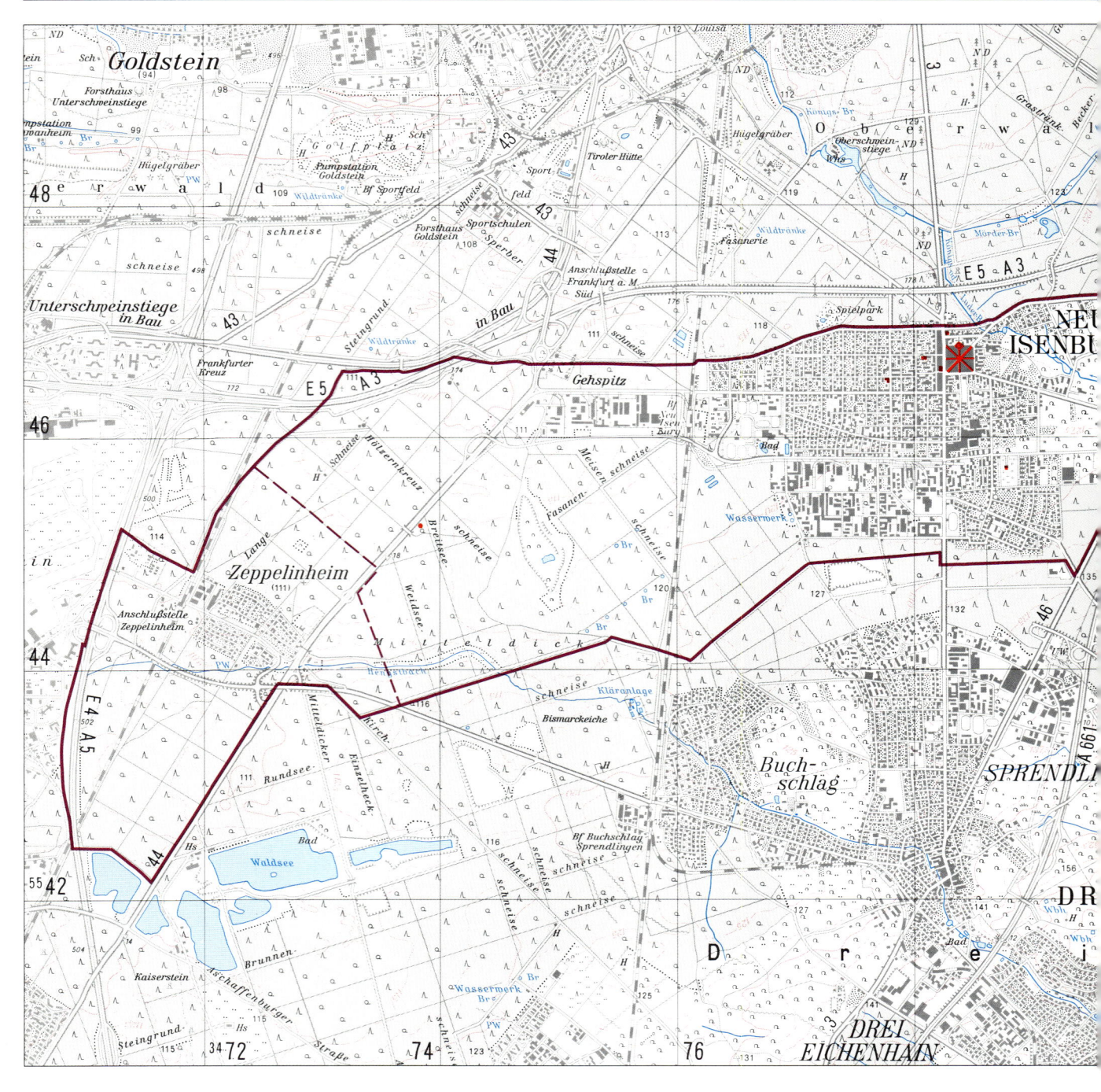

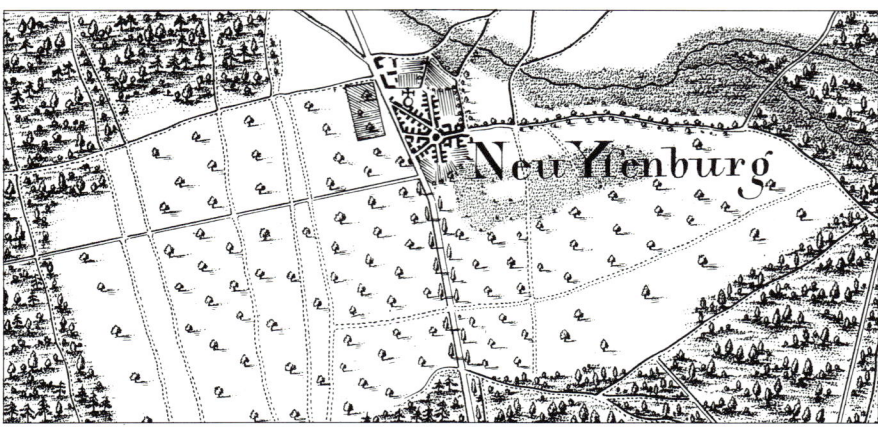

**Erläuterung zu Karte 9 (M 1:50000)
Stadt Neu-Isenburg**

Für die sprunghafte Entwicklung der jungen Gründung Neu-Isenburg zur heute größten Einzelgemeinde des Kreises war wohl die zentrale Lage unmittelbar südlich von Frankfurt ausschlaggebend. Von der Idealplan-Siedlung von 1699 ist fast keine Originalsubstanz erhalten, dafür aber der Straßengrundriß, der in der Haas'schen

Neu-Isenburg

Das Gebiet, auf dem 1699 Neu-Isenburg gegründet wurde, gehörte schon seit dem 15. Jahrhundert zu dem aus dem Falkenstein-Münzenbergischen Erbe zur Grafschaft Isenburg-Büdingen übergegangenen Territorium des früheren Gebietes Hain im Wildbann Dreieich. Seit 1556 residierte Isenburg in Offenbach. Kurz vor 1700 bot der sich zum reformierten Glauben bekennende Johann Philipp von Isenburg einer Gruppe waldensischer Glaubensflüchtlinge Land zur Ansiedlung sowie gewisse Privilegien an, um unbebaute Gebiete zu kultivieren. Es waren jedoch etwa 30 Familien aus Frankreich vertriebener, calvinistischer Hugenotten, die sich aufgrund eines bewußt herbeigeführten Irrtums auf dem ihnen zugewiesenen Gelände „am Kalbskopf" südlich des Frankfurter Stadtwaldes niederließen. Im Idealplan des isenburgischen Hofmeisters Andreas Loeber waren auf quadratischer Grundfläche 78 Hausplätze mit zugehörigem Ackerland festgelegt. Die ärmlichen Häuser wurden oft schon nach wenigen Jahren baufällig; auch das 1702 durch die gräfliche Herrschaft errichtete Rathaus mußte 1876 wegen der Bauschäden abgebrochen werden. Eines der wenigen erhaltenen Gebäude der Gründungszeit ist das vor 1710 errichtete Schulhaus in der Pfarrgasse. Der ersten bescheidenen Holzkirche folgte erst 1775 ein Steinbau. Der unergiebige Boden, Einschränkungen der Weiderechte und Anfeindungen aus den Nachbargemeinden zwangen in der Anfangszeit zahlreiche hugenottische Familien, die im Gegensatz zu den bäuerlichen Waldensern aus bürgerlichen Schichten stammten, zum Weggang. Ab 1720 wurde deutschen Zuwanderern die Übernahme der verlassenen Anwesen gestattet, jedoch entwickelte sich der Ort bis 1820 kaum, und es gab Konflikte zwischen den verschiedenen religiösen und sprachlichen Gruppen. 1781 wurde die erste deutsch-lutherische Schule an der neu angelegten Frankfurter Straße errichtet, 1830 die deutsche Sprache offiziell eingeführt. Seit 1816 gehörte Neu-Isenburg zum Großherzogtum Hessen; 1828 wurde an der Straße zur Messestadt Frankfurt ein Hauptzollamt des dem preußischen Zollverein angehörenden Staates eingerichtet, das aber mit dem Beitritt Frankfurts zum Deutschen Zollverein 1836 seine Berechtigung verlor.

Schon die ersten Siedler waren neben dem Ackerbau auf handwerkliche Heimarbeit angewiesen, unter anderem Strumpfwirkerei und Filzherstellung. Nach der Einführung maschineller Techniken um die Mitte des 19. Jahrhunderts verlagerte man sich auf Dienstleistungen für das benachbarte Frankfurt; um 1900 gab es fast 100 Wäschereien. Bereits vor 1800 etablierte sich die Möbel- und Lederwarenherstellung, ab 1860 die Produktion von Frankfurter Würstchen. 1852 wurde eine Haltestelle der Main-Neckar-Bahn eingerichtet, um die Jahrhundertwende eine Stichbahn in das Industriegebiet. 1889 stellte die Dampfstraßenbahn der Waldbahn die Verbindung an das Frankfurter Verkehrsnetz her, ab 1929 eine elektrische Bahn.

Die sich anfangs nur zögernd entwickelnde Siedlung erfuhr im 19. Jahrhundert einen sprunghaften Anstieg der Bevölkerung von etwa 1500 Einwohnern um 1830 auf über 8000 um die Jahrhundertwende. Neu-Isenburg wurde vor Langen zur größten Gemeinde des Kreises; 1894 verlieh Großherzog Ernst Ludwig die Stadtrechte. Die verkehrsgünstige großstadtnahe Lage führte zu einer Verdreifachung der Einwohnerzahl von 12000 nach dem zweiten Weltkrieg auf heute über 35000. Dazu trug die Eingemeindung von Gravenbruch 1957 und Zeppelinheim 1977 bei. Zu dem seit 1586 bestehenden Hofgut Gravenbruch gehört eine Wohnstadt aus den 60er Jahren. Zeppelinheim war 1936 für Mitarbeiter der Deutschen Luftschiff-Reederei entstanden und seit 1937 selbständige Gemeinde.

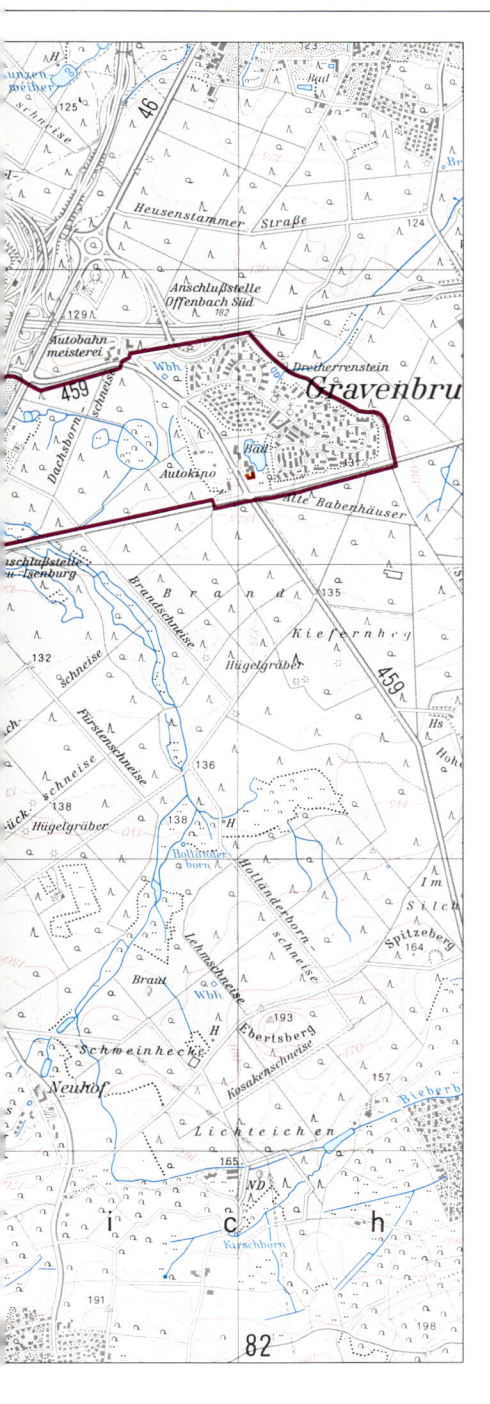

Karte eigentümlicherweise – entgegen einer sonstigen Idealisierungstendenz – unvollständig wiedergegeben ist.

Zu Neu-Isenburg gehören außerdem die Ortsteile Gravenbruch, eingemeindet 1957, mit dem dortigen ehemaligen Hofgut und, weit im Westen, seit 1977 das 1936 entstandene Zeppelinheim.

Neu-Isenburg

Der Plan von Loeber zeigt ein Grundrißsystem, das auf der geometrischen Aufteilung einer Quadratfläche von 250 m Seitenlänge durch diagonal sich kreuzende Gassen und einem Kreuz von kleinen Gäßchen in Nord-Süd- und Ost-West-Richtung beruht. Der Schnittpunkt aller Gassen im Mittelpunkt bildet den Marktplatz. Dieses System steht in der Tradition früherer und zeitgenössischer Idealstadtplanungen, die bei einigen Neugründungen, auch für andere Glaubensflüchtlinge, verwirklicht wurden, wie 1599 in Freudenstadt oder der nicht ausgeführten Planung der Hugenottensiedlung Ansbach von 1686. Auffällig ist die strahlenförmige Straßenanordnung in Neu-Isenburg, deren strategischer Vorteil in der Übersichtlichkeit von einem Punkt aus liegt. Die Lage – zwei Seiten waren von Sumpfgelände umgeben – trug zur Sicherheit gegen Überfälle streitbarer Alteingesessener bei.

Das Grundquadrat war entlang den Diagonalgassen mit Hilfe eines eigenen Maßstabes, dem „Isenburger kleinen Fuß", in 78 Hausplätze eingeteilt. Im Mittelpunkt auf dem Marktplatz stand das achteckige Rathaus mit offener Halle über einem Brunnen, angebautem Treppenturm und der von einem Glockenturm gekrönten Welschen Haube. In der nördlichen dreieckigen Freifläche war achsial die Kirche angeordnet. Die bescheidenen Wohnhäuser der ersten Siedler waren niedrige, ein- bis zweigeschossige Fachwerkbauten in Traufstellung, mit überbauter Hofeinfahrt jeweils für zwei benachbarte Parteien. Im Norden der Siedlung schloß sich der „große Garten" an, der 1822 in Bauland umgewandelt wurde. Hier ist der „Alte Ort" bis heute nicht von einer Straße begrenzt. Die außerhalb des Ortskerns gelegene Bansamühle, ein durch Andreas Loeber errichteter barocker Landsitz, ist in ihrer heutigen Form ein standortversetzter Neubau.

Die Bebauung der Frankfurter Straße setzte um die Mitte des 19. Jahrhunderts ein, dann folgte die westlich davon gelegene Rodungsfläche mit einem großzügigen, rechtwinkligen Straßensystem der Gründerzeit und nach Westen zu aufgelockerter Wohnbebauung mit Jugendstileinflüssen. Im Gegensatz zu Langen war hier nicht die Verbindung zum Bahnhof für den Ortsschwerpunkt maßgebend; dieser blieb an der Durchgangsstraße nach Frankfurt. Das Industriegebiet entwickelte sich früh am südlichen Rand, hier war der Bahnanschluß ausschlaggebend. Die Bebauung südlich des Alten Ortes setzte relativ spät ein, in den 30er Jahren entstand südlich davon die Siedlung Buchenbusch.

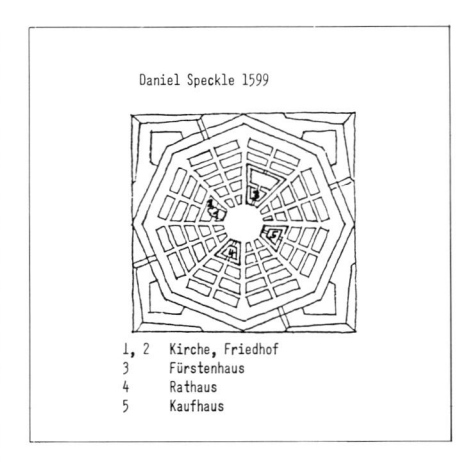

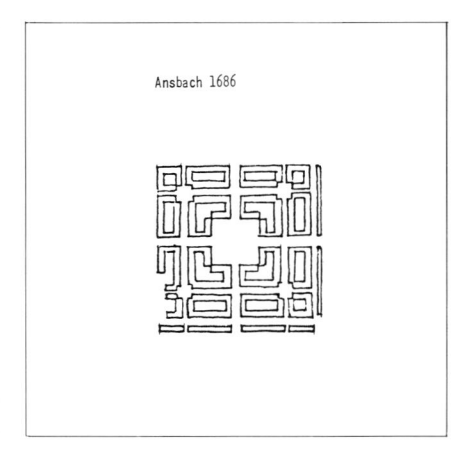

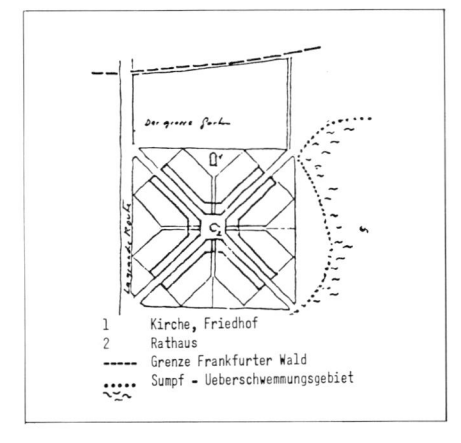

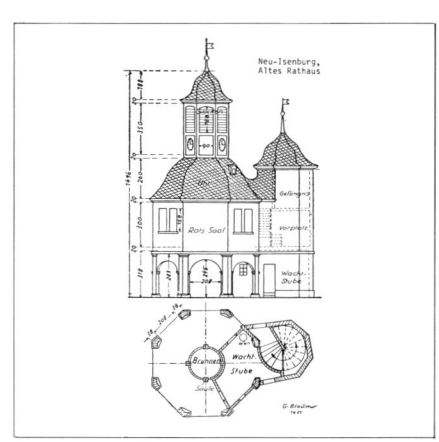

Daniel Speckle 1599

1, 2 Kirche, Friedhof
3 Fürstenhaus
4 Rathaus
5 Kaufhaus

Ansbach 1686

1 Kirche, Friedhof
2 Rathaus
----- Grenze Frankfurter Wald
····· Sumpf - Ueberschwemmungsgebiet

Neu-Isenburg, Altes Rathaus

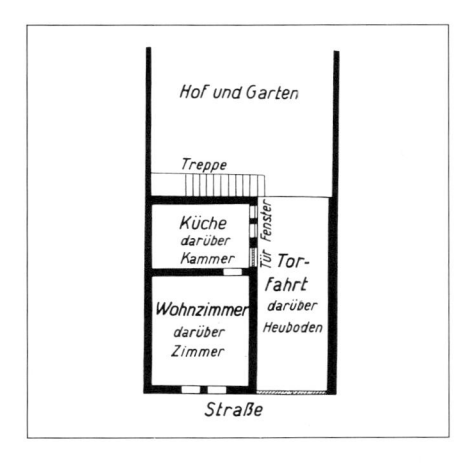

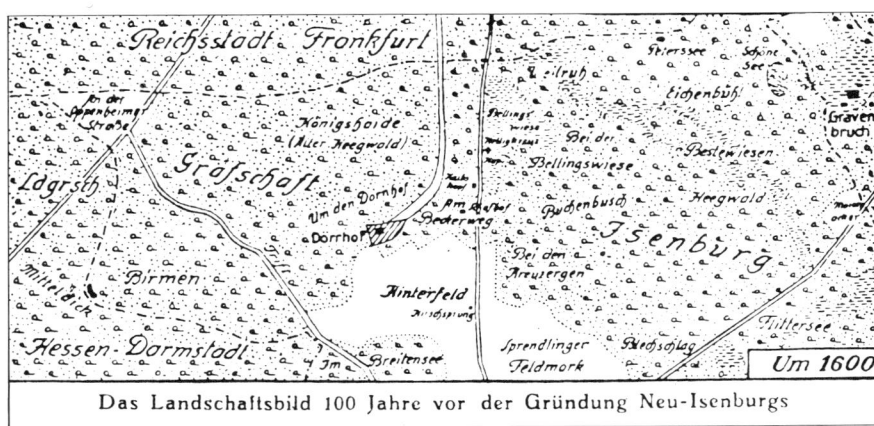

Neu-Isenburg

Das Landschaftsbild 100 Jahre vor der Gründung Neu-Isenburgs *(Um 1600)*

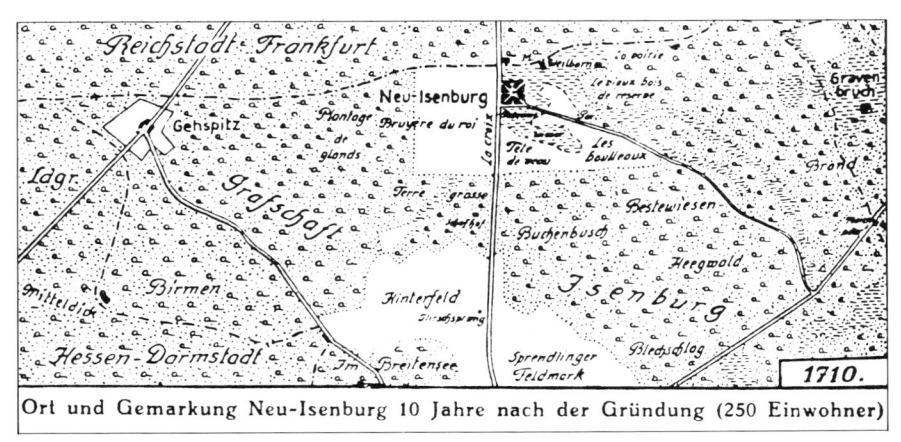

Ort und Gemarkung Neu-Isenburg 10 Jahre nach der Gründung (250 Einwohner) *(1710)*

oben: Grundriß eines Siedlerhauses,
aus: Nahrgang, Stadt und Landkreis
Offenbach, 1963
Haus in der Löwengasse
rechts: Entwicklung der Gemarkung
Neu-Isenburg, aus: Landschaft Dreieich
unten: Bansamühle

linke Seite: Idealstadtpläne, Schema-
zeichnung aus: Prognos, Untersuchung
zur Entwicklungsplanung, 1973
Das alte Rathaus, historisches Foto und
Rekonstruktion

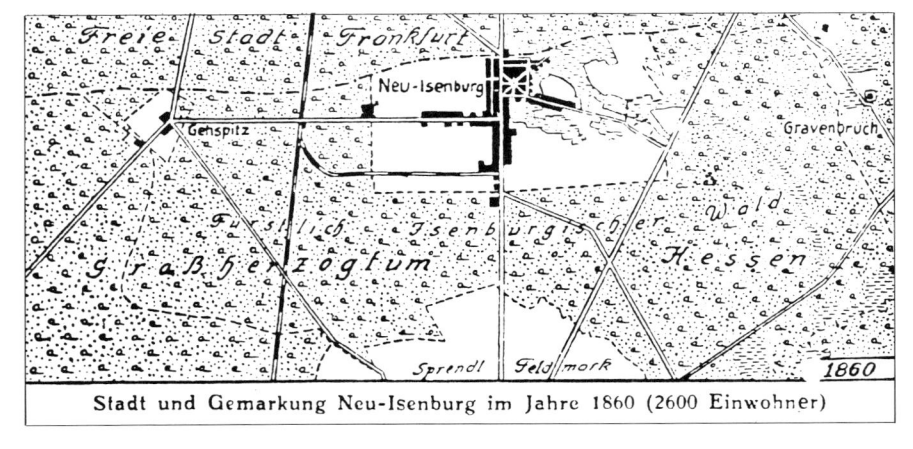

Stadt und Gemarkung Neu-Isenburg im Jahre 1860 (2600 Einwohner)

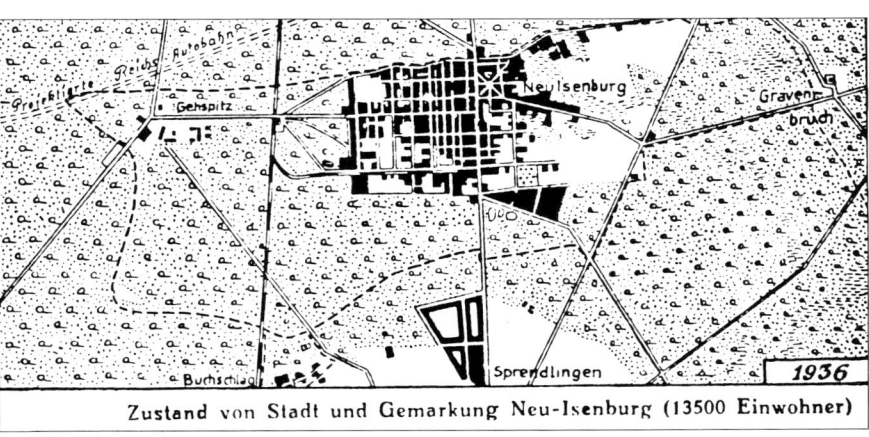

Zustand von Stadt und Gemarkung Neu-Isenburg (13500 Einwohner) *(1936)*

Neu-Isenburg Kulturdenkmäler

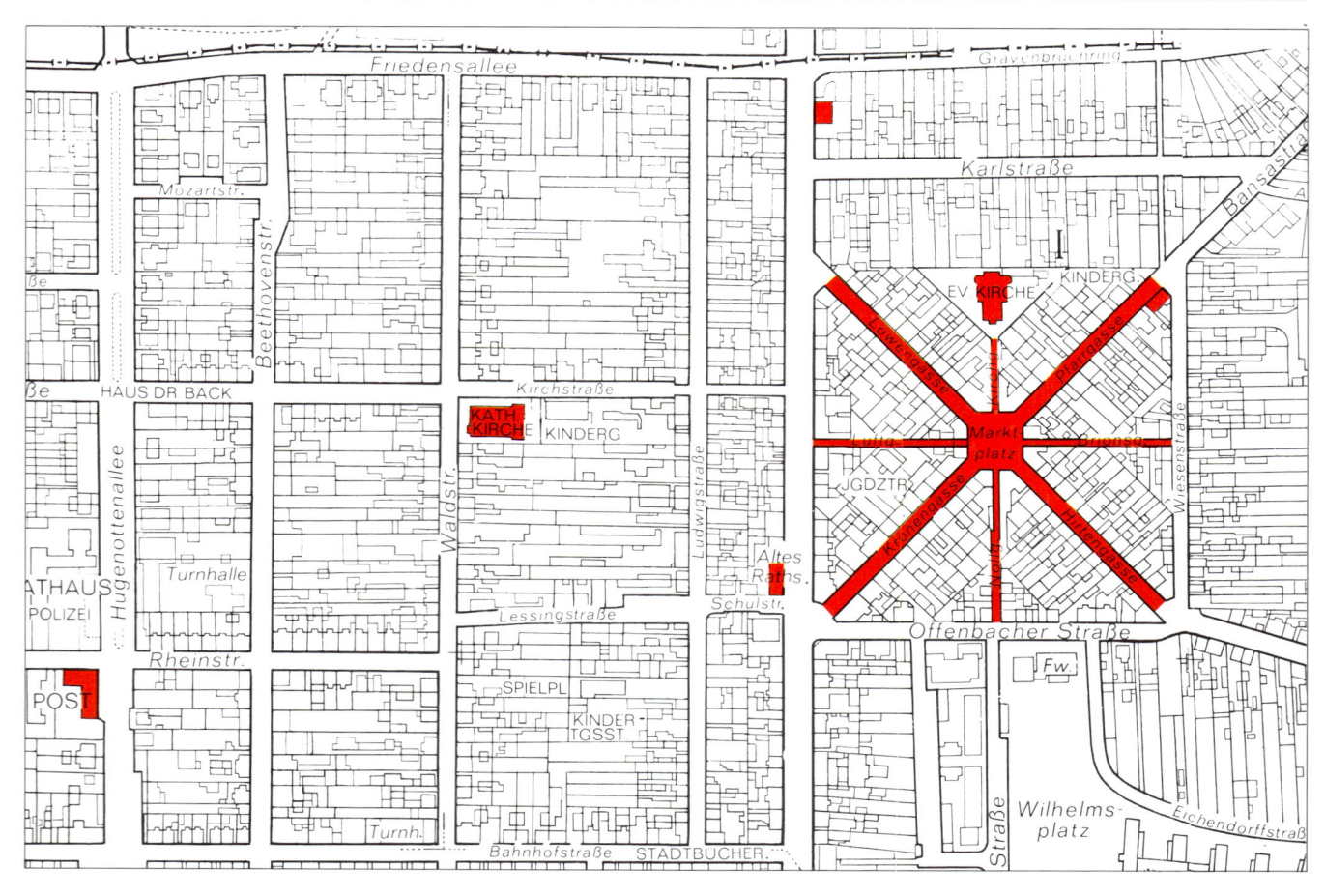

Alter Ort Fl. 1
Straßengrundriß des Alten Ortes

Marktplatz mit Löwengasse, Pfarrgasse, Hirtengasse, Kronengasse, Kirchgäßchen, Brionsgäßchen, Nollgäßchen, Luftgäßchen.

Der sternförmige Straßengrundriß des Ortskerns nach Plan des Isenburgischen Hofmeisters Andreas Loeber von 1699 ist Dokument der durch obrigkeitliche Weisung geregelten Ansiedlung einer fremden Gruppe, der in Frankreich wegen politisch-religiöser Gründe verfolgten Hugenotten. Durch Neubesiedlung unbewohnten Gebietes konnte die Idealstadtidee verwirklicht werden, die traditionelle und zeitgenössische Tendenzen des Städtebaus aufgriff; dabei sind Gesichtspunkte der Verteidigung berücksichtigt, aber auch zentralistische Ordnungsvorstellungen sichtbar gemacht. Da von der originalen Bausubstanz nur wenig erhalten ist oder so verändert wurde, daß die ursprüngliche Bauweise nicht mehr ablesbar ist, stellt sich das anfängliche Fortleben hugenottischer Traditionen in der Zeit nach der Siedlungsgründung nicht mehr dar. Die sehr einfache, niedrige Bauweise, eine aus dem Massivbau beeinflußte Gleichbehandlung von Fachwerk und Putzflächen der Wohnhäuser, die gemeinschaftsfördernde Zentrallage des Rat-

Kulturdenkmäler   Neu-Isenburg

hauses sind nicht mehr vorhanden. Erhalten hat sich hingegen die geschlossene Traufenbebauung in den Bebauungsgrenzen und die Hierarchie von Gassen und Gäßchen. Letztere sind am Marktplatz zum Teil überbaut, so daß eine geschlossene Platzform entsteht, die Achse zur Kirche aber betont wird. Die Grenzen zur späteren Bebauung an den Quadraträndern sind fließend.
Von den 28 durch Hugenotten besiedelten Ortsneugründungen in Hessen ist Neu-Isenburg die einzige innerhalb des Kreises; im nahegelegenen Walldorf ist, wie bei den meisten weiteren Siedlungen, kein Plangrundriß in dieser Konsequenz erkennbar. (w, g, s)

Frankfurter Straße 6   Fl. 1
Ehemaliges Zollhaus   Flst. 320/2

1828 am Nordrand des Ortes am Übergang von dem zum preußischen Zollverein gehörigen Staat Hessen zur Messestadt Frankfurt eingerichtet, verlor das Zollhaus 1836 mit dem Beitritt Frankfurts zum Deutschen Zollverein seine Funktion. Schlichter Putzbau in einfachen klassizistischen Formen mit Satteldach, gleichmäßige Reihung von 6 Fensterachsen; auch heute noch den Ortsausgang nach Frankfurt markierend. (g)

Frankfurter Straße 55   Fl. 1
Ehem. deutsch-lutherisches   Flst. 507/1
Schulhaus

Südhälfte des Putzbaues, 1871 am Rand des alten Ortes in Mauerwerk mit Fachwerkobergeschoß errichtet, erster Bau westlich der Frankfurter Straße. 1872 nördlich um zwei Klassen erweitert, hier ganz Mauerwerk; danach weitere Veränderungen, auch der Fassade (Portal). Von geschichtlicher Bedeutung ist der älteste Abschnitt als Dokument für die Durchsetzung der Rechte des deutschstämmigen Bevölkerungsanteils innerhalb der Hugenottenkolonie. (g)

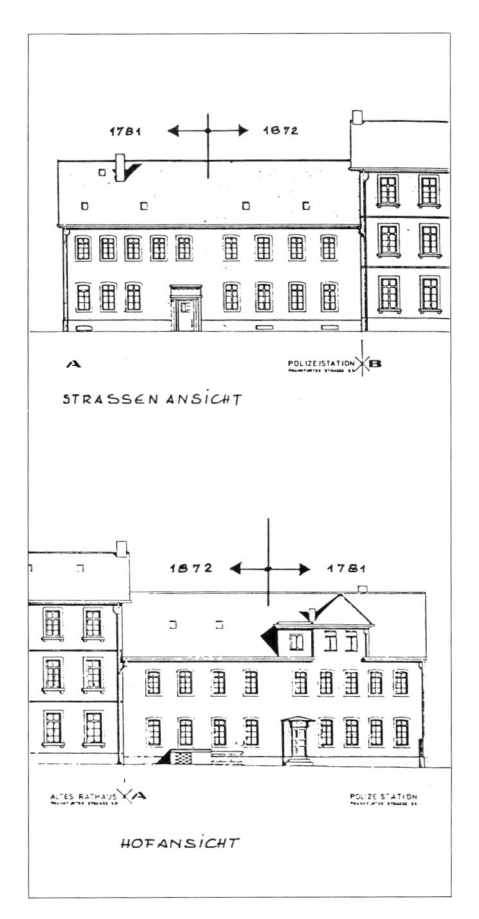

Neu-Isenburg — Kulturdenkmäler

Friedhofstraße – Friedhof Fl. 4
Kriegerdenkmal Flst. 245/2

1931 errichtetes Ehrenmal für die Gefallenen des 1. Weltkrieges. Weiträumige Anlage aus erhöhtem, ovalem Ehrenhof mit Wasserbecken und Denkmal in Form einer halbkreisförmigen Klinkermauer mit Spitzbogenarkaden. In den dem Hof zugewandten Stirnwänden Bronzetafeln mit den Namen der Gefallenen, am oberen Mauerrand der Schriftzug „DEN GEFALLENEN SÖHNEN UNSERER STADT". Davor im Mittelpunkt auf einem Sockel die Kupferfigur eines knieenden Kriegers. Die Mauer beidseitig von Tannen flankiert. Die Anlage als Einheit aus architektonischen, künstlerischen und gärtnerischen Elementen prägt in besonderem Maß das Bild des Friedhofes, für dessen Mitte sie konzipiert ist; ungewöhnliche, eigenständige Lösung für ein Kriegerdenkmal. (k, g)

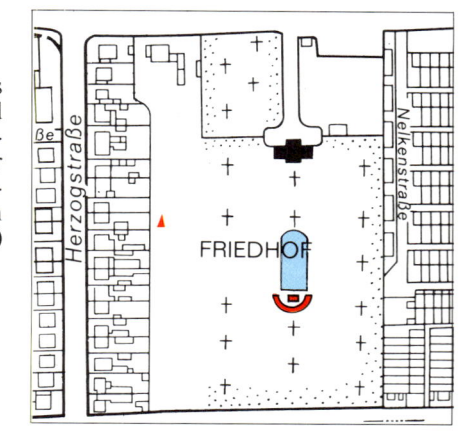

Kriegerdenkmal, Entwurf

Friedhofstraße – Friedhof Fl. 4
Kriegerdenkmal Flst. 245/2

Ehrenmal für die Gefallenen des Krieges 1870/71, eingeweiht 1877 „zur Erinnerung an den glorreichen Feldzug" (Inschrift). Im Gegensatz zu der häufig gewählten schlichten Obeliskform aufwendigere und künstlerisch anspruchsvollere Gestaltung: stehende Germania auf hohem, mehrstufigem Postament, dort Relieffriese aus Kränzen, Helmen und gekreuzten Schwertern. Vom ursprünglichen Standort auf den neuen Teil des Friedhofes versetzt. (k, g)

Kulturdenkmäler — Neu-Isenburg

Hugenottenallee 65 Fl. 2
Postamt Flst. 71/8

Eckbau in Winkelform; die städtebauliche Situation wird im Baukörper durch Höhenstaffelung und in der Fassadengliederung durch Betonung der Ecke aufgenommen. Die klare Gliederung in Kuben, die Verwendung von Klinkern in den Fensterbändern sind Reminiszenzen an die expressive Strömung im Neuen Bauen, wie sie Elsässer in Frankfurt vertrat. Das Gebäude wurde 1931 durch die Versorgungsanstalt der Post errichtet und bildet gegenüber dem neuen Rathaus einen städtebaulichen Schwerpunkt. (k, s)

Kirchgäßchen Fl. 1
Evangelische Pfarrkirche Flst. 266/1

Die erste, 1702–06 errichtete Holzkirche wurde 1773–75 durch einen schlichten Steinbau mit Dachreiter ersetzt, von dem heute nur noch Teile der Außenmauern erhalten sind. Bei einer Erweiterung um 1900 ein Turm angefügt. Nach der Zerstörung 1943 Wiederaufbau des Schiffes 1946–49, des Turmes 57–58 und 1961 Erneuerung der Innenausstattung mit Empore. Die karge Raumgestaltung unter Verzicht auf schmückende Elemente versucht, an die calvinistische Tradition der Gründer zu erinnern. Der auch äußerlich schlichte Bau auf kreuzförmigem Grundriß mit vorgestelltem Turm bildet den nördlichen Endpunkt der Nord-Süd-Achse des Ortes. Das dreieckige Kirchengelände war 1700–1842 Friedhof; einige Grabsteine des 19. Jahrhunderts sind im westlichen Teil noch vorhanden, im östlichen Teil neuer Anbau eines Kindergartens. (k, g, s)

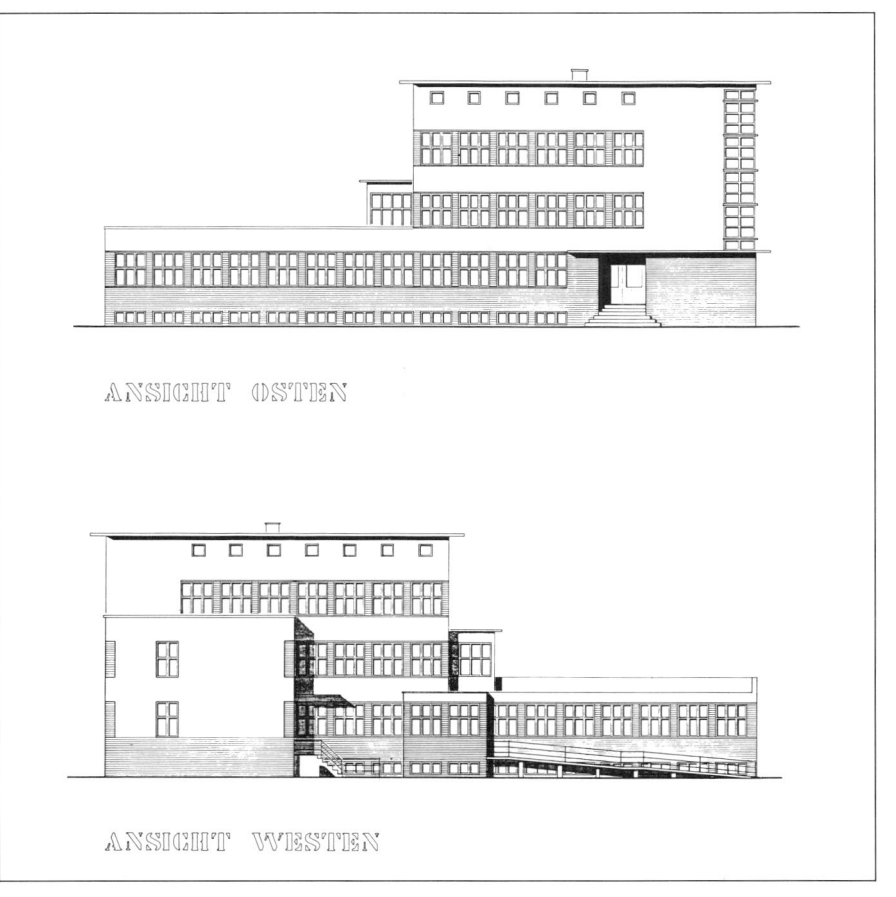

rechts: Historische Aufnahme

Neu-Isenburg   Kulturdenkmäler

Pfarrgasse 29 Fl. 1
Ehem. französisches Schulhaus Flst. 231/3

Erste französische Schule, kurz nach Gründung der Kolonie 1703–05 als einfaches Fachwerkhaus mit Walmdach erbaut. Das Gefüge mit Mannfiguren und geschwungenen Zierstreben weitgehend erhalten, im Sockelbereich überputzt. Die profilierte Rähm/Schwellen-Zone durch neue Bretterverschalung mit aufgemaltem Sinnspruch verdeckt. Kopfbau am nordöstlichen Eingang des alten Ortes. (g, s)

Waldstraße 42 Fl. 1
Kath. Pfarrkirche St. Josef Flst. 554/9

Neuromanische, dreischiffige Basilika mit offener Arkadenvorhalle und seitlichem, fast freistehendem, weithin sichtbarem Glockenturm, 1910/11 anstelle einer neugotischen Kirche von 1876 errichtet. Romanisierende Details wie Säulen mit Kapitellen außen und innen sind qualitätvolle handwerkliche Leistungen. (k, g, s)

B 44 Fl. 31
Meilenstein Flst. 1/15

Zylindrischer, nach oben leicht verjüngter Stein auf rundem Sockel, Material Sandstein. Standort im Wald zwischen Neu-Isenburg und Zeppelinheim. Großherzoglich-hessischer Meilenstein, wahrscheinlich zu Beginn des 19. Jahrhunderts aufgestellt; unter dem Ortswappen gaben aufgemalte Pfeile die Richtung, Zeitangaben die Wegestunden für reitende Boten an. Die Aufschrift „Zeppelinheim" jünger, da der Ort erst in den 30er Jahren dieses Jahrhunderts entstand. (g)

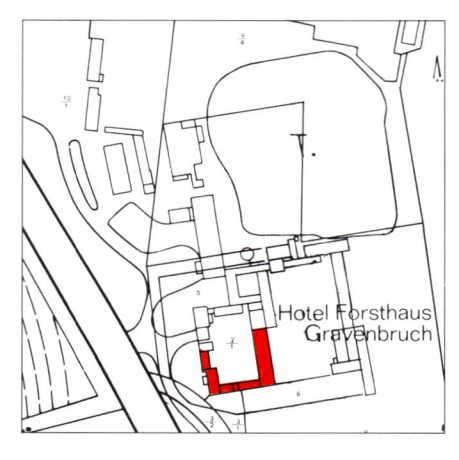

Gravenbruch Fl. 25
Ehem. Hofgut Gravenbruch Flst. 2/1

Ein Ort „Krayenbruch", gelegen an der sogenannten „Römerstraße" zwischen Nürnberg und Frankfurt, ist 1401 erstmalig urkundlich erwähnt anläßlich seiner Verleihung an Eberhard von Heusenstamm durch König Ruprecht. 1586 ließ Sebastian von Heusenstamm einen vierflügeligen Gebäudekomplex anlegen. Der von einem Wassergraben umgebene Renaissancebau wurde, nachdem er 1661 in Schönbornschen Besitz übergegangen war, unter Anselm Franz von Schönborn umgestaltet; aus dieser Epoche stammen das zweigeschossige ehemalige Jagdschloß von 1720 an der Ostseite und die Veränderungen der Fenster in den ehemaligen Stallungen rechts des Tores sowie das Allianzwappen Schönborn/Montfort über der Einfahrt.
Seit 1885 war das Anwesen Waldgaststätte; seit 1976 Teil eines Hotelkomplexes. (g)

links: Aufnahme von 1938

Obertshausen

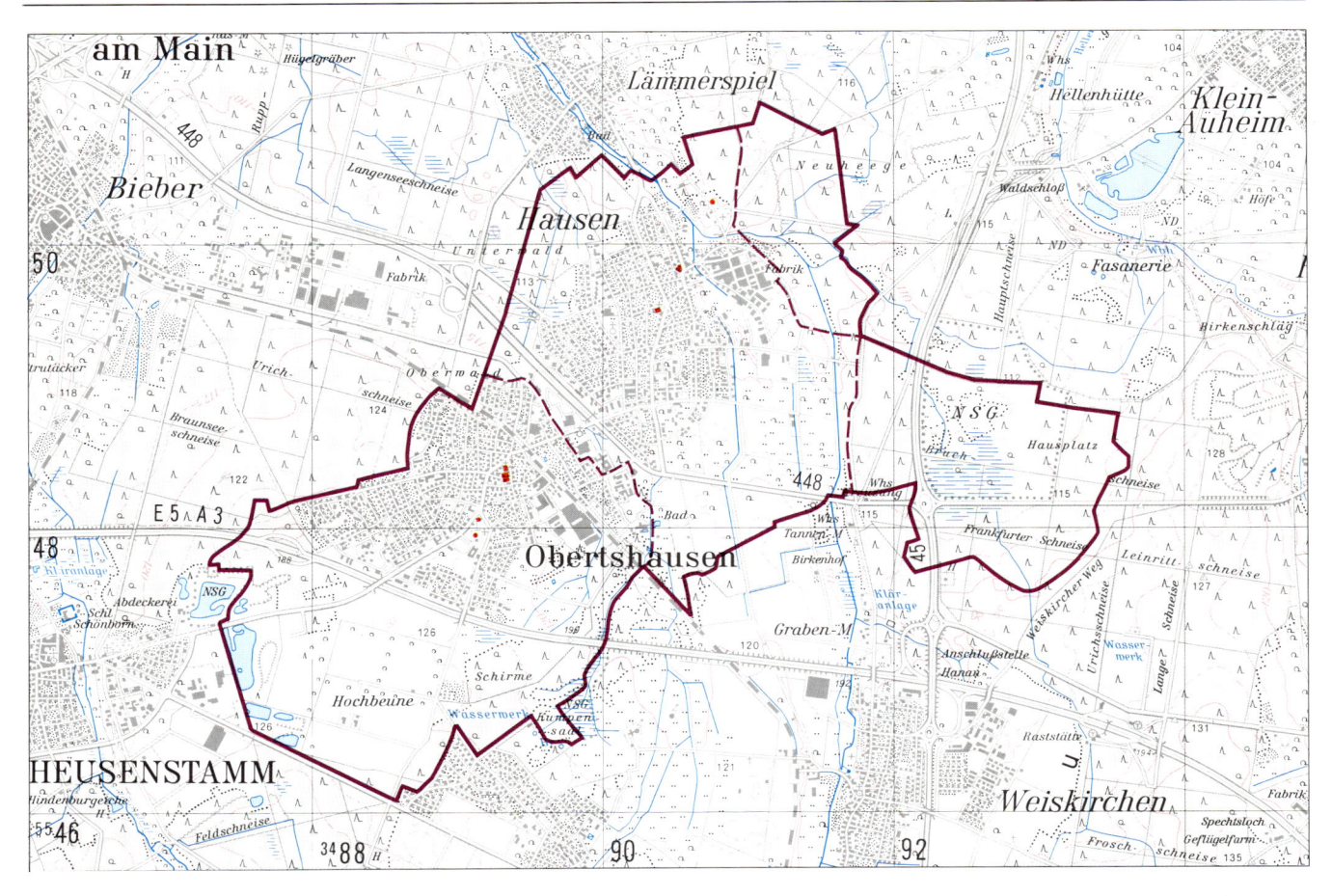

**Erläuterung zu Karte 10 (M 1:50000)
Stadt Obertshausen**

Die beiden annähernd gleichwertigen, heute fast zusammengewachsenen Ortsteile Hausen und Obertshausen setzen die Kette der Rodgau-Orte an der Rodau nach Norden fort. In beiden Orten ist das historische Bild, bedingt durch die Nähe zu Offenbach, stark überformt; in Hausen ist eine kleine, in Obertshausen eine etwas größere Gesamtanlage im Bereich des alten Kerns ausgewiesen.

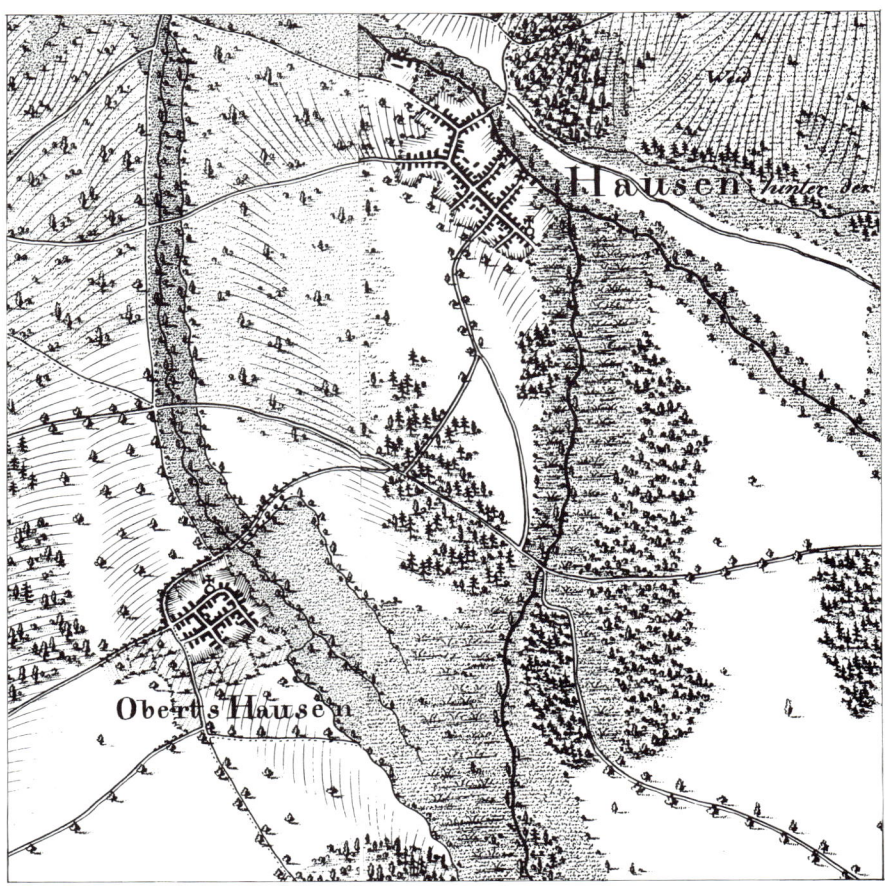

Obertshausen

rechte Seite: Die Ortslagen von Hausen und Obertshausen nach Katasterplänen um 1855, Zeichnung L. Keck, 1967

Vergleichende Grundrisse der bisher durch Grabung freigelegten Turmburgen im Untermaingebiet, aus: Studien und Forschungen 11, 1965

Obertshausen

Obertshausen wird erstmalig 865 in einem Zinsregister des Klosters Seligenstadt als Hofwerk „oberdueshuson" erwähnt, Hausen 1069 als „villa Hyson" in einer Schenkung von Heinrich IV. an das Kloster St. Jakob in Mainz. Der Name ist möglicherweise auf römischen Ursprung zurückzuführen. Später wurde es als „Hausen hinter der Sonne" bezeichnet. Beide Orte gehörten um die Mitte des 12. Jahrhunderts mit den heutigen Gemarkungen Lämmerspiel und Steinheim zum Besitztum des Wigger und Gottfried von Husse, der Herren von Hausen. In diesem Adelsgeschlecht sind wohl die Erbauer der durch Grabungen festgestellten Burg in der Nähe von Obertshausen zu sehen. Diese Anlage entspricht dem Typ der frühen Turmburgen in Talgründen, wie sie auch die Burg Hain in Dreieichenhain darstellt, bestehend aus mehrstöckigem Wohnturm, Ringmauer und Graben, entstanden etwa gleichzeitig im 11. Jahrhundert. In der zweiten Hälfte des 12. Jahrhunderts ging der Besitz der Herren von Hausen an Eppstein über, die die beiden zur Biegermark gehörigen Dörfer 1425 an das Erzbistum Mainz verkauften. Dadurch blieben sie ohne Unterbrechung katholisch. In Hausen, einer Filiale von Lämmerspiel, wurde die erste Kirche 1729 errichtet, in Obertshausen trat ein barocker Bau im früher ummauerten Kirchhof an die Stelle der mittelalterlichen Kirche, von der sich Reste im Turm erhalten haben.

Nachdem 1567 noch 27 Hausbesitzer und damit um die 100 Einwohner gezählt wurden, blieben nach dem 30jährigen Krieg, laut zeitgenössischer Aufzeichnungen, in Obertshausen 20 Einwohner, in Hausen 15. Die Bevölkerung wuchs verstärkt durch den Zuzug von Wallonen. 1664 kamen die Orte durch Verkauf an die Grafen von Schönborn, 1803 gingen die Hoheitsrechte an das Fürstentum Isenburg über, 1816 an das Großherzogtum Hessen-Darmstadt.

Um die Mitte des 19. Jahrhunderts setzte der Strukturwandel von der Agrar- zur Arbeiter- und Pendlergemeinde ein, der mit der Einrichtung der Rodgau-Bahn 1896 beschleunigt wurde. Von etwa 800 Einwohnern war um 1860 noch fast ein Drittel in der Landwirtschaft tätig. Zunächst wirkte besonders Offenbach mit seiner Lederwarenindustrie als Anziehungspunkt; es entstanden Zulieferbetriebe und Heimarbeit. Nach dem ersten Weltkrieg begann eine Verlagerung der Lederverarbeitung von Offenbach auf die umliegenden Gemeinden, insbesondere die nahegelegenen Dörfer Hausen und Obertshausen; weitere Industriezweige folgten nach. Durch verbesserte Arbeitsmöglichkeiten und den Zuzug von Flüchtlingen stieg die Bevölkerung rasch an; zählte um 1900 Obertshausen um 1400, Hausen um 1000 Einwohner, waren es 1946 etwa 3200 bzw. 2400. Die Großgemeinde, der 1979 die Stadtrechte verliehen wurden, besitzt heute über 20 000 Einwohner.

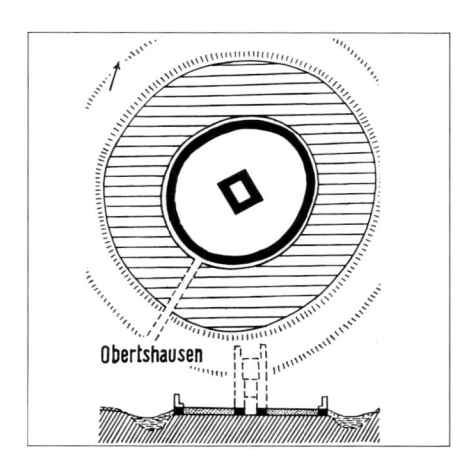

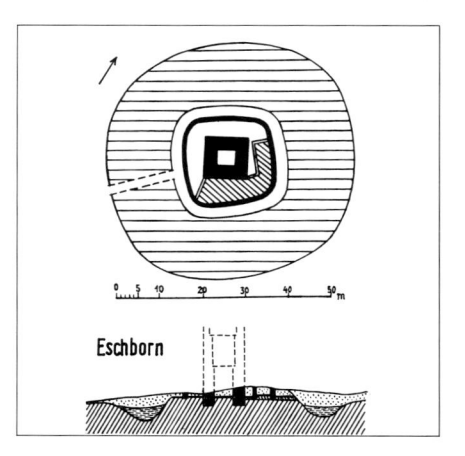

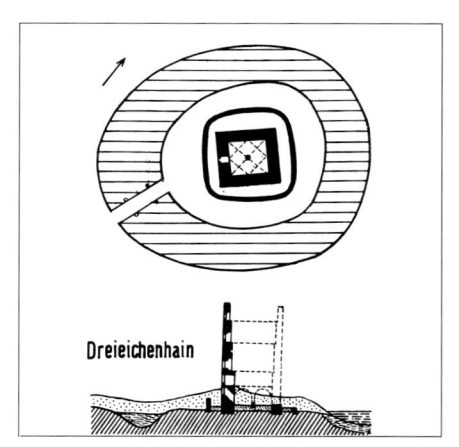

Obertshausen

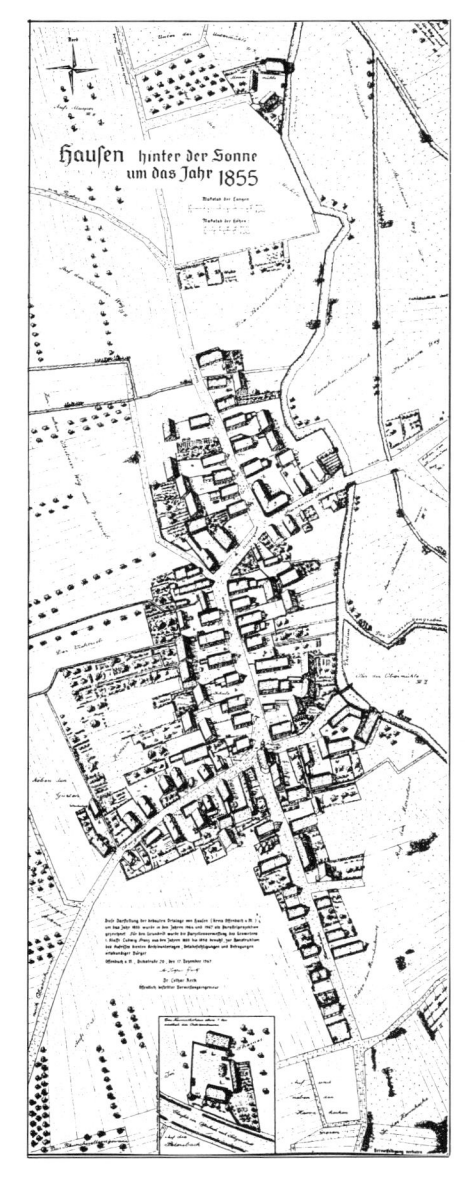

Während der Ortsteil Hausen in seiner Urform dem Typus des Straßendorfes entsprach (wenn auch nicht in rein ausgeprägter Form), das neben dem Lauf der Rodau an der heutigen Kurt-Schumacher- und Kapellenstraße angelegt war, so vertritt Obertshausen im Ursprung den Typ des Haufendorfes, das ringförmig teils durch eine einfache Umfriedung, teils durch die Landstraße begrenzt wurde. In beiden Ortsteilen lag die Kirche exzentrisch am Rand. Im Ortsbild sind Umriß und Ausdehnung der ursprünglichen Siedlungen wegen des allseitigen Wachstums nicht mehr erlebbar; in Obertshausen hat sich in Nähe der Kirche ein Ensemble von dörflichem Charakter erhalten. Hier ist die runde Siedlungsform im Grundriß noch abzulesen zwischen Heusenstammer Straße, Bahnhofstraße, Ringstraße und dem bruchstückhaften Hainbachgraben; innerhalb findet sich ein unverändertes rechtwinkliges Straßensystem. Die Grenze zwischen den beiden fast zusammengewachsenen Ortsteilen wird heute vom autobahnähnlichen Ausbau der B 448 gebildet.

oben: Hausen, ehemalige Kapelle und Mühle, historische Aufnahme aus: Seuffert, Unser Hausen, 1969

Obertshausen, historische Aufnahme aus: Kahl, Zwischen einst und jetzt, 1964

Hausen Obertshausen Gesamtanlage/Kulturdenkmäler

Gesamtanlage Lämmerspieler Straße

Dreiergruppe von Hofreiten des 18. Jahrhunderts mit giebelständigen Wohnhäusern, zwei mit Scheunen als Hakenhofanlagen. Außer dem mittleren sind die Fachwerkhäuser verputzt, aber bis auf neuere Fenstereinbauten intakt. Das Fachwerk von Nr. 2 dürfte dem von 4 vergleichbar und damit von guter Qualität sein; Nr. 6 unterscheidet sich durch den Krüppelwalm, auch hier ist vollständiges Fachwerk zu erwarten. Stellung und Baustil entsprechen dem im Rodgau verbreiteten Typus der Hofreite. Die Gruppe ist letzter Rest der früheren straßendorfartigen Bebauung des Ortes. (k, g)

Lämmerspieler Straße 4   Fl. 1, Flst. 231/1

Giebelständiges Fachwerkwohnhaus, Teil einer Dreiergruppe ähnlicher Hofreiten (Gesamtanlage). Das Fachwerk der Giebelfront nahezu unversehrt, mit Mannfiguren und Profilierung in Schwelle und Rähm. Das Erdgeschoß hofseitig massiv erneuert. Charakteristisches Beispiel für das im Rodgau verbreitete Fachwerk der 2. Hälfte des 18. Jahrhunderts. (k, s)

Pfarrstraße 2   Fl. 1, Flst. 444/1
Kath. Pfarrkirche St. Josef

Neugotische Basilika von 1899 in exponierter Lage im Ortsmittelpunkt. Verputztes Langhaus mit seitlich angestelltem Glockenturm und schlankem, achteckigem Treppenturm, beide mit Spitzhelm; die Kanten durch Sandsteinquaderung betont. Neben dem Portal außen eine barocke Kreuzigungsgruppe. Ein geschnitzter Holzaltar mit ein Mittelfeld umspielenden Cherubim und Seraphim in einem Wolkenzug ist eine Stiftung der Gräfin Maria Theresia von Schönborn, übernommen aus der alten Heusenstammer Kirche um 1740. (k, g,s)

Schwarzbachstraße – Friedhof   Fl. 10, Flst. 60
Friedhofskreuz

Friedhofskreuz aus Sandstein mit Gußkorpus, nach der Postament-Inschrift errichtet 1834 mit der Anlage des Friedhofes. Bei mehreren Erweiterungen des Friedhofes wurde das Kreuz jeweils versetzt. Häufige, im 19. Jahrhundert verbreitete Form, typisches Inventar der Friedhöfe überwiegend katholischer Gemeinden. (g)

Obertshausen — Gesamtanlage/Kulturdenkmäler

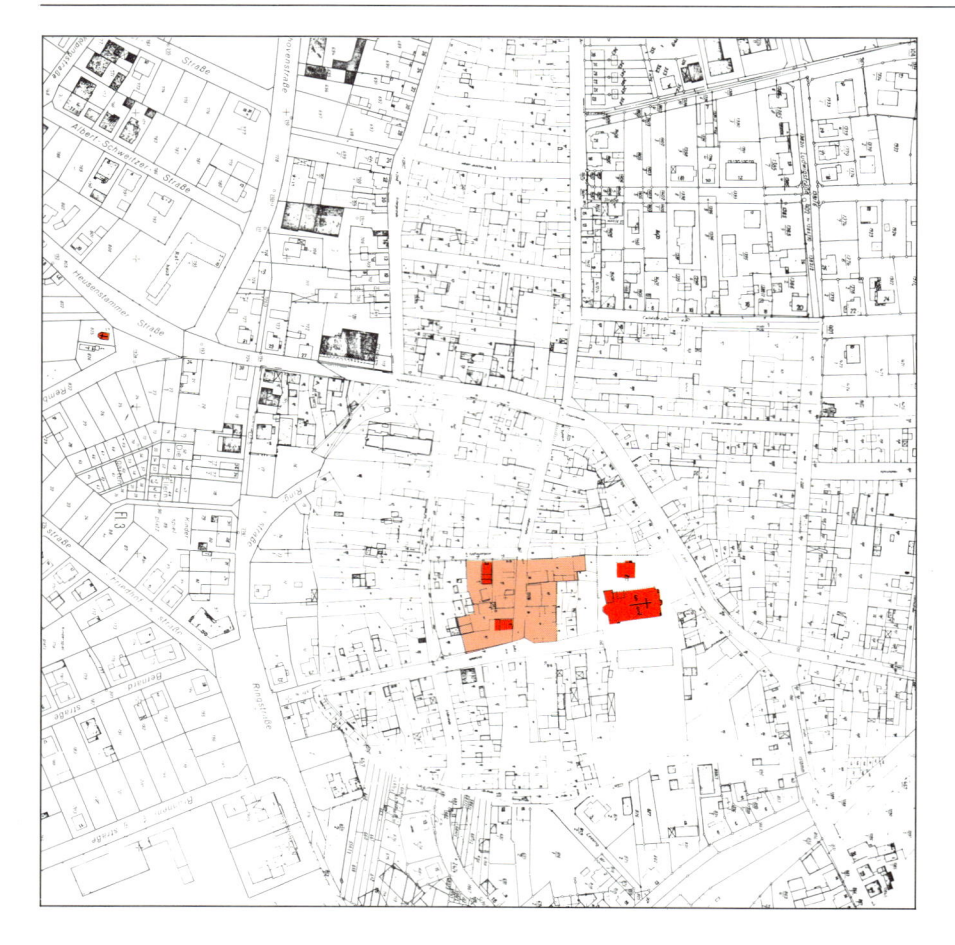

Gesamtanlage Fünfhäusergasse/Wilhelmstraße

Die Gesamtanlage umfaßt einen Teilbereich des südlich der katholischen Kirche gelegenen alten Ortskerns. Die noch vorhandenen Hofreiten befinden sich meist nicht mehr im ursprünglichen Zustand, vielfach sind die Scheunen beseitigt. Jedoch ist die frühere Anlage von Hakenhöfen im rechtwinkligen Straßenraster noch nachvollziehbar. Die Fachwerkhäuser sind oft verkleidet oder verputzt, aber in der Substanz erhaltenswert. Durch das Zusammenwirken der giebelständigen Fachwerkhäuser des 18. Jahrhunderts, mit Materialien wie Schieferverkleidung, Mauern aus Bruchstein, Sandsteinpfosten, Ziegelmauerwerk bleibt eine Ensemblewirkung von dörflich-ländlichem Charakter erhalten, obwohl der Ortskern durch Abbrüche und die Umgestaltung zur Fußgängerzone stark verändert worden ist. (g)

Kulturdenkmäler

Obertshausen

Bahnhofstraße 58   Fl. 1
Katholische Kirche zum   Flst. 42/1
Heiligsten Herzen Jesu, Pfarrhaus

Sachgesamtheit; neubarocke Basilika erbaut 1911–12 nach Entwurf von Ludwig Becker. Der Turm im Kern mittelalterlich. Im Langhaus reich mit Stuck verzierte gewölbte Decke. Im Detail der Innenausstattung sind neben barockisierenden Dekorationselementen auch Jugendstilformen angewandt. Die Altarfiguren – hl. Nikolaus und hl. Margarete – aus dem um die Mitte des 18. Jahrhunderts errichteten Vorgängerbau. In einer Nische der westlichen Außenwand ein barockes Kruzifix auf geschwungenem Sockel, Sandstein, mit Inschrift und Datum 1768.

Das Pfarrhaus in stilistischer Einheit wohl gleichzeitig erbaut, mit Jugendstilanklängen im Detail von Tür und Fenstern. Die Mansarddachform wiederholt die Giebelsilhouette des Langhauses. Für den südlich gelegenen historischen Ortskern bildet die Kirche mit Turm ein dominierendes Element. (k, g, s)

Brühlstraße 6   Fl. 1
Bahnhof   Flst. 1830/3

Empfangsgebäude der Rodgau-Bahnlinie von 1898 mit den charakteristischen Merkmalen des standardisierten Bautyps: Winkelform mit drei Giebeln, zweifarbiges Backsteinmauerwerk mit Ornamentfries in der Brüstung des Obergeschosses und markantem Bogenmotiv im Giebel, Dachüberstand auf geschnitzten Konsolen vorkragend. Statt des üblichen großen Eingangstores Tür mit Fenster. Neuere Güterhalle und moderner flacher Anbau. (t, g)

Obertshausen — Kulturdenkmäler

Fünfhäusergasse 3/5 Fl. 1 Flst. 147/1

Einfaches giebelständiges Fachwerkwohnhaus mit verputzter Giebelfassade, jedoch nach der Fensteranordnung intaktes Fachwerk zu erwarten. Die hofseitige Schwelle mit Profil, das schmucklose Fachwerk einschließlich Fenster ungestört. Das Erdgeschoß stellenweise massiv erneuert. Am Ort das vollständigste Beispiel der lokalen Fachwerkbauweise des 18. Jahrhunderts; Bestandteil einer Gruppe ähnlicher Bauten in der Fünfhäusergasse. (g, s)

Heusenstammer Straße 38 Fl. 2 Flst. 825
Kapelle

Kleine Kapelle, verputzt mit Sandsteingewänden in einfachen, gotisierenden Formen. Möglicherweise erbaut im Zusammenhang mit der Auslagerung des Friedhofes vor dem Neubau der Pfarrkirche zu Beginn des Jahrhunderts. (g)

Rembrücker Straße – Friedhof Fl. 2 Flst. 817
Friedhofskreuz

Friedhofskreuz auf Postament mit gotisierender Ornamentik, Inschrift und Datum 1876; Sandstein mit Eisengußkorpus. Häufige Form des Friedhofskreuzes des 19. Jahrhunderts, typisches Inventar der Friedhöfe in traditionell katholischen Gemeinden. (g)

Wilhelmstraße 11 Fl. 1 Flst. 141/1

Giebelständiges Fachwerkwohnhaus, das Erdgeschoß massiv erneuert, Obergeschoß und Giebel straßenseitig verschiefert mit ornamentierten Schieferplatten, die in der Region noch bei einigen anderen Beispielen auftreten. Traufseitig im Obergeschoß sichtbares Fachwerk des 18. Jahrhunderts, einfache Sandsteintorpfosten. Das Gebäude soll zeitweilig als Armenhaus gedient haben. Innerhalb der Gesamtanlage wesentlicher Beitrag zum Bild des Ensembles. (g, s)

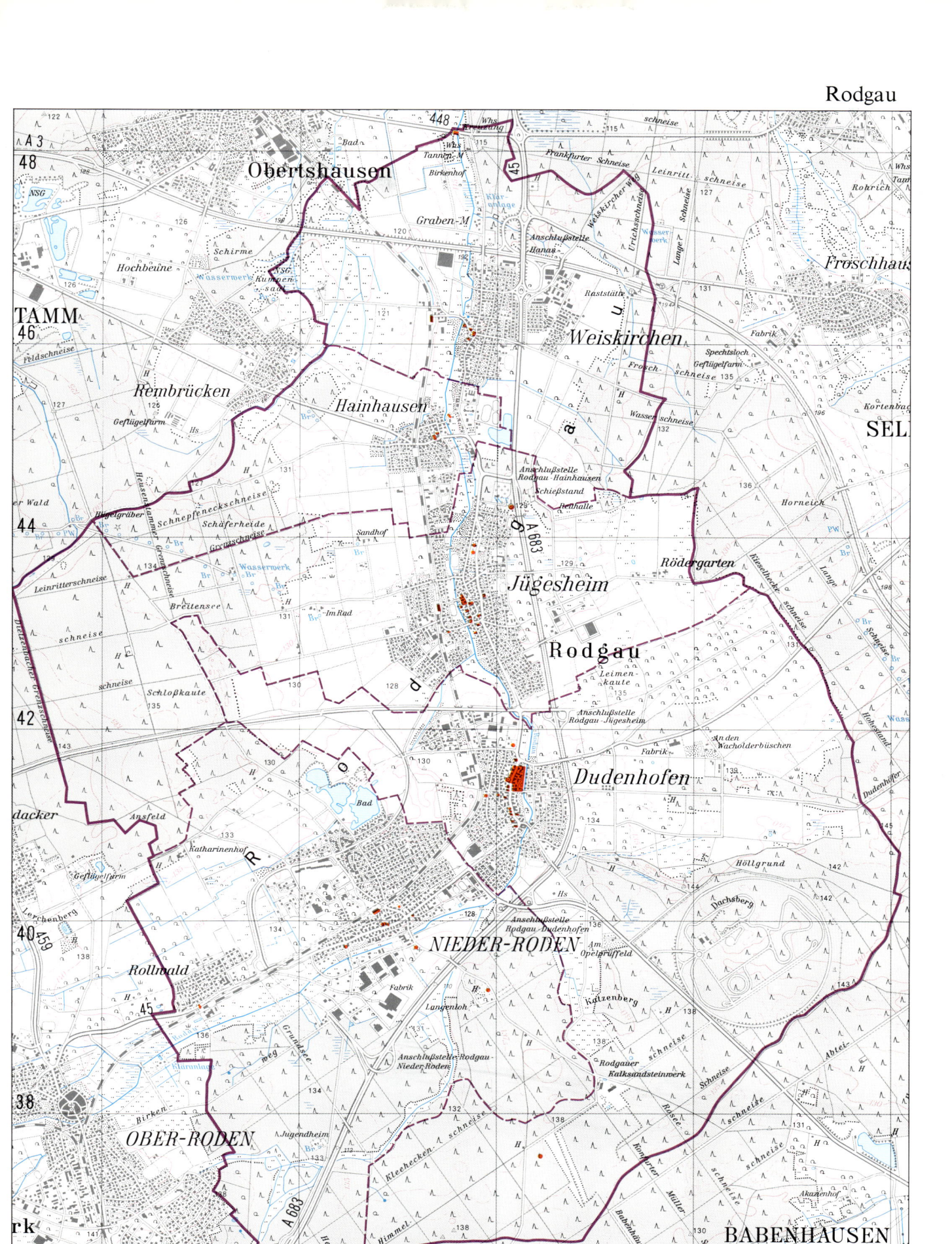

Rodgau

Rodgau

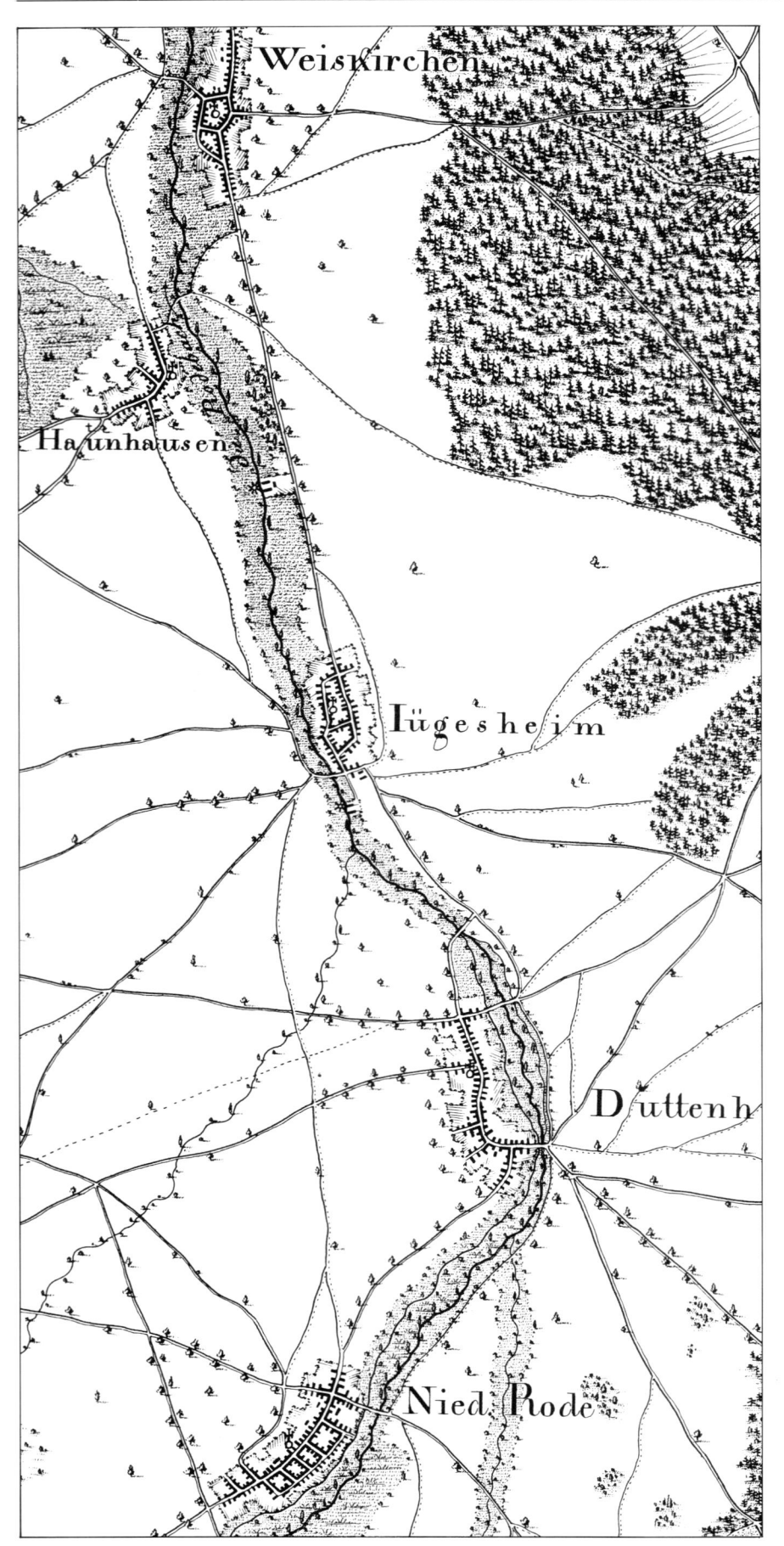

Erläuterung zu Karte 11 (M 1:50000)
Stadt Rodgau (S. 243)

Die Gemarkung nimmt den größten Teil der östlichen Kreishälfte ein. Die Reihe der ehemaligen Straßendörfer Nieder-Roden, Dudenhofen, Jügesheim, Hainhausen und Weiskirchen, verbunden durch die Rodau, bildet das Zentrum der historischen Landschaft des Rodgau. Im Gegensatz zu Dreieich als Großgemeinde vergleichbaren Ausmaßes wurden hier Einzelgemeinden von ähnlichem Charakter 1977 zusammengeschlossen. Unterschiedlich ist der Erhaltungsstand der Ortsbilder: Die besterhaltene Ortsstruktur mit etlichen als Kulturdenkmäler eingestuften Einzelbauten und relativ umfangreicher Gesamtanlage besitzt Dudenhofen, hier ist auch der ursprüngliche Ortsrand partiell noch erkennbar. Es folgt Jügesheim mit einer kleineren Gesamtanlage und vereinzelten erhaltenswerten Bauten; in Nieder-Roden, Hainhausen und Weiskirchen treten die wenigen Kulturdenkmäler ohne Zusammenhang auf. Die Grenzen der Einzelgemeinden sind fließend; Rodgau erscheint heute als ausgedehntes Siedlungsband ohne eindeutig erkennbaren Schwerpunkt.

Dudenhofen

Auf eine fränkische Ortsgründung weist die -hofen-Endung des Namens hin; der Anfang wird vom Personennamen eines Gründers oder von „dude" als alter Bezeichnung für Schilf hergeleitet. Die erste urkundliche Erwähnung findet sich 1278 in einem Vergleich zwischen Erzbischof Werner von Mainz und den Herren von Eppstein; weitere Erwähnungen nennen unter anderem im 14. Jahrhundert „Dudinhaven", im 15. Jahrhundert „Dodenhoffen". Der Ort gehörte zur Rödermark und zum Zentgericht Nieder-Roden.

Über Jahrhunderte war Dudenhofen häufigen Besitzwechseln unterworfen und geteilt, 1450 bis 1736 hauptsächlich dem Amt Babenhausen und damit der Grafschaft Hanau-Lichtenberg unterstellt. Durch Hanau wurde hier auch, im Gegensatz zum sonst überwiegend katholischen Rodgau, seit 1545 die Reformation eingeführt; vorher Filiale von Ober-Roden, wurde Dudenhofen 1560 selbständige protestantische Pfarrei. Im 16. Jahrhundert war es mit 460 Einwohnern das größte Dorf des Rodgau.

Nach den Kriegen des 16. Jahrhunderts, der Pest und dem 30jährigen Krieg soll Dudenhofen 1648 noch 26 Einwohner gezählt haben. 1642 kam es mit dem Rodgau unter kurmainzische Verwaltung, 1711 wieder an die Grafen von Hanau. Nach deren Aussterben 1736 und über dreißigjährigem Bruderkrieg zwischen Hessen-Darmstadt und Hessen-Kassel wurde Dudenhofen durch Beschluß des Reichsgerichts der Landgrafschaft Hessen-Kassel zugesprochen. Infolge des Beitrittes des Landgrafen von Hessen-Darmstadt zum Rheinbund kam es zu französischer Besetzung; nach den Befreiungskriegen 1816 war die Gemeinde verarmt, die Einwohnerzahl hatte sich mit ca. 1150 zwischen 1800 und 1900 nicht geändert. Erst gegen Ende des 19. Jahrhunderts, mit einsetzender Industrialisierung und Verkehrsanbindung durch die Rodgaubahn 1896, setzte eine stetige Entwicklung ein. Nach dem 2. Weltkrieg ließ der Zuzug Heimatvertriebener die Einwohnerzahl auf 2500 ansteigen. Beim Zusammenschluß der Rodgaugemeinden 1977 waren es ca. 5600 Einwohner.

Dudenhofen, ehemalige Hauptstraße, 1950

Dudenhofen   Rodgau

Der Straßendorfcharakter der einstigen Bauerngemeinde Dudenhofen hat sich klar erhalten, die enge Reihung giebelständiger Fachwerkhäuser, unterbrochen von Hoftoren, ist in der Grundstruktur erhalten. Von besonderer räumlicher Wirkung ist dabei die Staffelung der Wohnhäuser im Verlauf der in großem Bogen geschwungenen Hauptstraße. Die spezifische Hofform auf engen, sehr langen Parzellen bedingt eine Reihung der manchmal über den gassenartigen Hof auskragenden Nebengebäude hinter dem Wohnhaus, der zu den Gärten hin abgeschlossen ist durch die quergestellte Scheune. Diese Situation ist östlich der Nieuwpoorter Straße erhalten, wo sich stellenweise noch der zusammenhängende Scheunenrand abzeichnet; die Gärten finden, parallel dazu, eine optisch weit in die Landschaft wirksame Begrenzung an der Rodau mit der das Ufer begleitenden Pappelreihe.

Die in der Hauptstraße erhaltenen Fachwerkhäuser sind überwiegend dem 18. Jahrhundert zuzuordnen und weisen bescheidene Schmuckformen auf. Daneben hat sich ein jüngerer, eigenwilliger Hoftyp, giebelständig mit zweigeschossig überbauter Hofeinfahrt, herausgebildet. Traufständige Bauten des 19./20. Jahrhunderts haben das einheitliche Bild verändert. Zur deutlichen Zäsur des Kirchvorplatzes, früher betont durch das Kriegerdenkmal, kommt heute eine weitere an der Gemeindegasse, die wohl durch Abbruch entstanden ist. Das Straßenbild südlich davon ist gekennzeichnet durch einige prägnante Fachwerkeinzelbauten; nördlich ist im Bereich der Gesamtanlage die Struktur in ihrer Gesamtheit weniger beeinträchtigt.

Im 19./20. Jahrhundert kam es zu einer Ortsausdehnung westlich der Durchgangsstraße mit dem für die Zeit typischen Straßenraster. Neuere Siedlungsgebiete schließen sich südlich davon an.

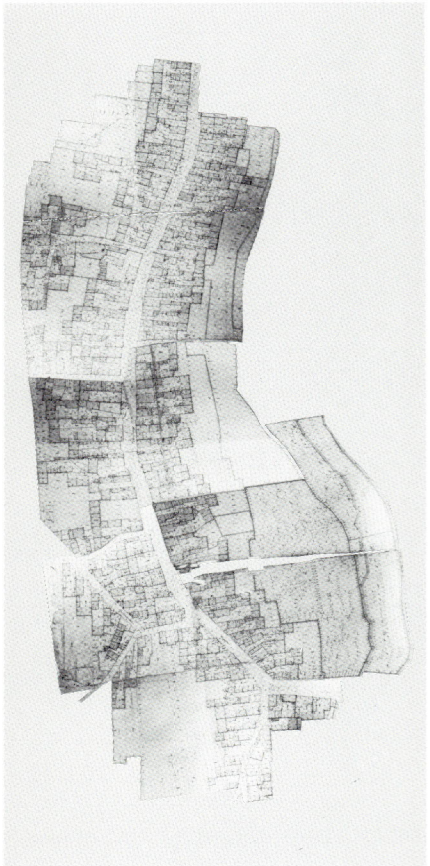

Gesamtanlage/Kulturdenkmäler Rodgau Dudenhofen

*linke Seite: Hoftypen in Dudenhofen
unten: Urkataster nach der Parzellenvermessung von 1846–1854*

Gesamtanlage Nieuwpoorter Straße

Die Gesamtanlage erstreckt sich über den nördlichen Teil der Durchgangsstraße des Straßendorfes, heute Nieuwpoorter Straße, und dehnt sich auf deren Ostseite etwa über die Hälfte der Gesamtlänge des alten Ortsbereiches aus. Innerhalb des umschriebenen Gebietes liegen fast keine herausragenden Einzelbauten; eine Ausnahme ist 114 als nahezu unverändert erhaltenes Beispiel des Rodgauer Fachwerkhauses. Qualität als markanter Eingangsbau besitzt das verputzte und verschindelte Eckhaus 120. Zu erwähnen ist auch ein rundgemauerter Ziehbrunnenschacht auf Grundstück

247

Dudenhofen — Rodgau — Gesamtanlage/Kulturdenkmäler

128. Bei den übrigen Bauten ist zwar Fachwerk mehr oder weniger fragmentarisch erhalten, jedoch durch neuere Eingriffe meist stark verändert. Die Neubauten – überwiegend 20. Jahrhundert – passen sich in Stellung, Proportion und Umrissen der vorgegebenen Struktur an. Das charakteristische Straßenbild aus einer gleichmäßigen Abfolge von giebelständigen Häusern, gestaffelt entlang der geschwungenen Straßenflucht, wurde beibehalten, Fachwerk und Holzverschindelung hingegen zunehmend durch Ziegelmauerwerk, dann Putz ersetzt; typische hölzerne Hoftore sind kaum noch erhalten. Die Dudenhofen eigene, langgestreckte Hofform ist besonders an der Ostseite der Nieuwpoorter Straße konzentriert, wo sich der Ortsrand mit seiner geschlossenen Scheunenzeile streckenweise noch darstellt und der begradigte Lauf der Rodau mit einer begleitenden Pappelreihe eine klare Begrenzung der Gartenzone bildet. (w, g)

Dr. Weinholz-Straße 8 Fl. 1
Kindergarten/Schwesternhaus Flst. 444

Dr. Weinholz-Str. 8, Detail

Georg-August-Zinn-Straße 1 Fl. 1
Ehemalige Schule Flst. 457

Einheit von Schwesternhaus und Kindergarten, erbaut 1904. Die historische Architektur paßt sich der dörflichen Umgebung an. Auf massivem Quadergeschoß mit Rundbogenfenstern holzverschindeltes Obergeschoß mit Krüppelwalmdach nach lokalen Vorbildern. Am Ansatz des außen geführten Kamins eine Reliefplatte mit Engelskopf, laut Inschrift die Nachbildung einer 1939 aus politischen Gründen entfernten Platte. (k, g)

Zweigeschossiger kubischer Putzbau mit hohem Walmdach, 1908 in neubarocken Formen errichtet. Sockel, Fenstergewände und aufwendiges Eingangsportal mit geschwungenem Giebel und Wappen aus Sandstein. Vertreter eines historischen Bautyps, wie er in einigen Beispielen kurz nach der Jahrhundertwende im Kreis auftritt. Heute Rathaus, südlich neuer Anbau. (k, g)

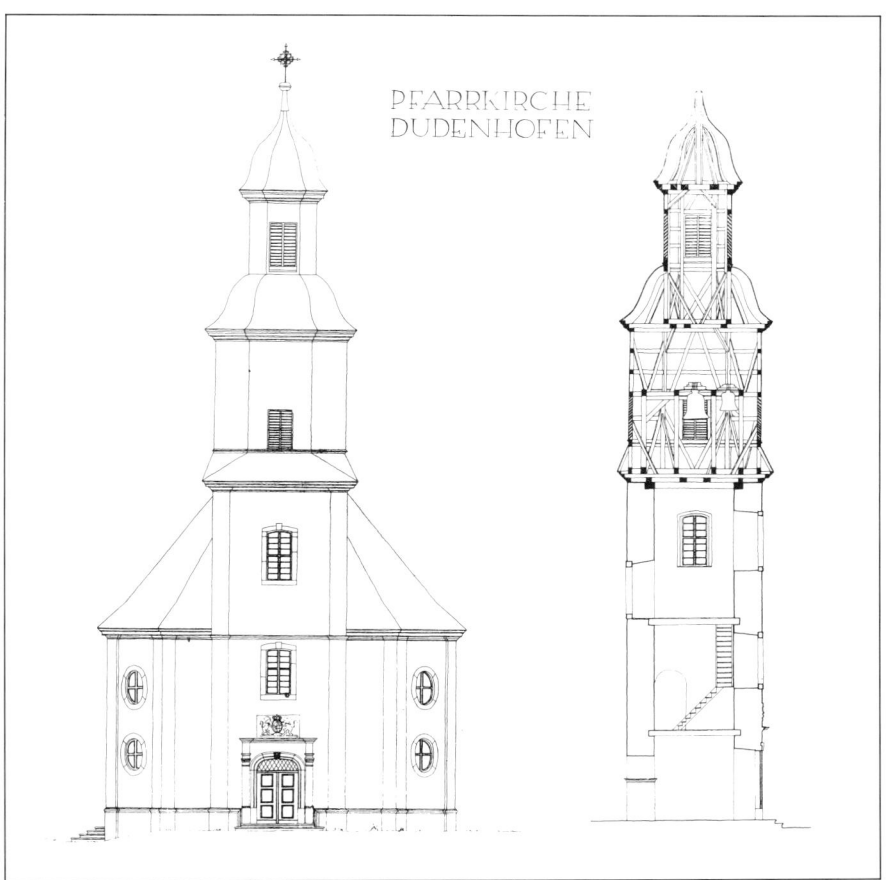

Georg-August-Zinn-Straße 1
Ruhe
Fl. 1 Flst. 457

Zweistufige Ruhe, aus waagrechten und senkrechten Hausteinen zusammengesetzt, Material Sandstein; mit inschriftlicher Datierung 1739. Vom ursprünglichen Standort außerhalb der Ortslage hierherversetzt. Im Kreis seltenes Verkehrsdenkmal. (g)

Kirchstraße 4
Evangelische Pfarrkirche
Fl. 1 Flst. 228

Die barocke Kirche ist so von der Straße zurückgesetzt, daß die davor verbleibende Freifläche eine platzartige Zäsur in der langen Straßenflucht bildet; früher stand hier ein Kriegerdenkmal.
Die Kirche wurde 1769 nach Plänen von Ingenieur Leutnant Appolt, Hanau, erbaut; zunächst in Sandstein-Sichtmauerwerk, erst anläßlich der Renovierung 1969 verputzt. Rechteckiger Saalbau mit abgeschrägten Ecken und Lisenengliederung; der viereckige eingestellte Frontturm geht oben in ein verschiefertes Achteck über, als Abschluß Haubenlaterne. Eingangsportal mit Stichbogenabschluß und Inschrift: „WAS UNTER HESSENS LUST ERBPRINZ WILHELM HAT GEBAUT SEI DIR O WAHRER GOTT ZUR PFLEGE ANVERTRAUT – 1769", darüber zwei das Hanauer Wappen haltende Löwen. Belichtung durch Rundbogenfenster und ovale Lichtöffnungen in den schmalen Eckwänden. Der Innenraum nach evangelischer Konzeption quer orientiert, mit geschwungener dreiseitiger, hölzerner Empore aus der Bauzeit und Kanzel-Orgel-Aufbau an der nördlichen Längswand von 1827. (k, g, s)

rechts: Historische Aufnahme mit ehemaligem Pfarrhaus

Dudenhofen — Rodgau — Kulturdenkmäler

Niederröder Straße 5
Fl. 1
Flst. 473/16

Besonders wohlerhaltenes und qualitätvolles Beispiel für den Rodgauer Typus des giebelständigen, hier in der Kurve diagonal ausgerichteten Wohnhauses, bei dem auch die Traufseite im Straßenbild in Erscheinung tritt. Fachwerk in am Ort typischer Figuration des stehenden Stuhles mit Mannfiguren, ähnliche Verstrebung der Eckpfosten, reiche Profilierung der Schwellenzone mit Kehlen zwischen den Balkenköpfen; in der Obergeschoß-Schwelle Inschrift über die gesamte Giebelbreite: „IOHAN PEDER WALDER UND IOHAN GORG SEYBEL HABEN DAS HAUS GEBAUD IM IAR ANNO 1754 DEN 15. JUNI IOHAN CASPAR PETZINGER ZIMMERMAN". (k, w, s)

Nieuwpoorter Straße 10
Fl. 1
Flst. 259

Einfaches, aber weitgehend erhaltenes Wohnhaus um 1800; durch die davor gelegene Freifläche kommen Giebel- und Traufwand im Straßenbild gleichermaßen zur Wirkung und prägen den südlichen Ortseingang. (g, s)

Nieuwpoorter Straße 17
Fl. 1
Flst. 124

Nahezu vollständig erhaltenes Fachwerkhaus des 18. Jahrhunderts in am Ort typischer Diagonallage, mit verschiefertem Obergeschoß an der Giebelseite, hier Beeinträchtigung durch neue Fenstereinbauten. Zusammen mit dem gegenüberliegenden Gebäude 18 wird eine markante Eingangssituation gebildet. (g, s)

Nieuwpoorter Straße 18
Fl. 1
Flst. 324

Fachwerkwohnhaus mit kleinem, scheunenartigem Vorbau in exponierter Lage an einer Straßeneinmündung am Ortseingang. Das Erdgeschoß massiv erneuert, im Obergeschoß gutes Fachwerk des 18. Jahrhunderts mit geschnitzten Knaggen und besonders reich profilierter Schwellenzone. (k, s)

Kulturdenkmäler　　　　Rodgau　　　　Dudenhofen

Nieuwpoorter Straße 22　　Fl. 1
　　　　　　　　　　　　　　Flst. 318

Fachwerkwohnhaus mit massiv erneuertem Erdgeschoß, im Fachwerk der Giebelseite typische Formation des stehenden Stuhles mit Mannfiguren ohne Gegenstreben, sonst einfaches Fachwerk des 18. Jahrhunderts ohne Halsriegel. Städtebaulich prägnantes Element der Straßenbebauung.　(g, s)

Nieuwpoorter Straße 24　　Fl. 1
　　　　　　　　　　　　　　Flst. 314

Wohnhaus mit intaktem Obergeschoßfachwerk und langgestreckter Traufwand über massiv erneuertem Erdgeschoß, mit bemerkenswerten Details, wie reich profilierter Schwelle und Schnitzerei des Eckpfostens mit Maske und Stab, Knaggen mit Herz und Eselsrücken; Entstehung in der 1. Hälfte des 18. Jahrhunderts. An der Nordseite neuer Anbau mit überbauter Hofeinfahrt.　(k, s)

Nieuwpoorter Straße 30　　Fl. 1
　　　　　　　　　　　　　　Flst. 307/1

Wohnhaus mit massiv erneuertem Erdgeschoß, kräftiges Fachwerk mit Merkmalen des Rodgauer Typs, wie stehendem Stuhl und Mannfiguren im Giebel; hier auch geschnitzte Knaggen. Außergewöhnlich die Verstrebungsfigur im Obergeschoß als geschoßhohes Andreaskreuz zwischen störenden Fenstereinbauten. Wichtiger Bestandteil des Straßenbildes.　(k, s)

Nieuwpoorter Straße 32　　Fl. 1
　　　　　　　　　　　　　　Flst. 306

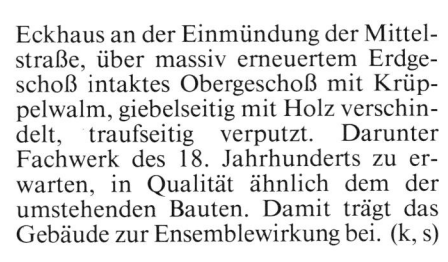

Eckhaus an der Einmündung der Mittelstraße, über massiv erneuertem Erdgeschoß intaktes Obergeschoß mit Krüppelwalm, giebelseitig mit Holz verschindelt, traufseitig verputzt. Darunter Fachwerk des 18. Jahrhunderts zu erwarten, in Qualität ähnlich dem der umstehenden Bauten. Damit trägt das Gebäude zur Ensemblewirkung bei. (k, s)

Nieuwpoorter Straße 58　　Fl. 1
　　　　　　　　　　　　　　Flst. 277

Wohlerhaltenes Wohnhaus der am Ort spezifischen Form der Doppelhofreite mit zwei hintereinander gestellten Wohnhäusern auf sehr langem, schmalem Hof mit ebenfalls hintereinandergereihten Nebengebäuden parallel dazu. Einfaches Fachwerk des 18. Jahrhunderts mit niedrigem Erdgeschoß ohne Halsriegel, im Obergeschoß Schwellenprofil, ein Andreaskreuz und leicht geschwungene Streben.　(k, g)

Dudenhofen — Rodgau — Kulturdenkmäler

Nieuwpoorter Straße 68 Fl. 1 Flst. 260/1

Fachwerkhaus des 18. Jahrhunderts in Ecklage in der Ortsmitte. Schmuckloses, jedoch wohlproportioniertes und giebelseitig vollständiges Fachwerk mit gekrümmten Streben und typischer Figuration des stehenden Stuhles mit zwei mannähnlichen Figuren; profilierter Schwellenbalken. Durch neuen, zurückhaltenden Ladeneinbau relativ geringe Störung des städtebaulich prägnanten Hauses. (k, s)

Nieuwpoorter Straße 70 Fl. 1 Flst. 258

Wohnhaus mit intaktem Fachwerkgefüge aus stark bemessenen Hölzern über dem massiven, in unpassender Putztechnik erneuerten Erdgeschoß. Markante symmetrische Giebelfront; geschwungene Streben, Knaggen mit Herzmotiv, geschnitzte Eckpfosten mit Inschrift „ALLES GOTT DEM HERR" und reiche Schwellenprofilierung deuten auf eine Entstehung in der 1. Hälfte des 18. Jahrhunderts hin. (k, s)

Nieuwpoorter Straße 76 Fl. 1 Flst. 251

Fachwerkhaus des 18. Jahrhunderts mit massiv erneuertem Erdgeschoß und hier verbreiteter Formation des Giebelfachwerks mit symmetrischen Mannfiguren, im Obergeschoß Eckstreben mit sonst unüblichen Gegenstreben; außerdem geschnitzte Knaggen und Schwellenprofilierung. Mit den Bauten 68 und 70 Teil der die Ortsmitte prägenden Hausgruppe. (k, s)

Nieuwpoorter Straße 90 Fl. 1 Flst. 230/1
Ehemaliges Schulhaus

Klassizistischer kubischer Fachwerkbau mit flachem Walmdach, freistehend im Gelände vor der evangelischen Pfarrkirche. Ungewöhnlich hohes Erdgeschoß – die Wandkonstruktion mit drei Riegeln – auf hohem Sockel, erschlossen durch einläufige Treppe. Konstruktives Fachwerk, am Dachansatz Zahnschnittfries; Süd- und Westwand schieferverkleidet. 1833 als Schule mit Lehrerwohnung und Bürgermeisterzimmer im Obergeschoß erbaut, jetzt Bibliothek. (k, g, s)

Nieuwpoorter Straße 90, Rückseite

Kulturdenkmäler Rodgau Dudenhofen

Nieuwpoorter Straße 114 Fl. 1 Flst. 87

Komplettes Fachwerkhaus, die nahezu unveränderte straßenseitige Giebelfassade mit charakteristischen Merkmalen des Rodgauer Fachwerks des 18. Jahrhunderts. Außergewöhnlich die Mittelpfostenfigur im Obergeschoß in Form eines Fischgrätenmusters (ähnlich Dietzenbach, Borngasse 19). In seiner Vollständigkeit seltenes Beispiel der örtlichen historischen Bauweise mit Bedeutung für das Straßenbild innerhalb der Gesamtanlage. (k, w, s)

Nieuwpoorter Straße 120 Fl. 1 Flst. 73

Fachwerkhaus des 18. Jahrhunderts mit Krüppelwalm und – nach der originalen Fensteranordnung zu schließen – ungestörtem Gefüge; im Erdgeschoß unter Putz, im Obergeschoß verschindelt. Das Gebäude in Ecklage an der Einmündung der Rheinstraße bildet einen wichtigen Blickfang am Ortseingang von Norden und ist Auftakt der Gesamtanlage. (g, s)

Nieuwpoorter Straße 130 Fl. 1
Ehemalige Schule Flst. 142/1

Zweigeschossiges Gebäude aus Ziegelmauerwerk mit Sandsteinsockel und -gesimsen, blockhafter Bau mit flachem Walmdach, erbaut in der 2. Hälfte des 19. Jahrhunderts. Symmetrische Hauptfassade in vierachsiger Aufteilung, zweiachsiger Mittelrisalit mit Giebelabschluß. Lage am Nordausgang des Straßendorfes, damit markanter Eingangsbau. (k, g, s)

Mainzer Straße – Friedhof Fl. 8
Kriegerdenkmale Flst. 170/3

Kriegerdenkmal von 1870/71, Gedenkstein mit Inschrift und Giebelaufsatz, Helm und Kreuz, aus Sandstein.

Obelisk mit Inschrift aus Granit auf mehrstufigem Sockel aus Sandstein, als Aufsatz Eisernes Kreuz. Als Denkmal für die Gefallenen des 1. Weltkrieges durch die Gemeinde errichtet. (k, g)

Luther-Denkmal

Obelisk mit Zapfenaufsatz auf hohem Postament, Sandstein, mit Inschrift: „Dieses Ehrendenkmal errichteten dem großen Reformator Martin Luther dessen Verehrer am 5ten October des Jubeljahres 1817". (k, g)

Himmelschneise Fl. 37
Gedenkkreuz Flst. 3

Kreuz mit Eichenkranz, Sandstein, Standort im Wald südöstlich von Dudenhofen. Sockelinschrift: „Hier an dieser Stätte/wurde beim Suchen/eines erlegten Hirsches/Herr Joh. Friedr. Pfaltz/von Offenbach a.M./aus Unvorsichtigkeit erschossen./geb. d. 19. Mai 1789/gest. d. 23. Juli 1841/dem Tage des Unglücks/auf Schloß Babenhausen/ zur Erinnerung an diesen Trauerfall/ und zur Warnung/wurde dieser Stein gesetzt." Eine ursprüngliche Umzäunung nicht mehr vorhanden. (g)

253

Hainhausen

Hainhausen leitet seinen Namen her vom Stammsitz der Herren von Hagenhausen, 1108 bezeichnet „Haginhusen", die sich wohl gegen Ende des 11. Jahrhunderts an der Rodau niederließen, sich aber Ende des 12. Jahrhunderts nach ihrem neuen Burgbesitz im Taunus von Eppstein nannten. Spuren eines Rundturmes der Wasserburg sind im Hainhäuser Mühlengelände ergraben worden.
Der Ort gehörte, wie die anderen Rodgau-Gemeinden, zur Rödermark. Nach einer Aufzeichnung des Jahres 1556 wurde er von 18 Familien bewohnt, nach 30jährigem Krieg und Pest sollen es noch sieben Einwohner gewesen sein. Aus dieser Zeit datiert die Wallfahrt zum Hl. Rochus, dem Pestpatron. Als kleinste Rodgau-Gemeinde hatte Hainhausen um 1800 300 Einwohner, um 1900 etwa 600, nach dem 2. Weltkrieg mit dem Zuzug von Flüchtlingen etwa 1000 und beim Zusammenschluß zur Großgemeinde 1977 etwa 3 000 Einwohner.

Eine ursprüngliche Straßendorfstruktur tritt heute so gut wie nicht mehr zutage, bedingt auch dadurch, daß die Hauptstraße keinen geradlinigen Verlauf durch den Ortskern nimmt. Ein historisches Ortsbild ist nicht vorhanden, als Einzelbau bemerkenswert ein Wohnhaus mit Zierfachwerk um 1700. Der Bahnanschluß 1896 hat eine Ortsausdehnung nach Westen bewirkt.

August-Neuhäusel-Straße 24 Fl. 3
Kath. Pfarrkirche St. Rochus Flst. 237

Neugotischer, verputzter Saalbau mit gewölbter, unterspannter Holzdeckenkonstruktion und modernem Anbau. Die Kirche wurde 1891–93 anstelle einer St. Rochus-Kapelle erbaut, die nach dem 30jährigen Krieg Wallfahrtsziel war. Aus dem Vorgängerbau der 1687 datierte Altaraufsatz mit Darstellung des hl. Rochus. Im neuen Erweiterungsbau Vesperbild aus Holz, eine qualitätvolle Arbeit der Mitte des 14. Jahrhunderts, mit neuer Fassung.(k, g, s)

Burgstraße Fl. 3
Rodau-Brücke Flst. 146

Kleine einbogige Brücke mit Stichbogen, aus Sandsteinquadern, Wangen aus großformatigem Haustein. An der südlichen Brüstung außen Tafel mit Inschrift: „Erbaut im Jahre 1872 unter der Verwaltung des Bürgermeisters Martin Jäger ... unter der Leitung des Gemeindebaumeisters Jakob Tamm." Veränderungen durch den Fahrbahnausbau. Bedeutung als im Kreis seltenes Verkehrsdenkmal des 19. Jahrhunderts.
(g)

Heinrich-Sahm-Straße 6
Fl. 3
Flst. 240

Dreizoniges Fachwerkhaus um 1700, bis auf die hintere Giebelwand fast komplett erhalten. In der Giebelfassade reiche Zierformen: genaste S-Streben in der Giebelzone, Schnitzrauten in den Brüstungsfeldern des Obergeschosses, außerdem Mannfiguren mit leicht geschwungenen Streben. Schwellenzone und hofseitige Balkenlage durch profilierte Verschalung verkleidet. Das Haus ist in seiner Vollständigkeit (noch originale Fenster erhalten) ein herausragendes Beispiel für das bäuerliche Wohnhaus mit seiner typischen Grundrißaufteilung, bei gleichzeitig überdurchschnittlicher Qualität der handwerklich-künstlerischen Gestaltung.

(k, w, g)

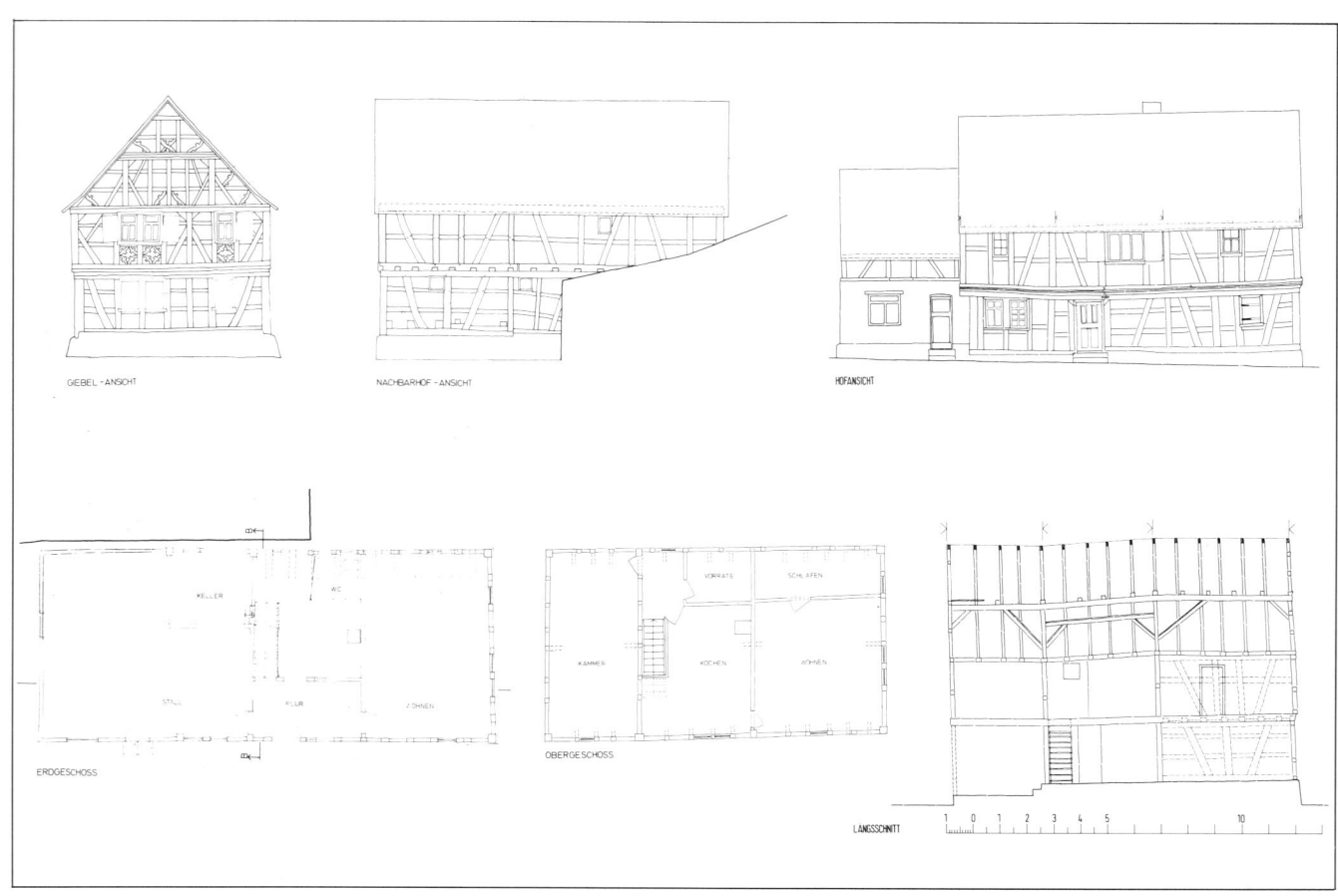

Jügesheim

Jügesheim, wahrscheinlich eine fränkische Gründung, liegt im Mittelpunkt der Rodgau-Siedlungen. Der Ortsname, 1261 erstmalig urkundlich erwähnt als „Guginsheim", soll sich vom Namen „Gugin", einem Vogt Karls des Großen, herleiten, der hier ansässig wurde. Die Flurbezeichnung „Schloßkaute" weist auf einen Herrschaftssitz hin.

Im Mittelalter gehörte Jügesheim zur Rödermark und zum Zentgericht Nieder-Roden. Durch die Herrschaft Eppstein wurde der Ort mit dem Amt Steinheim an die Grafschaft Hanau verpfändet, 1425 an Mainz verkauft; 1803 kam er mit der Amtsvogtei Seligenstadt zu Hessen-Darmstadt.

Durch den 30jährigen Krieg und die Pest wurde die Bewohnerschaft auf wenige Familien dezimiert; Berichte sprechen von 22 Überlebenden. Um die Mitte des 19. Jahrhunderts war die Einwohnerzahl auf über 1000 gestiegen. Die Industrialisierung nahm besonders nach dem Bau der Rodgaubahn 1896 einen Aufschwung, der Jügesheim die Vormachtstellung in der Lederwarenindustrie des Mittleren Rodgau sicherte. Die wirtschaftliche Entwicklung war verbunden mit der größten Flächenausdehnung innerhalb der Region; zwischen 1800 und 1950 hatte sich die bebaute Fläche verfünffacht. Im 19. Jahrhundert traten neben die Landwirtschaft als Erwerbsquelle das Handwerk und die auswärtige Arbeit als Pendler.

Mit fast 4000 Einwohnern nach dem 2. Weltkrieg war Jügesheim der größte Rodgau-Ort; bis zum Zusammenschluß 1977 konnte es den Vorsprung mit über 8000 Einwohnern behaupten. Seither ist Jügesheim Sitz der Verwaltung der Stadt Rodgau.

Im alten Ortskern, der an zwei zur Rodgau parallel laufenden Straßen, Vorder- und Hintergasse, angelegt ist, bildet die Kirche den Mittelpunkt und gleichzeitig die Verbindung. Die Hauptstraße hat sich nach Osten verlagert und ist heute in der Ludwigstraße zu sehen. Eine erste Erweiterung des Dorfes fand südlich über die Eisenbahnstraße hinaus und nach Norden entlang der früheren Ortsdurchfahrt statt. Die weitere Ausdehnung der Bebauungsfläche führte zur Bildung zweier, durch die Rodgau-Niederung getrennter Siedlungshälften im Bereich der Bahnlinie und an der Ludwigstraße, hier weit nach Norden und Süden ausgreifend.

Jügesheim, Vordergasse 1938

Jügesheim   **Rodgau**   **Gesamtanlage/Kulturdenkmäler**

Gesamtanlage Vordergasse

Die Gesamtanlage umfaßt die Westseite der Vordergasse 19–27. Sie liegt im Bereich des alten Ortskerns nordwestlich der katholischen Kirche. Die ursprüngliche Dorfbegrenzung durch die Rodau ist an dieser Stelle von der neueren Straßenführung zum Bahnhof durchbrochen. Die giebelständigen Fachwerkhäuser, meist im 18. Jahrhundert erbaut, weisen spätere Veränderungen auf, jedoch bleibt durch die Anpassung der Neubauten in Stellung und Proportion der historische Gesamteindruck erhalten. Bemerkenswert Nr. 25, um 1700, mit reichem Zierfachwerk; ungewöhnlich Nr. 37 als Massivbau des späten 19. Jahrhunderts mit bewußtem Eingehen auf die Umgebung durch Verwendung von Fachwerk als Gestaltungsmittel an den Schmalseiten; hier ergibt sich eine reizvolle Situation mit dem baumbestandenen Platz der gegenüberliegenden Kirche. (k, g)

Kulturdenkmäler Rodgau Jügesheim

Eisenbahnstraße 12 Fl. 1 Flst. 120/1

Kubischer, verputzter Fachwerkbau mit Walmdach und leicht vorkragendem Obergeschoß; unter dem Putz spätbarockes Fachwerk mit Zierformen zu erwarten. Durch die weit in den Straßenraum vorspringende Lage und die ungewöhnlichen Proportionen bildet das Haus einen städtebaulich prägnanten Blickfang. (s)

Eisenbahnstraße 36 Fl. 1 Flst. 301
Kapelle

Kleine Wege- oder ehemalige Friedhofskapelle des 19. Jahrhunderts, verputzt mit Sandsteingewänden von Portal und Spitzbogenfenstern, über dem Eingang Nische für eine (fehlende) Heiligenfigur. Lage im neueren Ortsbereich westlich der Rodau, früher außerhalb des östlich der Rodau gelegenen Ortes. (g)

Eisenbahnstraße 44 Fl. 1 Flst. 330/1
Bahnhof

Typenbahnhof der 1896 eröffneten Rodgau-Bahn aus zweifarbigem Ziegelmauerwerk mit Ornamentfries und Bogenmotiv im Giebel, auf Holzkonsolen vorkragendes Freigespärre und großer, torartiger Eingang; Fenster im Obergeschoß und Güterhalle nicht original. Städtebauliche Wirkung als optischer Abschluß der Bahnhofstraße vom alten Ortskern aus. (t, g, s)

Hintergasse 34 Fl. 1 Flst. 275

Voluminöses, im Erdgeschoß verputztes Fachwerkhaus des 18. Jahrhunderts mit Krüppelwalm und im Obergeschoß verkleideter Giebelfassade. Das traufseitige Fachwerk mit gebogenen Streben weitgehend intakt, verdeckte Fachwerkwände wohl in ähnlichem Zustand. Das Haus ragt derart in die Kurve der Hintergasse, daß sowohl Giebel- wie Traufseite optisch den Straßenraum abschließen. Die Einfriedung mit drei Sandsteinpfosten erhalten. (s)

Hintergasse 34

Ludwigstraße 37 Fl. 1 Flst. 861/3
Ehemalige Schule

Zweigeschossiger, langgestreckter Putzbau mit flachem Walmdach. Neunachsige Fassadengliederung, Mittelrisalit mit Dreiecksgiebel, Ecken durch Backsteinlisenen betont; Fenster-, Portalgewände, Gurtgesimse Sandstein. Traditionellen Formen verhafteter spätklassizistischer Schultyp zwischen 1870 und 1880 in relativ aufwendiger Gestaltung. Die platzartige Fläche vor dem zurückgesetzten Gebäude steigert die städtebauliche Wirkung. (k, g, s)

Jügesheim · Rodgau · Kulturdenkmäler

Ludwigstraße – Friedhof Fl. 1
Friedhofskreuz Flst. 70

Friedhofskreuz auf hohem Postament mit klassizistischer Ornamentik, Sandstein mit Eisengußkorpus; nach Inschrift 1841 errichtet, möglicherweise gleichzeitig mit der Anlage des Friedhofs, 1985 renoviert. (k, g)

Ludwigstraße Fl. 2
Kriegerdenkmal Flst. 69

Denkmal für die Gefallenen 1870/71, Obelisk mit Kugelaufsatz, am Fuß Relief mit Eisernem Kreuz; dahinter dreiseitig geknickte Brüstung, ebenfalls Sandstein, mit eingelassenen Inschriftentafeln. Heutiger Standort unmittelbar an der Friedhofsmauer. (k, g)

Mühlstraße 7 Fl. 1
Flst. 16/1

Kleinsthofreite mit eingeschossigem verputztem Wohnhaus und kleinem Nebengebäude in Hakenform. Historische Details wie die originale Haustür erhalten. Minimalform einer dörflichen Hofanlage, Kleinbauern-, Nebenerwerbs- oder Auszüglerhof, damit von sozialgeschichtlicher und typologischer Bedeutung; Lage im Bereich der ersten Ortserweiterung. (w, g)

Vordergasse 18 Fl. 1
Kath. Pfarrkirche St. Nikolaus Flst. 233

Neugotische Kirche, erbaut 1870, aus Sandsteinmauerwerk; der hohe Turm mit Spitzhelm wirkt als städtebauliche Dominante im alten Ortskern. Außen eine spätbarocke Kreuzigungsgruppe aus Sandstein. Im Inneren hölzerne Kreuzigungsgruppe des 17. Jahrhunderts aus der Vorgängerkirche, Vesperbild des 16. Jahrhunderts und Orgel von Balthasar Schlimbock, Würzburg, 1904. (k, g, s)

Vordergasse 25 Fl. 1 Flst. 186

Wohnhaus mit reichem Zierfachwerk an der Giebelseite über massiv erneuertem Erdgeschoß. Im Obergeschoß Feuerböcke (durch Fenstereinbauten teilweise zerstört) und durchkreuzte Rauten als Brüstungsornament, darüber genaste S-Streben, geschnitzte Knaggen. Im Giebeldreieck Andreaskreuze und stehender Stuhl mit hohen Verstrebungsfiguren. Frühe und aufwendige Form des Rodgauer Fachwerks aus dem 17. Jahrhundert, markante Fassade im Ensemble der Vordergasse. (k, s)

Vordergasse 37 Fl. 1 Flst. 214

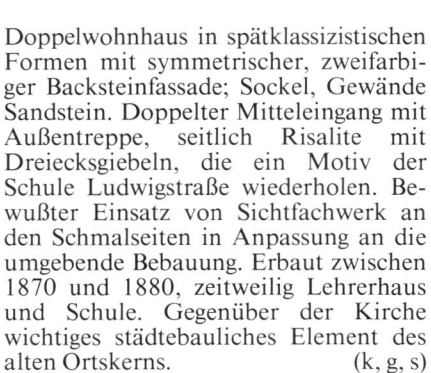

Doppelwohnhaus in spätklassizistischen Formen mit symmetrischer, zweifarbiger Backsteinfassade; Sockel, Gewände Sandstein. Doppelter Mitteleingang mit Außentreppe, seitlich Risalite mit Dreiecksgiebeln, die ein Motiv der Schule Ludwigstraße wiederholen. Bewußter Einsatz von Sichtfachwerk an den Schmalseiten in Anpassung an die umgebende Bebauung. Erbaut zwischen 1870 und 1880, zeitweilig Lehrerhaus und Schule. Gegenüber der Kirche wichtiges städtebauliches Element des alten Ortskerns. (k, g, s)

Vordergasse 41/43 Fl. 1 Flst. 213/1

Wohnhaus einer kleinen Hofreite mit einfachem, aber regelmäßigem und handwerklich solidem Fachwerk der 2. Hälfte des 18. Jahrhunderts im Obergeschoß, das Erdgeschoß verputzt. Die Giebelwand bildet den räumlichen Abschluß der gegenüber der Kirche einmündenden Leinenwebergasse. (g, s)

Vordergasse 1938

Vordergasse 53 Fl. 1 Flst. 220

Fachwerkwohnhaus mit original erhaltenem Hoftor, seltenes vollständiges Beispiel für den früher in den Straßendörfern des Rodgau üblichen Hoftyp auf langer, schmaler Parzelle, durch dessen Aneinanderreihung sich das charakteristische Straßenbild mit dem Wechsel von Giebelfassade und Tor ergab. Das Fachwerk zeigt über massiv verändertem Erdgeschoß die hier häufige, jeweils gering abgewandelte Konstruktion mit markanten Verstrebungsfiguren und stehendem Dachstuhl. Die Toranlage aus massiven Hölzern, in der großen Durchfahrt abgerundete Kopfbänder, über der kleinen Pforte eine gitterartige Struktur, darüber Ziegelverdachung. Im Sturzbalken des Tores Inschrift mit Datum 1720. (k, g, s)

Jügesheim   Rodgau   Kulturdenkmäler

Vordergasse 65 Fl. 1 Flst. 234

Fachwerkhaus mit durch Ladeneinbau verändertem Erdgeschoß, darüber holzverschindelt. Aufgrund originaler Fenstereinteilung und des zweifachen Vorsprunges im Giebel kann auf gutes barockes Fachwerk mit Zierformen, vergleichbar den weiteren örtlichen Beispielen, geschlossen werden; Entstehung des für das Bild der Vordergasse wichtigen Hauses im 18. Jahrhundert. (k, s)

Vordergasse 73 Fl. 1 Flst. 240

Fachwerkobergeschoß mit Mannfiguren und Zierformen – geschnitzte Kopfbänder, genaste Streben und Andreaskreuz, entstanden in der 1. Hälfte des 18. Jahrhunderts. Prägender Bau in der Vordergasse. (k, s)

Vordergasse 81 Fl. 1 Flst. 249/1

An der Kreuzung Eisenbahnstraße/Vordergasse zweiseitig freistehendes Haus in Ecklage, auf die in der Fachwerkgestaltung Bezug genommen wird durch die Verteilung von dekorativen Brüstungsrauten an Giebel- und Traufseite; außerdem Mannfiguren. Das Erdgeschoß erneuert. Die Hölzer des im 18. Jahrhundert entstandenen Fachwerks erscheinen durch Überputzen des Randes dünner, als sie tatsächlich sind. (k, s)

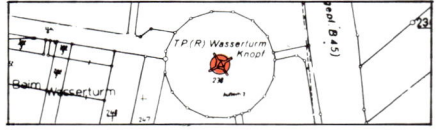

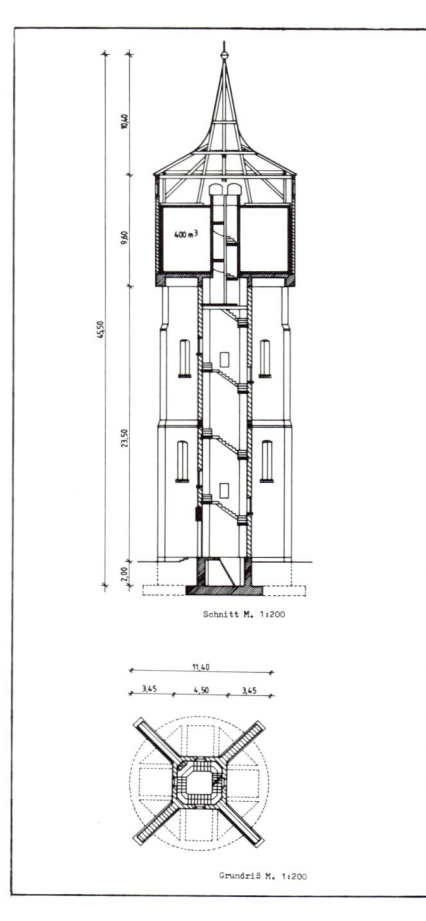

Am Wasserturm Fl. 19
Wasserturm Flst. 238

Wie zwei weitere Türme des Wasserzweckverbandes Offenbach in Seligenstadt und Hanau ist der Jügesheimer Wasserturm – möglicherweise im Rahmen einer Arbeitsbeschaffungsmaßnahme während des Nationalsozialismus – 1938 erbaut worden; seit 1979 als Ausgleichsbehälter außer Betrieb. Ganz aus Backsteinmauerwerk mit Betonbändern, der runde Behälterteil mit überhöhter, spitzer Haube getragen von quadratischem Mittelteil mit vier kreuzförmig angeordneten Stützwänden, die mit ihrer Abtreppung gotischen Strebepfeilern nachempfunden sind; als weitere historisierende Details Wasserspeier in Form von Drachenköpfen. Auch in diesem Fall – wie bei den erwähnten Bauten und dem früher entstandenen Mühlheimer Turm – greift die Architektur auf historische Formen, die hier auch an die späten 20er Jahre erinnern, zurück, wobei nur in Jügesheim der technische Zweck von außen eindeutig ablesbar ist. Mit seiner Höhe von 45,50 m ist der Turm außerdem weithin sichtbarer Orientierungspunkt und Wahrzeichen für Jügesheim. (k, t, s)

*Zeichnung: Barthel, Weidert,
TH Darmstadt 1985*

262

Nieder-Roden

Nieder-Roden führt seine Gründung wie Ober-Roden auf ein Frauenkloster Rotaha und einen Adelssitz Nievenhof zurück, die bereits 786 in einer Schenkungsurkunde des Klosters Lorsch erwähnt sind, ein Ort „Rotaha inferior" wird 791 genannt. 1298 wurde die erste Kirche geweiht.
Im 14. Jahrhundert stand Nieder-Roden unter der Herrschaft der Herren von Eppstein und war Sitz des Zentgerichts der „Rotaher marca", der Rödermark, zu der Messel, Urberach, Ober-Roden, Nieder-Roden, Dudenhofen, Jügesheim, Teile von Dietzenbach und Hainhausen gehörten. 1371 wurde das Dorf an Hanau-Lichtenberg verpfändet und gelangte 1425 durch Verkauf an die Erzbischöfe von Mainz. Von dort kam es im Zuge der Säkularisation 1803 zu Hessen-Darmstadt.
Als befestigtes Dorf – die Pforten wurden 1812 abgerissen – war es Zufluchtsort des südlichen Rodgaus, außerdem Zollort und Rastplatz an der Handelsstraße von Bayern nach Frankfurt. Den 30jährigen Krieg sollen nur 7 Einwohner überlebt haben; bis dahin war Nieder-Roden der bedeutendste Ort des Rodgau. Um die Mitte des 19. Jahrhunderts konnten die etwa 1000 Bewohner auf Basis der kärglichen Landwirtschaft nur unzureichend existieren, so daß sie auf auswärtige Arbeit in Frankfurt und Offenbach oder Nebenerwerb zurückgreifen mußten. Um 1860 setzte mit Ziegelbrennereien und Lederverarbeitung eine Industrialisierung am Ort ein, der Anschluß an die Rodgau-Bahn 1896 förderte den Trend zur Arbeiterwohngemeinde. Die Einwohnerzahl entwickelte sich von ca. 2 700 nach dem 2. Weltkrieg sprunghaft auf über 11000 beim Zusammenschluß zur Gemeinde Rodgau 1977.

Nieder-Roden hat einen deutlichen Straßendorfcharakter beibehalten, der an der Hauptstraße ausgeprägt und in der Struktur unverändert ist; der alte Ortskern erstreckt sich außerdem über die südlich parallel verlaufende ehemalige Hintergasse, heute Karolingerstraße. Hier sind Fachwerkfragmente mit Zierformen um 1700 erhalten. In der Hauptstraße sind besonders die Straßenfassaden der giebelständigen Fachwerkhäuser schon seit der Jahrhundertwende durch Mauerwerk verändert. Die Dominanz der stattlichen neugotischen Kirche mit dem gotischen Wehrkirchturm ist ungebrochen. Als südlicher Ortsrand ist die Rodau erkennbar, Ortserweiterungen haben bis um die Jahrhundertwende zur Bahn hin nach Norden, in der Nachkriegszeit über diese hinaus stattgefunden.

Ehemalige Linde in Nieder-Roden, historische Aufnahme aus: Nieder-Roden im Wandel der Zeit, 1979

Nieder-Roden — Rodgau — Kulturdenkmäler

Babenhäuser Weg   Fl. 4
Bildstock   Flst. 215/2

„Not Gottes" von 1754, Bildstock aus Sandstein, im Sockel verwitterte Inschrift. Votivbild mit Reliefdarstellung; bekrönendes Kreuz nicht mehr vorhanden. Wahrscheinlich vom ursprünglichen Standort hierherversetzt. Im Kreis eines der wenigen erhaltenen Beispiele dieser in traditionell katholischen Gegenden verbreiteten barocken Flurdenkmäler.   (k, g)

oben: historische Aufnahme

Büchnerstraße 20   Fl. 7
Bildstock   Flst. 680

Bildstock einfachster Art (ähnlich Mühlheim, Kirchhof) mit kleinem, spitzgiebeligem, den Pfosten kaum überragendem Gehäuse für ein nicht mehr vorhandenes Marienbildnis; verwitterte Fragmente sollen von einer nachträglichen Figur stammen. Darunter die Inschrift „IHG 1757". Der Bildstock wurde innerhalb des Grundstückes geringfügig versetzt. Die Lage bezeichnet einen ehemaligen Prozessionsweg in nördlicher Verlängerung des Babenhäuser Weges.   (g)

264

Kulturdenkmäler   Rodgau   Nieder-Roden

Büchnerstraße 1   Fl. 9
Bahnhof   Flst. 579/1

Stationsgebäude der 1896 eröffneten Rodgau-Bahn mit Güterhalle, von dem hier üblichen einheitlichen Bahnhofstypus abweichend als zweiteiliger Baukörper mit Satteldach, jedoch in ähnlicher Gestaltung in zweifarbigem Klinkermauerwerk mit Ornament. Bemerkenswert die wohlerhaltenen Details wie Fenster, Dachgauben, Zierfachwerk der Güterhalle. (t, g)

Dieburger Straße   Fl. 2
Kriegerdenkmal   Flst. 561

Denkmal in Form eines Wegekreuzes aus rotem Sandstein, Postament mit gotisierendem Ornament und Inschrift zur Erinnerung an die Gefallenen von 1870, Kreuz mit kleiner Gußfigur. (g)

Friedensstraße – Friedhof   Fl. 7
Kreuz   Flst. 612

Spätbarockes Sandsteinkreuz auf geschwungenem Sockel, die Originalfigur ersetzt durch kleineren Gußkorpus; wahrscheinlich vom ursprünglichen Standort (Wegekreuz) hierherversetztes, orts- und religionsgeschichtliches Denkmal. (g)

Friedensstraße – Friedhof   Fl. 7
Friedhofskreuz   Flst. 612

Friedhofskreuz aus Sandstein, auf hohem Postament mit gotisierender Ornamentik, Inschrift und Jahreszahl 1845; typisches Inventar der im 19. Jahrhundert neu angelegten Friedhöfe traditionell katholischer Gemeinden. (k, g)

Hainburger Straße   Fl. 1
Kreuz   Flst. 369/1

Wegekreuz aus Sandstein, im Sockel Inschrift und Jahreszahl 1893, mit Gußfigur. Relativ spätes Kreuz, Zeichen des Fortlebens katholischer Traditionen in diesem Gebiet. (g)

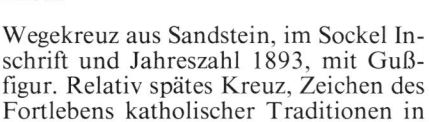

Oberrodener Straße 39   Fl. 1
   Flst. 81

Giebelständiges Fachwerkhaus der 1. Hälfte des 18. Jahrhunderts, mit Mannfiguren und nicht ganz vollständigen, teils überputzten Brüstungsornamenten im Obergeschoß sowie genasten S-Streben im Giebelbereich. Zusammen mit den rückwärtig anschließenden, jedoch größtenteils erneuerten Fachwerkwänden von Nebengebäuden und Scheune ergibt sich eine den Ortsmittelpunkt prägende Begrenzung der an die Kirche anschließenden Freifläche. (k, s)

Bildstock vor der Renovierung

Storchsweg Fl. 2
Bildstock Flst. 547/2

Barocker Bildstock aus Sandstein auf in Voluten geschwungenem Postament mit nicht mehr lesbarer Inschrift, Datum nach Überlieferung 1758. Votivbild mit Dreifaltigkeitsdarstellung, bekrönendes Kreuz und Pfeiler bei Renovierung 1985 ergänzt. Der Bildstock heute in die Rückwand einer offenen Kapelle am neuen Friedhof eingemauert. (k, g)

Turmstraße 6 Fl. 1
Kath. Pfarrkirche St. Matthias Flst. 91

Neugotische dreischiffige Basilika, 1895–97 nach Plänen des Frankfurter Baumeisters Röder erbaut. Der seither freistehende gotische Westturm gehörte ursprünglich zu einer 1298 geweihten und 1542 erweiterten Kirche. Er entspricht in seiner massiven, schlichten Bauweise dem Typus der in der Region üblichen Wehrtürme; das flache Dach 1866 durch den Spitzhelm mit vier Ecktürmchen ersetzt; eine Glocke 1519 datiert.

Innen regional bedeutender spätgotischer Schnitzaltar, um 1520 entstanden. Unter flachem kleeblattbogigem Abschluß mit filigranem Rankenschnitzwerk Skulpturen der Muttergottes mit Kind, hl. Johannes und Kirchenpatron hl. Matthias; auf den Flügelinnenseiten vier weitere Apostel in Reliefdarstellung; Bemalung nach Inschrift 1656. Außen früh überstrichene, 1941 renovierte gemalte Kreuztragung. In einer Seitenkapelle weitere Holzskulpturen, u. a. spätgotischer hl. Martin und Pietà. Am Kirchturm außen ehemaliges Friedhofskreuz aus Sandstein, Datierung 1762. An der Südseite der Kirche Nepomuk-Statue von 1761 auf geschwungenem Postament mit Inschrift, Sandstein. Ursprünglicher Standort war die Rodau-Brücke. (k, g, s)

Kulturdenkmäler — Rodgau — Nieder-Roden

Katholische Kirche bis 1894, historische Aufnahme aus: Nieder-Roden im Wandel der Zeit, 1979

267

Weiskirchen

Die jüngste Siedlung des mittleren Rodgau ist wahrscheinlich Weiskirchen, das in der ersten urkundlichen Erwähnung 1287 als Besitz des Klosters Seligenstadt erscheint; 1305 wird der Ort „Wizzinkirchen" genannt. Die „-kirchen"-Endung spricht für eine Gründung in einer späteren Siedlungsperiode. Zu dieser Zeit gehörte das Dorf innerhalb des Maingaues zur Auheimer Mark und war Sitz eines Hubengerichts. Von der Eppsteiner Herrschaft wurde Weiskirchen 1424 an Mainz verkauft und gelangte, wie das übrige kurmainzische Gebiet, 1803 an Hessen-Darmstadt.

In der zweiten Hälfte des 19. Jahrhunderts nahm in dem sogenannten „Fünf-Mühlen-Dorf", bedingt durch den überdurchschnittlich hohen jüdischen Bevölkerungsanteil, der Handel einen starken Aufschwung. Die Anbindung an die Rodgau-Bahn ermöglichte die Ansiedlung von Zulieferungsbetrieben für die Offenbacher Lederwarenindustrie. Die Bevölkerung von ungefähr 700 Einwohnern um die Mitte des 19. Jahrhunderts wuchs bis zum Zusammenschluß 1977 auf über 5000 Einwohner.

Das ehemalige Straßendorf, von dessen Fachwerkhöfen sich in der Hauptstraße nur unbedeutende Reste erhalten haben, zeigt ein modern verändertes Bild. Im Gegensatz zu sonstigen Ortsentwicklungen, wo die erste Wachstumsphase der beginnenden Industrialisierung in der Regel eine Ausdehnung in Richtung Bahnhof mit sich brachte, hat sich Weiskirchen an der entgegengesetzten Seite des alten Ortskerns entwickelt.

Weiskirchen, Hauptstraße
Historische Aufnahme aus: Der Kreis Offenbach, 1927

Kulturdenkmäler　　　　　　　　　Rodgau　　　　　　　　　Weiskirchen

Bahnhofstraße 4　　　Fl. 6　Flst. 19/7

Weitgehend intaktes Wohnhaus einer ehemaligen Hofreite, erbaut im frühen 18. Jahrhundert, bildet in Ecklage mit Traufenstellung zur Pfarrgasse einen Leitbau des alten Ortskerns. Bemerkenswert die Toranlage aus zweifarbigem Backsteinmauerwerk, bezeichnet 1904, die sich formal an die hier üblichen, aber kaum noch erhaltenen hölzernen Hoftore anlehnt.　(g, s)

Bahnhofstraße 10　　　Fl. 6　Flst. 1035
Spritzenhaus

Spritzenhaus mit zwei Rundbogentoren, Bruchsteinsockel, Putzwand, Verschindelung von Giebel und Turm. Durch den in die Fassade einbezogenen Dachreiter als Schlauchturm erinnert die Gesamtform an oberhessische Dorfkirchen. Die vom Heimatstil beeinflußte Formgebung, wie sie sich bei Wohn- und Schulhäusern des frühen 20. Jahrhunderts findet, wird hier auch auf einen technisch-funktionalen Gebäudetyp übertragen.　(t, g)

Bahnhofstraße　　　Fl. 7　Flst. 147/1
Bahnhof

Stationsgebäude der Rodgau-Typenreihe aus der Epoche des Nebenbahnausbaus der Preußisch-Hessischen Staatsbahn, erbaut 1898. Übliche Details sind zweifarbiges Ziegelmauerwerk mit Ornament, Dachüberstand auf verzierten Konsolen, Rundbogenmotiv im Giebel, große Toröffnung; die Güterhalle später angebaut.　(t, g)

Weiskirchen — Rodgau — Kulturdenkmäler

Hauptstraße 80–82   Fl. 1
Kath. Pfarrkirche St. Peter   Flst. 4, 5

Von der gotischen Kirche sind der Westturm mit gewölbter Halle und der 1491 bezeichnete Chor mit 3/8-Schluß erhalten. Der untere Teil des Turmes soll aus dem 19. Jahrhundert stammen, die inschriftliche Datierung 1917 das Jahr der Vollendung bezeichnen. Anstelle des früheren Langhauses, dessen Grundmauern erhalten sind, wurde 1890 ein größerer Querbau in schlichten, neugotischen Formen errichtet, nach Kriegszerstörungen 1947 wieder aufgebaut und erweitert. Über dem Altar eine hölzerne Kreuzigungsgruppe von 1496, ein weiteres Kreuz aus dem 16. Jahrhundert, eine Barockmadonna von 1692. Im alten Chor ein gotisches steinernes Sakramentshaus. Außen ein Teil der mittelalterlichen Kirchhofmauer erhalten.   (k, g, s)

Hauptstraße   Fl. 6
Heiligengehäuse   Flst. 947/1

Massives, verputztes Gehäuse mit Ziegeldeckung in Form eines Satteldaches, auf hohem, schmucklosem Sockel mit angedeutetem Gesims. Ursprünglich errichtet für ein mittelalterliches (?) Vesperbild (heute in Privatbesitz) an der Obermühle, einer früheren Mühle des Klosters Seligenstadt. Heute in der Nische neues Bildnis. Im Gegensatz zu den Bildstöcken der Zeit ohne künstlerische Bearbeitung, von orts- und religionsgeschichtlicher Bedeutung.   (g)

Pfarrgasse 4   Fl. 1
Nepomuk-Statue, Torpfosten   Flst. 1072/2

Vor dem 1758 bezeichneten, jedoch völlig erneuerten Pfarrhof aufgestellte Nepomuk-Statue mit sitzendem Putto auf hohem Sockel mit Inschrift: APRM/HONORIET A MORI/DIVI/ JOHANNIS NEPOMUCENI/PATRONI FAMA ET HONORE PERICLITANTIV/FAMOSISSIMI/POSUIT/EX VOTO QUARTA IUNY MDCCXXXVII/ JOANNES IGNATIUS IAEGER. Ornament dem Stil der Entstehungszeit 1737 entsprechend. Ebenfalls aus Sandstein ein Torpfosten mit profiliertem Gesims, als Sachteil erhaltenswert.   (k, g)

B 448 alt   Fl. 1
Brücke über die Rodau   Flst. 106

Zweibogige Brücke über die Rodau, Sandsteinquadermauerwerk mit Stichbogengewölben, Bauinschrift von 1810. Als im Kreisgebiet seltenes Verkehrsdenkmal des 19. Jahrhunderts von geschichtlicher Bedeutung.   (g)

Rödermark

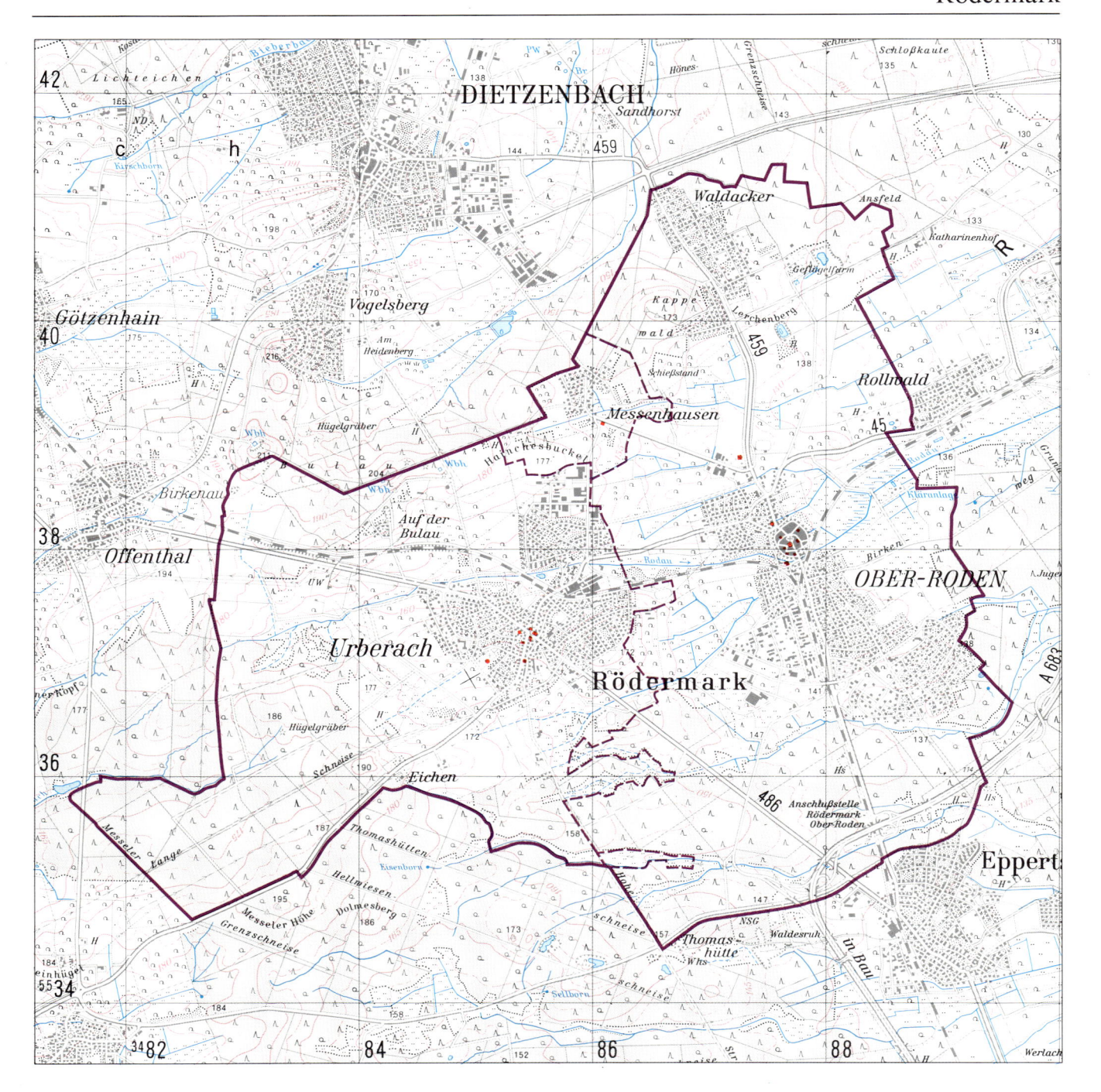

**Erläuterung zu Karte 12 (M 1:50000)
Stadt Rödermark**

Rödermark liegt am Südrand des Kreisgebietes, die beiden Ortsteile Ober-Roden und Urberach sind etwa gleichwertig; dazu kommt nördlich die kleine, in denkmalpflegerischer Hinsicht unbedeutende Siedlung Messenhausen. In Ober-Roden ist zwar deutlich die Rundstruktur im alten Kern erhalten, jedoch sind hier wie im stark erneuerten Urberach nur wenige Einzelbauten als Kulturdenkmäler zu verzeichnen.

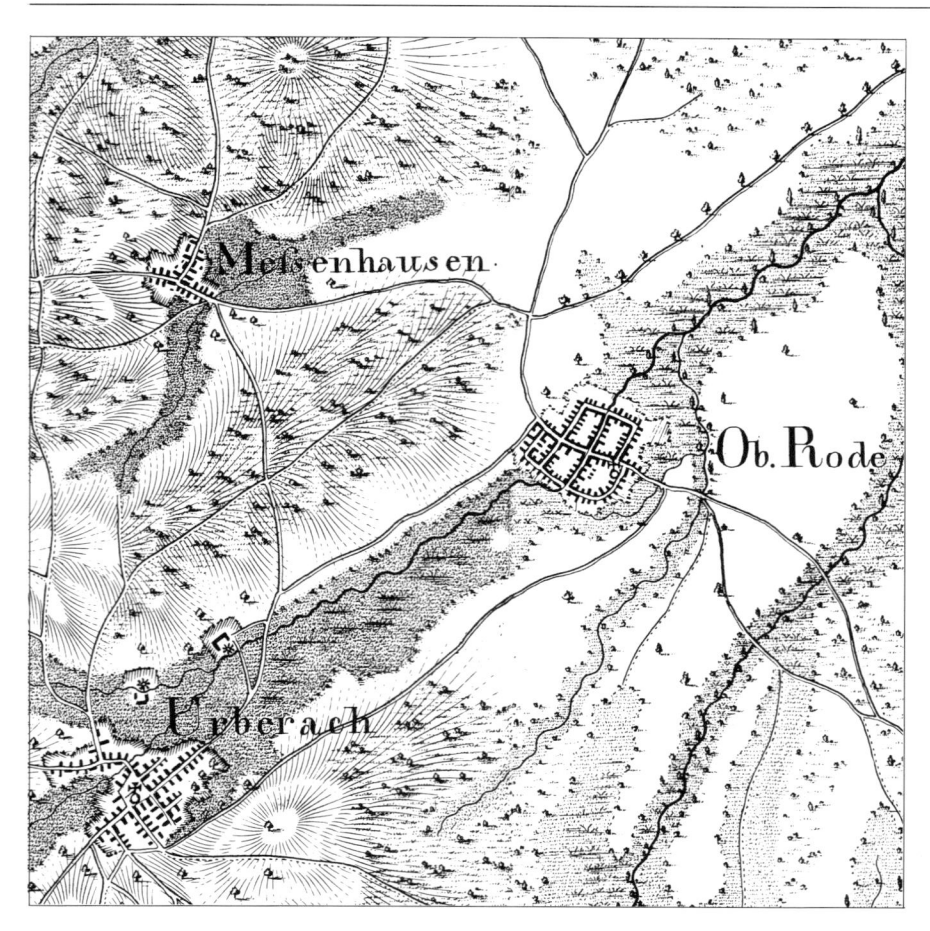

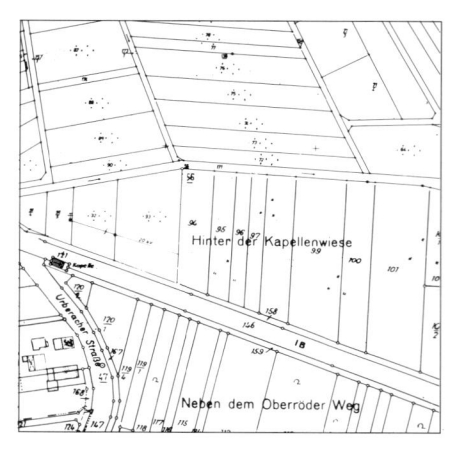

Kapellenstraße Fl. 1
Kapelle Flst. 121

Schlichte, verputzte Wegekapelle von 1820 mit asymmetrischem, offenem Glockenturm. Die Kapelle markiert den Ortseingang an einer Gabelung der Straßen nach Ober-Roden und Urberach. (g, s)

Ober-Roden

Im Jahr 786 wurde erstmalig das Kloster Rotaha, 790 „villa Rotaha", 791 „Rotaha superiore et inferiore" erwähnt. 815 wurden in „Rodaha" sechs Hofreiten, zwanzig Huben, ein Wald und 38 Leibeigene gezählt. Der Ort war Münzenbergischer Besitz und gehörte zur Burg Babenhausen, durch Erbschaft gelangte er in Hanauische und Eppsteinische Hände. 1425 ging Ober-Roden als Zubehör des Amtes Steinheim durch Verkauf an Mainz. Zeitweise stand die Obrigkeit Mainz und Hanau gleichmäßig zu. Als eines der ältesten Dörfer der seit dem Mittelalter bestehenden Röder Mark war Ober-Roden Sitz des Märkergerichts. Nach 1560 versuchten die Grafen von Hanau die Reformation einzuführen, unter Mainzer Einfluß setzte sich jedoch später der Katholizismus durch. 1803 wurde Ober-Roden großherzoglich-hessische Gemeinde. 1896 kam der Anschluß an die Bahn Offenbach-Reinheim, 1905 an die Verbindung nach Frankfurt. Die Industrialisierung brachte, besonders nach dem 2. Weltkrieg, einen rapiden Bevölkerungsanstieg mit sich.

In der Ebene des Rodgaues an der Rodau gelegen, unterscheidet sich Ober-Roden von den übrigen Siedlungen dieses Gebietes mit ihren langgestreckten, an Bachlauf und Straße orientierten Grundrissen durch seine geschlossene Rundform und die innere Erschließung durch zwei konzentrische Straßenringe neben der geraden Durchgangsstraße; der Bach wird parallel zum äußeren Straßenring um den Ort herumgeführt. Die Kirche bildet sowohl durch ihre Dimension wie auch die erhöhte Lage den Mittel- und Orientierungspunkt. Einzelne giebelständige Fachwerkhäuser sind isoliert in der stark erneuerten Bausubstanz erhalten, das Fehlen eines geschlossenen historischen Ortsbildes steht in Gegensatz zur intakten Grundrißstruktur, die im Nordosten noch den Ortsrand erkennen läßt. Großflächige Erweiterungsgebiete sind, bedingt durch die Lage des Bahnhofes und die Verbindung nach Dieburg, südlich des alten Dorfes angesiedelt.

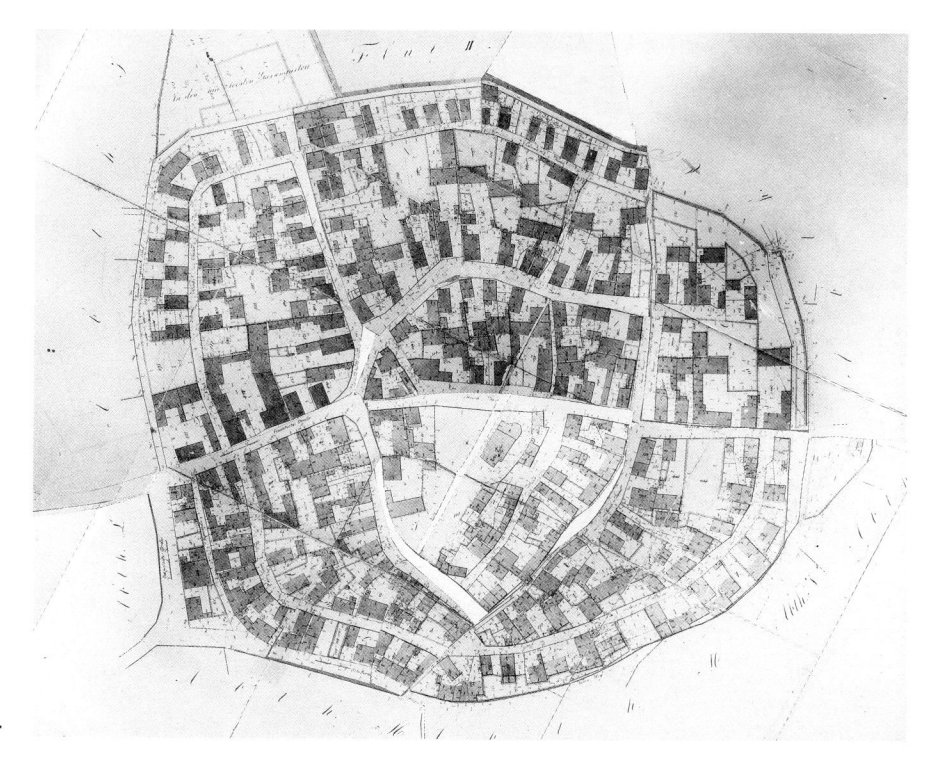

Ober-Roden, Urkataster

Ober-Roden   Rödermark   Kulturdenkmäler

Dieburger Straße 13   Fl. 1
Altes Rathaus   Flst. 155

Ehemalige Schule, seit 1910 Rathaus. Zweigeschossiger, siebenachsiger Putzbau von 1886 mit flachem Satteldach und ungewöhnlichem Rundbogeneingang mit schmiedeeisernem Torgitter. Die hier angewandte klassizistische Formensprache findet sich ähnlich im Wiener Stadtpalais des frühen 19. Jahrhunderts, danach bei Schinkel im Berliner Mietshaus. Trotz bescheidener Ausmaße wird das Gebäude seiner Bedeutung entsprechend aus der dörflichen Umgebung hervorgehoben. (k, g)

Dockendorfstraße 7   Fl. 1
    Flst. 82

Giebelständiges Wohnhaus, in gedrungenen Proportionen aufgrund der im Gebiet seltenen Kniestockbauart; hier im Gegensatz zu anderen Beispielen keine Balkenlage sichtbar. Das Fachwerkgefüge des 18. Jahrhunderts mit unregelmäßig krummen Hölzern stellenweise verändert, rückwärtig massiv ersetzt. (w, g)

Dockendorfstraße 9/11   Fl. 1
    Flst. 83

Giebelständiges Wohnhaus einer kleinen Hofreite, das Fachwerk des 18. Jahrhunderts an der Giebelseite im Erdgeschoß massiv ersetzt. Im Obergeschoß die in den Rodgau-Orten verbreitete Figuration mit Mannfiguren und Verstrebung des stehenden Stuhles, Schwelle mit Profil. Mit Nachbarhaus 7 entsteht eine Ensemblewirkung, die einen Eindruck des früheren Dorfbildes vermittelt. (g)

Kulturdenkmäler Rödermark Ober-Roden

Frankfurter Straße 2 Fl. 1
Kath. Pfarrkirche St. Nazarius Flst. 187/1

Neugotische Kirche in prominenter Lage im Ortsmittelpunkt, erbaut 1894–96 nach Entwurf des Frankfurter Architekten Röder als dreischiffiger Bau mit seitlichem hohem Turm mit Spitzhelm. Das Langhaus zeigt in formaler Gestaltung und Material Sandstein-Sichtmauerwerk starke Ähnlichkeiten mit dem fast gleichzeitig von demselben Architekten in Nieder-Roden errichteten Kirchenbau. Eine 1303 erwähnte Vorgängerkirche war ebenfalls St. Nazarius geweiht; ein noch erhaltener Grabstein weist auf die Erbauung des Chores 1393 hin. Die Kirche wurde 1644 zerstört, 1660 wiedererrichtet.

In der nördlichen Kirchhofmauer Reste barocker Grabsteine vermauert. In der Südostecke ein Kriegerdenkmal von 1870/71 in Obeliskform aus rotem Sandstein mit Inschrift, darüber Relief aus Kranz und Schwert, als Aufsatz Eisernes Kreuz. (k, g, s)

Entwurf zum Kirchenneubau 1894 mit Darstellung des alten Kirchturms, aus: Leuschner/Schallmayer, 1200 Jahre Ober-Roden, 1986

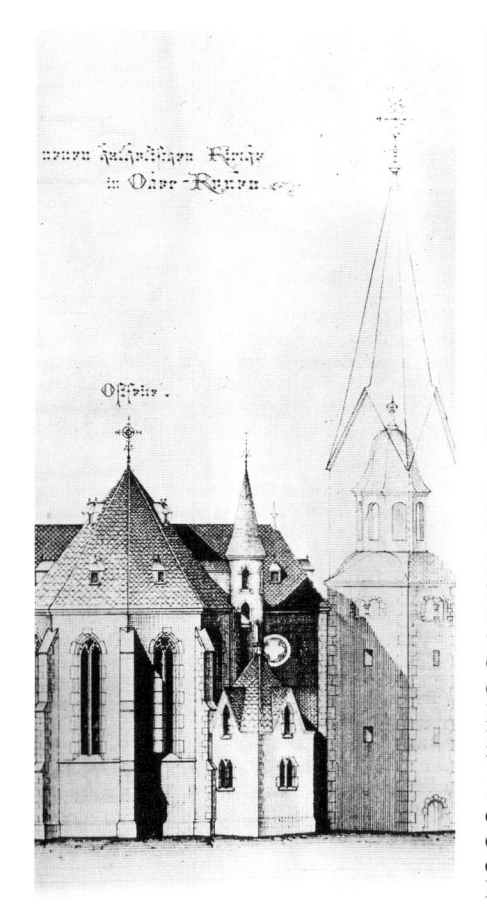

Frankfurter Straße Fl. 1
Kreuz Flst. 350

Barockes Kreuz mit Pietà in unvorteilhafter Aufstellung an der Ecke Mainzer Straße. Geschweifter Sockel mit Eckvoluten und Ornament, Inschrift: „DISE VOR GESETZTE BILDNIS HAT ZVR EHR GOTTES UNT SEINER SCHMERZHAFTEN MVTTER MARIA AVFRICHTEN LASEN MATHÄVS BECK VON OBERRODEN DEN 19 MAY 1768". Aufsatz mit Voluten und Muschel, einfache Figuren, Kreuz mit Kleeblattenden. Sandstein, unsachgemäß überstrichen. Weitgehende Ähnlichkeit mit dem Bildwerk in Urberach. (k, g)

Glockengasse 18 Fl. 1
Flst. 134

Giebelständiges Wohnhaus des 18. Jahrhunderts mit Fachwerkaufbau über massivem Erdgeschoß, mit Krüppelwalm und schwachen Geschoßvorsprüngen. Das Obergeschoß holzverschindelt, aufgrund der Fensteranordnung hier weitgehend intaktes spätbarockes Fachwerk guter Qualität anzunehmen. (k, g)

Heitkämper Straße 6
Fl. 1
Flst. 168

Traufständiges Wohnhaus, durch Volumen und Lage in der Ortsmitte unmittelbar gegenüber der Kirche wichtiges Element des Ortsbildes. Stellenweise gestörtes, aber auch im Erdgeschoß vorhandenes Fachwerk des späten 18. Jahrhunderts mit Mannfigur als Eckverstrebung, sonst ohne Schmuckformen.

(g, s)

Kapellenstraße – Friedhof
Friedhofskapelle
Fl. 7
Flst. 281

Schlichte Kapelle aus der Mitte des 19. Jh. in neugotischen Formen, über dem Portal Nische mit Heiligenfigur. Innen grottenartige Mosaikverkleidung. (g)

Friedhofskreuze

Großes Friedhofskreuz des regional üblichen Typs. Sockel mit Fries, Inschrift 1842, Sandstein mit Gußkorpus. Kleineres Kreuz aus hellem Sandstein, im Sockel verwitterte Inschrift evtl. 1854. Kleeblattartige Enden, am Fuß Kelch; kleiner Sandsteinkorpus. (k, g)

Pfarrgasse 7
Fl. 1
Flst. 215

Wohlerhaltenes Beispiel für das eingeschossige Wohnhaus einer Kleinbauernhofreite des späten 18. Jahrhunderts. Die Giebelzone mit kleinem Krüppelwalm durch Ausbau verändert, leicht vorkragend mit abgerundetem Überstand; sonst konstruktives Fachwerk mit Eckverstrebung in K-Form. Bescheidener Haustyp, der selten in so vollständiger Form wie hier erhalten ist. (w, g)

Schulstraße 9
Fl. 1
Flst. 11

Vollständig erhaltenes giebelständiges Wohnhaus mit altertümlichen Elementen in der Fachwerkkonstruktion. Niedriges Erdgeschoß mit geschwungenen Bundstreben, Verband ohne Halsriegel; Obergeschoß giebelseitig vorkragend, gebogene Fußbänder in der Brüstung; urwüchsige Hölzer, im Giebel Andreaskreuz. Entstehung möglicherweise um 1700. Holz- und Putzoberfläche ohne neuzeitliche Behandlung. (w, g)

Trinkbrunnenstraße 15
Trinkbornschule
Fl. 1
Flst. 205/1

Schulbau von 1900, 1909 und 1954 erweitert. Die vom Heimatgedanken beeinflußte Architektur gliedert den zwei- bis dreigeschossigen Baukörper in differenzierte Abschnitte. Durch vielfältige Elemente und heimische Materialien wird Kleinteiligkeit erzielt: unterschiedliche Fensterformen mit Sandsteingewänden und Versprossung, Fachwerk, Krüppelwalm, verschachtelte Dachflächen mit Bieberschwanzdeckung, Dachreiter nach traditionell-ländlichen Vorbildern. Dominanter Bau am Rand des alten Ortskerns. (k, g, s)

Urberach

Die erste urkundliche Erwähnung in einer Münzenbergischen Teilungsurkunde führt 1275 den sicher schon länger existenten Ort „Orbruch" auf, der 1425 wie Ober-Roden und weitere eppsteinische Besitzungen der näheren Umgebung an das Erzbistum Mainz verkauft wurde. Als Filiale der Kirchengemeinde Ober-Roden erlebte Urberach ebenso den vergeblichen Versuch, die Reformation einzuführen. Nach dem 30jährigen Krieg wurden noch 12 Einwohner (oder Familienvorstände) gezählt. Urberach war Mitglied der Röder Mark, gehörte im 17. Jahrhundert zum Amt Dieburg, Cent und Vogtei hatte das Amt Steinheim. 1816 kam Urberach von Isenburg-Birstein an Hessen, es hatte zu dieser Zeit etwa 1000 Einwohner. Neben der Landwirtschaft war hier das Handwerk der Töpferei ansässig, es hielt sich bis in die Gegenwart.

Die ursprüngliche Ortsstruktur ist in Urberach weniger deutlich abzulesen als in Ober-Roden, da sich das Dorf als Haufensiedlung wohl schon früh sternförmig entlang der sich hier kreuzenden Landstraßen entwickelte, von einer früheren Befestigung sind keine Spuren vorhanden. Eine einschneidende Veränderung des Bildes zog um 1840 der Bau der geradlinig durch den Ortskern führenden Straße – heute Konrad-Adenauer-/Traminer Straße – und deren Neubebauung mit Mauerwerksfassaden nach sich. In der Darmstädter Straße ist noch eine historische Ensemblewirkung giebelständiger Fachwerkhäuser, jedoch ohne herausragende Einzelbauten, vorhanden; ein qualitätvolles Beispiel findet sich nur noch in der Ortsmitte im Gasthaus zum Goldenen Löwen. Neubauflächen liegen allseitig um das Zentrum, das Industriegebiet brachte eine schwerpunktmäßige Erweiterung nach Nordosten.

Urberach, Ortsmitte
Historische Aufnahme aus: Chronik Gemeinde Urberach, 1975

Urberach Rödermark Kulturdenkmäler

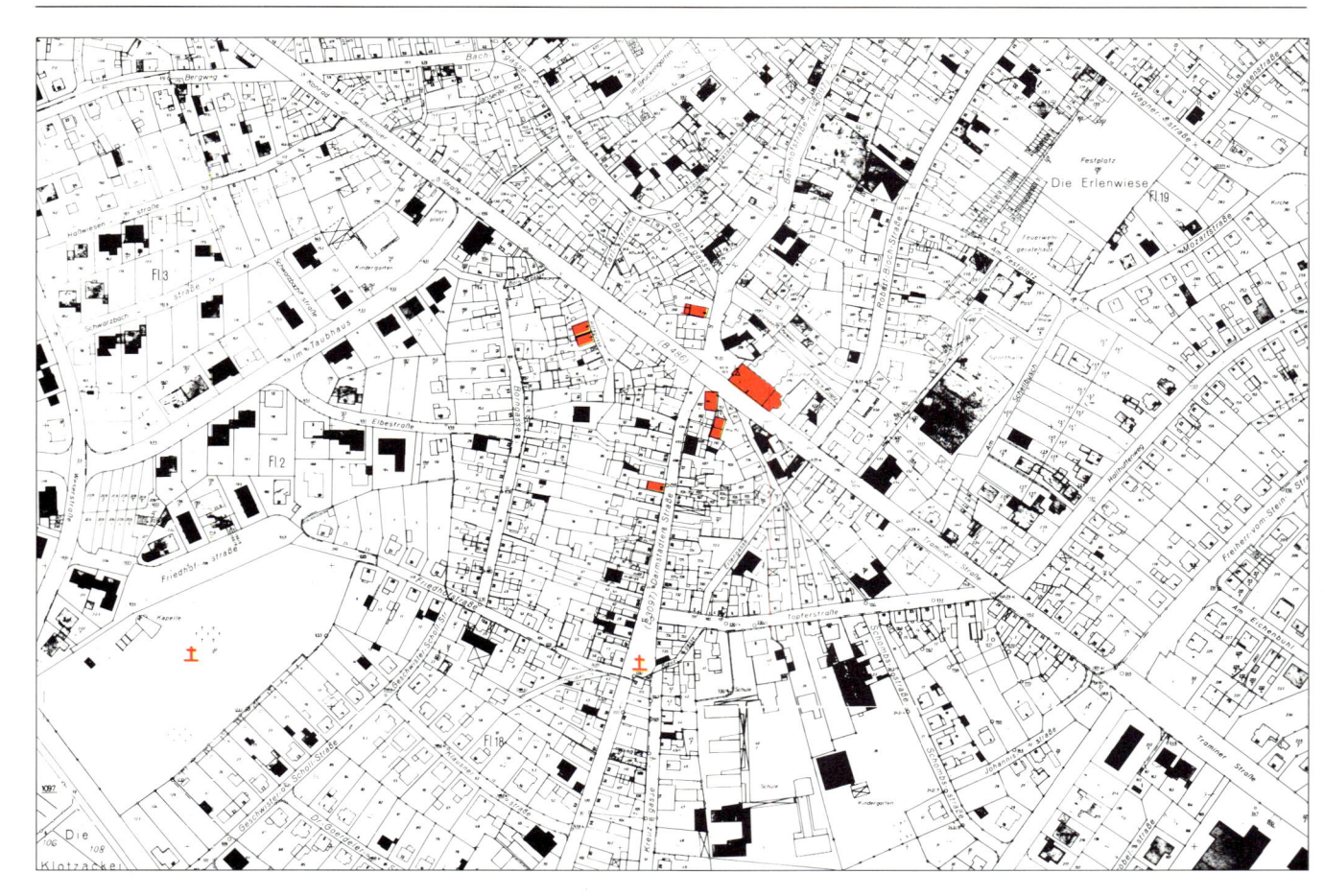

Bahnhofstraße 8 Fl. 1
Flst. 358

Giebelständiges Wohnhaus einer ehemaligen Hofreite, das Fachwerk des 18. Jahrhunderts weitgehend erhalten, durch Fenstereinbauten im Erdgeschoß geringfügig gestört. Traufseitig leichter Geschoßvorsprung, am oberen Rähm Reste eines Zahnschnittfrieses. Einzelne Fachwerkteile und Zierformen in der Giebelfront neu, ebenso der Ornamentputz. Rest der historischen Bebauung in der stark veränderten Ortsmitte gegenüber der Kirche. (s)

Darmstädter Straße 2 Fl. 1
Gasthaus z. Goldenen Löwen Flst. 692/1

Die Kreuzung in der Ortsmitte beherrschendes Haus gegenüber der Kirche, auffallend durch exponierte Lage und aufwendiges Schmuckfachwerk. Giebelseitig Mannfiguren mit geschwungenen Streben, genaste S-Streben, ornamentierte Feuerböcke, Raute und durchkreuzte Raute; im Giebel Schwelle und Rahmholz mit Zahnschnitt. An den Eckpfosten Schnitzerei, Weintrauben und Krug. Die westliche Traufseite des im 17. Jahrhundert entstandenen Gebäudes rückwärtig massiv verändert; dort ein Ofenstein aus Sandstein mit Initialen HM P, Wappen mit Brezel und Jahreszahl 1711 eingemauert. (k, w, g, s)

Darmstädter Straße 2
Zeichnung Hitzel, 1947, aus: Chronik Gemeinde Urberach, 1975

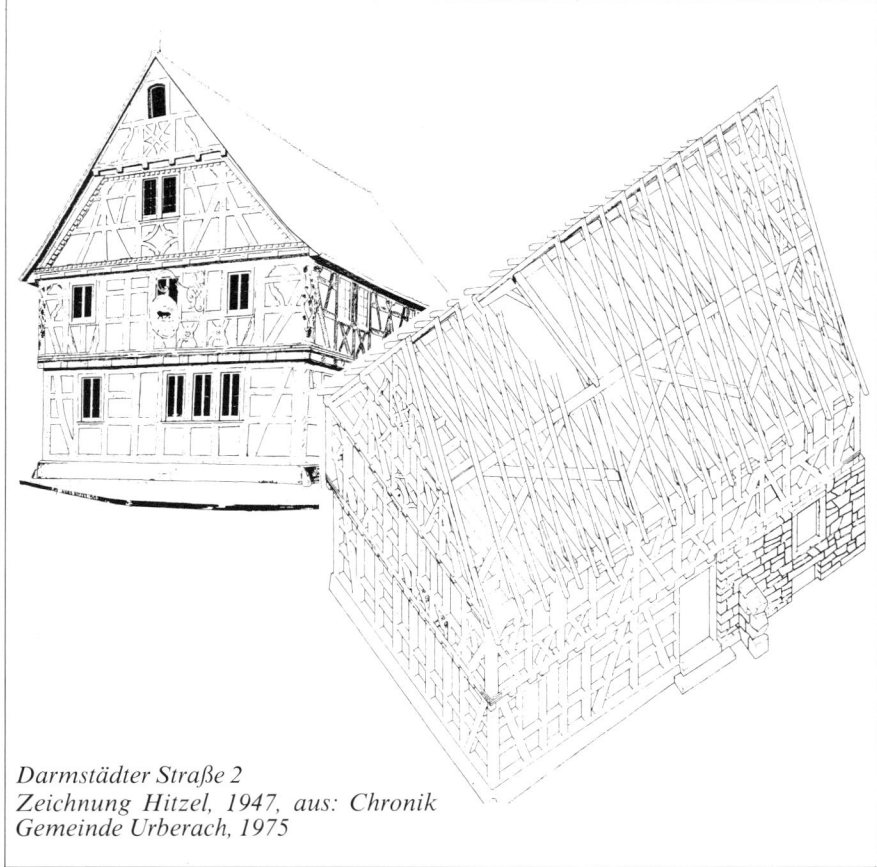

Darmstädter Straße 17   Fl. 1 Flst. 85

Giebelständiges Fachwerkwohnhaus in gedrungenen Proportionen, mit Krüppelwalm und starker Schwellenzone mit Profil. Bescheidene Zierformen wie gedrehtes Taumotiv an den kräftigen Eckpfosten, Mannfiguren, eselsrückenartig geschnitzte Knaggen, Andreaskreuz traufseitig. Entgegen der neuen Aufschrift (1601) gegen Ende des 17. Jahrhunderts entstanden. Einziges weitgehend vollständig erhaltenes Fachwerkhaus der ursprünglich gleichartigen Bebauung der Darmstädter Straße. (k, g)

Darmstädter Straße
Kreuz an den Linden, Steinkreuz

Kreuz mit Pietà auf geschweiftem Sockel und Aufsatz mit Muschelnische wie in Ober-Roden. Farbig gefaßter Sandstein, primitive Ausführung der Figuren, Kreuz mit Kleeblattenden; Datum 1770. Malerisch unter Bäumen am Westausgang des alten Dorfkerns, an der Gabelung der Darmstädter Straße. Inschrift:
„IHM REGINA – O IHR ALLE DIE DEN WEG FVRIBER WANDEREN MERCKET DOCH UND SEHET OB AVCH EIN SCHMERTZ SEYE DER

Fl. 1 Flst. 765

MEINEM SCHMERTZ GLEICH WERE SIE HABEN IHRE HAND IBER DICH ZVSAMMENGESCHLAGEN VND IHRE KEB GESCHITELT IBER DIE DECHER ZV JERVSALEM MDCCLXX"   (k, g)

Dahinter kleines Steinkreuz mit kurzen Armen aus rotem Sandstein, im Kreisgebiet typische Form der Sühnekreuze des 13.–16. Jahrhunderts. Möglicherweise vom ursprünglichen Ort hierher versetzt.   (w, g)

Urberach   Rödermark   Kulturdenkmäler

Erlengasse 3/5 Fl. 1
Flst. 711, 712

Erlengasse 3/5

Langgestrecktes, niedriges Doppelhaus mit nahezu symmetrischer Einteilung der beiden Haushälften, jedoch südlich Krüppelwalm, nördlich gerader Giebel. Unter dem Putz ist aufgrund der größtenteils originalen Fensterstellung wohlerhaltenes Fachwerk des 18. Jahrhunderts zu erwarten. Typus des Doppelhauses mit regionalem Seltenheitswert; unmittelbar neben dem Gasthaus zum Goldenen Löwen in der Ortsmitte gelegen. (w, s)

Friedhofstraße – Friedhof Fl. 2
Friedhofskreuz Flst. 132/1

Erneuertes Kreuz auf Postament mit Inschrift und Datum 1842, Sandstein mit Gußkorpus; 1985 renoviert. Häufige Form des Friedhofskreuzes im 19. Jahrhundert, typisches Inventar der Friedhöfe traditionell katholischer Gemeinden. (g)

Schulgasse 5 Fl. 1
Flst. 10

Schulgasse 7 Fl. 1
Flst. 11

Giebelständiges Wohnhaus des frühen konstruktiven Typs, das kräftige gerade Fachwerk hier noch mit Gegenstreben an den Eckpfosten und geringem, abgerundetem Geschoßüberstand. Erbaut im letzten Viertel des 18. Jahrhunderts. Teil einer ungewöhnlichen Zweiergruppe mit dem fast baugleichen Nachbargebäude Nr. 7. (w)

Über massiv erneuertem Erdgeschoß nahezu mit Nachbargebäude Nr. 5 identischer Aufbau, geringe Abweichung in der Verteilung der Pfosten, sonst spiegelbildliche Anordnung. Durch den geringen Abstand der wohl gleichzeitig erbauten Häuser entsteht eine Gesamtwirkung als in dieser Form seltene Zweiergruppe (ähnlich Dreieichenhain, Fahrgasse 41/43, 45). (w)

Kulturdenkmäler Rödermark Urberach

Traminer Straße Fl. 1
Kath. Pfarrkirche St. Gallus Flst. 379

Schlichter klassizistischer Saalbau, im Dorfmittelpunkt parallel zur damals projektierten Traminer Straße unter der Oberleitung Mollers 1821/22 angelegt. Die Ostpartie 1878 umgestaltet, ein weiterer Anbau quer zur ursprünglichen Langhausachse in den 50er Jahren angefügt.

Der Bau repräsentiert in seinen ältesten Partien den von Moller entwickelten Typus der Dorfkirche nach einheitlichem, für die jeweilige Situation leicht variiertem Schema (Mainflingen S. 211, Eppertshausen), ausgeführt als schlichter, verputzter Rechteckbau mit klaren, klassizistischen Detailformen – gereihte Rundbogenfenster mit für Moller charakteristischem Kämpfergesims, giebelseitigem Portal, turmartig vom Vierins Achteck überführtem Dachreiter mit hohem Spitzhelm.   (k, g, s)

Katholische Kirche, Innenraum 1856, aus: Chronik Gemeinde Urberach, 1975

L 3097 Fl. 16
Grenz- und Meilenstein

Zylinderförmiger, sich oben leicht verjüngender Stein auf rundem Sockel, Sandstein, wahrscheinlich Stumpf eines früher größeren Steines, an der Straße von Urberach nach Messel. Als großherzoglich-hessischer Meilenstein wohl zu Beginn des 19. Jahrhunderts aufgestellt. In erneuerter farbiger Fassung die Wappen von Messel und Urberach. Früher gaben Pfeile mit der Beschriftung „nach Urberach" und „nach Messel" die Richtung an.   (g)

Seligenstadt

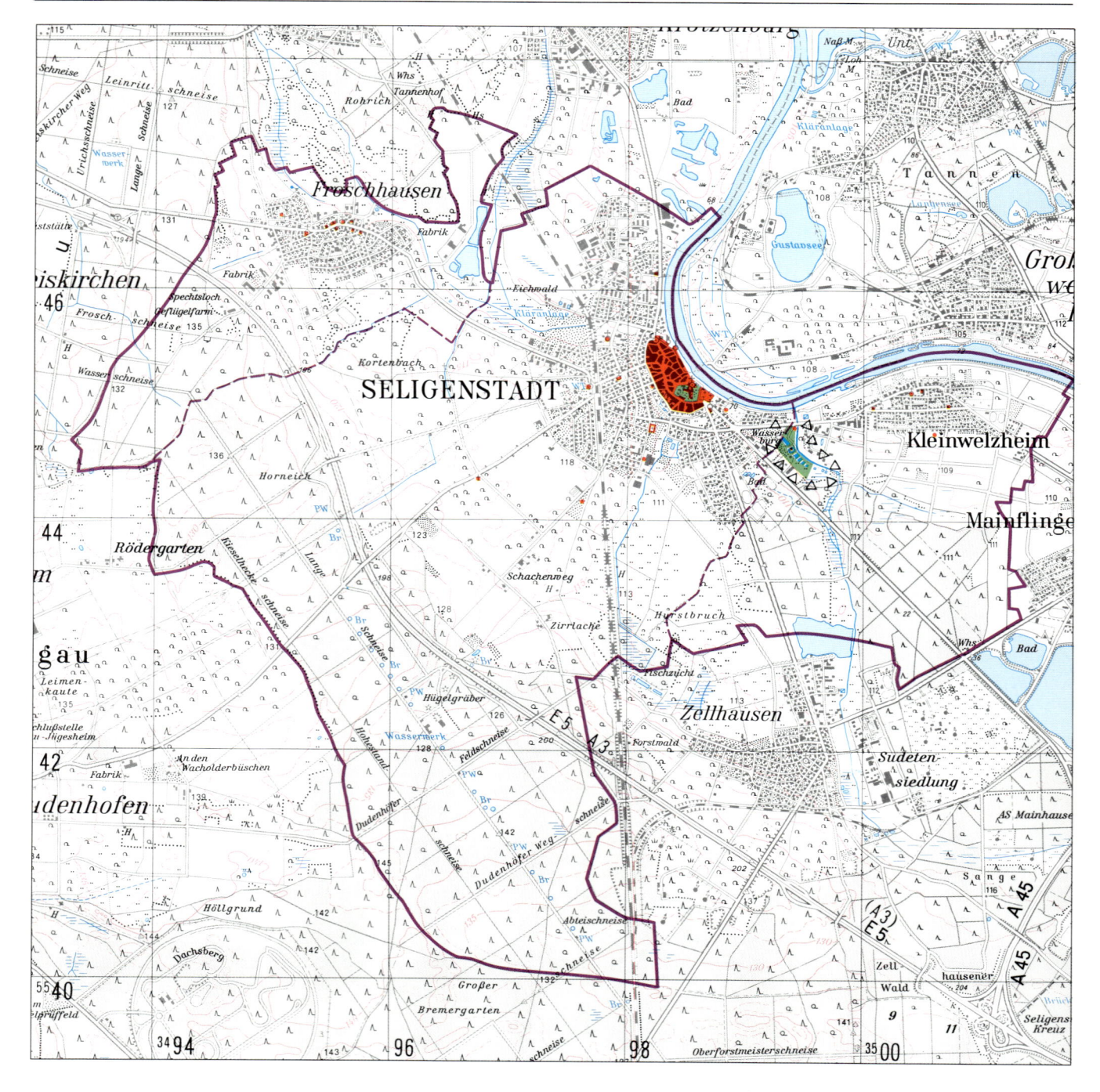

Erläuterung zu Karte 13 (M 1:50000)
Stadt Seligenstadt

Als historisch bedeutendste Stadt des Kreises besitzt die ehemalige Reichsstadt am Main die größte Anzahl (ca. 30% des Denkmalbestandes im Kreis) zum Teil hochrangiger Kulturdenkmäler, außerdem mit der gesamten Altstadt innerhalb der ehemaligen Befestigung die wichtigste Gesamtanlage. Als Schwerpunkt der Orte in der Mainsenke, an der wichtigen Verkehrsverbindung Aschaffenburg-Frankfurt, kam Seligenstadt, dessen Ursprünge in die Römerzeit zurückreichen, mit der ehemaligen Abtei früh zur Blüte, so daß sich heute innerhalb einer geschlossenen Fachwerkbebauung wertvolle Einzelbauten verschiedener Epochen finden. Der Kernbereich wurde durch die Industrialisierung relativ wenig beeinträchtigt; am Mainufer ist die in der Haas'schen Karte wiedergegebene Situation wegen der hier fehlenden Ausdehnungsmöglichkeit weitgehend erhalten, während nach Süden und Westen der Übergang zu den jüngeren Stadtteilen vielfach fließend ist und die Stadtmauer nur noch in Fragmenten besteht. Im westlich gelegenen Ortsteil Froschhausen sind Fachwerkhäuser des ursprünglichen Straßendorfes erhalten; im östlichen Klein-Welzheim ist vor allem die Wasserburg mit dem umgebenden Grünbereich von Bedeutung.

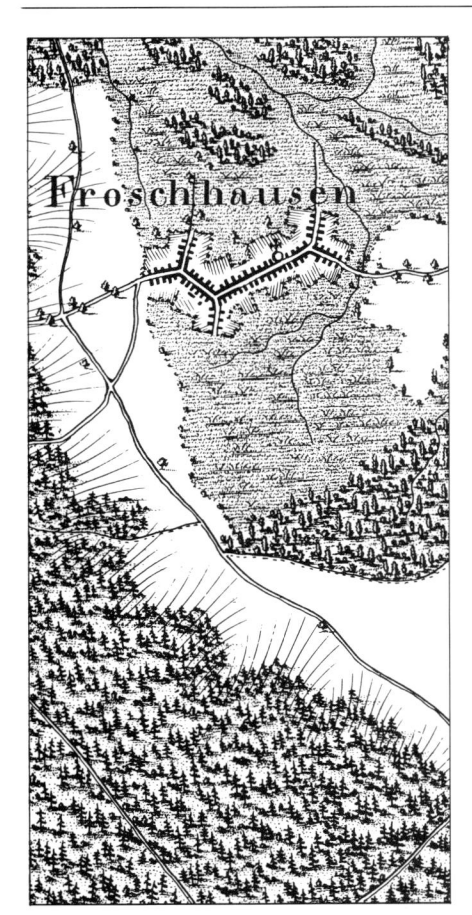

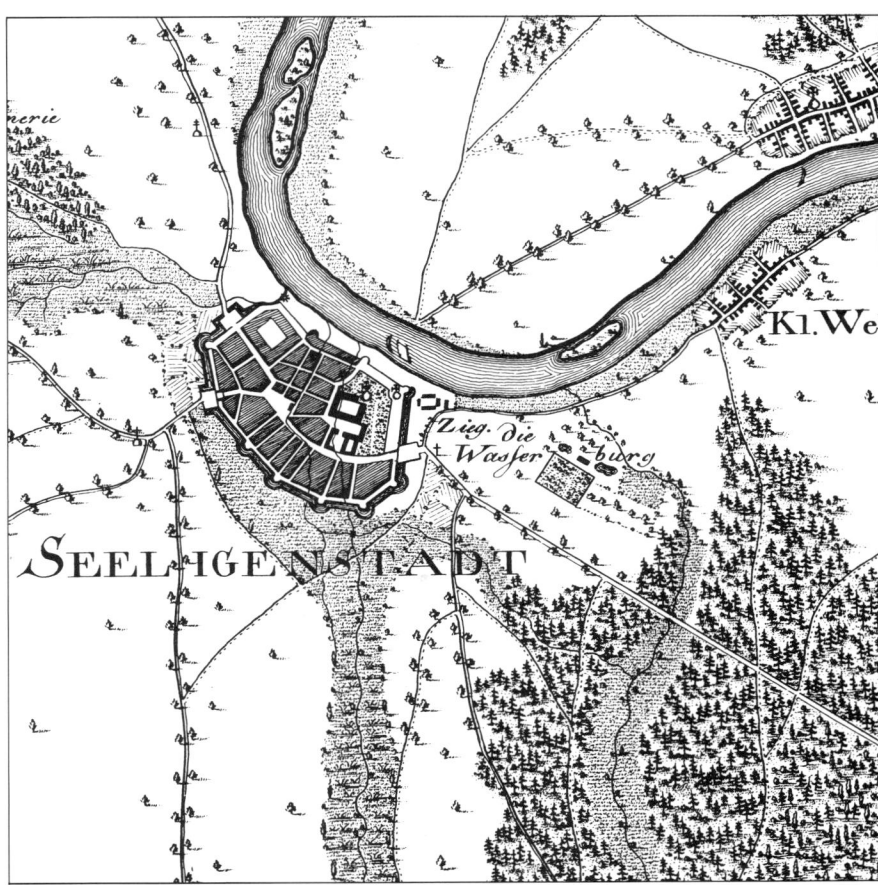

Seligenstadt

Auf dem Gelände des heutigen Seligenstadt wurde kurz vor 100 n. Chr. in strategisch günstiger Lage an der Kreuzung von Mainuferstraße und dem Zugang zu einer Mainfurt durch die Römer ein Kastell zur Sicherung des Limes errichtet; wahrscheinlich wurden anfängliche Holzbauten später durch Steingebäude ersetzt. Ausmaße und Lage des Kastells konnten durch Grabungen ermittelt werden; im Umkreis fanden sich ein Römerbad, Siedlungsreste und Gräberfelder. Ob das Kastell um 260 beim Einfall der Alemannen zerstört oder verlassen wurde und dann verfiel, ist nicht geklärt. Für das 4. Jahrhundert wird eine Besiedlung der Gegend durch die Alemannen angenommen, jedoch ist die Theorie, wonach diese Siedlung den Namen „Saligstat" oder „Saligunstat" trug, der dann auf das spätere Seligenstadt übergegangen sein soll, nicht gesichert.

Im Jahr 802 wird erstmalig Obermühlheim in einer Schenkungsurkunde Karls des Großen erwähnt. 815 wurde die Übereignung dieses Ortes mit 19 Hufen und 13 Hörigen aus dem Besitz eines Grafen Drogo zusammen mit weiterem Domanialgut, den Orten Untermühlheim und Michelstadt, an Einhard, den Biographen Karls des Großen, durch Kaiser Ludwig den Frommen beurkundet. Zu diesem Zeitpunkt besaß Obermühlheim bereits eine steinerne Laurentiuskirche. Hierher ließ 828 Einhard die Reliquien der heiligen Marcellinus und Petrus überführen, die er von Rom nach Steinbach in die dort eigens errichtete Basilika hatte bringen lassen, und veranlaßte für deren Unterbringung den Bau einer Bartholomäuskirche; diese erwies sich jedoch bald als zu klein für eine wachsende Zahl von Wallfahrern. Daher erwarb Einhard vom Mainzer Erzbischof weiteres

Seligenstadt

Mainansicht, Kupferstich von Merian, 1646

Gelände für den Bau einer größeren Basilika, die wie die anderen Kirchen aus den Quadern des verfallenen Römerkastells im karolingischen Stil errichtet wurde und 840 fertiggestellt war. Gleichzeitig betrieb Einhard die Gründung einer Benediktinerabtei. Die Beliebtheit als Wallfahrtsort hat möglicherweise zur Übernahme des alten Namens „Saligunstat" und seine Umdeutung in „Seligenstadt" für die mutmaßlich fränkische Siedlung Obermühlheim geführt, die letztmalig 933 erwähnt wurde.

Durch Schenkungen wuchs der Besitzstand der Abtei, in einem Zinsregister kurz vor 1000 werden Einnahmen aus 40 Orten genannt. 1045 verlieh Kaiser Heinrich III. der Abtei die Immunität mit Markt-, Münz- und Zollrecht. Damit waren die Anfänge zu einer städtischen Verfassung gegeben. Seit 1063 im Besitz des Erzstiftes Mainz, hatten die Staufenkaiser Seligenstadt zu Lehen. Wahrscheinlich war es Friedrich I. Barbarossa, der die Stadtrechte verlieh; sie sind seit 1175 bezeugt. Er hielt 1188 in Seligenstadt einen Hoftag ab. Daraus resultiert die Annahme, daß zu dieser Zeit der häufig Friedrich II. zugeschriebene Palatiumbau schon fertiggestellt war, ebenso war vermutlich zu diesem Anlaß 1187 das heutige Romanische Haus als Vogtei errichtet worden.

„Das alte Kaiserliche Palatium zu Seligenstadt", Radierung von Johann Heinrich Schilbach, 1820

Seligenstadt

Im 13. Jahrhundert wurde Seligenstadt Mitglied des rheinischen Städtebundes, um 1300 schloß es sich dem Bund der wetterauischen Städte an. 1309, nach dem Ende der Stauferherrschaft, verlor es die Reichsunmittelbarkeit und fiel endgültig an Mainz zurück. Nach der Teilnahme am Bauernkrieg als eine der 9 Städte des Mainzer Oberstiftes mußte es teilweise die Selbstverwaltung abgeben. Die Bevölkerung setzte sich aus Klosterinsassen, ritterlichen Burgmannen und Bürgern zusammen. Um 1500 wurden etwa 230 Haushalte gezählt. Der Maler Hans Memling wurde hier um 1433 geboren, Mathes Gothart Nithart, genannt Grünewald, war von 1500 bis 1528 ansässig. Der Vorgängerbau des heutigen Rathauses entstand 1539. Nach dem 30jährigen Krieg mit seinen Verlusten war die Bevölkerung auf etwa ein Siebtel dezimiert, das waren ungefähr 50 von 350 Familien im Jahr 1648. Ein Bevölkerungsanstieg ergab sich durch Zuzüge von außen. Neben anderen Gruppen wanderten Wallonen ein, die auch die Weberei mitbrachten. Sonst überwogen am Ort Handel und Gewerbe, wie die Fischerei, vor der Landwirtschaft als ökonomische Grundlage. Von erheblicher wirtschaftlicher Bedeutung war die Lage an der wichtigen Fernhandelsstraße von Augsburg und Nürnberg nach Frankfurt und das damit verbundene Geleitwesen. Seit 1659 gab es Brauereien.

Einen Höhepunkt mit verstärkter Bautätigkeit erlebte die Abtei um 1700 unter Abt Franz II. In dieser Zeit entstanden einige Barockbauten wie die Prälatur und die Wasserburg. 1802 fiel mit der Säkularisation Seligenstadt einschließlich Abtei an Hessen-Darmstadt, die Abtei verblieb im Besitz des Landes Hessen. Das 19. Jahrhundert brachte einen wirtschaftlichen Niedergang der nun in eine Randlage geratenen Stadt, der erst durch die Industrialisierung um die Jahrhundertwende abgewendet werden konnte. Voraussetzung hierfür war der Anschluß an die Bahnverbindung Hanau-Eberbach. In der Nachkriegszeit erfuhr Seligenstadt einen Bevölkerungsaufschwung von 7500 Einwohnern 1946 auf gegenwärtig etwa 18 000 Einwohner.

Das Niedertor mit Stadtwag, Zeichnung von Carl Beyer, 1857

Seligenstadt

Über die Entwicklung des Stadtgrundrisses existieren bislang verschiedene Theorien, von denen keine eindeutig nachgewiesen werden konnte. So etwa herrscht Uneinigkeit über die Lage des 815 erwähnten Untermühlheim, in dem vielfach das heutige Mühlheim erkannt wird, aber auch der flußabwärts gelegene Teil des heutigen Seligenstadt.

Daß der älteste Siedlungskern der heutigen Stadt um den Freihofplatz zu suchen sei und sich von dort die staufische Stadt mit einem neuen Marktplatz nach Nordwest ausdehnte, ist ebenso eine nicht eindeutig erwiesene Annahme. Fest steht wohl nur, daß ein Bachlauf im Bereich des heutigen Marktplatzes existierte und an der ehemaligen Moormühle in den Main mündete, der die Begrenzung der staufischen Stadt, die von einem Graben umgeben gewesen sein soll, dargestellt haben könnte. Ein weiterer Bach betrieb Klostermühle und Bollenmühle und mündete in der Nähe des Maintores in den Fluß. Bis zum 12. Jahrhundert war die Fläche des Römerkastells überwiegend mit Holzfachwerk- und einigen Steinhäusern bebaut; von letzteren sind das Romanische Haus und möglicherweise noch einige andere Reste erhalten.

Die gotische Stadt hat sich demzufolge nach Nordwesten über Vorstädte gebildet. Ihre Befestigung, die 1461–63 überholt und erweitert wurde, bestand aus dem Mauerring mit vier Tortürmen und sieben Pulver- oder Bollwerkstürmen, die Palatiumruine war in die Mauer einbezogen. Von Main-, Ober-, Röder- und Niedertor ist heute nur das letzte, um 1600 umgebaut, als Steinheimer Torturm erhalten; außerdem sind noch Mauerfragmente, zwei Bollwerkstürme am Main und die sogenannte Stumpfaule an der westlichen Altstadtseite vorhanden. Dazu kam ein System von Gräben, Weihern und Wällen mit Brücken und Vorwerken, die nicht mehr existieren, worauf aber unter anderem die Bezeichnung „Stadtgraben" hinweist. Inwieweit Teile des römischen Straßenrasters, etwa in der Steinheimer Straße, übernommen wurden, ist nicht exakt bestimmbar. Reste davon wurden bei Ausgrabungen insbesondere im Bereich der ehemaligen Abtei gefunden. Heute befinden sich die ältesten noch erhaltenen Einzelbauten außerhalb der Abtei in der Großen Rathausgasse, in der Aschaffenburger Straße und in der Großen Fischergasse.

Die Erweiterungen des 19./20. Jahrhunderts lagern sich nach Westen mit gründerzeitlichem Straßenraster an, das durch die Bahnlinie begrenzt wird; um diese Bereiche wiederum schließen sich die Gebiete der Nachkriegsbebauung, so daß sich, ausgehend vom Mainufer, eine konzentrische Altersstruktur der Bebauung ergibt.

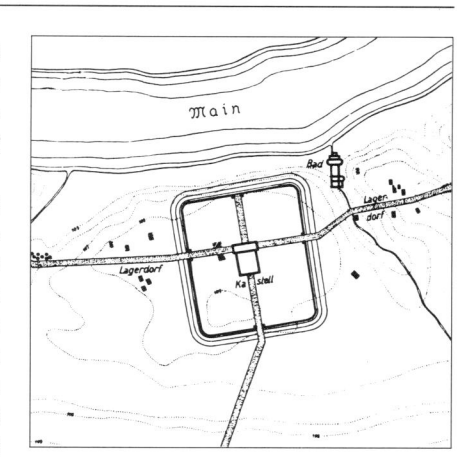

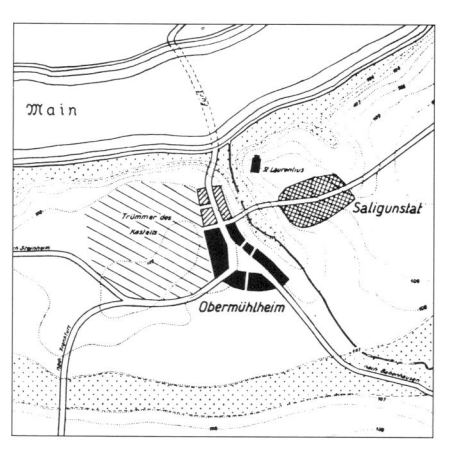

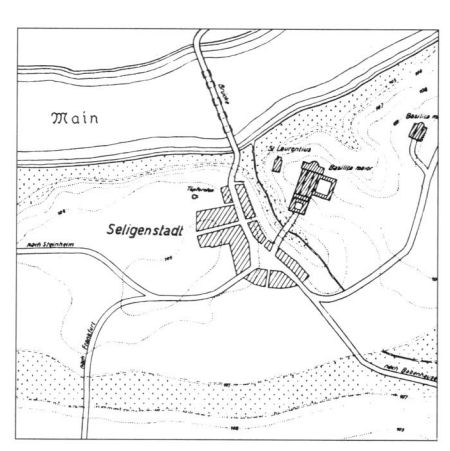

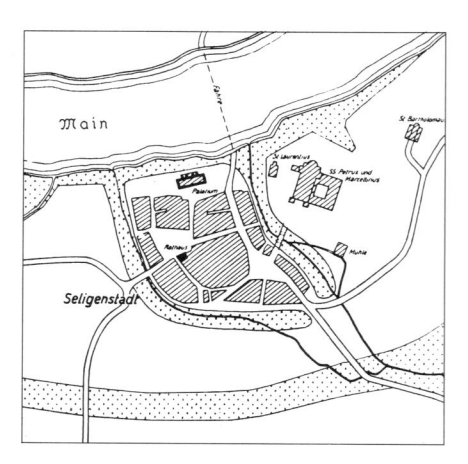

Seligenstadt, staufischer Ortskern

Seligenstadt

linke Seite: Die Entwicklung Seligenstadts von der römischen bis zur staufischen Zeit, aus: Nahrgang, Seligenstadt – eine siedlungsgeschichtliche Studie, in: Studien und Forschungen 7/1961

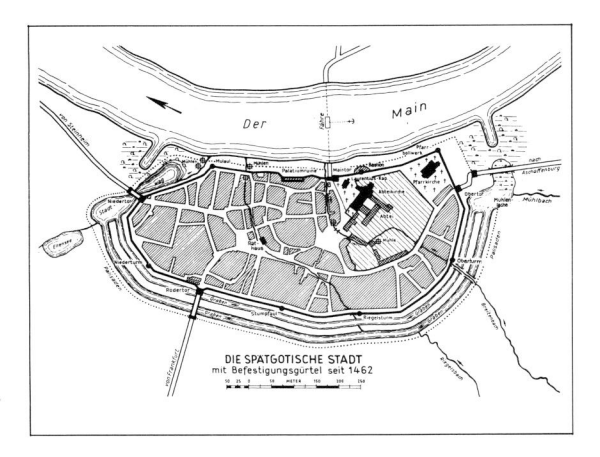

Die spätgotische Stadt mit Befestigungsgürtel seit 1462, aus: Schopp, Die Seligenstädter Stadtbefestigung, 1982

Rekonstruktion der Stadtbefestigung

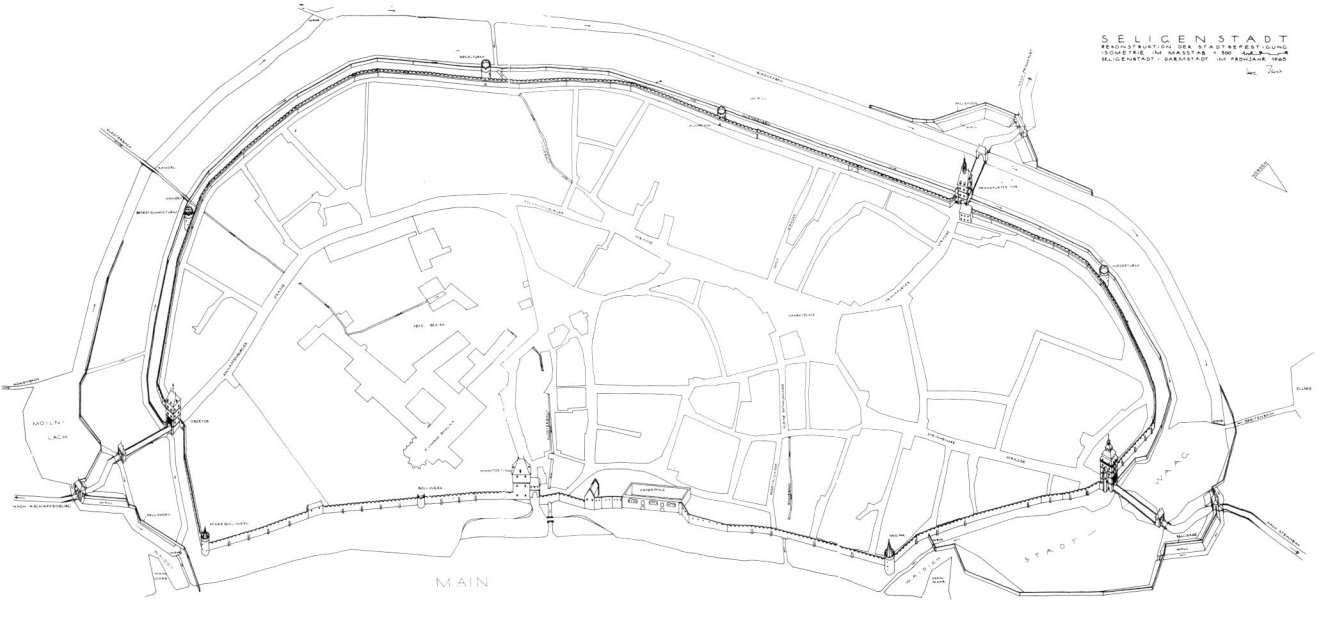

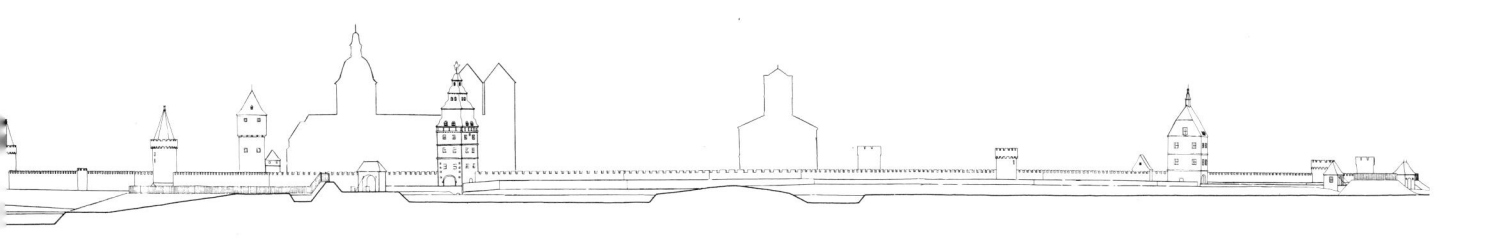

Seligenstadt   Gesamtanlage/Kulturdenkmäler

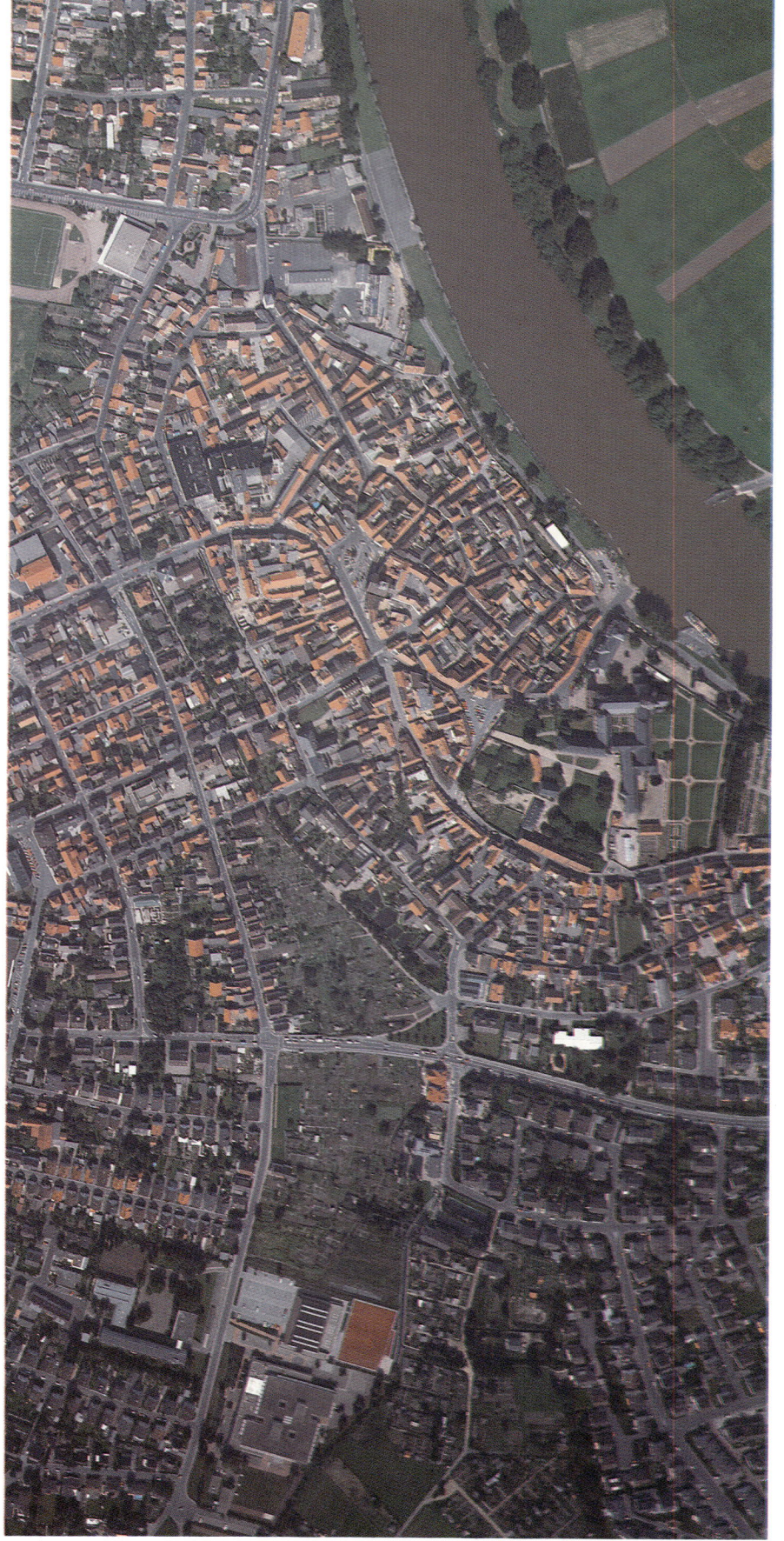

288

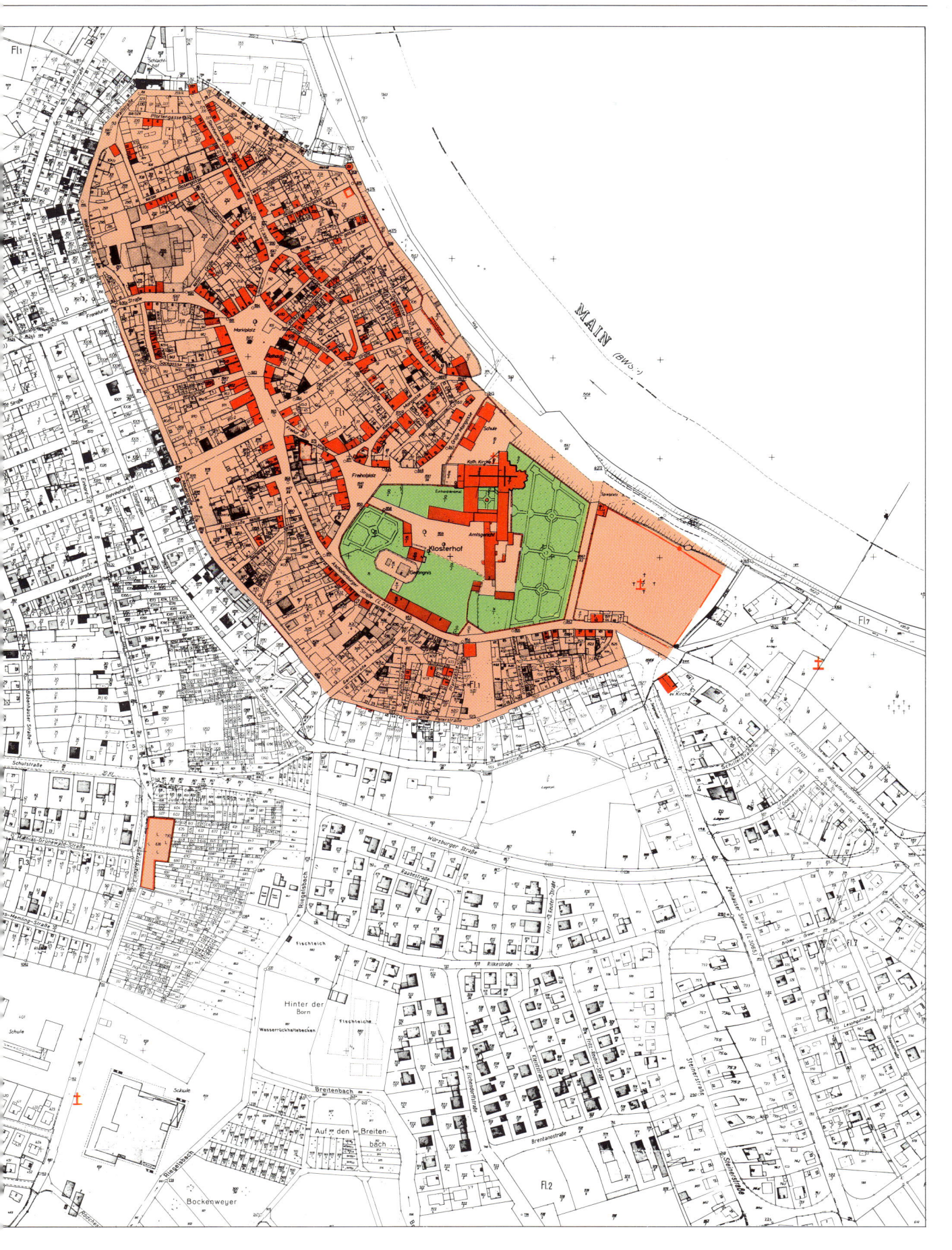

Gesamtanlage/Kulturdenkmäler — Seligenstadt

Seligenstadt — Gesamtanlage

Gesamtanlage Altstadt

Die Gesamtanlage schließt die Altstadt innerhalb der gotischen Stadtbefestigung einschließlich des Abteibereiches ein. Der Stadtkern ist im wesentlichen charakterisiert durch eine geschlossene Fachwerkbebauung von in der Regel traufständigen Häusern; der mittelalterliche Straßengrundriß mit seiner unregelmäßig gewachsenen Struktur und den zwei traditionellen Plätzen – Marktplatz und Freihof – ist beibehalten; die Abgrenzung ist zur neueren Bebauung durch Teile der Stadtmauer und am Bachlauf im Bereich des Stadtgrabens nachvollziehbar.

Einige Haustypen sind im gesamten Altstadtbereich vertreten; im übrigen weisen einzelne Bereiche und Straßenzüge spezifische Ausprägungen auf. Einige herausragende Einzelbauten besitzen überregionale Bedeutung.

Wichtigste Einzelbauten sind: die Abteikirche mit wesentlichen Bauteilen aus karolingischer Zeit sowie spätromanischen, barocken Umbauten und Teilen des 19. Jahrhunderts; der anschließende Abteikomplex mit Bauten verschiedener Epochen von überwiegend barockem Eindruck, ebenso der Konventgarten mit Ausstattung; die teilergänzte Ruine der Kaiserpfalz des 12./13. Jahrhunderts am Mainufer; das Romanische Haus des 12. Jahrhunderts in Nähe des Marktplatzes; der Steinheimer Torturm am Nordausgang der mittelalterlichen Stadt sowie weitere Befestigungstürme am Main und in der Bahnhofstraße; um die ältesten Fachwerkbauten des Kreises dürfte es sich bei den Häusern Aschaffenburger Straße 91 und Große Rathausgasse 8 handeln.

Gesamtanlage   Seligenstadt

linke Seite: Mainansicht
Luftaufnahme von Nordwesten

rechts: Freihof mit Einhardsbasilika
Marktplatz
Steinheimer Straße mit Steinheimer Torturm

An wichtigen Bereichen sind zu nennen der Marktplatz, übergehend in die Aschaffenburger Straße, mit seiner Bebauung von überwiegend giebelständigen, zum Teil dreigeschossigen repräsentativen Fachwerkhäusern des 16.–18. Jahrhunderts mit reichen Zierformen, an erster Stelle das Einhardhaus; dominant das klassizistische Rathaus von 1823; die geschlossene spätmittelalterliche Fachwerkzeile der Großen Fischergasse mit dem wohlerhaltenen Bau Nr. 1, entstanden vor 1500; das geschlossene Bild barocken Fachwerks in der Steinheimer Straße mit rückwärtiger, ebenfalls geschlossener Scheunenzeile. Die historische Stadtsilhouette am Mainufer ist weitgehend gewahrt.

Der am häufigsten vertretene Haustyp im gesamten Altstadtbereich ist das zweigeschossige traufständige Wohnhaus des 18. Jahrhunderts mit überbauter Hofeinfahrt, das sich aus der Tradition der Ackerbürger herleitet. Weiterhin findet ein durch Handel erworbener Wohlstand seinen Niederschlag in oftmals reicher Fassadenzier, wie etwa an dem in seinen Ausmaßen bescheidenen Haus Römerstraße 4. Ein seltenes Beispiel handwerklicher Tradition bietet die alte Schmiede am Marktplatz, ein wertvoller Barockbau mit komplett erhaltener Werkstatt. Zu den weiteren Merkmalen der Altstadt zählen außer vollständigen Bauten auch Sachteile wie Hausmadonnen verschiedener Epochen, Wappensteine und Zunftzeichen, barocke und klassizistische Portale, Türen und Tore.
Von besonderem wissenschaftlichem und geschichtlichem Wert sind die zahlreich erhaltenen Gewölbekeller, die meist älter sind als die aufgehende Bausubstanz und deren Entstehung oft ins Mittelalter zurückreicht.

Besonders im Zentrumsbereich sind die historischen Gebäude durch großzügige neuzeitliche Ladeneinbauten oft empfindlich gestört. Zu erwähnen ist hier das Haus Freihofgasse 3, von dessen hervorragender Renaissance-Fassade nach dem Umbau zum Kaufhaus nur vereinzelte Sachteile blieben.

Seligenstadt — Gesamtanlage

Der künstlerische, wissenschaftliche und geschichtliche Wert der Gesamtanlage ist in der Gesamtheit von Stadt und Abtei begründet. Beide gewannen früh an Bedeutung und erlebten mehrere Blüten, zuletzt im Barock. Dadurch entstand ein Altstadtensemble mit künstlerisch hochwertigen Einzelbauten innerhalb einer geschlossenen historischen Bebauung. (k, w, g)

Türme der Abteikirche von der Kleinen Maingasse aus

*unten: Große Fischergasse
Steinheimer Straße
Scheunenzeile der Steinheimer Straße*

*Plan der Gewölbekeller in der Altstadt
(nach H. Post)*

Gesamtanlage — Seligenstadt

Alle Straßenabwicklungen im folgenden Abschnitt „Seligenstadt": Stadtbildaufnahme durch TH Darmstadt, Leitung Reinhard Reuter, 1964

Urkataster nach der Parzellenvermessung 1842–46

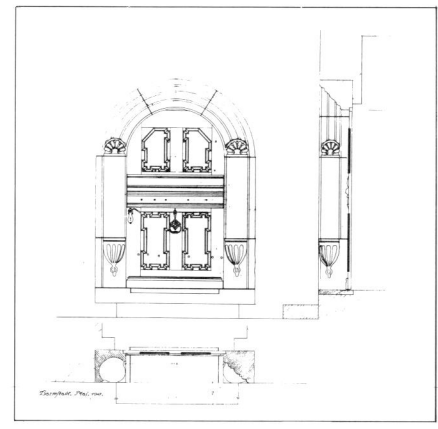

Aschaffenburger Straße 1/3   Fl. 1
Haus zum Einhard   Flst. 962, 963

Das durch besonders reiche Fachwerkzier auffallende Haus, dessen breite Giebelfassade mit rheinischem Eckerker am Übergang vom Marktplatz zur sich verengenden Aschaffenburger Straße für große Bereiche der Innenstadt zum Blickfang wird, setzt sich ursprünglich zwei Giebelhäusern zusammen. Im massiven Unterbau, datiert 1596, Rundbogeneingang mit Nischen und Muschelmotiven, zur Wolfstraße rundbogiger Kellereingang mit Diamantschnitt und gereihte Fenster mit Stabprofil-Gewänden aus der Erbauungszeit. Darüber auf profilierten Steinkonsolen auskragend das Fachwerkobergeschoß des um 1700 unter einem abgewalmten Dach zusammengefaßten Oberbaues, mit überaus reicher Profilierung der Schwellenzone, Brüstungsornamenten wie geschnitzten Feuerböcken und verschlungenen Rauten sowie feiner Beschlagwerkschnitzerei der Bundpfosten. Ebenso einzigartig in der Umgebung wie der Reichtum der Fachwerkgestaltung ist der zum Marktplatz hin orientierte schräg auskragende viereckige Eckerker auf achteckiger, von einer kauernden Figur getragener Steinkonsole. An den Eckpfosten figürliche Schnitzerei; aus einer Luke des in Voluten geschwungenen Giebeldreiecks schaut ein Männerkopf, der den Einhard darstellen soll und sich auf eine Sage über die Entstehung Seligenstadts bezieht.

Im Erkerzimmer des Obergeschosses sehr aufwendige Stuckdecke: Im zentralen Rundfeld inmitten der geometrischen Einteilung Judith mit dem Haupt des Holofernes, in den Randfeldern Fabelszenen, im Erker ein Ritter; dazwischen allegorische Figuren, Fruchtranken, Beschlag- und Schweifwerkornamentik.

(k, w, g, s)

Kulturdenkmäler Seligenstadt

Stuckdecke des Erkerzimmers, aus: Schaefer, Kunstdenkmäler im Großherzogtum Hessen, 1885

295

Seligenstadt — Kulturdenkmäler

Aschaffenburger Straße

Aschaffenburger Straße 2
Fl. 1
Flst. 162/1

Die beiden Baukörper des im Erdgeschoß durch Ladeneinbau veränderten traufständigen Hauses reizvoll zum Rathaus hin gestaffelt, dabei das Fachwerkobergeschoß der einen Hälfte schräg auskragend, so daß der schieferverkleidete Giebel ebenfalls zur Wirkung kommt. Einfaches, gerades Fachwerk mit gleichmäßiger Fensterreihung aus der Zeit um 1800. (s)

Aschaffenburger Straße 5
Ehem. Gasthaus zum Stern
Fl. 1
Flst. 971

Auf hohem, heute massiv verändertem Erdgeschoß auskragend auf nur noch einer Knagge das um 1470/80 entstandene Fachwerkobergeschoß mit gebogenen, überkreuzten Eckstreben und Kopfbändern sowie aufgeblattetem Brustriegel. Das zweigeschossige Vorderhaus, unter einem Dach mit dem dreigeschossigen Hinterhaus, enthielt ursprünglich im Erdgeschoß eine große Halle. Die Giebelseite im 18. Jahrhundert mit abgewalmtem Mansarddach verändert, das Fachwerk noch später erneuert. Der seitliche, runde Torbogen der Hofeinfahrt mit Stern und Jahreszahl 1444 im Schlußstein. Wichtiger Bau neben dem städtebaulich zentralen Einhardshaus. (k, w, s)

Aschaffenburger Str. 5, Hofeinfahrt

Aschaffenburger Straße 7 Fl. 1
Flst. 972/2

Als Sachteile an dem stark modern überformten Haus erhalten: Rundbogen der Hofeinfahrt aus Sandstein, darüber Hauszeichen mit Wappen und lateinischer Inschrift DEUS FORTITUDO MEA ET PARS MEA sowie Sandsteinplatte mit Feston-Relief in der nördlichen oberen Ecke des Erdgeschosses.

(g)

Aschaffenburger Straße 7

Aschaffenburger Straße 8 Fl. 1
Flst. 32

Zwischen Einmündung von Palatium- und Freihofstraße exponiert gelegenes Eckhaus mit Krüppelwalm und markanten gebogenen Streben, ein Eckpfosten mit Tauschnitzerei. Älteste Fachwerkteile aus der 1. Hälfte des 16. Jahrhunderts, teilweise Erneuerung im 18. Jahrhundert. Wahrscheinlich noch mittelalterlich der Gewölbekeller.

(w, g, s)

Seligenstadt   Kulturdenkmäler

Aschaffenburger Str. 11

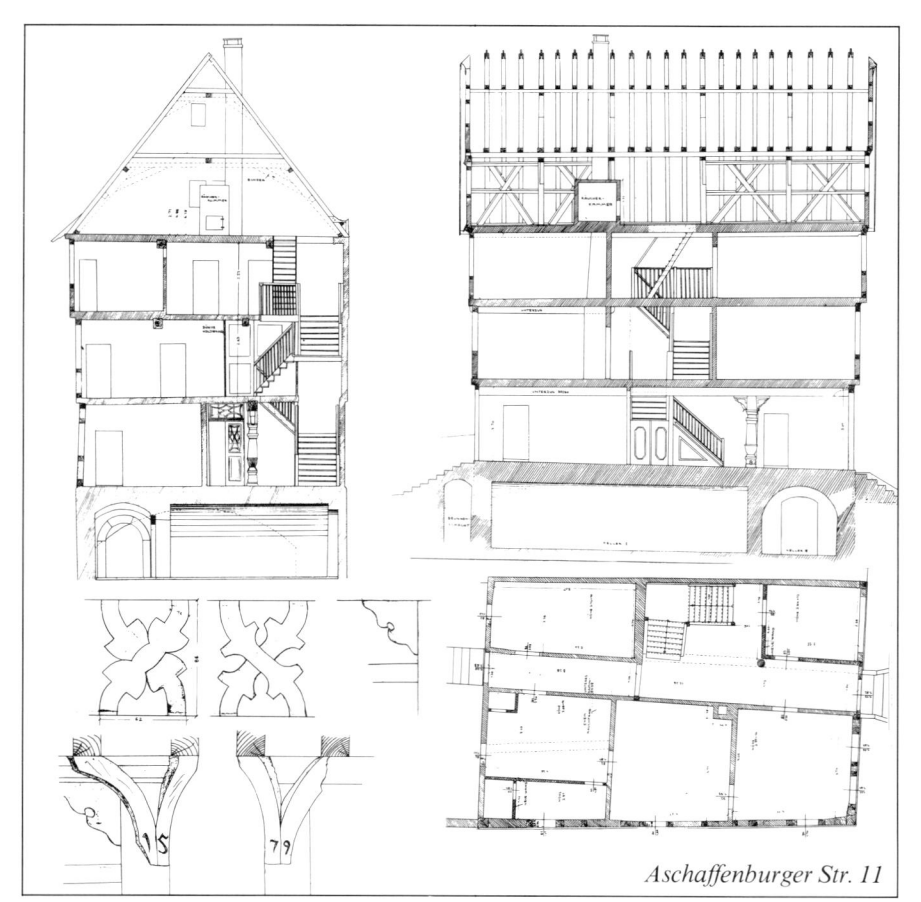

Aschaffenburger Straße 9 Fl. 1 Flst. 973/1

Stark verändertes, im Kern barockes Eckhaus mit Rundbogentor, Ladeneinbau des späten 19. Jahrhunderts und erneuerten Fenstereinbauten im Obergeschoß; das Fachwerk verputzt, am Giebel verschindelt. Durch die zentrale Lage am Übergang vom Marktplatz zur Aschaffenburger Straße von städtebaulicher Bedeutung. (s)

Aschaffenburger Straße 11 Fl. 1 Flst. 977/1

Dreigeschossiges Giebelhaus mit repräsentativem Schmuckfachwerk auch an der südlichen Traufwand. Geschwungene Streben und geschnitzte Knaggen, Feuerböcke und Rautenornament als Brüstungszier; unter dem First ein geschnitzter Kopf. Die Knaggen am Eckpfosten des Erdgeschosses 1579 datiert, ebenso ein Torbogen mit abgewittertem Wappen im rückwärtigen Bereich. Im Inneren des Erdgeschosses früher offene Halle mit einer den Deckenunterzug tragenden Holzstütze. Die Stütze – gegenwärtig durch Ladeneinbauten größtenteils verdeckt – überzogen von reicher Renaissance-Schnitzerei mit Beschlagwerk und Maskarons an Basis und Kämpfer sowie Kannelur am eingezogenen Schaft. Seltenes Beispiel einer erhaltenen reichen Innendekoration der Renaissance in einem Bürgerhaus dieser Region. (k, w, g, s)

298

Kulturdenkmäler   Seligenstadt

links: Aschaffenburger Straße 17, Hausmadonna

Aschaffenburger Straße, 1937

Aschaffenburger Straße 15, Steinkonsole

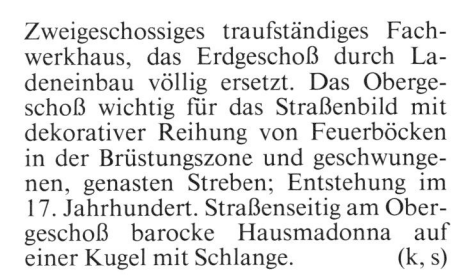

Aschaffenburger Straße 15   Fl. 1
                                 Flst. 980

Dem Nachbarhaus Nr. 11 vergleichbarer dreigeschossiger Bau mit ähnlichem, aber weniger reichem Fachwerk, an der Giebelseite im 1. und 2. Obergeschoß größtenteils erneuert. Im Erdgeschoß neuer Ladeneinbau. An Giebel- und Traufseite geschnitzte Knaggen und Feuerböcke, geschwungene Streben, an der Giebelspitze altertümliches Männchen. Eine Steinkonsole unter dem Eckpfosten mit Rosetten, Wappen mit Initialen HB und Datum 1583. Mit 11 bedeutende Zweiergruppe am Übergang der Aschaffenburger Straße zum Marktplatz.   (k, g, s)

Aschaffenburger Straße 17   Fl. 1
                                 Flst. 981/1

Zweigeschossiges traufständiges Fachwerkhaus, das Erdgeschoß durch Ladeneinbau völlig ersetzt. Das Obergeschoß wichtig für das Straßenbild mit dekorativer Reihung von Feuerböcken in der Brüstungszone und geschwungenen, genasten Streben; Entstehung im 17. Jahrhundert. Straßenseitig am Obergeschoß barocke Hausmadonna auf einer Kugel mit Schlange.   (k, s)

Aschaffenburger Straße 22   Fl. 1
Portal   Flst. 21

Barockes Rundbogenportal aus Sandstein, mit Rundstabprofil und Pfeilern mit Gesims. Im Schlußstein als Zunftzeichen eine Brezel und Initialen MB. Der Rundbogen als Hofeinfahrt – hier neu überbaut – ist ein typisches historisches Element des Straßenbildes in der städtisch-geschlossenen Bebauung von Seligenstadt.   (k, g)

299

Seligenstadt — Kulturdenkmäler

Aschaffenburger Straße

Aschaffenburger Straße 24
Fl. 1
Flst. 17/3

Kopfbau in exponierter Situation in der Gabelung Aschaffenburger Straße/Freihofplatz, auffallend durch Ausbildung der spitzen Ecke mit übereinandergestellten Andreaskreuzen, die hier ein unverwechselbares Bild ergeben. Zum Freihofplatz Fachwerk des beginnenden 19. Jahrhunderts, zur Aschaffenburger Straße über Ladeneinbau Schieferverkleidung mit ornamentalen Motiven.
(k, s)

Aschaffenburger Straße 27
Fl. 1
Flst. 985

Traufständiges verputztes Fachwerkhaus mit beidseitigen Krüppelwalmen, im Erdgeschoß durch Umbauten gestört. Obergeschoß und nördliche Giebelwand erscheinen nach der Fensterstellung weitgehend intakt, gutes barockes Fachwerk zu erwarten. Städtebaulich wichtig als Begrenzung des kleinen Platzes an der Einmündung zweier kleiner Gassen in die Aschaffenburger Straße.
(s)

Aschaffenburger Straße 42
Fl. 1
Flst. 7

Traufständiges spätbarockes Haus mit Walmdach, über massivem Erdgeschoß Fachwerkobergeschoß mit Fenstergewänden des 19. Jahrhunderts. Einseitig freistehend in wichtiger Position am Eingang zur Altstadt gegenüber dem Abteigarten.
(k, s)

Kulturdenkmäler Seligenstadt

Aschaffenburger Straße 49, 51   Fl. 1
Flst. 1414, 1417/1

Reihe aus zwei traufständigen Gebäuden mit verschiefertem Zwerchhaus und Gaube, das Fachwerk des Obergeschosses mit Mannfiguren und genasten, geschwungenen Gegenstreben um 1700. Im südlichen Teil von 51 Hofeinfahrt mit Korbbogen, darüber neueres Fachwerk um 1800; sonst überall im Erdgeschoß durch Ladeneinbauten verändert. Gegenüber dem Freihofplatz wichtiger Bestandteil der geschlossenen Zeilenbebauung an der Aschaffenburger Straße.
(k, s)

Aschaffenburger Straße 53   Fl. 1
Flst. 1418

Kleines traufständiges Haus mit überbautem Hoftor, Fachwerk unter Putz, aber wahrscheinlich komplett vorhanden. Trotz bescheidener Dimensionen wichtiger Bau für die Vollständigkeit der Fachwerkzeile 49 bis 55. (s)

Aschaffenburger Straße 55   Fl. 1
Flst. 1422/1

Traufständiges Gebäude mit überbauter Hofeinfahrt, im Obergeschoß Fachwerk mit einfachen Zierformen um 1700, über dem Hoftor erneuert. Als Element der geschlossenen Zeile 49 bis 55 von städtebaulicher Bedeutung. (s)

301

Seligenstadt — Kulturdenkmäler

Aschaffenburger Str. 79

Aschaffenburger Straße 57
Fl. 1
Flst. 1423/1

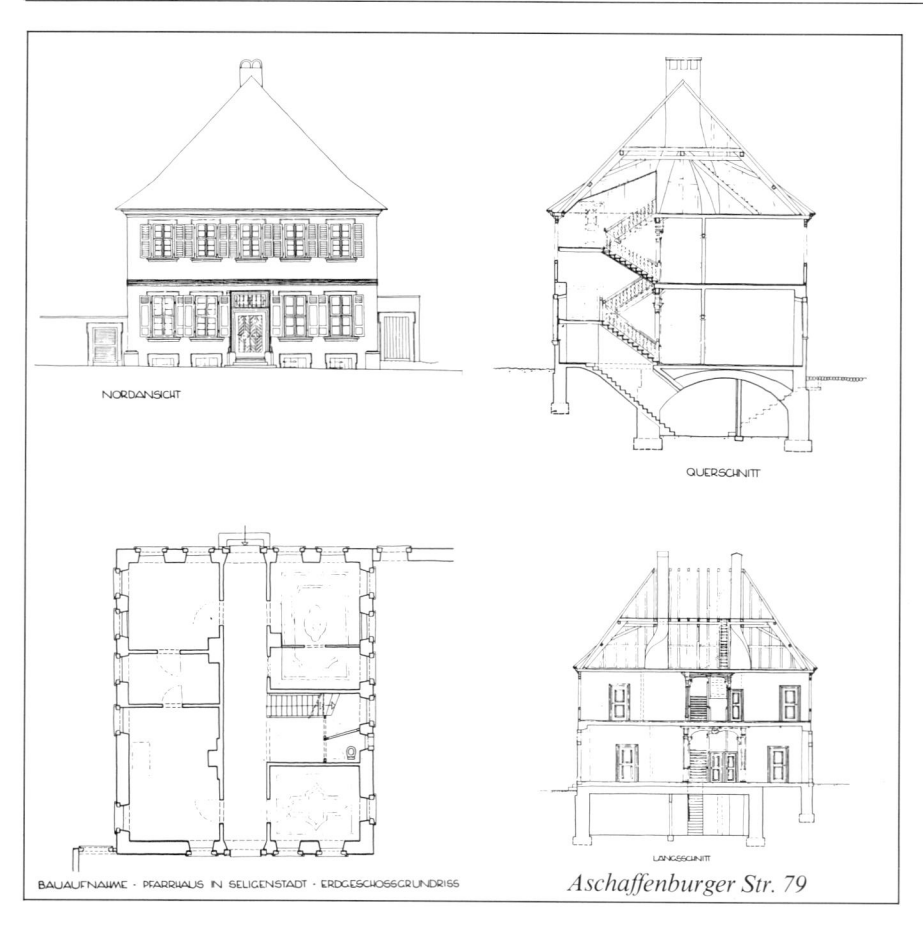

Giebelständiger Fachwerkbau, im Erdgeschoß teilweise erneuert, vollständig unter Putz. Im Obergeschoß intaktes spätbarockes Fachwerk anzunehmen. Durch seine Stellung fällt das Haus aus dem Rahmen der überwiegend geschlossenen Traufenbebauung und bildet damit eine markante Zäsur. (s)

Aschaffenburger Straße 59
Ehem. Gasthaus Alte Post
Fl. 1
Flst. 1430/5

Ehemalige Poststation von 1622 mit massivem Erdgeschoß, dort teils vermauertes Sandsteinportal mit Segmentsprenggiebel, bezeichnet 1692. Im Obergeschoß einfaches Fachwerk mit geraden Mannfiguren und Feuerbock, feinere Zierformen im kleinen Zwerchhaus mit Rundbogenluke und im Profil der sichtbaren Balkenköpfe. Als freistehender Bau in der geschlossenen Zeile auffallend im Straßenbild. (k, g, s)

Aschaffenburger Straße 79
Katholisches Pfarrhaus
Fl. 1
Flst. 1476

Als Pfarrhaus der Abtei 1720 erbaut. Kubischer verputzter Steinbau in barocken Formen mit Walmdach, gegenüber dem Grünen Tor des Abteigartens an der Ecke Pfarrgasse gelegen. Die Schmalseite als Hauptfassade in fünfachsig symmetrischer Aufteilung, das Mittelportal mit Oberlicht hervorgehoben durch profilierte Sandsteingewände mit Fruchtgehängen. Von der Innenausstattung Stuckdecke mit Wappen im Erdgeschoß und Teile des holzgeschnitzten Treppenhauses erhalten. (k, g, s)

Aschaffenburger Straße 91
Fl. 1
Flst. 1498

Kleines giebelständiges Wohnhaus, nach dendrochronologischer Untersuchung erbaut 1426, mit nachträglichen Änderungen des Fachwerkgefüges. Altertümliche Konstruktionsmerkmale erhalten in Überblattungen am durchgehenden Brustriegel und niedrigem, aufgrund der späteren Niveauerhöhung abgesenktem Erdgeschoß. Die vollständige Firstsäule des Ständerbaues und die ursprüngliche Vorkragung des Obergeschosses mit Freigespärre nicht mehr vorhanden. Eines der ältesten Fachwerkgebäude Seligenstadts und damit des Kreises, daher besondere wissenschaftliche, orts- und baugeschichtliche Bedeutung. (w, g)

Seligenstadt												Kulturdenkmäler

Aschaffenburger Straße 93 Fl. 1 Flst. 1500

Kleines traufständiges Haus, das Fachwerk des frühen 18. Jahrhunderts im Erdgeschoß verputzt, im Obergeschoß mit Feuerböcken und gebogenen Fußstreben als Brüstungszierformen. Die freie westliche Giebelseite verschiefert. Bestandteil der geschlossenen Zeile, damit wichtig für die Vollständigkeit des Straßenbildes. (k, s)

Aschaffenburger Straße 97 Fl. 1 Flst. 1521/4

Traufständiges, einseitig freistehendes Gebäude mit Krüppelwalm und Schieferverkleidung der östlichen Giebelseite. Fachwerk des 17./18. Jahrhunderts unter Putz, mit großer Wahrscheinlichkeit von gleicher Qualität wie das des Nachbarhauses 99 mit reichen barocken Zierformen im Obergeschoß. Wichtige Straßenfront am Ausgang der Aschaffenburger Straße. (k, s)

Aschaffenburger Straße 99 Fl. 1 Flst. 1522

Traufständiges Fachwerkhaus mit neumassivem Erdgeschoß, jedoch qualitätvollem Zierfachwerk im Obergeschoß mit geschwungenen Streben, genasten S-Streben, Feuerböcken und geschnitztem Eckpfosten mit Stab- und Blumenmotiv. Um 1700 entstandene markante Fassade, Fortsetzung ähnlicher Qualität im verputzten Nachbargebäude 97 zu erwarten; damit ergibt sich eine lange, das Bild der Aschaffenburger Straße am Ausgang der Altstadt bestimmende Fachwerkwand. (k, s)

Aschaffenburger Straße 103 Fl. 1 Flst. 1523

Kopfbau am Eingang zur Altstadt im Bereich des ehemaligen Obertores, Anfang der geschlossenen Bebauung der Aschaffenburger Straße. Einfaches Gebäude, Fachwerk des 17./18. Jahrhunderts wahrscheinlich größtenteils erhalten unter Verkleidungen durch Klinker, Putz und Holzschindeln. Mit dem gegenüberliegenden Haus 46 Grenzpunkt der Gesamtanlage Altstadt. (s)

Aschaffenburger Straße 105
Ev. Gustav-Adolf-Kirche Fl. 1 Flst. 2/52

Kleine Kirche von 1846–47, die an der Stelle erbaut wurde, wo nach der Überlieferung 1631 Gustav Adolf von Schweden vor dem Obertor mit der Bitte um Schonung der Bürger den Stadtschlüssel überreicht bekam. Saalbau in romanisierenden Formen mit eingestelltem Frontturm mit Spitzhelm; gekoppelte Langhausfenster, Sandsteinportal mit Rundbogen und oberer Fassadenabschluß durch Bogenfries. Die Apsis 1958 angebaut. Optischer Bezugspunkt an der Freifläche gegenüber dem Anfang der Altstadt. (k, g, s)

304

Kulturdenkmäler   Seligenstadt

Evangelische Kirche in Seligenstadt, Holzstich, undatiert

Bachgasse 1   Fl. 1 / Flst. 1387

Kleines, ganz verputztes Wohnhaus in Giebelstellung an einer Gassenecke, mit sehr niedrigem Erdgeschoß und traufseitiger Vorkragung des Obergeschosses. Altertümliches Fachwerk, möglicherweise des 16. Jahrhunderts, zumindest in Teilen zu erwarten; keine massiven Veränderungen. (w)

Bachgasse 5   Fl. 1 / Flst. 1384

Wohnhaus in Ecklage mit relativ dünnem, aber vollständigem Fachwerk aus leicht gekrümmten Hölzern; der Eckpfosten dagegen kräftig dimensioniert mit geschnitztem Taumotiv. Traufseitig leichter Geschoßvorsprung, giebelseitig schwache Profilierung des Rähms, sonst schmuckloses Fachwerk des 18. Jahrhunderts. (k, g)

Einhardstraße   Fl. 2 / Flst. 636
Judenfriedhof

Friedhof mit etwa 10 alten, unleserlichen und 14 neueren Grabsteinen; einer davon aus dem 18., weitere aus dem 19. Jahrhundert. Letzte Beerdigung 1945. Orts- und religionsgeschichtliches Denkmal. (g)

Einhardstraße   Fl. 2 / Flst. 860/8
Heiligengehäuse

Ähnlich dem Gehäuse an der Dudenhöfer Straße aus älteren Originalteilen wohl im 19. Jahrhundert zusammengesetztes Gehäuse für ein (fehlendes) Heiligenbild; Material Sandstein. Auf kleinem Altar mit Reliefbearbeitung, aber ohne Inschrift, ein Gehäuse aus Hausteinen, darauf ein durchbrochenes Eisenkreuz auf wiederverwandtem, wahrscheinlich romanischem Kapitell. (w, g)

305

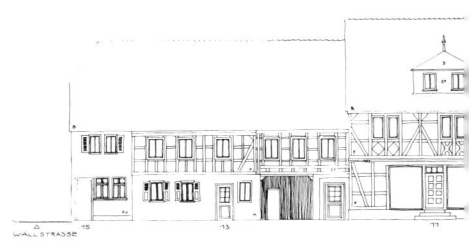

Seligenstadt — Kulturdenkmäler

Frankfurter Straße, historische Aufnahme

Frankfurter Straße 1 Fl. 1 Flst. 194

Eckbau auf stumpfwinklig verschobenem Grundriß an der Einmündung der Frankfurter Straße in den Marktplatz. Im Kern aus dem 16. Jahrhundert stammendes Haus, das Fachwerk über massiv erneuertem Erdgeschoß mehrfach verändert; im traufseits auf Knaggen vorkragenden Obergeschoß Formen des 17.–19. Jahrhunderts vereinigt. Bescheidenes Gebäude in wichtiger, zentraler Lage am Marktplatz. (w, s)

Frankfurter Straße 2 Fl. 1 Flst. 940

Langgestreckter Traufenbau mit zum Marktplatz orientierter und dort optisch wirksamer Giebelfront. Das Erdgeschoß durch neuen Ladeneinbau ersetzt, darüber auf in Voluten geschwungenen Steinkonsolen – an der Ecke mit Maske – schräg auskragendes Fachwerkobergeschoß des 16. Jahrhunderts mit späteren Veränderungen, besonders im Giebel. Dekorative Brüstungszier aus ornamentierten Feuerböcken und durchkreuzten Kreisen; geschnitzte Knaggen. An der Erdgeschoßecke Fragment eines Portalgewändes mit Stabprofil, Rest des massiven, dem Einhardshaus vergleichbaren Unterbaues. (k, w, s)

Kulturdenkmäler

Seligenstadt

Frankfurter Straße

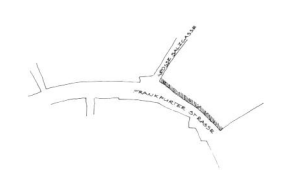

Frankfurter Straße 5
Fl. 1
Flst. 196

Teilerneuertes Fachwerkobergeschoß über neuem Laden-Erdgeschoß, in Traufenstellung mit relativ steiler Dachneigung. Verstrebungsfiguren aus sich überkreuzenden gebogenen Fuß- und Kopfstreben gehen auf das 1. Drittel des 16. Jahrhunderts zurück; eine inschriftliche Datierung von 1612 ist einem späteren Umbau zuzuordnen. Wichtige Fassade in der zum Marktplatz hinleitenden Zeile. (w, s)

Frankfurter Straße 7
Fl. 1
Flst. 197

Gedrungener Eckbau mit breitem Krüppelwalm zur Großen Salzgasse, am Knick der Frankfurter Straße Anfang der geschlossenen Traufenbebauung bis zum Marktplatz. Unter Putz weitgehend vollständiges, durch den frühen Ladeneinbau kaum beeinträchtigtes Fachwerk des 17./18. Jahrhunderts anzunehmen. (s)

Frankfurter Straße 9
Gasthaus zum Röm. Kaiser
Fl. 1
Flst. 266/5

Einziger Giebelbau in der traufständigen Zeile dieses Abschnittes der Frankfurter Straße, damit auffallender städtebaulicher Akzent. Östlicher erneuerter, massiver Anbau. Fachwerkobergeschoß mit Elementen des 17./18. Jahrhunderts, mit kleinem Firstwalm ähnlich den Bauten am Marktplatz. (g, s)

Seligenstadt — Kulturdenkmäler

Frankfurter Straße 11 Fl. 1 Flst. 269/3

Traufständiges Haus mit überbauter Rundbogen-Hofeinfahrt, im Erdgeschoß erneuertes Fachwerk mit frühem Ladeneinbau, außerdem nachträgliche Dachgaube. Im Obergeschoß regelmäßiges Fachwerk der 1. Hälfte des 18. Jahrhunderts in regional charakteristischer Ausprägung: zwischen Mannfiguren eine Abfolge von Negativrauten, Feuerböcken und gebogenen Fußbändern als Brüstungszier. Wohlerhaltene Fassade am Beginn der geschlossenen Bebauung am westlichen Ortseingang. (k, s)

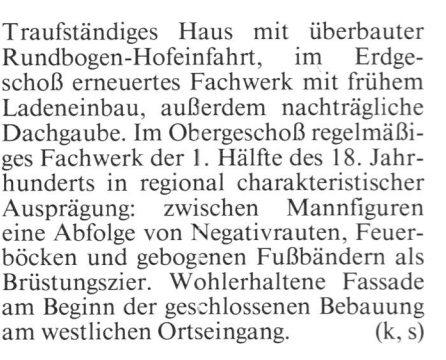

Frankfurter Straße 12 Fl. 1 Flst. 934

Dreigeschossiger Eckbau; zwei Fachwerkgeschosse mit geringfügigen Störungen über dem durch neuen Ladeneinbau ersetzten Erdgeschoß. Traufseitig die ortsüblichen Zierformen wie Feuerböcke und gebogene Fußbänder, in der freien Giebelfront konstruktives Fachwerk des 18. Jahrhunderts. Durch die Ecksituation und die aus der übrigen Bebauung herausragenden Höhe dominantes Gebäude. (s)

Frankfurter Straße 13/15 Fl. 1 Flst. 271/3

Langgestreckter einheitlicher Baukörper aus zwei Häusern, Nr. 13 mit überbautem Hoftor; im Obergeschoß um 1800 durchgreifende Erneuerung der mittelalterliche Fachwerkteile enthaltenden Bauten (dendrochronologische Datierung 1326). Verschiedene Geschoßhöhen äußerlich angeglichen durch einheitliche Fassadenbehandlung und durchlaufendes Dach. Einleitung der geschlossenen Altstadtbebauung unmittelbar an der ehemaligen Stadtmauer. (w, s)

Frankfurter Straße 40 Fl. 3 Flst. 193/1
Wendelinuskapelle

Neubau von 1885 anstelle einer vorherigen Kapelle von 1685. Schlichtes verputztes Gebäude mit Dachreiter unter Verwendung eines Barockportals der Abteikirche von 1722. Zwei spätgotische Holzfiguren St. Wendelin und St. Leonhard gehörten zu dem 1515 von Bildschnitzer Mathis geschaffenen, durch Hans von Lohr bemalten „Bilde"; Kreuzigungsgruppe von 1520. Außen an der Südwand großes Holzkruzifix mit Dach. (k, g)
oben: Wendelinus-Kirche von 1685 Zeichnung von Heinrich Zernin, 1883

Blick vom Rathausturm nach Westen, Aufnahme 1938

Frankfurter Straße 56 Fl. 3
Wasserturm Flst. 55/6

Westlich der Altstadt an der Bahnlinie 1938 erbauter Turm. Ausgleichsbehälter von 500 m³ heute außer Betrieb. Quadratischer Unterbau mit viergeschossiger Wohnnutzung, darüber achteckig aufragend ohne äußerliche gestalterische Differenzierung Ständer- und Behälterteil, Gesamthöhe mit Haube 51,7 m. Außenwand massives Ziegelmauerwerk, hell verputzt; Sandsteingewände und geschwungene Dachform ergeben ein barockes Erscheinungsbild, das die technische Funktion nicht erkennen läßt. Damit steht der Turm in einer Reihe mit den etwa gleichzeitig entstandenen historisierenden Behälterbauten des Wasserzweckverbandes Offenbach in Jügesheim und Steinheim. Die Stadtsilhouette überragend, wirkt der Turm als Orientierungspunkt weit in die Landschaft. (t, g)

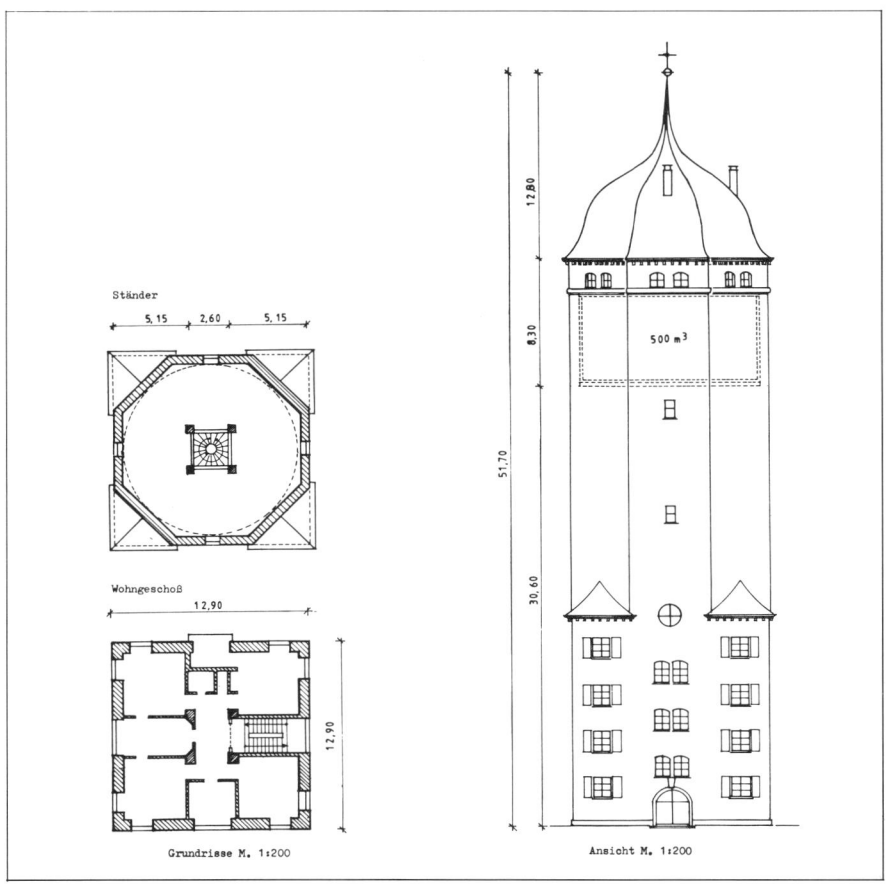

Zeichnung: Barthel, Weidert, TH Darmstadt 1985

Seligenstadt — Kulturdenkmäler

Freihofstraße, Freihofplatz

Freihofplatz 3/4 Fl. 1
Gasthof Krone Flst. 20/1, 20/3

Die beiden in der Substanz älteren Bauten erhielten um 1800 das Fachwerkobergeschoß mit regelmäßiger Fensterreihung – die Doppelfenster in Nr. 3 später – und Zahnschnittfries; im Giebel von 4 ältere Elemente erhalten. Die lange Traufwand mit einheitlich durchlaufendem Dach bildet fast die gesamte westliche Platzbegrenzung gegenüber dem Klosterhof. (g, s)

Gasthaus zur Krone um 1860

Kulturdenkmäler Seligenstadt

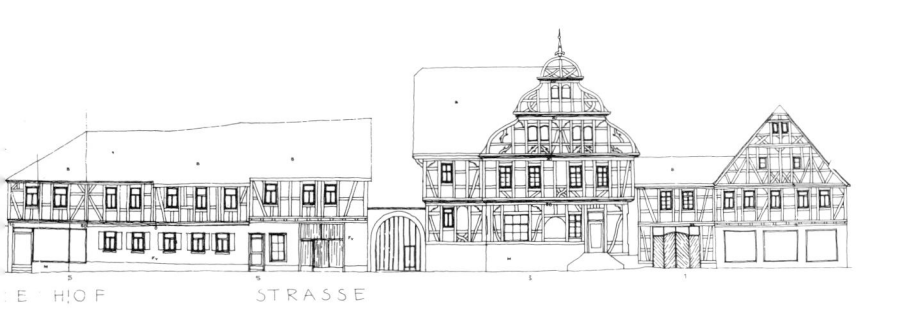

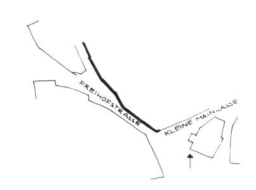

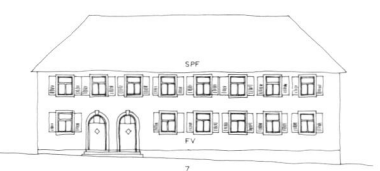

Freihofplatz 5 Fl. 1
Gasthaus zum Hirsch Flst. 25/2

Früher Gasthaus zum Krebs; breit ausladende Giebelfront mit traufständigem Anbau, im Erdgeschoß einheitlich massiv erneuert. Einfaches Fachwerkgefüge um 1800, im Obergeschoß des Hauptbaues regelmäßige Reihung von Andreaskreuzen in der Brüstung. An der Westseite des Freihofplatzes dominierende Fassade. (k, s)

Freihofplatz, ältere Aufnahme

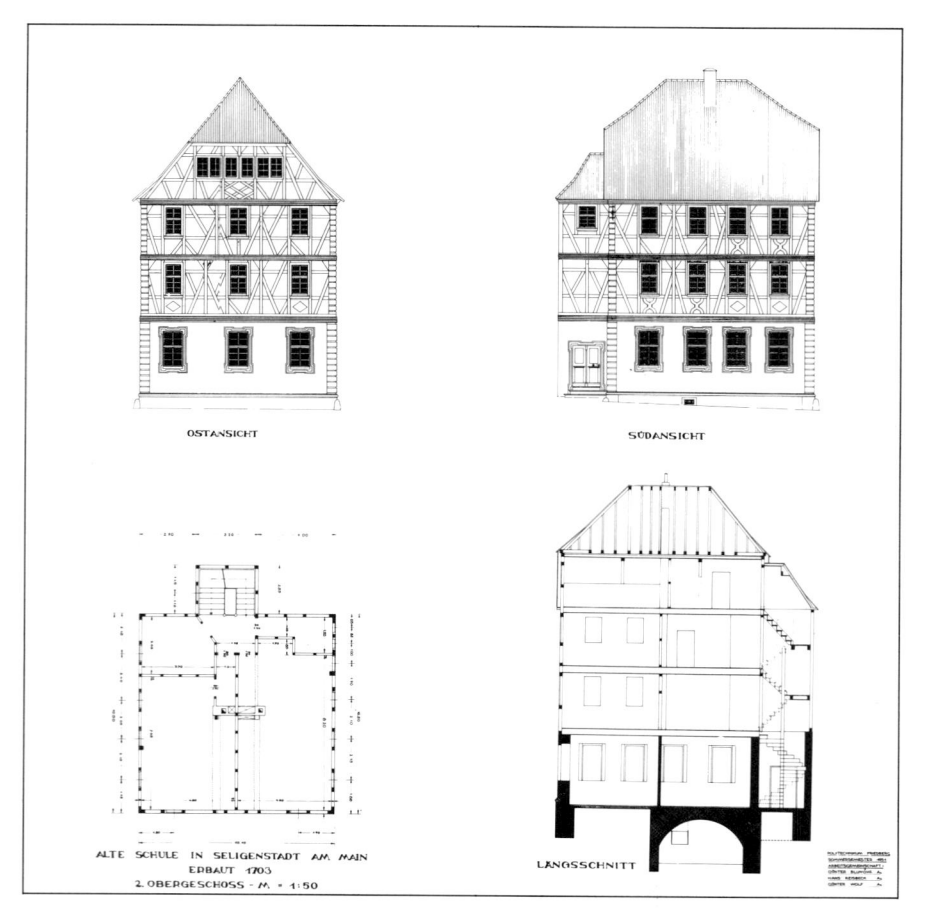

Seligenstadt — Kulturdenkmäler

Freihofplatz 6, Ansicht aus der Kleinen Maingasse

Freihofplatz 6   Fl. 1
Ehemalige Schule   Flst. 48

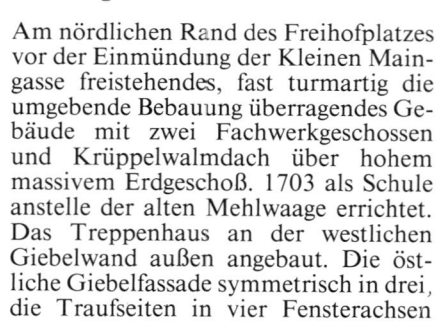

Am nördlichen Rand des Freihofplatzes vor der Einmündung der Kleinen Maingasse freistehendes, fast turmartig die umgebende Bebauung überragendes Gebäude mit zwei Fachwerkgeschossen und Krüppelwalmdach über hohem massivem Erdgeschoß. 1703 als Schule anstelle der alten Mehlwaage errichtet. Das Treppenhaus an der westlichen Giebelwand außen angebaut. Die östliche Giebelfassade symmetrisch in drei, die Traufseiten in vier Fensterachsen geteilt, mit Mannfiguren und Brüstungsschmuck aus Negativrauten, Feuerböcken, durchkreuzter Raute. Im Erdgeschoß fein profilierte Fenster- und Türgewände aus Sandstein, die Eckquaderung in den beiden Obergeschossen durch entsprechende Schnitzerei der Eckpfosten optisch weitergeführt. Der zugehörige kleine, ummauerte Hof zur Kleinen Maingasse abgeschlossen durch pavillonartiges kleines Fachwerknebengebäude. (k, g, s)

Freihofplatz 7   Fl. 1
Gasthaus Klosterstuben   Flst. 85/1

Langgestrecktes Gebäude der 1. Hälfte des 19. Jahrhunderts mit dünnem, aber regelmäßigem Fachwerkgefüge im Obergeschoß und relativ flachem Walmdach über massivem Unterbau. In städtebaulich exponierter Lage leitet der Bau vom Freihofplatz in die Große Maingasse und Achse zur Einhardsbasilika über. (s)

Kulturdenkmäler   Seligenstadt

Freihofstraße 3, Zustand 1965

Freihofstraße 1 Fl. 1 Flst. 30

Kopfbau in prominenter Lage an der Einmündung der Freihofstraße in die Aschaffenburger Straße mit zum Marktplatz orientierter Giebelfassade. Fachwerk um 1700 mit Schmuckformen – Feuerböcke, geschwungene und genaste Bänder, Andreaskreuze, geschnitzte Knaggen. Im Obergeschoß durch Fensterreihen des frühen 19. Jahrhunderts stark verändert, das Erdgeschoß durch Ladeneinbau komplett erneuert. (k, s)

Freihofstraße 2 Fl. 1 Flst. 33

Ursprünglich aus zwei Häusern zusammengesetzter Traufenbau mit einheitlichem barockem Mansarddach und durchlaufender Gaubenreihe. Im Fachwerkobergeschoß Elemente des 18. und frühen 19. Jahrhunderts, im Erdgeschoß neue Läden. An der Einmündung der Freihofstraße vom Marktplatz zum Freihofplatz überleitende Bebauung. (s)

Freihofstraße 3 Fl. 1 Flst. 27/1

Vom ehemaligen Gasthaus zum goldenen Faß von 1567 sind nach dem Einbau eines Kaufhauses nur noch einzelne Sachteile in der rekonstruierten Fassade von Obergeschoß und Giebeln erhalten. Hier auch Fachwerkteile des ehemaligen Erdgeschosses verwandt, die Substanz größtenteils neu. Das Gebäude vorher schon verändert, zwei den geschweiften Hauptgiebel flankierende Ecktürmchen fehlten. Der aufwendige Renaissancebau mit drei Giebeln stellte eines der eindrucksvollsten Beispiele des Seligenstädter Fachwerkbaus dar. (g, s)

Seligenstadt   Kulturdenkmäler

Freihofstraße 4 Fl. 1 Flst. 34/1

Kleiner, eingeschossiger Fachwerkkiosk auf unregelmäßig gebrochenem Grundriß mit um die Ecke geführtem barockem Mansarddach mit Gauben, Kopfbau in der Gabelung der Freihofstraße. Ausgefallene und originelle Gebäudeform zur Nutzung der spitz zulaufenden Restparzelle, ins Auge fallender stadträumlicher Abschluß der dreieckig überbauten Fläche zwischen Freihof- und Palatiumstraße. (w, s)

Freihofstraße 5 Fl. 1 Flst. 26

Langgestreckter Traufenbau mit überbautem Hoftor, im Grundriß dem leichten Knick am Übergang von der Freihofstraße zum Freihofplatz folgend. An dieser Stelle kragt das Obergeschoß schräg vor. Das barocke Fachwerk der straßenbildbestimmenden Fassade um 1800 durch Fenstereinbauten verändert. (s)

Freihofstraße 8/10 Fl. 1 Flst. 35

Eckbau an der Einmündung der Freihofstraße auf den Freihofplatz, auf unregelmäßigem Grundriß entsprechend dem Straßenverlauf. Das Fachwerk im Obergeschoß der langen, am Freihofplatz um die Ecke geführten und in die Kleine Maingasse überleitenden Traufwand um 1800, darüber hohes Mansarddach mit Gauben. Im nördlichen Gebäudeteil in der Freihofstraße zwei gekoppelte Rundbögen von Hoftor und Pforte, Sandsteingewände des 17. Jahrhunderts mit Profilierung und Rosetten. (k, s)

Kulturdenkmäler — Seligenstadt

linke Seite: Aschaffenburger Straße/ Freihofstraße, Aufnahme 1938

Freihofstraße 8/10, Hoftor

Friedhofsweg – Alter Friedhof Fl. 1
Friedhofsmauer mit Tor Flst. 4/1

Die Friedhofsmauer schließt an die am Main noch erhaltenen Stadtmauerreste mit Wehrturm an. Gegenüber dem Abteigarten Eingang des Friedhofs mit schmiedeeisernem Gitter und zwei Sandstein-Torpfeilern mit Voluten und Profilierung. (k, g)

Friedhofskreuz

Hochkreuz aus Sandstein in überdurchschnittlich aufwendiger Gestaltung: Postament mit achteckigem Aufsatz, beide mit Akanthus-Ornament, die Kreuzarme gefast, Eisengußkorpus; 1842 ausgeführt von Johann Baptist Scholl. (k, g)

Grabsteine

Am runden Bollwerksturm zwei Grabplatten, Ende 18./Anfang 19. Jahrhundert, teilweise verwittert. (g)

Seligenstadt Kulturdenkmäler

Notgottes-Kapelle, Portal

Friedhofsweg – Alter Friedhof Fl. 1
Not-Gottes-Kapelle Flst. 4/2

In der Nordwestecke des Alten Friedhofes zum Main gelegene Kapelle, erbaut 1874. Schlichter Putzbau mit barockisierenden Ovalfenstern. Als Eingang wie bei der Wendelinuskapelle in der Frankfurter Straße barockes Portal der Abteikirche von 1722 wiederverwandt. (k, g)

Neuer Friedhof Fl. 7
Pietà Flst. 1/18

Kreuz und Pietà aus Sandstein, im Postament Kartusche mit Inschrift. Als Stifter Vauth (Vogt) Johann Philipp Weber genannt, Datum 1681. Der ursprüngliche Standort war bei der alten Gerichtslinde in Nähe des Steinheimer Tores. (k, g)

Vesperbild, jetzt auf dem neuen Friedhof, am ursprünglichen Standort vor dem Steinheimer Tor, Aufnahme 1938

Gerberstraße 1/3 Fl. 1 Flst. 137, 140

Gerberstraße 1/3

Gerberstraße 7 Fl. 1 Flst. 124

Fachwerkhaus mit massiv erneuertem Erdgeschoß an der Ecke Palatiumstraße, mit dem ebenfalls giebelständigen Haus 3 durch die Hoftorüberbauung verbunden. Brüstungszier aus ornamentierten Feuerböcken, über dem Tor durchkreuzte Raute. Im Sturzbalken die Inschrift „DIESE HOFERT HAT GEBAUT CASPER REIS UND CHRISTINA REISIN ANNO 1729". Ungewöhnliche Hofform mit Überschneidung von Erd- und Obergeschoß zweier Hauseinheiten. (k, w, s)

Giebelständiges Haus des 17. Jahrhunderts mit erneuertem Erdgeschoß. Das traufseitig verputzte Obergeschoß aus kräftig dimensionierten Hölzern zur Straße vorkragend, mit Mannfiguren, in der Brüstung Fußbänder und Andreaskreuze; in Traufenhöhe ungewöhnliche Konsolen an den Eckpfosten; Krüppelwalm. In der überwiegend traufständigen umgebenden Bebauung starke Wirkung des Giebels in den Straßenraum. (k, s)

Seligenstadt

Kulturdenkmäler

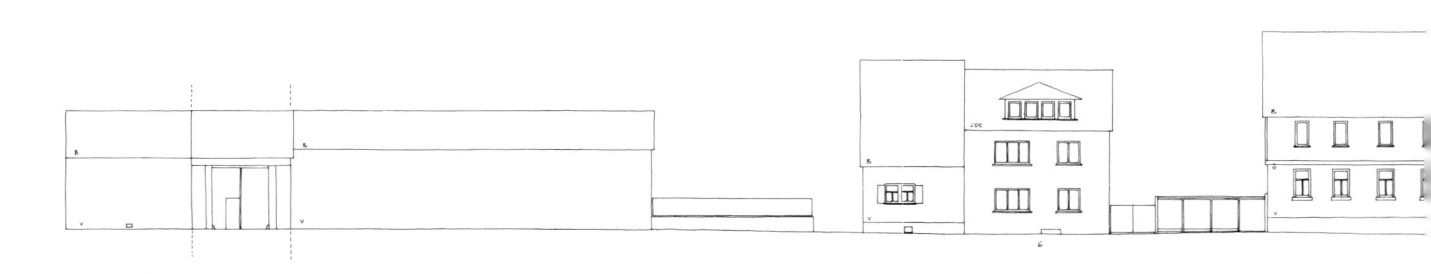

Gerberstraße

Gerberstraße 11
Fl. 1
Flst. 178/3

Fachwerkhaus mit verputztem Obergeschoß und früher Veränderung des Erdgeschosses. Durch massiven Mauerwerksbau in Formen der Jahrhundertwende wurde zur Zeit der Industrialisierung versucht, der traditionellen Fachwerkarchitektur im ländlichen Gebiet ein „städtisches" Gepräge zu geben. Beispiel für den Prozeß der Anpassung vorhandener Bauformen an den Zeitgeschmack, wie er auch in früheren und späteren Epochen zu beobachten ist. (w)

Gerberstraße 12
Fl. 1
Flst. 189

Traufständiges Wohnhaus mit gutem barockem Zierfachwerk im Obergeschoß; dabei weitgespannte Überbauung der Hofeinfahrt mit Unterstützung durch Kopfbänder. Fast gleichhohe angebaute Fachwerkscheune in Ecklage von einfacher Konstruktion, wahrscheinlich später erbaut. Exemplarisches Beispiel für den Ackerbürgerhof als historische Bauform innerhalb des Stadtbereichs. (k, g, s)

Gerberstraße 12, Scheune

Kulturdenkmäler — Seligenstadt

Gerberstraße 13, Hoftor

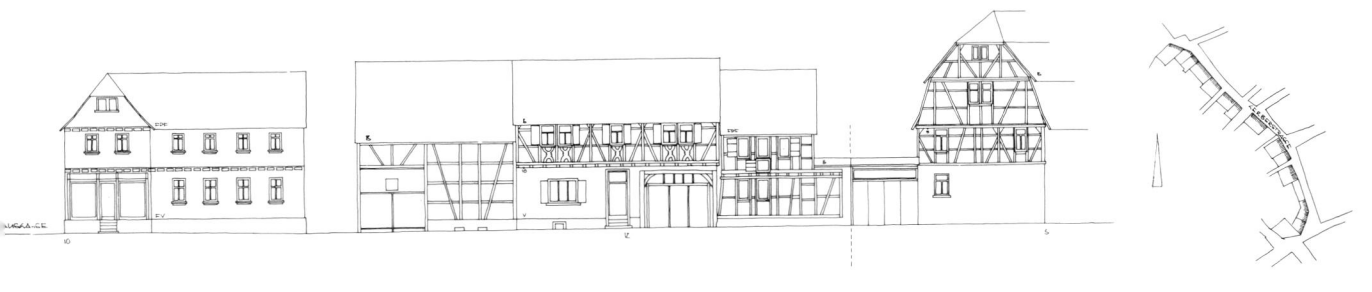

Gerberstraße 13 Fl. 1 Flst. 187

Typisches traufständiges Haus mit überbauter Hofeinfahrt, die durch gebogene Kopfbänder einen Rundbogenabschluß erhält; das Tor mit Mannpforte. Das unter Putz liegende Obergeschoßfachwerk dürfte entsprechend der handwerklich qualitätvollen Torausbildung gute barocke Zierformen enthalten. (k)

Gerberstraße 15 Fl. 1 Flst. 185

Repräsentativer kubischer Eckbau aus der Mitte des 18. Jahrhunderts in barocken Proportionen mit hohem Mansardwalmdach und Schalgesims. Im Obergeschoß gängige Schmuckformen – Feuerböcke, gebogene Fußbänder – in der Brüstung, Mannfiguren. Durch die exponierte Lage kommen beide Traufwände aus verschiedenen Blickpunkten zur Wirkung. (k, s)

Seligenstadt — Kulturdenkmäler

Große Fischergasse

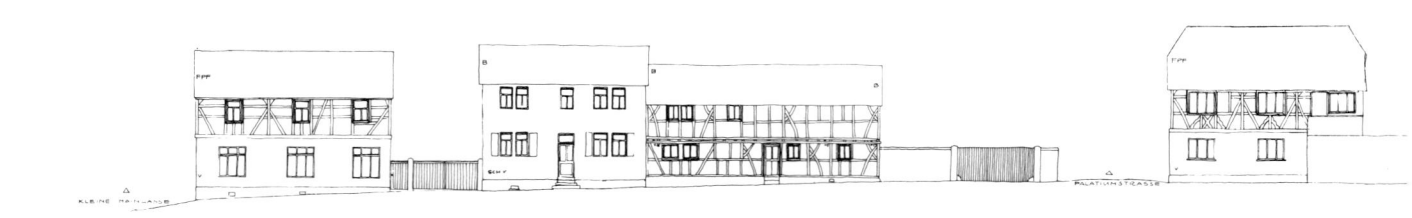

Große Fischergasse

Große Fischergasse 1   Fl. 1
Flst. 99/1

Zweigeschossiger Traufenbau aus dem letzten Viertel des 15. Jahrhunderts in Stockwerkskonstruktion. Das Erdgeschoß zur Hälfte massiv ersetzt. Eck- und Bundpfosten mit überblatteten gebogenen Kopfbändern und Fußstreben gesichert, ebenso die übereinanderstehenden Mittelpfosten der östlichen Giebelwand mit Krüppelwalm. Im Westgiebel endet die Mittelsäule am First. Der über wandstarke Geschoßvorsprung war ursprünglich an jedem zweiten Balkenkopf durch Knaggen unterstützt, die jetzt teilweise fehlen; vorhanden das Knaggenbündel der Ecke. Die durchlaufenden Brustriegel aufgeblattet. Gebogene Fußbänder in allen Brüstungsgefachen des Obergeschosses ergeben einen umlaufenden Spitzbogenfries. Der dreizonige Grundriß mit ehemaligem Mitteleingang geht möglicherweise auf eine frühere zweizonige Aufteilung zurück. Besterhaltenes Beispiel spätmittelalterlichen Fachwerkbaus in Seligenstadt und im Kreis; Kopfbau einer geschlossenen mittelalterlichen Zeile.   (k, w, s)

Kulturdenkmäler   Seligenstadt

Seligenstadt
Kulturdenkmäler

Große Fischergasse 3 Fl. 1 Flst. 100/3

Traufständiges Gebäude ähnlich 1 mit auf Knaggen vorkragendem Obergeschoß, ursprünglich jeder dritte und vierte Balkenkopf unterstützt. Unter dem Dachüberstand Knaggen mit Knauf. Verstrebungsfigur aus gebogenen Bändern und Streben wie 1, die Riegel des etwas jüngeren Baues – um 1500 – gezapft, das Spitzbogenmotiv nicht in jedem Brüstungsfeld. Im Erdgeschoß verändertes Fachwerk. Bestandteil der geschlossenen mittelalterlichen Zeile. (k, w, s)

Große Fischergasse 4 Fl. 1 Flst. 62

Schlichtes Traufenhaus des 18. Jahrhunderts, nahezu schmuckloses Fachwerk bis auf ein Paar gebogener Fußbänder im Obergeschoß, jedoch weitgehend vollständig. Bemerkenswert die originale Haustür. Für die Vollständigkeit der Traufenzeile wichtiger Bau. (s)

rechts oben: Große Fischergasse 4, Haustür
rechts: Große Fischergasse 7, Haustür von 1810

Große Fischergasse 5 Fl. 1 Flst. 101

Teil der mittelalterlichen Reihe 1–9, das Fachwerkgeschoß über dem massiv erneuerten Erdgeschoß mit Hoftor auskragend. Bis auf die charakteristische Verstrebungsfigur der Eckpfosten aus gebogenen Kopfbändern und Fußstreben sowie die gekehlte Schwelle im Fachwerk stark verändert, jedoch im Zusammenhang mit den Nachbarbauten von Bedeutung. (w, s)

Große Fischergasse 6 Fl. 1 Flst. 61
Altes Leinreiterhaus

Langgestrecktes und schmales Gebäude mit steiler Dachneigung in Traufstellung mit freiem Giebel an der Ecke Palatiumstraße. Die Verstrebungsform mit gebogenen Streben und Bändern wie bei der gegenüberliegenden Bebauung nur an Eck- und Bundpfosten des relativ dünnen, schmucklosen Fachwerks. Das Obergeschoß kragt ohne Knaggen wandstark an der Straßenseite vor. Die innere Aufteilung ursprünglich im Erdgeschoß vier-, oben dreizonig. Kurz nach 1500 (1514?) entstanden, die zugehörige Scheune inschriftlich 1837 datiert. (w, g, s)

Große Fischergasse 7 Fl. 1 Flst. 102

Kleines Gebäude innerhalb der geschlossenen Zeile, mit massiv erneuertem Erdgeschoß und der für diese Baureihe typischen Verstrebungsfigur des frühen 16. Jahrhunderts aus gebogenen, überblatteten Hölzern am südlichen Eckpfosten des Obergeschosses. Reizvoll die hölzerne geschnitzte Haustür des 19. Jahrhunderts. Trotz seiner Bescheidenheit für die Komplettierung der Reihe wichtiger Bau. (w, s)

Kulturdenkmäler　　　　　　　　　　　　　　　　　　　　　　　　　　　　Seligenstadt

Große Fischergasse 8　　Fl. 1　Flst. 134/1

An der Ecke Palatiumstraße giebelständiges Haus an der platzartigen Straßenerweiterung. Über neumassivem Erdgeschoß Gefüge aus kräftig dimensionierten Hölzern mit den regional typischen Figurationen der Entstehungszeit – Datierung 1698 – an Giebel- und Traufseite: Mannfiguren, gebogene Fußbänder, Feuerbock; Dach mit Krüppelwalm. Die markante Fassade wirkt als optischer Abschluß des Südteils der Großen Fischergasse. (k, s)

Große Fischergasse 9　　Fl. 1　Flst. 103

Kleinster Abschnitt und gleichzeitig Endpunkt der zusammenhängenden Zeile 1–9, ganz verkleidet. Entsprechend der südlich anschließenden Bebauung ist auch hier Fachwerk des frühen 16. Jahrhunderts zu vermuten; Proportionen und Dachneigung sind in gleicher Weise weitergeführt. An der Giebelseite eingeschossiger abgeschleppter Anbau, wohl nachträglich anstelle einer früheren gleichartigen Fortsetzung der Traufenbebauung. (w, s)

Große Fischergasse 10　　Fl. 1　Flst. 132

Kleines traufständiges Haus als Anfang einer geschlossenen barocken Zeile an der Westseite der Großen Fischergasse. Bis auf den erneuerten Sockel im Erdgeschoß fast vollständiges Fachwerk mit Brüstungsschmuck und Profilierung der Schwelle im Obergeschoß, datiert 1727. (k, s)

Große Fischergasse 12　　Fl. 1　Flst. 130

Kurzer Traufenbau als weiterer Abschnitt der Zeile aus der 1. Hälfte des 18. Jahrhunderts. Analog den Nachbarhäusern Dimensionierung und Fachwerkausbildung im Obergeschoß mit Brüstungsschmuck, hier im massiv erneuerten Erdgeschoß außerdem ein überbautes Hoftor. (k, s)

Große Fischergasse 13　　Fl. 1　Flst. 106

Langgestrecktes traufständiges Fachwerkhaus mit massiv erneuertem Erdgeschoß und überbautem Hoftor. Im Obergeschoß gutes Zierfachwerk aus dem 2. Viertel des 18. Jahrhunderts mit weitgespreizten Mannfiguren und Brüstungsornamentik aus Feuerböcken und Gitterrauten; abgerundete Balkenköpfe mit Füllhölzern bilden ein kräftiges Profil. Gegenüber einer ähnlichen barocken Bebauung den Straßenraum prägend. (k, s)

Große Fischergasse 14　　Fl. 1　Flst. 129

Das traufständige Haus bildet einen weiteren Abschnitt der barocken Zeilenbebauung. Über neumassivem Erdgeschoß verschalte Balkenlage und profilierte Schwelle; im Obergeschoß Mannfiguren und die in Seligenstadt häufigen gebogenen Fußbänder. Städtebauliche Bedeutung als Teil des einheitlichen Ensembles. (k, s)

323

Seligenstadt — Kulturdenkmäler

Mainansicht

oben: Entwurf der Jubiläumsmedaille 1725, Kupferstich von Christian E. Müller, Augsburg

Westfassade
rechte Seite: Westfassade vor 1868

Große Maingasse 3 Fl. 1
Einhards-Basilika Flst. 11/1, 11/2

Die Abtei-Kirche wurde in den 30er Jahren des 9. Jahrhunderts durch Einhard etwa 10 Jahre nach dem Bau einer kleineren Basilika in Steinbach/Odenwald errichtet. Ein westliches Turmpaar kam Anfang des 11. Jahrhunderts hinzu, 1240–53 wurden die Ostteile verändert, in der 1. Hälfte des 18. Jahrhunderts die Kirche insgesamt barock umgestaltet. In der 2. Hälfte des 19. Jahrhunderts folgte der Bau einer neuen Doppelturmfassade und die Entfernung der barocken Dekoration, 1937–53 der Versuch der Wiederherstellung des karolingischen Raumes.

In der flachgedeckten, dreischiffigen, ursprünglich T-förmigen Basilika sind das Mittelschiff mit beiderseits neun Pfeilerarkaden und die Querhausflügel bis Dachhöhe karolingisch, die Außenwände 1872 neu aufgeführt. Die Seitenschiffe stehen mit dem Langhaus in einem gebundenen Maßverhältnis, sie sind etwa halb so breit und hoch. Die karolingische Apsis ist durch den im 13. Jahrhundert angefügten Chor mit einem den vorhandenen fast quadratischen Querhausarmen entsprechenden Joch ersetzt; weiter kamen zwei unvollendete Chorflankentürme dazu, außerdem ein achteckiger Vierungsturm, der sogenannte Engelsturm mit einheitlichen frühgotischen Formen nach Vorbild der Marienkirche zu Gelnhausen; hier Zierat aus Rundbogenfriesen und Maßwerkfenstern, innen spitze Vierungsbögen. Im Chor ein Kreuzrippengewölbe, Kleeblattbogenarkatur und Rundbogenfenster.

Kulturdenkmäler　　　　　　　　　　　　　　　　　　　　　　　　　　　　　Seligenstadt

Seitenansicht des ältesten Thurmes der Pfarrkirche zu Seligenstadt. Abgebrochen 1868.

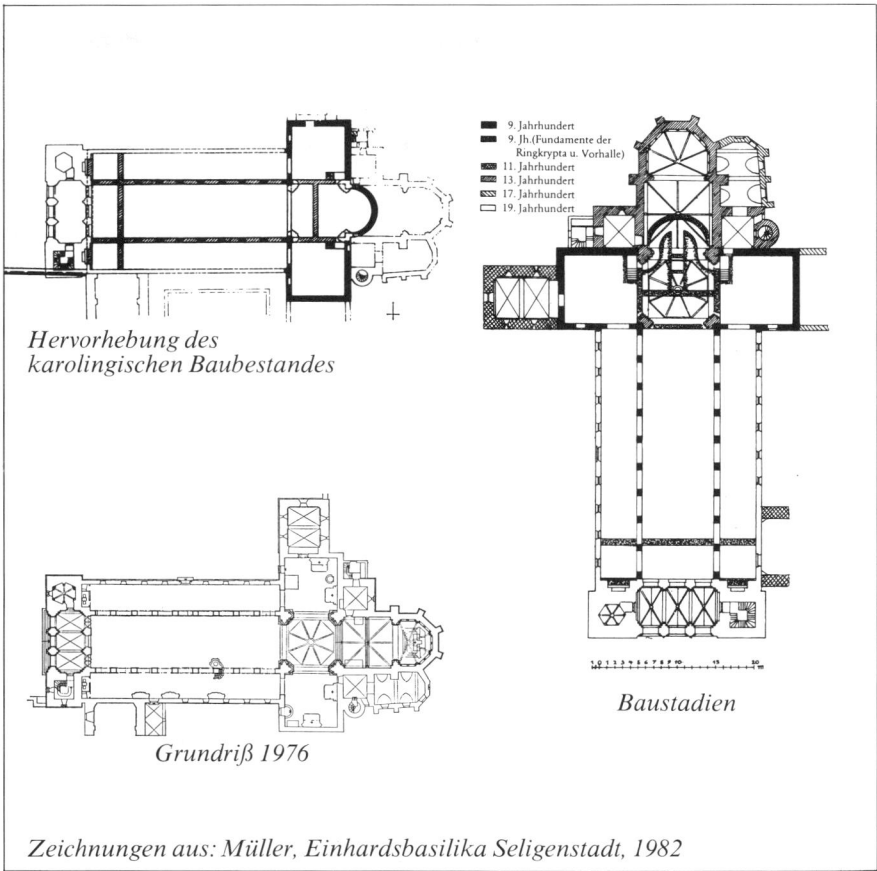

Hervorhebung des karolingischen Baubestandes

Grundriß 1976

Baustadien

Zeichnungen aus: Müller, Einhardsbasilika Seligenstadt, 1982

Die barocken Veränderungen bei Restaurierungen größtenteils wieder entfernt, beibehalten die glockenförmige Haube des Vierungsturmes von 1722 und die vergoldete Kupferstatue des Erzengels Gabriel von 1743. Die Wandmalereien des 13. Jahrhunderts bis auf geringe Fragmente zerstört.

Zur Ausstattung gehören: Hochaltar um 1715 aus dem Mainzer Kartäuserkloster mit zwei barocken Wandaltären von Maximilian von Welsch und Burkhard Zamels, davon ein Marienaltar mit frühgotischer Sandsteinmadonna und ein St. Josephs-Altar. Im Querhaus weiterhin ein Kreuzaltar und ein St. Sebastiansaltar, spätes 18. Jh.; Kanzel 1720–30, Marmor; Engelfigur, Marmor, Anfang 18. Jh.; Taufstein, Marmor, um 1724; Chorgitter, Schmiedeeisen, um 1720; Teile von Chorgestühl um 1700; Beichtstühle um 1720; Holzfiguren Anfang 16. Jh.; Holzkruzifix, Anfang 18. Jh.; spätgotischer Wandschrank; Bildnisgrabstein Anfang 14. Jh.; Marmorsarkophag zu Ehren des Stifterpaares Einhard und Imma, 1722; Grabplatten 1509–1815; zwei Marmorepitaphien 1730, 1738; Inschriftgrabmal 1743; Reste des Kirchenschatzes.

Vor der Kirchenhauptfassade Barockstatuen der hl. Marcellinus und Petrus, um 1720, und eine große Kreuzigungsgruppe von 1730 vor der Nordseite.

(k, w, g, s)

Seligenstadt — Kulturdenkmäler

Außenansicht Nordseite

Ostansicht

Längsschnitt Blick nach Norden

Schnitt durch das Querhaus Blick nach Osten

Kulturdenkmäler — Seligenstadt

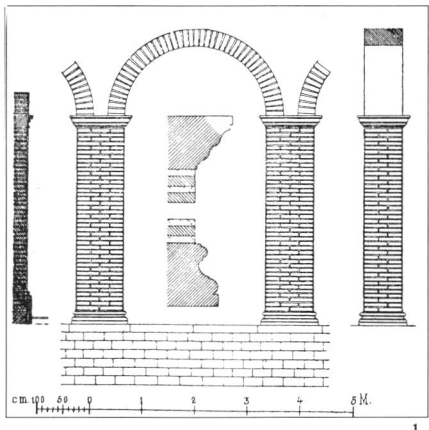

1 Karolingische Arkade des Langhauses, aus: Schaefer, Kunstdenkmäler im Großherzogtum Hessen, 1885
2 Vierungskuppel
3 Säulenkapitell im Vorchor
4 Chorgitter und Hochaltar

linke Seite unten: Innenansicht um 1950, aus: Spahn, Umbau und Renovierung, 1983
Innenraum nach Osten

unten: Hl. Marcellinus
Basilika von Südosten

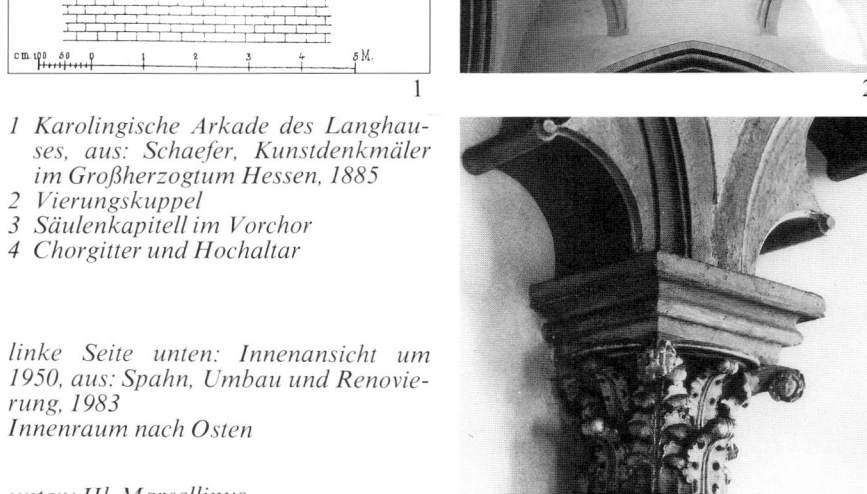

Seligenstadt — Kulturdenkmäler

Große Maingasse

GROSSE MAINGASSE

Große Maingasse 6
Fl. 1
Flst. 88

Barocker Traufenbau in hier seltener Dreigeschossigkeit mit der für das 18. Jahrhundert charakteristischen Ausprägung des Fachwerks mit Mannfiguren und Brüstungsornament aus Feuerböcken und gebogenen Fußbändern, dazu negative Raute. Gegenüber der Abteikirche leitet das Gebäude die geschlossene traufständige Bebauung der Großen Maingasse ein. (k, s)

Große Maingasse 7
Hans-Memling-Schule
Fl. 1
Flst. 10/3

Für den Schulbau wurden 1840 die alte Laurentiuskirche und das Maintor abgebrochen, von dessen Unterbau Reste in der Umfassungsmauer erhalten sind. Dreigeschossiges verputztes Gebäude mit Anbau des 20. Jahrhunderts zum Main hin, barockisierenden Sandstein-Fenstergewänden und Mansarddach. Durch Dimensionierung und die erhöhte Uferlage dominanter Baukörper der Stadtansicht vom Main aus. (g, s)

Große Maingasse 8
Fl. 1
Flst. 89

Kleines traufständiges Haus innerhalb der geschlossenen Zeile der Westseite Große Maingasse und damit Teil dieses Ensembles. Das gerade Fachwerk größtenteils erneuert; der starke Überstand des Obergeschosses – eine Knagge erhalten – und eine gebogene Eckstrebe weisen auf eine Entstehung um die Mitte des 16. Jahrhunderts hin. (w, s)

Kulturdenkmäler   Seligenstadt

Große Maingasse Fl. 1
Hl. Nepomuk, hl. Laurentius Flst. 10/3

Barocke Steinfigur des hl. Nepomuk, die wie die Laurentiusfigur auf dem alten Maintor gestanden haben soll, heute auf dem Rest des Torunterbaues, einem Teil der Schulhofmauer. Unter der Statue eine Reliefplatte mit lateinischer Inschrift und Wappen des Abts Peter IV. Die Figur ist eine neuere Kopie des Originals aus dem 18. Jahrhundert. Daneben das etwas kleinere Bildnis des Laurentius zur Erinnerung an die Laurentiuskirche, die älteste Kirche Seligenstadts, die 1840 abgebrochen wurde. (k, g)

Madonnengehäuse

Heiligennische in der Mauer des ehemaligen Maintores, Gewände in spätgotischen Formen. Die Marienfigur ist ein Abguß der Maintormadonna um 1480, das Original im Abteimuseum. (g)

Große Maingasse 10
Fl. 1
Flst. 90

Wohnhaus mit leicht überstehendem Obergeschoß, dort erneuertes konstruktives Fachwerk mit gebogenen Streben, die für eine Entstehung im 17. Jahrhundert sprechen. Im verputzten, aber intakten Erdgeschoß eine bemerkenswerte Haustür um 1780 mit Feldeinteilung, kleinen Eckrosetten und größerer Mittelrosette. Daneben ein kleines Schaufenster aus der Mitte des 19. Jahrhunderts.

(k, s)

Große Maingasse 10, Haustür und Fenster

Große Maingasse 12
Fl. 1
Flst. 93

Ganz verputztes Fachwerkhaus mit starkem Geschoßvorsprung auf erneuerten Knaggen, vergleichbar Nr. 8, so daß eine Entstehung im 16. Jahrhundert anzunehmen ist. Die barocke Holzmadonna auf der Weltkugel mit Schlange ist eine Arbeit von überdurchschnittlicher Qualität; sie hielt ursprünglich in der rechten Hand eine Lilie. (k, s)

Große Maingasse 12, Hausmadonna

Große Maingasse 18
Fl. 1
Flst. 95/1

Die Zeile Große Maingasse abschließendes Haus des frühen 16. Jahrhunderts, ehemaliges Gasthaus zum Karpfen, das Fachwerk mit Merkmalen wie das etwas früher entstandene Haus Große Fischergasse 1, ähnlich auch Mühlheim, Pfarrgasse: überkreuzte Eckverstrebung, friesartige gebogene Fußbänder, weiter Geschoßüberstand mit Knaggenbündel an der Ecke. Hier außerdem hoher massiver Sockel und Veränderungen an der Traufseite. Die oben völlig erneuerte Giebelwand die Mainansicht der Stadt prägend. (k, g, s)

Kulturdenkmäler   Seligenstadt

Große Maingasse

Große Maingasse 22
Fl. 1
Flst. 96

Freistehendes, mit dem Giebel zum Mainufer orientiertes schmales Haus des 17. Jahrhunderts mit wandhohen gebogenen Streben im Obergeschoß und brüstungshohem Massivsockel. Trotz späterer Veränderungen und neuerem rückwärtigem Anbau ist das Gebäude durch seine Lage ein auffälliger Blickpunkt am Flußufer. (s)

Große Maingasse 25
Fl. 1
Flst. 68/1

Kopfbau mit Ausrichtung der Giebelfront zum Main, Beginn der geschlossenen Altstadtbebauung. Die Datierung 1619 bezieht sich auf den nachträglich stark veränderten Kernbau. Dieser traufseitig zur Kleinen Maingasse verbreitert, neuer Dachaufbau, schmuckloses Fachwerk aus grob behauenen Hölzern, größtenteils 18. Jahrhundert. Auffallend die Haustür mit feinem Rokoko-Ornament um 1760. (k, s)

Große Maingasse 25, Haustür

Seligenstadt — Kulturdenkmäler

Große Rathausgasse

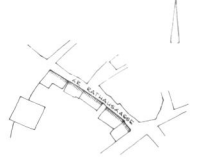

Große Rathausgasse 1/3
Fl. 1
Flst. 156, 164

Massiver Unterbau mit Fachwerkobergeschoß aus ursprünglich zwei Häusern, eines davon giebelständig, das andere als traufständige Überbauung der Hofeinfahrt. Im Rundbogen-Portalgewände bezeichnen gekreuzte Mälzerschaufeln die ehemalige Brauerei, datiert 1671 JK (Johann Kurtz). Ein spitzbogiger Kellereingang in der Einfahrt noch gotisch. Eingangsportal mit barocker Haustür, im Segmentgiebel das Relief zweier eine Tonne haltender Löwen, darüber ebenfalls das Brauereizunftzeichen, Inschrift „ALLE DIE MICH KENNEN GEBE GOTT WAS SIE MIR GÖNNEN 1713". Der leicht vorkragende Fachwerkaufbau vom Anfang des 18. Jahrhunderts war ursprünglich mit Fresken geschmückt, wohl ähnlich Steinheimer Straße 24. Im Inneren des heute als Verwaltungsbau des Rathauses genutzten Gebäudes ein romanischer Keller und ein Saal mit Stuckdecke sowie eine gedrechselte Eichensäule erhalten. (k, g, s)

Große Rathausgasse 2
Fl. 1
Flst. 154

Barockes Eckhaus mit Fachwerkzierformen der 1. Hälfte des 18. Jahrhunderts – Mannfiguren, Feuerböcken, Flechtraute. Der weite Geschoßüberstand könnte für eine frühere Erbauung mit nachträglicher Veränderung sprechen. Beide Straßenfassaden treten zum Marktplatz hin optisch in Erscheinung und leiten in die Kleine und Große Rathausgasse ein. (k, s)

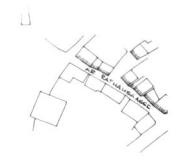

Große Rathausgasse 5

Beschreibung S. 334

Große Rathausgasse 8 Fl. 1 Flst. 143

Verputztes Giebelhaus mit Krüppelwalm und auffallendem Geschoßvorsprung, wahrscheinlich neben dem Haus Aschaffenburger Straße 91 eines der ältesten Fachwerkhäuser der Stadt. Die Eckstiele des Obergeschosses als Hängepfosten, früher mit abschließendem Knauf, dort eingezapft die äußeren Balken der Längsbalkenlage. First- und zwei Nebensäulen in der Giebelfront sind durchlaufende Ständer, letztere oben nach außen gebogen und auf den Sparren geblattet. Entstehung möglicherweise vor Mitte des 15. Jh. (w, s)

Große Rathausgasse 10 Fl. 1 Flst. 142

Kleines zweigeschossiges massives Haus, verputzt. Ein Gewölbekeller und ungewöhnlich starkes Mauerwerk – von außen nicht erkennbar – lassen auf einen im Kern mittelalterlichen Bau schließen, der möglicherweise im Zusammenhang mit dem unmittelbar gegenüberliegenden Romanischen Haus entstanden ist. (w)

Seligenstadt — Kulturdenkmäler

Große Rathausgasse 5 Fl. 1
Romanisches Haus Flst. 50

Zweigeschossiges Haus mit Satteldach und Stufengiebel aus Kieselmauerwerk, verputzt, mit Kanten, Bögen und Fenstergewänden aus Werkstein, Blendbögen aus Backstein. Die Halle des Erdgeschosses öffnet sich zum Rathaushof durch zwei große, mit doppelten Blendbögen verzierte Bogenarkaden; ursprünglich gab es ein Tor zur Großen Rathausgasse. Die Balkendecke ruht auf zwei Holzstützen. Im Obergeschoß nach drei Seiten je ein oder zwei Doppelbogenfenster, durch Pfosten oder Säule geteilt, Basis und Kapitell mit Zierformen. Der Innenraum wie das Erdgeschoß hallenartig mit zwei tragenden Holzstützen, mit zum Teil rekonstruiertem Kamin; in der noch älteren Ostwand, an die das Haus angebaut wurde, eine Türöffnung mit Datum 1559, außerdem ein spitzbogiges Portal im Kellerbereich. Weitere Fenster mit Barockgewänden im Erdgeschoß heute zugemauert, aber sichtbar belassen; wie der Keller aus dem 18. Jahrhundert. Dendrochronologische Untersuchungen von Hölzern ergaben eine Erbauungszeit in den Jahren 1186 und 1187, ebenso Vergleiche von Schmuckformen mit Bauten der Umgebung; wahrscheinlich errichtet als kaiserliche Vogtei vor dem Hoftag Friedrich I. in Seligenstadt 1188. Die letzte umfassende Renovierung 1984 abgeschlossen. (k, w, g, s)

oben: Hofansicht, Zustand 1979
links: Hofansicht, Blick vom Rathausturm

rechte Seite: Rekonstruktionen von Grundriß, Fassade, Fenster und Innenraum, Zeichnungen Th. Ludwig, 1987
Innenraum im 1. Obergeschoß

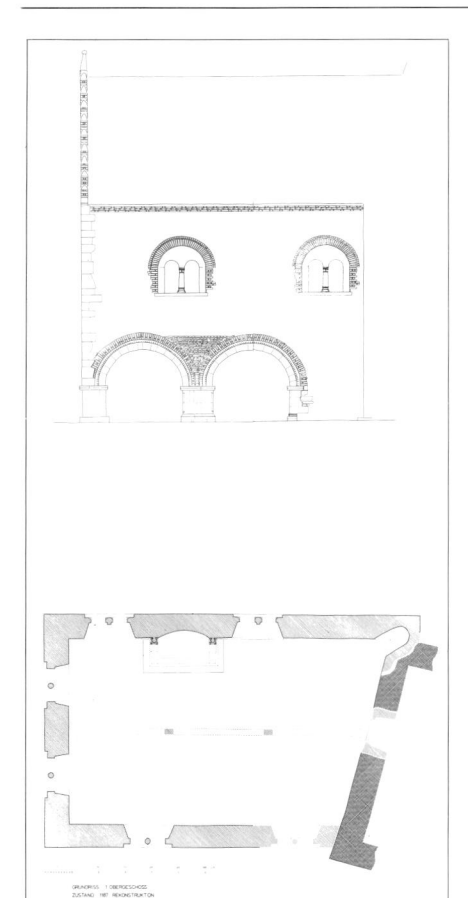

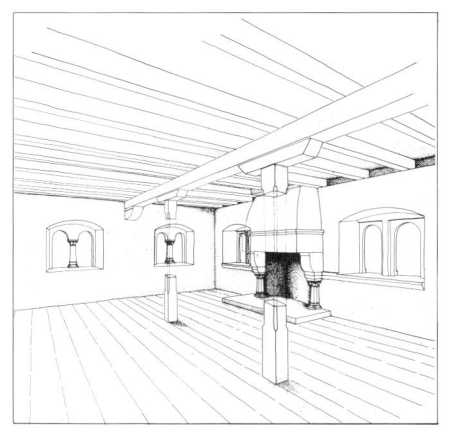

Kulturdenkmäler · Seligenstadt

Seligenstadt — Kulturdenkmäler

Große Salzgasse

Große Salzgasse 3 Fl. 1 Flst. 200

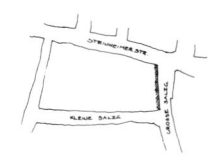

Eckbau an einer Erweiterung innerhalb der Großen Salzgasse mit massivem Erdgeschoß und Torbogen mit Datum 1604. Der Eckständer des im 18. Jahrhundert veränderten Fachwerkobergeschosses datiert 1605. Das Gebäude setzt sich ähnlich – hier in der Substanz stärker modern verändert – im traufständig anschließenden Nachbarhaus 5 fort. Durch den Vorsprung in die Straßenflucht bietet der Bau einen markanten Blickpunkt von der Frankfurter Straße aus. (w, s)

Große Salzgasse 3/5

Große Salzgasse 4 Fl. 1 Flst. 250

Traufständiges verputztes Fachwerkhaus des frühen 18. Jahrhunderts in Eckposition an der Einmündung Kleine Salzgasse. Hier Giebel und überbaute Hofeinfahrt, im Obergeschoß geschnitztes, überdachtes Gehäuse auf Steinkonsole mit neuerer Christusfigur. Nach der Fensterstellung weitgehend erhaltenes barockes Fachwerk mit Zierformen zu erwarten. Mit 6 geschlossene Fachwerktraufwand zwischen Steinheimer Straße und Kleiner Salzgasse. (k, s)

Große Salzgasse 11 Fl. 1
Flst. 206

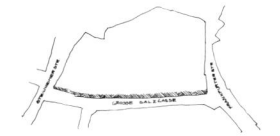

Traufständiges Fachwerkhaus aus der 2. Hälfte des 18. Jahrhunderts mit überbauter Hofeinfahrt, die Erdgeschoßwand verkleidet. Im Obergeschoß gängige Figurationen der Zeit – weitgespreizter Mann, gebogene Fußbänder, Feuerbock. Mit Nachbarhaus Nr. 13 lange, fast spiegelsymmetrische Fachwerkfassade gegenüber der Einmündung der Kleinen Salzgasse. (k, s)

Große Salzgasse 13 Fl. 1
Flst. 207/2

Fachwerkhaus in Traufenstellung mit verputztem Erdgeschoß, Fortsetzung des angrenzenden Hauses 11 in ähnlicher, nahezu spiegelbildlicher Fachwerkgestaltung, jedoch ohne Hoftor. Die beiden etwa gleichzeitig in der 2. Hälfte des 18. Jahrhunderts entstandenen Gebäude wirken im Straßenbild als Einheit. (k, s)

Große Salzgasse 4

Hospitalstraße

Kleine Fischergasse

Hospitalstraße 2/4 Fl. 1
Flst. 177/1, 177/3

Hospitalstraße 2/4, Hofseite

Hospitalstraße 2/4, Ansicht Hospitalstraße

Kleine Gruppe aus zwei leicht versetzten, traufständigen Bauten mit niedrigem, massivem Erdgeschoß. Das Fachwerkobergeschoß mit altertümlichen, dem 16. Jahrhundert zugehörigen Merkmalen wie weitem Geschoßüberstand – bei 4 hof- und straßenseitig auf Knaggen –, außerdem geschoßhohe, leicht gebogene Streben und gerade Fußbänder; relativ steile Dachneigung. Geschnitzte Knaggen, Schwellenprofilierung und die Verstrebungsfigur eines Eckständers sind Elemente des 17. Jahrhunderts. Der Giebel von 2 bildet gegenüber der Einmündung Kleine Rathausgasse den Endpunkt des Straßenraumes vom Marktplatz aus. (w, s)

Kulturdenkmäler   Seligenstadt

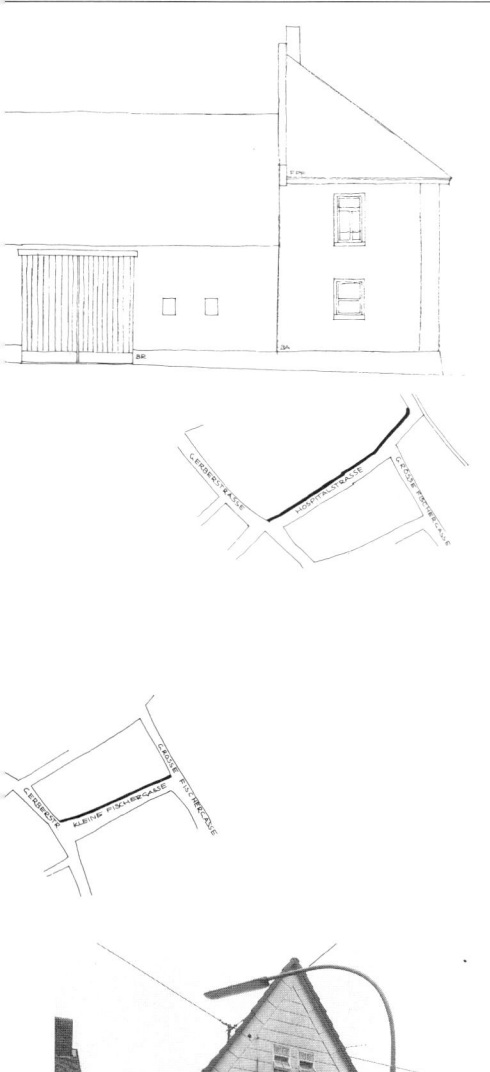

Jakobstraße 2 Fl. 1
Flst. 1389

Nordhälfte des verputzten Hauses Bachgasse 1, vollständig verkleidet, mit neuen Fenstereinbauten. Wie bei Bachgasse 1 Geschoßüberstand an der Traufseite, sehr niedriges Erdgeschoß; ähnliches altertümliches Fachwerk (16. Jahrhundert ?) zu erwarten. Nahe der platzartigen Erweiterung der Aschaffenburger Straße besitzt die dorthin orientierte Giebelfront städtebauliche Wirkung.   (w, s)

Kapellenstraße Fl. 4
Mariensäule Flst. 450/5

Barocke Marienfigur mit Kind auf früher hoher, jetzt verkürzter Säule, im reichen Kapitell Engelsköpfe und Inschrift mit Entstehungsdatum 1704. Die Sandsteinsäule stand ursprünglich auf dem alten Friedhof. Heutiger Standort in der Pfarrkirche St. Marien.   (k, g)

oben rechts: Ursprünglicher Standort auf dem alten Friedhof, Aufnahme 1960

Kleine Fischergasse 9 Fl. 1
Flst. 121

Vollständig verputztes Fachwerkhaus in Ecklage und damit städtebaulich prägnanter Situation, die breite Giebelfassade mit Krüppelwalm zur Gerberstraße orientiert. Der Sandsteinbogen des Hoftores mit Inschrift SB 1592; nach den Proportionen des Hauses möglicherweise Fachwerk dieser Zeit erhalten.   (w, s)

339

Seligenstadt — Kulturdenkmäler

Kleine Maingasse

Kleine Maingasse 1
Fl. 1
Flst. 83/1

Dreigeschossiges Wohnhaus mit Walmdach und zweifachem Geschoßvorsprung mit Brettverschalung, sonst verputzt. Aufgrund von Fensteranordnung und Proportionen ist vollständiges barockes Zierfachwerk des 18. Jahrhunderts anzunehmen, in etwa vergleichbar dem ebenfalls dreigeschossigen Bau Große Maingasse 6. In wichtiger städtebaulicher Position am Übergang vom Freihofplatz zur Kleinen Maingasse ist das durch seine Dimension auffallende Haus Anfang einer geschlossenen Zeile.
(k, s)

Kleine Maingasse 2
Fl. 1
Flst. 36

Dreigeschossiges traufständiges Wohngebäude auf massivem Erdgeschoß mit inschriftlich datierten Fenstergewänden von 1703 – möglicherweise wiederverwandt – sowie 1818 und 1905. Die Daten beziehen sich auf Umbauten des wahrscheinlich nachträglich aufgestockten Hauses mit vorher vorhandener Hofeinfahrt. In den Obergeschossen Schieferverkleidung mit Horizontalbändern zur Gliederung von Brüstung und Geschoßteilung. Überleitung vom Freihofplatz in die Kleine Maingasse.
(w, s)

Kleine Maingasse 3
Fl. 1
Flst. 82

Langgestreckter Traufenbau mit fast vollständigem Fachwerk aus der Mitte des 18. Jahrhunderts in der für die Zeit typischen Gestaltung mit Mann, Feuerböcken, gebogenen Fußbändern, Karnies. Im Erdgeschoß kleinere Veränderungen. Durch Länge und Fachwerkqualität für das Straßenbild bedeutende Fassade.
(k, s)

Kulturdenkmäler   Seligenstadt

Kleine Maingasse 4   Fl. 1 Flst. 37

Giebelhaus mit seitlicher Überbauung des Hoftores mit Pforte, die Einfahrt oben abgerundet durch gebogene Kopfbänder. Der Hauptbau mit Merkmalen des späten 15. Jahrhunderts: Wandständerbau, Traufe mit gebogenen Streben und Bändern, aufgeblattete Riegel, Überstand des Obergeschosses giebelseitig ursprünglich auf Knaggen; Erneuerung und Anbau 18. Jahrhundert. Von städtebaulicher Prägnanz an der Einmündung zum Freihofplatz.

(k, w, s)

Kleine Maingasse 5   Fl. 1 Flst. 80

Typischer Kleinackerbürgerhof als zweigeschossiges Traufenhaus mit überbauter Hofeinfahrt, um 1800, mit verputztem Erdgeschoß. Bestandteil des Ensembles in der Kleinen Maingasse, in der dieser Bautyp überwiegt. (s)

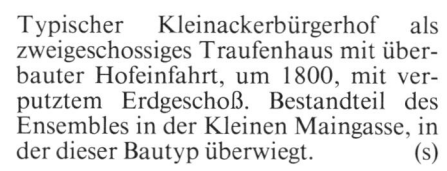

Kleine Maingasse 7   Fl. 1 Flst. 79

Voluminöses, durch großes Mansarddach und breite Giebelfront mit Krüppelwalm in der Reihe dominierendes Gebäude des 18. Jahrhunderts; ganz verputzt mit vermutlich kaum verändertem Fachwerk. Am Ort ungewöhnlicher Haustyp, vergleichbar Palatiumstraße 12. Ähnlich großvolumiger Mansarddachtyp auch gegenüber bei Römerstraße 10.

(w, s)

341

Seligenstadt — Kulturdenkmäler

Kleine Maingasse 7, Hinterbau Fl. 1 Flst. 79

Bescheidenes, im Hinterbereich der Kleinen Maingasse traufständiges Fachwerkhaus mit verputzter Giebelwand. Neben der steilen Dachneigung altertümliche Merkmale des Fachwerks in der Vorkragung des Obergeschosses mit erhaltener Knagge; Entstehung im frühen 16. Jahrhundert. (w)

Kleine Maingasse 13 Fl. 1 Flst. 74

Durchgreifend erneuertes Haus in der hinteren Zone der Kleinen Maingasse, in der hauptsächlich Nebengebäude angesiedelt sind. Bauteile des frühen 16. Jahrhunderts, wie gebogene, sich überkreuzende Streben und Bänder der Eck- und Bundpfosten vergleichbar Beispielen in der Großen Fischergasse, traufseitig deutlicher Geschoßvorsprung. Durch erhöhte Lage und Freistellung auffälliges Gebäude. (w, s)

Kleine Maingasse 15 Fl. 1 Flst. 75

Schmaler Traufenbau als Verbindungsstück zwischen der Bebauung Maingasse und Haus Nr. 13, bescheiden und im Fachwerk verändert, jedoch Geschoßüberstand und sonstige Merkmale des Fachwerks vergleichbar 13. Wohl um dieselbe Zeit im frühen 16. Jahrhundert entstanden; zusammenhängende bauliche Einheit. (w)

Kleine Maingasse 18
Gasthaus Mainterrasse Fl. 1 Flst. 98/1

Kleine Maingasse 18

Baugruppe aus gotischen und barocken Teilen. Massiver Treppengiebel mit Kreuzstockfenstern und zum First geführtem Kamin, 16. Jahrhundert, auf der Stadtmauer errichtet; hofseitig jüngeres Fachwerk. Südlich anschließend massiver Barockbau mit Mansardwalmdach und Sandsteingewänden, ein vermauertes profiliertes Portalgewände an der Kleinen Maingasse mit Inschrift 17IB37. Das Fachwerkobergeschoß dort auskragend, mit typischen Zierformen des 18. Jahrhunderts. In der an Fischergasse 1 angrenzenden Hofmauer ein Rundbogenportal mit Mannpforte, profiliert mit Rosetten, an der Basis Diamantquader, ähnlich dem Torbogen Freihofstraße 8, um 1600. Die Mainansicht des Komplexes – der Stufengiebel ist schon bei Merian 1646 abgebildet – bleibt trotz der Beeinträchtigung durch einen modernen Veranda-Anbau wichtiges Charakteristikum des Stadtbildes. (k, w, s)

Kleine Maingasse 18, Hoftor

Kleine Maingasse 19   Fl. 1 / Flst. 71

Traufständiges Fachwerkhaus mit (neuer) Datierung 1590. Kräftiges Fachwerk im Obergeschoß mit deutlichem Geschoßüberstand, geschnitztem Eckpfosten, Mannfiguren mit geschnitzten Knaggen. Gründerzeitliche Fenstergewände, eine Giebelseite verschiefert. Qualitätvoller Bau im Ensemble der Kleinen Maingasse. (k, w, s)

Kleine Maingasse 21   Fl. 1 / Flst. 70

Fachwerk mit weitgehend vollständigem Gefüge, traufständig, in der überbauten Rundbogen-Toreinfahrt inschriftliches Datum 1698. Die beiden Häuser 19 und 21 bilden eine am Ort typische geschlossene Zeile von Ackerbürgerhöfen, hier mit gemeinsamer Hofeinfahrt; eine in weiten Bereichen das Stadtbild bestimmende Bauform. (k, w, s)

Kleine Maingasse 19, Eckpfosten

Seligenstadt

Kleine Rathausgasse

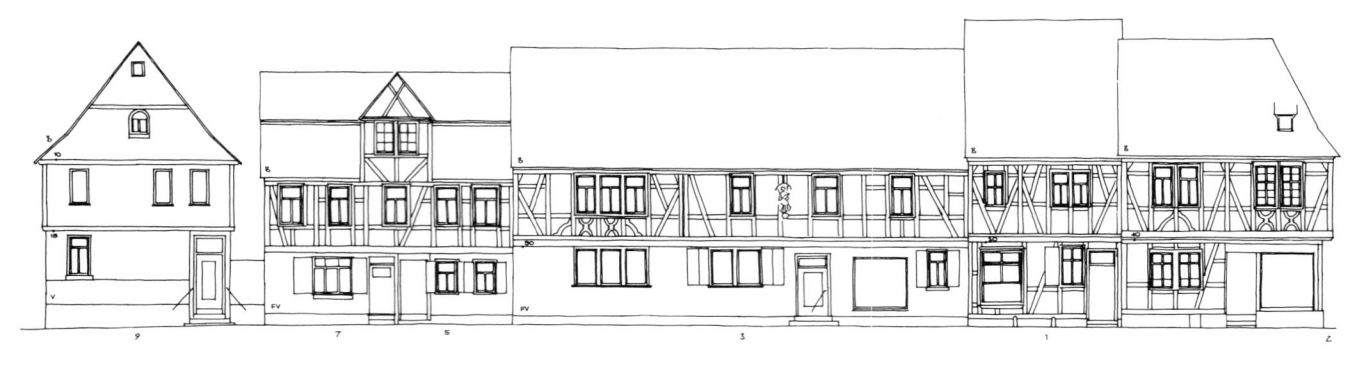

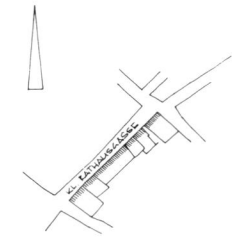

Kleine Rathausgasse 1
Fl. 1
Flst. 153

Kleines traufständiges Haus, Abschnitt der geschlossenen Zeile. Fachwerk des 18. Jahrhunderts mit Mannfigur im Obergeschoß, Schwellenprofil mit Überstand, sonst schmucklos. Teil des Ensembles in Nähe des Marktplatzes. (s)

Kleine Rathausgasse 2
Fl. 1
Flst. 171

Eckbau mit Giebel zur Kleinen Rathausgasse; an das Haus Marktplatz 13 so anschließend, daß eine symmetrische Baueinheit zum Marktplatz entsteht, die durch die einheitliche Verkleidung des Obergeschosses vervollständigt wird; Entstehung dieses Bauteils 17./18. Jahrhundert. Im Erdgeschoß neuer Ladeneinbau, in der Kleinen Rathausgasse schmaler traufständiger, jüngerer Anbau mit regelmäßiger Fensterreihung. (s)

Kleine Rathausgasse 3
Fl. 1
Flst. 151/1

Langgestreckter Traufenbau mit massiv erneuertem Erdgeschoß; im Obergeschoß Figurationen des 18. Jahrhunderts: Eckstreben mit Gegenstrebe, gebogene Fußbänder und Feuerböcke in der Brüstung. Wesentlicher Abschnitt der geschlossenen Zeile, damit das Straßenbild zwischen Marktplatz und Gerberstraße maßgeblich bestimmend. (k, s)

Kulturdenkmäler — Seligenstadt

Kleine Rathausgasse

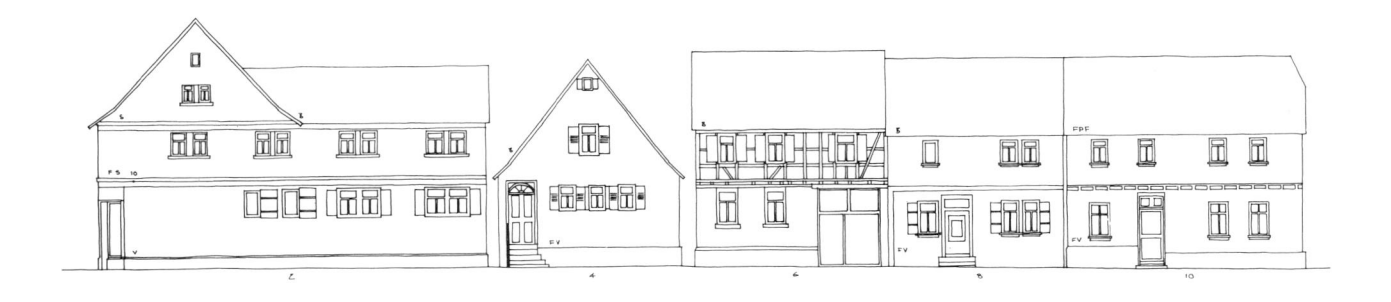

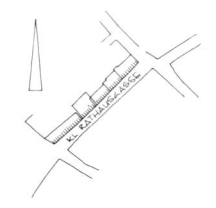

Kleine Rathausgasse 9
Fl. 1
Flst. 147/3

Giebelständiges Wohnhaus an der Ecke Gerberstraße mit hohem massivem Erdgeschoß, der Fachwerkaufbau vollständig verputzt. Proportionen und die Fensterreihe der Traufseite sprechen für regelmäßiges spätbarockes Fachwerk. Das Gebäude wirkt durch Höhe und Versatz in die Straßenflucht beherrschend für den nördlichen Abschnitt der Gerberstraße. (k, s)

Kleine Rathausgasse 10
Fl. 1
Flst. 176

Schmales Wohnhaus in Ecklage. Entstehung im ausgehenden 18. Jahrhundert. Merkmale sind gerade Hölzer, Mannfigur im Obergeschoß, der Verzicht auf Geschoßvorkragung und Schwellenbetonung; kleiner Krüppelwalm. Beispiel für eine späte Phase der Fachwerkbebauung innerhalb der Altstadt, in städtebaulich bedeutender Position. (w, s)

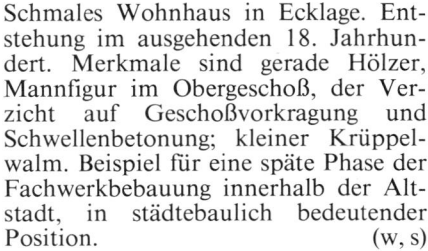

Kleine Salzgasse 6
Fl. 1
Flst. 256/1

Traufständiges Fachwerkhaus mit überbautem Hoftor. Unter Putz wohl barockes Fachwerk mit typischen Zierformen der Mitte des 18. Jahrhunderts, entsprechend dem der Bauten des gleichen Typs, etwa in der Rosengasse oder Großen Salzgasse. Durch Abbruch des Nachbarhauses nun in Ecklage; an der entstandenen Freifläche kommt der Bau verstärkt zur Wirkung. (s)

Seligenstadt — Kulturdenkmäler

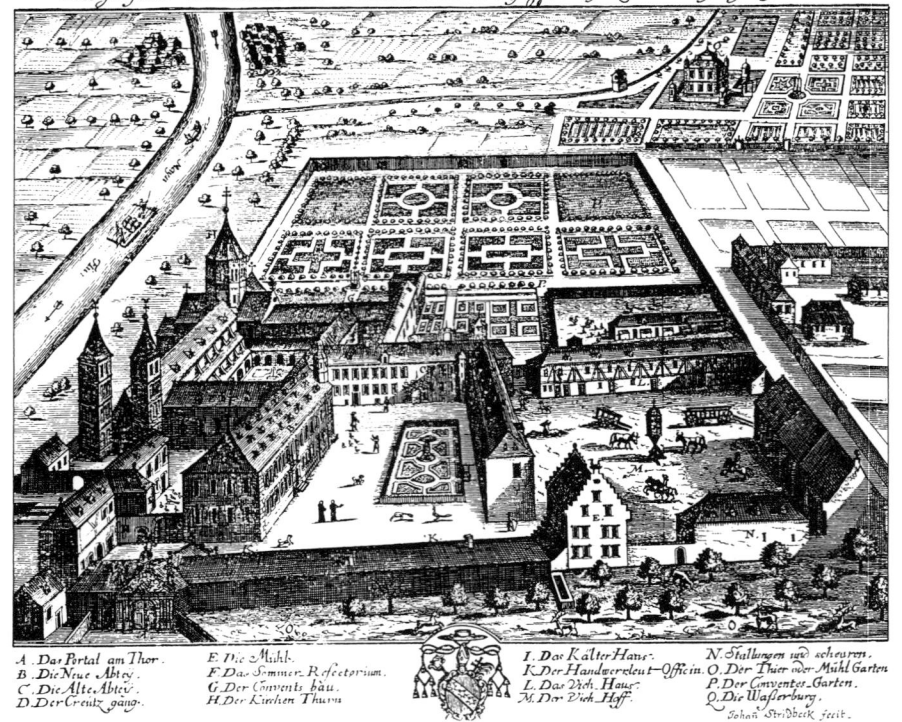

Abteianlage nach J. Weinckens, Kupferstich von Johann Stridbeck, 1707

Lageplan von 1812

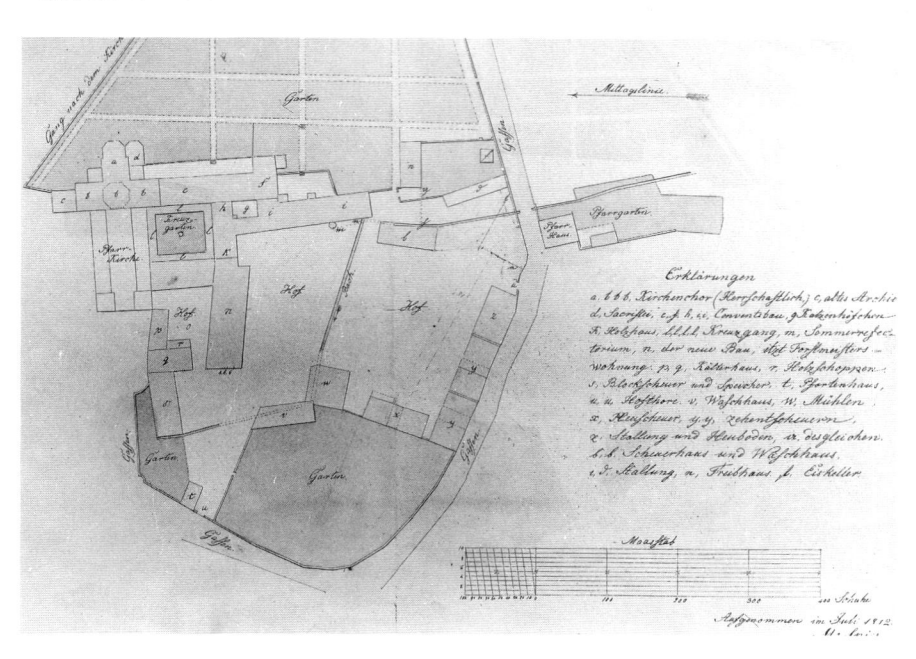

Klosterhof
Ehemalige Benediktiner-Abtei
Fl. 1 Flst. 9–16

Die südlich an die Abteikirche grenzende Klosteranlage geht wie diese auf eine karolingische Gründung zurück; älteste erhaltene Bauteile sind in das 11. Jahrhundert zu datieren. Die heute vorhandenen einfachen Bauten der letzten Blütezeit um 1700 haben die frühere Anordnung im wesentlichen beibehalten. An wichtigen Bestandteilen der Sachgesamtheit sind zu nennen:

Zwei erhaltene Flügel des Kreuzganges aus dem 18. Jh.; der Kreuzgarten mit Ziehbrunnen um 1700; das ehemalige Sommerrefektorium mit Teilen des 11. Jh., Türen, Fenster und scheinarchitektonische Ausmalung um 1730; der Krankenbau des 16. Jh. auf Fundamenten des 11. Jh., im Untergeschoß Saal mit Holzsäule; der Konventbau von 1685 mit Stuckdecke von 1730 im Refektorium, im Ober- und Untergeschoß ehemalige Gemeinschaftsräume und Zellen.

Südlich anschließend die sog. Alte Abtei von 1686; nicht mehr vorhanden der früher rechtwinklig dazu gelegene Handwerkerbau.

Der Klosterhof wird nördlich begrenzt und beherrscht von der Neuen Abtei oder Prälatur (heute Museum) von 1699, ehemals Abtswohnung und Gästehaus. Der Kaisersaal im Obergeschoß, zwei Nebenräume und ein Kabinett mit Deckenstuck 1705–06, wahrscheinlich von Johann Jakob Vogel, Bamberg; Bibliothekssaal mit Ausmalung um 1731 mit italienischem Einfluß; in der Südostecke schlanker Treppenturm um 1620.

Die zweigeschossige Klosterküche mit Rauchfang auf spätgotischer Säule, ein Durchreichefenster für die Armenspeisung mit Reiminschrift.

Die ehemalige Klostermühle von 1547, ein massiver Steinbau mit Stufengiebel, liegt nördlich des Hofes, daneben die Orangerie; im Osten der barocke, geometrisch angelegte Konventgarten, auf der Balustrade Putten um 1720. Statuen des Einhard, Pietà und Constantia von 1722. Im Prälaturgarten Teile einer Mariengruppe, 1734 von J. Georg Rieger.

In der Umfriedungsmauer ist im Westen am Freihofplatz das Portal eines abgebrochenen Torhauses von 1701 eingesetzt, in einer Ecknische die Sandsteinfigur des Erzengels Gabriel von 1729. Das Südportal („Grünes Tor") zur Aschaffenburger Straße mit Figurenbekrönung 1720, daneben ein Wappenstein in die Mauer eingelassen. (k, w, g, s)

Konventbau, Basilika und Konventgarten von Südosten

Kreuzgarten mit Kreuzgang

Prälatur, Portal

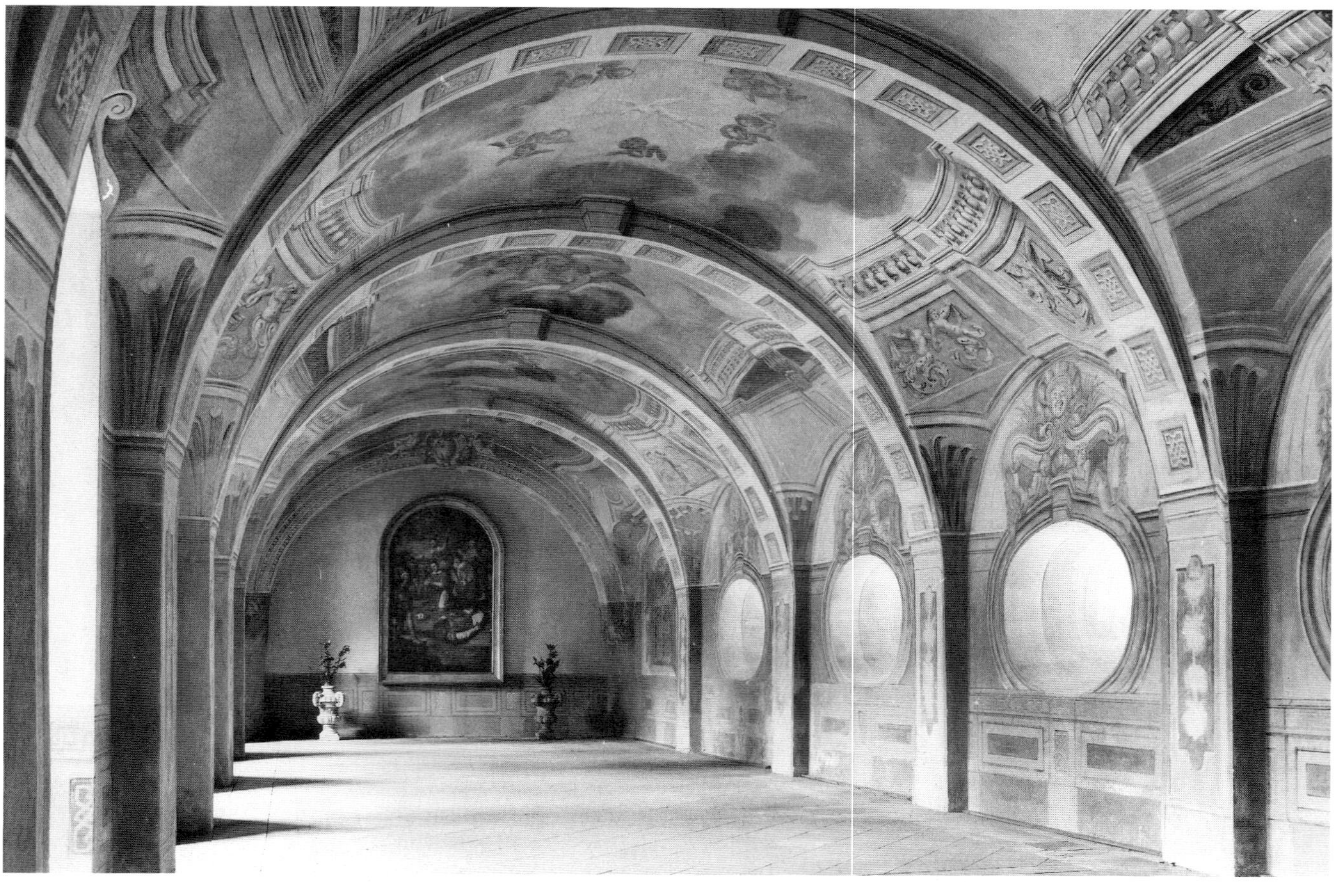

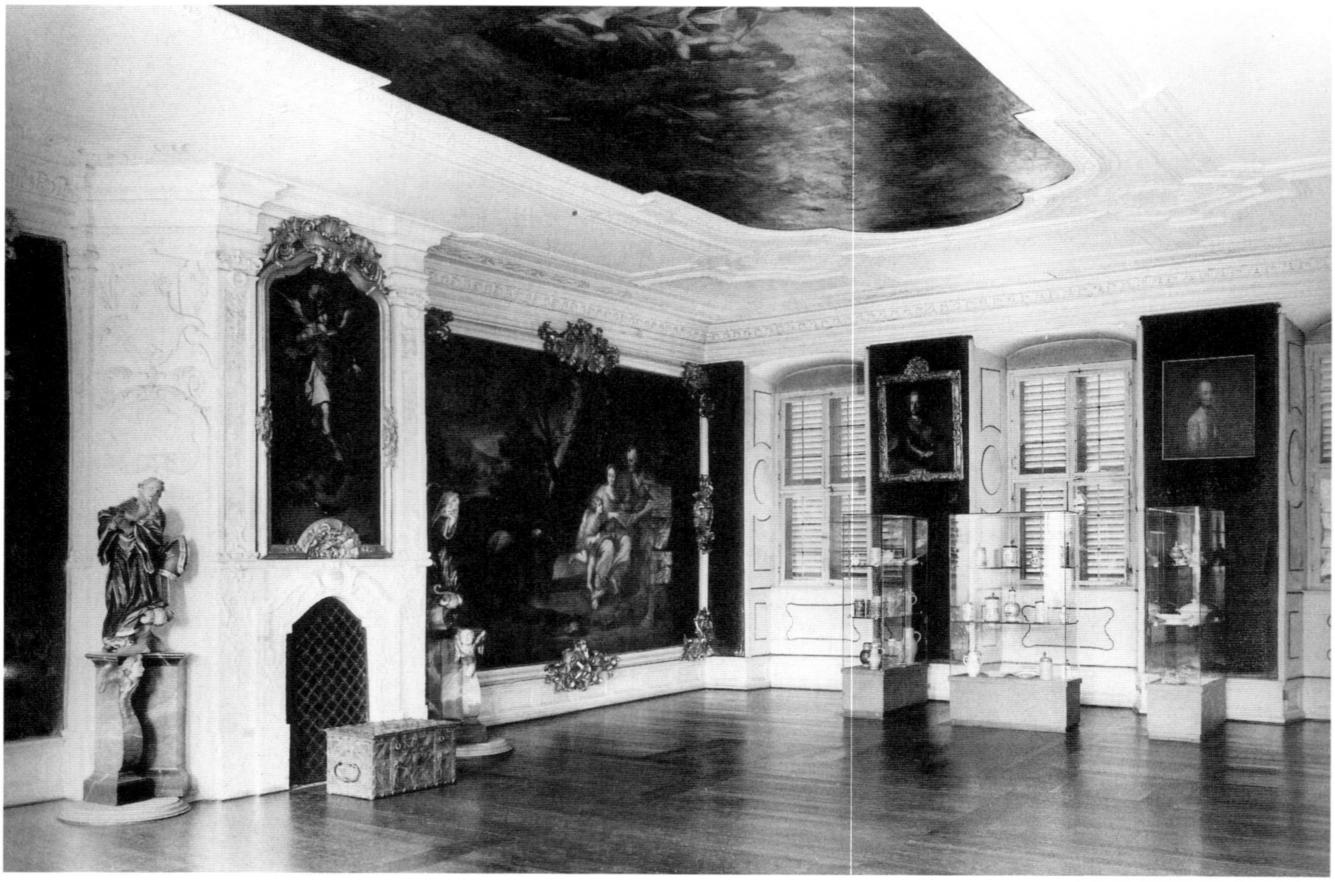

Kulturdenkmäler   Seligenstadt

1 Alkovenwand des Kaiserkabinetts
2 Klosterküche
3 Ziehbrunnen im Kreuzgarten
4 Hauptportal am Freihofplatz
5 „Grünes Tor", Aschaffenburger Straße
6 Erzengel Gabriel, Freihofplatz
7 Abtswappen in der Klostermauer
8 Klostermühle
9 Orangerie
10 Einhardgruppe im Konventgarten

linke Seite: Sommerrefektorium
Kaisersaal in der Prälatur

Seligenstadt — Kulturdenkmäler

Mainuferweg Fl. 1
Wehrturm Flst. 351

Nördliche Eckbefestigung am Mainufer, wie der entsprechende südliche „Pulverturm" am Friedhof 1462 anläßlich der Mainzer Kurfehde erbauter Wehrturm mit gemauertem Spitzhelm, achteckigem Umgang auf Bogenkonsolen, viereckigen Lichtöffnungen, Schießscharten; Zugänge mit Rundbögen. 1598 als „Mulaul" bezeichnet, nach der benachbarten ehemaligen Stadtmühle; früher auch Gefängnis. Wichtiges Element des Uferpanoramas. (w, g, s)

Kaiserpfalz

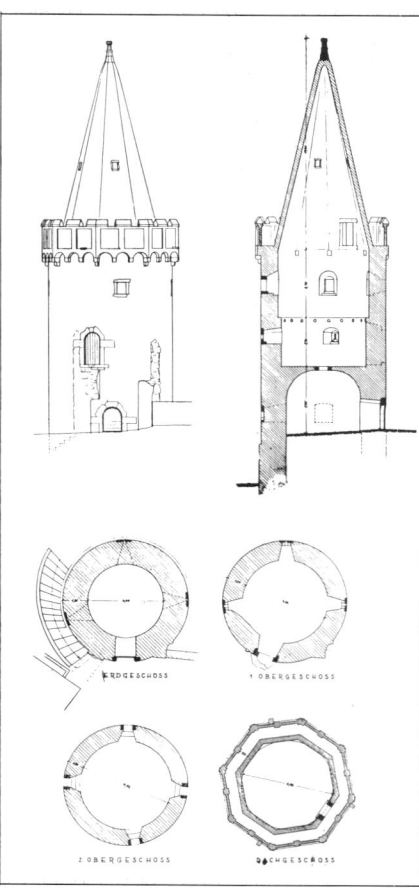

Mainuferweg/Alter Friedhof Fl. 1
Wehrturm Flst. 4/1, 1567/60

Südöstlicher Eckpfeiler der Stadtbefestigung, 1462 durch das Kloster erbaut. Rundturm mit spitzem, kegelförmigem Helm aus Stein und auf Rundbögen mit Konsolen vorkragendem achteckigem Umgang; im Mauerwerk kleine Lichtöffnungen, Schießscharte, Türgewände mit Eselsrücken. 1521 „pfar bolwergk" genannt nach der Lage bei der ehemaligen, 1817 abgerissenen Pfarrkirche; heute wie der fast gleiche, weiter nördlich am Main stehende Rundturm als „Pulverturm" bezeichnet. (w, g, s)

Kulturdenkmäler — Seligenstadt

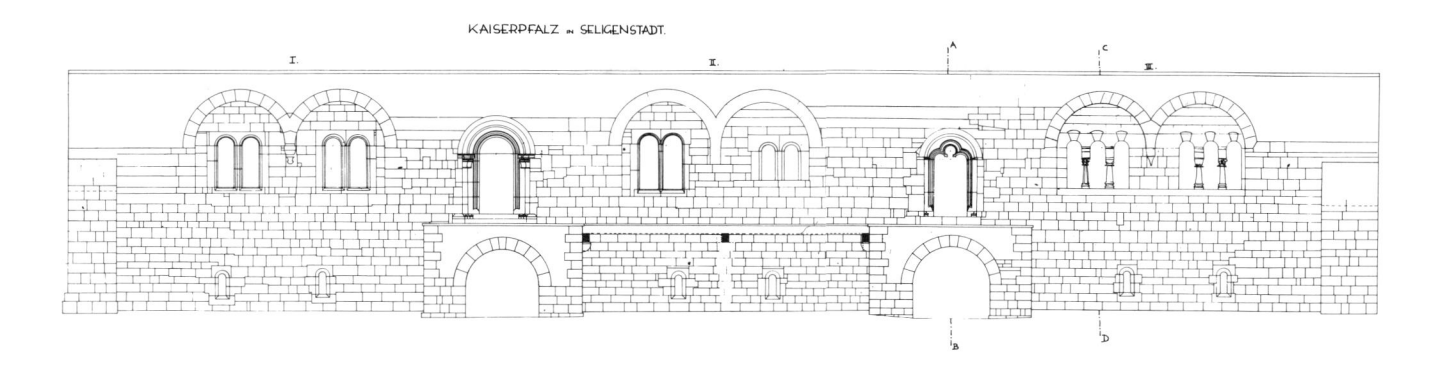

Mainuferweg/Große Fischergasse Fl. 1
Kaiserpfalz (Palatium) Flst. 97/2, 98/2

Neben der häufig vertretenen Annahme einer Errichtung des staufischen Palatiums in der 1. Hälfte des 13. Jahrhunderts als Jagd- und Wohnschloß Kaiser Friedrich II. geht eine andere Theorie von einer Entstehung noch im ausgehenden 12. Jahrhundert unter Friedrich I. aus, der hier 1188 einen Hoftag abhielt. Die Mainfassade des im 13. Jahrhundert als „castrum", im 14. Jahrhundert auch als „keysirhus" oder „rotes Schloß" bezeichneten Baues ohne Wehrcharakter wurde nach Brandzerstörung in die 1462 ausgebaute Stadtmauer einbezogen, 1883 und 1938 freigelegt und ergänzt.

Der rechteckige Quaderbau von 46 und 13 (10) m Kantenlänge aus rotem Mainsandstein ist strategisch günstig am Scheitel eines Mainbogens gelegen. In der Ruine sind die Erdgeschoß-Außenmauern und die Mainfront bis zum Traufgesims des Obergeschosses erhalten. Die Repräsentationsfassade zum Main symmetrisch gegliedert, mit vorgelagertem großem Altan, kleinen Rundbogenfenstern und Eingängen in den gewölbten Vorbauten; über diesen im Obergeschoß zwei Altanpforten, die östliche mit Blattkapitellen und Tympanon, die westliche mit Kleeblattbogen; im Wechsel dazu drei doppelte Blendnischen über zwei- und dreiteiligen Fensterarkaden in differenzierter Gestaltung, teilweise kurz nach der Erbauung verändert. Anhand der Fassadenanordnung kann auf eine innere Raumaufteilung mit Halle und Balkendecke auf Stützen im Erdgeschoß, Fest- und Wohngemächern im Obergeschoß geschlossen werden. Einzelheiten zeigen Verwandtschaft mit Details weiterer örtlicher Bauten, des Romanischen Hauses und der Abteikirche. (k, w, g, s)

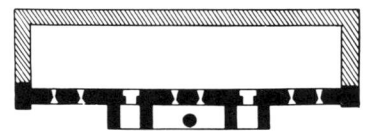

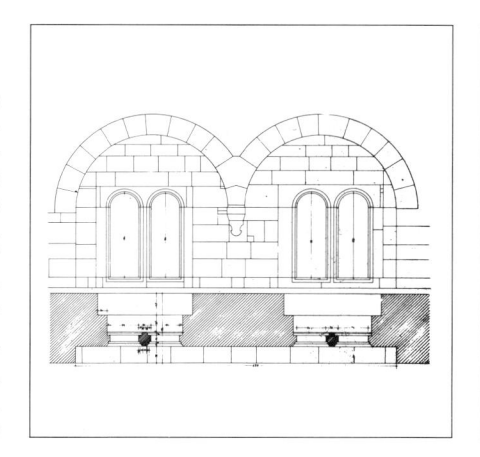

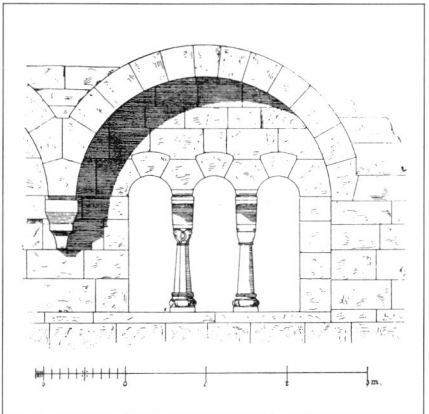

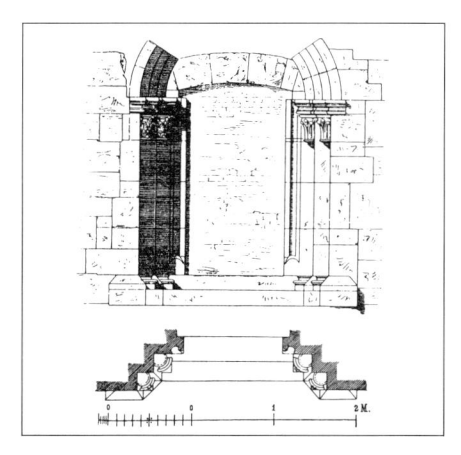

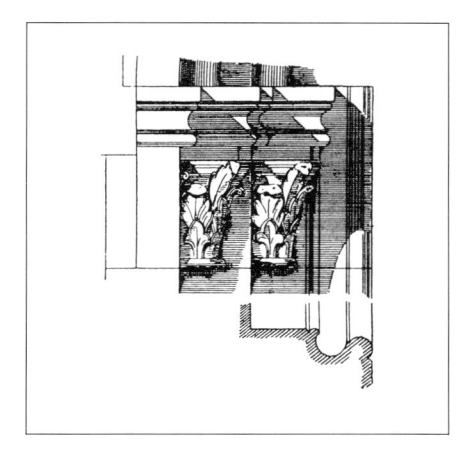

Seligenstadt — Kulturdenkmäler

Marktplatz

Marktplatz, Aufnahme 1937

Marktplatz 1 Fl. 1
Rathaus Flst. 163/1

Der klassizistische Neubau in Nachfolge der Moller-Tradition wurde 1823 anstelle eines Fachwerk-Rathauses von 1539 – der Gründungsstein ist in der Außenwand eingelassen – nach Entwurf von G. Lerch errichtet; ähnlich sein Rathaus in Langen 1826–27. Der kubische, in der äußeren Gliederung zweigeschossige Bau auf nahezu quadratischem Grundriß mit flachem Satteldach und hohem Glockenturm schiebt sich aus der Flucht des südöstlichen Marktplatzrandes vor und dominiert durch Maßstab und Dimension inmitten der eher kleinteiligen Fachwerkbebauung. Die Hauptfassade fünfachsig mit offener Arkadenhalle, darüber hohe Rundbogenfenster mit verbindendem Kämpfergesims und vorgelagertem Balkon. Das Konsolgesims des flachen Dreiecksgiebels, Gurtgesimse, Gewände und Pfeiler heben sich in Sandstein von der hellen Putzfassade ab. Rückwärtig neue Erweiterung. Der zweigeschossige Mittelturm überragt weit sichtbar die Stadtsilhouette. (k, g, s)

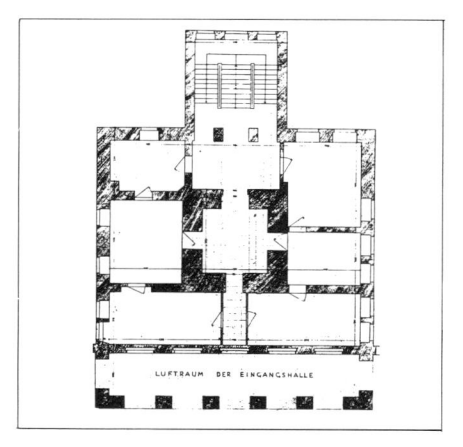

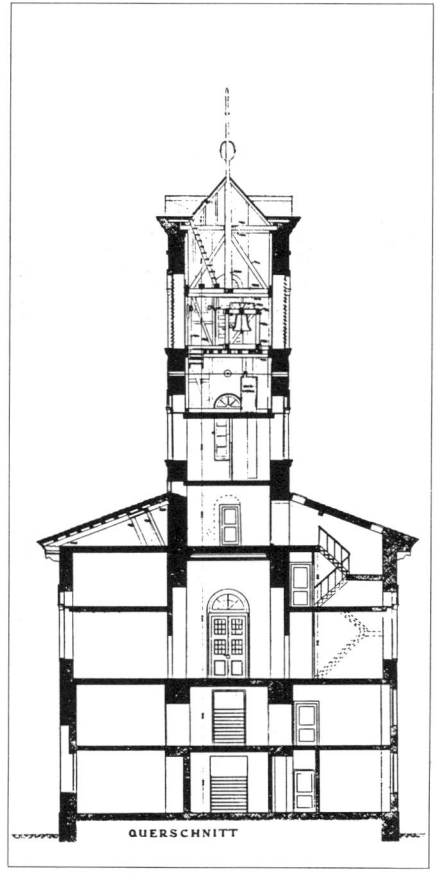

Seligenstadt — Kulturdenkmäler

Marktplatz 2 Fl. 1
 Flst. 157

Repräsentatives dreigeschossiges Traufenhaus mit aufwendiger Schnitzerei in den Fachwerkobergeschossen. Die Eckständer mit hier seltenen figürlichen Darstellungen – Mann mit Pluderhosen – um 1600; spätere Veränderungen, im Erdgeschoß moderner Laden. Im Gegensatz zur westlichen Marktplatzseite bildet die Bebauung dieser Seite eine Traufenzeile, aus der sich das Rathaus hervorhebt. (k, s)

Marktplatz 2, Eckpfosten
Marktplatz 3, Haustüren

Marktplatz 3 Fl. 1
Frankfurter Hof Flst. 947

In wesentlichen Teilen erneuertes Eckgebäude in zentraler Position am Übergang vom Marktplatz zur Aschaffenburger Straße. Im Obergeschoß verputztes Fachwerk, Krüppelwalm. Bemerkenswerte Sachteile: Holztür an der Wolfstraße, Zopfstil um 1800 mit Mainzer Rad; barocke Holztür im Neubau an der Sackgasse mit Kassetten, gedrehter Säule mit Maskarons und reichen Beschlägen, frühes 18. Jahrhundert (Abb. oben). (k, s)

Marktplatz 4 Fl. 1
 Flst. 946/2

Dreigeschossiges schmales und hohes Giebelhaus mit Zierfachwerk – Mannfiguren mit geschnitzten Knaggen, Feuerböcke, Raute – auch an der Traufseite zur Sackgasse. Die Marktfassade durch Fenstereinbauten verändert, im Erdgeschoß Massivwand. Durch das Zusammenwirken mit den ähnlichen, reichen Bürgerhäusern 5 und 9 – alle um 1600 – besonders prägnante Gruppe an der Westseite des Marktplatzes. (k, g, s)

Marktplatz 5 Fl. 1
 Flst. 971

Dreigeschossiges giebelständiges Haus in ähnlichen Proportionen wie 4, ebenso mit kleiner Abwalmung am First und massiver Erdgeschoßwand zum Marktplatz. Noch reichere Fachwerkzier mit Reliefrosetten, durchkreuzten Rauten, ornamentierten Feuerböcken, geschwungenen Streben, geschnitzten Eckpfosten und Knaggen. Giebelseitig in beiden Obergeschossen Veränderungen, neue Datierung 1590. Mit Nr. 4 dominante Gruppe der westlichen Platzseite an der Einmündung der Sackgasse (Abb. S. 335). (k, g, s)

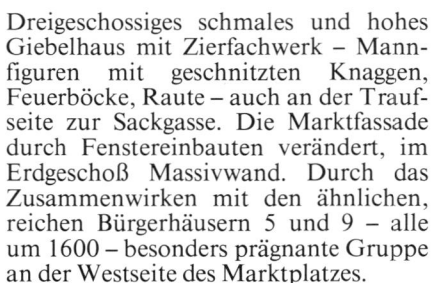

Kulturdenkmäler — Seligenstadt

Marktplatz 5, Giebel

Marktplatz 6   Fl. 1 Flst. 942/2
Gasthof Riesen

Um 1720 erbautes Gasthaus an zentraler Stelle. Breitgelagerter, verputzter Traufenbau mit durch kleinen Dreiecksgiebel und Eingangstreppe betonter Mittelachse, regelmäßiger Fensterreihung im Obergeschoß und überbauter Hofeinfahrt. Grundform ähnlich Gasthof Krone am Freihofplatz, jedoch mit klassizistischer Überformung; im Zwerchgiebel wird gleichzeitig die benachbarte Giebelständigkeit aufgenommen. (k, g, s)

Marktplatz 7   Fl. 1 Flst. 941

An der Einmündung der Frankfurter Straße zurückgesetztes und damit zum Marktplatz überleitendes, dreigeschossiges Giebelhaus. Das zweite Obergeschoß zu Hof und Markt vorkragend, giebelseitig auf vier geschwungenen, davon zwei gekehlten Knaggen. Geschwungene Eckstreben und steile Dachneigung deuten ebenfalls auf eine Entstehung im frühen 16. Jahrhundert. Die Giebelfassade um 1800 erneuert, im Erdgeschoß moderner Ladeneinbau. (w, s)

Marktplatz 8   Fl. 1 Flst. 198

Zweigeschossiges giebelständiges Haus mit doppeltem Geschoßvorsprung: der Fachwerkoberbau auf Steinkonsolen in Renaissanceformen über dem massiven Erdgeschoß, das Dachgeschoß auf zwei gekehlten Knaggen vorkragend; Dach mit Krüppelwalm. Das Fachwerk aus kräftigen Hölzern mit auffälliger Reihung von Andreaskreuzen in der Brüstung des Obergeschosses. Die Sandsteingewände im Erdgeschoß in der 1. Hälfte des 18. Jahrhunderts barock erneuert, die der oberen Geschosse aus Holz formal angeglichen. Ein eingemauerter Schlußstein trägt die Jahreszahl 1599, außerdem ein Wappen mit drei Kleeblättern und Initialen HG. Die Hausmadonna ist ein Werk des 20. Jahrhunderts. Als Bestandteil der den Marktplatz im Nordwesten begrenzenden Vierergruppe von Bedeutung für das Stadtbild. (g, s)

Marktplatz 8, Wappenstein

355

Seligenstadt — Kulturdenkmäler

Marktplatz 9 Fl. 1 Flst. 199

Dreigeschossiges Giebelhaus in schmalen, hohen Proportionen; dominierend an der Nordwestseite des Marktplatzes. Über massivem Erdgeschoß mit seitlichem Rundbogen-Hoftor in zwei Geschossen verändertes Fachwerk mit Feuerböcken und geschwungenen Eckstreben; besonders reicher Giebel mit Rautenfries, geschnitzten Knaggen und Streben, kleiner, auf einer Knagge auskragender Walm. Typus des repräsentativen Bürgerhauses wie Marktplatz 4 und 5, auch Aschaffenburger Straße 11 und 15, aus der Zeit um 1600. (k, g, s)

Marktplatz 10 Fl. 1 Flst. 202
Ehem. Gasthaus zum Ochsen

Zweigeschossiges giebelständiges Haus an der Ecke Steinheimer Straße, Fachwerkaufbau über Massiv-Erdgeschoß auf Steinkonsolen vorkragend. Dort ein profiliertes Rundbogen-Türgewände mit Jahreszahl 1584, das Fenster neu. Ungewöhnliche Fachwerkzier aus überbreiten Pfosten mit Tauschnitzerei und Brüstungsfries aus geschwungenen Rauten, im Giebel holzverschindelt. Die abgewinkelte Torüberbauung aus dem frühen 19. Jahrhundert. (k, g, s)

Marktplatz 11/12 Fl. 1 Flst. 193/1, 193/2

Umfangreiches Eckanwesen mit breitgelagerter zweigeschossiger Fassade zum Marktplatz. Das verputzte Obergeschoß des im Kern aus dem 15./16. Jahrhundert stammenden Gebäudes kragt erheblich vor, jetzt kehlenartig abgerundet. Barocke Überformung mit regelmäßiger Fensterreihe, Zahnschnittgesims und Mansardwalmdach mit Gauben um 1740, im Erdgeschoß neuere Einbauten. (w, g, s)

Marktplatz 13 Fl. 1 Flst. 170

Zweigeschossiger Traufenbau mit Giebel zum Marktplatz, der, ergänzt durch den Anbau Kleine Rathausgasse 2, als Mittelgiebel des dadurch symmetrischen Bauwerks erscheint und einen wichtigen städtebaulichen Akzent setzt. Über modern verändertem Erdgeschoß vollständig verschieferter Fachwerkaufbau mit regelmäßigen Doppelfenstern im Obergeschoß, erbaut im 17./18. Jahrhundert. (s)

Marktplatz 14 Fl. 1 Flst. 167/1
Alte Schmiede

Repräsentativer barocker Eckbau aus der 1. Hälfte des 18. Jahrhunderts mit Mansarddach; das Erdgeschoß verputzt, im Obergeschoß Zierfachwerk von überdurchschnittlicher Qualität mit hohen Mannfiguren und elegant geschwungenen Streben, in der Brüstung Feuerböcke und Rauten. Die Schmiede im Erdgeschoß in seltener Vollständigkeit erhalten, mit teilweise erneuertem Vordach, barocker Holztür mit Kassettierung und Zunftzeichen, kompletter Werkstatt mit Einrichtung (Abb. S. 357). An der Großen Rathausgasse be-

Marktplatz 14, Haustür

merkenswertes überbautes Hoftor mit gekehlten Kopfbändern und Pforte. Einziges original erhaltenes Beispiel eines vorindustriellen Handwerksbetriebs im Kreis, damit von besonderer sozialgeschichtlicher Bedeutung. (k, w, g, s)

Seligenstadt

Alte Schmiede, Aufnahme 1975

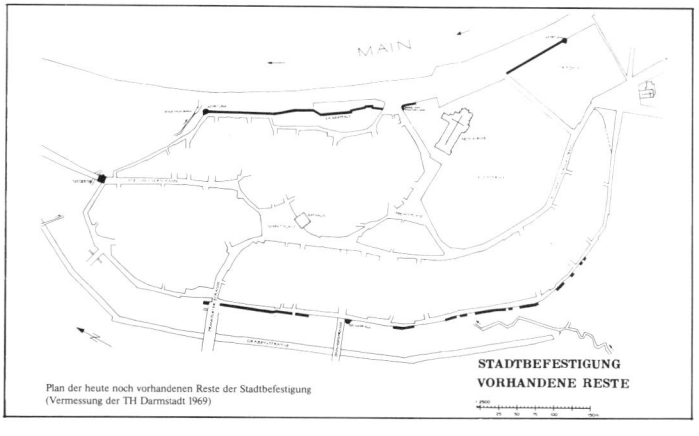

Turm mit Stadtmauer am Main, Aufnahme 1937

Plan der heute noch vorhandenen Reste der Stadtbefestigung
(Vermessung der TH Darmstadt 1969)

STADTBEFESTIGUNG VORHANDENE RESTE

Mauerstraße
Stadtmauer

Reste der mittelalterlichen Stadtbefestigung, 1462–63 verstärkt und erneuert, sind bruchstückhaft in der Mauerstraße, fortlaufend am Mainufer zwischen den durch zwei runde Wehrtürme an der ehemaligen Stadtmühle und am alten Friedhof bezeichneten Eckpunkten erhalten. Der Mauerring – Bruchsteinmauerwerk aus rotem Sandstein – kennzeichnet damit den größten Umfang der mittelalterlichen Stadtanlage, die Kloster, Pfarrkirche und Friedhof, Ober- und Niederstadt einschloß.

(w, g, s)

Mauerstraße/Bahnhofstraße Fl. 1
Stumpfaul Flst. 1001

Turm an der Westseite des ehemaligen Mauerringes, in gedrungenen Proportionen, daher der Name (nach einem Trinkgefäß). Erneuertes, flachkegeliges Dach mit offenem Stuhl und Ziegeldeckung. In der auf Bogenkonsolen vorkragenden Brüstung ein Einschnitt mit innen fortgeführten Steinstufen, früher Anschluß an den ehemaligen Wehrgang. Im 16./17. Jahrhundert Gefängnis.

(w, g, s)

357

Seligenstadt   Kulturdenkmäler

Mohrmühlgasse

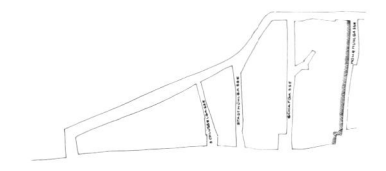

Mohrmühlgasse 3
Fl. 1
Flst. 183/1

Traufständiges, schmales Fachwerkhaus, ganz verputzt. Aus dem leichten Geschoßvorsprung und der ungestörten Fensteranordnung ist ein weitgehend ungestörtes, qualitätvolles Fachwerkgefüge des 18. Jahrhunderts abzuleiten. Durch die im Osten aus der Bauflucht vorgerückte Stellung wirkt der Bau straßenbildbestimmend.   (k, s)

Mohrmühlgasse 12
Fl. 1
Flst. 227/1

Kleines giebelständiges Wohnhaus mit bescheidenem, aber intaktem Fachwerk um 1800; wahrscheinlich älterer Bau mit durchgreifender nachträglicher Umgestaltung (neue Jahreszahl 1679). Die Zweiergruppe Mohrmühlgasse 12/14 bildet den Abschluß der geschlossenen Fachwerkbebauung zum Main hin.   (s)

Mohrmühlgasse 14
Fl. 1
Flst. 288/1

Traufständiger Eckbau am Ortsrand zum Mainufer, der Giebel Teil der Mainansicht. Einfaches konstruktives Fachwerk aus geraden Hölzern ohne Halsriegel, Mannfigur ohne Gegenstreben, leichter Geschoßvorsprung, aus dem 18. Jahrhundert.   (s)

Kulturdenkmäler   Seligenstadt

Palatiumstraße 12 Fl. 1
Flst. 141

Ehemaliges Gasthaus zu den Heiligen drei Königen, entstanden um die Mitte des 17. Jahrhunderts. Kopfbau am Schnittpunkt mehrerer Straßen auf unregelmäßig gebrochenem Grundriß; die breite Giebelfront schließt die gegenüber einmündende Römerstraße optisch ab. Massiv erneuertes Erdgeschoß, darüber holzverschindeltes Fachwerk; der Giebel mit kleinem Walm verschiefert. Umfangreiches Anwesen mit langgestreckten Nebengebäuden in der Gerberstraße. (g, s)

Palatiumstraße 16 Fl. 1
Flst. 135

Giebelständiges Wohnhaus aus der Mitte des 18. Jahrhunderts mit typischen barocken Formen des relativ dünnen Fachwerks, in der Brüstung Feuerböcke. In einer Nische Herz-Jesu-Darstellung des späten 19. Jahrhunderts. Die Fassade kommt auch in der Großen Fischergasse zur Wirkung. (k, s)

Pfarrgasse 3 Fl. 1
Flst. 1457

Giebelständiges Wohnhaus, das Fachwerk traufseitig und im Erdgeschoß verputzt, im Obergeschoß der Straßenfront teilweise verändert. Der Giebel mit markanter Figuration aus hohen Mannfiguren ohne Gegenstrebe, oben zwei Andreaskreuze. Damit vertritt der Bau einen Hoftyp, der überwiegend in den Dörfern des Kreises verbreitet ist und sich von der in Seligenstadt üblichen Traufenbebauung unterscheidet. Mit dem Nachbarhaus 5 hat sich eine Zweiergruppe, erbaut um oder kurz vor 1700, erhalten. (w, s)

Pfarrgasse 5 Fl. 1
Flst. 1456

Giebelständiges Wohnhaus wie Nr. 3, ähnlich in Umfang und Proportionen, verputzt. Traufseitig geringer Geschoßvorsprung, Fachwerk um 1700 nach der Fensterstellung weitgehend erhalten. Beispiel für den in Seligenstadt weniger üblichen und seltener erhaltenen Hakenhof mit seitlichem Hofzugang, so daß die Wohngebäude freistehen; diese Anordnung, hier in Randlage innerhalb der Altstadt, gibt dem Straßenraum ein eher dörfliches Bild. (w, s)

Pfortengasse 6 Fl. 1
Flst. 327

Traufständiges Wohnhaus mit überbautem Hoftor und freier östlicher Giebelwand, die an einer Freifläche besonders zur Geltung kommt. Konstruktives und schmuckloses Fachwerk des 18. Jahrhunderts mit hohen, leicht gekrümmten Streben in ausgewogener Anordnung, die eine prägnante Fassadenstruktur ergibt. (s)

Pfortengasse 8 Fl. 1
Flst. 328/1

An Nr. 6 ebenfalls in Traufenstellung anschließender Bau, jedoch ganz verputzt. Das Fachwerk dürfte dem des Nachbarhauses vergleichbar sein, also konstruktives Gefüge des 18. Jahrhunderts mit leichtem Geschoßüberstand und profilierter Schwelle; der Fensteranordnung nach zu schließen weitgehend intakt. Damit bilden die beiden Häuser eine bauliche Einheit. (s)

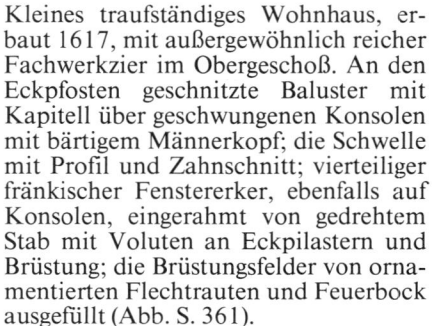

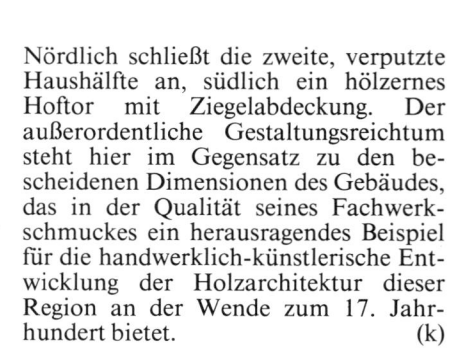

Seligenstadt — Kulturdenkmäler

Römerstraße

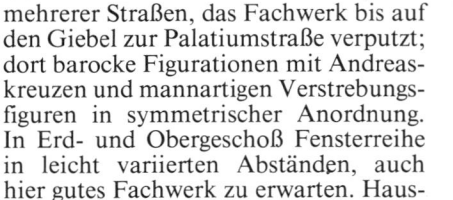

rechte Seite: *Römerstraße 4, Eckpfosten und fränkischer Fenstererker*

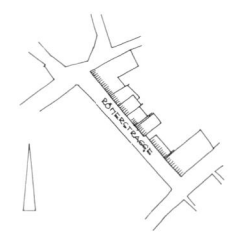

Römerstraße 2 Fl. 1 Flst. 59

Voluminöses Eckhaus am Schnittpunkt mehrerer Straßen, das Fachwerk bis auf den Giebel zur Palatiumstraße verputzt; dort barocke Figurationen mit Andreaskreuzen und mannartigen Verstrebungsfiguren in symmetrischer Anordnung. In Erd- und Obergeschoß Fensterreihe in leicht variierten Abständen, auch hier gutes Fachwerk zu erwarten. Haustür um 1800, zur Römerstraße Hoftor mit Rundbogen. (k, s)

Römerstraße 4 Fl. 1 Flst. 54

Kleines traufständiges Wohnhaus, erbaut 1617, mit außergewöhnlich reicher Fachwerkzier im Obergeschoß. An den Eckpfosten geschnitzte Baluster mit Kapitell über geschwungenen Konsolen mit bärtigem Männerkopf; die Schwelle mit Profil und Zahnschnitt; vierteiliger fränkischer Fenstererker, ebenfalls auf Konsolen, eingerahmt von gedrehtem Stab mit Voluten an Eckpilastern und Brüstung; die Brüstungsfelder von ornamentierten Flechtrauten und Feuerbock ausgefüllt (Abb. S. 361).

Nördlich schließt die zweite, verputzte Haushälfte an, südlich ein hölzernes Hoftor mit Ziegelabdeckung. Der außerordentliche Gestaltungsreichtum steht hier im Gegensatz zu den bescheidenen Dimensionen des Gebäudes, das in der Qualität seines Fachwerkschmuckes ein herausragendes Beispiel für die handwerklich-künstlerische Entwicklung der Holzarchitektur dieser Region an der Wende zum 17. Jahrhundert bietet. (k)

Römerstraße 6
Fl. 1
Flst. 55

Giebelständiges und damit innerhalb der umgebenden Traufenbebauung auffallendes Haus. Straßenseitig einfaches Fachwerk des 18. Jahrhunderts; im Kern möglicherweise älterer Bau mit einseitigem Geschoßüberstand an der Traufseite zum Hof. (w, s)

Römerstraße 8
Fl. 1
Flst. 56

Traufständiges, ganz verputztes Wohnhaus mit leichtem Geschoßvorsprung, im Erdgeschoß erneuert, im Obergeschoß durch Fenstereinbauten gestört; hier vermutlich gutes barockes Fachwerk vorhanden, ein erheblicher Beitrag für das geschlossene Ensemble der Nordzeile Römerstraße. (s)

Römerstraße 10
Ehem. Gasthaus zum Löwen
Fl. 1
Flst. 57

Großvolumiges, eckbeherrschendes Gebäude mit langer Traufe an der Kleinen Maingasse und Mansarddach mit kleinem Krüppelwalm. Der Rundbogen im massiven, erneuerten Erdgeschoß trägt ein Hauswappen mit Ochse und Äskulapschlange, dazu die Jahreszahl 1578. Im Fachwerkaufbau des 18. Jahrhunderts konstruktives Gefüge aus geraden Hölzern mit Mannfiguren ohne Gegenstrebe, symmetrische Giebelgliederung. (g, s)

Seligenstadt — Kulturdenkmäler

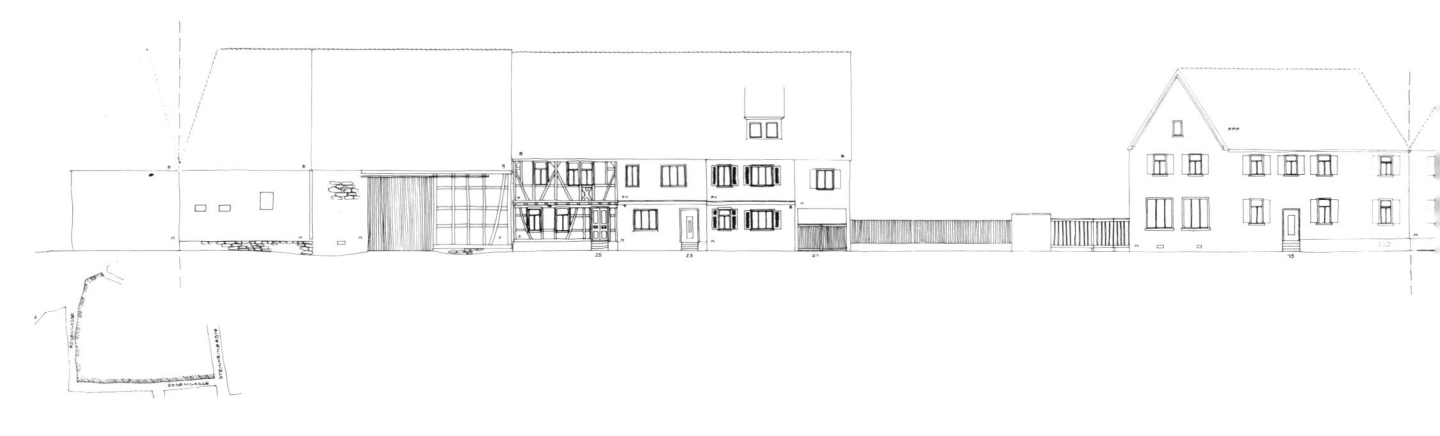

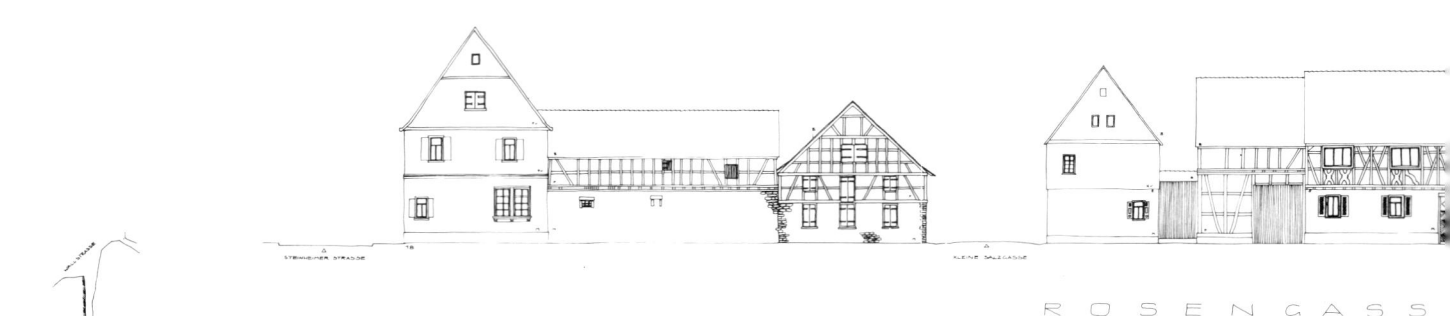

Rosengasse

Rosengasse 7/9 Fl. 1
Flst. 316/1, 317/2

Hervorragendes Beispiel für den in Seligenstadt vertretenen Typus des Ackerbürgerhofes: geschlossene Traufenbebauung der Wohnhäuser mit teils gemeinsamer überbauter Hofeinfahrt. Hier mit besonders dekorativem Fachwerkschmuck um 1700 aus Mannfiguren mit genasten Gegenstreben und aufwendigen Flechtrauten in der Brüstung – dadurch auffälliger Blickfang gegenüber der Einmündung der Kleinen Salzgasse. (k, s)

Rosengasse 8 Fl. 1
Flst. 255/1

Traufständiges Wohnhaus mit überbautem Hoftor, verputztem Erdgeschoß, barocke Zierformen im Obergeschoß der Traufseite – Mannfiguren, Feuerböcke, gebogene Fußbänder als hier verbreitete Figurationen aus der Mitte des 18. Jahrhunderts. Die (durch Abbruch) freie östliche Giebelwand rein konstruktiv mit unregelmäßig gekrümmten Streben setzt einen Akzent am Anfang der zusammenhängenden Zeile 8–12. (k, s)

Rosengasse 10 Fl. 1
Flst. 289

Verputztes Fachwerkhaus, Mittelstück der Traufenzeile 8–12. Barockes Fachwerk gleicher Qualität wie bei 8 in relativ ungestörtem Zustand, zumindest im Obergeschoß, zu erwarten, wahrscheinlich Zierformen der Mitte des 18. Jahrhunderts. Wesentlicher Bau für das geschlossene Ensemble der Südseite Rosengasse. (k, s)

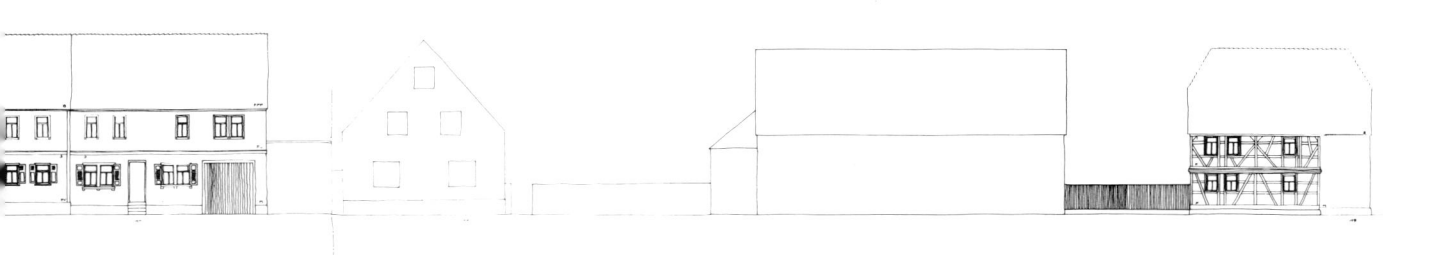

Kulturdenkmäler Seligenstadt

Rosengasse 12 Fl. 1
Flst. 292/1

Am Knick der Rosengasse die geschlossene Zeile 8–12 abschließendes verputztes Gebäude mit überbauter Hofeinfahrt, im Obergeschoß das hier typische Fachwerk des 18. Jahrhunderts mit Zierformen, vergleichbar 8, anzunehmen. Damit ist eine einheitliche barocke Baugruppe erhalten, die den historischen städtebaulichen Charakter der Stadt veranschaulicht. (k, s)

Rosengasse 21 Fl. 1
Flst. 307

Traufständiges Wohnhaus mit überbauter Hofeinfahrt, unter Putz Fachwerk aus dem späten 18. Jahrhundert mit einfachen barocken Zierformen. Teil der zusammenhängenden Reihe 21–25, eine ähnlich geschlossene Zeile wie Rosengasse 8–12, aber kleinere Hauseinheiten. (s)

Rosengasse 23 Fl. 1
Flst. 306

Mittlerer Abschnitt der Traufenzeile 21–25, bescheidenes Haus mit Fachwerk des 18. Jahrhunderts unter Putz, im Erdgeschoß verändert, jedoch von Bedeutung für die Vollständigkeit der geschlossenen Reihe am Rand der Altstadt. (s)

363

Seligenstadt — Kulturdenkmäler

Rosengasse 25 Fl. 1
Flst. 305

Traufständiges Fachwerkhaus des späten 18. Jahrhunderts, Abschluß der einheitlichen Zeile 21–25. Fast vollständiges Fachwerk mit Mannfiguren und Feuerbock im Obergeschoß. Die Gesamtgruppe bildet am Eingang der Rosengasse und der Altstadt ein markantes historisches Ensemble, das sich ähnlich nach dem Knick der Rosengasse bei 8–12 fortsetzt. (s)

Sackgasse 6 Fl. 1
Flst. 932

Auf Mindestmaße reduzierte Form des hier üblichen Traufenbaues, Bestandteil der geschlossenen Zeile im nördlichen Teil der Sackgasse. Bemerkenswert das Fachwerk in solider handwerklicher Verarbeitung, mit Vorkragung des Obergeschosses als Überbauung eines schmalen Hofzuganges, um 1700 entstanden und damit älter als die südlich anschließende Bebauung. (k, w)

Sackgasse 8 Fl. 1
Flst. 931

Typisches Traufenhaus des 18. Jahrhunderts mit Mannfiguren, barocker Form des gebogenen Fußbänderpaares und Feuerbock. Die Merkmale setzen sich im Nachbarbau 10/12 gleichartig fort, so daß eine im nördlichen Teil der Sackgasse dominierende bauliche Einheit entsteht. (k, s)

Sackgasse 10/12 Fl. 1
Flst. 929/1, 929/4

Am Knick der Sackgasse die Zeile des nördlichen Teils abschließender, an der Ecke mit der freien Giebelseite in den Straßenraum hineinragender Bau mit abgewalmtem Dach. Über massiv erneuertem Erdgeschoß Fachwerk mit den für das 18. Jahrhundert charakteristischen Zierformen an den ursprünglichen Schauseiten, konstruktiv mit gekrümmten Streben die östliche ehemalige Rückseite. Die Schmalseite symmetrisch aufgeteilt, in der Mitte kleine Hausmadonna. (k, s)

Schafgasse 2 Fl. 1
Flst. 243

Traufständiges Fachwerkhaus des 18. Jahrhunderts, Erdgeschoß und Traufwand verputzt, die Giebelseite über dem Erdgeschoß mit Schiefer verkleidet; das Fachwerk wahrscheinlich weitgehend ungestört. An der platzartig erweiterten Einmündung der Schafgasse in die Steinheimer Straße setzt die freie Giebelfront einen deutlichen Akzent. (s)

Schafgasse 3 Fl. 1
Flst. 216

Giebelständiges barockes Fachwerkhaus mit verputztem Erdgeschoß, darüber Verschieferung im Fischschuppenmuster. Zwischen den Geschossen profilierte Verschalungen. Das Fachwerk unter der Verkleidung wohl größtenteils erhalten. Beispiel für die in Seligenstadt gelegentlich angewandte, in der Schafgasse gehäuft auftretende Fassadengestaltung mit Schiefer, die der Gasse eine eigenständige Prägung gibt. (k, s)

Kulturdenkmäler — Seligenstadt

Schafgasse

Schafgasse 4 Fl. 1 Flst. 241

Intaktes giebelständiges Wohnhaus des späten 18. Jahrhunderts, die Straßenfront über dem Erdgeschoß wie bei anderen Bauten in der Schafgasse schieferverkleidet. Innerhalb der sonst üblichen Fachwerk-Traufenbebauung bestimmen die einzelnen verschieferten Giebelfassaden das spezifische Straßenbild am Anfang der Gasse. (s)

Schafgasse 5/7 Fl. 1 Flst. 217, 218

Traufständige Hausreihe aus der 2. Hälfte des 18. Jahrhunderts, zusammen mit dem anschließenden Bau Nr. 9 eine innerhalb der kurzen Gasse relativ lange einheitliche Fachwerkwand; damit ergibt sich eine für die Altstadt typische Ensemblewirkung. (s)

Schafgasse 9 Fl. 1 Flst. 219

Zwischen dem Traufenbau 5/7 und dem hier die historische Bebauung abschließenden Haus 11 verbindendes Gebäude von bescheidenen Ausmaßen, jedoch intaktes Fachwerk des späten 18. Jahrhunderts. Wesentlicher Beitrag für die Gesamtwirkung der Gruppe vor der Gabelung der Schafgasse. (s)

365

Seligenstadt — Kulturdenkmäler

Schafgasse 11   Fl. 1 / Flst. 220

Giebelständiges Eckhaus an der Einfahrt in den ehemaligen Faselhof, Fachwerk des 18. Jahrhunderts, im Giebel verschiefert. Rückwärtig winkelförmig abgeschleppter Anbau. Im Erdgeschoß ein behauener Ofenstein mit Wappen und Zunftzeichen (Anker und Schaufel) eingelassen. Hausmadonna auf Konsole unter altem schiefergedecktem Holzbaldachin. Abguß der spätgotischen Maintormadonna (Original im Abteimuseum).   (k, g, s)

Schafgasse 11, Hausmadonna und Ofenstein

Schafgasse 15   Fl. 1 / Flst. 231/2

Sachteile eines Fachwerkbaues um 1700, nach Translozierung vom ursprünglichen Standort Wallstraße 13 am Mainufer bei weitgehender Erneuerung der Substanz wieder aufgebaut. Originalteile von guter handwerklicher Qualität, wie geschnitzte Eckpfosten mit gedrehtem Tau und Schnecken, Knaggen mit Herzmotiv, an der Traufseite Brüstungsschmuck aus Negativrauten, Feuerbock und Rautengitter, außerdem auch konstruktive Teile des Fachwerks erhalten.   (w)

Stadtmühlgasse 1   Fl. 1 / Flst. 246

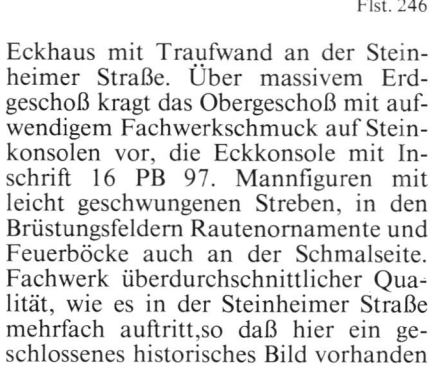

Eckhaus mit Traufwand an der Steinheimer Straße. Über massivem Erdgeschoß kragt das Obergeschoß mit aufwendigem Fachwerkschmuck auf Steinkonsolen vor, die Eckkonsole mit Inschrift 16 PB 97. Mannfiguren mit leicht geschwungenen Streben, in den Brüstungsfeldern Rautenornamente und Feuerböcke auch an der Schmalseite. Fachwerk überdurchschnittlicher Qualität, wie es in der Steinheimer Straße mehrfach auftritt, so daß hier ein geschlossenes historisches Bild vorhanden ist.   (k, g, s)

Schlüsselgasse 4   Fl. 1 / Flst. 343/3

Giebelständiges Fachwerkhaus des 18. Jahrhunderts, mit modernen Fassadenveränderungen wie Fenstereinbauten und hochgezogener Sockelverblendung. Jedoch ergibt sich an der verbreiterten Einmündung der Schlüsselgasse zusammen mit dem Eckgebäude Steinheimer Str. 17 eine markante Zweiergruppe von städtebaulicher Prägnanz in der Steinheimer Straße.   (s)

Kulturdenkmäler Seligenstadt

Steinheimer Straße

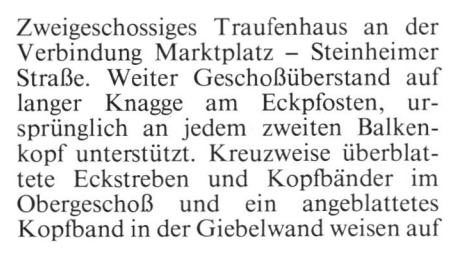

Steinheimer Straße 1
Fl. 1
Flst. 191

Zweigeschossiges Traufenhaus an der Verbindung Marktplatz – Steinheimer Straße. Weiter Geschoßüberstand auf langer Knagge am Eckpfosten, ursprünglich an jedem zweiten Balkenkopf unterstützt. Kreuzweise überblattete Eckstreben und Kopfbänder im Obergeschoß und ein angeblattetes Kopfband in der Giebelwand weisen auf eine Entstehung im frühen 16. Jahrhundert hin. Der originale Brustriegel nur in den äußeren Gefachen erhalten, die Fensterreihe barock verändert, im Erdgeschoß traufseitige Erneuerung durch Mauerwerk, verputzt. Beginn der geschlossenen Bebauung der Steinheimer Straße. (w, s)

Steinheimer Straße 2
Fl. 1
Flst. 203

Diagonal zur Straße gestelltes dreigeschossiges Gebäude mit durch den schräg angeschnittenen Grundriß besonders breiter Giebelfront und steilem Dach mit Krüppelwalm. Über massiv erneuertem Erdgeschoß im 1. Obergeschoß im 18. Jahrhundert verändertes Fachwerk mit Elementen des frühen 17. Jahrhunderts: geschwungene Streben, geschnitzte Knaggen. Darüber Schieferverkleidung. Der durch seine Dimensionen auffallende Bau leitet vom Marktplatz in die Steinheimer Straße über. (w, s)

Seligenstadt

Kulturdenkmäler

Steinheimer Straße, Einmündung Gerberstraße, Aufnahme 1938

Steinheimer Straße 3

Steinheimer Straße 3 Fl. 1
Flst. 190

Barocker Kopfbau auf trapezförmig verschobenem Grundriß mit Mansarddach und Krüppelwalm. Fachwerk des späten 18. Jahrhunderts mit Feuerböcken in den Brüstungsfeldern im symmetrisch aufgeteilten traufseitigen Obergeschoß. Am Knick der Steinheimer Straße, gleichzeitig Schnittpunkt von Gerberstraße und Mohrmühlgasse, steht der Bau im Mittelpunkt wichtiger Sichtbeziehungen. (s)

Steinheimer Straße 7 Fl. 1
Flst. 222/1

Traufenbau mit Geschoßvorsprung über neuem Laden-Erdgeschoß und spätmittelalterlicher Fachwerkfiguration aus überkreuzten Streben und Kopfbändern an Eck- und Bundpfosten im Obergeschoß; sonst um 1800 verändert. Wie das anschließende Gebäude aus der 1. Hälfte des 16. Jahrhunderts, Beginn der geschlossenen Fachwerkbebauung am geraden Abschnitt der Steinheimer Straße. (w, s)

Kulturdenkmäler — Seligenstadt

Steinheimer Straße 8 Fl. 1 Flst. 210/2

Fachwerkhaus des 18. Jahrhunderts mit neuerem, massivem Erdgeschoß; verputzt. Schräg über der Hofeinfahrt auskragender, mit Knick an die Giebelwand des Eckbaues anschließender Obergeschoßbau. Die Giebelfassade mit Krüppelwalm schiebt sich in die hier erweiterte Steinheimer Straße vor und bildet einen optischen Abschluß des Straßenabschnittes zum Marktplatz. (s)

Steinheimer Straße 9 Fl. 1 Flst. 214

Eckhaus an der Einmündung Schafgasse, Mansarddach mit kleiner Abwalmung. Über massivem Erdgeschoß mit Rundbogen-Kellereingang traufseitig weit vorkragendes Obergeschoß, hier verputzt, im Giebelbereich holzverschindelt. Die alte Fensterteilung spricht für weitgehend intaktes Fachwerk, nach dem konkav gekehlten Rähm noch 15. Jahrhundert. Spätmittelalterlicher Ständerbau mit späteren Veränderungen; prägnanter Giebel an der platzartigen Straßenerweiterung. (w, s)

Steinheimer Straße 10 Fl. 1 Flst. 211
Zunftzeichen

Sandsteinplatte mit Relief des Bäcker-Zunftzeichens in teilweiser neuer Ergänzung, ebenfalls neu die Jahreszahl 1752. Sachteil in modern verändertem Gebäude. (g)

Steinheimer Straße 11 Fl. 1 Flst. 244

Langgestreckter Traufenbau auf massivem, neu verändertem Erdgeschoß; Baueinheit mit dem 1697 entstandenen Haus Stadtmühlgasse 1. In der Figuration ähnliches Fachwerk, jedoch Mannfiguren ohne Gegenstreben, sparsamerer Brüstungsschmuck – Andreaskreuz, durchkreuzte Raute. Die Giebelfassade zur erweiterten Einmündung Schafgasse setzt einen städtebaulichen Akzent in der geschlossenen Bebauung. (k, s)

Steinheimer Straße 11

Steinheimer Straße 16 Fl. 1 Flst. 252/1

Traufenbau mit freigestelltem Südgiebel; die frühere Hofmauer und Rundbogeneinfahrt mit Datum 1611 entfernt, ebenfalls der straßenseitige Eingang mit Treppe. Fachwerk überwiegend 18. Jahrhundert mit Resten aus der Erbauungszeit – geschnitzter Eckständer, starke geschwungene Eckstrebe im Erdgeschoß, Kellereingang mit Rundbogen. Typ des Kaufmannshauses, der besonders in der Steinheimer Straße mehrfach auftritt, mit von der Straße direkt zugänglichen Lagerräumen im Keller. (Bauaufnahme S. 370) (k, w, s)

369

Seligenstadt — Kulturdenkmäler

Steinheimer Straße

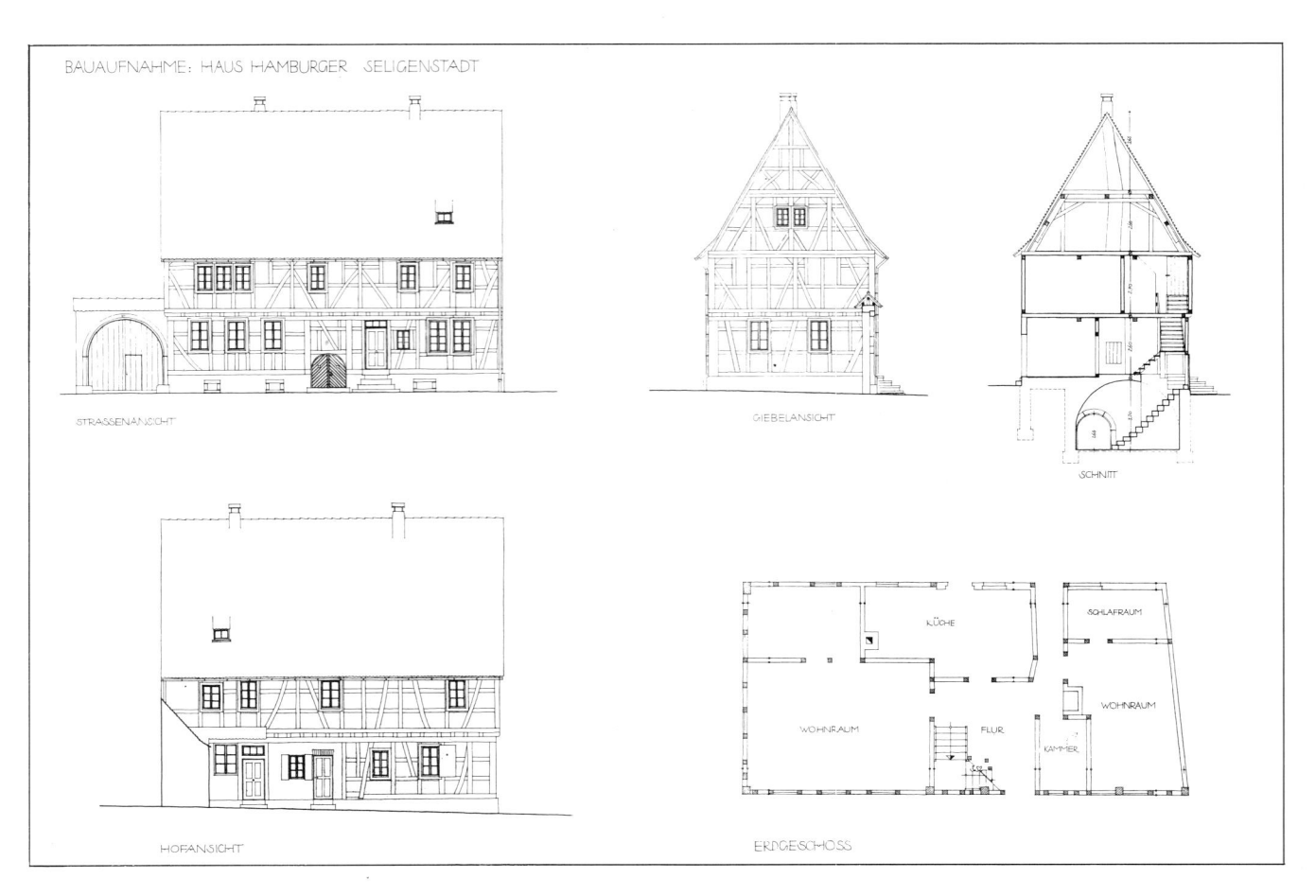

Kulturdenkmäler   Seligenstadt

Steinheimer Straße 17
Fl. 1
Flst. 342

Eckgebäude mit vollständigem Fachwerk des frühen 18. Jahrhunderts, mit Mannfiguren und geschnitzten Knaggen, im Giebel Rautenornament; die Schleppgauben neu. An der Ecke Schlüsselgasse leitet der Bau den längsten Abschnitt der durchweg barocken, geschlossenen Traufenbebauung an der Ostseite der Steinheimer Straße ein, der das Bild dieses Straßenzuges bis zum Steinheimer Torturm außergewöhnlich einheitlich erscheinen läßt. (k, s)

Steinheimer Straße 18
Ehem. Gasthaus zur Rose
Fl. 1
Flst. 253

Fachwerkhaus um 1700 in Ecklage an der Rosengasse, Bestandteil des besonders einheitlichen Ensembles der Steinheimer Straße. Im Erdgeschoß teilweise massiv verändert durch Ladeneinbau, neue Sockelverkleidung. Im Obergeschoß Mannfiguren mit geschwungenen Gegenstreben, profilierte Schwellenzone. Besonders bemerkenswert die frühklassizistische Haustür mit Schnitzerei im Zopfstil, um 1780, mit Original-Beschlägen. (k, s)

Steinheimer Straße 18, Haustür

Seligenstadt

Kulturdenkmäler

Steinheimer Straße 19 Fl. 1 Flst. 341

Traufenhaus mit hohem Erdgeschoß und überbautem Hoftor. Im symmetrisch aufgeteilten Obergeschoß Mannfiguren, dazwischen Feuerböcke als Brüstungszier; profilierte Schwelle. Bau des 18. Jahrhunderts, Bestandteil der zusammenhängenden Zeile zwischen Schlüsselgasse und Steinheimer Torturm. (k, s)

Steinheimer Straße 20 Fl. 1 Flst. 321

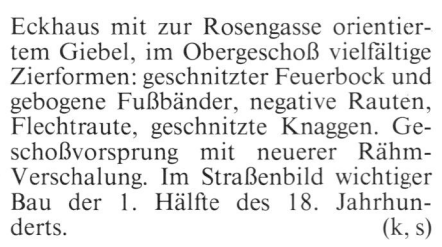

Eckhaus mit zur Rosengasse orientiertem Giebel, im Obergeschoß vielfältige Zierformen: geschnitzter Feuerbock und gebogene Fußbänder, negative Rauten, Flechtraute, geschnitzte Knaggen. Geschoßvorsprung mit neuerer Rähm-Verschalung. Im Straßenbild wichtiger Bau der 1. Hälfte des 18. Jahrhunderts. (k, s)

Steinheimer Straße 22 Fl. 1 Flst. 321

Ungewöhnlich schmales giebelständiges Gebäude mit massiv erneuertem Erdgeschoß und verputztem Giebel, im Obergeschoß Fachwerk der 1. Hälfte des 18. Jahrhunderts mit markantem Rautenmuster in der Brüstung. In den Dimensionen zwar bescheiden, stützt das Haus im Zusammenwirken mit dem bedeutenden Nachbarbau 24 wirkungsvoll das Ensemble. (s)

Steinheimer Straße 23 Fl. 1 Flst. 340

Langgestreckter Traufenbau aus der Mitte des 18. Jahrhunderts mit überbautem Hoftor. Im Obergeschoß Mannfiguren und Feuerbock. Der südliche massive Anbau dieses Jahrhunderts versucht durch aufgemalte Fenster ein Wohngebäude zu imitieren, wirkt aber trotzdem als Störfaktor in der sonst intakten Fachwerkzeile. (s)

Steinheimer Straße 24 Fl. 1 Flst. 322/2
Ehem. Gasthaus zum Adler

Repräsentatives Giebelhaus mit traufständigem Anbau auf hohem Massiv-Erdgeschoß mit überbauter Hofeinfahrt, im Sandstein-Rundbogen Wappen mit Mälzerschaufeln und Initialen HKI, hölzernes Hoftor mit Mannpforte original mit Beschlägen erhalten. Fenstergewände und Sockel aus Sandstein erneuert, ebenso die Voluten am Fuß des 1696 bezeichneten Eingangsportals. Im Segmentsprenggiebel barocke Madonnenfigur (Abb. S. 373). Seitlich kleine Rundbogenpforte. Im Fachwerkaufbau feine Zierformen um 1700, Mann-

Steinheimer Straße 24, Hoftor

figuren mit geschwungenen Gegenstreben, Rautenornamente; in den Brüstungsgefachen Wappenmalerei nach alten Vorbildern. In Form, Dimension und Gestaltung der ehemaligen Brauerei Große Rathausgasse 1/3 vergleichbarer Bautyp, dominierender Einzelbau in der Steinheimer Straße. (k, g, s)

Kulturdenkmäler Seligenstadt

Steinheimer Straße 26 Fl. 1 Flst. 323

Verputztes traufständiges Fachwerkhaus des 18. Jahrhunderts, bauliche Einheit mit 28, Fachwerk ähnlicher Qualität und Figuration anzunehmen. Im Erdgeschoß geringe Beeinträchtigung durch kleinen Ladeneinbau. Vervollständigung der Reihe an der Westseite Steinheimer Straße am Ortseingang von Norden. (s)

Steinheimer Straße 28 Fl. 1 Flst. 324

Eckhaus an der Pfortengasse und damit Anfang der historischen Fachwerkbebauung der Steinheimer Straße am Steinheimer Torturm. Im Erdgeschoß Veränderung durch Ladeneinbau, im Obergeschoß typische Figurationen der Mitte des 18. Jahrhunderts mit Mannfiguren, Raute und Feuerböcken; der freie Giebel mit Krüppelwalm besitzt Signalwirkung am Altstadt-Eingang. (k, s)

Steinheimer Straße 24, Portal

Steinheimer Straße 29 Fl. 1 Flst. 337

Traufständiges verputztes Fachwerkhaus mit überbauter Hofeinfahrt und leichtem Geschoßvorsprung. Weitgehend intaktes, unverändertes Barockfachwerk, vergleichbar anderen Beispielen in der Steinheimer Straße, kann angenommen werden. In der Position nahe dem Altstadt-Eingang ist das Haus von Bedeutung für den zusammenhängenden Bebauungsabschnitt an der Ostseite der Steinheimer Straße. (s)

Steinheimer Straße 31, 33 Fl. 1 Flst. 336, 335

Baueinheit aus zwei sehr schmalen Abschnitten der barocken Traufenzeile, zusammen etwa dem Nachbargebäude 29 entsprechend. Ebenfalls verputzt mit wohl kaum gestörtem Fachwerk, wahrscheinlich barocke Zierformen. Städtebaulich wichtiger Kopfbau an der Einmündung der hinteren Steinheimer Straße, Einleitung der geschlossenen Altstadt-Bebauung am Steinheimer Torturm. (s)

Steinheimer Torturm und Scheunen, historische Aufnahme

Seligenstadt — Kulturdenkmäler

Steinheimer Straße 41 Fl. 1
Steinheimer Torturm Flst. 357

Von ehemals vier Stadttoren ist das Steinheimer Tor, früher auch als „Niederpforte" bezeichnet, vollständig erhalten. Es war ursprünglich durch Vorwerk, Brücken und Gräben befestigt. Viergeschossiger Renaissancebau auf annähernd quadratischem Grundriß mit seitlichem Treppenanbau, 1603–04 von Seligenstädter Handwerkern wahrscheinlich nach Entwurf von Georg Ridinger erbaut. Auf dem reichgestuften Haubenhelm über gotisierender Steinbrüstung als Wetterfahne ein Turmmännchen aus Kupfer. Über dem äußeren Torbogen das Wappen des Mainzer Kurfürsten Johann Adam von Bicken mit Jahreszahl 1603, an der stadtzugewandten Seite die Wappen des Kurfürsten Johann Schweikard von Kronberg mit Datum 1605 sowie der Stadt Seligenstadt. Stattlicher, die Stadtsilhouette überragender Bau mit dem Charakter eines Wahrzeichens, optischer Abschluß der Steinheimer Straße. (k, g, s)

Brüstung mit Maßwerk, Detail

Unterbeune Fl. 5
Kapelle am Galgenweg Flst. 8/291

Kleine offene Kapelle mit Korbbogen und Krüppelwalmdach, 1766 urkundlich erwähnt; innen Kreuzigungsbild dieses Jahrhunderts. Die Kapelle steht am Weg, der zur mittelalterlichen Richtstätte führte. (g)

Vautheistraße 6 Fl. 1
Ehemalige Vauthei Flst. 1459

Kubischer Bau in spätbarocken Formen, hohes massives Erdgeschoß, hier teilweise Fenster- und Türgewände aus Sandstein erhalten. Obergeschoß mit geradem Fachwerk des späten 18. Jahrhunderts, Walmdach. Die ehemalige Vogtei setzt sich durch die Formgebung von der umgebenden Wohnbebauung ab. (g)

Vautheistraße 12 Fl. 1
Flst. 1462

Einfaches, aber weitgehend intaktes traufständiges Fachwerkhaus des späten 18. Jahrhunderts mit überbauter Hofeinfahrt. Durch Abbruch des Nachbargebäudes die nördliche Giebelwand freistehend und von städtebaulicher Wirkung am platzartigen Knick der Vautheistraße. (s)

Wallstraße 19 Fl. 1
Flst. 304/1

Kopfbau an der spitzen Ecke Wallstraße/Rosengasse, Fachwerkhaus des späten 18. Jahrhunderts mit vorgemauerter Giebelfassade zur Wallstraße. Die rückwärtige Giebelfront mit Krüppelwalm und die Traufseiten in Fachwerk erhalten, umlaufender Geschoßvorsprung mit Profilierung. Durch seine Freistellung städtebaulich prägnanter Bau am Rand der Altstadt. (s)

Wolfstraße 2 Fl. 1
Flst. 962

Winkelförmiges Haus mit überbauter Hofeinfahrt und kleinem Giebel. Das Obergeschoß auf gekehlten Knaggen vorkragend, an den Eckpfosten gebogene überblattete Fußstreben und Kopfbänder. Der um 1500 entstandene Bau schließt unmittelbar an das Haus zum Einhard an und prägt damit die Umgebung des Marktplatzes. (w, s)

Seligenstadt — Kulturdenkmäler

Wolfstraße 5 Fl. 1 Flst. 961

Schmales verputztes Fachwerkhaus mit steilem Giebel in städtebaulich exponierter Lage als Kopfbau in der Gabelung der Wolfstraße. Das Erdgeschoß paßt sich der Straßenführung an, während das Obergeschoß einseitig auf einer Knagge auskragt. Die Schwelle verschalt, Fenster teilweise erneuert, im Giebel Holzschindeln. Aufgrund von Proportionen und Zustand ist auf möglicherweise altertümliches Fachwerk zu schließen. (w, s)

Dudenhöfer Straße Fl. 15 Flst. 1
Heiligengehäuse

Massives, verputztes Gehäuse mit Rundbogennische und Sandsteinabdeckung, darauf umgekehrtes romanisches Kelchkapitell mit schwachem Ornamentrelief. Kleines bekrönendes Eisenkreuz mit Dreipaßenden. Wie das Gehäuse in der Einhardstraße wohl im 19. Jahrhundert aus vorhandenen Originalteilen zusammengesetzt, Heiligenbild nicht mehr vorhanden. (w, g)

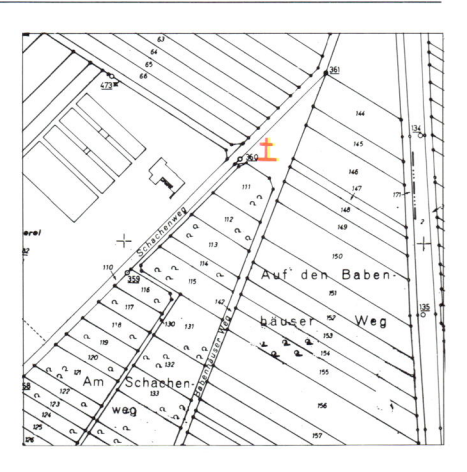

Babenhäuser Weg/Goldbergweg Fl. 16
Kreuz

Hohes Wegekreuz mit Korpus aus Sandstein, darunter Initialen SL; im Postament Kartusche mit Inschrift: „Wir betten an und loben Dich/Herr Jesu Christ/weiln durch Dein H. Kreuz/die Welt erlöset ist./1677", umgeben von Seraphim und Blüten. Flacher Sockel mit davorgesetzten Sandsteinstufen. Unter den Wegekreuzen des Kreises frühes und qualitätvolles Exemplar; typisch als Bildwerk in der nahen Umgebung der einstigen Abtei. Daneben einteiliger Ruhestein, Material ebenfalls Sandstein. (k, s)

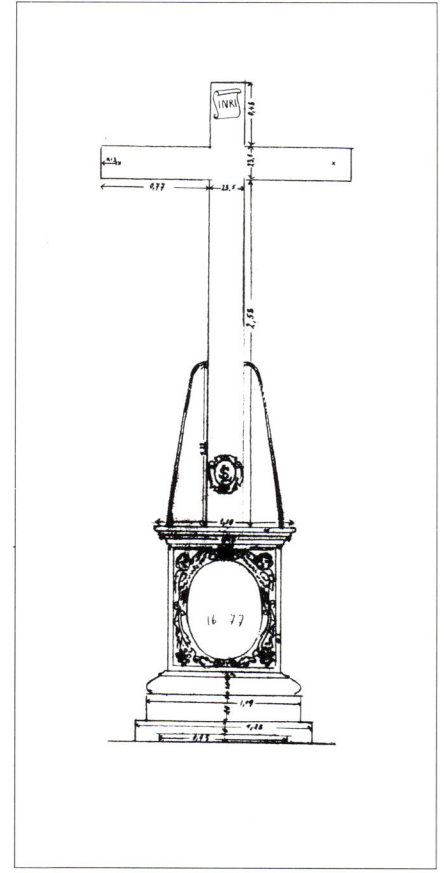

Froschhausen
Klein-Welzheim

In einer Urkunde des Klosters Lorsch wurde Klein-Welzheim 772 erstmalig als „Walinesheim" genannt, die früheste schriftliche Nachricht über Froschhausen stammt aus dem Jahr 1323. Beide Orte waren Filialdörfer von Seligenstadt und standen in kirchlicher und wirtschaftlicher Hinsicht in Abhängigkeit zur Abtei, die dort Grundbesitzungen hatte. Die Hoheitsrechte lagen beim Erzbistum Mainz, bis beide Orte mit der Amtsvogtei Seligenstadt 1803 an Hessen-Darmstadt fielen. Froschhausen gehörte der Auheimer Mark, Klein-Welzheim der Obermark an. Nach Zerstörung der Klein-Welzheimer Wasserburg 1647 durch weimarische Truppen ließ der Seligenstädter Abt 1707 dort einen Neubau als Sommeraufenthalt errichten. Die im 18. Jahrhundert in beiden Dörfern errichteten eigenen Kapellen wurden wieder abgebrochen, in Klein-Welzheim 1842 zugunsten eines Kirchenneubaues, der in den 50er Jahren völlig verändert wurde; in Froschhausen fand 1938 der Turm beim Bau des Rathauses eine neue Verwendung. Um 1830 lag die Einwohnerzahl in Froschhausen bei 530, in Klein-Welzheim bei 370 Einwohnern und stieg hier auf über 2000 nach 1970 an.

Froschhausen, historische Aufnahme, aus: Stadt und Kreis Offenbach, 1927

Froschhausen

Froschhausen hat an der langen, leicht gewundenen Ortsdurchfahrt das Bild des Straßendorfes im Zentrum bewahrt, hier findet sich eine Häufung von giebelständigen Fachwerkhäusern, manchmal Doppelhäuser, von teilweise überdurchschnittlicher Qualität. Die einst zentrale Lage der Kapelle wird von dem an ihrer Stelle errichteten Rathaus eingenommen, während die heutige Kirche am früheren Ortsrand steht. Die Siedlung hat sich schwerpunktmäßig nach Süden ausgedehnt.

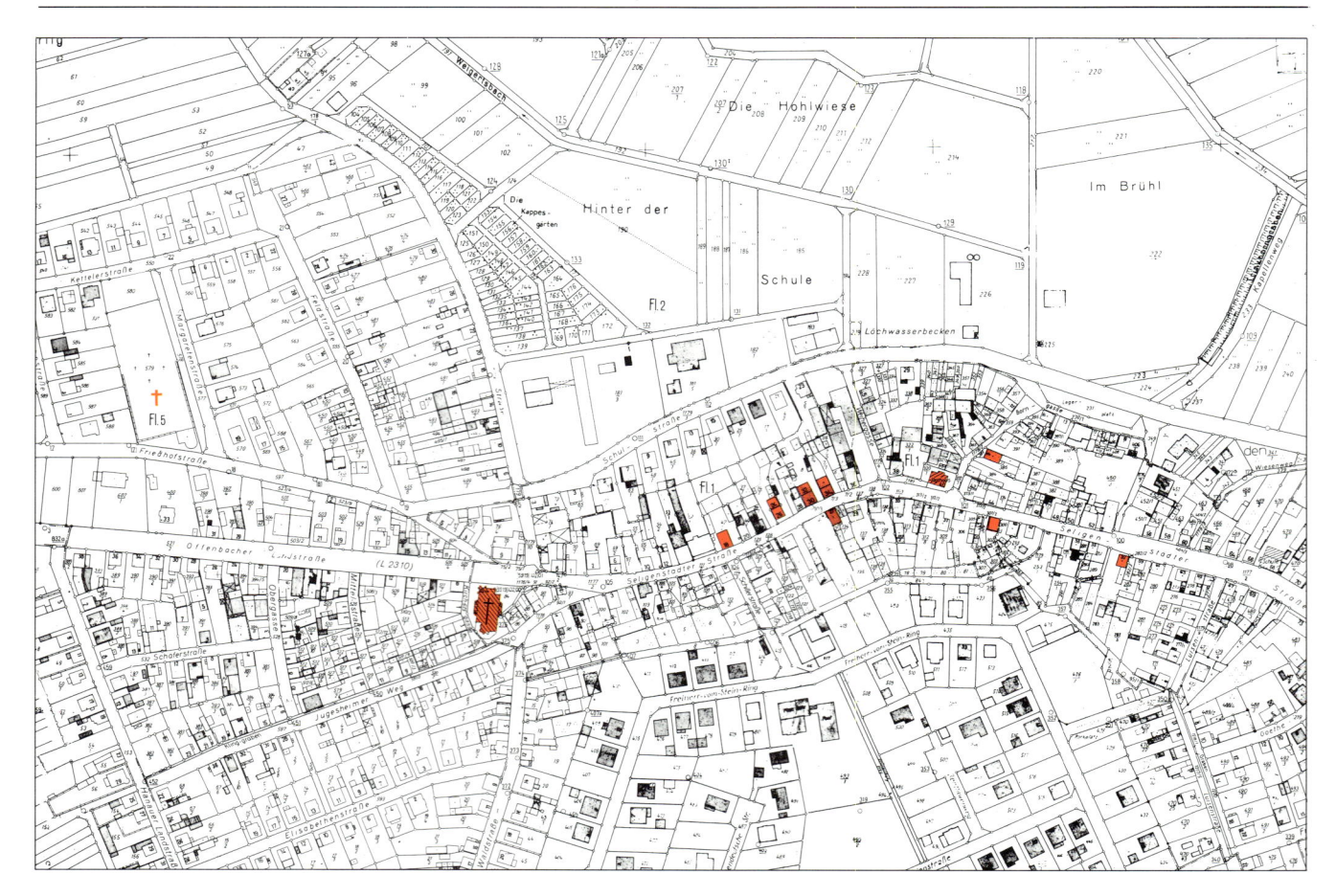

Froschhausen — Seligenstadt — Kulturdenkmäler

Borngasse 3 Fl. 1 Flst. 385

Wohnhaus mit einfachem Fachwerk des 18. Jahrhunderts ohne Halsriegel, Eckstreben mit Gegenstrebe, Profilierung der giebelseitigen Schwellenzone und gebogenen Streben im Bereich des liegenden Dachstuhles. Relativ intaktes Beispiel für die traditionelle Bauform des Hakenhofes im ländlichen Gebiet.

(g)

Friedhofstraße – Friedhof Fl. 5 Flst. 579
Friedhofskreuz

In Kunststein erneuertes Kreuz auf Sandsteinsockel mit Ornament und Inschrift des 19. Jahrhunderts, undatiert. Gußeiserner Korpus, kürzlich neu gefaßt. Typisch für die Ausstattung der Friedhöfe in den katholischen Gemeinden des Kreises.

(g)

Kulturdenkmäler Seligenstadt Froschhausen

Offenbacher Straße 4 Fl. 1
Kath. Pfarrkirche St. Margaretha Flst. 84

Neugotische Basilika aus Sandstein-Sichtmauerwerk, seitlicher Turm mit hohem Spitzhelm; damit entspricht der Bau einem im Kreisgebiet häufigen Typus der Dorfkirche des 19. Jahrhunderts. Erbaut 1870/71 nach Entwurf des vormaligen Mainzer Dombaumeisters Wessiken. Ungewöhnlich die Lage am Rand des alten Dorfkernes. Einige Skulpturen im Inneren aus der Zeit um 1500 und aus dem 18. Jahrhundert aus der abgebrochenen Vorgängerkirche übernommen. (k, g, s)

Seligenstädter Straße 18 Fl. 1
Flst. 42/2

Giebelständiges Wohnhaus mit weitgehend ungestörtem Fachwerkverband aus der 2. Hälfte des 18. Jahrhunderts und Krüppelwalm. Mannfiguren, an den Ecken mit Gegenstrebe; schwach profilierte Schwelle und für diese Mainregion charakteristische gebogene Fußbänder. Auftakt einer Reihe qualitätvoller Fachwerkbauten in für das Straßendorf typischer Folge. (g, s)

Seligenstädter Straße 24/26 Fl. 1
Flst. 13/1, 14/1

Giebelständiges Doppelhaus mit schmucklosem Fachwerk des späten 18. Jahrhunderts mit späteren Veränderungen in Giebel und straßenseitigem Erdgeschoß. Unüblich die Andreaskreuze aus dünnen, krummen Hölzern im Giebel, auch die Verstrebung der Eckpfosten mit Fußstreben und kurzen Kopfbändern ohne Gegenstrebe; sonst gerades regelmäßiges Fachwerk. Teil einer Reihe Hofreiten an der Seligenstädter Straße. (g, s)

Seligenstädter Straße 27 Fl. 1
Flst. 134/1

Nahezu ungestörtes giebelständiges Wohnhaus der 2. Hälfte des 18. Jahrhunderts. Solides, regelmäßiges Fachwerk aus stark bemessenen Hölzern mit für die Zeit typischer Eckverstrebung mit Gegenstrebe; einziges Schmuckelement die stark profilierte Rähm-Schwellen-Zone als barockes Relikt. Trotz des neuen rückwärtigen Anbaues wichtiger Bestandteil der historischen Baugruppe zusammen mit den gegenüberliegenden Häusern. (k, g, s)

Seligenstädter Straße 30/32 Fl. 1
Flst. 8

Giebelständiges Doppelhaus des späten 18. Jahrhunderts mit Krüppelwalm, relativ dünnem Fachwerk und massiv verändertem vorderem Erdgeschoß. Im Obergeschoß konstruktives Gefüge aus leicht gekrümmten Hölzern, jedoch in regelmäßiger Anordnung. Teil des Straßendorf-Ensembles der Seligenstädter Straße. (g, s)

Seligenstädter Straße 34   Fl. 1 Flst. 7/3

Hervorragendes, weitgehend vollständig erhaltenes giebelständiges Fachwerkwohnhaus um 1700 mit reichen Brüstungszierformen. Ungewöhnlich die verschlungenen Rauten- und Radornamente sowie Andreaskreuze über dem Brustriegel; außerdem leicht geschwungene Streben und kurze, kräftige Fußstreben. Neben dem besonderen handwerklich-künstlerischen Wert besitzt der Bau ortsbildprägende Bedeutung.

(k, g, s)

Seligenstädter Straße 40 Rathaus   Fl. 1 Flst. 320/1

Rathaus von 1938 mit Fachwerkaufbau über massivem Erdgeschoß mit zweiläufiger Treppe. Der Eingang überragt von der schieferverkleideten Laternenhaube mit schmiedeeisernem Turmkreuz der zuvor hier abgebrochenen barocken Kapelle. In Fassade und Proportionen zeigt sich eine Anlehnung an regionale historische Formen im Zuge des Heimatstils. Das Gebäude bildet einen prägnanten Blickpunkt in der Ortsmitte.

(k, g, s)

Seligenstädter Straße 41   Fl. 1 Flst. 301/1

Giebelständiges, in den Straßenraum vorgerücktes Wohnhaus des 18. Jahrhunderts mit einfachem, aber regelmäßigem Fachwerkgefüge ohne Zierat, aber prägnant geschwungene Eckstreben im Obergeschoß. Sehr niedriges Erdgeschoß, teils verändert, kein Geschoßüberstand. Durch seine Lage wirkt das Haus weit in den Straßenraum. (g, s)

Seligenstädter Straße 57   Fl. 1 Flst. 287

Giebelständiges Wohnhaus mit Krüppelwalm und kräftigem, ausgewogenem Fachwerk. Traufseitig Überstand, profilierte Schwelle und kurze Streben in den Brüstungsfeldern der Giebelseite. Rückwärtig teilweise massiv mit neuem Anbau. Das relativ vollständige Haus der 2. Hälfte des 18. Jahrhunderts bildet den Anfang der historischen Straßendorf-Bebauung am östlichen Ortseingang.

(k, s)

*Klein-Welzheim, Hauptstraße
Historische Aufnahme*

Klein-Welzheim

Der Ort entspricht in seiner Struktur den üblichen Maindörfern des Kreises als Straßensiedlung an der zum Fluß parallel geführten, geschwungenen Durchgangsstraße, mit lagebedingter Erweiterung zur flußabgewandten Seite. Das Ortsbild ist modern und fast ohne historische Substanz, der Übergang nach Seligenstadt fließend.

Klein-Welzheim — Seligenstadt — Kulturdenkmäler

Hauptstraße – Kath. Pfarrkirche Fl. 1
Marienstatue Flst. 24/1

Barocke Sandsteinfigur „Maria Immaculata", Werk des Mannheimer Bildhauers Johann Georg Heinrich Rieger von 1734. Darstellung mit Krone und in großen, schwungvollen Falten fallendem Gewand; neue Fassung. Ursprünglich im Engelgärtchen der Abtei Seligenstadt als Teil einer Gruppe (Begleitfiguren St. Philippus Nevi und St. Johannes Nepomuk im Prälaturgärten). Seit der Säkularisation 1803 in Klein-Welzheim, dort früher in einer Friedhofskapelle, jetzt in der katholischen Pfarrkirche. (k, g)

Hauptstraße/Ketteler Straße Fl. 1
Mariensäule Flst. 122

Barocke Madonna auf hoher Säule, Sandstein. Darstellung als Himmelskönigin mit Zepter, auf der Erdkugel stehend; neue farbige Fassung, teilweise vergoldet. Im Sockel bezeichnet 1731. Ein vergleichbares Bildwerk ist in der Mariensäule des alten Friedhofs in Seligenstadt von 1704, jetzt in der Pfarrkirche St. Marien, erhalten. Bildstock von überdurchschnittlicher künstlerischer Qualität, Charakteristikum der näheren Umgebung der Seligenstädter Abtei. (k, g)

Hauptstraße – Kath. Pfarrkirche Fl. 1
Bildstock Flst. 24/1

Außen in die westliche Kirchenwand eingelassenes Votivbild eines ehemaligen barocken Bildstockes, Sandstein, stark abgewittert. Pietà mit relativ aufwendiger Ornamentik. Typisches Flurdenkmal in der katholischen Gegend um Seligenstadt, hier Sachteil im neuen Kirchenbau. (k, g)

Hauptstraße 22 Fl. 1
Flst. 36

Giebelständiges Fachwerkhaus, erbaut in der 2. Hälfte des 18. Jahrhunderts, mit kräftigem, handwerklich solidem Gefüge über dem massiv erneuerten Erdgeschoß. Markante Giebelfassade mit Mannfigur und Andreaskreuzen, Schwellenprofil auch traufseitig. Eines der wenigen am Ort erhaltenen Fachwerkhäuser. (g, s)

Kulturdenkmäler　　　Seligenstadt　　　Klein-Welzheim

Ketteler Straße/Flurstraße   Fl. 2
Kapelle   Flst. 224/2

Kleine offene Kapelle des 19. Jahrhunderts aus zweifarbigem Ziegelmauerwerk, innen Altar mit Marienfigur. In der verputzten Rückseite Nische mit neuerem Denkmal für die Heimatvertriebenen. (g)

Heiligengehäuse   Fl. 2
  Flst. 720/2

Gemauertes Gehäuse aus Backstein, Nische mit Madonnenfigur, Inschrift: „Gewidmet Karl Josef Kronenberger 1903 8. August". Dokument für das Fortleben religiöser Traditionen im katholischen Gebiet um Seligenstadt. (g)

Hauptstraße   Fl. 8
Bildstock   Flst. 326

Kleiner Bildstock aus Sandstein, Votivbild auf Säule mit Reliefdarstellung der Pietà, Inschrift und Datum 1787; erneuert 1925. Inschrift: „IM JAHR 1787 HAT ANDREAS GILLES UND ELISABETHA SEINE EHEFRAU DISEN BILDSTOCK ERRICHTET". 1987 komplett erneuert. (g)

383

Klein-Welzheim   Seligenstadt   Kulturdenkmäler

Wasserburg Fl. 8
Flst. 327, 321

Anstelle einer im 30jährigen Krieg zerstörten Wasserburg 1705 als Gartenhaus der Seligenstädter Abtei errichtet, wurden bei dem villenartigen Gebäude Burgmotive durch den Wassergraben mit Zugbrücke und die umgebende Brüstungsmauer mit Ecktürmchen aufgenommen. Der kubische Wohnbau auf Quadratgrundriß mit Mansarddach und Putzfassade, Eckquaderung und Sandsteingewänden; im Obergeschoß ein Saal mit Stuckdecke, hier in den Fensternischen Reste von Landschaftsmalerei erhalten. Über dem Eingangsportal das Wappen des Erbauers, Abt Franz Blöchinger.

Von der regelmäßigen Anlage des einstigen Zier- und Nutzgartens sind die Einfriedungsmauer, drei Pfeilertore und Terrassenflächen erhalten, außerdem eine Reihe von Fischteichen mit historischem Bewässerungssystem. Eine Wiederherstellung der barocken Anlagen ist geplant. (k, g, w)

rechte Seite unten: Saal mit ehemaliger bemalter Wandbespannung, Aufnahme um 1906
unten: Wasserburg, Prospekt nach J. Weinckens, Kupferstich von Johann Stridbeck, um 1707

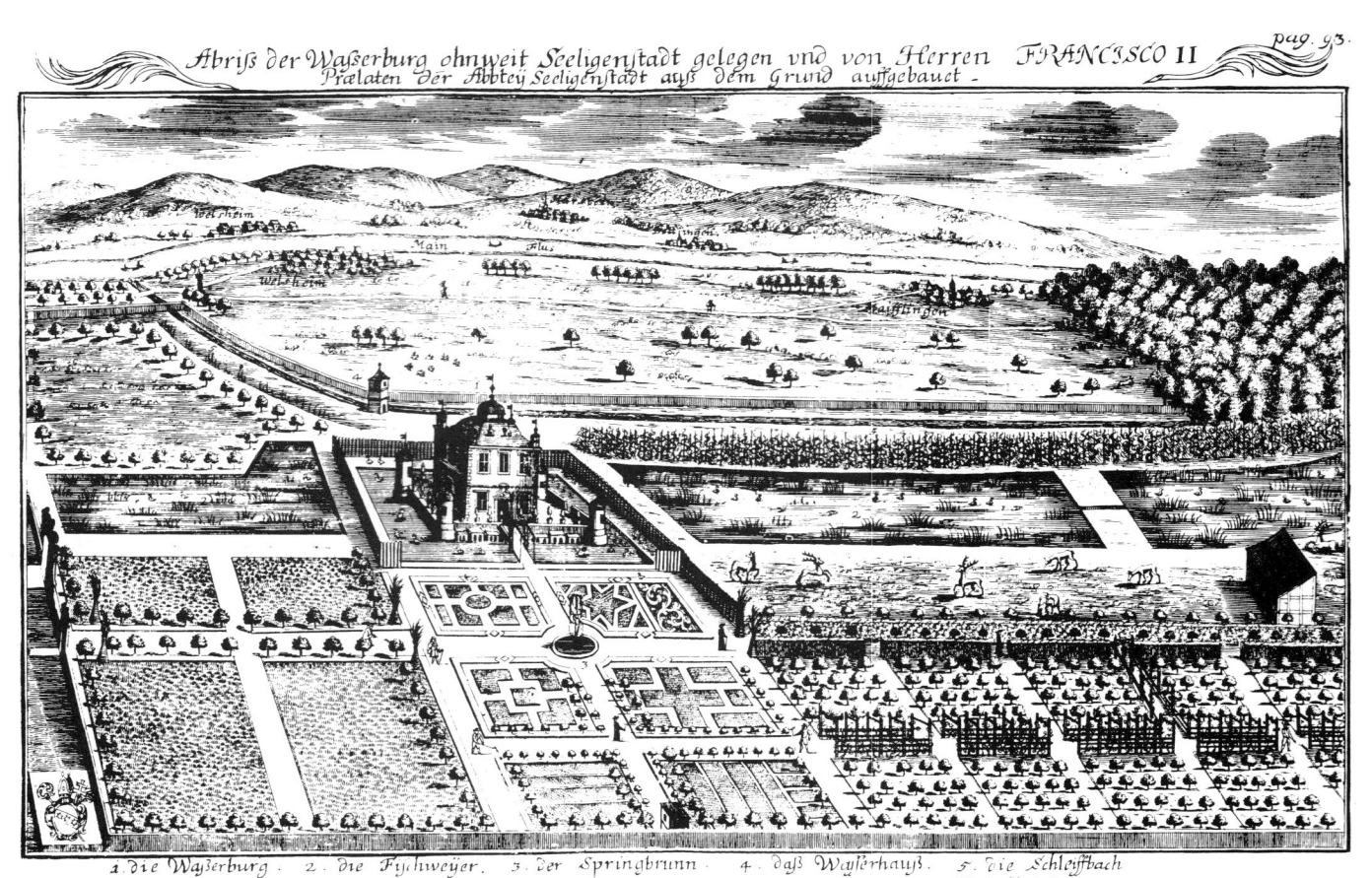

Kulturdenkmäler   Seligenstadt   Klein-Welzheim

Orts- und Gemeinderegister

Buchschlag 53

Dietesheim 222
Dietzenbach 43
Dreieich 51
Dreieichenhain 80
Dudenhofen 245

Egelsbach 138

Froschhausen 377

Götzenhain 115
Gravenbruch 234

Hainburg 149
Hainhausen 254
Hainstadt 150
Hausen 239
Heusenstamm 164

Jügesheim 257

Klein-Krotzenburg 154
Klein-Welzheim 381

Lämmerspiel 225
Langen 184

Mainflingen 210
Mainhausen 208
Messenhausen 272
Mühlheim 215

Neuhof 121
Neu-Isenburg 226
Nieder-Roden 263

Ober-Roden 273
Obertshausen 235
Offenthal 123

Patershausen 180
Philippseich 119

Rembrücken 182
Rodgau 243
Rödermark 271

Sprendlingen 128

Urberach 277

Weiskirchen 268
Wolfsgarten 203

Zellhausen 212
Zeppelinheim 227

Glossar

Achse. Gedachte Linie in horizontaler (Grundriß) oder vertikaler (Aufriß) Richtung, auf die Raumfolgen oder Bauteile wie Fenster- oder Türöffnungen Bezug nehmen. Nach Lage und Verlauf sind zu unterscheiden die Mittelachse, die Längsachse und die Querachse.

Akanthus. Mittelmeerische Pflanze mit gefiederten Blättern, liegt seit der Antike den meisten Formen des Blattkapitells zugrunde.

Altan. Balkonartiger Austritt, jedoch mit Stützen- oder Mauerverbindung zum Erdboden.

Andreaskreuz. Im Fachwerkbau X-förmige Überkreuzung zweier Hölzer. Entweder geschoßhoch zur konstruktiv notwendigen Aussteifung oder als Gefach-Zierform. Das Kreuz ist nach dem Apostel Andreas benannt, der an ein solches Kreuz genagelt worden sein soll.

Apsis. Mit einer Halbkugel überwölbter, im Grundriß halbkreisförmiger Raum als Schluß eines ihm übergeordneten Hauptraumes. Im christlichen Kirchenbau des Mittelalters schließt die Apsis den Chor in der Regel nach Osten ab.

Arkade. Bogenstellung, von Säulen oder Pfeilern getragen.

Atrium. Vorhalle, Vorhof.

Attika. Mauerzone über dem Gesims der Säulenreihe, die dazu dient, ein Dach zu verdecken.

Auslucht. Erkerartiger Ausbau des Erdgeschosses oder mehrerer Geschosse an einer Seite der Haustür.

Balustrade. Von untersetzten Säulchen (Balustern) aus Stein oder Holz getragene Brüstung oder Geländer.

Baluster. Untersetztes Stützglied aus Stein oder Holz mit stark profiliertem Schaft von rundem oder polygonalem Querschnitt an einer Brüstung oder einem Geländer. Im Fachwerkbau des 18. Jh. werden die Eckpfosten häufig als Baluster ausgebildet.

Band. Im Fachwerkbau kurzes Schrägholz zur Verstrebung entweder von Schwelle und Pfosten (Fußband) oder von Rähm und Pfosten (Kopfband). Auch Dekorationsmotiv, etwa als Flechtband oder tauartig gedreht.

Bandelwerk. Aus miteinander verschlungenen Bandformen gebildetes Dekorationsmotiv des frühen 18. Jh.

Basilika. Drei- oder mehrschiffige Kirche, deren erhöhtes Mittelschiff eine eigene Belichtung besitzt.

Basis. Fuß einer Säule.

Bastion. Vom Hauptwall der Festung vorspringendes, rückwärtig offenes Verteidigungswerk.

Bergfried. Hauptturm und letzter Zufluchtsort einer Burg mit hochgelegenem Einstieg.

Beschlagwerk. In der deutschen Renaissance und Neurenaissance beliebtes Ornament in Nachahmung bandeiserner Zierbeschläge.

Blendbogen. Bogen, der einem geschlossenen Hintergrund vorgeblendet, d. h. reliefartig aufgelegt ist.

Biberschwanzziegel. Flache, zumeist bogig abschließende Ziegelform.

Bosse. Unbearbeitete Stirnfläche eines Quaders.

Bruchstein. In seiner Rohform versetzter Stein.

Brustriegel. s. Riegel.

Bundpfosten. Pfosten, an dem eine Innenwand ansetzt.

Chor. Im christlichen Kirchenbau der Geistlichkeit vorbehaltener Raum, der sich gegen das Kirchenschiff durch geringere Breite und Länge meist als eigene Bauform abhebt.

Dachreiter. Über dem Dachfirst aufsteigender turmartiger Aufbau, der mittels Pfosten auf der Konstruktion des Dachstuhls ruht.

Dachstuhl. Das Traggerüst eines Daches. Es ist entweder als Sparren- oder Pfettendach ausgebildet. Beim Sparrendach sind die ansteigenden Hölzer paarweise auf den horizontalen Dachbalken angeordnet und treffen am Firstpunkt zusammen. Pfetten verlaufen horizontal in Längsrichtung des Daches und unterstützen die Sparren. Die Pfetten werden ihrerseits von Wänden oder Pfosten (Stuhlsäulen) getragen. Dabei bilden senkrechte Pfosten einen stehenden Dachstuhl, schräge einen liegenden Dachstuhl.

Diamantquader. Quader, der in seiner Bearbeitung an einen geschliffenen Diamanten erinnert.

Epitaph. Wanddenkmal.

Erker. Ein- oder mehrgeschossiger, geschlossener Anbau, der im Gegensatz zu einem Standerker nicht vom Erdboden aufsteigt, sondern frei auskragt.

Eselsrücken. Für die Spätgotik charakteristischer, doppelt geschweifter Spitzbogen.

Fase. Abschrägung einer Kante.

Fassung. Ein- oder mehrfarbige Oberflächenbehandlung, auch in verschiedenen Materialien.

Feston. Aus der Antike übernommenes Girlandenornament.

First. Oberer Zusammenschluß der beiden schrägen Dachflächen.

Freigespärre. Vor die Giebelfront gezogenes Sparrenpaar, als Schmuckform oder zur Verlängerung der als Regenschutz dienenden Dachfläche.

Fries. In der Baukunst allgemein ein waagrecht verlaufender ornamentierter Streifen am oberen Rand einer Wandfläche. Im Fachwerkbau kann auch die Folge der am Rähm befindlichen Klötzchen oder kleinen Konsolen als Fries bezeichnet werden.

Füllholz. Meist mit Zierformen versehenes Holz, das den Raum zwischen zwei Deckenbalkenköpfen, Rähm und Schwelle ausfüllt.

Gaube. Stehendes Dachfenster. Es besitzt entweder ein eigenes Satteldach (Giebelgaube) bzw. Walmdach, oder das Dach wird durch Anheben der Dachfläche gebildet (Schleppgaube).

387

Glossar

Gefach. Im Fachwerkbau von benachbarten konstruktiven Hölzern gebildeter Zwischenraum, der mit einem Lehmflechtwerk oder Ziegeln ausgefüllt wird.

Gesims. Ein aus der Wandfläche hervortretendes horizontales Bauteil, das die Wand in einzelne Schichten gliedert. Je nach Lage ist zwischen Sockel-, Stockwerk-, Fensterbank- und Dachgesims zu unterscheiden. Eine Sonderform des Fachwerkbaus ist das durch Verschalung der vorstehenden Deckenbalkenköpfe entstehende Balken- oder Schalgesims.

Gewände. (Laibung), Einfassung des Portals oder Fensters.

Halsriegel. s. Riegel.

Haustein. Naturstein, dessen Oberfläche in Steinmetzarbeit behauen ist.

Heimatstil. Kurz nach 1900 aufkommende Architekturbewegung mit reformerischem Anspruch, die gegen die historisierende Bauweise des späten 19. Jahrhunderts die Rückkehr zu einer schlichten, handwerklich-soliden Architektur mit regionalem Bezug propagierte.

Helm. Spitze Dachform über quadratischem oder polygonalem Grundriß.

Joch. Gewölbefeld in Längsrichtung eines Bauwerks.

Kämpfer. Vorspringende Deckplatte einer Säule oder eines Pfeilers, die als Auflager von Bogen und Gewölbe dient, auch Querholz von Tür oder Fenster.

Kannelierung. Gliederung eines Säulen- oder Pilasterschaftes mit eingetieften senkrechten Rillen.

Kapitell. Ausladender oberer Abschluß einer Stütze, zumeist verziert.

Karnies. Profil mit schwach S-förmigem Verlauf. Nach bekrönender oder auslaufender Anordnung ist zwischen steigendem und auslaufendem Karnies zu unterscheiden.

Kartusche. Gerahmtes Zierschild zur Aufnahme von Inschriften, Wappen, Emblemen etc.

Kehle. Als Hohlkehle Abarbeitung einer Kante in Form eines gekurvten Profils. Als Dachkehle die Schnittlinie zweier gegeneinander geneigter Dachflächen.

Kleeblattbogen. Bogen mit kleeblattförmigem Umriß.

Knagge. Winkelholz von dreieckiger Grundform, das als Kopf- oder Fußknagge die Verbindung zwischen Pfosten und Rähm oder Schwelle gewährleistet. Ferner als Unterstützung vorkragender Deckenbalken.

Kniestock (Drempel). Etwa kniehohe Überhöhung der senkrechten Außenwände eines Gebäudes in das Dachgeschoß hinein.

Konsole. Vorkragendes Tragelement, das als Auflager für einen Balken, einen Bogen oder ein Gesims dient.

Korbbogen. Gedrückter Rundbogen.

Kranzgesims. Stark ausladendes, umlaufendes Dachgesims.

Krüppelwalm. Dachform, bei der nur der obere Teil des Giebels abgewalmt ist.

Langhaus. Mittelschiff der Kirche, s. Schiff.

Laterne. Turm- oder Kuppelaufsatz in Form einer monumentalen Laterne.

Lisene. Der Wand flach und bandförmig aufliegendes vertikales Gliederungselement ohne Basis und Kapitell.

Loggia. Von Pfeilern oder Säulen getragene, meist gewölbte Bogenhalle; im Wohnungsbau ein innerhalb der Bauflucht liegender Freiraum.

Mannform. Verstrebungsfigur eines Fachwerk-Pfostens, bestehend aus symmetrisch angeordneten Knaggen, Halsriegeln und unmittelbar darunter ansetzenden Fußstreben.

Mansarddach. Geknicktes Dach mit steilerer Neigung im unteren Teil.

Maßwerk. Geometrische Schmuckform der Gotik zur Unterteilung von Fenstern und anderer Bauteile wie Giebel, Wände oder Brüstungen.

Nase. Vorstehende Spitze im Bogen gotischer Fenster, im Fachwerkbau oft als Dekorationsform an Zierstreben der Brüstungsgefache.

Palas. Wohn- bzw. Saalbau für die Herrschaft einer Burg.

Pfette. Parallel zum First verlaufendes Kantholz zur Unterstützung der Dachsparren. Nach Lage ist zu unterscheiden zwischen Fußpfette, Mittelpfette und Firstpfette. s. Dachstuhl.

Pfosten. Im Fachwerkbau eingeschossiges senkrechtes Holz, das entweder auf einer Schwelle oder einem Steinsockel steht. Vom Pfosten wird der über mehrere Geschosse sich erstreckende Ständer unterschieden.

Pietà. s. Vesperbild.

Pilaster. Pfeilerförmige Mauervorlage, die analog zur Säule mit Basis und Kapitell ausgebildet wird.

Pultdach. Nur nach einer Seite flach geneigtes Dach.

Oculus. Kleine runde Wandöffnung.

Rähm. Im Fachwerkbau das sich über die Pfosten erstreckende horizontale Abschlußholz einer Wand.

Riegel. Zwischen den Pfosten befindliches waagrechtes Holz, je nach Lage als Brüstungsriegel, Halsriegel, Kopfriegel, über Fenstern und Türen als Sturzriegel bezeichnet.

Risalit. In voller Höhe des Gebäudes vorspringender Bauteil. Nach seiner Lage ist zwischen Mittelrisalit (mit eigenem Giebel auch als Frontispiz bezeichnet) und Seiten- oder Eckrisalit zu unterscheiden.

Rocaille. Asymmetrisches Ornament in Muschelform, bevorzugt im Rokoko.

Rollwerk. In der deutschen Renaissance gebräuchliche Dekorationsform aus verschlungenen und aufgerollten Bandformen.

Rosette. Stilisierte Darstellung einer Blüte, bei der um einen runden Kern Blütenblätter angeordnet sind. Im Fachwerkbau häufig als Halb-Rosette oberhalb der Schwelle.

Glossar

Rustika. Mauerwerk aus Quadern, deren Stirnseiten absichtlich rauh geblieben oder kunstvoll „roh" bearbeitet sind.

Saalkirche. Einschiffiger, d. h. ungeteilter Kirchenraum.

Säulenschaft. Rumpf einer Säule.

Satteldach. Giebeldach, bei dem zwei geneigte Flächen gegen einen gemeinsamen First stoßen.

Schallarkaden. Schallöffnungen im Glockengeschoß des Kirchturms.

Schiff. Hauptschiff, Mittelschiff, Seitenschiff, Querschiff – in der Architektur der Innenraum längsorientierter Bauten. Das Mittelschiff oder Langhaus ist durch Säulen oder Pfeiler von den oft schmaleren Seitenschiffen getrennt, das Querschiff kreuzt das Langhaus.

Schleppgaube. Gaube mit abgeschlepptem Pultdach.

Schlußstein. Formal ausgebildeter Schnittpunkt der Rippen; Stein im Scheitel des Bogens.

Schopfwalm. Meist polygonale Abschrägung der Giebelspitze, die nicht wie beim Krüppelwalm in das Dachgerüst einschneidet, sondern vor die Giebelspitze gezogen ist.

Schwelle. Waagrechtes Grundholz einer Fachwerkwand, auf dem die senkrechten Pfosten stehen.

Segmentbogen. Flacher, aus dem Kreissegment gewonnener Bogen.

Sparren. Paarweise auf einem gemeinsamen Dachbalken angeordnete schräge Hölzer der Dachkonstruktion, deren freie Länge durch Kehl- und Hahnenbalken verringert werden kann.

Stab. Im Fachwerkbau ein stabförmiges Schmuckelement an sowohl horizontalen als auch vertikalen Baugliedern. Neben den Formen des glatten Rund-, Halbrund- oder Viertelstabs auch profiliert als Blatt- und Taustab oder in einzelne Elemente unterteilt als Perlstab.

Ständer. Im Unterschied zum eingeschossigen Pfosten das sich über mehrere Geschosse erstreckende senkrechte Holz.

Stichbalken. Am vorderen Deckenquerbalken eines giebelständigen Hauses angebrachte kurze Balken, um einen giebelseitigen Geschoßvorsprung zu bewirken. An den Gebäudeecken als Gratstichbalken.

Stiel. Nichttragendes senkrechtes Holz von halb- oder ganzgeschossiger Höhe.

Strebepfeiler. Der Wand außen vorgelegte Pfeiler zum Abfangen des Gewölbeschubs, charakteristisch für die gotische und neugotische Architektur.

Traufe. Untere waagrechte Begrenzung der Dachschräge, oft auch für die ganze Seite des Hauses unter der Traufe.

Türsturz. Waagrechter Abschluß der Türöffnung.

Veranda. Verdachter, oft verglaster Vorbau.

Verblattung. Holzverbindung, bei der der Querschnitt sich kreuzender Hölzer so geschwächt ist, daß sie sich bündig überschneiden.

Vesperbild. Figur der Muttergottes, den toten Christus auf dem Schoß haltend (Pietà).

Vierung. Raumteil der Kirche, in dem sich Langhaus und Querhaus durchdringen.

Vierungsturm. Turm über der Vierung.

Volute. Spiralförmiges Schmuckelement, das häufig an Konsolen, Giebeln oder Kapitellen vorkommt.

Voute. Konkav gerundeter Übergang zwischen Wand und Decke.

Walm. Schräge Dachfläche anstelle eines Giebels.

Walmdach. Auch auf den Schmalseiten abgeschrägtes Dach ohne Giebelausbildung.

Werkstein. Steinmetzmäßig, in der Regel quaderförmig zugerichteter Naturstein.

Zäsur. Einschnitt, Lücke.

Zahnschnitt. Friesartige Reihung klötzchenähnlicher Elemente.

Zapfen. Holzverbindung, bei der an der Schnittfläche eines der beiden Hölzer ein Zapfen ausgearbeitet wird, der keilförmig in den am anderen Holz eingearbeiteten Schlitz eingefügt und vernagelt wird.

Zone. Gliederung des Gebäudegrundrisses eines Fachwerkbaus senkrecht zum First.

Zwerchgiebel. Giebel quer zur Firstrichtung des Hauses auf der Traufseite, mit geschoßhoher senkrechter Begrenzung der Seiten als Zwerchhaus.

Literaturhinweise

Kreis und Region

Arnsberg, Paul: Die jüdischen Gemeinden in Hessen, Frankfurt 1971.

Baatz, Dietwulf/Herrmann, Fritz-Rudolf (Hrgs.): Die Römer in Hessen, Stuttgart 1982.

Bechtolsheimer, Karl: Heimatkunde des Kreises Offenbach am Main, 1927.

Colin, Claus/von der Hude, Nico: Die Main-Neckar-Bahn, Dokumentation, TH Darmstadt 1984.

Dehio, Backes: Handbuch der Deutschen Kunstdenkmäler – Hessen, München – Berlin 1982.

Großmann, Ulrich: Der spätmittelalterliche Fachwerkbau in Hessen, Königstein 1983.

Hoch, Günther: Territorialgeschichte der östlichen Dreieich, Inaugural-Dissertation, Marburg 1953.

Koch, Hermann: Dreieich, Rodgau, Mainland – Eine Heimatkunde von der Stadt und dem Landkreis Offenbach, Frankfurt 1965.

Malsi, Margit: Strukturuntersuchung Landkreis Offenbach, Offenbach 1958.

Müller, Otto: Heimatbuch für Stadt und Kreis Offenbach, Frankfurt 1956.

Nahrgang, Karl: Stadt und Landkreis Offenbach am Main, Atlas für Siedlungskunde, Verkehr, Verwaltung, Wirtschaft und Kultur, Frankfurt 1963.

Nahrgang, Karl (Hrsg.): Stadt- und Landkreis Offenbach a. M., Studien und Forschungen, Beihefte zum Atlas für Siedlungskunde, Verkehr, Verwaltung, Wirtschaft und Kultur, Frankfurt 1955/56.

Nahrgang, Karl: Landschaft Dreieich, Blätter für Heimatforschung, Beilage zur Langener Zeitung 1949–60.

Oster, Lissi: Die Kulturlandschaft der westlichen Dreieich und des nördlichen hessischen Riedes, Dissertation, Frankfurt 1941.

Riebeling, Heinrich: Steinkreuze und Kreuzsteine in Hessen, Dossenheim 1977.

Riebeling, Heinrich: Historische Verkehrsmale in Hessen, Dossenheim 1981.

Schaefer, Georg: Kunstdenkmäler im Großherzogtum Hessen – Provinz Starkenburg, Darmstadt 1885.

Seibert, Gisela: Jagd und Jagdhäuser in Hessen-Darmstadt, Stuttgart 1972.

Schultz, Uwe (Hrsg.): Die Geschichte Hessens, Stuttgart 1983.

Walbe, Heinrich: Das hessisch-fränkische Fachwerk, Gießen 1954.

Walter, Friedrich: Heimatbuch für Stadt und Kreis Offenbach, Frankfurt 1956.

Winter, Heinrich: Das Bürgerhaus zwischen Rhein, Main und Neckar, Tübingen 1961.

Zorn, Richard: Grenzsteine des Rhein-Main-Gebietes, Hofheim 1982.

Der Kreis Offenbach in Wort und Bild, Beiträge zur Kultur und Wirtschaftsgeschichte, 1927.

Landkreis Offenbach, Monographie einer Landschaft, 1960.

Literaturhinweise

Städte und Gemeinden

Dietzenbach

Heimat- und Verschönerungsverein (Hrsg.): Dietzenbacher Chronik, 3 Bände, Dietzenbach.

Dreieich

Fuchs: Die Villenkolonie Buchschlag bei Frankfurt a. M., Darmstadt 1910.

Hörle, Andrea: Die Villenkolonie Buchschlag, Magisterarbeit, Frankfurt 1984.

Mohr, Christoph: Die Villenkolonie Buchschlag, in: Von Morris zum Bauhaus, Hanau 1979.

Schmidt, Gernot (Hrsg.): Burg und Stadt Hayn in der Dreieich, Dreieichenhain 1979.

Schmidt, Gernot Zimmer, Gottfried: Dreieichenhain, Dreieichenhain 1980.

Schmidt, Gernot/Heil, Roger: Dreieichenhain in der Erinnerung, Dreieich 1983.

Dreieichenhain – Burg und Stadt, Vergangenheit und Gegenwart, Broschüre.

Heil, Jakob: Sprendlingen, Sprendlingen 1974.

Runkel, Heinrich: Sprendilingun, Die ersten urkundlichen Erwähnungen, Sprendlingen 1982.

Runkel, Heinrich: Sprendlingen, Fragen und Antworten zur Heimat, Sprendlingen 1984.

Egelsbach

700 Jahre Egelsbach, Festschrift, Egelsbach 1975.

Hainburg

Unsere Gemeinde Hainburg, Jahrbuch, Hainburg 1983.

Heusenstamm

Wiedenbrüg, Helmut: Heusenstamm, Frankfurt 1949.

Wimmer, Richard: Heusenstammer Kalender, Heusenstamm 1979.

Heimatverein Heusenstamm (Hrsg.): 750 Jahre Heusenstamm, Heusenstamm 1961.

Wimmer, Richard: Chronik der Gemeinde Rembrücken, 1268–1976, Rembrücken 1976.

Langen

Betzendörfer, Eduard: Geschichte der Stadt Langen, Langen 1961.

Magistrat der Stadt Langen (Hrsg.): Langen 1883–1983, Beiträge zur Stadtgeschichte, Langen 1983.

Langen im Biedermeier, Katalog zur Ausstellung.

Altstadt Langen, Stadtbildaufnahme der TH Darmstadt 1977–78.

Mainhausen

1200 Jahre Mainflingen, Festschrift, Mainflingen 1975.

Schilling, Helena Maria: Zellhausen im Wandel der Zeiten, Zellhausen 1980.

Mühlheim

Zur Geschichte der Stadt Mühlheim, 1. Sammelband Mühlheim 1982.

Dey, Anton (Hrsg.): Die Stadt Mühlheim am Main in Vergangenheit und Gegenwart, Mühlheim 1952.

Neu-Isenburg

250 Jahre Neu-Isenburg, Festschrift, Neu-Isenburg 1949.

Prognos AG: Untersuchung zur Erneuerungsplanung von Neu-Isenburg, 1973.

Peter, Thomas: Neu-Isenburg, Magisterarbeit, Frankfurt 1983.

Pülm, W.: Neu-Isenburg, Frankfurt 1983.

Obertshausen

Kahl, Heinz: Obertshausen zwischen einst und jetzt, Obertshausen 1964.

1100 Jahre Obertshausen, Festschrift, Obertshausen 1965.

Seuffert, Josef: Unser Hausen 1069–1969, Hausen 1969.

Rodgau

Wimmer, Richard: Der Rodgau und seine fünf Dörfer, Manuskript.

Geißler, Adam: Dudenhofen zwischen gestern und morgen, Dudenhofen 1971.

Happel, R.: Nieder-Roden im Wandel der Zeit (786–1979), Nieder-Roden 1979.

Rödermark

Herchenröder, Max/Behn, Friedrich: Die Kunstdenkmäler des Landkreises Dieburg, Darmstadt 1940.

Leuschner, Jörg/Schallmeyr, Egon: 1200 Jahre Ober-Roden in der Rödermark, Chronik 786–1986, Rödermark 1986.

Rödermark, Festschrift, Rödermark 1980.

Awe, Norbert/Beckmann, Adam: Chronik der Gemeinde Urberach, Urberach 1975.

Seligenstadt

Heimatbund und Magistrat der Stadt Seligenstadt (Hrsg.): Selig sei die Stadt genannt, Seligenstadt am Main, Seligenstadt 1984.

Ludwig, Thomas: Das romanische Haus in Seligenstadt, Stuttgart 1987.

Müller, Otto: Die Einhard-Abtei Seligenstadt am Main, Königstein 1973.

Müller, Otto: Einhardsbasilika Seligenstadt, Michelstadt 1982.

Schopp, Joseph: Der Freihof, Seligenstadt 1981.

Schopp, Joseph: Die Seligenstädter Stadtbefestigung, Seligenstadt 1982.

Schopp, Joseph: 1200 Jahre Klein-Welzheim 772–1972, Klein-Welzheim 1971.